《資本論》
原理研究

丁任重 著

財經錢線

目　錄

第一篇　《資本論》的研究對象和方法

3	第一章　關於《資本論》的研究對象的幾個問題
17	第二章　全面地研究社會主義生產關係體系
	——有關社會主義政治經濟學理論體系建設若干問題
34	第三章　論《資本論》中的科學抽象法
42	第四章　論生產力的性質及其評價
51	第五章　從政治經濟學研究對象到中國政治經濟學的創新
59	第六章　辯證法與馬克思經濟學：一個歷史的考察
68	第七章　關於「生產力一元決定論」的若干理論問題
	——基於經典文本的解釋、辯護和重申

第二篇　勞動價值論

85	第八章　論服務勞動
96	第九章　當代科技創新勞動在創造價值中的作用
101	第十章　現代財富的性質、源泉及其生產機制
111	第十一章　論現代文化生產（上）
127	第十二章　論現代文化生產（下）

001

142	第十三章	試論知識經濟條件下深化對勞動價值論的認識
148	第十四章	應當重視使用價值問題的研究
155	第十五章	生態價值：基於馬克思勞動價值論的一個引申分析
163	第十六章	勞動價值論的歷史使命
173	第十七章	不能脫離馬克思的理論框架來發展勞動價值論
179	第十八章	勞動價值實體是市場經濟社會分配的必然客體
		——勞動價值論與要素價值論之比較
184	第十九章	馬克思的剝削範疇：現代觀點
192	第二十章	中國勞動力商品化程度的變動及其對勞動者報酬的影響
210	第二十一章	勞動價值論與要素價值論、效用價值論及供求價值論的比較研究

第三篇　社會再生產理論與利潤率下降規律

223	第二十二章	資本累積、利潤率下降趨勢與經濟週期
		——國外馬克思主義經濟學研究的述評
234	第二十三章	供給側結構性改革的馬克思主義政治經濟學分析
244	第二十四章	馬克思收入分配理論基礎探究
		——基於《資本論》的邏輯視角
255	第二十五章	價值關係矛盾運動邏輯中的供給側結構性改革
269	第二十六章	中國經濟增長驅動因素識別研究
		——基於馬克思擴大再生產理論的視閾
292	第二十七章	《資本論》視域下的供給側結構性改革
		——基於馬克思社會總資本再生產理論
305	第二十八章	利潤率下降與中國經濟新常態
319	第二十九章	超額利潤、價值總量與一般利潤率
341	第三十章	中國實體經濟的利潤率修復機制研究

第四篇 《資本論》中其他理論研究

355	第三十一章	《資本論》中生產、交易及其費用相關思想初探
363	第三十二章	馬克思企業理論與科斯企業理論的比較和再認識
371	第三十三章	馬克思的勞動地域分工理論與中國的區域經濟格局變遷
380	第三十四章	馬克思的生態經濟理論與中國經濟發展方式的轉變
396	第三十五章	馬克思主義經濟學視閾中的城鄉、市場與政府觀
405	第三十六章	馬克思主義貧困理論的創新與發展
416	第三十七章	馬克思分工理論體系研究
426	第三十八章	《資本論》與現代性批判
439	第三十九章	當代馬克思主義資本有機構成理論的新進展
450	第四十章	劉易斯拐點 ——基於馬克思產業後備軍模型的解析與現實意義

第一篇

《資本論》的研究對象和方法

第一章 關於《資本論》的研究對象的幾個問題[①]

一、關於《資本論》研究對象問題的討論

無產階級政治經濟學的研究對象是生產關係，這是馬克思主義經典作家明確地加以論述了的。在《資本論》第一卷的序言和跋中，馬克思指出，《資本論》研究的是現代社會的「經濟運動規律」，並且同意俄國作家關於經濟運動的規律就是生產關係發生、發展和轉變為更高級的生產關係的規律的見解。馬克思在《資本論》第一卷第二版跋中轉引了考夫曼的評述「馬克思竭力去做的只是一件事：通過準確的科學研究來證明一定的社會關係秩序的必然性。」[②]「生產力的發展水準不同，生產關係和支配生產關係的規律也就不同。馬克思給自己提出的目的是，從這個觀點出發去研究和說明資本主義經濟制度……這種研究的科學價值在於闡明了支配著一定社會機體的產生、生存、發展和死亡以及為另一更高的機體所代替的特殊規律。」[③] 馬克思指出，考夫曼對他的方法「描述得這樣恰當」[④]。恩格斯在《反杜林論》政治經濟學篇裡也明確指出，「政治經濟學，從最廣的意義上說，是研究人類社會中支配物質生活資料的生產和交換的規律的科學。」[⑤] 列寧在《什麼是「人民之友」以及他們如何攻擊社會民主黨人？》中更明確地指出，「政治經濟學絕不是研究『生產』，而是研究人們在生產上的社會關係，生產的社會制度。」[⑥] 並認為，「凡是資產階級經濟學家看到物與物之間的關係的地方（商品交換商品），馬克思都揭示了人與人之間的關係。」[⑦] 他又說，馬克思「把這個形態的活動規律和發展規律做了極詳盡的分析。這個分析僅限於社會成員間的生產關係，馬克思一次也沒有利用這些生產關係以外的什麼因素來說明問題」[⑧]。斯大林在《蘇聯社會主義經

[①] 本章選自：劉詩白. 關於《資本論》的研究對象的幾個問題 [M] //劉詩白文集：第 2 卷. 成都：西南財經大學出版社，2011：3-18，45-54.

[②] 馬克思，恩格斯. 馬克思恩格斯全集：第 23 卷 [M]. 北京：人民出版社，1982：20.

[③] 馬克思，恩格斯. 馬克思恩格斯全集：第 23 卷 [M]. 北京：人民出版社，1982：23.

[④] 馬克思，恩格斯. 馬克思恩格斯全集：第 23 卷 [M]. 北京：人民出版社，1982：23.

[⑤] 恩格斯. 反杜林論 [M] //馬克思恩格斯選集：第 3 卷. 北京：人民出版社，1972：186.

[⑥] 列寧. 列寧全集：第 3 卷 [M]. 北京：人民出版社，1959：42.

[⑦] 列寧. 列寧全集：第 19 卷 [M]. 北京：人民出版社，1959：5-6.

[⑧] 列寧. 列寧全集：第 1 卷 [M]. 北京：人民出版社，1955：121.

濟問題》一書中也提出了一個關於「政治經濟學的對象是人們的生產關係，即經濟關係」的定義。

還需要指出的是，馬克思主義政治經濟學的研究對象是生產關係，清楚地表現在馬克思的政治經濟學巨著《資本論》中，《資本論》第一卷研究資本的生產過程，在這裡，作為對象的「資本不是物，而是一種以物為媒介的人和人之間的社會關係。」[1] 更具體地說，資本是生產資料的壟斷者，無償佔有雇傭勞動者生產的剩餘價值的關係。《資本論》第一卷科學地論述了剩餘價值生產的實質以及它的條件、過程、方法與後果。這一切的理論分析是集中在資本主義直接生產過程中的人與人的關係，旨在揭示資本主義物質生產過程所體現的資產階級對無產階級的剝削與壓迫。《資本論》第二卷研究資本的流通過程，它通過研究個別資本流通與社會總資本流通的形式與機制，進一步揭示了資本家生產和實現剩餘價值的方法及其後果。《資本論》第三卷研究作為資本主義生產過程和流通過程的統一的資本主義生產的總過程，「揭示和說明資本運動過程作為整體考察時所產生的各種具體形式。」[2] 通過從產業資本分化出來的商業資本、借貸資本等新的資本形式，進一步闡明剩餘價值分化為商業利潤、企業主收入、利息、地租等具體形式，由此揭示了資本主義分配的重要方面：剩餘價值在資本主義社會各個剝削集團之間的瓜分以及這一分配機制所體現的資本家對工人階級的剝削的加深。總之，《資本論》這一部浩大的著作表明，它研究的是以榨取剩餘價值為實質的資本主義生產關係（狹義的）、交換關係與分配關係（包括了消費關係）。無需否認的是，對資本主義生產關係（廣義的）的各個重要方面、側面與環節的全面研究，對支配資本主義生產關係的發展變化的客觀規律的揭示，正是《資本論》這一部政治經濟學巨著的鮮明特色。而《資本論》也正是以其最深刻、最全面地闡明支配資本主義生產關係的運動規律（包括某些前資本主義形態的和社會主義、共產主義形態的規律）的科學業績，從而確立了馬克思主義政治經濟學以生產關係為研究對象的格局。我們可以看到，馬克思主義經典作家主要的政治經濟學著作，如恩格斯的《反杜林論》經濟篇，列寧的《俄國資本主義的發展》《帝國主義論》，斯大林的《蘇聯社會主義經濟問題》等，都是把生產關係作為研究對象的。這些著作中，作為研究對象和加以科學闡述了的對象的運動規律——經濟規律，從來是集中於生產關係的規律的範圍之內的。

儘管馬克思主義經典作家對政治經濟學的研究對象有許多論述，但對這個問題的看法在理論界卻一直存在一些分歧。社會主義國家的學術界對政治經濟學的研究對象是什麼進行了多次討論。蘇聯從20世紀20年代以來開始了這一討論，中國在20世紀50年代末和70年代末就有兩次大討論。

大體說來，對政治經濟學研究對象的認識可分為三種觀點：第一種觀點認為政治經

---

[1] 馬克思，恩格斯. 馬克思恩格斯全集：第23卷 [M]. 北京：人民出版社，1982：834.
[2] 馬克思，恩格斯. 馬克思恩格斯全集：第25卷 [M]. 北京：人民出版社，1982：29.

濟學研究生產關係；第二種觀點認為生產力也是政治經濟學的研究對象，特別是政治經濟學的社會主義部分的主要研究對象①；第三種觀點認為政治經濟學研究生產方式。第二種、第三種觀點均認為應該把生產力納入政治經濟學的研究對象之中。

把生產力也當作政治經濟學的研究對象的觀點之所以產生，一方面是出於對馬克思主義經典作家的有關論述的理解不一樣，但更主要的是出於社會主義建設的特殊的歷史條件對生產力的研究本身所具有的重要意義。眾所周知，無產階級領導的革命取得了勝利的國家，在建設社會主義時一方面要解決對私有制生產關係的改造問題，另一方面要解決發展生產力，建立起與社會主義經濟制度相適應的強大的物質技術基礎的問題，特別是在生產資料的社會主義改造基本完成以後，發展生產力更成了社會主義建設的中心任務。正是在這種歷史條件下，一些經濟學家提出了要把對生產力的研究作為政治經濟學的主要任務與主要課題的主張。如在蘇聯，20世紀50年代雅羅申柯就提出了「社會主義政治經濟學的主要問題不在於研究社會主義社會中人們的相互關係，而在於制定和發揮社會生產中生產力組織的科學理論、國民經濟發展計劃化的理論」②，主張將社會主義政治經濟學變成「生產力合理組織學」。在中國，近年來關於政治經濟學的研究對象的討論中，一些同志也提出與此相似的見解。按照上述意見，政治經濟學的研究對象本來就應該是二重的，即包括生產關係與生產力，或者至少政治經濟學的社會主義部分的研究對象應該是二重。而上述意見，不言而喻的都是否認政治經濟學是以生產關係為研究對象的提法的。

對馬克思主義政治經濟學的研究對象的爭論，關係到對馬克思創立的無產階級經濟學的性質與特色的正確認識，關係到對《資本論》這一部偉大政治經濟學著作的內容的正確理解，也關係到政治經濟學社會主義部分這門正在發展中的學科的內容、範疇、規律、體系，關係到這門學科的性質與其在建設社會主義、共產主義中的作用。正由於此，弄清馬克思主義三個組成部分之一的政治經濟學的研究對象，弄清馬克思和恩格斯關於他們所創立的無產階級政治經濟學的本來面貌，這不僅具有理論意義，而且具有重大現實意義。

二、關於《資本論》研究對象的三個問題

（一）社會生產兩個方面——生產的物質技術形式與社會經濟形式

要弄清一門科學的性質，首先要弄清一門科學區別於其他科學的特點，即弄清它的

---

① 1929年蘇聯貝索洛夫提出生產力應該是政治經濟學的研究對象，他說，物質生產過程的兩個方面——生產力和生產關係應平等地被列入政治經濟學的對象之中。

② 斯大林. 蘇聯社會主義經濟問題 [M]. 中共中央馬克思恩格斯列寧斯大林著作編譯局, 譯. 北京：人民出版社, 1961：47.

研究對象是什麼。因為正是研究對象的特殊性質把這種學術研究劃分為不同的學科。研究對象是自然及其規律的屬於自然科學，研究對象是社會現象及其規律的屬於社會科學。在社會科學中，政治學、法律學等學科是研究政治上層建築的，而哲學、美學、倫理學科是研究意識形態的。經濟學是研究物質生產的，馬克思說：「面前的對象，首先是物質生產。」① 這就把經濟學與政治學、法律學、哲學、倫理學、美學等區別開來了。

馬克思運用歷史唯物主義理論來分析物質生產，指出了物質生產並不是如資產階級政治經濟學中經常引用的魯濱遜故事中那樣單個的、孤立的獵人與漁夫的生產，而一開始就是社會的生產。「在社會中進行生產的個人，——因而，這些個人的一定社會性質的生產，自然是出發點。」② 作為社會生產，它一方面體現人與自然之間的關係，「是人以自身的活動來引起、調整和控制人和自然之間的物質變換的過程。」③ 另一方面，它又體現人與人之間的關係，「為了進行生產，人們便發生一定的聯繫和關係；只有在這些社會聯繫和社會關係的範圍內，才會有他們對自然界的關係，才會有生產。」④ 生產中人與自然的關係屬於生產力的範疇，它是生產的物質技術內容；而生產中的人與人的關係則屬於生產關係的範疇，它是生產的社會形式。可見，社會生產包括兩個方面：生產力與生產關係，它們二者共同組成社會生產方式或生產方式。

生產方式中作為生產力的這一方面的關係，具體體現於作為生產力的人的要素與物質要素的物質技術性的結合方式中。任何一種生產，就其人與自然的關係來說，都是具有特定素質的人運用特定的工具與工藝方法來從事生產，這裡體現了一種生產要素的物質技術性的結合形式，馬克思稱之為勞動方式。在人類生產發展史上，原始人與原始工具相結合的物質技術性的形式，表現為遊牧、採集、漁獵以及新石器時期的原始農業等原始的勞動方式。此後，在生產中人類對青銅器的使用產生了東方的灌溉農業，對鐵器的使用產生了更發達的鋤耕農業。此後，在手工工具基礎上產生的是個體生產者的小手工業，在機器的技術基礎上產生的是現代機器大工業，在當代電子計算機基礎上發展了自動化與自控化生產。這一系列生產要素的物質技術性結合形式或勞動方式的變化，決定於生產力的物質技術因素的變化。具體地講，它首先決定於生產資料，特別是生產工具的性質。其次，它也取決於勞動力的性質，如直接生產者勞動的熟練程度與技巧，智力勞動的發展狀況及管理的水準。總之，生產力的構成因素，特別是勞動手段因素，它的狀況、性質、能量決定生產的物質技術性的形式。

生產的物質技術形式在人類社會發展中呈現出一個由低級向高級發展的有規律的過程，而且往往表現為循序漸進的，不能任意超越的自然歷史過程。固然，在生產關係適合生產力發展的時期，我們看見生產的物質技術方式由低級形式向高級形式發展和過渡

---

① 馬克思.《政治經濟學批判》導言 [M] //馬克思恩格斯選集：第2卷. 北京：人民出版社，1972：86.
② 馬克思.《政治經濟學批判》導言 [M] //馬克思恩格斯選集：第2卷. 北京：人民出版社，1972：86.
③ 馬克思，恩格斯. 馬克思恩格斯全集：第23卷 [M]. 北京：人民出版社，1982：201-202.
④ 馬克思. 雇傭勞動與資本 [M] //馬克思恩格斯選集：第1卷. 北京：人民出版社，1972：362.

的步伐加速，但是，它的必要發展的階段是不能任意超越的。如農業中的家庭小生產的勞動方式，是與手工工具的物質技術基礎相適應的，即使在社會主義制度下，如果農業生產還是以手工工具為基礎，家庭生產這種勞動方式也將仍然存在和包孕於社會主義農業聯合勞動方式之中，成為後者的補充。對屬於社會生產力範疇的生產的物質技術性的結合形式的運動規律，顯然，人們是應該加以研究的。

馬克思主義政治經濟學不以生產的物質技術形式的運動規律為研究對象。馬克思說：「政治經濟學不是工藝學。」① 生產的物質技術形式的變動規律，要由一系列自然科學、部門經濟學、生產力經濟學、技術經濟學等來研究。比如農業生產的物質技術形式，就需要由農業經濟學、農藝學、農業技術經濟學等來加以研究。

生產方式中的另一方面是生產關係，即生產的社會經濟形式，它是體現在生產中的人與人之間的相互關係，是人們共同活動與互相交換其活動的一定社會結合方式。馬克思說：「他們如果不以一定方式結合起來共同活動和互相交換其活動，便不能進行生產。」② 生產關係的總和，構成社會的經濟結構。在生產發展史中，生產的社會經濟形式是不斷發展和變化的，大體說來，存在著以勞動者平等協作和互助為特點的社會經濟形式和以人對人的剝削和奴役為特點的社會經濟形式。前者是原始公社的社會經濟形式和社會主義、共產主義的社會經濟形式，後者又分為奴隸制的社會經濟形式、封建制的社會經濟形式和資本主義的社會經濟形式。

馬克思把辯證唯物主義應用於社會生活領域，特別是應用於社會生產關係的領域，科學地論證了人類社會的生產的發展進程，也就是社會經濟形式由低級形式向高級形式有秩序地依次遞進和向前演進的有規律的過程。馬克思說：「大體說來，亞細亞的、古代的、封建的和現代資產階級的生產方式可以看做是社會經濟形態演進的幾個時代。」③

基於以上的分析，我們可以看見，社會形態（或形式）包括社會生產方式、政治生活方式、文化生活方式等方面的內容。而生產方式又包括物質技術性的生產形式與社會經濟形式兩個方面。社會形態關係圖見圖 1-1。政治經濟學則是一門以社會經濟形式為它的研究對象的學科。

- 社會形態
  - 文化生活方式
  - 政治生活方式
  - 物質生產方式
    - 生產的物質技術形式
    - 生產的社會形式即社會經濟形式

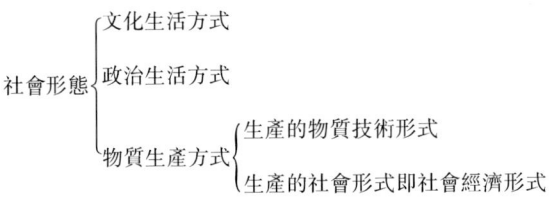

圖 1-1 社會形態關係圖

① 馬克思.《政治經濟學批判》導言［M］//馬克思恩格斯選集：第 2 卷. 北京：人民出版社，1972：88.

② 馬克思. 雇傭勞動與資本［M］//馬克思恩格斯選集：第 1 卷. 北京：人民出版社，1972：362.

③ 馬克思.《政治經濟學批判》導言［M］//馬克思恩格斯選集：第 2 卷. 北京：人民出版社，1972：83.

(二) 馬克思主義政治經濟學的研究對象是生產關係

馬克思主義政治經濟學為什麼要以生產關係為研究對象？對這一問題有必要進一步加以論述。

作為生產的兩個方面——物質技術性的生產形式與社會經濟形式，存在對立的統一關係。它們緊密地聯繫在一起，是互為表裡、互相依存、彼此制約的。一方面，物質技術性的生產形式或組織，是生產的物質內容，它決定和制約著生產的社會經濟形式的發展變化。社會生產方式發展的內在聯繫和機制，可以表示為：生產力（首先是生產工具）的發展→物質技術性的生產形式的變化→生產的社會經濟形式的變化。正如馬克思所說，「隨著新生產力的獲得，人們改變自己的生產方式，隨著生產方式即保證自己生活的方式的改變，人們也就會改變自己的一切社會關係。手推磨產生的是封建主為首的社會，蒸氣磨產生的是工業資本家為首的社會。」[①] 另一方面，生產的社會經濟形式又反作用於生產的物質技術基礎，促進或延緩社會的勞動方式由低級向高級發展的進程。

生產所具有的上述二重性——生產的物質技術性質與生產的社會經濟性質——並不能成為政治經濟學必定要把生產力和生產關係兩方面都作為研究對象的理由。恰恰相反，作為十分嚴謹的科學的馬克思主義政治經濟學，它在研究中不能把上述二重性質不同的關係並列，不能把兩方面同等地作為研究對象，而必須集中地研究生產關係。這是由於下述的理由：

1. 作為一門學科，總是要研究事物的一個特定範圍，才能全面地深入地揭示某一領域的客觀事物的本質聯繫

眾所周知，作為科學研究的對象的世界，包括不同的領域——自然界、社會精神世界，它們各自具有其特殊的矛盾，從而具有不同的性質。對於自然界與人類社會來說，它們各自又有著極其複雜的結構，可以分解為不同的系統和不同的組成部分。這些部分、成分又各有其特殊的矛盾與性質。基於世界的這一多樣和多層次的性質，人們要正確地認識世界，必須採取辯證唯物主義的分析與綜合相結合的方法。首先，要區分出世界的某一特定的領域，作為自己的特有的研究對象。這就形成了各種各樣的門類不同的學科。一門學科如果不區分和規定它特有的對象範圍，而是無所不包、面面俱到地研究事物的一切方面和一切領域，這樣，就不可能揭示出世界某一特定領域的精確結構與運動規律，這門學科就成為一個大雜燴，就不能成為科學。人類認識史表明，科學的發展經過了一個門類分化的過程，社會科學的發展就經歷了一個由最初的無所不包的哲學和歷史學，一步步分化出歷史、哲學、經濟、政治、法律、宗教、藝術等等學科的過程。自然科學，自近代牛頓力學出現以後，就經歷了一個不斷分化為化學、物理學、天文學、地理學、生物學等眾多的分支的過程。當然，當代又出現了以邊緣科學為標誌的科

---

① 馬克思. 政治經濟學的形而上學 [M] //馬克思恩格斯選集：第 1 卷. 北京：人民出版社，1972：108.

學的綜合化發展，但是，每門學科的綜合化仍然以先行的學科不斷分化為基礎。

2. 以生產關係為研究對象使政治經濟學區別於經濟學其他學科

生產的物質技術性的結合形式，由於涉及勞動力、生產工具、生產方法、科學技術、生產組織等生產力要素，這種對象的特點，決定了它有其獨特的研究方法（在許多範圍內要使用自然科學的方法），也決定了這一研究要由一系列技術學或技術經濟學的學科來承擔。生產的社會經濟形式則純屬生產關係的性質，與研究對象的性質相適應，需要採用特殊的研究方法——科學抽象法。研究對象與研究方法的特點表明，對生產的社會形式的研究本身應該是一門獨特的學科。特別是社會經濟結構具有直觀性的特點，它的內部構造與本質聯繫並不是直接地和清晰地表露出來的。加之社會生產關係不同於自然物質關係，它體現了人的能動作用，從而具有分外的複雜性與多變性。要發現與闡明社會經濟形式的運動規律甚至比發現自然物質對象的規律還困難得多。特別是就資本主義商品經濟結構來說，一方面，它帶有物化的與異化的特徵，具有虛假的與顛倒的表現形式；另一方面，它是發達的、從而十分複雜的經濟機體，而與前資本主義的社會經濟形態不同。就前資本主義社會來說，一方面，它的經濟結構還是不發達的甚至是較為簡單的；另一方面，它的經濟在性質上是自然經濟，直接生產過程中的人與人的關係帶有某種自明的性質。例如在原始社會，氏族成員之間的共同勞動與平等分配關係是表現得一清二楚的，奴隸制社會或是農奴制社會，奴隸主或莊園主對直接生產者實行超經濟的強制和進行殘酷的剝削與壓迫，也是公開表露出來的。因而發現與揭示社會直接生產過程中人與人之間的相互關係，可以說並不是十分困難的。但是對於資本主義商品經濟形態來說，要全面剖析生產中人們的社會結合形式，揭示它的內部聯繫和運動機制，卻是一個十分艱難的課題，要得到任何重大的科學成果都需要長期的艱苦的探索。因而，這就需要有一門獨立的學科來進行這一方面的研究。

政治經濟學以生產關係為研究對象，這樣也就與經濟學的其他許多門類區別開了。眾所周知，經濟學有部門經濟學、生產力經濟學、技術經濟學等數十個門類，這些學科或者以生產力為對象，或者對象範圍既包括生產力又包括生產關係。這些經濟學科的共同特徵是：它們都要涉及對生產的技術規律的研究。如以研究、評價技術的經濟效果為任務的技術經濟學，除了要進行成本、利潤等方面的研究以外，它的研究對象還包括生產的地理位置、自然經濟條件，如原料來源、運輸條件、水文條件、氣象條件，以及研究有關環境保護、生態平衡等問題。它的研究對象在很大程度上屬於生產力。而政治經濟學則是以生產關係為研究對象，以揭示、支配社會經濟結構的運動規律為任務，以形成有關社會經濟形態的基本理論為基本特徵。學科內容的這種劃分，就使政治經濟學成為一門與其他具體的部門經濟學科有嚴格區別的理論經濟學，成為所有的經濟學科的理論基礎。

3. 馬克思主義政治經濟學是一門有階級性和黨性的科學，是無產階級爭取解放的強大思想武器

馬克思主義政治經濟學是一門「批判的和革命的」學說，它不僅要科學地解釋世

界，更主要的還在於改變世界①。無產階級政治經濟學的使命是要通過對資本主義必然滅亡、社會主義必然勝利的歷史規律的闡明來武裝無產階級，來促進人類社會由資本主義向社會主義的轉變。因此，要求政治經濟學集中地和系統地研究社會生產關係，研究社會的經濟結構與階級結構，特別是要揭露資本主義生產關係的剝削雇傭勞動的本質，揭露資本主義社會不可調和的階級對抗，以發揮這門學科對舊世界的「批判的與革命的」作用。

生產關係在階級社會中體現為階級關係，對階級社會生產關係的研究與剖析必然要公開暴露生產中一小撮生產資料壟斷者剝削與壓迫廣大勞動者的真相。正因如此，對生產關係的科學研究從來就要受到剝削階級的壓制。馬克思說：「政治經濟學所研究的材料的特殊性，把人們心中最激烈、最卑鄙、最惡劣的感情，把代表私人利益的復仇女神召喚到戰場上來反對自由的科學研究。」②

處於資本主義上升時期的資產階級古典經濟學，由於當時資產階級與無產階級的鬥爭還處於潛伏形態，因而他們還能在一定程度內研究資本主義生產關係的內在聯繫。古典經濟學家的資產階級立場，決定了他們有時又停留在經濟關係的表層與現象形態上，不能把以生產關係作為對象的科學方法貫徹到底。如亞當·斯密就提出政治經濟學是研究財富的科學的含糊的論點，他不能達到政治經濟學研究資產階級社會生產關係的明確認識與科學規定。馬克思指出，亞當·斯密不能得出「政治經濟學所研究的是財富的特殊社會形式」③的科學命題。19世紀30年代，隨著西歐資本主義國家無產階級與資產階級的鬥爭的激化和帶有威脅性的形式，科學的資產階級政治經濟學的喪鐘就敲響了。19世紀以來，迄至當代的資產階級庸俗經濟學則往往是用對物的表面現象的描述來代替對生產關係的研究，甚至是用心理過程與心理現象的研究代替經濟過程的分析。關於資本—利息、勞動—工資、土地—地租三位一體公式，迴避了資本對雇傭勞動的剝削這一基本生產關係，而將資本主義的各種收入的來源歸結為生產力的要素的自然性質。邊際效用學派的各種越來越「新穎」的價值理論，把商品固有的現實的價值性歸結為人對產品的主觀評價，實際上用心理的研究代替物的研究。當代資產階級經濟學中的時髦理論凱恩斯主義，更是立足於關於人的消費偏好、投資收入的預期等心理規律之上。當代資產階級經濟學中的宏觀理論，在有關累積和消費、投資與儲蓄、投資與經濟增長等方面的研究中，在一定程度上分析了資本主義的經濟關係，但是應該說這些具有一定實用意義的理論，頂多也只是接觸到某些表層性生產關係，在生產關係的表層上打轉，根本談不上進一步研究和揭示資本主義經濟關係的內在聯繫與本質。如當代西方資產階級經濟學的重要特色是越來越趨於數學化，在汗牛充棟的各種經濟學教科書中，越來越塞

---

① 馬克思說：「哲學家們只是用不同的方式解釋世界，而問題在於改變世界」。（馬克思，恩格斯. 馬克思恩格斯選集：第1卷 [M]. 北京：人民出版社，1972：19.）

② 馬克思，恩格斯. 馬克思恩格斯全集：第23卷 [M]. 北京：人民出版社，1982：12.

③ 馬克思，恩格斯. 馬克思恩格斯全集：第46卷下 [M]. 北京：人民出版社，1982：383.

第一章 於《 本 》的研究 象的

滿了各種各樣數學模型，如宏觀國民經濟增長的模型、微觀的收入分配模型與各種價格決定模型，等等。某些有關經濟關係與經濟過程的數學模式，未嘗不具有一定的實用價值，作為一種分析的工具與方法，是具有一定的積極意義的。但是，這種經濟理論分析的數學化，乃是用表層生產關係的數學方面的研究來代替和取消對生產關係的深層的本質的理論分析，而且，如果透過他們的高深玄妙的數學設計與推導的外觀，我們就會看見他們的各種庸俗經濟理論的大雜燴的內容。總之，越來越趨向於用有關經濟關係的表面現象、數量關係、物質技術關係、心理現象等的研究來代替對社會生產關係的內在本質的研究，特別是迴避對資產階級所有制和資本雇傭勞動的剝削這個資本主義生產關係的核心的研究，乃是當代資產階級經濟學進一步庸俗化的表現。資產階級政治經濟學千方百計地迴避對生產關係的研究，其目的在於掩蓋當代資本主義的日益深化的基本矛盾與階級矛盾，掩蓋資本主義制度的剝削本質，否認資本主義轉變為社會主義的歷史必然性。這也就清楚地表現出資產階級經濟學的辯護性質。

馬克思主義政治經濟學繼承了資產階級古典經濟學以生產關係為研究對象的科學方法，批判了古典經濟學中存在的用物的性質與關係的研究來代替生產關係的性質的庸俗的研究方法，建立了最徹底、最全面的研究生產關係的內在聯繫與規律的方法。馬克思創立的無產階級政治經濟學闡明了人類社會整個發展史中，社會生產關係按其性質來說，可以歸結為兩類：一類是生產中勞動者之間的互助合作關係；另一類是一小撮寄生者與廣大的勞動者之間的剝削與被剝削的關係。前者是公有制社會中人們互相之間的關係，後者是私有制社會中的生產關係。以生產關係為對象的馬克思主義政治經濟學，通過十分完備的科學方法與嚴密的理論分析，闡明了人類社會生產關係發展的規律是：由原始公社的勞動者之間原始的互助協作性質的生產關係，經過階級社會中的三種不同形式的剝削性的生產關係的梯級，最終過渡到擺脫了階級剝削與壓迫的自由人之間的社會主義、共產主義的生產關係。這樣就科學地闡明了人類社會生產的發展，要經歷一系列使人身受到束縛、壓抑和摧殘的社會結合形式，最後過渡到使人的本質得以充分實現的社會結合形式。恩格斯說：「人們自己的社會結合一直是作為自然界和歷史強加於他們的東西而同他們相對立的，現在則變成他們自己的自由行動了。一直統治著歷史的客觀的異己的力量，現在處於人們自己的控制之下了。只是從這時起，人們才完全自覺地自己創造自己的歷史；只是從這時起，由人們使之起作用的社會原因才在主要的方面和日益增長的程度上達到他們所預期的結果。這是人類從必然王國進入自由王國的飛躍。」[①] 因而，政治經濟學通過對人類社會生產關係發展變化和由低級向高級形式轉化的規律的科學闡明，不可辯駁地論證了全人類最終獲得解放的歷史必然性，從而使全世界無產階級認清了他們自身肩負的歷史使命。這也就表明了政治經濟學是無產階級爭取自身解放與全人類解放的革命的學說。

---

① 恩格斯. 反杜林論 [M] //馬克思恩格斯選集：第 3 卷. 北京，人民出版社，1972：323.

《資本論》是以生產關係為研究對象的理論經濟學的光輝典範。《資本論》把研究的焦距對準生產關係，它深入透澈地剖析了資產階級社會的經濟結構，分析了資本主義經濟的基本矛盾，清楚地揭示了資產階級與無產階級之間的對抗，科學地論證了社會主義取代資本主義的歷史規律。《資本論》以關於支配資本主義生產關係的運動規律體系的系統和完備的科學理論，為正在從事埋葬資本主義，爭取社會主義勝利而戰鬥的無產階級提供了強大的思想武器。可見，正是以生產關係為研究對象決定了馬克思主義政治經濟學具有的革命性與批判性，並使它從根本上區別於資產階級的經濟學。

歸根到底，以生產關係作為它的研究對象，是使馬克思主義政治經濟學這門學科真正成為科學所需要的，而且也是使這門學科成為革命的理論所需要的，作為研究支配人類社會生產關係的運動規律的科學，正是馬克思主義政治經濟學的鮮明特色。

（三）緊密聯繫生產力，上層建築研究生產關係

政治經濟學以生產關係為對象，並不意味著政治經濟學在研究中不涉及生產力，也不意味著政治經濟學不需要對生產力進行任何考察，更不意味著可以脫離生產力從事純生產關係的研究。恰恰相反，馬克思主義政治經濟學的研究方法的鮮明特色是：緊密地聯繫生產力來研究生產關係。

馬克思把唯物辯證法用於分析社會生產，論證了生產力與生產關係二者本來就是社會生產方式的不可分割的兩個方面，指出這兩方面是處在有機的聯繫之中，它們互相推動、互相制約，是一種對立的統一關係。在生產力與生產關係的辯證關係中，生產力乃是決定性的因素，它決定生產關係的性質並成為生產關係變化的根本動因。這就是說，有什麼樣的生產工具（它是生產力水準的標誌）就有什麼樣的勞動方式，也就有什麼樣的生產關係。因此，對社會經濟結構的運動機制的研究，不能脫離對生產的物質基礎的研究，而應該把生產關係歸結為勞動方式，最終歸結為物質生產力的發展水準，乃是馬克思主義政治經濟學的一項基本原理與基本研究方法[1]。

基於上述原理，對任何社會的生產關係的產生，都要從物質生產力的性質與狀況去加以說明。恩格斯在致卡爾·考茨基的信中說：「你不應該把農業和技術同政治經濟學分開……正如蒙昧人和野蠻人的工具同他們的生產分不開一樣，輪作制、人造肥料、蒸汽機、動力織機同資本主義的生產是分不開的。正如現代工具制約著資本主義社會一樣，蒙昧人的工具也制約著他們的社會……一說到生產資料，就等於說到社會，而且就是說到由這些生產資料所決定的社會。」[2]

基於上述原理，人類歷史上社會生產關係由低級形式向更高形式的發展變化，即生產關係的發展採取原始公社制、奴隸制、封建制、資本主義、社會主義與共產主義五種

---

[1] 馬克思，恩格斯. 馬克思恩格斯選集：第 2 卷 [M]. 北京：人民出版社，1972：111-112.
[2] 馬克思，恩格斯. 馬克思恩格斯《資本論》書信集 [M]. 北京：人民出版社，1976：438.

形式有規律地向前演進,以及同一個社會經濟形態發展過程中生產關係的具體形式的變化,這些均要聯繫生產力來加以說明。

馬克思在闡明人類社會的五種社會經濟狀態的區別時,就是將其與生產力的發展水準,特別是與生產工具的狀況聯繫起來考察的。馬克思說:「儘管直到現在,歷史著作很少提到物質生產的發展,即整個社會生活以及整個現實歷史的基礎,但是至少史前時期是在自然科學研究的基礎上,而不是在所謂歷史研究的基礎上,按照製造工具和武器的材料,劃分為石器時代、青銅時代和鐵器時代的。」①

馬克思主義政治經濟學(廣義的)基於上述原理,聯繫生產力的狀況,論證了人類社會生產關係的發展變化的規律。這就是:大體說來,在人類社會的發展中,與石器的使用相適應的是原始公社制的生產關係,與鐵器(在東方是青銅器)的使用相適應的是奴隸制的生產關係,與手工磨相適應的是封建的生產關係,與機器生產相適應的是資本主義生產關係,與現代機器大生產這一物質基礎相適應的是社會主義生產關係。

政治經濟學不僅要緊密聯繫生產力的狀況來闡明整個人類歷史的生產關係的發展變化的規律,而且還要由此闡明某一社會形態的生產關係的發展變化的規律。

眾所周知,就某一社會形態來說,生產關係也不是停滯不變的,而是有一個發生、發展與向更高級的新社會的生產關係過渡的過程。因而,某一社會形態的特殊類型生產關係也有一個由初生期不成熟的生產關係具體形式,逐步發展為成熟的形式,最終轉化為衰亡的形式(就私有制社會來說)的發展過程。因而,對某一社會形態來說,根據生產關係成熟程度的不同,大體上可以將它區分為不發達的階段和發達的階段。如原始公社制有母系制與父系制的區分;奴隸制經濟有東方的不發達的奴隸制與希臘、羅馬的發達的奴隸制的區分;封建制經濟有以勞役地租為主要形式的莊園制經濟與以實物地租和貨幣地租為主要形式的地主經濟的區分;資本主義經濟有一個以工場手工業為形式的不發達的資本主義和以機器大工業為形式的發達的資本主義。而發達的資本主義又經歷了自由資本主義與壟斷資本主義的兩個發展階段。壟斷資本主義又要區分為企業家的壟斷資本主義和國家壟斷資本主義,等等。也就是說,資本主義生產關係的發生、發展變化,要經歷一個由帶有過渡性的萌芽形式、幼年期形式、成熟形式過渡成熟與腐朽形式的一系列階段。對於上述某一特定社會形態的生產關係的發展與演變的內在聯繫與規律的闡明,是政治經濟學的重要任務。

當然,政治經濟學要研究的是支配生產關係的發展變化的規律,即其總的趨勢,而不是研究生產關係的具體形式與細節。列寧在論愛·大衛《社會主義和農業》一書時指出:「他十分詳細地探討了幾百個技術性的細節,把問題的政治經濟本質反而淹沒了。」②

---

① 馬克思,恩格斯. 馬克思恩格斯全集:第 23 卷 [M]. 北京:人民出版社,1982:204.
② 列寧. 列寧全集:第 13 卷 [M]. 北京:人民出版社,1959:155.

他又指出：「大衛對問題的社會經濟意義連懂也不懂。」① 但是必須看到，生產關係的規律總是要通過它的具體形式的發展變化來體現，因而，只有從生產關係的具體形式的發展變化中，找出它的一系列的階梯與關節，由此闡明生產關係經歷量變、局部質變到根本質變的全部運動，這樣才能說對生產關係的發展變化的規律做出了深入的與科學的闡明。如果人們只是停留在諸如生產關係要發生、發展和滅亡這一類的極其一般的、極其概括的表述上，那麼，就還遠遠沒有完成政治經濟學這門學科的任務。

對上述各個社會形態的生產關係發展變化所必須經歷的一系列階段的闡明，必須聯繫社會物質生產力的性質及其發展的狀況。如原始公社制生產關係發展成熟程度的不同階段與生產工具由舊石器演變為新石器是密切相聯繫的；奴隸制生產關係成熟程度的不同發展階段是與青銅器的演進至鐵器密切相聯繫的；封建制生產關係發展成熟的不同階段，則是與粗放的三圃農業演進至精耕細作的家戶農業密切相聯繫的；而資本主義生產關係成熟程度不同的發展階段，則是與生產工具和現代勞動方式的狀況，與勞動社會化的程度密切相關的。可見，要科學地闡明某一社會形態的生產關係的運動規律，深入揭示某一社會形態的生產關係由低級形式向高級形式的發展演變所必須經歷的階段與步驟，是不能求諸生產關係本身，而是必須緊密地聯繫生產力的狀況，必須立足於生產關係與生產力的矛盾的分析。

聯繫生產力來研究生產關係的方法，正是《資本論》的基本方法。馬克思並不想構造一個單一的研究生產關係的純之又純的理論經濟學，在《資本論》這一巨著中，就包含著有關生產力的規律的精要闡述。大體說來，《資本論》中的有關生產力的規律表現為以下這些方面：①有關勞動過程的要素的分析。《資本論》論述了任何物質生產都是人的因素與物的因素的統一與結合，論述了生產的物的因素的組成方式及其內在矛盾，以及由這一內在矛盾所推動的勞動手段發展變化的規律。②有關生產力的人的要素的分析。論證勞動者這一要素發揮作用的形式——勞動，如何由個體的、孤立的勞動轉化為社會化的、社會結合的勞動，以及如何由結合勞動的初級的、不發達的形式發展為成熟的、高級的形式。例如，由簡單協作這一結合勞動的低級形式轉化為以分工為基礎的協作，由以手工技術為基礎的工場手工業的結合勞動形式，轉化為以機器大生產為基礎的現代結合勞動形式。③有關現代化大生產的生產力中的決定要素——科學技術的分析，論述了科學技術由原本的知識形態轉化為物質形態——機器、技術設備由此轉化為直接生產力的機制與規律。④有關勞動方式的分析，如手工業生產方式轉化為工場生產方式，再進一步轉化為機器大生產方式的規律。馬克思上述的有關生產力的規律的概括與闡述，目的不是為了研究生產力本身，而完全是著眼於揭示生產關係的發展與變動的規律。

在《資本論》第一卷第四篇第11章至第13章就是結合資本主義勞動過程的具體形

---

① 列寧. 列寧全集：第13卷 [M]. 北京：人民出版社，1959：156.

態，結合資本的勞動生產方式的發展變化來研究資本主義所有制的發生和發展。這幾章體現了馬克思通過對生產物質技術形式的考察來進一步分析生產關係所採取的如下三個步驟：

（1）對生產的物質條件與物質技術性質的研究。首先，通過對生產力的物質要素的內在矛盾的分析，揭示勞動手段由簡單的手工工具到發達的手工工具再到機器的轉化。《資本論》第一卷第四篇第13章，利用了自然科學的大量研究成果，闡明了什麼是機器，論述了機器內部運動的機制，如動力機生產出動力，經過傳送機，最終推動工具機的運動。馬克思分析了機器的內在結構和矛盾，論述了產業革命後新產生的工具機與中世紀動力機之間的矛盾。他指出正是由於工具機的發展與有限制的動力的矛盾，推動了蒸汽機的發明和應用[1]。其次，他論述了與上述生產工具的發展相適應的是手工業到工場手工業，再到機器大工業的轉化。

（2）對勞動的技術性的社會結合形式——勞動組織的研究。《資本論》論述了工場手工業的以簡單協作為特徵的企業勞動組織到以分工為特徵的企業勞動組織，再到工廠制度下分工更加發達的企業勞動組織的變化。

（3）對生產的社會結合形式的研究。這是在闡明各種勞動方式的內容的基礎上，進一步引進資本主義生產關係，考察工場手工業和機器大工業這些勞動方式所體現的資本主義生產關係的發展變化，分析資本對勞動的統治與奴役關係在廣度和深度上的發展，及其帶來的資本主義基本矛盾的尖銳化。

基於以上的論述，歸結到一點，就是說政治經濟學以生產關係為研究對象同以某種方式某種角度來進行一些對生產力的考察與研究是一致的。

可能有的同志會說，上面那種說法豈不是證明生產力與生產關係一起都是政治經濟學的對象？我們的答復是：不是的。因為我們在這裡說的是從某種角度和以某種方式研究生產力，通過聯繫生產力的運動規律，以達到闡明生產關係的運動規律的目的，它同把生產力作為政治經濟學的研究對象，作為這門學科所要揭示其規律的客體是根本不同的。

我在1961年關於馬克思主義政治經濟學的對象的一篇文章中提出，要把研究範圍和對象範圍加以區分。對象範圍是一門學科要通過研究以揭示出其客觀規律的一個特定的領域。無論是自然科學或是社會科學的各門學科，都是以研究某一個特定領域中的特殊矛盾、特殊規律為其任務。毛澤東同志在《矛盾論》中說，某一現象的領域正是「因為具有特殊的矛盾和特殊的本質，才構成了不同的科學研究的對象」[2]。把客觀事物的一個特定的領域作為研究對象，作為這門學科要發現其規律的客體，這就叫對象範圍。但是由於客觀事物處在普遍聯繫之中，某一特定領域的事物的運動與其他領域的事

---

[1] 馬克思在《機器、自然力與科學的應用》（1861—1863手稿）中，更為詳細地考察了歷史上各種生產力的發展。

[2] 毛澤東. 毛澤東選集：第2卷[M]. 北京：人民出版社，1951：776.

物的運動，是互相關聯的。因此，對這一特定的對象範圍的事物的規律的研究，不能不涉及其對象範圍以外的更為廣大的領域，這些為研究獨特的對象範圍而涉及的更廣闊的客觀事物領域就叫研究範圍。

「作為研究對象，乃是這門科學要揭示其規律的特殊領域，而在研究範圍中所要包括某些對象範圍以外的現象和事物，它們只是用來完滿地闡明對象範圍的規律性所必要涉及的從屬性領域，對於後一領域事物的規律性的闡明，不是這門科學的任務。如哲學史、美學史、文學史等科學，固然也要研究和考察經濟基礎與政治制度，但是卻不是以經濟基礎和政治制度為對象，不是以揭示後者的規律性為任務。由此可見，只有弄清楚研究範圍和對象範圍的區別，我們才能在各門科學研究中所要涉及的頗為廣泛的領域中明確主次，分清對象，弄清各門科學所要探索和揭示的是什麼領域的事物的規律性，從而明確各門科學的特有的任務。」如氣象學以寒暑風雨等自然氣候變化現象為對象，它的任務是揭示各種氣候變化的規律。為此，它的研究範圍不僅要包括太陽、地球、月球等宇宙現象，而且要涉及地理與地質現象，涉及山區、平原、沿海的地表與地質結構，涉及地質學的研究範圍，但不能說氣象學以地質為對象。又如地質學的研究對象是地球的地質結構及其形式，它的研究範圍還要涉及宇宙、天體方面的現象，但不能說地質學是以天體現象為研究對象。同樣，政治經濟學以生產關係為對象，是以揭示社會生產關係的運動規律為其任務，但它的研究範圍不限於生產關係。由於生產力與生產關係聯繫密切，生產力是生產關係變動的決定因素，因而為了闡明生產關係的運動規律也要聯繫生產力的狀況，所以要在一定程度上涉及生產力的研究。與生產關係相聯繫和制約著生產關係的運動的還有政治、法律等上層建築，所以，政治經濟學在一定程度上還要研究上層建築；與生產力相聯繫的還有人的精神作用（包括思想、道德觀念、覺悟水準與文化水準的作用），所以，政治經濟學還在一定程度上涉及倫理道德與文化教育生活的經濟作用的研究。但是以上這些領域在性質上只是政治經濟學的研究範圍而不是對象範圍。如果把研究涉及的一切關係和一切領域不加區別地統統作為它的對象，那就找不到哪一門科學有它的獨特的對象，而任何一門科學都將成為多對象的綜合科學或邊緣科學，從而取消了科學的類別劃分，而政治經濟學也將變成既研究生產關係，又研究生產力，還研究上層建築的混合物，從而失去了馬克思主義政治經濟學固有的特色。

總之，馬克思所創立的無產階級政治經濟學，一方面十分明確地把生產關係作為對象，反對把生產力納入對象之中，從而將政治經濟學混同於工藝學的錯誤方法；另一方面又緊密聯繫生產力來研究生產關係，反對脫離生產的物質技術基礎，拋開勞動方式來孤立地研究生產關係的形而上學。把政治經濟學對象範圍與研究範圍加以區別又在研究中加以聯繫的方法，體現了馬克思主義政治經濟學的唯物辯證法的方法論。

第二章　全面地研究社會主義生產關係體系[①]

——有關社會主義政治經濟學理論體系建設若干問題

　　社會主義社會的生產機體並不是簡單的，而是一個由多方面、多層次的社會主義生產關係組成的社會組織。特別是還存在著商品生產與交換關係的社會主義發展階段、帶有商品性的社會主義經濟結構更是分外的複雜。因此，應該把社會主義生產關係看作一個體系，這一體系存在著多方面內在聯繫。無產階級專政的國家，為了自覺組織、調節與完善社會主義生產關係，使之最充分地適合生產力的性質，進而要求社會主義政治經濟學對社會主義生產關係的體系進行全面的研究，通過分析它的多方面的內在聯繫來揭示社會主義生產關係的發展和完善的客觀規律。對社會主義生產關係體系進行全面的研究也是進一步改進、完善與豐富社會主義政治經濟學的理論體系所必須的。在本章中，將就如何全面分析研究社會主義生產關係體系問題，談一點不成熟的意見。

　　對社會主義生產關係體系的全面研究，包括擴大研究的廣度和加強研究的深度兩個方面。一方面，擴大研究的廣度，就是不僅要研究社會主義的生產、分配、交換、消費四個方面，或生產關係的四維形態，而且有必要對生產、分配、交換、消費四個方面進一步地加以剖析，將它再分為許多環節和側面，這實際上就是要研究生產關係的多樣具體形式，或者說生產關係的多維形態。另一方面，要加強對生關係的研究深度，就是要研究生產關係四個方面之間的內在、有機的聯繫，揭示由這些生產關係組合成的宏觀的社會經濟結構的內在層次，找出與區分社會主義經濟結構中哪些生產關係屬於基層性的生產關係、哪些屬於上層性的生產關係、哪些是表層性的生產關係、哪些是裡層性的生產關係。這樣，才能細緻、周詳、全面地刻畫出社會主義社會經濟結構這個複雜機構的雕塑式的具體形態。

一、對社會主義生產關係從橫的方面進行研究的主要課題

　　對生產關係的研究，大體地說，可以採取剖析它的橫切面的方面和分析它的縱的發

[①] 本章選自：劉詩白. 全面研究社會主義生產關係體系 [M] // 劉詩白文集：第3卷. 成都：西南財經大學出版社，2011：82-112.

展序列的方法。從橫的方面研究社會主義生產關係，就是運用四分法，按生產、分配、交換、消費四個環節來進行研究。由於任何社會再生產過程總是要包括生產、分配、交換、消費四個環節，所以，任何一種社會形態的生產關係要表現為四個方面或四個橫切面。馬克思在《政治經濟學批判》導言中，論述了政治經濟學在研究社會生產關係時，有必要對生產關係進行四分。這種四分法體現了科學抽象法的應用。它把呈現在人們眼裡的生產中人們相互關係的具體形式，歸結為四種簡單的關係與規定。這種思維的抽象使社會經濟結構的本質特徵得到比較全面的反應。四分法，即剖析生產關係的橫切面的方法，是政治經濟學的科學研究方法，社會主義政治經濟學在研究、剖析社會主義社會的經濟機理時，也有必要採用這種方法，它包括以下四個方面。

（一）社會主義直接生產過程中對人們相互關係的研究

直接生產過程是社會再生產過程中最重要的環節，分配、交換、消費等環節都從屬於它。我們所說的生產關係，首先是指直接生產過程中人們的相互關係。

對直接生產過程中人們的相互關係的研究可以歸結為下述內容：

1. 研究與揭示人們參加物質生產過程的形式與方法，即人們進行物質生產的社會結合的形式與性質

人們參加物質生產過程的形式與方法，如：是社會全體有勞動能力的成員共同參加生產，還是只有社會部分人、某一階級從事生產；是人們自願地從事生產還是被強制地參加生產；在自願從事的生產中，是基於個人利益、私人利益參加生產還是為集體利益參加生產，等等。對社會主義直接生產過程中人們相互關係的研究，則要揭示社會主義勞動者進行共同生產的方式，要研究吸引聯合勞動者自願地去從事勞動的社會主義物質利益的性質，如要研究與分析現階段全民所有制聯合勞動所體現的作為主體的社會公益性及企業局部利益因素的結合，還要分析與研究集體所有制聯合勞動所體現的作為主體的集體利益性，等等。要揭示在社會主義社會走向成熟的過程中，社會主義勞動所體現的物質利益的特點及其發展變化的規律。如全民所有制企業聯合勞動體現的利益公共性的增強和企業局部利益的逐步減退，以及集體企業聯合勞動體現的利益公共性的增強。由體現小集體利益逐步提高到體現大集體利益，由體現集體利益逐步提高到體現全社會利益，等等。

2. 研究在生產中人們的相互關係或地位

人們在生產中的相互關係或地位，如：生產中人們彼此間是互助合作的關係，還是剝削與被剝削的關係；在直接生產過程中，人們彼此間是處於共同勞動者之間的平等地位，還是處於統治與從屬的主奴之間的地位。在社會主義制度下，則是要揭示社會主義聯合勞動者之間的互助合作關係的發展變化，揭示不成熟的社會主義互助合作形式發展成為更成熟的社會主義互助合作形式和轉變為共產主義的互助合作形式的規律。與此相適應，還要闡明廣大勞動者日益廣泛地參與企業管理和社會經濟管理的形式，以及不斷

擴大與增強勞動者實際當家做主的地位的途徑；還要揭示聯合勞動者隨著城鄉差別、工農差別、體力勞動與腦力勞動的差別的逐步消失，共同勞動者之間真正的、社會主義與共產主義的徹底平等地位與關係的形成。

3. 對勞動性質的分析

社會勞動性質的概念是直接生產過程中人們相互關係的最集中的理論概括，是生產關係更深層次的理論表現。對直接生產過程的政治經濟學分析，總是要深入到對直接生產者的勞動性質的剖析，要通過各種各樣的勞動形式的外觀，揭示出直接生產者所從事的是被壓迫、被強制、被剝削的勞動，還是擺脫了人對人的壓迫與剝削的自由的、自願的勞動；對於前者還要揭示它是奴隸勞動、農奴勞動，還是雇傭勞動。社會主義政治經濟學要對社會主義勞動的性質進行深入的研究，要闡明社會主義勞動的下述性質：

第一，社會主義勞動是擺脫了階級壓迫與剝削關係的勞動。無剝削性是社會主義公有制在勞動性質上的體現，是社會主義勞動的本質特徵。馬克思常稱社會主義勞動為自由人的勞動，正是這種擺脫了人對人的剝削的自由的勞動，使社會主義勞動區別於階級社會中的奴隸勞動、農奴勞動和雇傭勞動。

第二，社會主義勞動是體現了公共利益性質的勞動。公益性是社會主義公有制賦予勞動的另一重要特徵。社會勞動總要體現某種物質利益。在以私有制為基礎的壓榨直接生產者的剩餘勞動的生產方式中，勞動總是體現了剝削者的私利，如雇傭勞動體現資本家的私利，農奴勞動體現農奴主的私利。小手工業、個體農民的勞動雖不帶有剝削性，但體現的是小生產狹隘的私人利益。社會主義勞動體現公共利益。由於所有制不同，體現公共利益的程度也就不同。全民所有制體現的是社會的公共利益。集體所有制體現的公共利益帶有局限性，只能體現一個小集體的公共利益。

第三，社會主義勞動的公益性質是不完全的，它在體現公共利益的同時，還要在不同程度上體現個人特殊利益。勞動的性質不僅體現了生產資料所有制的性質，而且也體現了消費品分配的性質。社會主義制度下消費品實行按勞分配，它把勞動與消費品的佔有聯繫起來，從而使勞動具有有酬性。由於按勞分配，多勞多得，從而使勞動具有私益性。勞動的有酬性與私益性是社會主義勞動的又一特徵，二重性質構成了謀生的勞動的內容。共產主義實行各盡所能，按需分配，共產主義勞動是與消費品的個人佔有脫鉤的，從而使勞動具有無酬性。按需分配消費品，使勞動與消費品的個人佔有不再有直接聯繫，多勞不要求多得，人們不再計較勞動的個人得失，從而使勞動不再具有私益性，而真正成為體現無差別的公共利益的勞動。這種勞動的無酬性和勞動的完全的公益性，乃是共產主義勞動的特徵，它表明了人們實現了徹底的勞動解放，直接生產者不僅從超出人們的生理負擔界限的沉重勞動下獲得解放，而且使勞動從狹隘的個人佔有和個人利益關係的羈絆中得到解放。

總之，結合社會主義生產關係由不成熟形式向成熟形式的發展，研究與闡明社會主義勞動的性質與特點的變化，闡明社會主義勞動向共產主義勞動發展與轉化的條件和規

律，乃是社會主義政治經濟學在分析直接生產過程時的一個重要內容。

4. 對生產資料所有制性質的分析

上述直接生產過程中人們相互關係的性質，歸根到底決定於所有制的性質。社會主義生產是以生產資料公有制為基礎的，要闡明社會主義直接生產過程中人們的相互關係及其發展變化的規律，歸根到底，在於闡明生產資料公有制的形式、性質、特點及其發展規律。為此，有必要尋找加強對社會主義所有制的理論分析的廣度與深度的途徑。

我們認為，可以從下列的不同角度來對社會主義社會所有制進行更全面的研究，以揭示它的多方面的聯繫。

第一，對社會主義社會所有制結構的分析。社會主義社會所有制，並不表現為單一的內容，而是一個多層次的體系，特別是在社會主義的初始階段，所有制關係的多層次性表現得更為鮮明。首先，社會主義公有制具有多樣性，它以生產資料的全民所有制為主體，此外，在一定範圍內存在著集體所有制的同時，也還有一定數量的、作為上述所有制的混合生長形式的聯合所有制。其次，不發達社會主義的所有制體系中還存在附屬和補充性的前社會主義所有制形式的殘餘和痕跡，它的主要表現是個體所有制。此外，還在某些範圍內存在帶有私人資本因素的所有制形式，比如在中國現階段的國家資本主義性質的公私合營和經濟特區中外合資經營等形式。

如果說，由生產關係組合成的經濟結構是社會的經濟基礎，那麼，由多層次所有制關係組合成的社會主義社會所有制結構，就是社會主義社會經濟結構的基石。由於整個社會主義經濟結構中的其他生產關係都是立足於這種所有制結構之上，並且受到所有制結構的制約，因而，我們可以把社會主義社會的所有制結構稱之為基層性的生產關係。而人們要在理論上展示出社會主義經濟結構的清楚的圖像，首先就要從對多樣性的社會所有制結構的剖析著手。

第二，對現實的社會主義佔有關係的分析。研究社會主義所有制，不是要停留在對物的法權形式上，而是要分析作為經濟關係的現實的佔有關係。如對於社會主義全民所有制來說，由於現階段社會主義全民所有製表現為國家所有制形式，國家是佔有主體，所以，首先要研究以國家為主體的佔有關係，要深入闡明現階段國家對生產資料和產品（企業純收入）的佔有權、支配權、使用權的表現及其範圍。研究以國家為主體的佔有關係，是認識現階段社會主義全民所有制的性質和特點的重要內容。

社會主義企業是社會主義生產的基層單位，是社會主義全民所有制經濟的一個重要環節。社會主義全民所有制，除了表現為作為經濟主體的國家產品的佔有、支配和使用關係外，更要表現為作為經營主體的企業對生產資料的支配使用關係和對產品（企業純收入）的局部佔有關係（包括企業與企業內部經濟核算單位之間的利益關係）。因而，弄清楚現階段社會主義全民所有制的特徵，還有必要深入闡明作為經營主體的企業所擁有的現實的支配、佔有關係。只有把國家對生產資料與產品的佔有關係與企業對生產資料和產品的支配使用關係結合起來，全面地進行研究，找出其相互關係的規律性，才能

揭示現階段社會主義全民所有制的性質與特點。

對社會主義集體所有制，也要分別地就集體與勞動者個人對生產資料佔有、支配、使用等關係的狀況及其性質和對產品的佔有狀況及其性質進行研究，由此來揭示現階段社會主義集體所有制的特徵。

第三，對社會主義聯合勞動者佔有生產資料的直接形式的研究。馬克思和恩格斯曾經論述，社會主義社會實行生產資料由社會即全體勞動者直接佔有。全體勞動者直接佔有除了體現產品分配（包括生產資料與消費品）從屬於社會公共利益外，還體現了直接生產者對它們所從事的生產最充分地當家做主與表現其自由意志。這種佔有的直接性，乃是社會主義全民所有制的成熟形式的重大特徵。社會主義全民所有制不是一旦出現就能得到充分的體現。

社會主義政治經濟學，要把對社會主義勞動者佔有的直接性的研究作為對生產資料所有制的研究的一項重要內容。要通過對全民所有制的佔有形式以及經濟管理體制的研究，來揭示現階段全民所有制企業聯合勞動者的直接佔有性質的不完全性和特點；揭示隨著全民所有制的日益完善與成熟，以及隨著國家高度民主化和企業民主管理的完善，廣大職工真正地當家做主，聯合勞動者佔有直接性的程度將更增大和表現得更加鮮明。要通過這一研究來清楚地揭示社會主義制度下公共佔有的直接性得到發展與增強的條件與規律，為人們自覺地完善社會主義全民所有制指明途徑。

以上是社會主義直接生產關係的重要方面，對這些方面進行深入的分析才能全面揭示社會主義直接生產過程的性質和特徵。

（二）社會主義分配結構的分析

社會主義分配結構是社會主義分配關係的總和，是社會主義經濟結構的重要組成因素，社會主義分配關係的性質表現了社會主義經濟的重大本質特徵。眾所周知，列寧把社會主義概括為生產資料公有制和按勞分配。因此，深入地研究社會主義分配的全部內容及其多方面的聯繫，揭示社會主義分配結構的內容及其發展變化的規律，就有著重要的意義。

對社會主義分配關係的全面分析，包括如下的內容：

1. 分配在社會主義經濟中的地位

社會主義社會與一切社會形態一樣，分配是從屬於生產的。馬克思指出，分配關係是直接生產關係的反面。社會主義分配的性質是決定於社會主義的直接生產關係，決定於社會主義所有制。但是在社會主義經濟結構中，分配有其特殊的作用與機制。

資本主義經濟是以私有制為基礎的、自發地、盲目地發展的商品經濟，在資本主義經濟裡分配要通過交換來實現，交換是生產與分配的媒介。比如，沒有先行的勞動力的市場交換和產品的市場交換，就不能實現在產品中的剩餘價值歸資本家佔有和必要產品價值歸工人佔有的分配；也不能實現剩餘價值按照平均利潤形式在不同的產業部門的資

本家之間的分配。所以政治經濟學中資本主義部分範疇體系的邏輯序列，交換關係應該是作為所有制關係的繼起的環節，而社會生產關係的邏輯次序就表現為生產、交換、分配、消費。

在社會主義制度下，在生產資料社會主義全民所有制條件下，生產資料與產品歸全民所有，國家不僅直接掌握和決定國民收入中累積和消費的分配比例，而且根據客觀經濟規律的作用，對生產資料和消費品的分配實行有計劃的集中管理、指導和調節。這樣，社會主義制度下就實現了生產與分配之間的直接聯繫。固然，在社會主義制度下交換有著重要的作用，但是，假設在一個以生產資料全社會公有制為基礎的社會，那麼，交換就會失去商品經濟中那種突出的意義，而變成實現有計劃分配的一個手段。即使是在還存在商品關係的社會主義發展階段，交換與市場作用也是要在保證分配的計劃性的前提下來加以運用的。可見，在以公有制為基礎的社會主義經濟中，就生產關係鏈條的本質聯繫來說，分配就成為更主要的環節。因而，在社會主義政治經濟學理論體系中，社會主義生產關係的邏輯次序就表現為生產、分配、交換、消費。把分配放在交換之前，這樣的範疇體系是與社會主義經濟機體的運行機制相契合的。

2. 對社會主義分配結構的宏觀分析

社會主義分配包括極其多樣的形式與關係，是一個分配結構，大體說來，有下述方面：

（1）國家與企業之間的分配關係；
（2）國家與地區之間的分配關係；
（3）企業與企業之間的分配關係；
（4）地區與地區之間的分配關係；
（5）國家與個人之間的分配關係；
（6）企業與個人之間的分配關係。

上述社會主義分配關係，是一個以國家為中心的蛛網式的複雜的分配體系，各種分配關係既互相交錯又互相制約的。在這個分配之網中，某一個環節的變動都會對其他的環節發生一系列連鎖反應，因而存在一個社會主義分配網絡內部的複雜的運行機制。社會主義國家在對這些複雜的分配關係進行計劃管理與調節中，必須通曉與熟練地運用這一宏觀的分配變動的機制與規律。因此，研究與揭示這一社會主義分配關係的運行機制和規律，是社會主義政治經濟學的重要課題。

3. 對社會主義消費品分配結構的分析

分配關係包括生產資料的分配與消費資料的分配，而生產資料分配關係，總是要歸結到消費資料的分配，因為任何一種生產資料的佔有形式，總是為維護某種消費品的佔有形式服務的。社會主義生產的目的是全體社會成員不斷增長的物質與文化生活的需要。這就決定了消費品的分配具有特殊重要的意義，消費品分配的完善是社會主義分配關係的完善的關鍵。因而，研究消費品分配關係及其運動規律，就成為政治經濟學社會

主義部分的重要課題。

現階段社會主義消費品的分配關係也具有多層次性質，占據統治地位的是社會主義的按勞分配。按勞分配是生產資料社會主義公有制條件下的分配方式，這種分配方式是由社會主義直接生產關係所決定的，它又反作用於社會主義生產，成為社會主義經濟發展的重要動力。所以，堅持與不斷完善社會主義按勞分配，尋找與各個經濟領域的具體條件相適應的按勞分配的具體形式，乃是順利地推進社會主義經濟建設所必須解決的重要問題。

社會主義政治經濟學要結合社會主義公有制的不同形式及其經營方式，來研究按勞分配的各種具體形式及特點。如全民所有制內部的按勞分配和集體所有制內部的按勞分配，它們本質相同但各自又有不同的特點。農村集體所有制經濟實行家庭聯產承包責任制條件下的按勞分配形式，與統一核算、統一分配的工分制按勞分配形式具有不同的特點。城市實行經營承包制條件下的按勞分配，較之統一工資制下的按勞分配又有所不同。國營企業實行浮動工資制下的按勞分配關係，較之固定工資制下的按勞分配，又具有新的特點。按勞分配還有產品關係中的按勞分配、商品關係中的按勞分配，它們各自也有不同的特點。現階段社會主義的按勞分配與未來消除了商品貨幣關係下的社會主義按勞分配也有所不同。可見，按勞分配存在著多樣的具體形式和複雜的實現機制，特別是在商品生產與交換存在的條件下，按勞分配更是表現為不純粹與不完全的形態。對按勞分配的政治經濟學的分析絕不是簡單地停留在馬克思《哥達綱領批判》中所闡述的一般原理上，而是要結合社會主義國家的具體條件，闡明它的各種生動的具體形式。我們也不能把社會主義分配結構看作單一的社會主義按勞分配。要看到社會主義分配關係的體系中某些萌芽性的按需分配因素是客觀存在的。從理論上承認社會主義階段存在數量上極其有限的、不完全的、局限在特殊範圍中的萌芽性的按需分配，並不是就混淆了社會主義與共產主義這兩個發展階段的界限。恰恰相反，正是揭示了社會主義與共產主義的經濟既是相區別的又是相聯繫的。

在社會主義社會分配關係體系中還存在以個體勞動為基礎的分配關係。在社會主義社會很長的發展階段裡，還將存在個體所有制經濟，如農村集體經濟組織中包孕的個體所有制經濟因素（自耘經濟和家庭副業）和城市的個體經營這種以勞動者個人所有制為基礎的分配關係，它既不是資本主義的按資分配，也不是公有制下的按勞分配，而是帶有個人佔有性的前社會主義小生產分配關係的殘餘。特別是實行包干到戶的農村集體所有制的合作經濟，採用包干分配的獨特的形式，這種分配既主要地體現按勞分配，又帶有個人佔有的性質。此外，一定範圍內存在的投資分紅關係還體現了非勞動的佔有因素。

總之，社會主義社會的分配關係是多層次的。分析社會主義社會分配關係的內在層次結構，揭示它的內在聯繫、矛盾和發展變化的規律，是社會主義政治經濟學的重要研究課題。

4. 國民收入的遞次繼起的分配序列的研究

為了全面地闡明社會主義分配的機制，還必須弄清國民收入分配的遞次繼起的序列，即國民收入的分配與再分配。在社會主義制度下，企業創造的純收入 V+M，要在國家、集體、個人之間進行一系列的分配。國家與勞動者之間在物質生產領域中分配的第一級的原生性的分配關係，就是企業創造的純收入 V+M。由國家扣除一部分產品價值作為社會基金，一部分通過企業分配給勞動者，這就是第一次分配。繼第一次分配之後的是一系列的派生分配關係。首先，國家將集中的社會基金用於支付國家機關和文教、科學等事業單位的職工的工資，這就是物質生產領域的勞動者與非物質生產領域的勞動者之間的分配，即第二次分配。物質生產領域的勞動者通過支付各種生活服務費用，其收入的一部分就轉移到非物質生產領域的勞動者手中。非物質生產領域的勞動者之間也相互購買服務，這就形成第三次分配。第四次分配是勞動者與不勞動者之間的分配。勞動者為了贍養失去勞動能力的家庭成員、就學的子女，要把他的收入分給不勞動者，這是一種家庭範圍內的勞動者與不勞動者之間的特殊分配，可稱為第四次分配。

可見，社會主義分配包括一個原生的分配和多級派生的分配組成的一系列的繼起分配序列，是一個由國民收入的初次分配與多次再分配組成的運動。闡明這一多次分配組成的國民收入分配運動的內在關係與機制，尋求使這一分配之暢通的途徑，也是社會主義政治經濟學的任務。

(三) 社會主義交換結構的研究

社會主義交換結構（交換關係的總和），是社會主義生產關係的一個重要環節。特別是在還存有商品關係的社會主義發展階段，交換關係更具有重要的作用。它不僅是實現社會主義分配的槓桿，而且也是組織社會主義生產的重要經濟槓桿。

社會主義社會的交換是一個多層次的體系，它是由經濟性質上各具特點的交換關係組成的。具體地說，它包括：

(1) 全民所有制內部的交換關係；
(2) 全民所有制與全民所有制範圍內的職工的交換關係；
(3) 全民所有制與集體所有制之間的交換關係；
(4) 全民所有制與個體所有制之間的交換關係；
(5) 集體所有制之間的交換關係；
(6) 集體所有制與個體所有制之間的交換關係；
(7) 個體所有制之間的交換關係。

上面這一系列的交換都表現為商品交換形式，但是就其經濟性質來說，它包含社會主義的不完全的商品交換關係到社會主義的比較完整的商品交換關係，以及由社會主義性質的商品交換關係到個體經濟性質的商品交換關係的一系列階段。除了上述商品交換關係外，還存在著某些社會主義產品交換關係，如用於救災的物資供應，以及各地區之

間的物資相互支援，這是一種無償的產品交換關係。

社會主義社會各類商品交換關係性質上的特點，決定了商品交換的不同形式。如：①全民所有制之間的商品交換，是從屬於國家的計劃管理與指導的商品交換，它的最嚴格的形式，是從屬於直接計劃的商品交換，即生產資料的計劃調撥（包括由國家直接控制的強制性供貨形式）和消費品的計劃供應。它的一般形式是由間接計劃來加以指導和調節的國營企業之間的商品交換。②集體所有制經濟單位，由於它的生產具有更完整的商品性，所以，集體所有制與外部的商品交換，要在更大程度上從屬於價值規律的調節，各種交換關係表現為由國家運用經濟槓桿進行調節的自主的商品交換。如國家、農村社隊、城鎮集體經濟單位之間，工農產品（特別是三類農產品）實行議價購銷形式的交換。③以生產資料的個體所有制與消費品的個人所有制為基礎的自由的商品交換，包括城鄉集市貿易，以及國營企業和合作企業與職工和居民之間的消費品的自由市場買賣，這種交換主要從屬於價值規律的自發的調節。

總之，深入地分析社會主義社會交換關係體系，特別是揭示商品交換關係的多層次性質及其內在矛盾，由此闡明支配各個交換領域的商品交換的規律，是社會主義政治經濟學的重要任務。

（四）社會主義消費關係的研究

消費按其性質可分為生產的消費（包括生產資料的消費和勞動力的消費）和個人的生活消費，這二者構成廣義的消費概念。狹義的消費是指生活消費。生產的消費雖然使用「消費」一詞，嚴格說來應稱為「消耗」，生產資料的消費實際上就是一種生產中的物質的消耗，勞動力的消費實際上是人力消耗，它們共同形成物質產品。所以，消費按其狹隘的意義和真正的意義來講是指個人生活消費。

在任何一種社會形態中，消費均是再生產的一個必要環節，但是消費在各個社會形態再生產中的地位卻是不同的。在原始社會，與當時極其落後的物質生產力水準相適應，存在的是受到限制的難以維持生存的極其低下的共同消費。在此後的階級社會裡，是一種對占社會成員絕大多數的直接生產者進行壓抑的消費。在人類歷史上社會主義生產方式第一次把社會全體成員的內容不斷充實的、健康的生活消費，提升到生產的目的與動機。社會主義的實質，不僅在於使作為生產主體的勞動者擺脫了剝削，而且還要使人們擺脫貧困，日益富裕起來。可見，消費在社會主義經濟生活中佔有十分重要的地位，而對消費的研究，也就理所當然地成為政治經濟學的重要課題。

政治經濟學對消費的研究，不是旨在研究消費的自然生理方面的內容，如社會及各地區、各個階層的消費方式、消費心理及消費行為、消費結構，等等（上述問題乃是消費經濟學的研究對象）；而是著眼於消費過程中的人們相互關係。如要研究社會主義階段由三大差別的存在引起的消費水準的社會差別，揭示社會主義消費的社會差別的變化的規律與探索形成與發展社會主義消費生活的組織形式；找出逐步縮小消費的社會差

別，發展社會主義共同的健康的消費，實現全體社會成員生活的普遍提高和共同富裕的途徑。消費生活中的社會關係有著十分豐富的內容，它為社會主義政治經濟學提供了許多嶄新的課題。那種認為消費的社會關係沒有什麼可研究、不能成為政治經濟學的研究對象的觀點，是不能令人同意的。

二、對社會主義生產關係從縱的方面進行研究的主要課題

社會主義的經濟機體除了可以剖析為生產關係、分配關係、交換關係、消費關係這一四維經濟結構外，還可以剖析為由所有制形式、企業生產組織形式、企業經營管理形式、社會生產組織形式、國民經濟管理形式形成的縱的或立體的社會經濟組織形式。因此社會主義政治經濟學對於社會主義經濟機體的分析研究，除了要按照生產、分配、交換、消費的序列，從橫切面來揭示社會主義生產關係的內在聯繫外，還有必要按照所有制、生產組織方式、企業經營管理形式、社會生產組織形式、國民經濟管理形式的序列，從縱的方面進行分析與研究。

1. 所有制的研究

如果把整個社會主義社會的經濟組織形式作為一座大廈，生產資料所有制形式就是它的基石。社會主義社會某一發展階段，企業的生產組織方式、經營管理形式、社會生產組織形式和國民經濟管理形式均受生產資料所有制的制約，並且體現了這一發展階段的生產資料所有制的特點。從上述意義來說，生產資料所有制乃是一種始發性與基層的生產關係，而體現於企業的生產組織、企業經營管理形式、國民經濟管理體制中的生產關係則可以稱之為「第二級的和第三級的東西，總之，派生的、轉移來的、非原生的生產關係。」[1] 因此，從縱的方面來剖析社會主義社會的經濟組織，理所當然地要從對生產資料所有制的分析開始。

進行所有制研究的內容，已經在上節加以論述，在此不再贅述。

2. 結合企業生產組織形式來研究社會主義的生產關係

企業生產組織形式，首先是勞動方式，它的主要內容是指生產中的勞動協作與分工形式。如企業的生產是實行沒有分工的簡單協作還是以複雜的分工為基礎的協作，是專業化的小企業還是實行生產集中的大企業等。以勞動分工協作為內容的勞動組織與生產組織，馬克思稱之為「社會地發展了的勞動的形式」，或者說是勞動力的社會結合方式。這種人們勞動的社會組織形式是由物質生產條件的性質與狀況決定的，首先是由生產工具的性質與狀況決定的。如手工工具決定了生產中的簡單的勞動協作形式，專門化的工具決定了手工業工場中的以分工為基礎的勞動協作形式，機器生產決定了專業化生產這樣的現代工廠制度下的發達的分工與勞動協作形式。可見，分工協作的各種具體形式可

---

[1] 馬克思，恩格斯. 馬克思恩格斯選集：第 2 卷 [M]. 北京：人民出版社，1972：112.

以看作決定於生產的物質技術條件的社會勞動的組織形式，也可以稱之為技術性的生產關係或形式。這種技術性的勞動的社會結合形式帶有生產力的性質。只要物質生產條件不變，以特定的勞動分工與協作作為內容的生產組織形式，並不因所有制的改變而存廢。

其次，由於生產組織形式乃是勞動力的社會結合形式，而勞動力具有社會的規定性，在不同社會，勞動力的社會結合，就不能不體現勞動力的社會性質與特點。例如，資本主義的簡單協作，乃是從屬於資本的社會結合勞動方式，它體現了資本榨取剩餘勞動的關係，它與體現生產中的社會主義互助合作關係的社會主義的簡單協作具有本質的差別。同樣，資本主義企業的專業化生產組織與社會主義企業的專業化生產組織，它所體現的生產關係是根本不同的。上述情況表明，企業生產組織形式，它還有社會生產關係的一面，從而要體現出某種社會經濟制度的特徵。也就是說，要看到企業的生產組織形式帶有二重性，它主要是作為生產力的社會勞動組織形式，但是它又要受所有制的制約，從而體現某種特殊的社會主義生產關係的性質。可見，勞動組織與生產組織具有處在生產力與狹義生產關係「結合處」的特點，可以稱之為技術性生產關係與社會生產關係的複合體。

由於企業生產組織是生產力的具體組織形式，它首先決定於生產的物質技術條件，因而生產力決定生產關係的原理就要具體表述為生產力→企業生產組織形式→生產關係。在社會主義制度下，要表述為社會主義物質技術基礎的變化，引起企業生產組織形式的變化，進一步引起社會主義所有制的發展變化。因此，社會主義政治經濟學在研究社會主義所有制的發展變化時，就要採取生產力→企業生產組織形式→所有制的程序與方法，這樣才能細緻地揭示出社會主義生產關係變革的一些必經的階梯，闡明社會主義所有制發展的規律。

馬克思在研究資產階級所有制的發生、發展的規律時，就採用了上述方法。我們可以看見，《資本論》在研究資本的產生時，分析了如表 2-1 所述的內在聯繫。

表 2-1

生產力	生產組織形式	所有制
手工工具	小規模簡單協作	資本的萌芽
發達的手工工具	以分工為基礎的協作	資本家所有制產生
機器體系	工廠制度下更發達的專業化生產與協作	資本家所有制的確立

按照這一方法，我們不難發現，現代資本主義經濟發展中也存在著如表 2-2 所述內在的聯繫。

表 2-2

生產力	生產組織形式	所有制
自動化機器大生產	生產集中，聯合化	壟斷性聯合資本
高度自控化的機器大生產	更高度的聯合化	國際壟斷性聯合資本

上述分析的方法對社會主義政治經濟學的研究也是同樣適用的。如就農業來說，中國農業生產力水準還很低，在很大程度上以手工工具這一落後技術為基礎，這就決定了中國現階段的農業企業的生產組織就不能不以小規模集體生產與家庭分散生產相結合為特徵。除了某些農業生產與經營領域實行「統一」外，在農、林、牧、漁生的廣泛範圍內實行「分散」，這樣就可以既發揮統一經營與集中勞動的優越性，又可以充分發揮分散生產與經營的潛力，使勞動力與生產資料有效結合起來。因而統分結合，把集中勞動與家庭分散勞動相結合，乃是現階段適合於農村生產力發展水準的社會主義農業的勞動方式與生產組織形式。這種社會主義農業的勞動方式也就決定了農業的社會主義所有制的下述特點：它是以集體所有制為主體，但又包孕部分的生產資料的個人佔有，從而使集體所有制帶有不純粹與不成熟的特徵。中國當前實行的家庭聯產承包責任制形式，在所有制上就鮮明地體現了上述特點。

　　當然，上述社會主義初始階段的幼年期的集體所有制生產關係，是要發展變化的。隨著今後農業機械化的發展，農業勞動方式與生產組織形式日益先進和現代化，農業分散生產與經營將進一步為統一的集體生產所取代，小而全的與粗放的生產為專業化與集約化的生產所取代，農業集體所有制就會進一步完善，生產資料的個人所有將通過聯合化日益社會化，不成熟的集體所有制就要發展成為更成熟的、更完全的集體所有制。而在此後農業現代化的進一步發展中，現代技術與科學在農業中的應用又將使農業生產進一步專業化與協作化，企業勞動方式與生產組織形式將進一步改變。如要實行聯合化這種大規模的生產組織形式，農工商聯合體將要普遍建立。勞動方式與生產組織的這種變革將帶來所有制的變革，將會出現集體所有制企業的聯合，或者是國營企業和集體企業的聯合，以及其他形式的聯合，從而產生新型的聯合所有制。這種情況表明，隨著社會主義物質技術基礎的壯大，企業生產組織將進一步完善與先進，生產資料公有化將進一步發展。總之，結合企業的勞動方式與生產組織的演變來研究社會主義生產關係發展與完善的規律，是社會主義政治經濟學的重要課題。

　　3. 結合企業的經營管理形式來研究社會主義生產關係

　　經營管理形式是企業在組織生產與經營中運用、支配生產資料，組織產品交換與支配收入分配的具體形式。經營管理形式主要體現生產關係，因為：①經營管理形式體現生產資料的支配關係，如生產資料是歸企業佔有還是歸企業支配；②經營管理形式體現收益分配關係，如收益主要歸企業所有還是主要上交國家所有；③經營管理形式體現產品的交換關係，如是企業自主的商品交換還是國家支配的產品調撥。顯然，這些方面體現的是企業與國家、企業與企業、企業與職工之間的生產關係，因而，經營管理形式主要屬於生產關係範疇。

　　經營管理形式首先是取決於所有制，但是它又不等同於所有制。對於同樣的生產資料所有制來說，可以採用多樣的經營管理形式，如社會主義全民所有制經濟中，由於企業經濟條件不同——包括物質條件、產品性質、銷售條件、價格制定，企業在經營管理

第二章 全面地研究社 主 生 系

形式上也是不同的。如郵政、航空、鐵路、重要軍工、原子能、最新科學技術等企業採取較長期的統負盈虧的經營形式，某些小型企業實行經營承包、自負盈虧的經營形式；某些企業如小型零售商業、飲食服務業，還可以採取租賃形式，或租給集體，或租給個人。可見，經營管理形式具有多樣性。

所有制關係總是通過一定的具體的經營管理形式體現出來。如集體所有制關係要通過集體企業的具體經濟管理形式而得到體現，全民所有制關係要通過國營企業的具體經營管理形式而得到體現。上述國營企業的多樣經營管理形式都體現了全民所有制關係，無論是統負盈虧、自負盈虧（相對的）或是租賃等經營管理形式都不改變全民所有制的基本性質。

但是也要看到，經營管理涉及生產、分配、交換等關係的具體形式，因而某種經營管理形式總是要體現某種所有制的特點。例如國營企業實行相對的獨立經營和自負盈虧，在這種經濟形式下：①生產資料所有權屬於國家、部分支配使用權屬於企業，全民所有制關係沒有改變，但生產資料支配使用權有了變化。②在統負盈虧下收益分配權集中於國家，實行統收統支；而自負盈虧則是以稅代利，向國家上繳稅金，自留利潤歸企業支配使用，在產品收益分配關係上就有了變化。③實行自負盈虧，就要給予企業一定的自主生產餘地，除了在必要的生產與交換領域實行指令性計劃外，還要實行指導性計劃，這就表明計劃管理方式具有其自身的特點。可見，自負盈虧使全民所有制企業在生產資料支配使用關係、產品佔有關係上都要發生某些變化，它使全民所有制帶有產品企業局部佔有因素，從而具有不成熟與不完全的全民所有制的特點。

基於上述，我們可以看出，政治經濟學不能撇開企業的經濟管理形式來抽象地論述社會主義生產關係的特徵。只有結合企業的經營管理形式來進行分析研究，才能闡明社會主義所有制的具體形式和特點。

4. 結合研究宏觀的社會生產組織形式來研究生產關係

宏觀的社會生產組織形式，是相對於微觀的企業生產組織形式而言的，它是國民經濟範圍內生產力的組織形式，但也體現出生產關係的性質，因此具有二重性。

從國民經濟範圍來看的生產組織形式是指國民經濟範圍內的產業結構，它包括：

（1）物質生產與非物質生產部門的結構。物質生產與非物質生產的結構是任何社會生產組織的必要內容。由於非物質生產部門的勞動者與社會不生產的成員的生活消費數量是以物質生產部門的剩餘產品總量為極限，因而，社會生產力發展水準越低，越需要把絕大多數勞動力用於物質生產，把較少的勞動力用於非物質生產。相反，生產力發展水準較高的社會，就會把較少的勞動力用於物質生產，把較多的勞動力用於各種社會服務，如各種消費服務、文化服務、醫療衛生服務等。可以說，物質生產在社會生產結構中的地位與社會生產力發展水準成反比，乃是生產力發展的規律。比如，中國現階段較低的生產力水準就要求有數億農民從事農業生產，要求大量職工從事工業生產，服務行業及文化教育、醫衛事業等的發展就受到限制。按物質生產力的發展水準所提供的可

能性，把必要的勞動力用於物質生產，同時把足夠的勞動力用於服務部門，特別是用於發展科學文教事業，形成一個最合理的物質生產部門與非物質生產部門的結構，這是合理的宏觀生產組織所要解決的重要問題。

（2）物質生產的內部結構。物質生產部門包括工業、農業、交通、郵電（嚴格說來是它為生產服務的那一部分）等部門以及商業（其中的大部分）。形成某種物質生產領域中合理的產業結構乃是生產順利地發展的必要條件。物質生產內部各個部門的相互關係的一般規律是：農業部門中占用的勞動力與物質生產力的發展水準成反比。生產力水準越低，用於農業中的勞動力就越多，農業這一部門在國民經濟中比重就越大；反之，生產力發展水準越高，工業交通等部門就能在物質生產部門中占據優勢，形成工業為主要成分的現代產業結構。就工業而言，重工業與輕工業之間又有一定的規律性。作為現代化的生產力，重工業在工業結構中要占更大的比重，即形成重型的工業結構，才能適應於技術進步下擴大再生產的需要。

（3）第 I 部類和第 II 部類的結構，即生產資料部類與消費資料部類的結構。社會生產兩大部類的合理結構，是順利實現社會再生產所必要的。如 $I(v+m)= II c$ 的兩部類結構是實現簡單再生產的物質條件，$I(c+v+m)= I(c+\Delta c)+ II(c+\Delta c)$ 的結構則是實現擴大再生產的物質條件。隨著社會生產力水準不斷發展與技術的不斷進步，社會兩大部類的關係表現為：第 I 部類比重逐步增長和第 II 部類比重相對降低的規律性，即生產資本優先增長的規律，這是對於任何社會都適用的技術進步下的擴大再生產的一般規律。當然，隨著物質生產力達到很高發展水準時，隨著生產資料部類勞動生產力的發展，新技術的微型化和新技術帶來的生產資料生產中勞動的節約，這些因素將對第 I 部類優先增長起反作用，從而為第 I 部類以服務行業更迅速地發展提供物質條件。

（4）物質生產部門與科學技術部門的結構（包括作為第二層次的物質生產與文教部門即所謂智力開發部門的結構）。當代科學技術日益迅速地轉化為直接的生產力，科學技術部門不僅服務於物質生產，而且日益顯示出它的某些物質生產的性質。這裡我們指的是密切與物質生產相結合的科學技術部門，如工廠裡的研究所與技術科室，它們密切地與生產相結合而進行的科技勞動也具有物質生產勞動的性質。當然，從事理論研究的勞動，如高能物理、原子物理這些理論研究的勞動，一般只是為物質生產服務，還不具有直接生產的性質。這些理論研究運用於生產還得經過若干中間環節，還要經過由知識形態的可能生產力向直接生產力的轉化。因此，形成國民經濟範圍內最有利於生產力發展的合理的生產組織，還要求形成一個合理的物質生產勞動與科學技術勞動的結構。與此相關聯，作為上述一般生產勞動與技術勞動結構的第二層次，乃是物質生產部門與文教部門的結構，這一結構的合理化，乃是一般生產勞動與技術勞動結構合理化的前提。

總之，社會生產組織形式包括物質生產部門與服務部門、科技部門、文教部門之間

的結構。除此而外，宏觀的社會生產組織還不包括地區生產結構，如工業與農業的結構、城市與鄉村的結構、一般經濟地區與生產力高度發展的經濟中心的結構、中小城市與大城市的結構。上述的生產結構本身是生產力的一種特殊組織形式。但是，這些結構卻又體現了生產關係性質。如生產部門與非生產部門的結構，體現了生產勞動與非生產勞動的關係；工業與農業的結構，體現了工人與農民的關係；一般生產部門與科技、文教部門的結構，體現了體力勞動與腦力勞動的關係，等等。因此，社會主義政治經濟學不僅有可能而且有必要聯繫這一宏觀的社會生產組織，從更大的廣度來研究社會主義生產關係。

5. 結合國民經濟管理形式來研究社會主義生產關係

為了全面地對社會主義生產關係進行剖析，還必須通過對國民經濟管理形式（即國民經濟管理體制）的分析來把握社會主義生產關係的具體形式。社會主義的國民經濟管理是國家對宏觀經濟活動的管理和控制，以及對企業經濟活動的調節和個人的經濟活動指導。國民經濟管理包括廣泛的內容，如企業利潤以稅收形式上交國家與自留利潤比例的制定，國民收入的累積和消費的分配，國民經濟基本比例關係的確定，勞動力在各部門中分配比例的確定，等等。

社會主義國民經濟管理的方式與體制，不是可以任意地設置的，而是取決於生產資料的社會主義所有制的性質及其特點。如對於國營企業來說，它的生產資料屬於全民所有，因而它的生產與交換活動就是從屬於全社會利益，它的剩餘產品的分配和使用也應從屬於全社會的需要。企業職工的勞動報酬也應該有社會統一的尺度。上述情況一方面決定了社會主義國民經濟管理體制的集中形式，它以國家為最高管理主體和由國家對國民經濟的主要活動進行集中統一的管理、控制和調節。但是另一方面，現階段全民所有制經濟關係還表現為商品關係，國營企業還要表現為不完全的相對獨立的商品生產者，這一情況決定了微觀經濟活動的部分企業決策權。社會主義國民經濟管理體制的形式，必須適應上述特點，把國家的決策權與企業的決策權結合起來。

國民經濟管理體制，作為社會管理、調節與指導國民經濟活動的方法和制度，它包括：①最高管理主體的形式，例如，是以國家為主體還是實行其他管理主體；②管理模式，例如高度中央集權型的、集中型的，或者是分權型的，等等；③管理的組織機構體系與模式，例如，是以國家行政機關為主，還是以經濟組織為主；④管理方法，例如，是以行政手段為主或者是行政手段、經濟手段與法律手段並用，但以經濟手段為主。上述管理的主體、機構、方法等均是人們根據客觀經濟規律採用與確定的一種制度，從這一方面來說，它帶有上層建築的性質，但是這是一種特殊含義的上層建築，即它既包括一部分政治上層建築性質，又包括另一種上層建築：聳立於生產關係體系之上的經濟管

理體系——經濟上層建築①。正由於此，我們不能把國民經濟管理體制範疇與生產關係範疇混為一談，要看到它與所有制關係是有區別的。例如，社會主義社會某一發展階段的所有制，其性質與基本形式總是帶有穩定性的，而國民經濟管理體制卻不是持久不變的，而是隨著客觀條件的變化而不斷地改進和完善的。因此，同樣的所有制形式，可以採取不同的管理形式。例如，對於全民所有制領域的經濟活動，根據不同的政治經濟條件，可以採取不同的管理形式。如在不發達的社會主義國家初始發展階段，或在戰爭、自然災害時期，由於物資缺乏或比例關係不協調，要求實行某種較為集中的管理體制。在社會主義經濟發展到以內含地擴大再生產企業決策和個人決策相結合的管理制度，要擴大企業必要的自主權，適當減少國家干預。顯然，國民經濟管理體制的這些變革，並不改變社會主義國家所有制的性質。

但是也必須看到，如同上層建築會積極反作用於經濟基礎，上層性的管理關係也會影響作為它的基礎的所有制關係。社會主義的國民經濟管理體制實際上涉及生產資料的支配、使用形式。如生產資料的所有權、支配使用權是統統歸國家，還是實行所有權歸國家，企業有部分的支配使用權。管理體制還涉及分配形式，如國家與企業之間是實行全收全支，還是實行把利潤分為國家徵收稅金和企業自留利潤的分配方式。管理體制還涉及交換方式，如是實行全面的統購統銷、統購包銷、統購統配，還是給企業某些自主購銷權。總之，國民經濟管理體制模式的不同，也就意味著在生產資料佔有、產品分配與交換等現實關係與具體形式上有所不同。這也就表明，在社會主義制度下，國民經濟管理體制的完善就不僅僅是一般上層建築完善的問題，而是直接體現為社會主義生產關係的完善。特別是在生產資料的社會主義公有制的改造取得基本勝利、社會主義經濟制度基本確立後，社會主義生產關係的進一步完善，在很大程度上是通過國民經濟管理體制的改進來實現的。如果人們能夠找到和建立起一種與社會主義所有制的性質和本國的國情相適應的完善的國民經濟管理體制，那麼，就意味著社會主義生產關係的具體形式進一步完善和更加適合於生產力的性質。

基於以上的論述，我們就可以看出：國民經濟管理體制這一上層性的管理關係的性質，及其在實現社會主義生產關係的完善中的重要作用，正是社會主義政治經濟學要對社會主義國民經濟管理體制進行深入研究的原因。

三、保證社會主義生產關係全面適合於生產力性質，是生產力最迅速發展的根本前提

對社會主義經濟組織的縱向的研究可以歸納為圖2-1。

---

① 從這種意義上講，國民經濟管理形式是一種管理關係，並可以稱之為上層性的經濟關係。

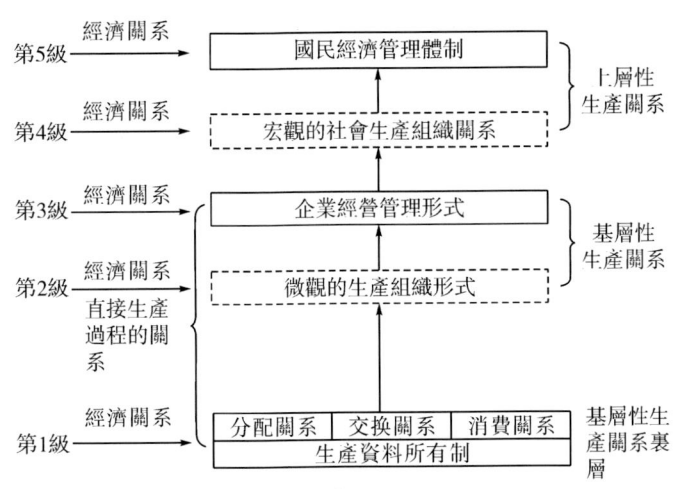

```
第5級  ──經濟關系──→  ┌─────────────────┐          ┐
                      │  國民經濟管理體制  │          │ 上層性
                      └─────────────────┘          │ 生產關系
第4級  ──經濟關系──→  ┌ ─ ─ ─ ─ ─ ─ ─ ─ ┐          ┘
                      │ 宏觀的社會生產組織關系 │
                      └ ─ ─ ─ ─ ─ ─ ─ ─ ┘
                              ↑
第3級  ──經濟關系──→  ┌─────────────────┐          ┐
                      │  企業經營管理形式  │          │
                      └─────────────────┘          │ 基層性
第2級  ──經濟關系──→  ┌ ─ ─ ─ ─ ─ ─ ─ ─ ┐          │ 生產關系
       直接生產        │ 微觀的生產組織形式  │          │
       過程的關        └ ─ ─ ─ ─ ─ ─ ─ ─ ┘          │
       系                      ↑                     │
第1級  ──經濟關系──→  ┌─分配關系─交換關系─消費關系─┐  ┐ 基層性生
                      │      生產資料所有制       │  │ 產關系裏
                      └─────────────────────────┘  ┘ 層
```

注：虛綫體現生產力與生產關系二者。

圖 2-1

圖 2-1 表明：①確立完善的生產資料社會主義所有制結構，是建立社會主義社會的經濟組織的基礎。②社會主義國家的微觀（即企業生產組織）形式是以生產資料公有制為基礎的，但它又是更直接地適應生產力而變化的。探索這種由直接生產力制約的最適當的企業經營管理形式，是組織社會主義生產的一個重大課題。③企業經營管理形式位於企業生產組織形式之上，就是說企業經營管理形式要適應於勞動方式與生產組織形式的要求，以促進作為社會主義經濟細胞的企業的生產與經營的順利發展。④國民經濟管理體製作為上層性的生產關系，它必須適應與有利於具有相對獨立性的企業的生產經營的發展。

圖 2-1 也表明，為了更清楚地揭示社會主義經濟組織的內在構造，可以將社會主義生產關系劃分為基層性生產關系和上層性生產關系、原生性的生產關系和派生性的生產關系。對經濟關系還可以劃分為第 1 級、第 2 級、第 3 級等一系列階梯，即生產關系的序列。具體地說，所有制關系乃是原生性和第 1 級（即基層性裡層）的生產關系，企業的生產組織與經營管理中體現的生產關系，是基層性的表層性的關系。國民經濟管理體制是管理關系，它是所有制關系所派生的，可以稱為上層性的生產關系。基於上述對經濟關系的進一步劃分與經濟關系新概念的確立，我們就能對社會主義制度下生產關系一定要適合生產力性質的規律作出如下的闡述：要使作為上層性生產關系的國民經濟管理體制與基層性生產關系的要求相適應，要使基層性生產關系的表層與基層性生產關系的裡層相適應，要使上述多層次的社會主義生產關系互相適應，從而建立社會主義經濟組織中的全面協調關系，最根本的則是要保證社會主義所有制形式與生產力的性質相適應。社會主義政治經濟學對社會主義生產關系的全面分析與研究所得出的最終結論就是：要保證社會主義生產關系體系全面地適應於生產力的性質，社會主義社會生產力生氣勃勃地發展的根源正在於此。

第三章　論《資本論》中的科學抽象法[①]

《資本論》中的研究方法，最根本的是唯物辯證法，而唯物辯證法不只是《資本論》的基本方法，也是一切社會科學和自然科學的基本方法。對於任何一門科學的方法論的研究，不應該只是停留在唯物辯證法這一指導性的、基本的、一般的方法論上。因為各門科學的研究對象不同，從而有其特殊的方法。對於以研究資本主義商品生產關係為對象的《資本論》來說，有其特殊的科學抽象法。此外，還有歷史的方法、歸納法、演繹法，甚至採用一定程度的數學方法、圖表方法，不過這些方法均受唯物辯證法統率。可以說，《資本論》中存在著以唯物辯證法為「綱」，以科學的抽象為主幹，以其他的方法為「目」的方法論體系。這個完備的方法論體系是與《資本論》包羅無遺的龐大的理論體系相適應的。本章不擬論述《資本論》中的辯證方法，而只是對它的科學抽象法進行探討。

一、科學抽象的內涵

科學的抽象是馬克思在對資本主義的生產關係進行政治經濟學的分析與研究時所創立與使用的方法。它在《資本論》這一巨著中有著完備的體現。

科學的抽象包括下述兩個步驟：

第一步，從實在和具體開始，從實踐經驗和實際材料出發，進行邏輯與理論分析。抽象與排除事物的非本質的、次要的、外在的因素與聯繫，然後，對特定的生產關係與過程進行抽象概括，找出它的最簡單的規定，這樣就從不純的複雜的經濟現象——「混沌的表象」，提煉出簡單的、高度抽象的概念。正如馬克思所說：從「一個混沌的關於整體的表象，經過更切近的規定之後，我就會在分析中達到越來越簡單的概念；從表象中的具體達到越來越稀薄的抽象，直到我達到一些最簡單的規定。」[②]

這一步是從事物的現象形態，剝離出它的內容稀薄但卻是共通的普遍的本質。

第二步，是抽象上升。由上述簡單的規定出發，加上與之相互聯繫的新一層關係的規定性，得出更具體的，即次一級的抽象範疇。如此進一步上升，加上更加具體的規定

[①] 本章選自：劉詩白. 論《資本論》中的科學抽象法 [J]. 學術月刊, 1983 (2)：1-7.

[②] 馬克思, 恩格斯. 馬克思恩格斯選集：第2卷 [M]. 北京：人民出版社, 1982：103.

性，得出更具體的、再次一級的抽象範疇。這個上升的終點，便是一個擁有許多規定性的、豐富的、有血有肉的具體。

科學抽象的第二步作為邏輯思維的抽象。上升法是由始發性的、內容單調的最抽象的概念逐級上升，一步步地在觀念中再生產與洗印出體現現實經濟關係的本質（而不是表象）的具體。

以上兩步就是馬克思《資本論》中的科學抽象法的內容。

科學抽象的第一步，即由事物複雜的、多樣的表象提煉出簡單的規定，具有十分重要的意義。因為能否正確地從千頭萬緒的錯綜複雜的經濟現象與過程中，找出作為邏輯分析起點的抽象範疇，對於順利地、層層深入地剖析資本主義經濟機體有著頭等重要的意義。從具體到抽象這一步，包含著抽象思維的兩個層次。第一層次是思維提純，即從複雜的、多樣的經濟關係中，舍去非本質的聯繫，排除干擾因素，從中抽取出一個較純粹的經濟關係，作為研究的具體對象。

思維提純法對於政治經濟學的研究具有特別重要的意義。因為作為政治經濟學研究對象的社會經濟機體，較之於複雜的自然物質，譬如人類的機體，還更為複雜得多與不純得多。現實的資本生產過程就是與資本的流通過程分不開的，而流通過程與分配過程也往往是交織在一起的。因此，第一步，要從思維中進行分解，舍象它的非本質的關係，以便找出與確定一個純粹的經濟關係的領域來作為研究的對象，由此才能揭示生產關係的本質聯繫與運動規律。如從社會活動中舍象上層建築領域的過程而抽取經濟過程，從經濟過程中舍象生產力而抽取生產關係，從現實的不純的經濟關係中舍象非資本主義生產關係而抽取資本主義生產關係，這就是《資本論》中使用的思維提純法。此外，《資本論》第一卷舍象資本的流通過程與關係，抽取純粹資本的生產過程作為主要的對象領域；而在第二卷則舍象資本的生產過程，抽取純粹的資本的流通過程作為主要的對象領域，也是這種思維提純法。

從具體到抽象，這第一步中的抽象思維的第二層次，是對這一抽取的特定的領域進行再次的思維分解，通過分析、比較，經過思維的加工，去粗取精，去偽存真，由此及彼，由表及裡，排除其多樣的現象形態而抽象出一般的及最簡單的規定。如《資本論》第一卷舍象前資本主義生產方式，抽取資本主義生產方式的純粹形態來作為研究對象，然後在對資本生產過程的研究中，選取資本主義經濟中最一般的關係——商品作為研究的起點，從中抽取商品一般的簡單規定性，作為邏輯分析的始發性範疇。抽象思維的這一層次，是思維提純的繼續，是從具體到抽象的邏輯的終點，是「在第一條道路上，完整的表象，蒸發為抽象的規定」的完成。

從具體到抽象，只是科學的抽象的初始階段，抽取經濟關係的抽象規定後，還必須進一步進入由抽象到具體（後者乃是科學抽象）的完成階段。

必須指出，《資本論》抽象法的特色，在於從抽象上升到具體。從具體到抽象，只是抽取與把握現實的生產關係的抽象規定。這個抽象規定，形式簡單、內容稀薄，所以

只是揭示了所考察的對象的一個框架,還不能反應對象現實的豐富的規定。像商品一般的簡單規定,就不包括資本關係的社會內容,即使是對商品一般的透澈的闡明,也並不能包括資本——如作為資本的商品的本質特徵的說明。因而,在抽象思維過程中,從具體蒸發出的抽象規定,只不過是進一步研究的起點,還要一步步加入具體的關係,從而得出更具體的規定和一步步接近現實。這就是「在第二條道路上,抽象的規定在思維行程中導致具體的再現。」①「從抽象上升到具體的方法,只是思維用來掌握具體並把它當作一個精神上的具體再現出來的方式。」②

從抽象上升為具體,就是把對象進一步放在多方面的聯繫中進行考察,不是孤立的,而是將原先舍象的某些關係、聯繫重新加入,從而是思維的綜合。由於加進某些關係、聯繫,已經是清除了事物表象上的外在的與偶然的聯繫,而成為所考察的對象的內在的契機,所以這樣的思維綜合下的對象,就不是現實的關係與過程在人們頭腦中的簡單的顯影,而是思維過濾、提煉與摹寫出來的一個具有諸本質規定性的整體。這樣的精神上再現出來的具體,又回到了一個有血有肉的具體事物。但是,它不是事物原生的自然形態,而是思維解剖分析出來的線條清晰、輪廓分明的構成體;它是科學思維的結晶,是人類智力創造的雕塑。如果說黑格爾的唯心的邏輯思維方法,得出的是一個本末倒置的,甚至是帶有主觀虛構性質的具體,那麼,馬克思的科學抽象法,在思維中再現出的卻是一個排除了各種主觀幻覺、錯覺與表相的具體。因而,儘管它是觀念中再現的具體,但由於它是科學思維對現實的摹寫,所以它「已不是一個混沌的關於整體的表象,而是一個具有許多規定和關係的豐富的總體了。」③ 同時,它比最初的以表象形式出現的具體更加清楚,更加深刻地反應了現實。

二、科學抽象是邏輯的方法

《資本論》的科學抽象法,是邏輯的方法,是憑藉人的大腦的邏輯思維能力,通過思維形式再現出客體,以認識客觀對象。上述從表象中的具體到抽象的簡單規定,又由簡單的規定到觀念中的具體,都是借助於人的思維器官的「抽象力」來實現的,這兩步均是邏輯思維的表現形式與必要程序,是邏輯思維方法的主要內容。

作為認識客觀事物的研究方法總要適應對象的性質,因而方法總是取決於對象。馬克思把這種借助於邏輯思維的抽象法,作為政治經濟學的研究方法,是由政治經濟學研究的對象——生產關係的性質所決定的,它體現了認識論與本體論的一致。

馬克思主義政治經濟學的研究對象是社會的生產關係,是生產過程中人與人的關

---

① 馬克思,恩格斯. 馬克思恩格斯選集:第2卷 [M]. 北京:人民出版社,1982:103.
② 同①.
③ 同①.

係。顯然，生產關係、特別是商品生產關係的非直觀的性質，決定了人們不能採用適用於自然物質對象的實驗室方法。要揭示與認識資本主義社會的經濟關係的本質，只能通過運用人的抽象思維能力，即「抽象力」。

作為科學抽象法的兩個步驟，從具體到抽象和從抽象向具體上升，均是抽象力的運用。前者是運用在分解上的抽象力，後者是運用在綜合上（也包括歸納與演繹）的抽象力。這種運用思維能力的邏輯方法，適合對社會生產關係研究的政治經濟學。

必須指出，上述邏輯思維或理論分析的方法，乃是馬克思批判地繼承舊的思辨哲學，特別是黑格爾哲學的邏輯思維的方法，並把它創造性地運用於政治經濟學研究之中。

馬克思吸取了黑格爾的方法的合理內核，揚棄了它的唯心主義的性質，創立了嶄新的辯證唯物主義的邏輯思維的方法。這一嶄新的政治經濟學的方法，完全不同於唯心主義的邏輯方法。如：①在黑格爾那裡，「思維過程，即他稱為觀念而甚至把它變成獨立主體的思維過程，是現實事物的創造主，而現實事物只是思維過程的外部表現。」① 而在《資本論》中，「觀念的東西不外是移入人的頭腦並在人的頭腦中改造過的物質的東西而已。」② ②在黑格爾那裡，邏輯思維被視為人類具有的洞察與把握真理的天賦的主觀能力；而馬克思則論述了邏輯思維之所以能認識真理，在於它在社會實踐的基礎上正確地反應了客觀實際。③在黑格爾那裡，邏輯思維是絕對觀念的自行運動；在《資本論》中，邏輯思維是現實生產關係的歷史發展的反應。④在黑格爾那裡，思維運動的起點是絕對精神，邏輯的起點——絕對精神，是不受客觀現實制約的先驗的存在；而在《資本論》中，作為邏輯分析的起點則是客觀實在，是現實的生產關係，客觀經濟關係從哪裡開始，邏輯思維就從哪裡開始，因而邏輯的進程反應了客觀經濟關係的結構的秩序。總之，馬克思把黑格爾的頭足相顛倒的唯心辯證邏輯顛倒過來，創立了嶄新的辯證邏輯方法，並且依靠這一辯證邏輯方法，解剖了人類歷史上最複雜、最使人迷亂的資本主義的經濟結構，揭示了它的生理機制與運動規律。

邏輯思維或理論分析的方法，是《資本論》獨特的研究方法。正是這一方法，使《資本論》對各種經濟關係有鞭闢入裡、深入而全面的理論分析，有秩序井然、有條不紊的範疇次序，有嚴整的結構（卷與卷之間與每卷各篇章之間，以及每章內部）與完整的理論體系。《資本論》之所以具有統一的理論經濟學的特色，正是立足於這一邏輯方法之上。這裡也體現了《資本論》理論體系性質與方法論的一致。

三、剖析資本主義經濟機體內在結構的犀利武器

《資本論》的抽象法，是分析資本主義經濟關係與過程的內在本質聯繫，剖析與展

---

① 馬克思,恩格斯.馬克思恩格斯全集：第23卷［M］.北京：人民出版社,1982：24.
② 同①.

示資本主義經濟機體內在結構的方法。

馬克思在《〈政治經濟學批判〉序言》中關於歷史唯物主義的經典表述中，把社會經濟表述為「經濟結構」，在其他著作中又使用「經濟構造」「經濟機體」等詞。在馬克思看來，人類社會的經濟關係的總和，並不是各種關係的偶然組合，而是一個有嚴格的內在秩序的社會結構。按照馬克思的論述，這一社會經濟結構一般是由生產、分配、交換、消費諸關係組成的。馬克思根據歷史唯物主義觀點，論述了在社會發展的不同階段，即在不同社會形態下，社會經濟結構又有其不同的性質與特點。揭示人類歷史上各個社會形態的經濟結構的性質及其發展變動的規律，就是政治經濟學的任務。

一方面，馬克思將社會生產關係的總和稱為「經濟結構」，以表明它與自然物質結構或人類生理結構具有共同點；另一方面，他又闡明了經濟結構有其不同於自然物質結構或生理結構的特點。這就是：

（1）經濟構造內部組成的複雜性。它不僅表現為占統治地位的社會生產關係與舊社會生產關係的殘片的並存，而且表現為現實的生產關係、分配關係、交換關係、消費關係的相互交織和難以割分。特別是在發達的商品生產社會的經濟結構裡，經濟關係與過程的基本方面與非基本方面、側面和反面是互相交織、難以分開的；表層的生產關係與裡層的生產關係是互相交織、混淆不清的。在資本主義的實際經濟過程中，剩餘價值的生產、實現與分配均是互相交織的。如勞動者收入的工資範疇與資產者收入的利潤範疇，食利者收入的利息範疇，土地所有者收入的地租範疇，均是以收入形式平列在一起的。

（2）經濟結構的非直觀性。社會的生產關係是不以人們意志為轉移的客觀存在，但是它不具有物質性，是無形的，因而在很大程度上具有非直觀的性質。在生產關係中，除了那些表層的生產關係，如生產中公開的強制與奴役以外，深層的生產關係，如資本主義經濟中商品的價值性，工人創造的剩餘價值被佔有性質等，均是人們的直觀感受所不能辨認的。

（3）經濟關係具有現象與本質的更大的不一致性。經濟關係在現象上往往具有歪曲的形態，特別是資本主義商品生產關係的物化性質與異化性質，使生產關係的表象更加具有歪曲的形態，更加與本質不相一致。

以上幾點表明，經濟結構與那種可以通過實驗方法去其雜質，提純成清晰的、棱角鮮明的晶體的自然物質結構或人類生理結構根本不同。經濟結構，作為社會生產關係的總體，最初是以蕪雜不清、條理不明的一堆表象出現於人們視野之中。如果我們稱自然物質結構是一種原生的、外在的結構，只要經過實驗手段的提純及憑藉顯微鏡或解剖刀，這種結構就能以確實的形態（具有精確的數值）呈現在人們的眼前，那麼，經濟結構就是一種內在的結構，它是看不見、摸不著的，而只有憑藉人們的思維的舍象，經過分解和綜合，最終以觀念的形態展示出來。觀念中呈現的經濟結構，乃是社會現實的、內在的結構在人的頭腦中的反應。可見，不能把內在經濟結構借助於抽象思維，通

過抽象範疇的一定組合，以觀念形態展示出來，就認為觀念與思維可以隨心所欲地、任意地杜撰與構思出任何一種經濟結構。這種由主觀創造經濟結構的理論，只能是黑格爾唯心主義。

社會經濟結構的上述性質，增添了以經濟結構為對象的政治經濟學研究的特殊難度。如果說，普通人都能很容易地認識與把握某些自然物和人體的外部結構，但是，即使是經濟學家也難以瞭解與科學地闡明社會的經濟結構。像資產階級經濟學家中最有抽象思維能力的優秀代表亞當·斯密和李嘉圖，也不能深入地揭示資本主義社會經濟結構的內在聯繫。不懂得抽象法的資產階級庸俗經濟學家則更是在經濟關係與過程的表象上兜圈子。而只有馬克思創造的科學的抽象法，由於它在研究方法上充分適應於研究對象——經濟結構的上述特點，所以是剖析社會經濟內在結構的構造與脈絡的犀利武器。這是因為：

（1）科學抽象法作為借助於思維能力的理論分析法，是唯一適用於剖析作為內在結構的經濟結構的方法。

（2）科學抽象法，它的第一步從具體到抽象，在思維中產生一個生產關係的最簡單的規定或抽象概念，這樣就首先在生產關係體系的混沌的網絡中，產生了一個始發性的網結。它的第二步從抽象向具體上升，即從始發性的最簡單的範疇，一步步地引出與形成一系列範疇。這個抽象過程如下：

①由抽象較純粹的範疇引導出一系列抽象性程度不等的範疇；

②它從作為生產關係基本方面的理論表現的基本範疇，一步步引出作為生產關係的非基本方面和側面的理論表現的各種範疇；

③它從作為生產關係內部的本質聯繫的理論表現的範疇，一步步引出作為生產關係外部聯繫的理論表現的表層的範疇或派生的範疇；

④它從作為生產關係個別方面、個別環節的理論表現的範疇，一步步引出綜合性層次不等的各種反應生產關係總體關係的範疇。

可見，從抽象上升到具體的邏輯思維進程，也就是生產關係的不同方面、環節、層次的理論表現的政治經濟學範疇體系的形成過程。由於由抽象向具體上升的邏輯思維程序的嚴格性，決定了各個經濟範疇的排列次序的嚴整性與條理性，決定了經濟範疇體系的層次井然的結構。在《資本論》中，資本的生產過程、流通過程及資本的總過程的卷與卷的理論結構的劃分，以及相應於上述過程的經濟範疇，如表現直接生產過程的商品、貨幣、資本、剩餘價值、資本累積，表現流通過程的資本循環、資本週轉、流動資本、固定資本、物質補償、價值補償，表現資本總過程的平均利潤、利息、企業主收入、地租，等等，為我們提供了一個秩序井然、層次嚴密的經濟範疇體系的光輝範本。而這個經濟範疇的秩序，使最初反應在思維中的雜亂無章的客觀經濟關係顯得有條有理、有橫的秩序與縱的層次，從而在人們的眼中展示出一幅有關節、有網絡、有深淺層次的資本主義經濟關係的整體圖畫。這樣，通過科學抽象法的思維，資本主義經濟不再

是一個含糊不清的表象，而是一個以觀念形態再現的、龐大的、複雜的，但綱目分明、輪廓清楚的雕塑式的資本主義經濟結構。這個最終確立起的觀念形態的結構，正是資本主義經濟的內在結構的忠實而確切的理論反應。

歸根到底，科學抽象是通過具體—抽象—具體來形成經濟範疇體系的方法，乃是揭示資本主義經濟內在結構的科學方法。這一方法，是馬克思《資本論》這一偉大著作遺留給我們的極其珍貴的思想財富。

四、抽象上升到具體，既是敘述方法，也是研究方法

有的人認為從具體到抽象意味著從現象到事物的本質，從而它是研究的方法；而從抽象上升到具體則僅僅是一種敘述的方法。這種觀點是值得商榷的。

馬克思說：「研究必須充分地佔有材料，分析它的各種發展形式，探尋這些形式的內在聯繫。只有這項工作完成以後，現實的運動才能適當地敘述出來。這點一旦做到，材料的生命一旦在觀念上反應出來，呈現在我們面前的就好像是一個先驗的結構了。」[①] 依我的理解，研究方法是揭示客觀生產關係的本質和發現其規律的思維方式，敘述方法是說明與表達規律的思維方式。

科學抽象，從具體到抽象，是對經濟關係從現象到本質、從特殊到一般、從表層至裡層，即從感性到理性的認識。因而，它是屬於研究的方法。

從抽象上升到具體，既是敘述的方法，又同樣具有研究方法的性質。

首先，科學抽象作為《資本論》主要與獨特的研究方法，其內涵包含著由具體的表象到事物的最抽象的規定和由最抽象的規定向具體上升這兩個步驟。由具體到抽象固然體現了對客觀經濟關係與過程進行的思維分析，但此後的由抽象到具體同樣是這一理論分析的繼續和發展。因為，把具體提煉出簡單抽象的規定，只不過是展示了現實的經濟關係與過程的一個提純了的框架，它並不能體現現實經濟關係的最本質的特徵。譬如說，商品一般就只不過是一個內容「稀薄的抽象」，它的規定性本身並不體現資本關係。從具體到抽象所得出的內容稀薄的抽象框架，只是用來供進一步去填充具體的規定以再現出所要考察的現實經濟關係。從這一點來說，它只不過是理論分析方法的初階，而不是它的終結與完成。在這一邏輯思維階段，對客體的研究遠未結束，研究的成果尚未出現。

由抽象向具體上升，是人們遵循一定的經濟範疇的順序，把已經研究過的經濟關係的內在聯繫加以述明。如《資本論》關於資本關係的科學理論，是遵循由商品一般→貨幣一般→資本一般→產業資本這條由抽象向具體上升的路線。但是，由抽象到具體上升，絕不是單純地敘述過程，實質上是將所考察的對象放在各種聯繫中進一步加以研

[①] 馬克思，恩格斯. 馬克思恩格斯全集：第23卷 [M]. 北京：人民出版社，1982：23-24.

究、分析比較的過程。

（1）它在原先考察了的抽象範疇的基礎上，引入另一重生產關係，這就是思維的綜合。

（2）它將添加了新的聯繫的更複雜的生產關係（生產關係的綜合）與原先考察的較為簡單的生產關係進行比較、分析，運用歸納與演繹，由此得出經濟事物的新的更貼近的規定。這個新的規定，就是思維進行綜合比較、分析歸納和演繹的結果。

（3）由抽象到具體，只能是逐步地上升，從而在一步步地追加新的聯繫中引出許多中間環節，產生多級的或多層次的抽象範疇。如《資本論》中存在下列多層次的經濟範疇，如圖3-1所示。

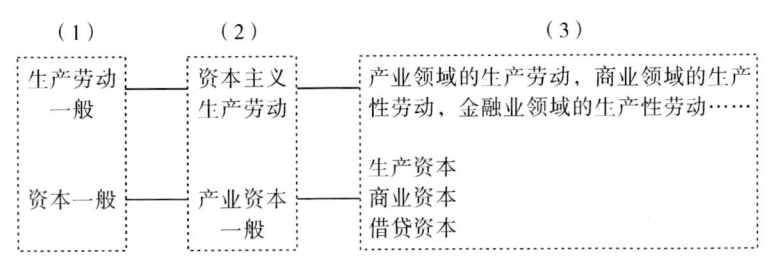

(1)	(2)	(3)
生产劳动一般	资本主义生产劳动	产业领域的生产劳动，商业领域的生产性劳动，金融业领域的生产性劳动……
资本一般	产业资本一般	生产资本 商业资本 借贷资本

圖. 3-1

圖3-1中，（1）是適合於任何社會形態的一般範疇，（2）是資本主義的基本範疇，（3）是資本主義的更具體的範疇。這個多層次的抽象範疇的產生，就是由抽象向具體逐級上升的產物。每一級的上升，意味著在事物增加一重新的聯繫的基礎上，進行一次新的思維綜合與比較、歸納與演繹。這是對事物的內在聯繫的新的研究與分析，它使具有多樣的豐富的規定性的具體得到最充分的說明，並體現了新的研究與分析的成果。

可見，抽象向具體上升法，並不是把研究的結論加到作為始點的最簡單的規定上去，而是在思維的綜合過程中賦予事物以新的規定，因而這一敘述的過程包含著以思維綜合方式對事物的再研究，是認識的深化。在對多層次的抽象範疇的聯繫的分析與闡述中，人們才清晰而全面地認識到經濟關係的內在聯繫，看清了經濟結構的內在構造，它真正地使思維「掌握具體」。因而，它既是敘述的方法，也是研究的方法。認為抽象上升為具體只是敘述的方法，僅僅是把已得出的結論加以編排說明的方法，是對抽象上升為具體的方法的豐富內容的簡單化理解。

第四章　論生產力的性質及其評價[①]

改革開放以來,生產力發展問題一直是中國化馬克思主義研究的重心所在。是否認同社會主義階段的中心任務是發展生產力,甚至被提到了是否真正的馬克思主義的高度[②]。但在中文語境中,「生產力」一詞經常被單獨使用,容易讓人誤以為凡是生產力增長都值得肯定,都可以成為「標準」。事實上,馬克思曾指出生產力也可能是一種「破壞的力量」[③]。毛澤東、鄧小平、江澤民等中國馬克思主義者則提出了「中國人民的生產力」「社會主義社會的生產力」「先進生產力」等概念。本章嘗試回到馬克思和恩格斯的原典論述,系統研究生產力的性質,並試圖為國民經濟評價找尋一個新的思路。

一、生產力的四種關係性存在

物質性存在都是關係性存在。馬克思曾說,一個存在物如果「它沒有對象性的關係,它的存在就不是對象性的存在。非對象性的存在物是非存在物」[④]。所謂性質,是事物本質在與他物關係中的某種外在顯現。所以,弄清楚決定生產力之存在的「關係」是弄清生產力性質的前提。

這個問題早在《德意志意識形態》中就有了比較全面的論述,概括起來主要講了四種關係。

第一種是生產力與人的需求之間的關係。《德意志意識形態》明確指出:人類為了能夠生活,首先需要衣、食、住以及其他東西,「因此第一個歷史活動就是生產滿足這些需要的資料,即生產物質生活本身」[⑤]。儘管馬克思也曾提到,需要也可能是生產出來的。但是生產與需要事實上又經常不一致,表明兩者是相互制約而非生產對需求的單方面制約。既然如此,生產力與人的需求的關係就是貫穿生產力發展始終的一對基本關係。

[①] 本章選自:丁任重,黃世坤.論生產力的性質及其評價[J].馬克思主義與現實,2012(2):56-61.
[②] 鄧小平.鄧小平文選:第3卷[M].北京:人民出版社,1993:254-255.
[③] 馬克思,恩格斯.馬克思恩格斯文集:第1卷[M].北京:人民出版社,2009:542.
[④] 馬克思,恩格斯.馬克思恩格斯文集:第1卷[M].北京:人民出版社,2009:210.
[⑤] 馬克思,恩格斯.馬克思恩格斯文集:第1卷[M].北京:人民出版社,2009:531.

第二種是生產力與自然之間的關係。人類要生產滿足「衣、食、住以及其他東西」需要的資料，當然需要物質對象和工具。因此，《德意志意識形態》又講：「第一個需要確認的事實就是這些個人的肉體組織以及由此產生的個人對其他自然的關係。」① 顯然，離開了自然界，生產力亦無從談起。

第三種是生產力與生產關係之間的關係。緊接著的問題是，生產力可以在個人改造自然的活動中孤立存在嗎？《德意志意識形態》曾講：「生產本身又是以個人彼此之間的交往為前提的。」② 在《雇傭勞動與資本》中，馬克思說得更清楚，他說：人們「只有以一定的方式共同活動和互相交換其活動，才能進行生產」③。可見，生產力也不能脫離生產關係而存在。

第四種是生產力與自身之間的關係。這一點最易被忽略。人的實踐能力要發展，總得要有所繼承；否則，必然的邏輯結果是人的實踐能力發展只能始終從零開始，人就只能始終處在即將轉變為人的那種臨界狀態。這段話在各個時代都曾被反覆提及：「歷史的每一階段都遇到一定的物質結果，一定的生產力總和，人對自然以及個人之間歷史地形成的關係，都遇到前一代傳給後一代的大量生產力、資金和環境」，這些生產力、資金和環境為新的一代所改變，但「它們也預先規定新的一代本身的生活條件，使它得到一定的發展和具有特殊的性質」④。我們把這種生產力在繼承基礎上的發展，稱之為生產力與自身的關係。

以上論述表明，這四種關係是決定生產力存在的必要條件，但是否充分條件呢？第一種關係講的是生產力之所以存在的原動力，第二種和第四種是物質條件，第三種是社會條件。何謂生產力？儘管學界頗有爭議，但這樣理解應大致不錯：即社會中的人在與自然界「持續不斷的交互作用」中形成的滿足自身物質生活需要的能力。所以，上述四個關係又是生產力之存在的充分條件。

二、生產力的基本性質與評價上的困惑

四種基本關係，必然會表現出四種基本性質。根據馬克思恩格斯的相關論述，我們可將它們稱為生產力的價值性、自然性、社會性和動態性。也正是在這四方面，可能產生對生產力評價的困惑。

1. 生產力的價值性

這是由生產力作為相對於人的需要的關係性存在而決定的。所謂生產力的價值性，就是指生產力具有滿足人的需要的性質。從表面看來，這似乎是個很直觀的結論，但問

---

① 馬克思，恩格斯. 馬克思恩格斯文集：第 1 卷 [M]. 北京：人民出版社，2009：519.
② 馬克思，恩格斯. 馬克思恩格斯文集：第 1 卷 [M]. 北京：人民出版社，2009：520.
③ 馬克思，恩格斯. 馬克思恩格斯文集：第 1 卷 [M]. 北京：人民出版社，2009：724.
④ 馬克思，恩格斯. 馬克思恩格斯文集：第 1 卷 [M]. 北京：人民出版社，2009：544-545.

題的複雜性在於，人的需求如同產品和各種勞動技能一樣，也是生產出來的[①]。馬克思和恩格斯甚至指斥「那些以消費為出發點的經濟學家是反動分子，因為他們忽略了競爭和大工業的革命方面」[②]。似乎在馬克思和恩格斯看來，消費只是處於從屬地位，其實不然，因為「已經得到滿足的第一個需要本身、滿足需要的活動和已經獲得的為滿足需要而用的工具又引起新的需要」[③]。這表明，「新的需要」的生產，每一項都有「滿足」「需要」作為限定。所以，馬克思才會強調，作為生產力成果的勞動產品都應具有滿足人的某種需要的使用價值。這是生產力價值性的直接體現。

不過吊詭的是，隨著生產力的不斷發展，可能反而會產生不能很好滿足人的需要的結果，我們可稱為生產力的價值性困境。

這裡又要提到《德意志意識形態》。馬克思、恩格斯主要在該書兩處著重談了這個問題。一處是在第1卷《費爾巴哈》章中談了生產力的「異化」，即生產力作為人本身的活動產物，反而成為同他對立的、壓迫著人的力量。他們將其歸因於舊式分工和生產資料私有制。由於前者，雖然可以形成「成倍增長的生產力」，但在生產者看來終究不是他們自身的聯合力量[④]；由於後者，生產力表現為一種完全不依賴於各個人並與他們分離的東西，從而「表現為與各個人同時存在的特殊世界」[⑤]。另一處是在第2卷《卡爾·格律恩》中批評「真正的社會主義」堅持生產和消費一致的庸俗理論時，強調「生產和消費往往處於互相矛盾之中」。因為從需求來看，消費者的需求「是有效的需求」；而從生產的角度來看，生產力發展又是一個歷史過程，比如，「生產麵包的不同方式完全不取決於他吃麵包這一簡單的行為」[⑥]。這兩大價值性困境表明，現實世界裡的生產力又並不一定真的符合人的需要。正因為如此，我們該如何評價生產力的增長呢？

2. 生產力的自然性

這由生產力作為相對於自然界的關係性存在所決定。所謂生產力的自然性，用馬克思的話來說，就是一切生產力都可歸結為自然力[⑦]。

我以為，可以從三個方面來理解馬克思的這句話：生產力的自然條件、生產力的自然效能和生產力的自然限定。就生產力的自然條件來說，馬克思認為，無論是勞動者、勞動資料和勞動對象，都是具有自然特性的物質存在。勞動者的勞動無非是「使他身上的自然力——臂和腿、頭和手運動起來」[⑧]，並利用物的機械的、物理的和化學的屬性。

---

① 馬克思, 恩格斯. 馬克思恩格斯全集：第30卷 [M]. 北京：人民出版社, 1982：524.
② 馬克思, 恩格斯. 馬克思恩格斯全集：第3卷 [M]. 北京：人民出版社, 1982：614-615.
③ 馬克思, 恩格斯. 馬克思恩格斯文集：第1卷 [M]. 北京：人民出版社, 2009：531.
④ 馬克思, 恩格斯. 馬克思恩格斯文集：第1卷 [M]. 北京：人民出版社, 2009：537-538.
⑤ 馬克思, 恩格斯. 馬克思恩格斯文集：第1卷 [M]. 北京：人民出版社, 2009：580.
⑥ 馬克思, 恩格斯. 馬克思恩格斯全集：第3卷 [M]. 北京：人民出版社, 1982：612.
⑦ 馬克思. 政治經濟學批判大綱（草稿）：第3分冊 [M]. 北京：人民出版社, 1963：166.
⑧ 馬克思, 恩格斯. 馬克思恩格斯文集：第5卷 [M]. 北京：人民出版社, 2009：208.

實現與外在自然界的物質能量交換。即便是「科學」這種精神產品，馬克思也強調它：「同樣表現為直接包括在資本中的東西……表現為自然力本身，表現為社會勞動本身的自然力。」① 所謂生產力的自然效能，這裡是指不同的自然條件會導致生產效率的不同。馬克思曾區分兩類不同的自然富源：生活資料的自然富源和生產資料的自然富源，前者如土壤的肥力、漁產豐富的水，等等，後者如奔騰的瀑布、森林、金屬、煤炭，等等。他認為，這些都對人類的生產效率起著重要作用。比如，在同等條件下，「在土地最肥沃的地方生產率最高」②。馬克思還提到了生產力的自然限定，比如，「耕作如果自發地進行，而不是有意識地加以控制……接踵而來的就是土地荒蕪，像波斯、美索不達米亞等地以及希臘那樣」③。所以，「不以偉大的自然規律為依據的人類計劃，只會帶來災難」④。

顯然，馬克思非常清楚地展示出人與自然是對立統一的整體。問題在於，「土地荒蕪」等現象是在生產力發展過程中必然會出現的嗎？早在《1844年經濟學哲學手稿》中，馬克思就談到了人與自然的異化現象，並證明它是私有制的必然產物。他講道：「共產主義是對私有財產即人的自我異化的積極的揚棄，因而是通過人並且為了人而對人的本質的真正佔有；這種共產主義，作為完成了的自然主義，等於人道主義，而作為完成了的人道主義，等於自然主義。」⑤ 換言之，在私有制的條件下，生產力又存在著反生態的本質，而要徹底解決它，只能是共產主義。這在氣候危機越來越嚴重的今天，更加印證了馬克思此論的正確。數據顯示，從1850年到2005年，以發達國家為主的碳排放占到歷史總排放的74.82%⑥。面對馬克思早已預言的「災難」，我們又該如何衡量生產力的增長呢？

3. 生產力的社會性

這是由生產力作為相對於生產關係的關係性存在所決定的。既然生產力是在一定的社會條件和社會關係內才能存在，必然會產生生產力為誰佔有、怎樣佔有、社會化程度、成果為誰享用等問題，這就是生產力的社會性。

馬克思、恩格斯曾在《德意志意識形態》中提出了一個重要概念：生產力的總和。一方面，從具體語境來看，他們是在分析生產力為何表現為「完全不依賴於個人並與他們分離」時提到這個概念的，即「各個人——他們的力量就是生產力——是分散的和彼此對立的。而另一方面，這些力量只有在這些個人的交往和相互聯繫中才是真正的力

---

① 馬克思，恩格斯. 馬克思恩格斯全集：第48卷 [M]. 北京：人民出版社，1982：41.
② 馬克思，恩格斯. 馬克思恩格斯全集：第26卷第3冊 [M]. 北京：人民出版社，1982：122.
③ 馬克思，恩格斯. 馬克思恩格斯全集：第32卷 [M]. 北京：人民出版社，1982：53.
④ 馬克思，恩格斯. 馬克思恩格斯全集：第31卷 [M]. 北京：人民出版社，1982：251.
⑤ 馬克思，恩格斯. 馬克思恩格斯文集：第1卷 [M]. 北京：人民出版社，2009：185.
⑥ 樊綱. 走向低碳發展：中國與世界 [M]. 北京：中國經濟出版社，2010：178.

量」。他接著說,「因此,一方面是生產力的總和」①。顯然,這個概念的確切含義是指「個人的交往與相互聯繫中」形成的生產力的有機整體,絕非個人生產力的簡單加總。「個人的力量」與「生產力的總和」的關係表現為:前者不僅是後者的有機組成部分,它本身就是生產力的總和的表現,因為沒有後者,前者甚至不是「真正的力量」。這是生產社會化的集中體現。正因為生產力已發展到「總和」階段,它才產生了與生產資料私有制的尖銳對立,客觀上要求「各個人必須佔有現有的生產力總和」。最終,生產力將屬於馬克思的「真正的共同體」中的全體個人。

然而,在現實世界中實然與應然依舊是嚴重背離的。馬克思和恩格斯當年就曾針對資本主義制度尖銳批評道:隨著一切現有財產被變為工業資本和商業資本,資產階級逐漸把以前存在過的沒有財產的階級的大部分和原先有財產的階級的一部分變為新的階級——無產階級。於是,無產階級同生產力並同他們自身的存在還保持著唯一聯繫的勞動,也已經失去了任何自主活動的假象,「只能用摧殘生命的方式來維持他們的生命」②。而在殖民地,馬克思也嚴厲批評道:「英國資產階級將被迫在印度實行的一切(指興建鐵路、發展現代工業等),既不會使人民群眾得到解放,也不會根本改善他們的社會狀況,因為這兩者不僅僅決定於生產力的發展,而且還決定於生產力是否歸人民所有。」③顯然,生產力增長並不一定自動轉化為大眾福祉,我們又該如何評價它呢?

4. 生產力的動態性

既然生產力是在個人、社會與自然之間的複雜互動中產生的,生產力必然隨著這三者本身或與三者間關係的變動而變動。所謂生產力的動態性,是指生產力處在不停地運動變化中。前已述明,生產力是在繼承已有成果的基礎上,人類實踐能力不斷累積發展的結果。而且,動態性本就意味著在同一時間序列上當下狀態與已逝狀態的比較而言,所以,生產力的動態性實則又反應出生產力與自身的關係。

不過,人類的生產力並非只有直線式的前進,也有曲折、倒退的可能。比如,「一些純粹偶然的事件,例如蠻族的入侵……都足以使一個具有發達生產力和有高度需求的國家陷入一切都必須從頭開始的境地」④。尤其是,倒退甚至會成為週期性的常態。在《雇傭勞動與資本》中,馬克思就開始自覺地論證這種在資本主義必然出現的不正常現象。馬克思將它稱為「產業地震」,他指出:「在每次地震中,商業界只是由於埋葬一部分財富、產品以至生產力才維持下去。」⑤在生產力的動態變化中,不僅有倒退,在發展過程中還會有快慢的比較問題。由於大工業加劇了競爭,「競爭很快就迫使每一個不願喪失自己的歷史作用的國家為保護自己的工場手工業而採取新的關稅措施(舊的關

---

① 馬克思,恩格斯. 馬克思恩格斯文集:第 1 卷 [M]. 北京:人民出版社,2009:580.
② 馬克思,恩格斯. 馬克思恩格斯文集:第 1 卷 [M]. 北京:人民出版社,2009:559-560.
③ 馬克思,恩格斯. 馬克思恩格斯文集:第 2 卷 [M]. 北京:人民出版社,2009:689-690.
④ 馬克思,恩格斯. 馬克思恩格斯文集:第 1 卷 [M]. 北京:人民出版社,2009:559-560.
⑤ 馬克思,恩格斯. 馬克思恩格斯文集:第 1 卷 [M]. 北京:人民出版社,2009:742.

稅已無力抵制大工業了），並隨即在保護關稅之下興辦大工業」①。也就是動用國家力量推動新生產力的發展。當代世界的競爭更為激烈，鄧小平進而指出：「低速度就等於停步，甚至等於後退。」② 這也產生了如何從動態性角度評價生產力的問題。

三、關於「社會主義社會的生產力」的評價問題

由此看來，對生產力發展的評價存在四重難題。但這個問題又極其重要，因為鄧小平同志曾明確講到「發展社會主義社會的生產力」是我們工作是非曲直「判斷的標準」。但鄧小平同志晚年並未對「社會主義社會的生產力」的具體內涵作專門界定。於是，理論界留下了兩大難題：第一，「社會主義社會的生產力」的具體內涵到底是什麼，如何評價；第二，資本主義生產力與社會主義生產力有何區別。弄清了生產力的基本性質，這兩大問題也迎刃而解了。如圖 4-1 所示：

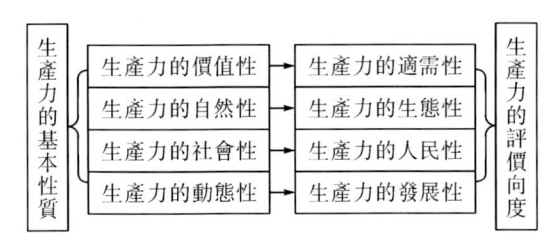

生產力的基本性質	生產力的價值性	生產力的適需性	生產力的評價向度
	生產力的自然性	生產力的生態性	
	生產力的社會性	生產力的人民性	
	生產力的動態性	生產力的發展性	

圖 4-1

右邊的四重性質已非生產力的客觀性質，而是結合了價值判斷和科學認知的期望性質。我的理解是，「社會主義社會的生產力」應當是這四者有機結合的生產力，相反性質的生產力不能成為「標準」。而資本主義生產力則是具備（並且不能克服）價值性困境、反生態性、反人民性和「產業地震」的生產力。

1. 生產力的適需性

這是由生產力具有價值性同時又面臨價值性困境的矛盾狀態決定的。社會主義社會作為共產主義社會的第一階段，「社會主義社會的生產力」就應當衡量對價值性困境的克服程度，即合乎主體需要的程度，我們稱之為適需性。

怎樣才算生產力合乎了主體需要？馬克思和恩格斯是否仍然給我們提供了相關思路？西方經濟學運用靜態均衡分析方法，關注的是經濟運行的總量平衡和結構平衡。但無論是瓦爾拉斯均衡還是希克斯均衡，均將經濟發展水準、財富佔有相對程度和最低限度等問題排在合乎需要的視野之外。顯然，馬克思和恩格斯站在保持人的主體性的立場，從人的解放的高度來談滿足主體需要，其思想境界是西方經濟學所不能比擬的。他

---

① 馬克思, 恩格斯. 馬克思恩格斯文集: 第 1 卷 [M]. 北京: 人民出版社, 2009: 566.
② 鄧小平. 鄧小平文選: 第 3 卷 [M]. 北京: 人民出版社, 1993: 375.

們不僅關注供求關係的平衡，而且關注如下所述：第一，強調生產力的「高度發展」，馬克思和恩格斯將它稱為實現人的解放「絕對必需的實際前提」。因為「當人們還不能使自己的吃喝住穿在質和量方面得到充分保證的時候，人們就根本不能獲得解放」①。第二，馬克思還闡述了個體的滿足是一種「社會滿足」的著名思想，即「我們在衡量需要和享受時是以社會為尺度」的②。馬克思還特意舉了小房子和宮殿的著名例子來說明。第三，社會主義社會生產力的適需性當然也要包括盡可能滿足個體的基本需要。

比如恩格斯在《英國工人階級狀況》一書中描繪的：一邊是享樂，另一邊卻是極端的貧窮以及那種由貧窮造成的苦難，深刻抨擊了資本主義在創造大量財富的同時卻造成貧富懸殊和不能滿足工人基本生存需要的罪惡。也就是說，根據馬克思和恩格斯的相關論述，生產力的適需性至少應當從供需平衡、生產力發展水準、貧富分化程度和個體基本需要的滿足等方面來全方位地理解。

2. 生產力的生態性

馬克思證明：在私有制下，生產力具有自然性但又具有反生態的本質，社會主義社會作為對資本主義的制度替代，當然要考察人與自然的和諧程度，即生產力的生態性。

對生產力的生態性又該如何具體理解？馬克思和恩格斯也是有過原則性闡述的。恩格斯有句名言：「我們不要過分陶醉於我們對自然界的勝利。對於每一次這樣的勝利，自然界都報復了我們。」③用今天的話來說，也就是生產力的發展不能突破生態系統的承載力約束。我以為，如果這種話語轉換能夠成立，從邏輯上說，相對於一定數量的人口，這種自然約束必然會立即體現在兩個方面：資源和環境。前者是生產的必要條件，後者考察生產的生態後果。而在馬克思看來，土地又具有特殊的重要性，因為不僅「空間是一切生產和一切人類活動所需要的要素」④，而且「動物對土地也有天然權利，因為動物離開土地就不能生存」⑤。因此，從大的方面來說，生產力的生態性應當將土地、資源和環境承載力三者結合起來考察。在耕地減少、資源匱乏、氣候變化的今天，這個思路顯得尤其珍貴。

3. 生產力的人民性

這是由生產力具有社會性但同時又可能存在反人民性所決定的。社會主義社會作為人民當家做主的社會，「社會主義社會的生產力」當然要表現出人民性，即它為民所有、為民所享。

為什麼生產力在資本主義社會「對大多數人來說成了破壞的力量」？馬克思認為根本原因在於「私有制的統治」。所以，社會主義社會生產力的人民性的一個重要方面是

---

① 馬克思，恩格斯. 馬克思恩格斯文集：第1卷［M］. 北京：人民出版社，2009：527.
② 馬克思，恩格斯. 馬克思恩格斯文集：第1卷［M］. 北京：人民出版社，2009：729.
③ 馬克思，恩格斯. 馬克思恩格斯全集：第20卷［M］. 北京：人民出版社，1982：519.
④ 馬克思，恩格斯. 馬克思恩格斯全集：第25卷［M］. 北京：人民出版社，1982：872.
⑤ 馬克思，恩格斯. 馬克思恩格斯全集：第16卷［M］. 北京：人民出版社，1982：648.

公有制經濟的控制力。同時在馬克思、恩格斯看來，也正是「私有制的統治」產生了資本主義社會有效需求不足的問題。產品能否滿足人們需求是一回事，人們是否有應有的購買力是另一回事。正是資本主義制度性的有效需求不足，《德意志意識形態》才指斥那些以消費為出發點的經濟學家是反動分子。社會主義結束了「私有制的統治」，能夠解決有效需求不足的問題。但社會主義建設實踐表明，仍可能產生另一種性質的需求不足，累積過高導致的有效需求不足。就目前中國的實際情況而言，面臨內需不足的情形，中央提高「居民收入在國民收入分配中的比重」和「勞動報酬在初次分配中的比重」就顯然是生產力人民性的重要表現。

再就中國實際而言，中國已初步建立社會主義市場經濟體制，市場除了馬克思早就論述過的不可能自動實現宏觀經濟總量平衡外，對相當一部分公共設施和消費、在某些社會效益重於經濟效益的環節、在一些壟斷性行業、規模經濟顯著的行業，也不可能達到理想的效果①。這個論述是中國馬克思主義者的一大貢獻。所以，社會主義國家宏觀調控力亦應是生產力人民性的重要表徵。

4. 生產力的發展性

運動是物質的根本屬性，發展是揭示物質世界運動的整體趨勢和方向性的範疇，這決定了必然要把發展性作為生產力的評價向度。

表面看來，衡量生產力的發展性就是衡量生產力的增長率，這實際上是一種極為片面的理解，因為它不能反應出生產力增長的潛力和後勁。馬克思和恩格斯對此也有過深入分析，留下了寶貴啟示。根據筆者可能並不全面的梳理，這至少包括：第一，從歷史發展的高度揭示了科技進步對促進生產力發展的重要作用。例如馬克思敏銳地意識到，與工場手工業的產生前提不同，以理論力學為代表的自然科學成了大工業的必要前提。反過來，大工業又「使自然科學從屬於資本」，這樣才造成了「大量的生產力」②。第二，提出了「共同活動方式本身就是『生產力』」③的著名思想。而在《資本論》中，馬克思又說：「由協作和分工產生的生產力，不費資本分文。這是社會勞動的自然力。」④ 這也就是強調了通過管理創新、促進生產力各要素優化組合的重要性。第三，馬克思還曾用很大的篇幅談到生產力的地域擴展，強調說：各民族的原始封閉狀態由於日益完善的生產方式、交往以及因交往而自然形成的不同民族之間的分工消滅得越是徹底，歷史也就越是成為世界歷史。這也就提出了提升一個地區在更大地域範圍分工中的生產地位和自生發展能力問題。即使在今天看來，馬克思和恩格斯的上述分析不僅比較全面，亦愈加顯示其重要性。

至此，本章實際上又理出一個馬克思關於國民經濟發展總體評價的基本思路。顯

---

① 馬克思，恩格斯. 馬克思恩格斯全集：第 23 卷 [M]. 北京：人民出版社，1982：423-44.
② 馬克思，恩格斯. 馬克思恩格斯文集：第 1 卷 [M]. 北京：人民出版社，2009：56.
③ 馬克思，恩格斯. 馬克思恩格斯文集：第 1 卷 [M]. 北京：人民出版社，2009：522-533.
④ 江澤民. 江澤民論有中國特色社會主義 [M]. 北京：中央文獻出版社，2002：70-71.

然，相對於「主流」評價思路，馬克思的這個思路是一種全面、綜合的評價，具有明顯的優越性。GDP 的思路可勿置論，綠色 GDP 的思路和可持續發展的視角，均偏重於從人與自然的關係的角度評價生產力發展。阿瑪蒂亞‧森以可行能力的視角看待發展，在世界上產生了較大影響，但實際上僅著重於人類基本需求的滿足程度，具有明顯的片面性。順便一提，森正是因為對於窮人生活狀況的關注，被廣譽為「經濟學家的良心」。我們尊重森的經濟學成就，但從本章的論證來看，誰才是經濟學家真正的良心呢？

第五章　從政治經濟學研究對象到中國政治經濟學的創新[1]

我們今天所說的經濟學，在剛產生的時候被稱作政治經濟學，儘管後來的發展使經濟學和政治經濟學這兩個名詞所代表的含義並不完全相同，但從學科演進的歷史進程這個角度看，它們是同一學科。

恩格斯說：「政治經濟學，從最廣的意義上說，是研究人類社會中支配物質生活資料的生產和交換的規律的科學……」「人們在生產和交換時所處的條件，各個國家各不相同，而在每一個國家裡，各個世代又各不相同。因此，政治經濟學不可能對一切國家和一切歷史時代都是一樣的……政治經濟學本質上是一門歷史的科學。」[2] 正因為如此，從誕生至今，政治經濟學研究的問題始終在隨著社會的發展而不斷地變化，它同社會經濟一樣是一個開放的、不斷創新的系統。政治經濟學「所涉及的是歷史性的即經常變化的材料；它首先研究生產和交換的每一個發展階段的特殊規律……」[3] 所以，我們要把握它的發展軌跡和發展方向，首先應該從歷史的角度對政治經濟學研究的對象進行考察，弄清楚它在政治經濟學發展過程中是如何演變的。

一、古典政治經濟學對財富的研究

第一次創立系統的古典政治經濟學理論體系的是英國的亞當‧斯密。馬克思說：「在亞當‧斯密那裡，政治經濟學已發展為某種整體，它所包括的範圍在一定程度上已經形成。」[4] 亞當‧斯密認為政治經濟學的目的就是促進國民財富的增長。「政治經濟學，提出兩個不同的目標，第一，給人民提供充足的收入或生計……第二，給國家或社

---

[1] 本章選自：楊慧玲. 從政治經濟學研究對象到中國政治經濟學的創新 [J]. 當代經濟研究，2005（2）：27-31，8-73.

[2] 馬克思，恩格斯. 馬克思恩格斯選集：第3卷 [M]. 北京：人民出版社，1975：186.

[3] 馬克思，恩格斯. 馬克思恩格斯選集：第3卷 [M]. 北京：人民出版社，1975：186.

[4] 馬克思，恩格斯. 馬克思恩格斯全集：第26卷（Ⅱ）[M]. 北京：人民出版社，1973：181.

會提供充分的收入，使公務得以進行。總之，其目的在於富國裕民。」① 這本書的主題就是國民財富增長的原因是什麼，或者國民財富如何才能增長。他認為主要取決於兩個因素，一是勞動生產力的高低，二是勞動者數量的增加。這本書就是圍繞著這個思路展開說明和論證的：第一篇闡明如何提高勞動生產力，並對相關範疇——分工、交換、貨幣、價值、工資、利潤等進行了論述。第二篇分析影響財富增加的第二個因素——勞動人數增加問題，亞當·斯密認為勞動者數量或者勞動者素質的提高都離不開資本的增加。就此亞當·斯密對資本做了系統的分析，還區分了生產性勞動和非生產性勞動。第三篇、第四篇從經濟發展史的角度說明政策主張與國民財富增長之間存在著必然的聯繫，積極倡導經濟自由主義。第五篇闡明政府在促進國民財富增長中的作用，認為政府在經濟發展中應發揮「守夜人」職責。總之，亞當·斯密力圖從不同的角度研究國民財富增長的原因，以國民財富的增長為中心構築了政治經濟學的理論體系。

作為英國古典政治經濟學的傑出代表，李嘉圖繼承和發展了前人的理論，主要是亞當·斯密經濟學的成果，將英國古典政治經濟學推進到一個新的高峰，並且對西方經濟學後來的發展產生了深遠影響。李嘉圖的代表作《政治經濟學及賦稅原理》於1817年出版，在這部著作中，李嘉圖直接繼承和發展了亞當·斯密理論中的科學因素，建立起以勞動價值論為基礎，以分配論為中心的理論體系。

由此，我們認為，古典政治經濟學的研究對象已經比較突出地體現在亞當·斯密的《國民財富的性質和原因的研究》一書所創立的基本框架中，那就是財富及其增長。不僅這本書對一些經濟範疇的展開是以財富的增長為中心的，而且後來李嘉圖的研究也基本是沿著亞當·斯密的這條思路所提出的問題展開的，只不過對亞當·斯密提出的一些問題和範疇做了更加深入和科學的論述。這一觀點從同一時期西歐其他經濟學家的論述中可以得到進一步的證實。

作為法國古典政治經濟學的完成者，又是小資產階級經濟學創始人的西斯蒙第，對當時古典政治經濟學只把財富作為研究對象進行了批判。他認為單純以財富的增長為主題的政治經濟學研究，只重視財富的生產、流通和分配而拋開了人的消費，忽視了對人能真正得到的物質福利的研究。他強調政治經濟學應該研究人的物質福利。「從政府的事業來看，人們的物質福利是政治經濟學的對象。」② 正是基於這一點，他主張國家干預經濟。

比亞當·斯密稍晚，而幾乎與李嘉圖同時代的法國經濟學家薩伊，認為任何科學必須首先明確研究對象才能取得進展。他認為雖然亞當·斯密的《國民財富的性質和原因的研究》已經基本確立了政治經濟學研究的框架，但政治經濟學的研究對象仍然缺乏規範的說明，他提出政治經濟學的研究對象就是財富的生產、分配和消費。薩伊的這種

---

① 亞當·斯密. 國民財富的性質和原因的研究（下卷）［M］. 郭大力，王亞南，譯. 北京：商務印書館，1974：1.

② 西斯蒙第. 政治經濟學新原理［M］. 何欽，譯. 北京：商務印書館，1964：47.

「三分法」把政治經濟學研究對象系統化地進行了界定或者表達，從而改變了以前政治經濟學或者將研究範圍局限於少數幾個經濟範疇或者過於龐雜的情況。甚至於在今天，這種根據社會再生產的幾個環節進行的劃分仍然是具有合理性的。就是根據這種對研究對象的明確界定，薩伊對財富的生產和財富的分配進行了研究。當然，薩伊強調政治經濟學的研究的「普遍性」和「超階級性」，又使經濟學的研究趨向於庸俗化。

直到 19 世紀下半葉，作為古典經濟學時期各個經濟學流派的綜合者，約翰穆勒總結並繼承了前人關於政治經濟學研究對象是財富的性質及其生產和分配規律的觀點，對財富的定義總結為具有效用和交換價值的物品。

總之，當時物質財富還不豐富，人們急需從各方面調動生產積極性，促進生產力發展，創造更多的財富來滿足個人和社會生存和發展的需要，在這樣的生產力條件下，古典政治經濟學的研究對象確定無疑是圍繞著財富的增長，對財富的生產、分配和消費等各個方面進行理論研究的。並且，從古典政治經濟學的科學成果來看，比如提出勞動價值論，重視對分配的研究等等，都說明「他們事實上把生產看作是資本主義生產，並在一定程度上透過物和物的關係看到人和人的關係。古典經濟學家的這一科學傳統沒有被他們的後繼者所繼承。」[1]

二、經濟學研究資本主義市場經濟條件下的資源配置

早在古典時期，一些資產階級經濟學家就開始傾向於認為政治經濟學所研究的規律具有普遍性和永恆性，在他們的研究中實際上開始抹殺人們生產關係的歷史性和階級性，把資本主義的生產、分配和消費規律當作人類永恆的經濟規律加以研究。其代表人物首先是薩伊，然後就是西尼爾，他們都主張把經濟學變為「抽象的演繹的科學」和「準確的科學」，強調政治經濟學的研究是超歷史和超階級的。這種思想到了 19 世紀 70 年代「邊際主義革命」時期，又有了進一步的發展。

邊際主義者深化了市場體制有效配置資源和促進經濟自由的認識，尋求增進所有人的利益。由此也開始改變了政治經濟學的研究方法和研究對象，從而使古典政治經濟學轉變為經濟學。

比如邊際主義的代表之一奧地利學派，其研究方法是唯心主義的抽象演繹法，其代表人物門格爾說這種方法是「使人類經濟的複雜現象還原成為可以進行單純而確實的觀察的各種要素，並對這些要素加以適合於其性質的衡量，然後再根據這個衡量標準，從這些要素中探求複雜的經濟現象是如何合乎規律地產生著。」[2] 具體而言，這種方法把研究的著眼點確定為人和物的關係，從而把人與人的關係排除在經濟學之外；同時這種

---

[1] 吳易風. 馬克思主義經濟學和西方經濟學 [M]. 北京：經濟科學出版社，2001：12.
[2] 門格爾. 國民經濟學原理 [M]. 劉絜敖，譯. 上海：上海人民出版社，1959：2.

方法把研究的經濟問題看作是超歷史的，忽視了經濟活動所發生的具體社會歷史條件，這使古典時期薩伊、西尼爾等人的思想得到了登峰造極的發揮。它假設的「一般經濟」，由於存在人類無窮的慾望和物質資源的相對稀缺，導致經濟問題的產生，所以需要經濟學的存在以解釋和解決如何用有限的資源實現人們慾望的最大滿足等問題。就此，經濟學實際上把研究對象局限在資源的市場配置，這與古典經濟學的研究對象大相徑庭，也正是這一點，經濟學選擇了個體主義的研究方法，並把人的心理活動作為分析的起點，這個過程標誌著政治經濟學向經濟學的轉變。

此外，邊際主義的洛桑學派、互爾拉斯等，都用同樣的方法來研究經濟問題。政治經濟學的研究對象已經局限於既定資本主義私有制條件下市場配置資源的問題，至此，經濟學產生了。

到了19世紀末，世界主要資本主義國家都進入了壟斷資本主義階段。劍橋學派的創始人馬歇爾，吸收和綜合了包括約翰穆勒的傳統理論和邊際學派等在內的以前各派經濟理論，對自由競爭時代的經濟學進行了總結。在融合了前人理論基礎上，提出了均衡價格理論，在經濟學說史上被稱為新古典經濟學的奠基人。以馬歇爾為代表的新古典經濟學，其研究的範圍仍然是在既定資本主義私有制條件下，市場供求機制進行資源最優配置的問題。1932年，英國經濟學家來昂內爾羅賓斯在他的論文《經濟科學的性質和意義》中說：「經濟學是一門研究作為目的和具有不同用途的稀缺手段之間關係的人類行為的科學。」[1] 這被看作第一次正式把稀缺資源的合理配置規定為經濟學的研究對象，這篇論文發表以來，西方很多正統經濟學教科書以各種形式重申羅賓斯的經濟學定義，把他奉為經典，至今仍然影響很大。

到20世紀30年代，經濟學說史上發生了凱恩斯革命。由於凱恩斯宏觀經濟理論的出發點在於認為市場不能保證對社會資源加以充分利用，所以需要國家進行干預，以實現充分就業，達到社會資源的充分利用，所以宏觀經濟學把經濟學研究的對象從資源配置進一步擴展到了資源利用。

綜上所述，西方正統經濟學是把既定資本主義制度下的資源配置和資源的利用作為研究的對象，其研究基本局限於人與物和物與物的關係領域，把社會制度和生產關係，也就是人與人的關係逐出了經濟學的研究範圍，因而經濟現象都被它解釋為是純粹的技術函數關係，甚至對分配也以要素價格均衡的技術公式加以說明，這是經濟學與古典政治經濟學在研究對象上的根本區別，由此也導致了它們在研究方法等方面產生了很大的不同。

時至今日，從西方經濟學各個流派的發展來看，無論是主流經濟學內部（比如新劍橋學派和新古典綜合學派）還是非主流經濟學各流派，在研究對象或者是研究領域上都做了不同程度的探索和創新，其基本點就是對一味拘泥於既定制度下資源配置的研究提出了質疑，認為這不符合經濟發展的現實，不能揭示經濟現象的實質和規律。這表現在

---

[1] （轉引自）吳易風. 馬克思主義經濟學和西方經濟學 [M]. 北京：經濟科學出版社，2001：12-13.

主流經濟學的研究不再局限於充分就業假設下的均衡價格分析，而是越來越多地關注經濟總量均衡問題，開始對失業現象進行深入研究，還對社會收入和效率的關係進行了討論。特別是新劍橋學派提出按「兩個階級的模式」研究收入分配，得出收入分配失調是資本主義社會的癥結所在，認為對資本主義社會弊病的消除首要的任務是改進收入分配制度；非主流經濟學則或多或少引入了制度和經濟關係、經濟利益的分析，所有這些都可以看作是隨著時代的發展，經濟學對自身的一種修正或者補充。

三、馬克思主義經濟學體系的創立

在《資本論》第一版序言中，馬克思說：「我要在本書研究的是資本主義的生產方式，以及和它相適應的生產關係和交換關係。」① 從這句話我們可以對《資本論》從而對馬克思政治經濟學的研究對象有一個明確的認識，那就是它研究資本主義的生產方式和生產關係以及交換關係。馬克思所說的「資本主義生產方式」，是指生產過程在資本主義特定條件下採取的社會形式，即勞動和生產資料相結合的具體形式。馬克思把「資本主義生產方式」等同於「資本主義生產」，他在親自校訂的《資本論》法文版中，「資本主義生產方式」有時又被改寫為「資本主義生產」。馬克思說：「我們稱之為資本主義生產的是這樣一種社會生產方式，在這種生產方式下，生產過程從屬於資本，或者說，這種生產方式以資本和雇傭勞動的關係為基礎，而且這種關係是起決定作用的、占支配地位的生產方式。」② 可見，資本主義生產方式的基本特點在馬克思看來就是資本雇傭勞動，實現資本增殖；而資本主義生產關係作為《資本論》的研究對象，其內容包括資本主義生產資料私有制、資本主義社會各種社會集團在生產中的地位及其相互關係，資本主義社會的產品分配形式等；交換關係作為研究對象，主要針對的是資本主義商品生產，人們之間交換勞動的關係轉化為商品交換關係，所以就是對作為商品經濟基本規律——價值規律及等價交換關係的研究。

要理解馬克思在《資本論》中的研究對象，還需要領會馬克思的生產力—生產方式—生產關係原理。首先，生產力決定生產方式，生產方式又決定生產關係：「對資本主義生產方式的科學分析卻證明：資本主義生產方式是一種特殊的、具有獨特歷史規定性的生產方式；它和任何其他一定的生產方式一樣，把社會生產力及其發展形式的一定階段作為自己的歷史條件，而這個條件又是一個先行過程的歷史結果和產物，並且是新的生產方式由以產生的現成基礎；同這種獨特的、歷史規定的生產方式相適應的生產關係，——人們在他們的社會生活過程中、在他們的社會生活的生產中所處的各種關

---

① 馬克思.資本論：第1卷［M］.北京：人民出版社，1975：序言.
② 馬克思，恩格斯.馬克思恩格斯全集：第47卷［M］.北京：人民出版社，1979：151.

係，——具有獨特的、歷史的和暫時的性質」①。可見，馬克思認為，生產力決定生產方式，一定歷史發展階段上的生產力水準是一定的社會生產方式賴以產生的基礎，如果生產力發生變化，則要求有新的生產方式與之相適應；生產方式再決定生產關係，一定的生產關係必定是從與之相適應的社會生產方式產生的，如果生產方式發生變化，則生產關係也將發生變化。其次，由於生產力是不斷發展變化的，所以生產方式繼而生產關係也是具有歷史暫時性的。這裡需要注意的是，生產力並不是《資本論》的研究領域，馬克思說：「正如考察商品的使用價值本身是商品學的任務一樣，研究實際的勞動過程是工藝學的任務。」②

從《資本論》的內容來看，馬克思首先研究了資本主義生產方式產生的前提是勞動力成為商品，而生產資料和勞動者相分離成為資本雇傭勞動這個特定生產方式的起點。這一切的基礎則是生產力發展到了一定的水準，生產由協作到分工再到機器大生產。在這些分析之後，馬克思專門研究了資本雇傭勞動的資本主義生產方式，揭示其生產過程同時又是資本增殖的過程。而在分析資本主義生產方式的同時，馬克思揭示了資本主義私人佔有、資本家對工人的剝削等由資本主義生產方式決定的資本主義生產關係。以上內容分析的前提就是商品生產和交換。因此，馬克思的分析從商品貨幣關係開始，而且這個過程本身也滲透著對資本主義商品貨幣關係表現形式演變的分析。比如貨幣的出現導致供給和需求的脫節，勞動力作為商品在市場上等價自願的買賣，商品所有權規律轉化為資本主義佔有規律等問題的分析，這實際上也就是對資本主義生產方式下交換關係的研究。正是對這三個問題的研究，馬克思剖析了資本主義生產方式的直接目的和決定性動機，揭示了資本主義生產方式的矛盾和對抗，並指出其歷史暫時性。

總之，從《資本論》第一版序言馬克思對《資本論》研究對象的陳述及《資本論》的分析內容看，馬克思政治經濟學的研究對象就是資本主義的社會生產方式以及與之相適應的生產關係和交換關係。馬克思政治經濟學堅持唯物主義歷史觀，所以它又是一門歷史性的科學。因此，馬克思主義政治經濟學的研究對象從更廣泛意義上就應該是特定社會的生產方式及與之相適應的生產關係和交換關係。

這裡需要明確的是，馬克思政治經濟學並沒有排除對資源配置的研究。所謂資源配置，是指任何生產過程必要的人的要素和物的要素如何進行合理配置以實現效率優化的問題，不論社會形式如何，由於資源的功能是不同的，所以必然要根據資源的用途對其進行合理配置，這是一切社會組織生產所共同面臨的、不可迴避的問題。在西方經濟學那裡，這種配置是「超制度的」，它把資源配置單純地理解為人與自然之間的物質變換過程，因此，這種配置就成為不受社會生產方式和社會制度影響的純粹技術問題。而馬克思政治經濟學理解的生產過程（資源配置）一方面是人與自然的關係，從這個意義

---

① 馬克思，恩格斯.馬克思恩格斯全集：第25卷 [M].北京：人民出版社，1974：993.
② 馬克思，恩格斯.馬克思恩格斯全集：第47卷 [M].北京：人民出版社，1979：56.

上講，研究生產一般所共同具有的資源配置規律是必要的；另一方面，資源配置也是人與人的關係，所以對資源配置的研究不能離開一定的社會生產方式及與之相適應的生產關係，從這個意義上，研究具體的生產方式的資源配置十分重要，並且生產一般的資源配置總是滲透在特定的生產方式的資源配置過程中的。馬克思認為奴隸制的社會生產方式中，資源是作為「會說話的工具」與「不會說話的工具」之間為了滿足奴隸主的直接需要而進行配置的。資本主義生產方式中則是勞動從屬於資本，雇傭勞動根據資本增殖的需要從一個部門轉到另一個部門；馬克思還設想社會主義生產方式下，所有社會化的、自由聯合起來的人，以所有人的富裕為目的，自覺地合理調整他們與自然之間的物質變換。所以，馬克思的政治經濟學不僅沒有排除對資源配置的研究，而且還認為資源配置的研究既要研究生產一般的資源配置，還要研究特定生產方式的配置。由此可見，馬克思的政治經濟學研究對象不僅比西方經濟學研究對象具有更加豐富的內容，而且也為西方經濟學把生產一般的資源配置作為研究對象提供了科學的依據。

四、對中國政治經濟學創新之思考

通過以上對政治經濟學研究對象歷史軌跡的回顧與分析，我們發現，作為一門研究社會經濟運動規律的學科，政治經濟學的研究，其基本因素必須要隨著社會經濟的發展而不斷開拓和創新，這是保持它青春常在的基礎。縱觀政治經濟學研究對象的演變，其基本事實是：研究對象或者研究材料必定是從當時所處的社會經濟發展的要求出發，這樣才有利於揭示特定的社會經濟運動規律。

當代中國，社會經濟形態發生了很大的變化。政治經濟學在中國的主要任務是研究中國的經濟運動規律，因此，經濟學在中國必然面臨著創新和發展。實踐證明，如果政治經濟學依然拘泥於計劃經濟下傳統政治經濟學的框架，把研究重點放在對理想的社會主義生產關係的描述和論證上，那它必然沒有發展前途。正如恩格斯所說：「政治經濟學作為一門研究人類各種社會進行生產和交換並相應地進行產品分配的條件和形式的科學，——這樣廣義的政治經濟學尚有待於創造。」[1] 然而，如果僅僅因為中國已經深入進行了經濟的市場化改革，中國的經濟體制已經越來越與國際市場經濟體制接軌，就認為研究中國的經濟運動規律只需要「拿來主義」——運用西方的經濟學就可以，這種觀點依然是違背經濟學的創新精神的。西方經濟學研究的是西方資本主義成熟市場經濟模式下的經濟運行規律，我們承認西方經濟學在這方面取得了很大的成就，對於研究中國市場經濟的運行也是有用的，「不言而喻，適用於一定的生產方式和交換形式的規律，對於具有這種生產方式和交換形式的一切歷史時期也是適用的。」[2] 但是西方經濟學的

---

[1] 馬克思，恩格斯. 馬克思恩格斯選集：第3卷 [M]. 北京：人民出版社，1975：189.
[2] 馬克思，恩格斯. 馬克思恩格斯選集：第3卷 [M]. 北京：人民出版社，1975：187.

基本方法和理論不涉及基本經濟制度及其變遷問題，也不涉及市場經濟體制在非資本主義制度下的特殊因素，「……誰要想把火地島的政治經濟學和現代英國的政治經濟學置於同一規律之下，那麼，除了最陳腐的老生常談以外，他顯然不能揭示出任何東西。」①

所以西方經濟學不可能成為中國的經濟學——中國目前的基本經濟情況既不是過去的計劃體制，更不是現代的資本主義市場經濟體制，而是存在體制「轉型」「三農」問題、二元經濟結構、國有企業下崗工人問題，存在資源環境的超負荷問題和社會保險嚴重短缺……面對諸多制度的和歷史的因素，經濟學在中國要能解釋現實、發現規律、指導實踐，就必須不僅要改變傳統政治經濟學的研究模式，更要突破西方經濟學只研究私有制市場經濟體制下資源配置的抽象模式。

政治經濟學創新的關鍵在於研究對象隨著歷史發展而不斷創新，正如前面所論述的那樣，研究對象決定了政治經濟學的研究是否符合時代發展的需要，也正是這一點決定著這門學科的基本框架和發展方向。馬克思認為：任何社會經濟的運動，最基本的是這個社會的生產方式，只有把特定生產方式的特點研究清楚了，才能進一步把握以之為基礎的基本經濟關係及其運動規律。恩格斯也說：「隨著歷史上一定社會的生產和交換方式和方法的產生，隨著這一社會的歷史前提的產生，同時也產生了產品分配的方式和方法……隨著分配上的差別的出現，也出現了階級差別……分配……反過來又同樣地影響生產和交換……每一種社會的分配和物質生存條件的聯繫，如此深刻地存在於事物的本性之中，以致它經常反應在人民的本能上。」② 所以，政治經濟學在中國應該立足於中國社會主義初級階段這個基本制度條件下，由計劃經濟體制在向市場經濟體制轉軌這個基本事實中必然有很多新的東西等待認識。它包括的研究內容應該有：以社會轉軌過程中特定的生產方式的研究為基礎，探索這個過程產生的各種經濟關係及其矛盾運動規律。例如：市場體制在社會主義制度下的基本特點及其優越性的研究和其特有發展規律及資源配置的探索；分配關係；公有制和私有制之間的關係，國家利益與個人利益之間的關係，員工和國有企業以及私有企業的關係；經濟發展與資源環境的關係；發達地區與落後地區之間的關係；產業之間及城鄉之間的關係，經濟增長與經濟發展的關係；失業與社會保障的關係等一系列基本關係的研究以及這些矛盾之間的內在聯繫；在市場經濟條件下社會主義和資本主義之間的國際交換關係的研究；市場經濟普遍運行規律的研究。總之，政治經濟學應該把各種人們之間的經濟利益關係納入特定的生產方式之中進行研究，充分體現經濟學應有的倫理性。

需要明確的是，政治經濟學的創新，並不排斥在政治經濟學發展歷史中一切有用的東西，也就是說對西方經濟學在市場經濟共性規律的研究成果應該加以吸收，這樣才符合政治經濟學在發展歷史進程中承前啓後的傳統。

---

① 馬克思，恩格斯.馬克思恩格斯選集：第3卷 [M]. 北京：人民出版社，1975：186.
② 馬克思，恩格斯.馬克思恩格斯選集：第3卷 [M]. 北京：人民出版社，1975：187-188.

第六章　辯證法與馬克思經濟學：
一個歷史的考察[①]

辯證法是馬克思、恩格斯整個思想的匯合點[②]。從馬克思的博士論文（1842年）到恩格斯的「自然辯證法」（1873—1895年），都始終貫徹了辯證法這一研究主題。在列寧、毛澤東時期，辯證法被創造性地運用於革命實踐和經濟建設中，形成了「唯物辯證法」的理論體系，而西方馬克思主義則將辯證法視為文化批判的武器，使辯證法在某些方面得到了進一步發展。但是，在馬克思以後的辯證法研究中，辯證法與政治經濟學的關係日漸疏遠，馬克思在黑格爾法哲學批判中得出的「對市民社會的解剖應該到政治經濟學中去尋求」[③]這一唯物史觀的重要結論，並未得到足夠重視，以至於在西方馬克思主義那裡用意識形態批判代替了政治經濟學批判。因此，探索黑格爾辯證法在馬克思經濟學中是怎樣進行唯物主義改造並被創造性地運用於政治經濟學批判的，探討唯物辯證法之於指導現代政治經濟學研究的實踐意義，就成了堅持唯物史觀、構建中國經濟學、實現馬克思經濟學現代化的一個重要課題。

一、馬克思、恩格斯對辯證法的開創性研究

馬克思對辯證法的研究可以追溯到其博士論文《德謨克利特的自然哲學與伊壁鳩魯的自然哲學的差別》。中國哲學家賀麟認為，「這篇論文在用辯證法觀點來研究古代自然哲學上是有很大貢獻的」，同時也「有力地批駁了現代外國一些哲學家所說的『只有恩格斯才有自然辯證法，而馬克思是沒有的』錯誤觀點」[④]。恩格斯最早關於辯證法的思

[①] 本章選自：肖磊. 辯證法與馬克思經濟學：一個歷史的考察 [J]. 當代經濟研究，2013（12）：22-27.

[②] 1913年列寧在閱讀馬克思與恩格斯通信集時這樣寫道：「如果我們試圖用一個詞來表明整個通信集的焦點，即其中所抒發所探討的錯綜複雜的思想匯合的中心點，那麼這個詞就是辯證法。運用唯物主義辯證法從根本上來修改整個政治經濟學，把唯物主義辯證法運用於歷史、自然科學、哲學以及工人階級的政策和策略——這就是馬克思和恩格斯最為關注的事情，這就是他們做出最重要、最新的貢獻的領域，這就是他們在革命思想史上邁進的天才的一步。」

[③] 馬克思，恩格斯. 馬克思恩格斯全集：第31卷 [M]. 北京：人民出版社，1998：412.

[④] 賀麟. 對有關辯證法幾個問題的新理解 [J]. 中國社會科學，1988（2）：79-86.

想，主要體現在被馬克思稱為「批判經濟學範疇的天才大綱」①並對馬克思經濟學研究產生重要影響的《國民經濟學批判大綱》中。在這篇文章中，恩格斯首先開始從實證的和經驗的角度對古典經濟學進行批判，而批判的方法是模仿黑格爾的「以概念為仲介而實現矛盾的不斷展開」的辯證方法，從而創造性地規定了以後馬克思政治經濟學批判的方法論指向。

自1843年後，馬克思進入政治經濟學的研究領域。在《1844年經濟學哲學手稿》中，馬克思運用辯證法構建了「異化勞動」理論，對黑格爾的辯證法進行了批判，指出黑格爾《現象學》局限於抽象的思想形式、「匯集了思辨的一切幻想」②，矛頭直指思辨哲學，並肯定了費爾巴哈對黑格爾辯證法批判的理論貢獻。在《神聖家族》《德意志意識形態》中，馬克思、恩格斯對以鮑威爾、斯蒂納、費爾巴哈等為代表的現代德國哲學的思辨唯心主義進行了清算，創立了唯物主義歷史觀。馬克思、恩格斯指出，黑格爾的思辨結構的秘密在於「用詭辯的巧妙手法把哲學家借助感性直觀和表象從一個對象過渡到另一個對象時所經歷的過程，說成是臆想出來的理智本質本身即絕對主體所完成的過程」。而青年黑格爾派則高喊著震天的詞句，同意識的幻想作鬥爭，從沒有提出關於德國哲學與德國現實，以及他們的批判與他們自身的物質環境之間的聯繫問題。

在馬克思的《資本論》第1卷出版之前，嘗試將「黑格爾的辯證法應用到政治經濟學理論上去」的還有兩人——蒲魯東和拉薩爾。蒲魯東將政治經濟學抽象為一系列「正題—反題—合題」的邏輯範疇，抽去經濟範疇賴以成立的基礎（經濟關係和現實內容），機械地劃分出好的方面和壞的方面以「構成每個經濟範疇所固有的矛盾」，而解決問題的方法僅僅是「保存好的方面、消除壞的方面」。在《哲學的貧困》中，馬克思對蒲魯東拙劣的辯證法作了批判：「把一個範疇用作另一個範疇的消毒劑，用矛盾和矛盾的消毒劑這二者的混合物寫成兩卷矛盾」，辯證法被「降低到極可憐的程度。」在1858年2月1日致恩格斯的信中，馬克思提到拉薩爾準備「用黑格爾的方式來闡釋政治經濟學」，接著馬克思評價道：「他會遺憾地看到：通過批判使一門科學第一次達到能把它辯證地敘述出來的那種水準，這是一回事，而把一種抽象的、現成的邏輯體系應用於關於這一體系的模糊觀念上，則完全是另外一回事。」③

在馬克思看來，把辯證法運用於政治經濟學，不是僅僅將範疇武斷地排列起來形成想像的過渡環節，而是首先「必須充分地佔有材料，分析它的各種發展形式，探尋這些形式的內在聯繫」④，然後才能用辯證的結構表述出來。蒲魯東和拉薩爾的問題在於他們沒有做深入的歷史研究，僅僅是對黑格爾的邏輯學在政治經濟學中做了機械的模仿。殊不知，黑格爾的邏輯學以及精神哲學和自然哲學是以宏偉的、透澈的歷史感為基礎

---

① 馬克思. 政治經濟學批判 [M]. 北京：人民出版社，1976：5.
② 馬克思，恩格斯. 馬克思恩格斯文集：第1卷 [M]. 北京：人民出版社，2009：197-233.
③ 馬克思，恩格斯. 馬克思恩格斯文集：第10卷 [M]. 北京：人民出版社，2009：147.
④ 馬克思. 資本論：第1卷 [M]. 北京：人民出版社，2009：21，280.

第六章　法　克思　：一　史的考察

的，這正是馬克思最為欣賞黑格爾的地方。辯證法是理解歷史的一把鑰匙，但是辯證法本身並不能代替歷史，只有運用邏輯和歷史相統一的方法才能實現真正的歷史辯證法。所以，馬克思的政治經濟學研究要完成雙重的任務：一是貫徹唯物史觀，「把政治經濟學變成一種實證科學」，方法是「拋開互相矛盾的教條，而去觀察構成這些教條的隱蔽背景的各種互相矛盾的事實和實際的對立」；二是運用辯證方法作為「材料加工的方法」，並採用「辯證的闡述方法」。完成這個任務歷經了 15 年的時間，在 1859 年《政治經濟學批判》第一分冊出版時，馬克思的評價是：「它是 15 年的即我一生中的黃金時代的研究成果」「這部著作第一次科學地表述了關於社會關係的重要觀點」。

在《資本論》第 1 卷（1867 年）中，馬克思實現了將辯證法運用於政治經濟學的偉大創舉（特別是其中的第一章），在政治經濟學中完成了黑格爾辯證法的唯物主義改造，雖然「唯物辯證法」的抽象形式還沒有形成[①]。對比黑格爾的《小邏輯》與《資本論》第 1 卷，可以發現二者在結構上的相似性：第一，黑格爾從存在、本質到概念的認識路徑與馬克思「從抽象到具體」的敘述方法是一致的。黑格爾認為，「存在是潛在的概念」「本質是設定起來概念」，而「概念」才是「獨立存在著的實體性的力量」[②]。馬克思從商品、貨幣到資本，每一個環節都在前面的環節中加入新的「規定」（規定即否定），每一個環節都更接近現象層面；商品是使用價值和價值的矛盾統一體，是向資本轉化的起點。由於其內在矛盾，商品過渡到自己的對立面——貨幣，而貨幣發展到一定程度，就揚棄自己成為資本，資本的運動則進一步表現為價格、利潤、地租、工資等變量構成的宏觀經濟整體，表現為生產、分配、交換、消費在總的資本主義生產關係中的具體形式。黑格爾的辯證法與馬克思的辯證法不同在於，一個最終指向理念世界，一個指向真實世界。第二，抽象勞動—具體勞動、使用價值—價值、相對價值形式—等價形式……每一對矛盾都是內在的，都在前面的矛盾中不斷展開，而它自己又構成後續矛盾的基礎，由此形成一個「總體」，只有理解了這個總體，才能解理其中的每一個環節和範疇。這種分析顯然是黑格爾式的，馬克思也毫不諱言自己借用了黑格爾的風格。第三，二者都體現著辯證法的基本精神，即事物具有「自己運動」的內在力量，並且這種運動不是隨心所欲的，而是遵循著既定的規則。正是依據辯證法的這種「邏各斯」（logos）精神（理性精神）和「努斯」（nous）精神（能動性），馬克思發現了資本主義的運動規律。

從馬克思的通信以及在《資本論》中關於方法的表述可以看出馬克思對黑格爾辯證法所持的基本觀點：①辯證法在黑格爾那裡是「神祕化的方法」「具有神祕的形式」；②黑格爾的辯證法中存在「合理的東西」，黑格爾表述了「一切辯證法的基本形式」；③在政治經濟學中，黑格爾辯證法的合理內核作為「分析方法」「材料加工的方法」和

[①] 列寧關於辯證法的大量研究顯然是對馬克思恩格斯未竟事業的繼續。
[②] 黑格爾. 小邏輯 [M]. 賀麟, 譯. 北京：人民出版社, 1980: 187, 241, 327.

「闡述方法」為馬克思所用；④馬克思的辯證法與黑格爾的辯證法有本質區別。馬克思說：「我是唯物主義者，而黑格爾是唯心主義者」「我的方法的特點」是「剝去它的神祕的形式」。這四條建構了「唯物辯證法」理論體系應當遵守的主要原則。有必要說明的是，馬克思所說的把黑格爾的辯證法「倒過來」，在阿爾都塞（法國著名哲學家、結構主義的馬克思主義的奠基人）那裡被解讀為對辯證法基本結構的改造，而非丟棄思辨哲學並將辯證法建築在唯物主義的基礎之上，這種看法與馬克思本人的看法是不一致的。

在文獻中，馬克思多次坦率地承認自己是黑格爾的學生，並一直聲稱有重新改寫辯證法的願望。1858年1月16日馬克思致信恩格斯的信中說：「我很願意用兩三個印張把黑格爾所發現、但同時又加以神祕化的方法中所存在的合理的東西闡述一番。」《資本論》第1卷出版後，馬克思也並沒有放棄寫辯證法的願望。1868年5月9日致狄慈根的信中，馬克思寫道：「一旦我卸下經濟負擔，我就要寫《辯證法》。辯證法的真正規律在黑格爾那裡已經有了，當然是具有神祕的形式。必須去除這種形式……」遺憾的是，馬克思生前並沒有完成這個任務。

與馬克思不同，恩格斯主要對自然科學的辯證法做了大量的探索。在1858年7月14日、1865年3月29日的信中，恩格斯談到了自然科學的最新成就，如細胞的發現、物理學中力的轉化、自然力相互作用的學說，豐富和證實了辯證法思想，「會使老頭子黑格爾感到高興」。1873年前後恩格斯開始了自然辯證法的研究，在1873年致馬克思的信中，恩格斯提出了一個研究自然辯證法的大綱：「今天早晨躺在床上，我腦子裡出現了下面關於自然科學的辯證思想……如果你們認為這些東西還有點意義，請不要對別人談起，以免被某個卑鄙的英國人剽竊，加工這些東西總還需要很多時間。」1874年9月21日恩格斯致馬克思的信中再次提到：「我正埋頭研究關於本質的理論……重新投入辯證法的研究。」在寫完《反杜林論》之後，恩格斯於1988年又制訂了一個更為全面的計劃，這個研究計劃試圖說明形而上學的觀點由於自然科學發展已經站不住腳了，並闡釋辯證法的思想發展和主要規律，說明各門科學的聯繫及其辯證內容。這個計劃後來擴展成為一部未完成的著作《自然辯證法》。從馬克思和恩格斯的研究中可以看出，馬克思試圖完成以政治經濟學為基礎的社會科學辯證法，恩格斯則嘗試將包括數學在內的自然科學納入辯證法的理論體系。馬克思在《數學手稿》中也提出用辯證法來理解微積分的基本思想。

二、列寧和毛澤東對馬克思辯證法的發展和應用

在馬克思、恩格斯之後，第二國際盛行經濟決定論和社會進化論，對辯證法的研究被忽視，而列寧卻重視對辯證法的研究。他將唯物辯證法看作「馬克思主義的活的靈魂」「它的根本的理論基礎」，將其稱之為「革命的代數學」、馬克思主義的「第二基

石」等。他的辯證法思想主要體現在《黑格爾〈邏輯學〉一書摘要》《談談辯證法問題》以及一系列分析俄國政治經濟問題的著作中。中國哲學家賀麟認為，列寧「摘要的內容和方法以及他所加的評語，是代表了馬克思列寧主義者如何批判吸收黑格爾哲學的最高尺度。」列寧對辯證法研究主要有兩大理論貢獻：一是在黑格爾哲學的基礎上、根據馬克思、恩格斯所指示的方向，提出了唯物辯證法理論體系的基本構想；二是將辯證法的基本原理和批判精神創造性地運用於俄國革命的具體的理論和實踐中，對資本主義進行政治經濟批判，提出了帝國主義論，將無產階級運動推進到最高峰，提供了在落後國家進行社會主義革命和社會主義建設的實踐經驗。列寧一生對辯證法的重視最突出地反應在他晚年為《在馬克思主義旗幟下》提出的唯物主義的戰鬥任務以及政治遺囑裡對布哈林的批評性建議中。在前一篇重要文獻中，列寧指出：「應該組織從唯物主義觀點出發對黑格爾辯證法做系統研究，即研究馬克思在他的《資本論》及各種歷史和政治著作中實際運用的辯證法，馬克思把這個辯證法運用得非常成功……根據馬克思怎樣運用從唯物主義來理解的黑格爾辯證法的例子，我們能夠而且應該從各方面來深入探討這個辯證法，在雜誌上登載黑格爾主要著作的節錄，用唯物主義觀點加以解釋，舉馬克思運用辯證法的實例，以及現代史尤其是現代帝國主義戰爭和革命提供得非常之多的經濟關係和政治關係方面辯證法的實例予以說明。依我看，《在馬克思主義旗幟下》雜誌的編輯和撰稿人這個集體應該是一種『黑格爾辯證法唯物主義之友協會』」。在後一篇文獻中，列寧說道：「布哈林不僅是黨的最寶貴的和最大的理論家，他也理所當然被認為是全黨喜歡的人物，但是他的理論觀點能不能說是完全馬克思主義的，很值得懷疑，因為其中有某種繁瑣哲學的東西（他從來沒有學過辯證法，因而——我想——他從來沒有完全理解辯證法）。」①

列寧所領導的偉大的社會主義革命，在實踐上豐富和發展了辯證法思想。寫於1916年的《帝國主義論》從政治經濟學的角度闡釋了資本主義發展的新階段，指出了無產階級鬥爭的策略和革命的任務，為十月革命指明了方向，是十月革命的理論先導。蘇聯哲學家馬·莫·羅森塔爾在《列寧帝國主義理論中的辯證法》一書中認為，列寧的帝國主義經濟學是馬克思《資本論》的續篇，而《哲學筆記》則是「列寧對帝國主義及與其密切聯繫的從資本主義通過革命過渡到社會主義的時代進行研究的『哲學導言』……這部著作以『純粹的』、抽象的形式呈現了列寧在寫作關於帝國主義的著作時所出色地加以運用的方法。這兩部著作寫於同一時期這一事實，就說明了兩者之間特別緊密的聯繫。」②

在中國，毛澤東最重要的兩部哲學著作《實踐論》和《矛盾論》對馬克思列寧主

---

① 列寧. 列寧全集：第43卷 [M]. 北京：人民出版社，1987：339.
② 馬·莫·羅森塔爾. 列寧帝國主義理論中的辯證法 [M]. 周秀鳳，趙國順，董榮卿，等譯. 鄭州：河南人民出版社，1992：5-7.

義的辯證法思想做了進一步的發展。在這兩部著作中，毛澤東緊密聯繫中國革命的實踐，批判了黨內存在的教條主義和經驗主義傾向，創立了基於實踐的辯證認識論，提出了矛盾分析方法的具體觀點（如主要矛盾和矛盾的主要方面），為中國共產黨的思想路線奠定了哲學基礎。在中國革命和建設的具體實踐中，毛澤東創造性地將馬克思列寧主義的辯證法思想運用於軍事鬥爭、社會革命和經濟建設之中，形成了軍事辯證法、經濟辯證法的思想，提出了「新民主主義」「十大關係」「平衡與不平衡的矛盾」等著名論斷。同列寧一樣，毛澤東也極其重視經濟學中的辯證法研究。1937 年，毛澤東為紅軍大學（後為抗日軍事政治大學）講哲學課，寫了《辯證法唯物論（講授提綱）》，提出了如何理解「唯物辯證法」理論體系的基本思路，奠定了毛澤東經濟學方法論的哲學基礎。1958 年，毛澤東號召全黨讀《蘇聯社會主義經濟問題》，在讀完《結束語》對教科書作總體評價時，毛澤東說，「這本書說的是書生的話，不是革命家的話。他們做實際工作的人沒有概括能力，不善於運用概念、邏輯這一套東西；而做理論工作的人又沒有實際經驗，不懂得經濟實踐。兩種人，兩方面——理論和實踐沒有結合起來。同時作者們沒有辯證法。沒有哲學家頭腦的作家，要寫出好的經濟學來是不可能的。馬克思能夠寫出《資本論》，列寧能夠寫出《帝國主義論》，因為他們同時是哲學家，有哲學家的頭腦，有辯證法這個武器。」[①] 由此可見，毛澤東對辯證法的重視程度。他對蘇聯《蘇聯社會主義經濟問題》這本書的評價尺度正是依據辯證法而給出的。值得一提的是，毛澤東的辯證法觀點較深地影響了結構主義的馬克思主義者阿爾都塞，正是基於毛澤東「矛盾觀」，他提出了「多元決定」的哲學思想。

三、西方馬克思主義對辯證法的研究：文化批判和哲學探討

辯證法是經典作家一以貫之的方法論思想，也是 20 世紀 20 年代之後西方馬克思主義探討的核心和焦點。西方馬克思主義者的辯證法研究，觀點各異、內容龐雜、理論艱深、影響深遠。歸納起來，其主要特徵有以下幾個方面：

1. 從政治經濟批判轉向文化批判

西方馬克思主義是社會主義革命在西歐發達資本主義國家失敗的產物，他們大都對斯大林的教條馬克思主義感到厭煩，表現出對共產主義事業的失望情緒。二戰之後，世界資本主義發展進入了一個「黃金時代」，身處資本主義汪洋大海中的馬克思主義者不僅面臨著一個需要重新解釋的政治經濟格局，而且激進的政治經濟批判也不為資本主義國家所容納。西方馬克思主義的兩代學者[②]大都集聚在高校，從事哲學研究，他們吸收

[①] 毛澤東. 毛澤東文集：第 8 卷 [M]. 北京：人民出版社，1999：140.

[②] 英國學者佩裡安德森將西方馬克思主義劃分為兩代人：盧卡奇、科爾什、葛蘭西、本杰明、霍克海默、德拉沃爾佩、馬爾庫塞，他們的政治經歷在一戰中形成或在一戰前受俄國革命的影響；勒菲弗爾、阿多諾、薩特、戈德曼、阿爾都賽、科萊蒂，他們是一戰後、二戰前以及由於法西斯主義而政治上形成的。

了當代哲學思潮的一些主要思想，並將它們與馬克思主義結合起來進行創造性的發展。他們所關注的主題是文化、哲學和意識形態，輕視唯物史觀、遠離政治實踐，很少進行國際學術交流。

2. 強調辯證法的某一方面

大多數西方馬克思主義者都將辯證法作為其哲學研究的核心問題，他們立足於黑格爾和馬克思的一些表述，根據辯證法的某一些觀點進行創造性發展。如盧卡奇的歷史主體自我意識的辯證法、總體性，霍克海默、阿多諾的「啓蒙辯證法」「否定的辯證法」，薩特的「人學辯證法」，阿爾都塞的「多元決定」，等等。他們主要是運用辯證法致力於對資本主義文化進行人本主義批判和哲學反思，如霍克海默、阿多諾論證啓蒙是如何走向反面的，啓蒙倒退成神話，已經啓蒙的文明在現實中又倒退到野蠻狀態；馬爾庫茲則研究發達工業社會的意識形態，認為現代工業社會使人們解除了物質上的匱乏，但卻使人成為單向度的人，成為生產性奴役力量，喪失了批判思維能力，變成了統治制度的消極工具[①]。從西方馬克思主義的整體來看，他們大多數都強調歷史辯證法，忽視自然辯證法，認為只有人類社會才是辯證法的適用領域。

3. 研究辯證法的抽象形式

馬克思、恩格斯認為，黑格爾的辯證法雖然是以深徹的歷史感為基礎的，但是卻局限於抽象的形式，在本體論上搞顛倒了，因此需要在政治經濟學中實現實證化和具體化。西方馬克思主義者大多不能公正地評價馬克思對辯證法的這一偉大貢獻，而是將馬克思看作一個簡單的黑格爾辯證法的繼承者，試圖通過對文化和哲學的研究重新恢復黑格爾辯證法的抽象形式。

然而，如何將黑格爾辯證法改造為唯物辯證法，在文化批判中能否保證理論的「徹底性」（抓住事物的根本），「政治經濟學批判」作為「載體」的理論功能（馬克思為什麼要從宗教批判、哲學批判走向政治經濟學批判）何在？這些問題是西方馬克思主義辯證法研究所忽略的。

四、現代政治經濟學應弘揚馬克思的辯證法思想

馬克思的辯證法是通過「政治經濟學批判」的形式而具體呈現出來的，作為唯物主義辯證法，他是現實批判和理論批判的有機統一。理論是現實的「精神」，現實是理論的「主體」。沒有理論的現實批判是不徹底的、流於表面的，沒有現實基礎的理論批判則是空洞的、沒有力量的。前者體現於普通工人的階級意識中，後者則表現為馬克思所批判的以鮑威爾、施蒂納和費爾巴哈等為代表的「德意志意識形態」。

在馬克思看來，辯證法是批判的和革命的。辯證法用於政治經濟學的結果就是「批

---

① 徐崇溫. 西方馬克思主義 [M]. 天津：天津人民出版社，1982：336-337，463.

判」。區別於「外在的批判」和「內在的批判」，馬克思通過對資本主義及其經濟學說的「內在批判」實現了政治經濟學的科學性和價值性的有機統一。作為「科學」的批判，是研究事物發展的高級階段對低級階段的「否定」，乃至「否定之否定」，是對事物發展的規律性探索；作為「價值」的批判，是基於科學批判的「應然」，是人們在規律性和必然性認識的基礎上所得出的「改造世界」的回應。因此，運用辯證法的政治經濟學批判以科學性為基礎、以倫理性為歸宿，科學為理論提供現實性，倫理為科學提供精神和意義，二者相輔相成、有機統一。缺乏倫理約束的科學是危險的，甚至是災難性的；反之，僅僅具有倫理訴求，而沒有科學基礎，那麼再美好的願望也會淪為「空想」。兼具科學性和倫理性，是政治經濟學的內在品質。

西方馬克思主義的辯證法研究由於脫離了具體的政治經濟實踐，批判是不徹底的，其所致力的研究方向與經典作家所開創的辯證唯物主義傳統是有相當距離的。如果說，辯證法與經濟學的聯姻使唯物史觀從理論原則變成具體科學，從而開創了馬克思主義唯物辯證法的科學形態，開創了政治經濟學的新階段，那麼，西方馬克思主義對唯物史觀的迴避，儘管有其現實背景和理論意義，但實際上是對馬克思主義的一種倒退，在空想社會主義者那裡可以發現相同的批判。

「哲學家們只是用不同的方式解釋世界，問題在於改變世界。」馬克思運用辯證法於政治經濟學，是無產階級革命的現實要求在理論上的反應，是無產階級改造世界的理論環節，脫離了具體的政治經濟實踐的意識形態批判，把改造階級意識作為改造社會的主要任務，不正是馬克思所批判的「德意志意識形態」的另一種現代形式嗎？

辯證法是馬克思主義經濟學的靈魂。在經濟學研究中堅持馬克思主義，最重要的就是堅持唯物主義辯證法。盧卡奇在《歷史與階級意識》中指出：「正統馬克思主義並不意味著無批判地接受馬克思研究的成果。它不是對這個或那個論點的『信仰』，也不是對某本『聖』書的註解。恰恰相反，馬克思主義問題中的正統僅僅是指方法。它是這樣一種科學信念，即辯證的馬克思主義是正確的研究方法，這種方法只能按其創始人奠定的方向發展、擴大和深化。而且，任何想要克服它或者『改善』它的企圖已經而且必將只能導致膚淺化、平庸化和折中主義。」① 這一判斷至今對我們開展現代政治經濟學研究具有指導意義。

作為經濟分析工具，相比於數理方法和演化方法，辯證法仍然是無法替代的最有批判力量和科學性的武器。辯證法提供了一個總體性地把握社會發展和歷史進程的範式，它超越了均衡和非均衡、個體主義和整體主義、唯名論和唯實論、現代和後現代等方法所固有的邏輯誤區，同時又不排斥現代經濟分析工具在具體分析和局部分析中的運用，是一個開放性的和包容性的方法論體系。

---

① 盧卡奇. 歷史與階級意識——關於馬克思主義辯證法的研究 [M]. 杜章智, 等譯. 北京: 商務印書館, 2004: 47-48.

现代政治经济学不能仅仅作为一种数理化的中性表述，而应当超越形式逻辑和数理逻辑，深入经济现象的内在关系，通过具体范畴的不斷展開，從理論上辯證地反應當代資本主義發展的歷史過程。馬克思的《資本論》以商品作為出發點再現了資本主義起源和發展的邏輯。列寧的《帝國主義論》[①] 對資本主義發展的階段性特徵進行了補充和發展。當代資本主義雖然沒有超越馬克思的分析範式，但資本主義的生產、流通和總過程出現的新情況[②]，作為資本主義矛盾運動的結果，這些新的事實構成了更高階段的後續環節，需要納入馬克思經濟學所提供的邏輯架構。

近代以來中國所經歷的社會主義革命、社會主義建設以及改革開放的歷史進程，從邏輯上再現了社會形態更替、市場經濟發育的辯證過程。自覺地運用唯物辯證法，就是要迴歸馬克思經濟學的理論內核，用唯物辯證法分析革命、建設和改革開放各歷史階段演進的內在邏輯和客觀必然性，在歷史事實的基礎上實現辯證法與政治經濟學的新的融合，通過政治經濟學的分析洞悉當代中國經濟社會發展的邏輯和趨勢，從而更好地為中國的社會主義現代化建設服務。

---

① 列寧. 列寧全集：第24卷［M］. 北京：人民出版社，1990：276.
② 佩裡·安德森. 西方馬克思主義探討［M］. 高銛，文貫中，魏章玲，譯. 北京：人民出版社，1981：37-40.

第七章 關於「生產力一元決定論」的若干理論問題[①]

——基於經典文本的解釋、辯護和重申

生產力決定生產關係、生產關係反作用於生產力，是人類社會發展的基本規律。這一規律必須運用唯物的、實踐的、辯證的思維方法，特別是要運用唯物辯證法的基本原理進行正確解讀。本章試圖澄清與基本原理有關的三個基本理論問題：第一，生產力對生產關係的作用並不是事後意義上的「歸根到底的決定」，也不是事前意義上的「多元決定」，而是「辯證決定」；第二，生產關係產生的「生產力前提」不同於生產關係對生產力的「決定性的反作用」，不能將反作用理解為事後意義上的「系統因果性」；第三，馬克思、列寧設想的「東方道路」是一個歷史發展的特殊性問題，它與英國工場手工業產生後生產關係對生產力的「決定性的反作用」不是同一個問題，不能等同視之，不能用「東方道路」的特殊性否定「生產力一元決定論」的普遍性。

一、正確理解經典作家關於基本原理的有關論述

生產力和生產關係的矛盾法則是馬克思歷史研究的主線，也是人類社會發展的基本規律。馬克思有時將其直接看作「生產資料與生產關係」的關係，有時將其稱為「生產力與交往形式」的關係，有時稱作「生產力與社會關係之間的聯繫」。特別地，馬克思還直接將二者之間的關係稱為「生產力（生產資料）的概念和生產關係的概念的辯證法」[②]。從經典文本來看，馬克思對基本原理的具體表述主要有以下三種方式：

一是直接表述為生產力與生產關係（或交往形式、社會形式）的對立、矛盾、衝突、對抗等。這種用語在馬克思的著作中是最常見的。根據馬克思的表述，生產關係是人們在其中獲得一定生產力的「社會形式」[③]，生產力在一定的生產關係中運動，當生

[①] 本章選自：肖磊. 關於「生產力一元決定論」的若干理論問題——基於經典文本的解釋、辯護和重申 [J]. 馬克思主義研究, 2018（1）：66-76, 160.

[②] 馬克思, 恩格斯. 馬克思恩格斯文集：第 8 卷 [M]. 北京：人民出版社, 2009：34.

[③] 馬克思, 恩格斯. 馬克思恩格斯文集：第 10 卷 [M]. 北京：人民出版社, 2009：43, 44.

產力發展到與生產關係不能相容的地步，二者之間就會通過鬥爭和對抗的形式表現出來。因此，在這裡，生產力與生產關係表現為社會經濟運動中對立的兩個方面。

二是採用「適合」或「適應」等詞語來表述二者之間的關係。這也是馬克思經常使用的表達方式，斯大林將其概括為「生產關係一定要適合生產力性質的規律」。這種表述的含義在於：生產力是歷史發展的基礎，是既定的歷史條件；生產關係作為生產和生產力借以實現的「社會形式」，它只能對生產力起適合或不適合的功能性作用，因而生產關係依據生產力的發展而改變，生產關係依據生產力而具有不同的形式。這是理解二者之間的內在聯繫的關鍵點，馬克思有專門的解釋。在致安年科夫的信中，馬克思指出：「人們不能自由選擇自己的生產力——這是他們的全部歷史的基礎，因為任何生產力都是一種既得的力量，是以往的活動的產物……他們的物質關係形成他們的一切關係的基礎。這種物質關係不過是他們的物質的和個體的活動所借以實現的必然形式罷了……人們永遠不會放棄他們已經獲得的東西，然而這並不是說，他們永遠不會放棄他們在其中獲得一定生產力的那種社會形式。恰恰相反。為了不致喪失已經取得的成果，為了不致失掉文明的果實，人們在他們的交往［commerce］方式不再適合於既得的生產力時，就不得不改變他們繼承下來的一切社會形式。」①

三是採用「隨著……則……」的語句來論述二者之間的關係。這種論述表達的是一種典型的「時序因果關係」，即生產力的發展在前，生產關係的變革在後，生產力是引起生產關係變化的原因。馬克思採用這種表述的情況比前面兩種要少一些，但觀點是沒有變的。馬克思多次指出，生產力的變化引起生產方式的變化，進而引起生產關係的變化，例如，「社會關係和生產力密切相連。隨著新生產力的獲得，人們改變自己的生產方式，隨著生產方式即謀生的方式的改變，人們也就會改變自己的一切社會關係。手推磨產生的是封建主的社會，蒸汽磨產生的是工業資本家的社會。」②

除了這些表達方式之外，馬克思還使用了其他的一些語詞，但並不是太常見。例如，有時也採用「決定」或「制約」等詞語來表達二者之間的關係。這些表述同上面的三種論述並不矛盾，只是換了一種說法而已。同時涵蓋三種表述的概括性總結是在《〈政治經濟學批判〉序言》中提供的，馬克思認為，這是指導他的整個研究的總的結果。可見，馬克思確實是將生產力和生產關係看作人類社會發展中對立統一的兩個方面，並且將其相互之間的運動視為質變與量變、對立統一和否定之否定的過程。在黑格爾的《邏輯學》中，質變、量變規律屬於「存在論」的範圍，而對立統一規律屬於「本質論」的範圍。但這兩個規律並不是相互外在的規律。在同一的生產過程中，不存在沒有生產關係的生產力，也不存在沒有生產力的生產關係，二者統一於具體的生產活動之中。

---

① 馬克思，恩格斯. 馬克思恩格斯文集：第10卷 [M]. 北京：人民出版社，2009：43-44.
② 馬克思，恩格斯. 馬克思恩格斯文集：第1卷 [M]. 北京：人民出版社，2009：602.

用「決定與反作用」來概括生產力與生產關係之間的關係，強調的是二者之間的作用方式在無數的相互作用中所具有的根本性和主導性。「決定與反作用」是相互作用的主要形式，是在無數的相互作用中起支配作用的方式。沒有相互作用，也就沒有所謂的辯證決定；同樣地，沒有辯證決定，也就沒有具體的相互作用。相互作用始終只是比辯證決定更為一般的概念，它表達的是事物之間的「普遍聯繫」。辯證決定與相互作用的關係，實際上就是事物之間「內在聯繫」與「普遍聯繫」的關係。在《資本論》中，馬克思使用了「決定性的反作用」這樣的話：「從直接生產者身上榨取無酬剩餘勞動的獨特經濟形式，決定了統治和從屬的關係，這種關係是直接從生產本身中生長出來的，並且又對生產發生決定性的反作用。」①

上述，生產關係對生產力的「決定性的反作用」，是以承認生產力對生產關係的「決定性作用」為前提的。「決定性的反作用」只是而且僅僅表明，不改變舊的生產關係，新的生產力就不能獲得發展，新的生產關係只是在舊的生產關係中成長起來的生產力的發展條件。在這個意義上，在辯證作用的具體環節上，也可以說，生產關係是決定性的，是矛盾的主要方面。所以，馬克思說，「從資本的觀點來看，資本以前的各個生產階段都同樣表現為生產力的桎梏。而資本本身，如果理解得正確，只有當生產力需要外部的刺激而這種刺激同時又表現為對生產力的控制的時候，才表現為生產力發展的條件。」② 這句話表明了「決定性的反作用」的真正含義。毛澤東對這一觀點有過明確的論述：「誠然，生產力、實踐、經濟基礎，一般地表現為主要的決定的作用，誰不承認這一點，誰就不是唯物論者。然而，生產關係、理論、上層建築這些方面，在一定條件之下，又轉過來表現為主要的決定的作用，這也是必須承認的。當不變更生產關係，生產力就不能發展的時候，生產關係的變更就起了主要的決定的作用……這不是違反唯物論，正是避免了機械唯物論，堅持了辯證唯物論。」③

這是從矛盾的主要方面和非主要方面的相互轉化的角度來講的，要說明的是矛盾的特殊性。「生產力決定生產關係」是「一般條件下」的普遍規律，而「生產關係的決定性的反作用」則是「在一定條件下」的特殊情況，這個「一定條件」就是指不變更生產關係生產力就不能發展的時候，是在生產關係成為生產力發展的桎梏的時候，是在矛盾雙方處於對立狀態的時候。這恰恰不是否定生產力的首要性和發展性，而正是表明了生產力對生產關係的支配作用。雖然舊的生產關係在一定時間內阻礙新的生產力的發展，但是，新的生產力並不是憑空產生的，它是在舊的生產關係的母體中孕育成長的，它是舊的生產力在舊的生產關係中發展的結果，而舊的生產關係在成為生產力發展的障礙之前正是通過促進生產力發展而獲得歷史合法性的。

---

① 馬克思，恩格斯. 馬克思恩格斯文集：第 7 卷 [M]. 北京：人民出版社，2009：894.
② 馬克思，恩格斯. 馬克思恩格斯文集：第 8 卷 [M]. 北京：人民出版社，2009：96.
③ 毛澤東. 毛澤東選集：第 1 卷 [M]. 北京：人民出版社，1991：325-326.

第七章　於「生　力一元　定　」的若干理

　　在此，不能將生產力與生產關係之間的關係理解成主要矛盾和非主要矛盾的關係，從而將生產力一元決定論理解成主要矛盾起決定作用。生產力一元決定論是指，作為「統一體的一個方面」的生產力在一般條件下起決定性作用、起支配作用，而生產關係對生產力的「決定性的反作用」，則是以生產力的決定性作用為前提條件和先在條件的。因此，在特殊條件下，當生產關係成為矛盾的主要方面並起支配作用的時候，即當生產關係阻礙生產力發展的時候，生產關係的變化就會對生產力的進一步發展產生決定性的反作用。在社會歷史進程中，生產力和生產關係誰占主導地位，是隨著具體條件而變化的，並且這種變化是朝著自己的對立面轉化的。當原來的主要方面變成非主要方面，原來的非主要方面變成主要方面，矛盾也就隨之變化，舊的矛盾為新的矛盾所代替，但是這種變化並不是單純的重複，而是否定之否定。這就完全不同於多元決定論。

　　現實中人們理解的多元決定論又分為兩種，一種是主張多種因素作用於同一事物的「多因素論」，另一種則是主張事物是多種矛盾的統一體，因而事物的發展進程是多種矛盾共同決定的，這就否定了根本矛盾（例如社會發展中生產力與生產關係的矛盾）和基本矛盾（例如資本主義社會中的生產的社會化與私人佔有之間的矛盾）的決定性作用，否定了必然性。這種決定論就是阿爾都塞的矛盾的「多元決定」，用現代的表述方式可稱之為「系統決定」或「有機決定」。

　　毛澤東指出：「在複雜的事物的發展過程中，有許多的矛盾存在」；在不同的情況下，主要矛盾和非主要矛盾的地位發生變化，但不管怎樣，「其中必有一種是主要的，起著領導的、決定的作用，其他則處於次要和服從的地位」「事物的性質，主要地是由取得支配地位的矛盾的主要方面所規定的」[1]。雖然毛澤東這一論點啓發了法國哲學家阿爾都塞，但阿爾都塞提出的「矛盾與多元決定」卻完全不同於毛澤東的決定論。阿爾都塞的多元決定論強調的是事物的進程是由多種矛盾所構成的統一體，從而反對黑格爾式單一的矛盾決定的辯證展開體系（歷史和邏輯相統一）。阿爾都塞認為，黑格爾的矛盾是單一的矛盾決定論，因而是抽象的和不現實，馬克思對黑格爾辯證法合理內核的吸收不在於唯物主義的「顛倒」，而在於真正地改造了辯證法的內在結構，從而形成了一種包含經濟基礎（生產力和生產關係）、上層建築及其他方面各種矛盾對歷史進程的多元決定：「在各有關領域中活動的『不同矛盾』」並不是像黑格爾辯證法中那樣構成「一個簡單矛盾的內在統一體」，而是在「構成統一體的同時，重新組成和實現自身的根本統一性，並表現出它們的性質：『矛盾』是同整個社會機體的結構不可分割的，是同該結構的存在條件和制約領域不可分割的；『矛盾』在其內部受到各種不同矛盾的影響，它在同一項運動中既規定著社會形態的各方面和各領域，同時又被它們所規定」[2]。

　　阿爾都塞的這一觀點雖然表述得極其複雜和費解，但實際上就是毛澤東關於主要矛

---

[1] 毛澤東. 毛澤東選集：第 1 卷 [M]. 北京：人民出版社，1991：320，322.
[2] 阿爾都塞. 保衛馬克思 [M]. 顧良，譯. 北京：商務印書館，2016：88，89.

盾和非主要矛盾的思想的極端化。如果將黑格爾的方法理解成「歷史和邏輯相統一」的客觀唯心主義的歷史辯證法,那麼阿爾都塞的辯證法則是一種以「矛盾」為核心的「共時性」的辯證法,它著眼於歷史進程中某一時刻(橫斷面)存在的各種矛盾的複合體的性質。這顯然並不是馬克思辯證法的全部,將其視為馬克思辯證法的基本結構,是對馬克思思想的極大誤解。馬克思在《資本論》中的辯證法,不僅遵循了歷史和邏輯相統一的方法達到範疇的自己運動,而且對黑格爾的《邏輯學》的結構進行了科學改造,馬克思完全地克服了盧卡奇所指責的黑格爾生硬地將範疇塞進「正反合」的框架中的毛病。毛澤東的《矛盾論》是對列寧的辯證法思想的繼承和發展,他所論述的矛盾包括「各個物質運動形式的矛盾,各個運動形式在各個發展過程中的矛盾,各個發展過程的矛盾的各個方面,各個發展過程在其各個發展階段上的矛盾以及各個發展階段上的矛盾的各個方面」[①],因而,絕不是阿爾都塞所論述意義上的多元決定論。同時,毛澤東的「矛盾」概念也存在層次性,不同矛盾的普遍性程度是不同的,生產力與生產關係、經濟基礎與上層建築之間的矛盾屬於人類社會發展中的根本矛盾,而生產的社會性與佔有制的私人性的矛盾屬於資產階級社會的基本矛盾。這是同阿爾都塞的多元決定論完全不同的。馬克思的「生產力一元決定論」與毛澤東對生產力和生產關係的辯證理解沒有任何實質性的區別。

阿爾都塞不讚成恩格斯的命題——「歷史過程中的決定性因素歸根到底是現實生活的生產和再生產」[②]。這就表明了阿爾都塞所理解的馬克思的辯證法是不同於馬克思的。恩格斯的解釋可以重新表述為:第一,人們在一定的前提下創造歷史,其中,經濟條件是決定性的,政治、意識等條件起作用,但不起決定性作用,政治歸根到底是由歷史的、經濟的原因而產生和發展起來的;第二,歷史是由許多的單個人的具有衝突性的意志的合力而形成的不自覺的結果,單個人的意志歸根到底是由經濟情況所決定的生活條件造成的。恩格斯的特別說明,所針對的是機械的、單一因素的「經濟決定論」觀點,其論證的邏輯是要解釋什麼因素決定了歷史鬥爭或者說政治上層建築和國家的進程或事件。在這個意義上,經濟運動(生產力和生產關係的矛盾),歸根到底決定了歷史的一般進程和總體趨勢,而這種決定是通過無窮無盡的偶然事件獲得的,眾多因素的相互作用與經濟運動歸根到底的決定作用並不矛盾,相反,經濟運動的必然性恰恰是通過偶然性為自己開闢道路的,是通過無數的偶然因素的相互作用而實現的。所謂的「歸根到底」,指的是由經濟運動造成的社會發展的一般趨勢在背後作為偶然事件或者各因素相互作用的內在根據而間接地、有仲介地發揮作用。非本質條件能夠改變事物發展的個別外貌,但經濟狀況決定事物發展的一般進程。

在1894年的一封信中,恩格斯進一步給出了「歸根到底」的解釋,這種解釋包括

---

① 毛澤東. 毛澤東選集:第1卷 [M]. 北京:人民出版社,1991:317.
② 馬克思,恩格斯. 馬克思恩格斯文集:第10卷 [M]. 北京:人民出版社,2009:591.

三個方面：第一，作為全部社會歷史決定性基礎的經濟關係不僅包括生產和交換的方式，而且包括全部技術、地理環境、各種殘餘經濟成分和外部環境；第二，政治、法律、宗教等因素相互之間發生相互作用並對經濟基礎發生作用，「是在歸根到底不斷為自己開闢道路的經濟必然性的基礎上」發生的；「通過各種偶然性來為自己開闢道路的必然性，歸根到底仍然是經濟的必然性」；第三，經濟狀況並不是自動地發生作用，而是人們在既定、制約他的環境中，在現有的現實的關係的基礎上，在一個有明確界限的既定社會內，自己創造自己的歷史。其中，經濟關係不管受到其他關係的多大影響，它歸根到底都是決定性的，是「貫穿始終的、唯一有助於理解的紅線」[1]。對於這一更為明確的解釋，阿爾都塞沒有提及，所以，他的反駁的文本依據是片面的。恩格斯的特別說明只是用另一個方式解釋了唯物史觀的基本原理，並沒有對基本原理添加新的內容。因此，不能將恩格斯的解釋理解為生產力在事後意義上起歸根到底的決定作用，更不能將其理解為機械決定論意義上的最後的決定因素。

二、正確理解英國資本主義產生的「生產力前提」

前面是一般理論的探討，下面將具體分析資本主義生產關係產生的生產力前提以及資本主義生產關係對生產力發展的決定性反作用。由於這種反作用的顯著性，人們容易產生這樣的看法：在英國資本主義形成過程中，先產生了工場手工業的資本主義生產關係，後來才有了機器大工業的生產力發展。正是由於生產力的事後確認才使資本主義生產方式獲得有機轉變，或者說「系統性轉變」，因而生產力在事後起歸根到底的決定作用。事實上，這一論述忽略了兩個極為重要的問題：一是工場手工業中的資本主義生產關係產生的生產力前提，也就是說，在這種生產關係發生反作用之前，是由於生產力發展造成了生產關係的轉變；二是機器的生產力基礎問題，機器的產生是工場手工業分工的結果，是從工具的結合開始的，而工場手工業的企業內分工則是建立在行會手工業社會分工的基礎上的，這裡面有一條明確的生產力變化的線索，資本主義生產關係的產生、發展及統治地位的形成都密切地與生產力發展的這一連續的線索相聯繫著。

馬克思在《資本論》中研究了工場手工業的勞動方式如何產生機器大工業的生產力前提，即在工場手工業中由於精細的分工而產生的勞動工具特別是複雜的機械裝置如何孕育出機器，從而首先實現勞動資料的變革，這是大工業的起點。同時，馬克思也指出了工場手工業的生產力前提，就是勞動力和生產資料的規模的擴大、勞動力在生產上的集中，正是這種規模較大的生產才導致了以分工為基礎的工場手工業的形成，這可理解為「生產力的量變」[2]。馬克思認為，工場手工業是資本主義時代的開始，在時間上

---

[1] 馬克思，恩格斯. 馬克思恩格斯文集：第10卷 [M]. 北京：人民出版社，2009：667-669.
[2] 趙磊. 歷史唯物主義研究中的得與失——與孟捷教授商榷 [J]. 政治經濟學報，2017（9）：188-197.

大致從 16 世紀中期持續到 18 世紀最後 30 年。而以簡單協作為基礎的手工工場則出現在資本主義的萌芽時期。萌芽是一種過渡性質的生產方式，在這種生產方式中，「勞動對資本的從屬只是形式上的，也就是說，生產方式本身還不具有特殊的資本主義的性質」①。

資本主義萌芽是一種普遍的現象，是商品經濟發展的產物，凡是商品經濟發展到一定程度都會產生一些勞動力集中並在形式上受商業資本控制的雇傭勞動現象。但是，「萌芽」是種子，是內因，是一種內在的必然性，它要借助外部條件才能生根、開花和結果。西歐最早發生資本主義萌芽的義大利、荷蘭被後進的英國所超過，其原因恰恰在於各種外因或偶然因素的差異。這些因素中，起主要作用的仍然是生產力方面的。

第一，最初引起生產力量變的因素主要有兩個方面：一個是從 15 世紀最後 30 多年開始並持續到整個 16 世紀的農業革命；另一個是「15 世紀末各種大發現所造成的新的世界市場的貿易需要」②。第一次農業革命奠定了英國工場手工業的生產力條件，正是由於「農業革命對工業的反作用」才導致了「工業資本的國內市場的形成」③。沒有農業生產力的進步，就沒有商品經濟的進一步發展，也就沒有商業資本的最初累積。「剩餘價值的全部生產，從而資本的全部發展，按自然基礎來說，實際上都是建立在農業勞動生產率的基礎上的。」④ 英國史學家的研究表明，從根本上改造英國傳統農業面貌的農業革命發生在 16 世紀，至 17 世紀結束，而不是像傳統觀點認為的那樣發生在 18 世紀和 19 世紀⑤。

地理大發現之後開始的世界市場革命，是促使英國資本主義形成和發展的另外一個重要的生產力條件。之所以說這是一個生產力條件，是因為地理大發現是航海技術進步的結果，地理大發現為新的市場和新的生產資料來源提供了可能性。地理大發現改變了世界市場的航線，破壞了義大利北部的商業優勢，使英國成為世界市場的中心，這是英國商業發展的最重要的外部因素，也是英國超過義大利成為資本主義誕生地的主要原因。世界市場的建立使英國毛紡織產業獲得了快速發展，毛紡織產業的發展帶動了養羊業的發展，進而成為推動 15 世紀末至 16 世紀前半期第一次圈地運動高潮的直接原因。圈地運動不僅造成勞動者和生產資料的分離、工場手工業和農業的分離，為農村工業和沿海城市的工業提供了大量雇傭勞動者，而且成為解放束縛農業生產力發展的生產關係的重要推動力，使農業真正地成為資本主義性質的大規模農業。

第二，在英國資本主義形成過程中，人口數量變化也是一個重要的生產力條件。14 世紀發生的「黑死病」使英國的人口幾乎減少一半，人口數量的劇烈減少是促使英

---

① 馬克思，恩格斯. 馬克思恩格斯文集：第 5 卷 [M]. 北京：人民出版社，2009：847.
② 馬克思，恩格斯. 馬克思恩格斯文集：第 5 卷 [M]. 北京：人民出版社，2009：860.
③ 馬克思，恩格斯. 馬克思恩格斯文集：第 5 卷 [M]. 北京：人民出版社，2009：854.
④ 馬克思，恩格斯. 馬克思恩格斯文集：第 7 卷 [M]. 北京：人民出版社，2009：888.
⑤ 侯建新. 工業革命前英國農業生產與消費再評析 [J]. 世界歷史，2006 (4).

國莊園經濟制度解體並導致「敞田制」廣泛存在的直接原因,而「敞田制」是圈地運動的直接的制度前提。歷史資料顯示,圈地運動並沒有導致農業生產的下降,英國的農業產量一直在快速增長,這說明儘管大量公田和自耕地被圈占,但農業勞動生產率也在快速提高。15 世紀中葉到 16 世紀中葉英國人口的快速增長,為農業和工業資本主義發展提供了大量勞動力,而農業革命則保證了新增人口的物質需要,打破了農業生產的「馬爾薩斯陷阱」,使整個經濟呈現出人口增長、市場擴大、生產力進步三者協同發展的局面,為工場手工業提供了生產力前提。

由此可見,英國資本主義萌芽和工場手工業的產生都是生產力發展的結果,都是生產力和生產關係對立運動的產物。雖然以工場手工業為基礎的資本主義生產關係對生產力的革命性突破產生巨大促進作用,但在發生這種決定性的反作用之前,生產關係卻是生產力發展的結果,因而最終還是生產力的決定作用居於優先地位。

「生產力一元決定論」包括決定和反作用兩個階段:第一個階段是生產力發展到一定水準導致舊的生產關係趨向解體;第二個階段是新的生產關係促進生產力發展,對生產力發生「決定性的反作用」。在社會歷史發展中,後一階段很重要,但絕不能忽視前一階段的重要性和根本性。毛澤東說:「生產關係的革命,是生產力的一定發展所引起的。但是,生產力的大發展,總是在生產關係改變以後。」① 這一論述準確地概括了生產力與生產關係之間的辯證關係。那麼,能否顛倒過來用事後的「決定性的反作用」的勝利來論證事前的生產關係變革的合法性?生產力發展到什麼水準才能夠導致生產關係的變革?第一個問題我們在下一部分論證東方道路時進行探討;第二個問題馬克思已經給出了答案。

馬克思曾經反覆強調這樣一種觀點:「資本主義社會的經濟結構是從封建社會的經濟結構中產生的。後者的解體使前者的要素得到解放。」② 這是一種辯證的理解方式,即將封建社會的解體與資本主義社會的產生看作同一進程的兩個方面,生產力的發展既是引起封建社會解體的原因,也是導致資本主義萌芽的原因。即舊的生產力在舊的生產關係中的發展,並受到舊的生產關係的束縛,而新的生產關係的形成以舊的生產關係的解體、生產要素的遊離和解放為前提。不管是舊的生產關係的解體還是新的生產關係的形成,「只有在物質的(因而還有精神的)生產力發展到一定水準時才有可能」③。因而,物質生產力是必要條件。

進一步地,可以說,在解體和形成的同一過程中,導致生產關係的變革的必要條件,只需要生產力達到使舊的生產關係不能維持再生產(逐漸解體)而新的生產關係可以在形式上存在(萌芽)的臨界點。馬克思說:「資本關係本身的出現,是以一定的

---

① 毛澤東. 毛澤東文集:第 8 卷 [M]. 北京:人民出版社,1999:132.
② 馬克思,恩格斯. 馬克思恩格斯文集:第 5 卷 [M]. 北京:人民出版社,2009:822.
③ 馬克思,恩格斯. 馬克思恩格斯文集:第 8 卷 [M]. 北京:人民出版社,2009:155.

歷史階段和社會生產形式為前提的。在過去的生產方式中，必然發展起那些超出舊生產關係並迫使它們轉化為資本關係的交往手段、生產資料和需要。但是，它們只需要發展到使勞動在形式上從屬於資本的程度。」① 馬克思還說：「就生產方式本身來說，例如，初期的工場手工業，除了同一資本同時雇傭的工人人數較多而外，和行會手工業幾乎沒有什麼區別。行會師傅的作坊只是擴大了而已。」② 這些表述說明，生產力發展的臨界點也就是新舊兩種生產關係的臨界點，在這個臨界狀態中，舊的生產方式被賦予一種形式上的新的社會屬性，從而呈現為一種過渡形態，這種過渡性質的社會形式就是我們經常所說的「萌芽」。馬克思曾經詳細地描述過貨幣轉化為資本的各種「原始的歷史形式」、各種中間類型和混合類型及其過渡方式③，馬克思還詳細地描述了資本主義發展過程中生產力、生產方式和生產關係變化的歷程④，如果將這一歷程提煉成普遍化的表述，即可視為生產力和生產關係運動的一般規律、一般理論。

生產力達到臨界點，舊的生產關係解體，新的生產關係形成；生產要素在新的生產關係中組合，使生產方式（即勞動方式）發生變化；變化了的生產方式一方面創造新的物質生產力，另一方面使自己在新的物質生產力的基礎上得到發展，從而產生徹底的經濟革命；經濟革命一方面使新的生產關係普遍化和現實化，另一方面則發展出更高水準的勞動生產力、生產條件和交往關係，造成生產力和生產關係之間的矛盾尖銳化，進而為新的生產方式創造現實條件，為新的社會形態、新的社會生活過程創造物質基礎。

這一理論可稱為「生產力的臨界點理論」，它從另一個角度具體地解釋了生產力和生產關係的辯證關係，從而區別於「生產力—生產方式—生產關係」以及事後意義上的「生產力有機決定論」兩種解釋模式。

三、正確理解經典作家關於東方道路問題的論點

所謂東方社會發展道路，具體來講，包括三個相關的問題：一是馬克思研究的亞細亞生產方式的特徵及其在社會形態演變中的定位；二是馬克思和恩格斯對俄國農村公社能否跨越「卡夫丁大峽谷」的理論設想；三是列寧對俄國十月革命和俄國社會主義道路的理論解釋。第一個問題涉及社會形態演變的順序和東西方差異的問題，本章不做探討。第二個問題和第三個問題是直接相關的，本章中的「東方道路」主要是指俄國社會主義發展的道路問題，也就是跨越「卡夫丁大峽谷」問題。

19世紀70年代，俄國的理論家對俄國的發展道路問題發生了爭論和分歧。1881年

---

① 馬克思，恩格斯. 馬克思恩格斯全集：第49卷 [M]. 北京：人民出版社，1982：126.
② 馬克思，恩格斯. 馬克思恩格斯文集：第5卷 [M]. 北京：人民出版社，2009：374.
③ 馬克思，恩格斯. 馬克思恩格斯文集：第8卷 [M]. 北京：人民出版社，2009：164-166.
④ 馬克思，恩格斯. 馬克思恩格斯全集：第49卷 [M]. 北京：人民出版社，1982：126；馬克思，恩格斯. 馬克思恩格斯文集：第8卷 [M]. 北京：人民出版社，2009：546-547.

第七章　於「生　力一元　定　」的若干理

2月16日，查蘇利奇致信馬克思，請求馬克思說明對俄國農村公社的命運以及世界各國必然經歷資本主義生產各階段理論的看法。在《給維·伊·查蘇利奇的復信草稿》的初稿中，馬克思論證了俄國農村公社跨越「卡夫丁大峽谷」在理論上的可能性：「因為它和資本主義生產是同時代的東西，所以它能夠不通過資本主義生產的一切可怕的波折而吸收它的一切肯定的成就……和控制著世界市場的西方生產同時存在，使俄國可以不通過資本主義制度的卡夫丁大峽谷，而把資本主義制度的一切肯定的成就用到公社中來。」① 但是，馬克思認為這只是一種純理論上的可能性，能否實現取決它所處的歷史環境。

實際上，早在1877年《給「祖國紀事」雜誌編輯部的信》中，馬克思已經提出俄國不必走西歐資本主義發展道路：不能把「關於西歐資本主義起源的歷史概述徹底變成一般發展道路的歷史哲學理論」，不能認為「一切民族，不管他們所處的歷史環境如何，都注定要走這條道路」。如果那樣做，「會給我過多的榮譽，同時也會給我過多的侮辱」②。

馬克思1877年和1881年的主要觀點，是通過俄國革命掌握國家政權，來首先消除各種對農村公社的破壞性力量並保衛農村公社的存在，使其具備自由發展的條件。同時，馬克思也明確地提到，以世界市場為仲介吸收資本主義的肯定成果（主要是生產力）的設想③。在致查蘇利奇的復信草稿的第二稿中，馬克思仍然保留了這個觀點④：「俄國是在全國廣大範圍內把土地公社佔有制保存下來的歐洲唯一的國家，同時，恰好又生存在現代的歷史環境中，處在文化較高的時代，和資本主義生產所統治的世界市場聯繫在一起。俄國吸取這種生產方式的肯定成果，就有可能發展並改造它的農村公社的古代形式，而不必加以破壞（我順便指出，俄國的共產主義所有制形式是古代類型的最現代的形式，而後者又經歷過一系列的進化）。」⑤

但是恩格斯認為，必須先有西歐無產階級革命的成功，才能夠為農村公社提供樣板，才能夠保衛農村公社並縮短俄國進入共產主義社會的時間、減輕轉變的痛苦，因此，能夠改造俄國農村公社的只有西歐資本主義國家的無產階級。所以，我們發現，在馬克思和恩格斯共同署名的《共產黨宣言》俄文版序言中，結論變成了：如果俄國革命「成為西方無產階級革命的信號而雙方相互補充」，俄國農村公社的土地公有制可以成為共產主義的起點。而馬克思在復信的草稿中提到的是西方資本主義國家的內部矛盾越來越尖銳，處於危機、對抗、衝突狀態，沒有提到過西方資本主義制度的變革或革命。

---

① 馬克思，恩格斯. 馬克思恩格斯全集：第19卷 [M]. 北京：人民出版社，1963：431，435，436.
② 馬克思，恩格斯. 馬克思恩格斯全集：第19卷 [M]. 北京：人民出版社，1963：130.
③ 王東. 晚年馬克思新解 [J]. 教學與研究，1996 (5)：41-44.
④ 馬克思在第三稿中沒有提及這個觀點，但保留俄國農村公社與資本主義是同時代的這一歷史條件的說明。
⑤ 馬克思，恩格斯. 馬克思恩格斯全集：第19卷 [M]. 北京：人民出版社，1963：444.

这些觀點，後來恩格斯在1893年2月24日和10月17日致丹尼爾森的兩封信中又進一步闡述了：「在俄國，從原始的農業共產主義中發展出更高的社會形式，也像任何其他地方一樣是不可能的，除非這種更高的形式已經存在於其他某個國家，從而起到樣板的作用。」[1] 在1894年《論俄國的社會問題》跋中，恩格斯說：「對俄國的公社進行這種改造的首創因素只能來自西方的工業無產階級，而不是來自公社本身。西歐無產階級對資產階級的勝利以及與之俱來的以公共管理的生產代替資本主義生產，這就是俄國公社上升到同樣的發展階段所必需的先決條件。」[2]

如果按照馬克思之前的觀點，通過世界市場的聯繫而獲取資本主義的肯定成果，那麼西方資本主義的消滅就不一定是前提條件。但是，恩格斯在後來的文獻中（1893年給丹尼爾森的兩封信以及1894年的《論俄國的社會問題》跋）卻認為這一前提條件是馬克思和他共同的看法：「無論他還是我都認為，實現這一點的第一個條件，是外部的推動，即西歐經濟制度的變革，資本主義在最先產生它的那些國家中被消滅。」[3]

對於這種分歧的一種可能的解釋是，馬克思在致查蘇利奇的信的草稿中設想過另外一條道路，即以世界市場為仲介，利用資本主義的肯定成果，跨越資本主義制度的卡夫丁大峽谷，但馬克思最終放棄了這種想法，而採用了和恩格斯相同的觀點。這也可能就是馬克思為什麼就這封信寫了三個草稿，而最終只給出一個簡短結論的原因。

俄國十月革命以後，第二國際認為當時俄國的生產力水準和文化水準沒有達到社會主義的高度，列寧則提出另外的命題：「我們為什麼不能首先用革命手段取得達到這個一定水準的前提，然後在工農政權和蘇維埃制度的基礎上趕上別國人民呢?」[4] 之所以發生這種爭論，原因在於俄國十月革命建立在對世界革命近期到來的預期之上，但後來西歐發達地區的革命沒有成功，於是，革命後的蘇聯就面臨一國能否建設社會主義和怎樣建設社會主義的問題。列寧的命題實際上與馬克思曾經產生而最終放棄了的設想是一致的，但列寧並沒有提到馬克思關於跨越「卡夫丁大峽谷」的設想。列寧認為，革命是必然的，也是必要的，世界發展的一般規律並不排斥個別發展階段的特殊性，反而以這種特殊性為前提。

列寧的解釋擱置了「生產力要達到何種程度才能保證新生的社會具有可持續性」這一重要問題。實踐表明，促使資本主義生產關係解體的「臨界」生產力水準似乎要到自動化、信息化、智能化時代才能出現，社會主義要保持與世界市場的聯繫才能夠獲得資本主義的肯定成果。這兩個條件在當時的蘇聯都不具備。相反地，蘇聯沒有完成的事情，當代中國卻在逐漸完成，「中國道路」在一定程度上正在實現馬克思關於跨越的理論設想，並超越了蘇聯模式。

---

[1] 馬克思，恩格斯. 馬克思恩格斯文集：第10卷 [M]. 北京：人民出版社，2009：664.
[2] 馬克思，恩格斯. 馬克思恩格斯全集：第22卷 [M]. 北京：人民出版社，1965：500.
[3] 馬克思，恩格斯. 馬克思恩格斯文集：第10卷 [M]. 北京：人民出版社，2009：649.
[4] 列寧. 列寧選集：第4卷 [M]. 北京：人民出版社，1995：777.

第七章　於「生　力一元　定　」的若干理

　　通過不斷改革的辦法調整生產關係以適應生產力發展的需要，以世界市場為仲介利用資本主義的生產力，創造性地提出「社會主義市場經濟」的制度設計，這些實踐創新走出了一條具有中國特色的社會主義道路，創造了經濟快速發展的世界奇跡，使中國用30多年的時間完成了西方資本主義300多年的發展歷程。當前世界正在孕育第四次工業革命，人類社會已經進入信息化時代，並開始向智能化時代邁進，無人工廠、無人商店已經開始出現，信息網絡正在實現需求和供給的即時反饋，自動化、智能化生產方式快速發展，科技創新不斷湧現。這些新的趨勢表明，人類社會正在接近發生系統性變化的生產力臨界點。資本主義制度與這種生產力的發展而產生的對人的排斥是矛盾的，這種矛盾正在尖銳化，它必將引起革命性變化；隨著世界資本主義向生產力臨界點靠近並逐漸趨向解體，中國對社會主義道路的探索將具有更廣泛的世界歷史意義和人類學意義。

　　馬克思的設想和列寧的命題能否用生產力在事後意義上的有機或系統決定來解釋呢？在馬克思和列寧看來，這些觀點只是「東方道路」的特殊性問題，它與基本原理並不衝突。從經典文本來看，無論是馬克思、恩格斯，還是列寧和毛澤東，他們都沒有在事後決定的意義上理解基本原理。恩格斯所反覆提示的「歸根到底的決定」指的是經濟基礎決定上層建築，以及經濟運動的必然性通過各種偶然因素的交互作用而表現出來。

　　誠然，毛澤東說過這樣的話：「一切革命的歷史都證明，並不是先有充分發展的新生產力，然後才改造落後的生產關係，而是要首先造成輿論，進行革命，奪取政權，才有可能消滅舊的生產關係。消滅了舊的生產關係，確立了新的生產關係，這樣就為新的生產力的發展開闢了道路。」[1] 這句話，是不是表明要顛倒基本原理中的邏輯順序才能解釋歷史發展的特殊性呢？顯然不是，生產力與生產關係的矛盾不是自動地表現出來的，而是通過社會矛盾來表現出來的，當生產力與生產關係的矛盾發展到一定程度，代表先進生產力的社會階級與落後的社會階級的矛盾就會成為社會各階級的主要矛盾，就會產生社會變革的動力，只有當原來統治社會的宏觀政治權利（政權）被革命衝擊或消滅之後，上層建築的性質發生了改變（或者是舊的上層建築性質的改變，或者是舊的上層建築被消滅），新的生產關係（微觀的經濟權利）才能廣泛地建立起來，新的生產力才能得到充分的發展。這裡，起決定性作用的是生產力發展，但是主要矛盾和矛盾的主要方面卻是不斷發生變化的。

　　事前意義上的多元（矛盾）決定論或多因素決定論，以及「事後意義上的生產力歸根到底的決定作用」，可以翻譯成這樣的表述：生產關係是生產力、階級鬥爭、國家間關係等各種偶然因素共同決定的或由其中的某個單一因素決定的（否定生產力的一元決定），而這樣產生的生產關係要獲得一種普遍性的地位、造成社會形態的系統性轉變

---

[1] 毛澤東. 毛澤東文集：第8卷 [M]. 北京：人民出版社，1999：132.

或整體性變遷，就必須通過這種生產關係造成的生產力的優勢和生產力的發展來確認，如果沒有這種事後的生產力發展來保證其合法性，那麼生產關係就可能倒退回去，就不可持續。也就是說，只有帶來生產力發展並由生產力發展來確認的生產關係才是可持續的，生產關係的產生則需要考慮各種因素造成的總和，生產力並不起決定作用。國家可以決定生產關係，階級鬥爭可以決定生產關係，國家間的競爭也可以決定生產關係。按照這種觀點，生產關係就是可選擇的，一定的生產關係的產生也是偶然的，甚至生產關係是可以超階段的，因此，社會發展就沒有規律性可尋。這實際上是半截子的唯物主義，是唯心主義的觀點。它是另外一種世界觀的表現，這種觀點主張事物的發展是受偶然性支配的，認為進化並不遵循一定的規律，從而否定了人類實踐中的主觀能動性和客觀必然性的辯證關係。

四、結語

馬克思和列寧的理論設想、蘇聯模式及中國道路的超越，不僅沒有否定「生產力一元決定論」，而且從理論和實踐兩個方面證明了「生產力一元決定論」的科學性。歷史和實踐表明，不能將生產關係對生產力的反作用解釋為「生產關係的決定性作用」，也不能將「生產力的歸根到底的決定作用」進一步解釋為「事後意義上的決定作用」，而主張事前意義上的「多元決定論」。

通過研究，我們可以得出這樣的結論，經典作家在基本原理的理解上沒有實質性分歧，他們對唯物史觀的認識是一致的。當然，這並不意味著，在側重點上，在基本原理的應用上，在對形勢的判斷上以及具體策略的考慮上，他們也是完全一致的。馬克思、恩格斯反覆強調：「這些原理的實際運用」「隨時隨地都要以當時的歷史條件為轉移」[1]；列寧反覆強調「具體問題具體分析」；毛澤東反覆強調「實事求是」。這些重要的提示說明了，基本原理的理解和靈活應用並不是一件簡單的事情，它需要掌握馬克思主義的辯證法思想，需要達到辯證思維的高度。正如列寧所指出的，馬克思主義的革命辯證法是「馬克思主義中有決定意義的東西」[2]，只有運用唯物辯證法來理解唯物史觀，才能夠把握馬克思主義的精髓。馬克思意義上的「決定」是「辯證決定」，無論是系統決定、有機決定，還是事後決定或歸根到底地決定，都不能夠完全概括基本原理中各個範疇的相互關係。

---

[1] 馬克思, 恩格斯. 馬克思恩格斯文集: 第2卷 [M]. 北京: 人民出版社, 2009: 5.
[2] 列寧. 列寧選集: 第4卷 [M]. 北京: 人民出版社, 1995: 775.

本章參考文獻：

［1］孟捷. 歷史唯物論與馬克思主義經濟學［M］. 北京：社會科學文獻出版社，2016.

［2］孟捷，趙磊. 生產力一元決定論的超越與辯護——關於《歷史唯物論與馬克思主義經濟學》的對話［J］. 天府新論，2017（4）：144-159.

［3］丁堡駿. 兩個馬克思及其對當代中國特色社會主義的現實意義［J］. 政治經濟學評論，2017（3）：36-39.

［4］傅築夫. 再論資本主義萌芽——關於資本主義萌芽問題的幾點補充意見［J］. 社會科學戰線，1983（1）：129-140.

［5］吳於廑. 歷史上農耕世界對工業世界的孕育［J］. 世界歷史，1987（2）：1-18.

［6］張光明. 略論「倒過來的革命」——關於列寧的《論中國革命》［J］. 社會主義研究，2009（5）：1-6.

［7］金志霖. 中世紀英國行會和雇傭工人——兼論雇傭工人與生產資料的關係［J］. 歷史研究，1990（6）：147-161.

［8］王乃耀. 十六世紀英國農業革命［J］. 史學月刊，1990（2）：85-90.

［9］胡瀟. 論生產關係與生產力的質量對應運動［J］. 求索，1984（1）：30-40.

第二篇

勞動價值論

第八章 論服務勞動[①]

服務從來都是人類勞動的一種形式。在以分工為基礎的市場經濟中，服務業是產業結構的有機組成部分；在發達的市場經濟中，商業服務、金融保險服務、郵電、交通服務，以及各種生活消費服務快速的發展，並且在經濟運行中起著重要作用。當前世界正在進入的知識型經濟中，信息服務更是在經濟、社會大範圍中迅速發展。

服務業在世界發達國家的 GDP 和就業量中已占 2/3 左右，成為最大的產業部門，服務經濟對物質生產和居民消費生活，以及市場經濟的運行、社會全面發展起著越來越重要的作用。這一切表明，當代市場經濟越來越顯示出服務經濟的特色。在當前中國正在進行的國民經濟結構的戰略性調整中，大大加快服務業的發展，已成為迫切的需要。服務在現代經濟和中國社會主義市場經濟中日益重要，但是有關服務的若干理論問題尚未深入加以闡明。「服務末流」論的陳舊觀念仍然十分濃厚，不少人把服務勞動視為「下品」，一些人不情願到服務行業就業，可見，對當代服務經濟快速發展中出現的新情況做出理論的闡明就是十分必要的。本章將就社會主義市場經濟中服務勞動的性質、服務是不是商品、服務勞動創不創造商品價值等問題進行研討。

一、服務是發達市場經濟中生產勞動的重要形式

服務勞動是以提供非實物的，不能儲存的有用效果而區分於物質生產的。馬克思說：「純粹的服務它不採取實物形式，不作為物而離開服務者獨立存在……」[②] 從古典的服務，如家僕的家庭服務，到現代的服務，如歌星的演出服務、商業銷售人員的買賣服務、經濟學家的諮詢服務，都表現為一種非實物的有用效果。歌星的演唱不論是有多麼動人的效果，但它畢竟是一種活生生的勞動，歌唱效果是隨唱隨逝的，不像制鞋匠的勞動會在鞋子這一物質、實物產品中留下勞動的痕跡。亞當·斯密說，服務「是隨生隨滅的……不固定亦不實現在任何可賣商品上」[③]。

服務是從物質生產中派生出來的。服務勞動為生產、交換、分配、消費等活動提供

[①] 本章選自：劉詩白. 論服務勞動 [J]. 經濟學家, 2001 (6)：4-12.
[②] 馬克思, 恩格斯. 馬克思恩格斯全集：26 卷Ⅰ [M]. 北京：人民出版社, 1972：158.
[③] 亞當·斯密. 國民財富的性質和原因的研究 [M]. 郭大力, 王亞南, 譯. 北京：商務印書館, 1979：241.

便利，從而提高生產效率和生活福利，有利於經濟運行。在資本主義市場經濟中服務業是迅速擴展的部門。資本主義市場經濟的初始階段的服務主要是較為簡單的生活服務，馬克思在《資本論》和《剩餘價值學說史》論稿中經常提到的是侍者、馬車夫、廚師、女僕等提供的家庭服務，以及醫生、簿記員、商業從業人員的服務。在當代發達市場經濟中，除了飲食、旅遊、影視、文娛、醫衛等全方位的生活、休閒服務外，還包括電信、運輸、倉儲以及各種經濟諮詢、技術設計等在內的發達的生產性服務。此外，還有高度發達的商業服務和金融服務，而在當前初見端倪的知識型經濟的發展中，人們更是看到最新的信息、網絡服務的興起。除此而外，現代服務勞動還包括政府、企業或福利機構提供的各種公共服務，如國民教育、醫療、科研、文化以及有關改進環境、生態等方面的服務。

在現代發達的市場經濟中，服務的主體組織結構和服務生產方式也出現了重大變化。如：①現代服務主要是由公司企業來組織和提供而不是個人服務；②現代服務是以大生產方式，如商業超市、連鎖店、五星級大旅館和連鎖旅館、跨國投資基金、證券公司等——來從事經營；③服務主體往往將提供服務和提供物質生產相結合，如新聞媒體、影視企業既提供新聞、電視等服務，還要從事報刊生產、影片光盤製作，等等。

可見，發達的多樣形式的服務業，是現代發達市場經濟的重要特徵。當前世界上的發達國家經過了200年的工業化、現代化和產業結構的調整，已經從以物質生產，以第一產業和第二產業為主導的工業經濟，演變成為當前的以服務業為主導的現代市場經濟。

二、現代服務的功能

現代市場經濟使社會分工高度發展。市場力量推動分工、分業，不僅促進第一、第二、第三、第四產業的分工[①]，而且促進服務產業內部的分工。當代發達的服務業包括：①生產性服務，如生產通信、運輸、維修、倉儲、諮詢等；②休閒、文娛及其他個人生活服務；③商業、金融服務；④醫衛、教育服務；⑤公共服務，如基礎設施、城市供水、供電、供氣等；⑥政府提供的非交易性的環保、生態等服務。現代服務業已經是一個綜合性的行業，它提供和生產多種多樣的在內容上和功能上不同的服務產品。

服務在現代市場經濟中的積極作用是多方面的。

（一）高質量的服務

當代發達的社會分工，使原先在企業內作為生產過程的內在組成部分的輔助性的服務，成為獨立的專業化的服務。這樣的專業化的服務，借助於更加強大的物質資本、更

[①] 本章中把正在興起的包括科技知識產品和人文、社會科學產品的生產，作為第四產業。

充裕的流動資金、更優秀的技術人員和服務人員，從而具有更強大的服務功能，能提供高質量的高度複雜的專業服務，例如科技研發和設計服務、企業管理、金融投資諮詢、以及會計師、律師服務等。

（二）快速服務

專業化服務不僅可以做到質量高，而且還能做到效率高。借助服務機構的生產和服務功能，它能夠在較短時期內提供用戶滿意的服務產品。例如科技機構能按用戶要求提供快速的新產品開發和設計。專業服務的高效率，意味著產品生產與經營中時間的節約和生產流通週期的縮短。例如利用設備維修服務與產品設計服務，可以縮短生產週期；充分利用商業服務，可以加快流動資本的回籠。因而，生產性服務和流通服務的發展，起著提高物質生產和精神生產的效率和加快經濟流轉的功能。

（三）更便宜的服務

購買專業化的服務使企業改變原先依靠內在服務造成的「大而全」「小而全」的組織結構，從而降低成本，使企業活動更加集中於「主業」——物質產品生產或精神產品生產。而且，外購的專業化服務，較之企業自身組織的服務，還可以做到成本的節約，從而實現生產的高效率和低成本，由此提高企業的競爭力。

（四）開拓市場、擴大需求的功能

現代的內涵日益豐富的生活服務業的發展和在 GDP 中的比重的提高，表明了服務業的發展在開拓和刺激消費需求擴大中所起的重要作用。現代商業與金融服務成為開拓市場和擴大有效需求的有效工具。市場經濟的初始階段，由於商業不發達，商業的功能主要表現為促進商品形態變化，即 $W—G$（賣）和 $G—W$（買）的功能。在現代市場經濟中發達的商業，以其完善的批發、零售體系，多樣的商業組織形式——從專業商店到超市、連鎖商店，靈活多樣的銷售與支付形式，以及將商品銷售與休閒及其他服務相結合的經營方式，起著刺激有效需求和擴大銷售的作用，並由此成為發達的現代經濟的再生產和擴大再生產的重要推動力。在經過產業資本對商業的重組和商業體系的創新和商業營銷方式的創新後，現代商業已經充分從屬於產業資本的要求，並發揮著下列兩大職能：①大大提高了價值實現和降低交易成本的功能；②大大提升了商業的擴大有效需求、促進銷售量的功能。在有效需求不足越來越成為經濟運行的主要問題的現代資本主義經濟中，商業的第二職能——擴大有效需求和銷售量的職能越發重要，成為它的第一職能，即價值實現職能的前提。商業職能的這種互相促進的機制，有效地支撐和促進了生產的增長。

（五）促進要素合理配置的功能

金融業的發達和金融服務功能的大大強化，是發達市場經濟中的一項重要特徵。金

融的主要功能是貨幣融通與資本融通。由龐大的商業銀行體系、發達的證券市場以及證券業、保險業、投資基金共同形成的現代金融體系：①在微觀層面上，對企業、個人提供存貸、投資等多種金融服務，特別是多種多樣的現代融資服務，後者是各類企業——物質生產、精神生產、商業、服務業——創業和擴大再生產的前提。②在宏觀層面上，金融促使貨幣資本積聚和將儲蓄轉化為投資，通過這一資本形成的功能，最大限度地動員社會閒置生產資源並且使其轉化為現實的生產要素。③貫穿於資本市場、貨幣市場、外匯市場、期貨市場以及產權市場上的市場機制，調節著各種金融商品和產權的買賣，它和一般商品市場價格機制相結合，大大強化市場的優勝劣汰的功能，促使資源優化配置。現代發達的市場經濟中，金融市場機制已成為市場配置資源的重要槓桿。④發達的金融服務，有效地發揮利率、貼現率、證券市盈率等金融手段的功能，在加強貨幣、資本信用的基礎上，它一方面拉動和刺激消費，另一方面拉動和刺激投資，由此起著開拓和擴大有效需求的功能，和促進價值實現的功能。

前資本主義的高利貸資本，起著破壞生產、抑阻經濟增長的作用，在早期資本主義的金融活動中也充斥著貨幣經營者掠奪債務人和損害公眾的行為，那麼，現代金融業則以其多種多樣的服務職能，有力地促進物質生產、精神生產、服務生產，擴大商業流通，促進商品價值實現。可以說，產業、金融、商業三者組成了現代市場經濟的互相促進的「金三角」，而金融更是現代市場經濟的心臟、發達再生產的主要潤滑劑和支撐力，高科技經濟增長的第一推動力。

三、提供有用效果和實物產品相結合——現代服務的特徵

服務如果只表現為提供非實物形態的有用效果，就是「純服務」。在實際生活中服務勞動並非完全是「純粹的」，而往往是與提供實物形態的使用價值相結合的。

我們就以那種歷史悠久的擦皮鞋服務來說，它往往和修補鞋子結合在一起，洗衣店的洗衣服務和染衣織補結合在一起，飲食服務業的店堂服務和食品加工、烹飪結合在一起。由於修補、織補、烹飪會改變勞動對象的物質性狀，使後者獲得新的屬性，織補好的上衣完全不同於破上衣，精心烹制的菜肴具有菜蔬原料不具有的可口效果，這種服務勞動和直接物質生產勞動沒有差別。可見，擦皮鞋匠、飯店廚師、洗染人員，他們提供的非實物形態的服務，也是物質生產性的勞動。馬克思十分細緻地分析了19世紀英國一些服務勞動者兼有的生產勞動的職能。他指出，當時的家庭傭工，「例如廚師、女裁縫、縫補工」等「生產物質使用價值」①，它們的「勞動有一部分體現在物質的使用價值中」②（重點是引者所加）。

---

① 馬克思，恩格斯. 馬克思恩格斯全集：26卷Ⅰ[M]. 北京：人民出版社，1972：150.
② 馬克思，恩格斯. 馬克思恩格斯全集：26卷Ⅰ[M]. 北京：人民出版社，1972：158.

第八章 服

　　在當代發達的市場經濟條件下，服務與物質生產相結合表現得更為鮮明。現代服務業採取公司組織形式，使用現代物質技術和實行服務產品大生產，包括派生的物質產品的大生產。我們以現代化的快餐店為例證。快餐店既提供快餐食品，又提供店堂休閒服務及兒童休閒服務，如麥當勞的主要產品漢堡包和薯條等就是物質生產品。現代化旅館的餐廳，被服洗滌等服務也帶有物質生產性，而且具有一定的生產規模。當然，它是一種附加的物質生產。快餐店體現了服務勞動與物質、實物生產性勞動的結合，一般店堂服務員和從事餐飲製作的廚師一樣，都是企業「總體工人」的一員，他們提供有用效果的服務勞動，也具有創造價值的功能。

　　還需要指出，現代科學技術創造了一種兼有提供非實物有用效果，又生產實物、物質產品的新的服務經營形式。現代的影視、錄像、錄音技術，使演員舞臺現場表演記載在電影、電視膠卷中，特別是在當代信息、網絡技術時代，各種文化、體育、娛樂場所的有聲有色的表演均被攝像並保存在計算機光盤內。現代文化服務企業在組織一場音樂演唱活動時，就可以將提供非物質形態的服務，例如組織帕瓦羅蒂兩個小時的演唱欣賞會和進行物質產品生產——錄像錄音和音樂光盤的製作相結合。為此，企業除了雇傭音樂演唱家外，還要購置物資設備和雇傭各類生產工人，即建立一個音樂光盤生產廠，在音樂晚會演唱的歌唱家也是生產光盤的工廠「工人」的一員。在上述將服務與物質生產相結合的經營方式下，服務這種提供有用效果的勞動，也就獲得了一種物質載體，原先的「隨生隨滅」的音樂演唱有用效果變成了實物產品和可儲存、可持續使用和轉讓之物。可見，現代技術，特別是信息技術改變了服務的性質，服務勞動得以凝結和保存在實物對象之中。這種性質的服務勞動和其他物質生產性勞動不存在任何差別，無疑具有創造價值的功能。

　　信息、網絡技術操作是一種現代的物質生產，後者以計算機操作人員為主體，以計算機、網絡設施為生產手段，以收集、整理和交換的信息為產品。信息產品的原生形式是數碼，其轉化形式是圖、文、聲等，這是一種用來作為研發、決策和管理的工具的現代物質產品。信息化把信息產品的生產引入製造業，也引入現代商貿、金融、旅遊、教育等產業，以及精神生產領域。現代服務產業不僅要提供各種非實物形態的服務，而且還要通過企業內專設的信息部門，進行信息技術操作，即信息產品的生產和傳輸，並以此來促進服務產品的生產。這也表明，物質性生產成分的擴大及其與提供有效服務相結合，是當代生產力發展條件下現代服務的特徵。

　　總之，服務業的發展走了一條將提供有用效果和進行物質生產相結合的道路。馬克思基於19世紀的資本主義初始階段的現實情況，指出這些服務勞動者「只有極小部分能直接參加物質生產」[1]。20世紀以來，隨著科技的進步，特別是信息化的發展，服務業把提供服務和進行物質生產相結合，或是將提供有用效果和生產物質產品結合在一

---

[1] 馬克思, 恩格斯. 馬克思恩格斯全集：26卷Ⅰ [M]. 北京：人民出版社, 1972：150.

起，可以說，大部分的服務都與物質生產有關，只提供有用效果的純粹服務是越來越稀少。服務勞動和物質生產性勞動緊密結合，互相滲透，依靠物質性生產勞動，加強和放大服務效果，已經成為發展的大趨勢。

基於上述情況，我們應該正視現代服務業中包孕的物質性生產增強的特徵，充分注意到服務勞動和物質生產勞動的結合和交融是現代勞動的新特徵，並且要立足於這一新情況來探討和闡述勞動價值理論。

四、服務是商品，有使用價值和價值

商品是在市場交換的，有使用價值和交換價值的「物」和「對象」。馬克思說「服務就是商品，服務有一定的使用價值（想像的或現實的）和一定的交換價值」①。服務商品的特徵在於它的使用價值，表現為一個非實物的、非固定形態、隨生隨滅的有用之「物」或「東西」。馬克思引用亞當·斯密的論述：「『服務一經提供即消失』，不固定或不物化在一個『耐久的（或者『特殊的』）對象或可以出賣的商品中』（在這些服務本身以外）。」② 由於人既有物質生活需要，又有精神生活需要，因而，不僅需要生產具有物質、實物形態的產品，而且需要提供和生產具有非實物形態，只是作為一種有用效果的產品。特別是社會越發達，科技越進步，越需要科技知識產品；人的多方面精神文化需要的增長，越需要有多樣的精神產品；現代人的豐富的日常生活需要的滿足要求有多種多樣的服務產品。可見，使用價值表現為有用效果的商品越發增多，在商品世界中所占的比重越來越大，是現代市場經濟發展的必然趨勢。

服務商品是具有交換價值和實際參與市場交換的對象。就服務提供者來說，它表現為 $W—G$（服務產品—貨幣），在形式規定性上歌星的出讓演出服務商品和服裝生產者出售一件大衣（大衣—貨幣），沒有兩樣。但問題是服務產品的交換價值，即它交換得來的貨幣，是否有內在的價值，即服務勞動形成的價值呢？

在19世紀中葉的英國資本主義經濟中，服務業還未充分從屬於資本，在服務中的物質性生產成分還是「極小部分」③ 的情況下，以及在非實物的有用效果的服務勞動主要是作為家庭服務和不生產出可交換商品的情況下，馬克思將上述雇主家庭服務視為非生產勞動，並認為它「不作為價值組成部分加入某一商品」④，這完全是合理的。但是社會經濟的產業結構是不斷發展變化的，在當代經濟中服務業已經是一個最大產業。服務生產方式也是不斷發展變化的，在當代，服務的物質生產內涵已大大加強，服務勞動與物質、實物性生產勞動已進一步互相交融。特別是在社會主義市場經濟的新制度和機

---

① 馬克思，恩格斯. 馬克思恩格斯全集：26卷Ⅰ [M]. 北京：人民出版社，1972：149.
② 馬克思，恩格斯. 馬克思恩格斯全集：26卷Ⅱ [M]. 北京：人民出版社，1972：158.
③ 馬克思，恩格斯. 馬克思恩格斯全集：26卷Ⅰ [M]. 北京：人民出版社，1972：150.
④ 馬克思，恩格斯. 馬克思恩格斯全集：26卷Ⅰ [M]. 北京：人民出版社，1972：158.

制背景下，進一步探討當代服務在價值形成中的作用就是十分必要的。

傳統的經濟理論和計劃經濟的實踐是將服務作為非物質生產的勞動，並把服務業作為附屬於物質生產的部門，在傳統的國民經濟核算體系中服務業的收入是作為物質生產部門創造的價值的再分配。顯然，這些理論已不符合社會主義社會的實際。

在對待服務產品上，社會主義政治經濟學教科書流行的觀念是認為服務只有價格而無價值，這種習常的觀念來自片面的「勞動物化觀」，即只有創造物質、實物形態的使用價值的勞動，才能「加進」商品體中去，才能「凝結」為價值和「創造」價值。基於這一觀點，服務部門只是由於價格機制，即只是通過工業讓利的價格而分得了一部分物質生產部門製造的價值。這種結論難以說明當代發達市場經濟服務勞動者在就業中佔有70%的比重條件下的總商品價值的形成過程，更難以說明社會主義市場經濟中服務勞動的性質和在總商品價值形成和流通中的作用。在社會主義市場經濟的條件下，應該深入研究純服務勞動的性質，特別要研究純服務是否具有創造價值的功能，這是社會主義政治經濟學研究不能迴避的一個重要課題[①]。

服務勞動不僅具有交換價值而且也具有創造價值的功能。根據現代服務的新特點和社會主義社會服務業的性質，我認為，肯定服務勞動擁有的價值創造功能是合理的。

（一）服務束中勞動的關聯性和服務勞動創造

價值的功能對純服務勞動的價值形成功能，可以從服務與物質、實物性生產相關聯的角度來加以論述。

服務業帶有綜合性，它表現為提供若干相關聯的服務產品或服務束。例如飲食服務業提供主餐、飲料、影視、音樂演奏甚至舞蹈表演服務。服務束可以視為一個整體服務產品。由於上述整體服務產品中包含有物質生產品——食品烹飪，因而，可以把形成總服務束的各種服務勞動，視為是一齊物化於作為主要產品的物質、實物生產品中，換一種說法是作為主產品的食品價值中還包括有由其他服務形成的附加價值。可見，價值的形成和對象化，應該作為一個經濟過程來理解，在服務業中，價值的形成更應該放在一系列相關聯服務的生產鏈中來加以理解。在這裡，人們不應該認為侍餐服務勞動這一轉瞬即逝的「活生生的勞動」單獨形成價值，而應看到這一勞動是加入相關聯的產品中，即他為顧客端送的食品的價值中。

需要指出，服務勞動形成附加價值，並不意味著在產品價值形成中服務只是起次要的作用。如果說，不發達的飲食服務業提供的主要產品是食品，人們到餐廳主要是滿足胃口的需要，那麼現代發達的飲食服務業，如高級餐廳提供的主要產品，還包括休閒服務，如店堂設施、家具陳設、牆壁藝術裝飾、燈光、音樂等組成的消費休閒環境，以及

[①] 中國學術界一些同志結合這些情況，論述了服務勞動也具有創造價值的功能。李江帆在《第三產業經濟學》中有很好的闡述。

樂隊提供的演出服務。在某些場合，文化休閒服務成為最主要產品，一些人到高雅餐廳、茶樓去並不主要是滿足胃口的需要，而主要是為了滿足文化的需要。在上述服務束的價值實體中，主體已經是非實物形態的服務形成的價值——例如著名演員的勞動形成的價值，但是這些非實物形態的服務形成的價值仍然表現為食品的附加價值，並出現在餐飲的帳單中。也就是說，多樣的服務勞動會加入相關聯的實物產品中去並形成和增大實物產品的價值。可見，「相關聯的產品」這一概念為我們指出了現代服務勞動的價值形成的機制。

還需要指出，提出服務勞動物化於相關聯的實物產品中的命題，並不是說在服務業中就不必考慮和講求服務的有用效果，就可以任意地增加只提供有用效果的服務人員，因為在市場經濟中能形成價值的只是那種具有滿足有效需求能力的必要的服務，或有效的服務束。使用必要的廳堂服務人員，可以讓服務周到，聘用名演奏家可以增強休閒效果，但是服務員「成堆」，不適合於餐廳的舞蹈表演和震耳欲聾的樂曲，會產生一種服務負效用，而且，它形成高成本，往往為企業帶來虧損。這表明，服務勞動的不必要的耗費，不能物化在相關聯的實物產品中和形成價值。亞當·斯密有一段論述，他指出，資本用於農業、製造業、商業、零售商業四個方面的人員，包括商業服務人員，「他們的勞動，如果使用得當，會固定和物化在它所加工的物品或商品上，通常至少也會把他們維持自己生活和個人消費的價值加在商品的價格上」①。可以說，使用得當的、形成有效的服務束的服務勞動量，會參與整體服務產品的形成和價值的形成。

(二) 服務是一種實際的使用價值

進行服務，意味著提供某種具體化的、活生生的勞動，或進行式的勞動。例如一場兩小時帕瓦羅蒂演唱會，在這裡演唱會主辦者提供給聽眾的是歌唱家帕瓦羅蒂兩小時活生生的演唱勞動，對於聽眾來說，這一演唱服務具有滿足他們精神需要的使用價值。同時，這是一場商業性演唱會，演唱服務也具有交換價值，是商品，聽眾購買和欣賞演唱服務和他買一件衣服、一本書沒有本質的差別。不同的是，帕瓦羅蒂提供的演唱服務是一種隨生隨滅、不留下物質痕跡的使用價值，不表現為實物形態的產品。但是服務使用價值的這一特點並不妨礙他是現實的使用價值，這在於：

(1) 這裡生產出一個具體的音樂產品：①按照歌詞和曲譜要求的歌唱表演；②表演者看得見的形象和能感知的感情。以上①和②使它成為聽得著、看得見的「演唱物」。

(2) 這裡生產出「運動中的使用價值」。服務「是以活動形式提供使用價值」②，儘管服務是「隨生隨滅的」，但它畢竟是一種表現為「運動形式」③ 的使用價值和使用

---

① 馬克思, 恩格斯. 馬克思恩格斯全集: 第 26 卷 I [M]. 北京: 人民出版社, 1972: 271.
② 馬克思, 恩格斯. 馬克思恩格斯全集: 第 46 卷 I [M]. 北京: 人民出版社, 1972: 464.
③ 馬克思, 恩格斯. 馬克思恩格斯全集: 第 46 卷 I [M]. 北京: 人民出版社, 1972: 464.

對象。而且現代服務如廣播、影視服務，既具有「運動形式」，又兼有物質、實物形式。

（3）這裡既生產出使用價值又實現了使用價值。使用價值實現在主體的消費中。由於買票的聽眾從演唱中獲得了極大的審美享受和精神上的滿足，這意味著「演唱物」被消費，使用價值得到實現，如同在餐廳用餐使食品的使用價值得到實現一樣。

以上三點表明，儘管演唱這樣的「服務產品」是「不作為物而離開服務者獨立存在」①，但是它畢竟是一個客觀的、現實的存在和消費對象，是實際的和得到實現的使用價值。儘管在一些經濟學家的思維中還把演唱以及其他的多種多樣的表現視為非實物形態，沒有「留下物質痕跡」的服務排除在「生產品」「物」「東西」之外，但是現實經濟生活中，在廣大文化消費者眼中，它卻是具有「有用性」之物。特別是對那些追星的歌迷來說，是具有極大「有用性」的「對象」，是切切實實的使用價值。基於上述分析，服務勞動提供「有用性之物」——現實的使用價值，用經濟學的表達方法，它提供和生產出一個具有使用價值的具體的服務產品，體現在這一具體的服務產品中的社會必要勞動耗費——作為服務勞動的補償，就形成服務商品價值。當然，形成服務商品價值的勞動，不是具體勞動，即表演者的兩小時獨特的演唱，而是他這兩小時高度複雜勞動所體現的社會必要勞動耗費②。

五、正確理解物化勞動形成價值的命題

說服務勞動具有創造價值功能，一些人認為這是奇談怪論，在這裡人們理論認識上前進一步的障礙，往往在於頭腦中的根深蒂固的關於物質生產中的物化勞動才能形成價值的觀念。應該說，把「勞動物化」和價值形成完全限制在物質生產領域的論點，並不是馬克思的觀點，更不是馬克思主義的觀點。

需要指出，在一百多年前馬克思寫作《資本論》的過程中，在多數場合是將社會生產歸結為物質生產，將商品的使用價值主要歸結為物質、實物形態的使用價值，或「商品的物體屬性」③。在《資本論》第一篇第一章他就做出了「使用價值是交換價值的物質承擔者」④ 的命題，但是馬克思根據唯物辯證法的要求，闡述了使用價值的廣義的含義⑤，提出了商品世界還存在多樣形態的使用價值。馬克思把勞動力作為一種特殊商品，指出它擁有同於一般物質產品的使用價值。他說：勞動能力的使用價值，「不在

---

① 馬克思，恩格斯. 馬克思恩格斯全集：26卷Ⅰ [M]. 北京：人民出版社，1972：158.
② 高度複雜勞動創造的價值往往是一般勞動所創造價值的倍數，這也是這種特殊服務勞動產品售價高的一個原因。當然，產品的自然壟斷性及其壟斷價格是特殊服務勞動產品售價高的另一個原因。參見：劉詩白. 論科技創新勞動 [J]. 經濟學家，2001（3）：4-14.
③ 馬克思，恩格斯. 馬克思恩格斯全集：25卷Ⅰ [M]. 北京：人民出版社，1972：50.
④ 馬克思，恩格斯. 馬克思恩格斯全集：25卷Ⅰ [M]. 北京：人民出版社，1972：48.
⑤ 馬克思，恩格斯. 馬克思恩格斯全集：25卷Ⅰ [M]. 北京：人民出版社，1972：50.

於它的實際使用價值（重點為作者所加），不在於某種具體勞動的效用，不在於是紡織者的勞動……勞動的使用價值在他看來就是：他收回的勞動時間量大於他以工資形式支付的勞動時間量。」① 馬克思還將貨幣作為「特殊商品」，將貨幣的使用價值歸結為「流通手段」「價格尺度」「累積手段」「貯藏」等②。

馬克思還將使用價值區分為「實物形式」和「運動形式」兩類③，他在分析服務的使用價值時說：「只要我花費收入是為了消費它的（勞動的）使用價值，不管這個使用價值是隨著勞動能力本身活動的停止而消失，還是物化、固定在某個物中」④。馬克思還將產品空間的變化視為「使用價值也起了變化」⑤，他說：「在這裡，勞動對象發生某種物質變化」⑥。他又指出：「雖然在這裡，實在勞動在使用價值上沒有留下一點痕跡」⑦。馬克思將空間變化作為產品使用價值變化的論點表明馬克思分析使用價值內涵採用了廣義的方法。

馬克思批評重農主義經濟學「把使用價值歸結為一般物質」⑧ 即農產品的觀點，他詳細指出亞當·斯密把價值創造限定於生產「固定化」「可再交換」的實物形態的商品的觀點的片面性與偏狹性。

馬克思在1859年的《政治經濟學批判》一書中指出，發達的分工「直接表現在使用價值的多種多樣上，這些使用價值作為特殊商品彼此對立並包含著多種多樣的勞動方式」⑨，馬克思還提到唱歌的使用價值⑩。顯然，馬克思已經提出和使用了一個超出實物形態使用價值的廣義的使用價值概念。按照這一概念，服務勞動表現為和產生非實物形態使用價值之果或服務產品，抽象人類勞動也就體現在服務產品或對象之中。因此，提供服務也就是價值形成，新形成的價值成為服務產品的交換價值的內在基礎，只不過在提供純服務勞動即有用效果的場合，例如在提供音樂演唱的場合，創造價值的過程是和消費者對價值的消耗合而為一的。這樣的廣義的使用價值觀是十分適合於社會主義社會的服務。儘管在這裡服務勞動創造的價值沒有被保存在一個固定的、可儲存的、可再次使用和交換的實物產品或對象中，但是創造出和被消費掉的價值卻是表現在服務產品發生的實實在在的效果上。從微觀來看是消費者得到的身心的愉快和勞動能力的恢復；從

---

① 馬克思，恩格斯. 馬克思恩格斯全集：26卷Ⅰ [M]. 北京：人民出版社，1972：147.
② 馬克思，恩格斯. 馬克思恩格斯全集：46卷Ⅰ [M]. 北京：人民出版社，1972：149.
③ 馬克思，恩格斯. 馬克思恩格斯全集：26卷Ⅰ [M]. 北京：人民出版社，1972：464.
④ 馬克思，恩格斯. 馬克思恩格斯全集：26卷Ⅰ [M]. 北京：人民出版社，1972：157.
⑤ 馬克思，恩格斯. 馬克思恩格斯全集：26卷Ⅰ [M]. 北京：人民出版社，1972：445.
⑥ 馬克思，恩格斯. 馬克思恩格斯全集：26卷Ⅰ [M]. 北京：人民出版社，1972：444.
⑦ 馬克思，恩格斯. 馬克思恩格斯全集：26卷Ⅰ [M]. 北京：人民出版社，1972：445.
⑧ 馬克思，恩格斯. 馬克思恩格斯全集：26卷Ⅰ [M]. 北京：人民出版社，1972：20，26，166.
⑨ 馬克思. 政治經濟學批判 [M]. 北京：人民出版社，1976：35.
⑩ 馬克思，恩格斯. 馬克思恩格斯全集：26卷Ⅰ [M]. 北京：人民出版社，1972：149，155，157，160，274，435.

宏觀來看是社會廣大居民生活水準的提高和享有的現實的福利的增進，即社會財富的增大。

可見，以服務勞動沒有實物形態的成果為理由，完全否認市場經濟中服務勞動及服務產品運動總過程中現實存在的價值創造和分配機制以及實際使用價值的創造、佔有和享用的過程，是不正確的。

馬克思勞動價值理論的科學貢獻，在於它揭示了商品、價值、社會必要勞動等範疇，不是自然生產範疇，而是體現商品生產關係的經濟範疇。馬克思說：「商品形式和它借以得到表現的價值形式，是同勞動產品的物理性質以及由此產生的物的關係完全無關的」①。按照馬克思的分析方法，商品使用價值也不是一個自然、物質範疇，而是一個經濟範疇。生產商品，並不等同於生產實物產品；創造使用價值，並不等同於創造具有固定性、可儲存性、可再次使用和交易的實物形態的使用價值，那種把使用價值形成和價值創造的範圍，完全限制於生產實物產品、生產實物形態使用價值的領域的觀點，並不符合馬克思經濟學著作中對勞動價值理論的闡述，更不符合勞動價值理論的精神實質。

勞動價值理論應該結合當代實際，特別是社會主義市場經濟的實際，進一步發展、創新。現代市場經濟的實際表明：商品越來越具有多樣形式——既有物質、實物生產品，又有非物質、非實物產品；既有固定化產品，又有流動形態產品；此外還有精神產品，以及物質性、精神性相融合的產品。可見，商品使用價值越發多種多樣。

社會主義市場經濟的實際表明：生產多樣的商品和多樣的使用價值的是經濟發展，人民群眾生活水準提高、福利增長的需要。立足於當代實際，馬克思勞動價值理論中包含的有關勞動「對象化」於多種使用價值形態的論述，在今天越來越有著現實的意義。加深對馬克思的商品理論和勞動價值理論的認識，肯定社會主義市場經濟提供有用效果的服務勞動具有創造價值的功能，不僅是有理論依據的，而且是有著重要現實意義的。

---

① 馬克思，恩格斯. 馬克思恩格斯全集：25 卷 [M]. 北京：人民出版社，1972：87.

第九章　當代科技創新勞動在創造價值中的作用[①]

社會主義市場經濟中科技創新勞動在創造價值中的作用，以及科技創新勞動報酬問題，是中國實現技術跨越式進步所面臨的一個現實問題。對這一理論問題的深入探討，有利於我們在高科技時代進一步深化經濟體制改革，充分調動廣大科技人員的勞動積極性，促進中國新時期的科技進步和科技創新。

一、當代科技創新與當代科技創新勞動

20世紀90年代，在經濟發達國家出現了一場以信息技術、生物工程、材料科學的飛速發展為標誌的科技創新活動。這種科技創新迅速波及世界各個角落，並且掀起一浪高過一浪的創新高潮。我們將這一高科技領域的科技創新稱為當代科技創新，它是正在走向知識經濟時代的新情況、新事物。

就一般意義而言，科技創新是指人在對客觀事物及其規律認識深化基礎上實現的生產技術革新，它發生於勞動過程中，是人類勞動的特徵。儘管這種一般意義上的科技創新活動在人類社會經濟發展中一直存在，但歷史上曾經出現過的畢竟還只是層次相對較低的科技創新。直到20世紀末新一輪的科技創新——如信息技術、生物工程、納米技術、航天技術等高科技進步與創新的出現，其中智力勞動因素的比值和比重大大提高，使當代科技創新勞動呈現出不同於以往的科技創新勞動的特徵。

當代科技創新是高創造性的勞動。科技創新可分為一般創新、重大創新和飛躍式創新三種形式。發生於日常生產過程中的產品品質的改進、工具和生產方法的一般進步，都是一般的科技創新，它是科技進步中量的變化；另一類技術創新則體現了科技進步中的質變，譬如蒸汽動力機、電動機、內燃機等一系列的發明，這是動力技術上的重大創新；核動力技術使人類獲得了更為強大、更為持續的能源，是動力技術中重大的質變和「革命」，這種創新可稱之為飛躍式創新。當代技術創新正是這一意義上的飛躍式創新，這種科技創新勞動表現出較高的創造性：它帶來高科技領域意義重大的飛躍式創新，並將帶來多個科技領域的飛躍式創新；它是飛躍式創新與重大創新、一般創新的有機融合。

[①] 本章選自：劉詩白. 當代科技創新勞動在創造價值中的作用 [J]. 求是，2002（5）：42-44，62.

第九章　代科技新在造值中的作用

當代科技創新是高知識累積勞動。科技創新勞動包括經驗累積型和知識累積型兩種。農業經濟時代能工巧匠的「技術創新」，是日常生產的一般創新，它可以憑藉勞動經驗的不斷總結而獲得，即「熟能生巧」。到工業經濟時代，機器體系及生產技術的進步則必須以自然科學理論和應用技術知識的進步為基礎，以科技人員的科學知識的累積和創新為技術進步的主要力量，現代技術創新也因此成為真正的「科學技術創新」。而在當代科技創新中，不斷推出的理論新突破和科學新原理、新學說，往往也就是創新技術的知識基礎，表現出科學創新者前所未有的智慧和創造性思維能力。這些理論和技術上的創新都是立足於 20 世紀量子論、相對論、信息論等自然科學和工業應用知識累積的基礎之上，所以當代科技創新表現出鮮明的高知識累積的特徵。

當代科技創新是高度專門化的勞動。如果說普通的勞動力已經開始難以實現工業經濟時代的技術創新，那麼以現代科學和技術知識為基礎的當代技術創新勞動，由於需要創造意義重大的高科技成果，需要解決或突破理論上和技術上的重大難關，更要求科技勞動者具有創造性思維能力、受過專門化教育和訓練、擁有高知識和科學實驗能力，同時還要求以那些具備了必要的創新研究實踐經驗的熟練的科技人才為主體，特別是以有卓越創新能力的科技經營者為主幹。

當代科技創新是社會結合的勞動。在當代科學進步中，多學科的相互交叉、相互促進表現得非常突出。數學二進制與當代計算機、生物分子和人體遺傳基因、納米技術與計算機技術，充分說明了當代技術創新的社會性，即在任何個人或集體的創新成果中，都包含了其他領域研發人員的創新成果。在這個意義上，當代技術創新均是由眾多領域的研究者直接或間接參與的勞動成果，而且科技總體勞動者水準越高，相互協作效果越好，科技創新勞動生產力就越高。

當代科技創新是市場性的創新勞動。歷史上和當代科技創新的實踐表明，科技創新依賴於特定的生產關係和經濟體制，一個不間斷的、持續不衰的科技創新活動，離不開一個完善的、有調控的市場經濟體制，離不開把完善的科技產品作為商品來生產、交換的經濟體制和機制。實踐業已證明，充分依靠市場經濟的利益驅動機制和競爭機制，企業才有不斷進行技術革新的動力和壓力；同時，科技成果商品化和市場化的經濟機制，科技創新勞動創造價值和獲得價值報償的分配機制，使科技創新者有了物質利益激勵的動力。

二、當代科技創新勞動在創造價值中的作用

當代科技創新勞動是一種高度複雜勞動，是當前科技進步和勞動方式現代化過程中凸顯出來的新特徵，這種特徵強化了創新勞動在創造價值中的作用。

一是提高了勞動生產率和創造了高知識含量的使用價值。這主要表現在以下兩個方面。

首先，高科技生產手段提高了勞動生產率。高科技生產手段具有提高勞動生產率和降低使用成本雙重作用，是當代社會新型物質財富大規模生產的技術基礎。我們知道，高科技生產手段的特點在於它通過對自然物質屬性和自然力的深度開發利用，創造出較之傳統工業生產工具高千百倍的生產能力。

例如核能發電利用了自然物質深層結構中核子撞擊釋放的能量，使新型核能動力遠遠超過蒸汽機和內燃機所產生的動力。其他的信息、網絡、衛星以及納米等技術，最終帶來了勞動生產率的幾何級增長。高科技生產手段使用價值還表現為耗用自然資源少、對生態環境破壞小、對勞動者危害小以及使用安全等。

其次，高科技消費品的全新使用價值。高科技消費品的使用價值是對自然物質深層屬性的開發利用甚至是重造，它形成一種全新的使用價值，以服務於現代人的新的物質與文化生活需要。例如多媒體、電子玩具、信息居室、信息家用設備；針對兒童、老人、運動員等不同群體的特殊生理需要設計的綠色食品，針對不同人體生理病理特點採取的療效高副作用小的生物技術新藥和基因治療技術，等等。

二是創造高價值的作用。科技產品作為一種商品，它不僅具有使用價值，還有價值，因而當代科技創新勞動的另一重要特點就是創造高價值的商品，即由於科技創新勞動是高度複雜的勞動，高度複雜的勞動擁有高價值創造能力。而當代科技創新勞動高價值的形成，來自這種科技勞動力再生產和使用的特殊性。

首先，學習費用高。一般而言，勞動過程中提供複雜勞動的勞動力「比普通勞動力需要較高的教育費用，它的生產要花費較多的勞動時間，因此它具有較高的價值。既然這種勞動力的價值較高，它也就表現為較高級的勞動，也就在同樣長的時間內物化為較多的價值」①。而當代科技創新勞動力的形成，所需學習費用更為高昂：①科學基礎理論和專業知識的累積。運用信息手段與操縱複雜技術手段的能力。②參與生產實踐和科學實驗的較豐富經驗。這些能力和經驗的獲得都需要支付較高的學習和受教育費用。③卓越的科技創新能力的培育還需要有發達的教育體系和適應尖子成長的社會文化氛圍，這需要各種社會支出和家庭支出的支持。④在創新者的勞動能力的實際形成費用中，還包括間接參與科技創新的其他社會勞動能力的再生產費用。比如，企業的科技開發，除了依靠企業科技人員進行創新外，還要利用從信息社會獲得的科技成果和國家低價或免費提供的科技成果。這些科技成果中實際凝結著的勞動，成為企業科技產品的內在價值。可見，這樣一種特殊的價值較高的勞動力，在同樣勞動時間內自然會物化為較多的價值。

其次，勞動強度大。科技創新勞動之所以具有高強度的特徵，不僅僅是經濟競爭在科技開發時間上的要求，而且高難度的科技創新本身也需要創新思維具有持續性，而創新思維的特徵就是要專心致志、反覆驗證。在研究工作處於「創新狀態」時往往是夜

---

① 馬克思，恩格斯. 馬克思恩格斯全集：第23卷 [M]. 北京：人民出版社，1972：223.

以繼日、夢寐思之，於是突破正規勞動日的界限成為創新勞動的常規。比如微軟科技骨幹往往每天工作 18 小時，聖誕節、元旦也不休息。這意味著創新在某一階段內需要持續地在大腦中進行高密度的思維演算，是一種高強度的勞動力耗費。所以，對這種智力和體力的強勞動必須有相應的勞動力補償費用，如多一些醫療、保健及休閒費用等，這也就決定了科技創新勞動力本身擁有更高的價值。

科技創新勞動價值的形成和分配需要有與之相適應的實現機制——現代市場經濟機制。在當代市場經濟中，勞動力（包括科技勞動力）實現了自身的商品化及市場化，科技創新勞動的高價值形成能力在價值規律的作用下使科技創新者獲得了高報酬。在 20 世紀末的硅谷，其靈活的勞動力流動機制、工資制度以及科技人員股票期權制等複雜的經濟機制，有效地使高度複雜的科技創新勞動得以換算，從而使科技創新既獲得高報酬，又獲得預期激勵，進而促使創新活動持續發展。

三、科技創新者的收入構成

對科技創新勞動實行按勞分配——即適應於科技創新者投入勞動形成的更高價值，而付給較高的報酬。這不僅是承認複雜勞動尤其是高度複雜勞動在創造財富和價值中的作用的具體體現，也是社會主義分配原則的應有之義。

我們知道，在社會主義市場經濟中，收入分配大多是通過市場主體的企業收入和勞動報酬機制來實現的。因而現實的收入分配往往十分複雜，除了原有的工資、獎金、福利等分配方式外，往往還要給予科技人員和經營管理者一定的股權。

為便於分析，我們假定一個高度市場化的工資模式，即科技人員受聘於公有制科技企業，為企業進行科技開發、科學試驗、新產品設計、製作技術圖紙、制定生產工藝流程，等等，並假定企業的產品完全由這些科技創新勞動所創造。於是，科技創新勞動創造的價值就體現在企業生產出來的高科技產品的價值當中，並且是產品價值減去不變資本轉移的價值之後的餘額。因此，企業將科技創新勞動創造的新價值扣除上交各類社會公積金及企業留利後的餘額，以高工資、高獎金或其他福利形式分配給科技創新者是完全合理的。同時，由於市場經濟條件下高科技企業因科技創新會在一定時期內從壟斷價格中獲得超額利潤，所以科技人員也會分取一部分超額利潤。總之，科技創新者的高報酬是他從事複雜勞動所創造的價值的一部分，是創新勞動能力的再生產費用，因而它與轉型期制度不完善情況下的「暴富」是截然不同的；與資本主義制度下科技人員為企業主服務而獲得的勞動報酬也有差別。資本主義制度下科技創新者為私人企業主所雇傭，由於所創造的價值中已有一部分轉化為資本收入，科技人員只能獲得所創造的新價值中的一部分，而剩餘價值大部分由資本家所佔有，所以資本主義的分配不存在科技人員收入符合其勞動貢獻的情況，不屬於「按勞分配」的關係和性質。

當然，在按勞動者績效付酬的市場機制下，企業壟斷價格中獲得的超額利潤的一部

分有可能也轉化為科技創新者的附加收入。事實上，這筆附加收入來源於科技創新產品的交換價格，而產品中有創新者高度複雜的勞動結晶，也就是說，附加收入有其內在價值本源，而不是「買空賣空」的結果。此其一。其二，科技新產品壟斷價格的性質，是創新勞動能力的稀缺，並且這種能力是長期學習和實踐累積的結果，因而附加收入也屬於勞動報酬的性質。

　　在現實經濟生活中，當代科技創新者因佔有股票權而致富的現象非常普遍，且這種收入的性質對科技創新者而言，相對比較特殊。因為創新者之所以佔有股票，並不是由於他在企業投入了貨幣資本，而是因為他所投入的創新勞動，而後者所創造的價值正是股票市價增值的基礎和源泉。所以，創新者持有的期權，是作為創新勞動的「價格」，由企業賦予他的，是其勞動報酬的一種特殊形式。所以，由股票期權獲得的收入，既包括創新勞動創造的價值，也包括由股票在虛擬資本運行中出現的市值增值超過實際價值而獲得的額外收入——即以科技創新勞動為基礎，由市場機制中價格再分配派生的收入。因此，對科技創新者來說，股票期權是一種市場體制下具有勞動收入和資產收入的二重性的分配方式。

第十章 現代財富的性質、源泉及其生產機制[①]

人類從事生產的目的就是通過創造財富，滿足自身和社會不斷增長的需要。一般而言，生產力和生產方式越是先進，經濟形態越是完善，就能創造出數量越大、品類越多、質量越高的社會財富，不斷提高社會成員的消費水準。社會主義社會，更是要尋求一種符合「以人為本」和科學發展觀要求的最佳財富生產模式，大力發展先進生產力，促使財富增值極大化，實現社會成員對社會財富的共享和共同富裕。社會主義財富是人民財富，人民財富的最大增值、合理分配、優化使用，是社會主義政治經濟學的新主題[②]。

主要依託科學力、知識力創造財富是當前財富生產的新方式，也是財富創造效率最高的模式。為此，我們需要以馬克思主義理論為指導，站在時代的高度，以廣闊的歷史視野，對當代財富創造的新特點、新模式及其利弊進行經濟學的考察，進而為推進社會主義人民財富豐裕化、實現中國建設全面小康社會的基本宗旨，提供一條具有可操作性的思路。

一、現代社會財富的性質、形式和結構

工場手工業時代的資產階級古典經濟學認為物質財富是國民財富的基本形式，而分工和市場，可以極大地增加社會財富。250年後的今天，當代人類社會出現了傳統工業經濟的高科技化和經濟的進一步市場化，伴隨著這一趨勢的迅猛發展，現代財富的性質、結構、形成等都發生了深刻的變化。

1. 現代財富的性質及其形式

社會財富，抽象地說是一個具有使用價值，能滿足人的需要的物，是勞動產品的總和。在任何社會形態和任何經濟運行機制下，社會財富都以使用價值為其實在內容，馬克思說：「使用價值總是構成財富的物質內容」[③]。在市場經濟條件下的社會財富則是以

[①] 本章選自：劉詩白. 現代財富的性質、源泉及其生產機制 [J]. 經濟學動態，2005（11）：5-10.

[②] 在市場經濟中的財富還表現為一個交換價值，即具有價值性。因而，財富具有二重性：使用價值和價值。為論述方便，本章中舍象財富的價值性和價值形成，集中分析財富使用價值形成的機理。

[③] 馬克思，恩格斯. 馬克思恩格斯全集：第23卷 [M]. 北京：人民出版社，1965：48.

具有使用價值和價值二個因素的商品所構成，是商品的總和，主體是商品財富。

在市場經濟的初始時期，物質產品的生產是最主要的商品財富生產形式，此時的家庭服務產品生產和精神產品的生產，主要保持著產品生產的性質。經濟市場化的發展，呈現出服務生產和精神生產的商品化；在當代發達市場經濟中，科技知識和文化資源商品化帶來了更加複雜的財富生產形式和分配問題。隨著市場化和商品財富生產領域的日益擴大，商品財富包括了物質產品、服務產品、知識精神產品（即科學品、文化、藝術品等的總和）、價值物（即貨幣、價值憑證或虛擬財富）、商品化自然原生產品以及商品勞動力等豐富內容[①]。商品生產成為社會生產的一般形式，商品財富也成為社會財富占據統治地位的內容。

但是，社會公共產品性生產仍然存在，不從屬於市場機制的、社會公共產品形式的所謂產品性財富，如基礎教育產品、基礎文化設施、社會福利、國防產品、生態環境基礎設施等，仍然是現代社會財富的構成要素。此外，由於當代市場經濟形態下的科學品、文化品、藝術品等精神產品，其中的重要組成部分仍將是一種產品性的公共物品，即使在發達的市場經濟中，也存在多樣的、非交換性的勞動生產物的創造活動。為此，從財富的社會經濟性質著眼，現代發達市場經濟條件下的社會財富仍然包括商品財富和非商品財富兩大類別。

在社會主義市場經濟體制下，其制度本身就為兩種類別的現代財富生產互促、互動提供了有利的制度基礎，人們在大力發展商品生產，促進商品財富的最大增值的同時，要有效地組織產品性的公共物品生產，通過兩種財富生產的協調互動，將進一步促進社會生產的全面發展，實現人民財富最大化並發揮財富「富國裕民」的功能。

2. 現代社會財富結構的多樣性

現代財富結構的多樣性是由生產力、社會生產的狀況和產業結構決定的。當代世界正處在一個生產全面發展的時代。首先，物質生產在高技術基礎上迅猛發展；其次，在國民生產總值的比重已成為最大產業的服務業由於信息技術的引進，發展勢頭迅猛；最後，高技術經濟固有的科技創新機制促進了科學知識產品的擴大再生產。同時，文化消費需求的快速增長推動了文化品、藝術品的生產的發展，促使文化產業快速興起。由此決定了社會生產活動要採取多種多樣的具體形式，決定了生產品和社會財富結構的多樣性。從某種意義上說，財富結構的多樣性從來都是社會財富的特徵，但它更是現代財富的鮮明特色。

基於現代發達的社會化大生產發展下產品的性質及其功能，現代財富結構的多樣性表現在四個方面：①物質財富、服務財富、精神財富的三維結構日益凸顯；②服務財富和精神財富的快速增長及其逐漸成為社會總財富主導形式的趨勢；③知識和科技密集型的現代財富的出現、大規模生產和對傳統財富替代的加強；④對自然資源、生態財富的

---

① 劉詩白. 現代財富論 [M]. 北京：生活·讀書·新知三聯書店，2005：21.

維護和創新愈加成為財富生產的重要內容。

現代財富結構所表現出的上述多樣化特徵，事實上反應了現代發達的社會大生產的性質，即這是一種將物質生產、服務生產、精神知識生產以及自然生態創新包括在內的大生產，這一現代大生產將多種多樣的實在要素納入加工對象，使其轉化為對人具有有用性之物——多種多樣的商品和產品。

3. 社會主義人民財富觀的形成

社會主義財富就是人民財富，其主要特徵有四：一是社會共同的財富；二是高度豐裕的財富；三是滿足人的全面發展和新的健康需要的財富；四是豐裕的精神財富。

社會主義基本任務是實現現代財富的最大豐裕和共同富裕，基於現代財富結構多樣化的性質，正在發展社會主義生產的人們，應以廣闊的眼界來看待財富，既講求社會財富量的增大，又講求財富質的提高，還要求財富結構的優化。人們應該確立起一種全面的財富觀念，特別是整體的財富觀念，統籌商品財富和產品性財富二者的共同增長和謀求物質財富、服務財富和精神財富三者的結構的優化，爭取實現多樣財富形式的協調發展和互相促進。

在社會主義條件下，通過大力發展生產力和體制創新，依靠完善的社會主義市場經濟體制和社會主義文化體制，依靠生機勃勃、活而不亂的包括物質生產、服務生產、精神生產在內的社會生產機制的構建，中國完全可能做到促進產業結構的優化，加快人民財富的創造，從而加快推進社會財富豐裕化和共同富裕化。

二、現代社會財富源泉的多樣性

亞當·斯密在《國富論》中將財富的形成歸之於勞動；威廉配第認為「勞動是財富之父，土地是財富之母」，點出了財富源泉的多樣性；而馬克思通過對勞動二重性的分析，既科學闡明了勞動是社會財富的本源，是商品價值的唯一源泉；又科學闡明了商品及其使用價值是多種生產要素共同作用的結果，勞動並不是使用價值即物質財富的唯一源泉，明確提出和闡述了社會財富源泉多樣性的科學原理。他還說「財富的主客觀因素越是在更高程度上具備，財富就越容易創造。」[1]

將馬克思關於使用價值財富生產的理論和方法運用於現代發達市場經濟和高技術經濟的生產過程中並進行分析，勞動仍然是社會財富的始源，而參與生產過程的工具和自然對象——從廣義的土地（地表、地下）到被使用的宇宙——也是財富的源泉。隨著人類社會發展中生產方式的進步和升級，生產要素呈現出多維化特點，除了勞動力、工具力、對象力、科學力而外，管理力、環境力等成為生產過程的有效因素，並且對產品使用價值和社會財富形成發揮重要作用，從而表現出生產方式進步中社會財富新源泉得

---

[1] 馬克思，恩格斯. 馬克思恩格斯全集：第23卷[M]. 北京：人民出版社，1972：57.

到開發以及富源的多樣化。基於現代大生產中生產要素的多維化,充分動員、聚集和整合各種生產要素,最大限度發揮要素力,是促使財富快速增長的先決條件。在社會主義建設中,為了形成社會財富最快速增值的機制,要致力於「放手讓一切勞動、知識、技術、管理和資本的活力競相迸發,讓一切創造社會財富的源泉充分湧流」①。

另外,人類社會經歷過的不同勞動方式中,生產要素的性質和要素的組合方式是不相同的,從而要素在財富形成中的功能也會有所不同。大體地說:由主要依託於人力,到主要依託於工具力,再到主要依託於科學力,體現了人類的財富生產力提高的歷史軌跡和總體趨勢。人類社會的財富生產也呈現出由「用手工工具生產財富」到「用機器生產財富」,再到「用高技術生產財富」的遞進發展。

在當前的高科技經濟時代,科學越加廣泛和深入地合併於生產過程之中,成為強化生產要素力的積極力量。也就是說,科學力成為形成財富的主要動因。它表明:主要依託於科學力、知識力的這種人類財富創造最先進方式的到來。

基於時代的特徵和全面建成小康社會的要求,中國社會主義建設要致力於推進科技進步,實行以信息化帶動工業化,實現技術跨越式發展和增長方式的轉換,在財富創造中既要充分發揮各種傳統生產力的積極作用,更要著眼於推進財富創造主要依託由人力向工具力、科學力的轉換,最有效地發揮作為第一生產力的科技在財富創造中的作用。

三、自然財富在社會財富形成中的功能

自然財富不僅是創造社會財富的物質基礎(或物質源泉),而且其本身也是人類的財富。自然財富主要是指:①自然物質,如土地、河流、森林以及地下的礦藏;②自然力,包括水力、風力、陽光、核能、宇宙能,等等;③生態、環境、氣候。凡是用來滿足人的生產需要以及消費需要的自然對象和自然生產條件,都屬於自然財富範疇。

自然財富在社會財富形成中的重要作用,主要表現在:①自然財富是生產資料和生活資料的源泉,從而自然財富的高存量和優質,成為勞動生產力提高的積極動因;②保持良好的生態循環,是社會再生產和經濟循環順利進行的前提條件;③自然生態是人類生活環境和生活質量的重要因素。

然而,對於人類社會發展的一定階段來說,在特定的生產力水準下,能現實參與財富生產的地球自然資源,總是表現為一個有限的存量。自然物會隨著生產中的物質耗費而發生耗損和減少,財富生產與自然物存量耗損的矛盾,就是社會生產所固有的一般矛盾。世界工業化、現代化進程中出現的深重的資源耗竭和在當代日益深重的生態環境危機,表明了存在自然財富邊際有限性的經濟學命題。上述情況要求人們大力尋找和實行節約自然的經濟模式(生產方式和消費方式)和發展模式,把經濟高增長和自然資源

---

① 江澤民在中國共產黨第十六次全國代表大會上的報告。

節約、對環境的維護和優化相結合,以保持人和自然相協調和實現可持續的發展。

自然財富有限存量的命題,是以在現有生產力水準不變的假設為前提的,但是在社會生產力提高、自然開發在廣度深度上發展的條件下,人們不僅以開發勞動來擴大現實的自然財富,還以科技進步來創造人工自然財富,因而可利用的自然財富會相應擴大,當代新的科技革命正在開發出不竭的財富新源泉。基於此,自然財富存量又具有界限或邊界的可擴展性是經濟學的另一命題。

在社會主義條件下,自然財富是人民財富的一部分。自然財富雖然邊際有限,但社會主義條件下,人們將有可能借助於知識、科技、文化的更快發展,有效地開拓財富生產的新源泉和經濟增長的無限美好的前景。因此,在當代中國,人們應致力於構建完善的社會主義市場經濟體制,大力進行自主創新,尋求一條節約資源、保護生態的發展模式,大力發展先進文化,倡導和塑造節約自然的理性的生活消費方式,探索和走出一條物質文明、精神文明、生態文明並舉的新型工業化、現代化道路,實現理性的、社會與自然相協調的、世世代代造福於人民的持續的社會財富增長。

四、當代最新的財富生產方式——高科技生產方式

財富的內涵和結構、源泉以及各種生產要素在社會財富創造中功能的變化,無不是由生產方式的發展變化引起的。當代世界出現了傳統工業生產方式的升級,對這一新的生產方式,我們稱之為高科技的生產方式或高科技經濟。

當代高科技經濟是20世紀末信息革命以來,在經濟發達國家以信息技術為代表的高技術日益被廣泛使用,成為新的物質技術基礎,並引起生產方式、生產組織發生新的變化,這是西方傳統工業經濟的一次組織重構和升級。這一經濟組織的演進也可稱之為經濟的高科技化。這一新的生產方式正在帶來一系列變革,譬如生產工具的革命、現代使用財富的創造、勞動生產率的提高、有效需求的擴大、企業組織的重構,等等,並對人類的經濟、社會變革產生著深刻影響。

中國當前的重要任務是把握世界高技術經濟發展帶來的機遇,大力發展高新技術,緊跟世界科技創新潮流,加強技術自主創新,加快產業升級,發展壯大自身的高新技術產業,將其作為橋頭堡和制高點,帶動工業化和促進現代化。搞好高科技的發展,是中國經濟實現跨越式發展的關鍵。

五、商品經濟和市場機制促進技術進步的功能

在人類歷史上技術的演進表現為人類早期社會千百年發展中細微的技術漸進,到工業經濟時代技術間歇性進步,再到當代高技術經濟的技術飛躍。現實經濟中的技術進步不只是一個新技術本身具有更高效率的問題,也不只是對新技術知識的掌握問題,更是

一個經濟體制問題。歷史表明，商品經濟和市場「這只無形的手」有力地推動了科學知識產品向物質生產的轉化；更具體地說，市場經濟固有的使高效率的技術轉化為主體淨收益的機制，從來都是技術進步的驅動力。

在商品經濟條件下，市場機制是推動科學知識產品轉化為財富創造的動因。其原因在於：首先，市場需求和原有物質生產能力的矛盾，是技術進步的經濟動因；其次，市場經濟奉行的「利益最大化」原則，促使技術進步有了主體利益驅動，是推動技術進步的強大的內生力量；再次，市場經濟固有的競爭和「優勝劣汰」機制，是促進技術進步的另一強有力的內在力量；最後，在市場經濟中，股份制企業組織和信用、金融體制，為進行技術革新提供金融支撐。

中國當前需要深化經濟體制改革和創新有關制度，進一步完善社會主義市場經濟及其機制，與此同時建立起完備的國家創新體系，以此推動和催化全面而快速的技術創新。

六、現代知識生產及其經濟、社會功能

如前所述，當代高科技經濟就其本質而言就是物質財富生產和知識財富生產並舉，並以知識生產促進物質生產的經濟。

當代發達的知識生產，是立足於市場經濟體制基礎之上的大知識生產機器，既包括自然科學和社會科學的科學知識生產，還包括文化、精神生產。現代知識生產不同於一般含義的知識生產，其特徵是：①立足於物質生產基礎上的精神生產[①]、知識生產的性質、特徵、規模、方向都要適應物質生產的要求。②一部分知識生產立足於市場體制之上，轉化為商品性知識生產。③眾多的知識生產部門出現，形成了新的知識產業。④發達的商品性知識生產與產品性生產並存和共同發展。

在當代，一部分知識生產是商品性知識生產，帶有鮮明的盈利特徵。雖然傳統政治經濟學將精神生產勞動視為一種完全擺脫了物質利益動機的「純潔」勞動，無須經濟利益的驅動，但是，在當代，部分精神、知識勞動已經從屬於商品機制和經濟利益，這是不以人的意志為轉移的經濟新發展與生產新變遷。當代商品性科技知識生產主要有四種形式：一是企業本身進行的知識生產，例如大公司，特別是高科技公司開發的科技成果及提供的科技服務；二是由專業性科技研發公司進行的知識生產；三是以合同形式由各種科研單位從事的知識生產；四是由個人（包括大學生及其他科技愛好者）進行的知識生產。

[①] 馬克思曾提出物質（產品）生產、服務（產品）生產、精神（作品）生產以及人的生產，即四類生產組成「整個世界的生產」的經濟學命題。在馬克思看來，精神生產是指哲學、法學、道德等思想、觀念的「意識的生產」，各種社會意識的形成以及科學知識的創造均屬於知識生產。

在市場性知識生產領域,商品關係和市場機制的恰當引進,會激發主體知識、精神活動的積極性和創造性,從而促進知識產品生產力的提高。商品關係和市場機制除了對知識生產產生利益激勵功能而外,還擁有促進知識勞動分工的功能、科學活動導向和資源合理配置的功能以及解放和發展科學知識生產力的功能。當然,市場性知識生產領域仍然存在市場失靈,也會出現市場驅動知識生產畸化、知識壟斷、商品性知識生產中固有的分配與財富佔有不公[1],過度的知識生產商品化也會導致作為公共產品的非商品性知識生產領域(尤其是科學基礎知識生產)的削弱等缺陷。

基於知識生產的上述矛盾,在社會主義市場經濟構建知識生產體系過程中,應當辯證地認識商品性知識生產的作用及其特點,興利除弊,既有效發揮商品關係和市場機制促進知識財富生產力的功能,又能夠正確處理市場性知識生產的矛盾,以及處理好市場性知識生產和作為公共產品的非商品性知識生產的關係,通過完善的制度安排,促進知識生產的快速、健康發展。

七、現代文化生產的性質、機制以及社會主義文化生產體制的構建

在知識經濟時代的發達市場經濟中,文化正在被大規模地合併、嫁接於生產,商品性文化生產成為當代社會大生產的新組件,文化產品成為現代國民財富的重要內容,文化產業成為促進經濟增長和財富增值的支柱產業。上述情況意味著文化已經具有了生產力的性質。

文化生產在近現代之所以能迅猛發展,並能變為一種經濟生產,原因就在於商品經濟機制的引入。發達的市場經濟改變了文化產品的生產方式和文化資源的配置方式。文化生產發展成為由數量龐大的文化生產者參與、分工細緻、專業眾多的大產業。我們看到,20世紀80年代以來,在發達國家,被他們稱之為「創意產業」的一系列知識密集型的文化產業成為主導產業乃至支柱產業,在國民經濟中的地位迅速躍升。美國商業電影大片、大眾傳播、時尚設計等文化商品的出口收入已經超過了信息產業、甚至石油等產業的出口收入;日本章化產業的產值已經超過了汽車產業;東南亞經濟危機之後的韓國,一批在全球範圍配置文化資源的跨國企業成為文化產業的「巨無霸」。

當然,文化生產只是部分地成為商品生產,而且文化生產畢竟不同於一般商品生產,進入市場的文化、精神產品是具有意識性和商品性的特殊商品。並且,文化產品的藝術、社會價值與商業價值這兩個因素在市場機制作用下形成了「商品性文化產品的內在矛盾」。這一矛盾的具體表現是:在文化生產過程中,一些文化創作者「對文化產品

---

[1] 劉詩白. 現代財富論[M]. 北京:生活・讀書・新知三聯書店,2005:370.

商業價值的追求，超越和脫離於文化產品藝術、社會價值的創造」[1] 的非理性行為。這種由於文化生產偏離藝術、社會價值創造的本質目標，文化工作者陷入「市場陷阱」，導致了文化生產「畸化」現象和文化市場上「庸品驅逐良品」的現象。上述情況近年來在中國的文化生產中也隨處可見，甚至日益突出，這些現象體現了文化產品在商品領域中的市場失靈和市場負效應。

可見，市場機制對文化生產來說是一把雙刃劍，它既是促進文化生產發展的有力槓桿，但也有誘發文化藝術創作畸化的負效應。並且，商品經濟中固有的文化壟斷及壟斷價格機制，還將倍數地放大、強化市場機制對文化生產的雙刃劍作用。西方資本主義國家在當代出現的物質文明繁榮與精神「文化危機」並存的社會畸形發展，正是全面市場化的文化生產的矛盾的體現。

因此，文化生產、特別是商品性文化生產，它的健康發展離不開有制度約束的、有政府調控的、能實現「社會效益優先、經濟效益與社會效益相結合」的完善的市場體制[2]。為了求得文化財富又多又好的創造，以服務於社會主義事業，在商品性文化、精神生產領域，應該實行政府主導和有規制的商品生產模式，實行看不見的手、看得見的手和先進思想指導作用相結合。這樣，人們就能夠在發展商品性文化生產中興利除弊，既有效改進和克服市場負效應，又形成生氣勃勃、「活而不亂」「管而不死」的市場性的文化生產。此外，還要大力發展好文化事業，大力推進和有效利用文化生產這一新的槓桿。中國文化生產將由此獲得新的動力。借助於文化生產力功能和文化與經濟互動，既能夠加快中國經濟的發展，又能夠優化社會財富的結構，更能夠實現文化發展和文化育人。

八、勞動始終是財富價值的唯一源泉

1.「勞動創造使用價值和財富」的命題不變

市場經濟中的財富主要是具有價值規定性的商品財富。商品是勞動生產物，即勞動財富，勞動是價值的唯一源泉。當代生產過程中出現了機器、設備取代活勞動以及產品技術、知識密集化和勞動稀薄化的趨勢，特別是當前信息技術的發展，大大提高了生產自控化和自動化的水準，產品的技術密集程度也進一步提高，活勞動在加工製造業使用價值形成中的直接作用和功能的減少表現得越加鮮明。不過，這並不意味著勞動創造價值命題的失效。

因為，單個生產要素本身不可能是現實生產力，只有各個要素被組合和整合於生產過程之中，只有使非人身要素和活勞動相結合，在勞動的啓動、黏合、調控等功能下，

---

[1] 劉詩白. 現代財富論 [M]. 北京：生活・讀書・新知三聯書店，2005：461.
[2] 劉詩白. 現代財富論 [M]. 北京：生活・讀書・新知三聯書店，2005：465.

非勞動要素才能真正發揮出使用價值形成的功能。即使在當代高技術經濟中，任何產品始終是勞動產品，是對象化勞動的體現。可見，勞動創造價值的經濟學原理並未失效。

2. 智力勞動的價值創造功能的強化

當代經濟的大趨勢是高技術經濟的興起和走向知識經濟，科學日益成為現代財富形成的主要源泉，知識密集也就是現代財富的特徵。知識是科學勞動的結晶。產品中知識密集性本身意味著有科學勞動體化於其中。創造知識密集的產品，也就是把原科學知識要素合併於生產和體現於產品之中，需要依靠人的活勞動投入，特別是需要有高智力的活勞動的投入，而任何一種科學知識密集的產品的形成就是既體現了原科學勞動的作用，又體現了活勞動，特別是高智力性活勞動的作用。而高智力勞動是一種高熟練、高強度的勞動，它體現為創新知識產品的高價值。

當代高技術經濟的發展，儘管總體生產中仍繼續著活勞動的節約，生產品中卻是體現了科學、知識的密集，它意味著智力勞動的密集，特別是高智力勞動的密集，它表明，智力勞動在現代社會財富價值形成中的功能大大強化。

3. 社會主義市場經濟條件下的價值形成

在市場經濟體制下，社會財富主要表現為商品，從而具有價值。當代發達國家已經形成以服務、知識產品為主導，由物質生產部門、服務生產部門和知識生產部門組成的現代產業，現代國民財富結構也已經是以服務產品、知識產品為主要成分。面對當代經濟的新情況，計劃經濟時代撰寫的政治經濟學教材中流行的只有物質、實物化勞動才能創造價值的觀念已經不再適用。

馬克思在闡述勞動價值理論時，提出了生產商品的抽象人類勞動物化為價值的重要論題，但是勞動「物化」概念的含義並不等同於勞動「物質形態化」「實體化」。馬克思使用的「物化」概念本質是「對象化」，勞動「物化」是指商品生產中的抽象人類勞動這一商品關係的「對象化」，即「體現」「依附」於某一「東西」或「對象」之中，從而使抽象人類勞動這一看不見、摸不著的生產關係或「社會規定性」「體現」於作為使用價值的一個勞動生產「物」或「對象」之中，並表現為這一個「物」或「對象」所擁有的價值規定性。

亞當‧斯密在勞動價值理論上的局限性在於他將商品價值範疇限制在「固定化」「實物化」「耐久性」的產品和具體勞動形式中，他還未進一步地把握到形成商品價值的勞動是「無差別的抽象人類勞動」，是一個社會生產關係的範疇。

在考察商品使用價值時，馬克思沒有囿於物質固定化形態，他還將某些人類勞動活動的功能視為使用價值。例如，他認為勞動力商品的使用價值是勞動的價值增值功能。馬克思還將使用價值區分為「實物形式」和「運動形式」兩類。馬克思提到「唱歌的使用價值」，他明確提出：「服務有一定的使用價值（想像的和現實的）和一定的交換

價值。」他說：服務業勞動者提供的隨生隨滅的服務業是一種「直接使用價值」①。顯然，馬克思將勞動者生產出來的滿足各種社會需要的多品類商品體的屬性，都作為使用價值。

可見，馬克思提出和闡述了廣義的使用價值的範疇，並且基於商品使用價值的多樣性，闡述了多樣具體形式的商品生產勞動「物化」和「對象化」為價值的極其嚴謹、十分周全的勞動價值理論。

基於馬克思對使用價值的闡述和物化勞動創造價值的論題，應該說，在中國社會主義市場經濟制度下，眾多的商品生產部門，無論是物質、實物產品生產部門，還是商業、金融及其他服務部門以及科學、文化產品生產部門，它們的廣大從業者和職能人員都參與了商品使用價值的形成和價值的創造。當前中國出現了新型的生產、勞動關係和價值創造與分配關係，這種經濟關係是中國特色社會主義建設中出現的新事物。以馬克思的商品理論和勞動價值理論為指導，對中國社會主義社會中的新經濟關係進行深入的理論分析和實事求是的闡明，將有助於揭示社會主義市場經濟中勞動者利益關係的性質及其變動的規律，並為黨和政府調解經濟運行和生產、分配關係，正確處理社會主義社會人民內部的利益矛盾，構建社會主義和諧社會提供理論指導。

總之，勞動仍然是現代財富生產的原動力，也是財富價值的唯一源泉。在社會主義條件下，為了推進財富創造和價值增值，最根本的是要最大限度地發揮廣大人民群眾當家做主的勞動積極性。因此「必須尊重勞動、尊重知識、尊重人才、尊重創造」「要尊重和保護一切有益於人民和社會的勞動」②。為了實現科技跨越式發展和充分發揮科技在財富創造中的功能，要努力提高勞動者的素質，大力培育科學、技術、管理人才，促使擁有高創造能力的精英人才脫穎而出。著力於提高和培育人才就是壯大財富的源頭，由此也就抓住了勞動生產力提高和財富創造的根本。

---

① 馬克思，恩格斯. 馬克思恩格斯全集：第 26 卷 [M]. 北京：人民出版社，1972：147.
② 江澤民在中國共產黨第十六次全國代表大會上的報告。

第十一章　論現代文化生產（上）[①]

一、文化生產是當代社會大生產的新的組成部分

　　文化、文化「價值」、「文化力」，是當前的熱門話題之一。報刊上的文章對上述概念有著各種各樣充滿隨意性和混亂的闡釋。在本章中我們不是一般地研究文化，而是從經濟學的角度，研究作為經濟物品來生產的文化生產，特別是研究文化生產的現代形式：發達市場經濟中的商品性文化生產。

　　我們把文化的內涵規定為：一定的人類群體擁有的某種共同的觀念、心理、情感，後者表現在人類群體獨具特色的生活方式中和行為方式中。用另一種更具體的表述是：文化是人類群體關於世界——客觀世界和主觀世界的觀念，是哲學、法學、道德、美學觀念以及由這些觀念支配的人的行為方式和感情方式。

　　文化觀念和心理體現在人類群體和個人生活的方方面面，從衣食住行、婚喪嫁娶，到參與各種社會交往，履行多樣社會職責，在這一切人的社會行為中，無不體現出某種文化心理特徵。文化作為一種支配人類群體行為的觀念和心理結構，它是在特定的生產方式中，在特定的經濟與社會制度中形成的，屬於社會的意識上層建築，它反作用於政治和經濟，起著完善、發展物質生活和維護經濟基礎的功能。

　　在現代發達市場經濟中，特別是在當前的信息經濟的發展中，文化越來越被合併於生產，成為一項新的生產要素和重要經濟資源，文化的生產力功能更加增強。而且，經濟發達國家出現了發達的文化生產，形成了生產文化、知識產品的文化產業。商品性文化生產成為當代社會大生產的一個新的組成部分，文化產品成為現代國民財富的重要內容。在當代，文化產品是一種珍貴的經濟資源，大力創造和充分發掘文化資源，將它合併、嫁接於生產，能有力地促進經濟增長和財富增殖。

　　對當代，文化的重要性不只是在於其經濟功能。文化是民族精神的體現，是民族存在與發展之本。在當代世界多極化、經濟全球化以及各種文化思想互相交融、互相碰撞的時代，加強中國社會主義文化的建設和中華優秀文化的繼承和發揚，關係到中國對文化侵蝕的抵禦力的增強，關係到民族凝聚力和國家影響力，即國力的提升，是中國和平

[①] 本章選自：劉詩白. 論現代文化生產（上）[J]. 經濟學家，2005（1）：4-16.

崛起和獨立自主地發展與世界各國、各民族的交往與文化交融的重要精神條件。

二、市場經濟與部分文化生產的商品化

簡要地說，人類的文化、精神活動的產出物，表現為以下兩類產品：①人文理論作品，包括哲學、政治學、倫理學、法學、歷史學、經濟學，等等。②文化、藝術作品，包括文學創作、音樂、舞蹈等文化演出活動和繪畫、雕塑，等等。以上兩種人類的精神、知識生產活動的成果，在本章中統稱為文化產品，簡稱文化品①。

文化活動，一方面是自發地產生於群眾的社會生活實踐之中；另一方面，是在特定社會組織和國家行政組織安排下，由特定的從事智力活動的人員來創造。

文化品作為商品和商品性文化生產的發展，是發達市場經濟下的大趨勢和客觀規律。首先，在工業化過程中實現了物質生產的商品化；其次，在現代化過程中實現了服務活動的商品化。在經濟進一步市場化和發達的市場經濟形成中，文學、藝術創作、音樂演唱、戲劇演出、體育表演等眾多文化活動，日益作為文化商品來進行生產和交換。文化品作為商品來生產和經營的大趨勢的產生，在於以下方面：

1. 作為自由職業的文化、工作者的產生

中世紀末期，在商品經濟發展的條件下，已經出現了依靠文化品的市場交換以及「鬻文為生」的窮秀才。在資本主義經濟發展初始階段，文化品生產者表現為亞當·斯密和馬克思的有關論著中經常提到的酒店歌女、醜角以及窮愁潦倒的詩人、畫家，他們是以出賣文化服務勞動——文化品，來維持生計的「自由職業」者。隨著社會經濟發展和居民收入水準的提高，對文化品的需要日益增大，參加文化生產的勞動者日益增多，在社會分工規律的作用下，逐步形成了一個由多種專業組成的自由職業者階層。他們或者是從事獨立生產的「自由撰稿人」，或者是受雇於文化企業，自由職業者的形成和壯大，是文化商品生產發展的重要前提。

2. 科技進步和新技術應用於文化領域，產生了擁有強大市場開拓力的新的文化商品生產

影視技術、印刷出版技術，以及電信、廣播技術的革新，產生了有聲、彩色電視、及時提供各種信息的新聞、報刊，內容多樣、適應於各類讀者的書刊和大眾化的休閒、知識讀物。上述新型文化消費品，以其對廣大群眾的吸引力，從而擁有強大的市場開拓力，適合於大規模生產。影視、新聞媒體業的崛起，意味著從事影視劇本創作、影視音樂、錄像、錄音，以及新聞採訪、編輯、報刊文章寫作和影視廣告製作等文化工作者隊伍的壯大。信息技術革新了影視、新聞文化品的內容，產生了在瞬間反應世界最新情況

---

① 狹義的文化是指文學、藝術等活動及其作品，本章考察的是狹義的文化。如果將人文社會科學以及自然科學也包括在內，是大文化的內涵。

的影視新聞。信息技術革新了出版技術，計算機排版和印刷大大減少了書刊印刷時間和提高了印刷品質量，增大了文化出版物的數量和品類。信息技術創造了信息文化產品：出現了知識、信息品生產的產業，產生了包括電子游戲、電子樂曲、電子漫畫等的信息藝術品和從事信息文娛品生產的新娛樂產業。可見，科學與技術的進步及其被引入文化、精神生產領域，不斷拓寬和豐富文化生產的內容，創造了富有吸引力的現代文化品，促使現代大規模文化商品生產出現。現代高科技帶來的產品高質量，大批量生產帶來的低價格，進一步刺激和擴大了文化品的市場，從而，促進文化大商品生產的進一步發展。

3. 在資本主義市場經濟發展的初始階段，文化服務業多半屬於個體生產與經營、文化、精神生產，很難採取企業化形式大規模生產和經營

隨著 GDP 的增長和居民收入水準的提高，對文化品的市場需求增長，文化品生產領域逐漸成為有利可圖的投資場所，因而，從事文化品的生產組織和營運的企業逐漸興起[1]。在發達的市場經濟中，文化品的生產已經和物質生產領域一樣，主要採取企業化的經營形式。總之，商品化、企業化的機制引入文化、精神生產領域，有力地促進了文化品的擴大再生產、企業的累積和文化產業的成長，特別是促使當代生產大眾文化、娛樂產品（影視、新聞媒體、休閒文學和休閒藝術作品等）的大規模企業集團出現。以物質生產部門、服務生產部門和以科學產業、文化產業組成的知識生產部門共同構成的三維產業結構，已經成為當代發達國家產業結構的特徵，文化產業已成為現代國民經濟的支柱產業，成為拉動現代經濟增長的重要力量。在當代，快速增長的商品性文化生產，已經在現代發達市場經濟中表現出充沛活力和巨大發展潛力[2]。

可見，經濟市場化，總是會不以人的意志為轉移，滲透到文化品生產這一精神生產領域，並且逐漸改變千百年來深入人心的文化、藝術排斥市場交易的傳統觀念。市場經濟所固有的自由職業從業者自謀生計的體制，特別是文化企業化經營的興起，更是促進了文化生產的商品化，使文化生產的越來越廣大的領域從屬於商品生產。

由於文化品屬於社會意識形態，後者總是要適應於社會經濟形態的性質，體現社會政治結構的需要，因而文化精神生產從來不可能是智力人員為所欲為的「自由的」生產。人們新創的文學、藝術產品在性質上不僅要受到特定社會歷史上形成和傳承下來的文化觀念的制約，而且，文化、精神生產從來要受到政府權力結構的影響，甚至要由國

---

[1] 當前美國每週出版 1,000 本新書，為 1993 年的兩倍，美國平均每人花在看書上的時間 2 小時，上網 3 小時。亞馬遜公司圖書目錄有 200 萬本書。

[2] 根據統計資料，美國有 5 家年銷售收入 400 億~500 億美元的大媒體公司，狄斯尼公司年利潤達 30 億美元，文化產業產值在美國占 GDP 的 1/5。美國音響業產值僅次於航天工業產值，居出口貿易第二位，占據文化品世界市場 40% 份額。日本章化娛樂業產值超過汽車工業產值，韓國網絡企業 KTFreetel 提供游戲、音樂下載等服務，2002 年銷售值 34.8 億美元。中國 2000 年文化產業（指狹義的文化品）市場銷量不到 2,000 億元人民幣，據估計可達到 4,800 億元銷售量。

家參與組織生產，精神產品的效果與社會價值要由權威部門來認定。即使是在擺脫了政府權力直接管制精神生產的資本主義「自由國家」，用來形成人的世界觀、價值觀、人生觀的有關哲學、政治學以及道德的基本理論——它們是文化核心產品——也從來不是實行聽憑人意的自由生產，政府要採取多種措施，形成有效的社會機制，以培育和維護適應於經濟基礎的主導思想、觀念，並且將其向廣大社會成員進行灌輸。可見，在這一意識形態性質強的文化生產領域，不可能實行完全的、自由的商品生產。此外，在意識形態性質弱的文化生產領域，例如大眾文學、藝術創作以及大眾文化娛樂、休閒品的生產中，資本主義國家實行自由放任的政策，但是政府還要在節日組織公共的文化、藝術活動，國家藝術館、博物館的民族文化珍藏的展出要實行免費，從而是從屬於公共物品生產的機制。可見，在文化生產實行市場經濟體制的條件下，也需要將一部分文化、精神生產，以社會公共物品的形式來進行生產和分配，從而產品性文化品也是文化財富的重要組成部分。

在社會主義建設中，精神文明建設具有重要地位。在社會主義市場經濟體制下的文化生產需要貫徹以先進的文化為指導的基本方針，要建立政府主導的文化生產體制，有效地發揮政府在規制、指導、推動文化活動發展中的功能，確保文化生產物的健康的思想內涵。為此，要大力發展多種文化事業，同時，要適應部分文化生產商品化的規律，大力發展商品性文化生產，切實推動文化產業的發展和壯大。在發展中國社會主義文化生產中，為了充分地滿足14億人民的不斷增長的文化需要，貫徹「以人為本」，更加需要堅持和搞好文化事業的發展，組織好文化公共物品的生產。

三、文化品是特殊商品

（一）文化品二重性：商品性與意識形態性

在發達的市場經濟中，一部分文化精神活動成為經濟生產活動，其生產物成為商品。作為商品的文化產出物，我們稱之為文化品或文化商品，它具有一般商品的二重屬性：使用價值和價值。文化品的使用價值是產品擁有的滿足購買者的精神需要的屬性。

多數文化品具有非實物、非固定的形態，表現為一種文化活動。但是文化活動，無論是戲劇演出、歌唱、演奏，都是有聲、有色、有形的客觀對象和實在的使用價值。這種實在的使用價值是文化工作者的精神勞動的結晶和表現形式，而且正是這樣的文化、精神產出的實在的使用價值使其成為市場上的一種特殊的交換對象，成為交換價值的現實基礎。文化企業通過對文化活動的有效組織，通過文化品的市場營銷，能獲得經濟效益，形成企業累積，促進企業發展和經濟增長。

可見，儘管文化品屬於精神生產物和採取非實物形態，但它是參與經濟運行的經濟產品，何況，一部分文化品從來就具有以實物為載體的表現形式，如像繪畫、雕塑等「造型藝術」就屬於此。此外，隨著物質生產力的發展、科技的進步，出現了文化精神

產品的物質、實物載體化。印刷術的發明使思想、觀念產品以印刷出版物的形式生產出來，當代影視、錄音與錄像技術使各種即期的、隨生隨滅的文藝演出活動以膠卷和光碟形式儲存，成為可以長期使用的「耐用」消費品[①]。可見，文化品作為人的精神活動的性質，和採取的非固定化的文化「活動」形式，並不妨礙它具有實實在在的使用價值的性質。

（二）文化品是具有意識形態性的特殊商品

作為商品的文化品，和一般物質商品以及一般服務商品是不相同的，是一種特殊商品。我們已經指出，文化品是人類的文化、精神生產物，屬於社會的意識上層建築，它是某種生產關係或經濟、社會制度結構在人的思想、意識上的表現。任何一種精神產品，無論是文化、知識產品，或是藝術產品，總是要在其知識、藝術形式與結構中體現出特定的社會人固有的某種政治、社會觀念，以及立足於上述觀念的有關是與非、善與惡、美與醜的評判方式和愛與憎的情感方式。這些，人們通常稱之為作品的政治、思想性，使用科學的表述是：作品的意識形態性。

意識形態總是為社會經濟基礎服務的。在特定的社會形態下形成的特定的占支配地位的意識形態，通過其在群眾中塑造、形成特定的思想、觀念模式和文化心態的社會功能，塑造出社會的人及其特定的社會行為，起著維持經濟、社會運行和鞏固現存的經濟基礎的作用。作為意識形態的文化、精神產品所擁有的這種重要功能，決定了任何一種社會形態都要通過特定的社會機制，來形成與其經濟、政治制度的要求相適應的文化生產。

文化生產是社會主義精神文明建設的重要組成部分，將社會主義積極健康的思想意識貫徹於文化生產之中成為對知識、精神生產部門的重要要求。中國社會主義建設的實踐表明，新的社會主義市場經濟的順利運行以及社會主義民主與法制的健全和發展，需要通過完善精神文明建設機制，包括加強文化育人的機制，大力培育和塑造有知識、有覺悟、守紀律、有理想的社會新人，因而，對於商品性文化生產來說，不僅要強調產品的經濟性質和講求產品的商業、經濟價值，而且要重視產品的思想、意識性和將產品的社會效益（社會價值）放在首位。

思想意識性是作為商品的文化品的核心品質與「靈魂」，但是這一商品之魂並不是離開其商品使用價值體而獨立存在，而是體現於文化品使用價值體之中。人們可以看見，反封建的人本主義精神體現在莎士比亞的《羅密歐與朱麗葉》《哈姆雷特》等名劇的故事設計、情節安排、人物臺詞等完美的戲劇形式之中；《長徵組歌》則是把中國紅

[①] 在資本主義發展的幼年時期，在資本主義生產關係尚未在服務領域確立的18世紀的英國，在關於生產勞動與非生產勞動的討論中，亞當·斯密強調「固定性」「耐用性」是商品的特徵和生產勞動的標誌。在當代發達市場經濟和信息技術時代，隨生隨滅的服務也可以表現為「物化」「固定化」形態，將「非固定化」「非耐久性」作為商品的規定性的傳統觀念已不再適用。

軍爬雪山過草地的可歌可泣、堅忍不拔的革命精神，體現在十分完美的歌詞之中。

可見，與單純作為使用價值物的一般物質商品不同，用來進行市場交換的文化商品，既具有一般的商品使用價值的性質，又具有社會意識形態的性質，是一個經濟物品與社會意識的二重物①。

四、文化產品體是文化商品使用價值的基礎

（一）滿足人的精神需要的屬性存在於文化產品體中

文化品的使用價值，即文化品滿足社會的人的精神需要的有用屬性，是有效的精神生產勞動的外化、客體化和體現於現實的特殊的產品體中。①歌唱家感人的美聲、舞蹈家動人的美形、音樂演奏家吸引人的美音，上述文化勞動者創造出的文化品，儘管是非實物化、固定化的「產品」，但卻是有聲、有形、有色之物，是一個現實的文化對象和特殊的產品體。②繪畫家、雕塑家創造出的「藝術美」和文化精神意蘊則是體現在特定的物質、實物載體結構中。另外，當代的錄音、錄像技術使那些「隨生隨滅」的文化、精神活動，獲得了物質載體，表現為物質、實物產品體。可見，作為文化品的商品的有用性和使用價值，並不是虛無縹緲的東西，而是體現和存在於其特定的產品體中。

本章提出的文化品的產品體論題，在於強調文學藝術品所擁有的使讀者、觀眾獲得美的感受的功能，在於文化精神勞動創造出藝術性和思想性合為一體的內在結構，後者我們稱之為美的素質和屬性②。文化產品體越是具有完善的內在性質和結構，美的素質就越完善。上述產品體結構的完善性，不僅在於創作者對有關美學規律的掌握和應用——如有效利用有關對稱性、協調性或黃金分割等規律，更重要的是要把積極的思想內容貫穿於美好的藝術形式之中。

可見，正像物質實物生產在於創造出能滿足人的物質需要的產品物質結構和屬性一樣，文化品的生產在於創造出產品的「美」的結構和屬性，這是使文化品擁有美感和

---

① 知識、精神產品有多樣類別。科學品有自然科學和社會科學，社會科學中有理論學科、應用學科；文化品有文學品、藝術品，文學品中有嚴肅文學、大眾文學，等等。上述知識、精神產品的性質具有多樣性。自然科學是自然規律的思維形式，不具有意識形態性。具有意識形態性質的知識產品又因不同類別而有不同特點，如像文學作品的意識性的強度就不及社會科學作品。文化品中的文學品和音樂品的意識性強弱就不一樣，屬於休閒、文娛性的文藝品，例如流行歌曲、科幻作品以及生活攝影等，其社會功能主要是文娛性，而不是意識性。在中國文化生產發展中，實事求是地區分和估價文化品的意識性，全面把握文化品的功能，由此形成一個使人民群眾的文化需要得以充分滿足的多樣性的文化品結構是十分重要的。

② 人們對偉大的藝術精品都會產生發自內心的「愉悅」感，表明適用於廣大人類群體的藝術美的一般規律是客觀存在的。這種共同的美學規律，是立足於一般的人類、文化心理的基礎之上，而人類的一般的文化心理結構是人類群體在長期的生產實踐——包括對美的事物的欣賞，即美育的實踐——和生活實踐中形成的並且向下代代傳承的。

吸引力，成為具有滿足人的精神需要的使用價值的現實基礎。

(二) 消費者文化偏好與文化精神產品的使用價值的實現

文化商品的重要特點是：產品使用價值對不同的消費群體表現出很大差別性。在現實生活中，人們會看見某一文化品給甲帶來現實的美的感受，產品體內在的使用價值得到實現，但是它並不給乙帶來美感，從而不成為乙的消費需求對象。人們會經常看到，一些優質藝術品，如名畫，它博得了專業人士的好評，但市場消費群體卻並不認為它是美的；另外，一些在某些消費群中走俏的文藝品，專家卻不屑一顧。通行於文化消費生活中的上述情況，成為美學理論中的有關美純然是人的主觀精神感受的學派的立論的基礎。而持效用價值理論的經濟學家也似乎可以有理由宣稱：文化品的使用價值純然是主觀東西，是物品對某一特定購買者的主觀的效用。

實際上，對文化精神商品來說，產品體擁有的美的結構和屬性，形成商品內在的使用價值，而消費者的文化結構和審美能力則是文化品內在使用價值得以實現，即轉化為現實的使用價值的主觀條件。

人類擁有某種審美尺度和美感能力，後者一方面來自作為高級智能動物的人類自然生成的感性與理性認識能力，另一方面是在長期的社會生產實踐與社會生活實踐——包括對美的事物的欣賞，即審美實踐中形成的，它成為人的一種文化精神結構。這種文化、精神結構表現在人對某種美的事物會做出積極的心理反應，人們通常稱之為「美感」。

人的文化、精神結構主要是由社會形成的。從歷史看，物質生產方式以及生活文娛方式以及人的行為習慣的發展和變化，會帶來人的文化精神結構的發展變化；從現實看，個人、群體因經濟、社會地位的不同以及民族、國家的不同，也在文化精神結構上表現出差異性；此外，受教育的狀況、個人生活經歷等的不同，也會使人的文化精神結構表現出個人的特色。總之，人的文化精神結構和審美能力是在文化生活中不斷發展、完善和提高的。可見，美的事物給不同的人類社會群體帶來的感受會有所不同，我們稱之為文化品美的結構與屬性的社會效用的差別性。

美的物品的社會效用的差別性表明：在文化商品生產中，只有產品的美的素質、屬性與購買者的文化精神結構、消費偏好相對應和耦合，產品的文化、藝術使用價值才能得到實現。我們說，購買者文化精神結構和由其決定的消費偏好，是文化產品使用價值得以實現的主觀條件，這並非意味著人的文化消費偏好創造和決定文化品使用價值。文化品使用價值是文化生產勞動的創造物，這一精神性使用價值體現在文化品體的美的結構和屬性之中，從而是一個客觀的實在，也是文化品內在的屬性，擁有實在的和內在的藝術使用價值是文化品引起觀眾的美感和欣賞熱情，引發消費者的購買偏好的現實基礎。文化市場上一些熱銷產品不需很長時間、甚至很快就會對消費者失去吸引力並且為市場淘汰，如像流行歌曲、電子音樂等當前最時尚的文化品，呈現出一時性的熱銷，但隨著新的樂曲出現，很快失去市場，成為明日黃花，而藝術性和思想性完美結合的經典作品卻經得起時間的考驗，藝術魅力始終不衰。

五、文化品的使用價值的多樣性和創新性

(一) 多樣性

文化品是用來滿足人的精神需要的對象。人的精神需要具有多樣性，包括：休閒享樂需要、學習需要、藝術欣賞與創作需要、旅遊觀賞需要，等等。人是歷史的人，人的精神生活需要是在社會經濟發展中，特別是在現代化進程中得到發展的。需要決定生產，人的需要的多樣性決定了文化品的多品類和使用價值的多樣性。

文化精神需要是因人而異的，職業性質、收入水準、受教育的程度、個人經歷、年齡，等等，均會對人的文化需要發生影響，具體的人的文化、精神需要從來是多種多樣的。文化需求的差異，要求文化產品具有多樣性。

在現代市場經濟中，社會分工分業日益發達，經濟結構更加複雜，社會階層越加眾多，人們的生產方式、生活方式、文娛方式差異性越來越大，從而人們的精神需要與偏好越加不同，文化需求的多樣性進一步發展。市場機制總會調節生產適應於需求，當代商品性文化生產體制中市場機制的作用，促使文化生產高度多樣化。文化產品結構中具體作品的差別性的存在，並非人們的失誤，而倒是生氣勃勃的文化生產的常規，是作品豐富多彩和文化繁榮的具體表現與固有要求。

文化產品的多樣性意味著：①文化品擁有社會使用價值，從而獲得廣闊的市場銷路，由此實現文化勞動的創造價值功能，促使文化生產的進一步發展；②廣大文化工作者精神勞動的積極性得到充分的調動，以及他們的聰明才智和特長得到發揮，文化精神生產得以真正搞活；③文化生產充分適應於社會需求，以及人民群眾的多種多樣的文化、精神需要得到滿足。

(二) 創新性

追求新穎是現代人的精神需要的特徵。基於人的生理的以及社會生活需要的性質，人們日常用餐無須頓頓更換食譜，每日去辦公室無須換用新車，但基於新鮮增強感受的心理學法則，滿足休閒生活需要的文化品則要講求新穎。現代社會是迅速變化的社會，生產方式、生活方式、人的觀念和審美意識都處在變化之中，越來越在文化消費中起主要作用的青年人，更具有思想活、愛好新的特徵，這就要求作為商品的文化品生產要講求產品創新，不斷創造出具有新的品質和屬性的產品——創新性的使用價值，這是文化品得以順利銷售的前提條件。

不斷進行文化創新，不只是出於人的精神需要的性質，更主要的是由於市場經濟的

競爭機制。文化商品經濟同樣通行著「強勝弱汰」的規律①，競爭機制推動了不斷的文化創新。能反應新時代、新生活、貼切體現群眾內心要求和時代精神的作品，則能贏得眾多消費者的喜愛，從而贏得市場。可見，競爭機制是文化創新的經濟動力。

不斷進行文化創新，更是時代對文化生產的要求。文化品的滿足人民群眾精神需要的性質和程度，以及文化品擁有的滿足購買者需要的有用性和使用價值，決定於產品反應現實生活的緊密度和深度。因此文化生產，特別是為了市場銷售的商品性文化生產，需要創造出反應新時代和廣大人民群眾豐富多彩的現實生活的作品，這是文化品能為廣大群眾喜聞樂見和文化品市場銷路得以拓寬的前提。

(三) 時尚性

追求時尚性是某一些文化品生產的特徵。時尚性指的是某種產品的內容與形式，在一定時期具有高的社會使用價值，從而獲得某些群體強烈的消費偏好和表現為旺盛的市場需求，但很快它的使用價值就會失去，不再有很多的購買者，原來在市場上的優勢地位會為某種新穎的產品所取代。當代的大眾文化品中使用價值的時尚性表現得十分鮮明。

文化品使用價值的時尚性，最鮮明地體現在現代工藝文化品中。我們將工藝文化品視為體現在現代製造品——包括消費品、生產工具、生產場所、城市建築等之中的藝術形象和結構，後者是現代發達的、門類眾多的、專業的工業藝術設計的生產物。

現代工業藝術設計是一種謀求創新和追求時尚的文化生產，具有典型性的是服裝設計。時裝的功能不同於一般服裝，它主要是用來滿足人的文化、精神需要：著裝的時尚感。這種情況決定了時裝設計這一文化生產特殊的求新性，要求服裝設計必須在產品結構、形式和人文精神內涵上不斷進行創新。

當代經濟已經在向文化經濟邁進，文化越來越向眾多消費品，包括日用品、家具、室內裝飾品、兒童玩具以及機器設備、廠房、建築物、城市基礎設施等生產物進行滲透。總之，在日益發達的工業藝術創作中，講求新穎，追求時尚已成為時代潮流。

文化品使用價值的創新性、時尚性體現了文化品使用價值的不斷變易性。多樣性與變易性是文化品使用價值的基本特徵，不斷推陳出新，自覺地在文化生產中適應文化品變易性的規律，是保證和提升文化品社會使用價值的必要條件，也是使商品文化品價值得以實現，文化再生產得以順利進行和促使文化生產健康發展的前提。

---

① 在文化市場上「強勝弱汰」，指競爭力強的產品排擠、淘汰競爭力弱的產品，但在當前的文化市場上強不等於「優質」，弱不等於「低質」，「強勝弱汰」不等於「優勝劣汰」。恰恰相反，優質文化產品「競爭力弱」而藝術、社會價值不高的文化產品「競爭力強」卻是文化市場上習以為常的現象。對這一點將在本章第九小節中加以論述。

六、文化品價值與價格

（一）文化品的內在價值

本節中分析的文化品，指的是文學、藝術創作物、新聞報導、出版物和文化、藝術演出、影視品以及光碟，也包括文物。

文化品作為商品，它由此獲得價值性，後者是作為經濟物品的文化品的最重要秉性，商品性文化生產的最重要經濟功能，如像創造與實現產品價值和資本增值、進行累積、促進經濟增長等，均是立足於文化品的價值性的基礎之上。

文化品價值有多樣表現形式：①文化原品市場交換價值。如像文學、藝術原作品的交換價值，歌唱家、舞蹈家的演出以及音樂家的器樂演奏等帶來貨幣價值，人們稱之為票房價值。②文化附加值。文化嫁接於物質產品產生的有文化含量產品，如名家設計的最新款式的服裝，著名大師設計的建築物，它們以其高文化含量使產品獲得很高的新增交換價值，人們稱之為文化附加值。上述作品的市場交換價值、演出票房價值、文化附加值均是文化品價值的表現形式。文化精神產品是知識產品的一種具體形式，文化品的價值性具有下述特徵：

1. 內在價值性

文化品在市場交換中表換出的價值性，不是「外鑠的」，即產生於購買者對產品的主觀感受和主觀效用，而是文化生產中的主體勞動所創造的。任何真正的文化原品——區別於複製品——是文化工作者的精神勞動以及用於繪製、寫作、打字等體力性勞動的產出物。在文化品作為商品生產和交換的體制下，上述生產主體的社會勞動耗費——主要是智力和情感力的耗費，「凝結」「體現」和對象化於文化品中，成為文化品固有的價值實體或內在價值。從較長時期來看，在競爭性較充分的文化生產領域，由抽象人類勞動構成的價值實體，通過文化生產的「成本」範疇，對文化產品市場價格變動起著制約作用。

2. 高價值性

文化產品具有高價值性，它表現在：①文化名家創作的繪畫、書法或是雕塑品的市場價值畸高，與普通工人加工製造的物質產品市場價值不可同日而語。②名家的演出，無論是歌唱家、舞蹈家以及戲劇表演家的演出，都擁有很高的票房價值。③著名作家的文學、藝術作品版權轉讓費用高昂。④包孕有高文化含量的物質產品或服務產品能獲得「高文化附加值」，即人們通常說的「文化賦值」現象。⑤文化產品的高價值性還表現在文化生產者較之物質生產部門的普通職工有較高的收入。

文化品的高價值來源於文化生產勞動的高價值創造能力。這在於：①文化藝術勞動是一種高知識、高技巧的高級熟練勞動，需要有更高的學習費用。文化名家的精神生產能力是通過長期的多方面的訓練與培育而形成，他們的勞動是一種高度熟練勞動，而文

學藝術杰作正是這種高度熟練勞動的體現和結晶。②文化藝術創作勞動是一種精神創新勞動，不僅需要高度專注，而且需要創作激情，為保持創作激情、抓住靈感，需要一氣呵成，為此作者往往夜以繼日，不眠不休，從而使勞動具有高強度性質①。③文化藝術作品，特別是文化精品，並不是可以輕易打造而成，而往往是長期艱苦勞作的結果。④文化生產過程，還包括前期生產過程，例如題材選定，主要內容的醞釀，體驗生活和素材的搜集，草稿創作，等等。上述前期勞動都是生產勞動總過程的一部分。因此，文化品生產過程除即期生產外還包括較長的前期生產，從而具有生產過程長的特點。一些創作，乍一看是作家憑藉靈感的觸發，在文思如泉湧出中在較短時期內完成，實際上這種「短期、快速」生產，是以很長的前期生產過程為基礎。文學藝術精品，特別是鴻篇巨制，更是大量的工作日的勞動產出物。可見，文化生產勞動的高熟練、高強度的性質，決定了產品中抽象人類勞動含量高，這是文化產品具有高內在價值的根本原因。

(二) 文化品價格與價值的經常背離性

一個充分的、自由競爭的市場經濟體制會使商品價格通過不斷的波動，趨向和定位於某一個價格軸心，這個價格軸心水準決定於生產中的社會勞動耗費，即價值。英國古典政治經濟學鼻祖亞當·斯密區分了價值範疇和價格範疇，闡明了交換價格儘管是不斷變動的，但是它總要迴歸於價值②。馬克思則基於唯物辯證法有關現象與本質的分析方法，通過對商品交換關係和價值形式的歷史發展變化的縝密的考察，特別是通過競爭中商品市場價格對內在價值的背離和迴歸的運動形式的理論分析，進一步科學地揭示了商品市場價格不是一貫等同於價值——生產商品的社會必要勞動量，而是在價格不斷的波動和對價值的偏離中趨同於價值。

基於對價值與價格範疇內涵的科學理解，人們就不難發現市場經濟中多種多樣的價格與價值相背離模式。例如：

(1) 有價格無價值。進入市場交換的不完全是勞動生產品，也可以有自然生成物：如像土地、自然花木、山禽奇石等，它們有價格但沒有內在價值③，而其市場價格則取決於供求狀況。

(2) 以價值為軸心的市場價格。在充分的競爭，即不存在對生產、技術的壟斷和

---

① 在勞動的高強度性上，科學勞動和藝術勞動是一樣的，不同的是前者是理性思維的強勞動，後者是激情與感性思維的強勞動。

② 亞當·斯密使用市場價格與自然價格這一對範疇，論證了在供求變化中市場價格趨向於自然價格即價值的趨勢。參見：亞當·斯密. 國民財富的性質和原因的研究 (上) [M]. 郭大力，王亞南，譯. 北京：商務出版社，1972：52.

③ 馬克思說：「一物可以是使用價值而不是價值。在這põe物並不是由勞動而對人有用的情況下就是這樣。例如，空氣、處女地、天然草地、野生林，等等」。參見：馬克思，恩格斯. 馬克思恩格斯全集：第 23 卷 [M]. 北京：人民出版社，1972：54.

信息不對稱的「完全競爭」勢態下，儘管有日常的價格波動，但從長期來看市場價格定位於價值軸心。

（3）壟斷價格。在不充分的競爭中，即某些市場主體對生產要素擁有壟斷性佔有條件下，市場價格水準高於價值，而且價格不迴歸於價值中軸，價格水準對價值的偏離度取決於市場供求的狀況，這種市場價格對價值中軸的高偏，體現了壟斷價格形成模式。

文化原品的高市場價格就屬於壟斷價格。李嘉圖未能從壟斷價格與價值偏離的角度來認識文物品以及自然壟斷物品的高市場價格現象，他把上述產品的市場價格決定作為勞動價值規律不適用的特例。這表現出李嘉圖不能將他在闡述商品的勞動價值本質中使用的理論分析方法貫徹到底。他還不善於區分價格與價值，他對於「價值規律總是要表現為價格與價值的背離，是一種作為趨勢的經濟規律，而不是精確的自然規律」還缺乏理解。

總之，科學認識價值與價格這一對範疇的內涵，將其用於分析當代發達市場經濟中更加複雜的商品結構和多種多樣市場價格模式，人們並不難以勞動價值論原理來對包括文物、文化品及其他知識產品等的價值決定做出科學闡明①。

（三）文物品的競賣和壟斷價格

文物品指的是經過一定歷史年代的文化品，如像遠古人類遺存的器物以及歷時久遠的前人的繪畫、書法、典籍、抄本、服飾、器皿，等等。作為文物的文化品儘管也是古人勞動所創造，但它不是現實的商品性文化生產的產物，因而，談不上產品中體現有古人的勞動價值。文物沒有原價值，但在市場經濟中文物可以交換，是商品，然而，初始持有者將文物投入市場如同將它持有的稀有自然奇石投入市場一樣，文物是一種有價格、無價值的交換對象，它的價格純然決定於市場需求和供給的狀況。

一些文物品如古代人的日用工具、器皿等，它們的數量較多，而一些文物品如古代帝王特製的用於廟堂祭祀的鐘鼎、藝術名家的繪畫、名書法作品，等等，它們均只是唯一之作，而且是不可複製的。稀有文物被持者用來交換時，不存在多數售賣者的競賣，從而產品的市場價格從屬於購買者的競購。更具體地說，是從屬於寡頭壟斷價格機制。

---

① 政治經濟學的勞動價值理論，科學地規定與區分了價格與價值範疇的內涵。這一理論，是深入分析和把握市場經濟中複雜的經濟關係的本質的鑰匙。由於對政治經濟學勞動價值論 ABC 知識的缺乏，當前人們在討論科學、文化產品的價值時往往混同了商品價值與社會價值。例如，人們往往說，某藝術大師的一件創作「價值上千萬」。馬克思、恩格斯在《神聖家族》中指出布魯諾·鮑威爾及其夥伴，在對普魯東的批判中混同了詩歌這樣的精神產品的價值和交換價值。馬克思、恩格斯的早期著作中，已經用勞動價值理論來分析精神生產、精神產品價值以及精神勞動報酬，他們提出的理論觀點和分析方法，對於當代發達市場經濟中知識生產的理論分析，仍有重要現實意義。參見：馬克思，恩格斯. 馬克思恩格斯全集：第 2 卷［M］. 北京：人民出版社，1957：61.

大體說來，文物市場價格的決定因素是：①某一文物品本身的社會歷史意義和重要性。就繪畫、書法、雕塑來說，是其創作者的「知名度」；就器物來說，是它的社會、歷史重要性。②文物品的藝術價值。文物品本身在藝術品質上有高低，有的是精品，有的是一般之作。③進入市場的文物品的數量。文物市場上，通行著（文）物以稀為貴（價高）的價格規律。④有效需求和競爭的狀況。文物品的價格，主要決定於：其一，文化消費者的數量及其購買能力；其二，購買者的競爭狀況，特別是拍賣行中使用的博弈式的競爭起著哄抬價格的作用。文物品市場競爭價格決定機制可以用以下數學公式來加以表述：

$$AP = (Af + Au) \times (CA \times CM)/An + (AR + AE) \tag{11.1}$$

式中，AP——文物品 A 的價格；

Af——文物品 A 的社會價值、歷史價值；

Au——文物品 A 的藝術價值；

CA——文物品 A 的購買者數量；

CM——文物品 A 購買者的購買力，即他們願意付出的購買價格；

An——文物品 A 或 A 類產品的數量；

AR——文物品 A 的保存費用；

AE——文物品的交易費用。

以上公式表明進入市場交換的文物品的價格，與 Af、Au、CA、CM 成正比，與 An 成反比，另外，還需加上追加成本（$AR+AE$）。對上述文物市場價格機制的理論模式的解讀如下：

（1）應該將文物品的價格和價值予以區分。文物品有價格但它本身無價值，因為，文物品不能再生產，複製品不是文物。儘管文物品是前人的勞動生產物，但在遠古、古代、中古時期，文物品是作為產品來生產的，文物品創作勞動是非商品性勞動，在非商品交換經濟中不存在生產勞動對象化為價值的機制，也不存在文物品價值範疇。即使是對那些曾經是商品交換對象而具有過價值實體性的文物品，由於它的生產發生在千百年前，與現實的生產不相干，文物中曾經擁有但卻早已逝去了的價值不會對現實的生產發生作用。

（2）文物品無原始價值，但進入市場交換的文物品含有附加值。經營文物品需要維持費用：如文物品的保管、維修費用以及包裝費用；組織銷售、進行廣告宣傳以及拍賣等交易費用。上述費用體現文物為經營中的勞動付出，它構成文物品的附加價值。

（3）文物品是稀缺品，在市場交換中它表現為壟斷價格。文物是不可再生品。歷史上的藝術大師創作的名畫、書法名帖、名雕塑等只能是唯一之作。上述名品的持有者在交易中處於獨一無二的壟斷售賣者地位，這種文物品的市場競爭屬於寡頭競賣，其成交價格是壟斷價格，後者的價位取決於需求方的購買能力和市場競賣機制，從而具有完全聽任於買方市場力量的性質。

歸結起來，進入交換的文物是非價值物，但有市場價格，人們稱之為「市值」；文物的市場價格決定，從屬於市場競買機制①。

七、文化市場上的名品壟斷與壟斷價格

（一）文化名品市值畸高

當代發達的文化經濟和發達的文化市場上，呈現出文化名品市值畸高。文學名家的小說版權轉讓費十分高昂，繪畫大師的創作「一寸千金」，走紅的歌手的一場演出要支付極高的出場費，劇場票價也極高。上述情況，我們稱之為文化「名品市值畸高」。當代西方經濟學家繼承馬歇爾的經濟學的均衡價格理論，認為上述文物品的高價格是由於產品效用大，對買方來說是其自覺自願購買；就賣方來說則是他們持有的產品效用大、價值高，從而是「物有所值」。對文化品市值畸高現象的這種經濟學的理論闡述，拋棄了亞當·斯密、李嘉圖等古典經濟學家確立的商品價值範疇，混同了價格機制與價值決定，這些時髦的經濟學人的「一曲值千金」「一字值千金」的物有所值的觀點，頂多算是現象的描述，而不是對事物本質的揭示，應該說是一種停留在事物表層面上的「庸俗」的經濟理論，而不是對現代市場經濟中高度複雜的價格運行機制的科學闡明。另外，人們也不應將上述文化名品市值畸高，簡單地歸因為文化精神生產勞動的高熟練性和高級文化勞動力的學習、培養費用昂貴。因為，眾所周知，文化市場上，不僅是經過長期專業訓練的大師的作品市值畸高，而且專業訓練不足主要依靠包裝走紅的明星的作品市值畸高也越來越常見。此外，不少經過專業訓練，擁有深厚功底和熟練技巧的作家的具有很高藝術、社會價值的嚴肅作品市值畸低也越來越常見。可見，說一切文化品的高市值在於其生產勞動創造出高價值，是不符合實際的，這種論證方式只不過是勞動價值理論的濫用。

商品性文化生產中的名品市值畸高是一個價格現象，其實質是價格偏離價值，更具體地說是稀缺性產品競爭的不完全，從而市場價格高偏，保持和表現為壟斷價格。筆者曾提出的知識產品壟斷價格公式，也適用於文化品：

$$P = (c^1 + c^2 A) + (v + m) + p \qquad (11.2)$$

P 是文化名品市場價格，$c^1 + c^2 A$ 是進行文化創作中的各種生產耗費轉移到產品中的價值，$(v + m)$ 是文化勞動者創造的新價值，是文化產品以壟斷價格出售而獲得的超額利潤，它為文化直接生產者佔有，或者為文化直接生產者和企業主兩者分享。

可見，文化名品以壟斷價格出售，是名品市值畸高的根本原因。文化名品以超出生產成本的壟斷價格出售，一方面意味著文化生產者作為熟練勞動力，他的勞動是高度熟

---

① 人們野遊拾取的珍奇美石如雨花石等，也可以進入交換和表現為高昂的市場價格。文物品的價格決定和自然原生稀有產品的價格決定是同樣的。

練和高強度勞動,可創造出較一般勞動力更高的價值;另一方面意味著名品作為稀缺產品,是以超出內在價值($v+m$)以上的,即包孕 p 的壟斷價格出售,因而,產品的市場價格超過內在價值。可見,文化名品的壟斷價格,不同於文物的壟斷價格。文物價格是無內在價值實體的壟斷價格,文化名品價格是有內在價值實體的壟斷價格。在文化品生產中,文化智力生產勞動物化於文化品使用價值體之中,形成文化品內在價值,後者成為產品壟斷價格的基礎。

(二) 文化生產壟斷

文化生產壟斷是商品性文化生產的特徵。文化生產壟斷表現在以下兩個方面:第一,文化名品的稀缺性。文化名品市值畸高的根本原因在於,文化創作具有個體小生產性質,而且文化、精神生產需要有人們稱之為「靈感」的內在創作欲的啓動。因此,文化原品生產不像物質產品那樣可以大批量製造和不間斷地生產。如果不是粗製濫造,即使是高產藝術家也不可能進行不間斷的大批量生產,特別是鴻篇巨制,更需要長年累月的艱苦勞動。文化精神生產的性質,決定了高質量的嚴肅作品不能按照訂單來完成,更不能以出價高來「提速」。這也就表明,文化品市場供給缺乏價格彈性,對文化精品生產來說是市場失靈,這也決定富有需求的文化名品的稀缺性。文化人的特殊精神生產能力的培育,需要很長的時間、特殊的環境以及個人天賦,傑出大師的產生更具有不確定性,甚至是百年不遇。如果說,市場經濟中市場對普通勞動力的供求有調節作用,在發達市場經濟中市場對一般文化勞動者的總量及其專業結構起著影響、調節功能,那麼,在科技與文化、藝術大師的形成中市場卻是失靈的。文化尖子的稀缺成為文化名品供給稀缺性的重要原因。文化名品稀缺和供不應求,決定了文化市場上文化名品價格水準大大高出價值。

第二,文化原作的壟斷性。對廣義的文化生產來說,其靈魂和核心產品是文化原品①。這是由於:①有原創稿本,才能有書刊出版物的大規模生產;有原創藝術品——繪畫、書法、攝影、雕塑,才有書畫攝影印刷品、模擬品以及網絡文化品的大規模生產;有高質量的劇本才能有高發行量的影視作品的生產。可見,擁有高質量的原作,是市場經濟中發展文化生產的重要前提。②文化品消費中存在著取決於人類的文化心理對原作的自然偏好。這種佔有文化原作的自然偏好,成為文化原作品,包括文物的社會需求和文化原品市場形成和發展的主觀條件。文化、精神產品是一種個人獨創性精神活動和個性產品。由於個人精神勞動的特殊性,它具有不可再生性。首先,文化原品是不可模擬的,最高明的模擬家也只能做到作品的形似而不能做到作品的神似。其次,文化精神勞動是藝術家在特定條件、特定時間和個人特定心態下的具體精神創造活動,這種具體

---

① 廣義文化生產包括:①原產品的生產;②複製加工品,即印刷出版物及電影膠片、光碟的生產;③模擬品的生產;④文化高含量的工藝品的生產。

勞動不可能再次重複。可見，作為商品的文化原品，是一種歸創作者獨占的壟斷產品。

商品性文化生產的壟斷具有長期性。當代科技壟斷只存在於科技新知識、新技術、新產品尚未擴散開的時間界域內。由於知識的擴散性，即使是專利保護的創新知識、新技術和生產訣竅，不需多久就被為他人所掌握；特別是高度競爭性的知識經濟，促使知識和技術的不斷開發和不斷創新，由此使任何一種創新知識和創新技術的領先性及其在市場上的壟斷地位都是短暫的。而文化、藝術原產品則由於其不可複製性，它在佔有者手中——不論是創作者本人或是購入者，始終是獨一無二的，由此在市場上長期保持著壟斷性①。此外，文化名品具有強品牌效應，它表現在：文化創作者一旦成為名家，他的產品就成為名品，他的後續產品不論其質量如何都將富有消費吸引力並在市場上保持壟斷地位。

（三）文化品的有效需求與市場價格

文化品的壟斷價格的形成的另一必要條件是市場需求的充分：①居民收入水準的提高是文化有效需求形成的根本前提。在社會發展達到溫飽階段以前，由於群眾購買力的限制和有效需求不足，即使是文化精品的市場價格也只能維持在低價位，超出內在價值的額外收益也較低，甚至存在著市場疲軟下文化精品過剩引起的文化產品價位低偏，從而出現產品內在價值難以實現和文化人貧窮的情況。只有物質生產力的發展，群眾收入和生活水準的提高，才能有文化需求的穩定增長。一旦社會達到中等發達國家的發展階段，通常會出現文化有效需求的快速增長，文化精品稀缺和產品市場價格大大超過內在價值，即「市值畸高」將成為文化市場的常規。

②文化生產的市場制度的完善，是增大文化有效需求的制度前提。文化品需求的形成，需要有文化品作為商品生產和交換的制度安排：包括文化生產者作為市場主體，文化生產的企業化經營體制，發達的文化市場體系（包括出賣文化、藝術品的店、堂、攤、點、拍賣行），知識產權制度，等等。通過大力推進文化生產的商品化、市場化、企業化，建立完整的現代文化市場經濟體系，是形成和增大文化品需求的體制前提。即使在居民現有的收入水準下，提倡文化消費，依靠完善的和發達的文化品市場生產和交換的體制的活力，特別是依靠完善文化品的企業化經營，憑藉企業對文化生產的有效組織和經營，也能夠大大開拓文化品市場空間，形成更充分的文化需求，為激勵和促進文化精品的生產創造出市場前提。

---

① 為滿足人的物質生活資料的需要和對生產資料的需要，人們可以使用和選擇其物質功能不差而價格較低的代用品，但在滿足人的精神需要時，特別是滿足高層次的精神活需要，如審美的需要時，代用品是缺乏效果的。

第十二章　論現代文化生產（下）[1]

一、商品、市場機制下文化與經濟的互相促進

（一）經濟興旺培育出文化昌明

文化立足於經濟，文化的性質決定於經濟結構的性質，文化活動的發展、成熟更是取決於經濟的發展和物質生產力水準的提高。只有實現物質生產力的發展和經濟的發達，然後才能有文化的昌盛，這是經濟、社會發展的一般規律。

古代社會曾經出現一次活躍的文化活動，創造出東西方燦爛的古典文化，後者是在古代社會經濟成熟基礎上生成的，但又大大超越了經濟的發展。馬克思和恩格斯著重地指出：古典古代文化的傑出成果，就其社會、藝術價值來說，是後人未能超越的。但是古代社會缺乏文化活動轉化為生產力的社會、經濟機制。古典古代的文化高漲，產生於奴隸制生產方式的經濟基礎之上，在中國是產生於封建地主制生產方式之上，文化享受的對象主要是貴族奴隸主和封建主；古代物質與精神文明的成就集中於城市，古代社會在整體上仍然是經濟、文化落後的社會。

西歐中世紀，在基督教神權教義的思想桎梏和領主莊園自然經濟占據統治地位下，曾經有數百年的文化、學術活動的沉寂。公元10世紀以來逐漸發展和壯大的商業資本對西歐封閉的自然經濟起著侵蝕作用，14~15世紀的義大利沿海城市，文學、藝術活動的發展和以實驗為基礎的自然科學研究的活躍，產生了一大批文學巨匠。他們創造的傑出的藝術作品，特別是他們倡導的人本主義的精神，衝破了中世紀的神權思想的枷鎖，激發出智力生產者從事文學、藝術的自由創造和自然科學學術創新的熱情，引發了14~15世紀義大利的文化活動的高潮和文化思想變革——文藝復興。15世紀西歐新的生產方式出現這一歷史大背景下產生的文藝復興，我們可以將其歸結為如下命題：近代商品經濟啓動的文化、精神生產大發展。但是應該看到，就整個西歐來說，迄至18世紀工業革命和工廠制度興起以前的中古時期，是以莊園農業經濟的發展滯緩和文化活動不發達為特徵的。

---

[1] 本章選自：劉詩白. 論現代文化生產（下）[J]. 經濟學家，2005（2）：4-15.

世界近現代歷史發展中，越來越體現出商品經濟對文化的推動。工業革命以後的 200 年，是資本主義經濟快速增長時期，也是文化、精神生產日趨活躍和商品性文化生產不斷發展的時期，這一時期出現了文化、精神活動向經濟生產的轉型：①文化生產者由供職於宮廷政府的職能人員、貴族、有產者轉變為普通智力勞動者，即主要由自由職業者；②文化品由貴族和有產者的精神財產和享受對象轉變為公眾享受的文化消費品；③文化活動由單純意識形態活動轉變為經濟生產，成為創造經濟價值的知識生產。文化在近代和現代之所以能取得加快發展的勢頭，並轉變為一種經濟生產，在於對商品經濟機制的引入。

(二) 商品經濟體制對文化生產的激勵

商品生產賦予文化產品以經濟價值，市場機制的引入為文化生產配置了經濟利益推進器。實踐業已表明，在市場經濟發展的歷史階段，即使是人們稱為「自由的」文化精神活動，如果完全沒有經濟利益驅動，只能在少數專業職能人員的狹窄的範圍內十分緩慢發展。在當代社會經濟發展階段，如同物質生產需要經濟激勵一樣，精神生產同樣需要經濟激勵，充分而有效的經濟激勵，是調動智力群體的文化勞動積極性，促進文化繁榮發展的重要槓桿。

在商品經濟體制下，發達的文化市場以其充分的需求和靈活的供給，為買方和賣方間的競爭和文化產品價格定位於市場價值中創造了前提；價值規律的高勞（勞動量）高值（價值）高益（效益）機制，鼓勵人們從事艱苦的、長年累月才能獲得文化、藝術創作成果；同時價值規律的作用使複雜勞動獲得補償，鼓勵人們進行用於提高藝術家素質的教育投資；此外，文化藝術品的壟斷價格機制，在被有效利用的前提下①，可以在鼓勵文化精品生產中發揮重要作用。總之，文化品作為商品生產對群眾性的文化生產勞動積極性的調動，起著重要的作用，是用來實現生氣勃勃的文化大生產，促進文化經濟發展和繁榮，促進現代精神財富創造的重要經濟槓桿。

(三) 市場的資源配置功能

在自然經濟形態和傳統社會結構的文化生產體制下，怎樣生產文化品，生產什麼樣的文化品是按統治階級的意志，由政府行政權力機制來決定的。

在市場經濟初始階段，一些作家、詩人、藝術家是有產者，或者是政府職員、學校教師，他們有維持生計的收入來源，一些人只是偶爾將少許文化產品用於市場交換，獲取補充的收入。千百年來形成的、根深蒂固的賤商、恥商觀念，成為妨礙自覺的文化商

---

① 文化品壟斷價格機制有促進文化創新的積極功能，但壟斷價格機制固有的過度的物質刺激，往往會扭曲健康的藝術創作心態；另外，它還會引起收入分配不公。可見，市場性文化生產的負效應也是十分明顯的。因此，在實行商品性文化體制下，要求政府加強對文化經濟的規制和調控，如對文化品確立社會效益優先標準以及實行恰當的收益調節制度。

第十二章　代文化生（下）

品生產行為形成的思想障礙。在這種情況下，文化生產多半是從屬於精神動機——個人興趣或是社會的嘉許，生產什麼和生產多少文化產品，取決於生產者的個人的創作意願。

發達的市場經濟改變了文化品生產方式和文化資源的配置方式。當代發達市場經濟中，文化、精神生產已經發展成為由人數龐大的文化生產者階層參與、分工細緻、專業眾多的大產業，絕大多數的文化人成為靠出賣產品獲取收入的自由職業者。他們的生產、就業和取得收入的方式和經濟機制，使文化工作者有了新的觀念。政治經濟學的勞動價值理論，闡明了文化品價值形成在於智力生產者勞動的結晶，創作者獲取商品收益是實現自身勞動價值的形式，從而是合理的，人們逐步拋棄了文化精神生產領域中根深蒂固的傳統觀念，不再恥於智力勞動生產品的市場交易。文化生產者的觀念轉變，成為文化活動從屬於市場的精神條件，在生產組織上，從事文化商品生產與營銷的企業——出版公司、畫廊、文化拍賣行以及經紀人的產生和發展，在流通組織上，發達的文化市場的形成，這一切，意味著市場性的經濟組織結構和運行機制被引進於文化生產與流通之中，文化生產從屬於市場調節。

市場價格機制使分散的個體文化工作者自發的創造活動適應於群眾的多種多樣的需要，從而促使多樣性、多層次性的文化商品生產發展，促使多種多樣的文化娛樂行業出現，形成了分工細緻、門類眾多、結構複雜的現代文化大產業。在擁有發達的文化服務業，發達的文化、知識產業和以高科技為物質基礎的現代經濟中，價廉、物美、新型的現代文化品越來越多，文化消費不再由少數精神貴族獨享，越來越成為大眾文化消費品。在當代，大眾文化品成為文化產品結構中的主要組成部分。有效發揮市場調節功能，還打破了傳統文化計劃生產和供給體制下產品結構的單調性，形成豐富多彩的、多種多樣的文化產品供給結構，增大了文化消費對象的可選擇性，從而使廣大文化消費者得以「各取所好」。對當前文化生產應該提倡「興雅」（文化）還是提倡「興俗」（文化）的問題，人們存在著不同的看法。一些人將當前迅速發展的屬於現代大眾文化的「流行音樂」「校園音樂」以及地方樂曲等簡單視為「俗文化」，並且把當前「高雅文化」遭到「冷遇」，簡單地歸結為市場對高雅「殿堂」文化的衝擊和破壞。一些文化名流持有上述看法是可以理解，但偏愛高雅文化而貶低大眾文化的觀點則有失偏頗。如果我們大略觀察18世紀工業革命以來的世界文化發展，我們會發現一條十分明顯的軌跡：由古典殿堂文化位居主流，到近代市民文化興起，再到當代大眾文化大發展。這是一場由市場力量推動的，由高雅文化為主導轉變為大眾文化快速發展的歷史性變革。對這一文化大變革，人們不能只是從文化的藝術素質的角度來加以評價，例如，人們不能只是從某些大眾文化品表現出藝術、社會價值不高，「粗」「俗」，甚至有「劣」品滋生，就做出文化生產走向衰敗和危機的結論，而是要進行歷史唯物主義和經濟學的分析。在這裡，一方面是少數精英、「天才」的壟斷文化生產的局面被打破和眾多自由職業者進入文化生產領域；另一方面是少數精神貴族的文化消費壟斷被打破和眾多群眾開始進入文

化精神消費領域。儘管市場機制對文化活動有不少負效應，但是在社會主義市場經濟條件下，人們只能適應客觀經濟規律的要求，對商品性文化生產進行規制和管理，防止和消減市場失靈，大力促進和提高文化產品的質量，但是人們不可能超越商品性文化生產的發展階段，不能將一切文化、精神活動都置於產品生產和計劃分配的制度框架內。

文化是一種帶有意識性的特殊商品，文化品的商品生產中還存在產品的商品性與藝術、意識性的矛盾，對於上述矛盾的調節，市場是失靈的[①]。因而對文化生產不能實行「全盤商品化」，而對商品性文化生產，則應該採行政府規制、管理和調節模式，實現以先進文化為指導。此外，政府還要承擔起組織文化公共物品的供給功能：如建立和維持政府出資的國家文化、藝術創作中心、歌劇院、博物館、文化館、公共電視臺、公共信息網絡等公共文化體系。在文化精品的生產中特別要利用公共物品的形式，有效發揮政府的規劃、組織、資助功能。因此，對文化資源的配置，絕不可以聽任市場的自發作用，應該有效發揮政府的功能，使市場的「搞活」「調適」功能與政府的管理和指導相結合。特別是在社會主義制度下，為了實現先進文化的發展，做到生產和提供更好、更多的優秀的精神食糧，最充分、最有效地滿足廣大人民群眾多方面的文化需要，更加需要發揮好政府組織文化公共物品的生產和供給的功能。

當前中國還是發展中國家，文化消費還處在不發達階段，特別是農村文化消費水準低下，大力發展面向人民群眾、面向農村的文化公共產品生產體系，更好地滿足城鄉廣大群眾對文化消費的需求，是實現全面建設小康社會的一項重要任務。

二、商品經濟機制下文化合併於生產並成為推動經濟發展的新槓桿

商品經濟的機制不僅促進文化生產的發展，而且它還促使文化被大規模地合併於生產，轉化為直接生產要素，成為重要的經濟資源，從而使文化生產成為促進經濟發展和國民財富增長的新的槓桿。

（一）文化精神活動轉化為經濟生產和文化成為生產要素

在人類社會經歷的漫長的產品經濟時代，文化帶有與經濟相疏遠的性質，古代和中古社會文化知識的進步和精神財富的累積主要是在非生產領域中進行的，與物質生產相脫節，它意味著文化以及科學的知識利用度很小，從而導致文化、科學的經濟財富生產效應的低下。文化與生產脫節和相疏遠的性質，不只是古代和中古的現象，從世界近代和現代的歷史發展中，人們可以看到一些擁有深厚的文化積澱的東方大國（包括中國在內），由於資本主義商品經濟的不發達和傳統的封建政治結構的桎梏，而表現出文化發

[①] 對於商品性文化生產的基本矛盾，將在本章第四小節中進一步加以論述。

展向前與經濟發展滯後的嚴重失衡。

文化的積極介入和被大規模地合併於生產是商品經濟條件下的新現象。商品經濟與市場具有很強的滲透性，它在物質生產中站穩陣地後，就向著服務業的廣大領域擴張。此後它進一步向文化、精神生產領域滲透、擴展，一浪又一浪地把文化活動捲入市場交換，從而使文化品成為商品①，使作為精神活動的文化生產轉化為經濟財富生產——商品使用價值物的生產和價值物的生產。在當代發達市場經濟中文化品成為現代國民財富的重要構成因素。

現代社會在物質生產的勞動生產率提高的基礎上，借助於文化商品化、市場化和企業化的經濟機制，加快了文化部門的發展，在經濟發達國家出現了以電影、電視、新聞媒體、出版、文娛、休閒閱讀物等為代表的大眾文化品的大生產，形成了發達的文化產業。此後，借助於信息、網絡技術和光碟技術，發達國家的文化產業進一步崛起，成為實力強大的支柱產業，並在國民財富的創造和經濟增長中起著重要作用。實踐表明，商品、市場機制，成為文化、精神活動向經濟生產轉化的媒介和樞紐，依靠這一經濟機制的功能，出現了當代發達市場經濟中文化要素被大規模地合併於生產之中，實現了文化活動與經濟生產的一體化以及文化、精神產品創造和經濟產品創造的一體化。由此，文化不再與生產相疏遠，而是真正成了生產的要素，成為國民財富增長的新泉源；而文化生產也不再是單純的精神活動，成為經濟生產的新形式和成為促進經濟發展的重要槓桿。

可見，在當代，人們應該用新的視野來觀察文化，要對當代社會文化的經濟功能予以充分地估價，要看到當代發達的市場經濟制度不僅不斷促使科技知識轉化為生產要素，而且也促使文化、精神產品轉化為生產要素，成為富有財富創造力的新的生產力。在社會主義條件下，通過文化制度的創新，在大力發展文化事業的同時，有效利用商品經濟的機制，搞好文化產業的發展，人們就能充分有效地將文化資源轉化為經濟資源，成為現實的生產力。文化生產也將由此成為促進中國經濟發展和財富增殖的新手段。

(二) 文化品提升產品使用價值的功能

文化品具有可移植與可嫁接的性質，它的某些要素、結構和屬性可以加以分解、重構和使其融合於物質產品或服務產品之中，形成有文化含量的產品，如：①使用名人、名地、名事作為商品品牌。②在旅遊業中，發掘自然景觀中的文化資源，或配置以高文化含量的設施。③將文化資源整合於消費服務之中，如文化餐飲、茶道，把一般消費和服務提升為文化消費和文化服務。④將各種文化資源整合於生產品中，使其越來越流行於各種高級消費品生產之中。可見將文化品的某些屬性和素質分解、重構和滲透、嫁

---

① 作為公共物品的文化品，如公園、免費展出、義演、義務科普活動等，不是商品，不從屬於市場機制，但是也可以擁有商品形式。

接、整合於多種多樣產品之中，創造出有文化含量的（包括高文化含量）產品，已成為當前物質生產和服務生產發展的新趨勢。

文化含量具有提升產品使用價值的功能。有文化含量的產品意味著某種文化產品要素和屬性被攝取並滲入、整合於產品體之中，成為「在物質產品或服務產品上實現了的文化」[1]。合併了文化要素的產品，意味著使消費者的需要得到更充分滿足的高品位使用價值的創造。可見，在發展物質生產和服務業中，重視和著力並入文化要素，進行文化的深度嫁接，能帶來產品品質的提升，實現一種融合物質財富、科技財富與精神財富於一體的更高級的現代文明的創造，再加之以文化品生產的發展和文化產業的崛起，這樣的國民經濟也就更帶有文化經濟的特色。上述情況表明，在發達的現代市場經濟中，文化將越來越成為使用財富創造和增長的源泉。

（三）文化生產的創造價值和獲取經濟效益功能

在市場經濟條件下，文化最重要的經濟功能在於：文化生產能夠創造價值和獲得額外收益（通常稱為創造經濟效益）的功能，是促進累積和經濟增長的重要手段。

文化活動一旦轉化為經濟生產，即成為商品生產，文化勞動也就成為生產勞動，並且對象化為價值，由此創造出價值物。由於文化勞動具有高價值創造能力，加之以文化、精神產品壟斷能獲得額外收益，因此：①文化生產越發達，國民總產品結構中文化品比重增大，特別是高級文化品增多，一國的國民生產總值也就越大[2]。②一國的文化勞動者隊伍（特別是擁有龐大的高素質的和富有創造性的文化精英團隊）在總勞動中的比重增大，一國的國民生產總值也就越大。當代發達國家，正是由於商品性文化生產發達和文化自由職業者階層龐大，從而實現了年國民總產品的大規模創造。

（四）文化與生產相嫁接，創造附加值的功能

文化與生產相嫁接有以下兩種情況：第一，將無償的文化資源，作為形成有文化含量產品的原料。許多名貴文化資源，如歷史名人、名事、名地等和自然物一樣是可以無償利用的對象，要善於發掘、選擇和依法佔有並將其作為品牌，產品因此獲得富有消費吸引力的文化含量和高附加值，由此使生產者獲取不菲的額外收益。

第二，利用有償的文化原材料來增加產品的文化含量。利用有償的文化資源需要支付成本，如：①利用當代名人或是利用奧運會會徽作商標需要付費；②製造高文化品位的產品，需要雇傭設計人員或向專業工藝設計公司支付設計費用；③增大旅遊景點文化

---

[1] 馬克思將作為科學知識的物化的機器稱為「在機器上實現了的科學」，基於此，我們也可以將高文化含量產品視為「在產品上實現了的文化」。參見：馬克思，恩格斯. 馬克思恩格斯全集：第26卷 I [M]. 北京：人民出版社，1972：241.

[2] 國民生產總值這一統計範疇當然不等同於總產品價值的經濟學範疇，但是它卻可以作為測度總產品價值的工具。

含量，例如建造「錦繡中華文化樂園」，更要有巨額投資。創造高文化含量產品，儘管有以上的種種成本支出，但是借助於合併於產品中的優質文化品的特殊市場吸引力和壟斷價格形成機制，它仍然能給生產者帶來額外收益。

在當代，由於文化品的壟斷價格機制和當代社會休閒、文娛生活方式以及消費偏好的變化，以及產品市場競爭激烈，出現了文化資源與生產相嫁接在深度和廣度上擴展的大趨勢。

文化、藝術要素向物質生產廣泛領域滲透的勢頭正方興未艾，嫁接出的有文化含量的物質產品，已不僅是生活日用品，而且包括固定消費品、住房，甚至包括生產資料[1]。上述趨勢表明文化越來越成為提高經濟效益的手段，成為增進企業累積，促進國民經濟增長的有力槓桿。

（五）小結：文化與經濟的互動

綜上所述，發達的市場經濟改變了傳統社會結構中文化的地位與作用：①在經濟市場化深度發展的基礎上，實現了更大範圍的文化活動轉化為經濟生產，文化成為生產要素和新的經濟資源，產生了新興的文化產業，出現了知識文化生產、服務生產與物質生產組成的現代三維產業結構和現代經濟三種生產並行發展的勢態。②在有規制和有調控的、完善的市場體制下，文化資源能夠有效而充分地轉化為經濟資源，成為促進國民財富增長的新槓桿，這意味著文化獲得生產力的性質。③在知識文化生產、服務生產、物質生產三種生產並行發展格局下的現代經濟的快速增長，為文化生產的進一步發展創造了物質基礎和經濟載體，由此促使文化生產與文化活動進一步興旺發達。④當代文化生產的發展和經濟、社會的文化性，意味著文化的經濟功能和社會意識功能的強化。

歸結到一點：在社會主義條件下，借助於一個由政府規制的有調控的完善的市場體制，人們能構建起文化與經濟的相生相成、良性互動的社會經濟機制，有效利用這一機制，既可以促進經濟增長，又能夠有效實現文化發展和文化育人[2]。

三、發展商品性文化生產的基本要求

（一）完善的藝術形式與健康的意識相結合是文化生產固有的要求

文化、藝術創作作為人的精神生產物的特殊形式，是具有滿足人的審美能力的藝術品。藝術品之所以能引起觀賞者的美感，主要在於作品的藝術結構和素質，簡稱藝術性。藝術結構的完美服從於一定的客觀規律，即藝術規律。卓越的文藝作品之所以能引

---

[1] 當代機器設備也要講求造型美觀，從而要求將單純的技術設計轉變為工業藝術設計。

[2] 在文化消費大眾化的當代，文化的耳濡目染和潛移默化的育人功能大大提升，因此「教育育人」的提法已經不夠準確。

起和激發觀賞者的強烈的「美感」，主要在於作品具有完美的藝術結構。而不符合藝術規律的胡謅、瞎編、棄規廢矩、亂紙塗鴉式的創作，不可能有真正的藝術性，也不可能具有真正的藝術魅力。

文化、藝術品的美的內涵除藝術性外，還包括意識性。那些體現於作品中的思想、精神，我們稱之為作品的社會意識性。文化、藝術作品是作家的精神活動的體現，因此，任何文藝作品，都有其思想意識內容。文化作品的藝術形式和意識內涵不是相分離的，而是互相交融、緊密結合的。藝術性中體現意識性，思想意識內容體現於藝術形式之中。文學作品中的故事情節，繪畫中的形象、色調，音樂樂章的曲調、旋律、音韻等均是創作者的某種心態、情感和精神內蘊的體現，而作品的精神內蘊正是引發觀賞者的「心靈共鳴」的深層觸媒。藝術形式很重要，作品缺乏完美的藝術形式就不能使人獲得愉悅的感受和為人喜愛，即缺乏藝術的感染力。有完善的藝術形式，但內容庸俗、思想性貧乏的作品，或許能給人以感官的享受，但畢竟缺乏震撼人的心靈的力量，基於這一點，可以說思想內容是作品美的結構之「魂」，尤如蒙娜麗莎的眼睛。

可見，作為文學藝術品的內涵的美的素質，是作品藝術性與意識性的有機結合，而藝術品美的品質的高低在於藝術性與意識性相結合交融的狀況。藝術性越是完善——可以稱之為「真」，意識性越健康——可以稱之為「善」，二者相結合的作品具有品位越高的「美的素質」，它不僅能給觀賞者帶來表層的美感，而更主要的是它能引發人們心靈深處的美的享受，形成強烈的美的震撼力，使藝術作品的社會價值和積極的意識功能得到充分的發揮。

社會主義的文化生產是最進步的文化生產，它要求人們將高度藝術性與積極、健康的意識性相結合，特別是要與先進的思想相結合，充分發揮文化精神生產的積極的社會功能。

（二）搞好藝術使用價值的創造和消費者心態相對接

作為藝術性和意識性相結合的美的素質是任何歷史時代的文學藝術品固有的內容，作為商品的文學藝術品則一方面是以美的素質為其使用價值的實在內容，另一方面還具有商品價值。我們用圖 12-1 來加以表述：

$$
\text{文學、藝術產品} \longrightarrow \text{美的素質} \begin{cases} \text{藝術結構} \\ \text{思想、意識內容} \end{cases}
$$

$$
\text{文學、藝術商品} \begin{cases} \text{商品使用價值} \longrightarrow \text{與購買者需要相對應的美的素質} \begin{cases} \text{藝術結構} \\ \text{思想意識內容} \end{cases} \\ \text{商品價值} \end{cases}
$$

圖 12-1

物質產品的使用價值體現在產品的物質屬性上，一般說來，產品完善的物質結構與屬性的形成，也就是使用價值的形成。文學藝術品的商品使用價值，是滿足人的審美的

精神需要的有用性,因而,首先它是以藝術產品擁有美的結構和屬性為實在前提。商品的使用價值,是對他人,對購買對象來說的使用價值,是社會的使用價值。因此,對作為商品的文學、藝術品來說,它的內在的美的素質還需要與購買者的現實需要相適應,才能成為現實的使用價值;如果作品的美的稟性與群眾的文化素質與審美能力相脫節,作品未能成為眾多消費者的愛好,這樣的作品就不可能有廣闊的市場銷路,它意味著作品內在的美的結構未能實現為現實的使用價值。

在文化市場上存在著「曲高和寡」的現象,一些具有很高藝術性和思想性的作品,如某些經典作品、一些嚴肅作品、某些古代樂曲和地方戲劇,有很高的藝術、社會價值,但是未必能有廣闊市場,特別是當代藝術家創作的某些高雅、嚴肅作品,由於藝術表現形式和思想內容陳舊,未能體現出現實生活特徵和時代精神。儘管它們是擁有藝術、社會價值之作,但由於與當代群眾消費心態「不合拍」,從而缺乏現實的「美的效應」,它們表現為「陽春」「白雪」,作品的內在美的結構未能轉換和實現為現實的使用價值,藝術家付出的生產勞動也不能體現為商品價值。這種情況意味著人們可能創造出美的素質高的藝術佳作,但卻未能創造出和擁有商品性使用價值。上述文化品「曲高和寡」現象,體現了商品性文化生產中的特殊矛盾——藝術美的創造和商品使用價值創造的矛盾。

商品性文化、精神生產的特點是:藝術品應該是商品,產品內在的美的素質要與購買者的消費心態相對應。為此,首先要求作品在藝術形式的塑造上要符合美的規律,其次是要使作品的內容,最充分、最生動地反應生活的真實和本質:作品敘述的事、描繪的物、表達的情感追求,要能貼近欣賞者——現實的人的心態,也就是說,要使作品美的素質與欣賞者的文化心態相契合,在欣賞者心中形成美的共振。

為了使文化品的品質、屬性與消費者心態相對應,首先要堅持多樣性。也就是說,要以生產多樣化來促使文化品內在美質與各類消費群體的現實需求相對接。當然,各類文化品因其消費對象的不同,其銷售狀況和市場容量有大有小而不能一律。在文化品業已進入千家萬戶,成為居民日常的文化消費品的當代,在新的傳媒技術以及信息技術引進於文化生產,從而文化品更加大眾化的時代,搞好文化生產的多樣性和努力實現文化、藝術品品質與消費者需求相對接,各種性質不同、層次不同的文學藝術商品都有可能大大拓寬其市場銷路。在文化生產中,把美質的創造、消費者群眾的文化結構和消費心態相契合,也就是將藝術美的形成和商品使用價值形成相統一①。

(三) 確立起文化生產適應於市場需求的觀念

在中國當前全面發展文化生產的新時期,應該看到,不少人還存在一種十分頑強的傳統思維,這就是:文化、藝術活動應該排除經濟利益,從而把文化活動與商品生產視

---

① 使藝術美的形成和群眾的文化消費需求相契合也是產品性文化生產的要求。

為互相排斥和不可兼容的。上述傳統思維來自歷史上的產品性文化生產模式。在這種模式下，精神文化活動的生產物不進入交換過程，不是商品，創作者也無須關心產品的商業價值。而且，在古典的文化生產模式下，文化精神活動被視為仕人的「雅業」，從事商品性文化生產，即「賣藝」，則是屬於「下九流」的行為，是君子所不屑的。

古典文化生產模式下，藝術家自己將藝術活動稱為「為藝術而藝術」，是純潔而崇高的。這種鄙薄商品生產和交換價值的觀念，是古代與中世紀產品經濟形態下的意識形態。顯然，在商品性文化經濟已經強有力地運轉和有力地推動經濟、社會發展的當代，傳統的文化生產觀念早已過時。面對新的實際，人們應該有觀念的更新，要正視商品性文化生產的現實，認識被納入商品生產關係中的文化藝術品的二重屬性：社會、意識屬性和商品屬性。而在社會主義市場經濟條件下，從事商品性文化生產的工作者應該著眼並致力於藝術、社會價值和商品價值相統一，既講求產品的藝術、社會性，又重視產品的使用價值和商品價值，自覺地讓文化生產活動適應於現實的文化經濟的性質和要求。

四、商品性文化生產中的市場失靈與庸品排擠良品

（一）文化生產與文化需求的互相促進

市場配置資源的積極功能，是通過優勝劣汰的競爭規律來實現的。競爭與優勝劣汰的市場規律，鮮明地體現在物質生產領域中。但是在商品性文化生產中往往存在次品重複生產，市場上次品充斥甚至劣品泛濫的現象，是商品性文化生產中的一種難以消除的趨勢，它顯示出物質產品生產中的優勝劣汰規律對文化生產並不是充分有效的[①]。

我們已經指出，使文化、藝術品現實需求形成的人身前提是能對作品發生美的效應的消費者的文化心態和消費偏好。市場經濟中這種文化、精神需要的形成的社會、經濟機制可以歸納如下：①具有美的素質的藝術品 A 的創造。②A 產品在特定消費群體中引起美的效應，表現為市場上 A 產品的需求，即 C^a 的產生。③多次消費形成消費偏向甚至癖好的法則，決定了消費者中適應於 A 產品的文化心態的形成，它表現為喜愛 A 產品的消費群體的形成和 A 產品的社會需求的形成，即 C^a 的持續化。④A 產品暢銷條件下，從眾心理的消費法則促使偏好 A 的消費群體規模擴大；企業的商品營銷活動，包括商業包裝、炒作，如利用新聞媒體製造「名人」「名品」，在促進群眾消費心態和偏好形成中起著越來越大的作用，其結果是 A 產品需求進一步擴大，成為一定時期內獨領風騷的市場主流產品。⑤由於群眾中某種消費偏好的形成，導致了 A 類風格的產品的生產和暢

[①] 在上一章第五節中我已將文化市場上的競爭稱為「強勝弱汰」，在競爭中獲得勝利的強品不一定是優品，被排擠的弱品不一定是劣品，競爭力和發行量以及市場份額等都不能作為測度市場上文化、精神品的質量的尺度。譬如，以發行量來確定文化產品的質量，那麼，就會得出發行量動輒是數十萬、上百萬的通俗讀物和一般大眾文藝作品都是「文化精品」的荒謬論斷。

销，即 C^{a-k}；基於生產刺激需求擴大的法則，C^{a-k} 的持續暢銷，進一步促進 A 類產品生產進一步的擴大，即 C^{a-z} 的出現。

以上我們概述了文化品生產與消費需求的互生、互促的機制。它表明：文化主流產品以其耳濡目染的作用，影響群眾的特定的文化消費心態的形成，由此促使主流產品市場擴大，並且會進一步促進主流產品生產擴張。經過一定的時期，由於文化創新，又會有新的文化品、藝術品被創造出來，在追求新穎和從眾等消費心理下，又會有新一輪的生產消費互促機制重演和新的主流產品形成。在當代商品性文化生產中，一些時尚藝術品迅速在市場走俏、暢銷，進入千家萬戶，取代了原有主流產品；上述現象的產生以及由 A 到 B、C 主流產品的替換①，正是因為文化產品創造市場和市場促進產品生產擴張的社會、經濟機制的作用。

（二）文化生產的兩種模式：生產與需求良性循環與不良循環

基於上述文化生產與文化需求互促和主流產品形成機制，我們可以概括出文化生產的兩種發展模式：

（1）文化生產的良性循環模式。在優良文化、藝術品 A 成為主流產品的場合，會演化出文化良品影響和塑造消費群體健康的文化心態，引起對文化良品的需求擴大 C^{a-z}，由此又促進文化良品生產擴大。這就是商品性文化經濟中的生產與需求的良性互促和良性循環，它意味著文化生產經濟效益和藝術、社會效益的並進，這是文化生產健康發展的路徑。

（2）文化生產的不良循環模式。在文化次品、劣品成為主流產品的場合，會演化出文化次品、劣品影響和塑造消費群體的畸形的文化心態與不良偏好，引起對文化次品、劣品的市場需求擴大，即 B^{a-k} 的出現，由此激勵和促進文化次品、劣品生產進一步擴大，形成次劣品的重複生產，這是商品性文化經濟中的生產與需求的不良互促和不良循環。它意味著文化生產經濟效益正增長而文化藝術、社會效益零增長或負增長，這種情況表明次劣品大肆泛濫和文化生產偏離正軌。

我們已經指出，由於現代社會中人的文化、精神需求和消費偏好的多樣性，決定了文化市場具有廣闊的包容性，它既吸納良品，也吸納次品甚至劣品，因而上述公式中作為起點的 A 產品既可能是優良之作，也可能是平庸之作，甚至會有僞劣之作。在實行自由市場經濟的國家，文化市場上特別鮮明地表現出產品優劣交雜、真假難辨、香花與毒草並存的情況。在文化庸品成為市場主流產品，由此嚴重影響群眾的文化、精神結構和消費心態的情況下，必定會有市場上對庸品的旺盛需求。

文化品生產和需求互相創造、彼此推動的機制，在庸品長期成為市場主流產品情況下，會促使消費群體的精神素質和文化心態的畸形，使一些消費群體對庸品偏好甚至痴

---

① 弗裡德裡克·R.卡爾. 現代與現代主義 [M]. 陳永國，傅景川，譯. 長春：吉林教育出版社，1995.

迷，促使庸品消費群體的範圍不斷擴大。作為消費者的人的文化、思想素質的變化和下滑，其必然結果是：一方面，庸品的暢銷和市場份額的畸形擴張；另一方面，良品的市場份額日益縮小。上述現象可以稱之為：庸品排斥良品的趨勢①，它體現了文化生產中的「市場失靈」，這意味著文化次品、劣品的重複生產和占領市場。文化生產中的上述「市場失靈」，在實行文化生產自由放任和消費主義的國家，表現得極其鮮明。

五、實行商品性文化生產，要加深對商品性文化生產的內在矛盾的理論認識

商品性文化生產中出現的庸品排擠良品現象和「市場失靈」，其深層根源是商品性文化產品的內在矛盾：藝術、社會價值與商品價值的矛盾。這一矛盾的表現是：文化生產中一些創作者往往會發生將商業價值追求超越和脫離藝術、社會價值創造的非理性行為。這種現象表明：①文化生產偏離了藝術、社會價值創造這一精神生產的本質目標，而從屬於對商業價值的追逐。②文化工作者陷入「市場陷阱」，失去和拋棄了人類靈魂工程師的崇高職責，將嚴肅的精神生產變成了一般的營利活動。文化生產由此出現「畸化」，偏離了正軌。

文化生產的偏離正軌，在當代實行文化自由主義的西方發達國家有最為鮮明的表現。20世紀的發達國家在商品化大潮下，一方面文化產業迅速崛起，帶來了大眾文化的興起，推動了現代文學、藝術的發展，另一方面，也出現了畸化的文化生產盛行。儘管在品類上不斷多樣、在數量上日益龐大的當代文化、藝術創作物中也不乏優秀、健康之作，但由於文化生產缺乏先進思想的指導和藝術家遭受到消費享樂主義、極端個人主義、虛無主義等主流意識的侵蝕，因而造成生產質量滑坡，精神垃圾滋長，呈現出低質產品擴大再生產的趨勢。在文化市場上則呈現出平庸作品充斥，優秀作品少且滯銷，低劣品卻不乏銷路。總的情況是在文化產業壯大和繁榮發展中出現了文化衰敗。

文化生產中的畸化現象，其最深的根源是商品性文化生產中客觀存在的文化品商品性與藝術、社會性的矛盾，在缺乏政府的有效引導、管理和先進思想指導的自由主義的市場性文化生產制度下，上述矛盾就會激化：①片面的物質刺激機制。商品經濟中固有的文化壟斷及壟斷價格機制，倍數式地放大和加強了經濟激勵，這樣的生產和分配關係必然對文化生產中傳承下來的古典自由藝術創造精神形成強烈的衝擊。使一些文化生產者把社會人固有的物質利益關心，轉換為對金錢利益的渴求，從而產生畸化的文化生產行為。②在實行文化自由主義條件下，既缺乏對文化品的有效社會評價體制，也缺乏禁

---

① 西方文化學者提出了文化品市場由格雷欣法則（金銀貨幣流通中劣幣驅逐良幣律）支配，但他們未能從市場機制的作用下文化生產的不良循環的視角，來對商品性文化生產中的「市場失靈」現象作出深入的經濟學理論闡明，更不能揭示當代西方文化危機的制度根源。

止偽劣品生產的制度制約和政府管理；在文化、精神產品的自由生產和自由交換體制下，文化庸品和劣品成為主流產品，群眾遭受精神污染和文化素質的逆退是難以避免的，由此消費者文化心理和消費偏好也會受到不良影響，從而形成庸品暢銷和進一步自由泛濫的社會心理前提。

可見，市場機制對文化生產來說，是一把雙刃劍，它既是促進文化生產發展的有力槓桿，也有誘發文化藝術活動畸化的負效應。馬克思早就對資本主義的精神生產方式的局限性作出了精湛的說明，他說：「資本主義生產就同某些精神生產部門如藝術和詩歌相敵對。」①

當代實踐，特別是中國實行社會主義市場經濟的實踐表明，商品性文化生產的內在矛盾並非不可克服。在社會主義市場經濟條件下，以先進的文化為指導方針，加強社會主義文化制度建設，確立起社會共同的文化生產行為規範，建立對文化優質品的科學評價制度和獎勵制度，形成完善的文化市場交易制度——包括文物和重點文化精品的市場准入制度，特別是加強對創作者的政治思想教育，切實提高文化工作者的思想、道德素質和社會責任感，可以做到將商品性文化生產納入健康發展的道路。

作為社會的上層結構的文化，它的發展總是從屬於社會發展、特別是從屬於經濟發展的需要。因此，人們不能脫離社會經濟發展的客觀規律，孤立地論述文化發展和主觀地設計文化應該怎麼樣發展。市場經濟是生產力發展的不可能超越的一種歷史形式，部分文化生產的商品化是時代的大趨勢。在中國進一步發展和完善社會主義市場經濟，推進文化體制改革，促進文化產業發展的當前，我們提出商品性文化生產中文化品的商品性與藝術性、社會性矛盾的論題，不是要提倡廢棄文化生產的商品性，迴歸古代和中世紀田園式的文化自然生產和傳統計劃體制下僵化的文化生產，而是旨在指出：在發展商品性文化生產中需要搞好興利除弊，其關鍵是構建起能實現社會效益優先、經濟效益與社會效益相結合的完善的社會主義文化體制。

六、結論：構建完善的社會主義文化生產體制和良性文化經濟互動機制

在文化與經濟密切互融、互動的當代，促進文化與經濟的良性互促、互動，充分發揮文化生產力的功能，是優化和壯大中國產業結構，加快中國經濟發展，增強中國經濟在世界的競爭力的一項有效的戰略選擇。

---

① 馬克思基於19世紀末英國和西歐的實際，針對資本主義市場經濟制度下物質生產的快速發展和精神生產發展的滯後，提出了文化藝術發展「不是同社會一般發展成比例」的命題。他指出希臘藝術具有「在世界史上劃時代的古典的形式」，「同現代人相比」的「高不可及」的性質。馬克思上述深刻的論述，為我們觀察和分析當代資本主義文化、藝術的走向，提供了理論工具。

搞好社會主義文化建設，要大力發展各類文化事業和文化產業；在當前經濟轉軌期，要大力發展商品性文化生產，積極而有效地推進文化產業的快速、健康發展，努力創造中國現代文化經濟。

在社會主義條件下，在實行商品性文化生產中，人們應該自覺運用生產與需求的互相創造和互相促進以及文化市場主流產品形成的規律，構建一種良性的文化與經濟互動機制。這就要求：

（1）大力發展先進文化，支持有益文化，改造落後文化，抵制腐朽文化；通過打響主旋律，搞好多樣化，實現中華文化園的百花齊放、萬紫千紅。

（2）認識商品性文化產品的二重性，正確樹立市場觀念，按照產品的藝術、社會屬性和商品屬性的要求，自覺地在文化生產中堅持社會效益優先，把產品藝術、社會價值和商品價值相結合，努力創造藝術、思想質量高，經濟效益好的文化產品和文化財富。

（3）文化精神產品畢竟是具有意識性的特殊產品，文化生產者需要自覺地將商品價值創造立足於藝術、社會價值的基石之上。為此，文化工作者要努力提高思想政治素質，加強品德修養，警惕文化經濟中的「市場陷阱」。

（4）文化企業要按照市場經濟的規律，搞好文化商品的生產與市場營銷，特別要有效組織和激勵優質品的生產，採取多種措施，切實擴大優質文化品的市場銷路，大力形成優質品的市場主流地位，發揮優秀文化產品在提高群眾思想文化素質、塑造人的優美情操的功能，由此培育廣大消費群眾積極、健康的文化心態和消費偏好，為文化優質品取得市場主流地位創造主觀條件。

（5）提倡文明、健康的文娛生活方式，加強精神文明建設，培育和提高群眾的審美觀，特別是加強青少年的美育，提高他們的文化修養，增強他們分辨美醜和自覺抵制精神垃圾的能力。

（6）社會主義條件下，政府對文化生產應實行分類管理，對一般的文化生產，特別是大眾化層次的文化藝術活動，充分利用商品市場機制將其搞活，加快文化產業的發展，培育重量級的文化產業集團，大力推動中國大眾文化生產的發展，有效發揮文化的經濟價值創造功能；對於高級的、特殊的文化藝術活動，則應大力發展和加強文化事業體制，因此，社會主義文化體制是有利於文化生產全方位發展和繁榮的、包括產品性生產和商品生產在內的大文化體制。

（7）基於商品性文化生產中的「市場失靈」，要擴大和加強文化公共物品的生產，形成完善的文化公共物品生產體系。為此，要加強包括國家歌劇院、圖書館、博物館、文化館等文化基礎設施的建設，開展各種面向公眾，特別是面向廣大農民群眾的文化活動和社區文化娛樂活動。要採取有效措施，加強公共影視媒體的發展和發揮其功能，大力扶持從事精品創造的文化事業單位，並把組織其成為市場主流產品的精品生產，特別

是不遜於和超越「古典古代」①品質的和無愧於當前偉大時代的「經典」作品的創作，作為某些文化事業單位的中心任務。

（8）強化政府在文化生產中的指導、規制（regulate）和推動的功能，構建起切實有效的文化市場管理機制，努力創造和形成鼓勵和培育優秀、健康文化，抵制腐朽文化的新聞輿論陣地和社會氛圍，在當前特別要注意防止媒體成為不良文化的催化劑和培養基地。

（9）確立文化興邦的觀念，增大對文化的財政資金投入，鼓勵社會資金投入文化生產。在當前，政府要採取有效措施切實加強文化事業的發展，特別是面向農村的文化事業的發展。

總之，文化生產，特別是商品性文化生產，它的健康發展離不開制度的約束、政策的規制、政府的管理和思想的指導。如果說，在物質財富生產中，人們也不能單純依靠看不見的手，那麼，為了求得文化財富最大最好的生產和增殖，以服務於社會主義事業，在商品性文化、精神生產領域，應該實行政府主導的文化商品生產模式。

實行看不見的手、看得見的手和先進思想指導作用相結合，這樣，我們將有效防止和減少市場負效應，形成生氣勃勃、「活而不亂」「管而不死」的市場性的文化生產。在當前，在文化、精神活動領域，精心構建和有效利用這一新槓桿，中國文化生產將由此獲得新的動力，這不僅將促進中國社會主義文化的發展和繁榮，而且借助於文化生產力功能的強化和文化與經濟的互動，將有力地促進中國經濟的發展和增大人民財富的累積。

---

① 恩格斯在其《自然辯證法》著作中，在闡述西歐的科學、文化發展時，將曾創造出古代文化繁榮的古希臘雅典文化、學術發展盛年稱為「古典古代」。應該說，創造出燦爛的早期東方中華文化的春秋戰國時代，也屬於「古典古代」的範疇。

第十三章　試論知識經濟條件下深化對勞動價值論的認識[①]

一、勞動價值論揭示的是商品經濟的一般規律

　　勞動價值論是馬克思主義經濟理論的基石和精髓。馬克思經濟理論在當代的發展，面對的一個不可迴避的現實就是，如何用勞動價值論來解釋當代科技革命、知識經濟條件下的價值創造問題。當前學術界有關這一問題的討論，不論是提出建立新的「知識價值論」，還是主張發展勞動價值論，都注意到了知識在價值創造中的重要地位。知識是否創造價值，怎樣創造價值，科學地認識這一問題，必須回到馬克思勞動價值論的本質上來。

　　馬克思的勞動價值論是科學理論，也是一種科學的方法論。從價值創造的角度，勞動價值論包含以下重要思想：①馬克思從商品二因素入手，從生產各種使用價值的形式各異的勞動中抽象出作為人的腦力和體力支出的一般人類勞動。「我們實際上也是從商品的交換價值或交換關係出發，才探索到隱藏在其中的商品價值。」商品交換以價值為基礎，體現交換勞動的關係，這就是價值的實質。②馬克思區分了勞動和勞動力，「勞動力只是作為活的個體的腦力而存在」，但勞動能力不等於勞動。「誰談勞動能力並不就是談勞動，正像談消化能力並不就是談消化一樣。」勞動是勞動能力的運用過程，勞動創造價值。③馬克思從勞動二重性出發，揭示了勞動過程中人的因素和物的因素在產品價值形成中起著不同的作用，即抽象勞動創造新價值，具體勞動轉移和保存舊價值。④先進的機器設備在生產中作為勞動資料發揮作用，不論生產資料如何先進，在生產過程中只能將它的原有價值按磨損程度逐步轉移到新產品中去，並不能增加任何新價值。機器的製造和控制凝聚了人的活勞動，而且是更為複雜的活勞動。⑤生產勞動分為簡單勞動和複雜勞動，複雜勞動包含著較多的技能和知識的運用，它和簡單勞動在同一時間內創造的價值是不相等的。複雜勞動是自乘的或不如說多倍的簡單勞動。⑥只有生產勞動才是價值和剩餘價值的源泉。生產勞動的概念，其外延隨著社會生產力和勞動分工的

[①] 本章選自：劉燦. 試論知識經濟條件下深化對勞動價值論的認識 [J]. 財經問題研究，2002（4）：11-14.

發展而擴大。「為了從事生產勞動，現在不一定要親自動手，只要成為主體工人的一個器官，完成他所屬的某一種職能就夠了。」

馬克思的勞動價值論揭示的是整個商品經濟的本質和一般規律，在商品經濟發展的不同階段，本質東西的表現形式總是不同的。在資本主義商品經濟發展的初期即資本主義國家工業化初期階段，勞動創造價值所針對的主要是直接生產過程，揭示的是當時資本主義生產方式的運行特點和基本矛盾。當然，即使在當代知識經濟條件下，勞動價值論的本質，即「只有活勞動才創造價值」也能闡釋複雜的社會經濟活動與市場交換活動中所寓含的深刻的人與人之間的經濟關係。但是，按照唯物辯證法和從抽象到具體的方法論，在商品經濟的不同發展階段，勞動價值論所揭示的本質關係應該有著不同的、更加豐富具體的表現形式。結合一百多年來發展了的社會經濟現實，特別是當代知識經濟、信息社會出現的新現象和新問題，需要對勞動和勞動創造價值有新的認識。

二、勞動價值論的發展必須面對當代知識經濟的挑戰

根據經濟合作與發展組織（OECD）1996年在《以知識為基礎的經濟》的報告的定義，知識經濟是「建立在知識和信息的生產、分配和使用之上的經濟。」這份報告指出：以知識為基礎的經濟已經占其主要成員國國內生產總值的50%以上。知識經濟時代出現了許多與傳統工業社會不同的特徵，最明顯的就是知識創新和知識產品的生產成為促進生產力加速發展的根本動力。這一特徵對發達國家社會生產過程產生了重要影響：①知識型生產要素在社會經濟發展中起著日益重要的作用。在傳統工業社會，各種自然資源如土地、能源、礦產和物質資本構成社會生產的基礎。知識和它所包含的信息、科學技術以及知識生產能力作為一種生產要素，在社會生產過程中起著重要作用，但其重要性並沒有超過物質資源型資本。到了20世紀七八十年代，發達國家經濟增長過程中科技進步的貢獻率顯著提高，已達到50%以上。據統計，OECD主要成員的國內生產總值現在已有1/2以上是以知識為基礎的企業生產的；同時，社會投資正在向技術商品和服務傾斜，向信息、通信、金融、教育等領域傾斜。現在，知識型生產要素不僅僅是經濟增長的一個要素，而且是決定性要素。②科技革命和高新技術發展引起勞動結構的變化。20世紀90年代，發達國家服務業中以腦力勞動為主的知識產業發展迅速，其增加值占國內生產總值的比重和就業人員占全社會勞動者的比重，在發達國家平均達到60%。同時，發達國家社會財富迅猛增長，而勞動者的勞動時間大大縮短，美國和歐洲工業化國家製造業工人的勞動時間，由每週平均44小時、40小時，下降到40小時以下，有的已達36小時。

知識經濟時代出現的不同於傳統工業社會的一系列新特徵，引起中外學術界對馬克思建立在工業化初期的勞動價值論的廣泛討論。奈斯比特在他那本著名的《大趨勢》中說道：「在信息社會，價值的增長不是通過勞動而是通過知識實現的。」「馬克思的勞

動價值論（Labor Theory of Value）誕生於工業經濟的初期，必須被新的知識價值論（Knowledge Theory of Value）所取代。知識是一種不同於馬克思所認為的勞動。」裡金夫認為：「文明一開始在很大程度上就是圍繞著勞動的概念而構成的。現在人類在其歷史上第一次系統地將人類勞動從生產過程中完全抹去。智能機器正在無數的工作崗位上代替人的勞動，迫使成百萬的藍領和白領人員加入失業者的行業。」美國哈佛大學教授丹尼爾‧貝爾認為，信息是信息社會中的戰略資源。智力信息成為一個國家生產力增長和經濟增長的關鍵因素。在信息社會中，起決定性作用的已不再是資本，而是信息。勞動生產率的提高主要不再靠勞動者的體力和技能，而是靠智力和知識。

在國內學術界的討論中，也不乏學者以知識價值論、智能價值論、科學技術價值論等來對馬克思的勞動價值論作出新的闡釋或加以發展。有的學者提出：「在知識經濟中，人的直接勞動已脫離生產過程，不再是創造價值的主要源泉，這時，再用勞動價值論說明價值創造問題，顯然是不符合實際的，於是知識價值論便應運而生。」有學者提出：「隨著物質型經濟向智能型經濟的轉移，商品的價值也主要由體力勞動所創造的價值，轉向主要由智力勞動所創造的價值；商品價值的大小不是以勞動時間為度量尺度，而是以勞動的質為依據。」有學者提出：「新技術設備用於生產時，在能夠因此使商品的個別價值小於社會價值的前提下，它就不僅轉移了價值，而且還有條件創造了價值，為企業帶來超額利潤。」

知識經濟對勞動價值論的挑戰主要集中表現在現代以科學技術為代表的知識是否創造價值。當越來越多的物質財富成為知識的「容器」的時候，創造財富價值的主體是否仍然是勞動？

三、是知識創造價值，還是知識勞動創造價值？

社會生產發展的歷史過程，就是不斷認識自然、累積知識並將知識運用於社會生產的歷史過程，科技知識及其物化的科學技術，對社會生產力的發展起著重大的作用，即使在工業經濟時代，其作用就已經不容低估。馬克思在當時就認為，資本主義大工業把巨大的自然力和自然科學並入生產過程，必然大大提高勞動生產率。馬克思認為「勞動生產力是隨著科學的發展而不斷發展的」「這種發展歸根到底總是來源於發揮著作用的勞動的社會性質，來源於社會的分工，來源於智力勞動特別是自然科學的發展。」但是在機器大工業時代，馬克思更加注意的是資本對科學技術的利用和機器價值向產品的轉移問題。

知識是屬於人的一種對象性的具有客觀內容（信息）的意識形態。它不是人腦天生固有的，而是人通過人腦的意識思維活動對相關對象的觀念掌握。知識作為人類認識客觀事物的一種能量的產物，是人類勞動的結晶或勞動成果，而不是人類勞動本身。這種結晶作為「一般人類勞動」就是馬克思說的「價值實體」。知識與勞動力、機器設

備、原材料等一樣，都是生產要素層次的概念，當它們處於分離狀態時，只是潛在的生產力，只有它們結合在一起時才能成為現實的生產力。馬克思區分了勞動和勞動力，同樣，知識與知識勞動也是有區別的。知識本身並不創造價值，知識勞動運用於生產過程，作為高智力勞動和科技創新勞動創造價值（就如勞動力不創造價值，勞動力的使用——勞動創造價值）。學習和掌握知識是一次勞動過程，需要耗費人類的活勞動，但是並不創造價值，因為它沒有凝結在商品中（學習和掌握知識可以說是把人類的簡單勞動變成複雜勞動），知識的運用過程或掌握了更多知識的人類複雜勞動創造了價值。把知識力量技術性地物化是人利用和消費知識的一個必要環節，先進的技術、設備都是人的勞動的產物，是人的勞動的創造物，它們都是物化的知識力量。

　　知識經濟中最重要的勞動就是創造性、創新性智力勞動或稱為知識性勞動，這種勞動是價值的主要源泉。知識性勞動具有以下特點：第一，這種勞動的形成和累積需要耗費更多的「必要勞動時間」，而且在現代市場經濟中，表現為個人的一種投資。例如，接受教育就是對自身知識、能力、素質（形成人力資本）的投資。因此，在知識經濟條件下，生產知識勞動者包括職業經理、熟練工人、科技人員等正常生產和再生產所需要的生活資料的勞動都是社會的必要勞動。第二，這種勞動需要不斷更新。在知識經濟社會和信息社會，知識勞動的有用性（社會效用）和它創造價值功能的時間性是一致的，社會需要的瞬息萬變和知識更新週期的不斷縮短，使知識性勞動並不是一次性投入，而需要勞動者不斷地學習，增強自身認識客觀對象的能力，不斷獲取已有的最新知識成果。因此，知識勞動是終身學習型勞動。第三，知識性勞動與生產資料的分離現象出現逆轉。生產資料（資本）與勞動的分離是工業社會最重要的特點，馬克思正是對這一社會本質特徵的揭示提出了「異化勞動」理論。在知識經濟時代，知識性勞動的形式和勞動條件與機器大工業時代相比已經發生了很大變化，科技創新、知識產品的生產特別是軟知識產品生產所需要物質生產資料愈來愈和勞動者密切地結合在一起，如設計家需要的辦公條件和信息工具等，個人投資也能買到。在知識產品生產中最重要最關鍵的要素已經不是這些過去稱之為生產資料的設備和工具，而是人的知識能量，它們成為勞動者的資本。

四、知識經濟條件下勞動和「總體工人」的概念進一步擴大

　　馬克思把勞動分為生產勞動與非生產勞動，認為從勞動過程本身來看，只有以物質產品為結果的勞動才是生產的，因此馬克思所講的生產勞動是勞動者為創造物質財富而付出的勞動，所有與創造物質財富無關的勞動，都是非生產性的。馬克思的這種分析是對商品生產、價值創造的最基本的抽象。從抽象到具體，是我們認識馬克思勞動價值論的科學方法。要看到，當代社會勞動的具體形式進一步發展和多樣化。在知識經濟條件下，社會分工的進一步深化，原來物質生產勞動中的若干職能已獨立於直接生產過程，

一是成為企業技術和經營管理部門的職能,二是成為獨立於企業之外的社會服務部門,從而與物質財富生產有關的勞動分為直接有關和間接有關。

直接有關包括:①直接生產物質財富(生產現場)的生產工人和生產管理人員;②物質產品生產過程前期的技術開發、產品工藝設計、實驗、技術準備、原材料採購等環節的勞動;③產品生產後期的質量檢驗、營銷、運輸等人員的勞動;④對企業生產組織、經營進行管理和市場決策的職業經理。

間接有關包括:①為企業生產提供的信息服務;②為企業生產組織、市場開發、資本投資提供的諮詢策劃;③通信和物流服務;④金融保險服務;⑤會計、法律等仲介服務;⑥人力資源培訓,等等。以上直接生產勞動和間接生產勞動都構成「總體工人」的一部分,他們的勞動構成創造財富的「社會總體勞動」。因此,在知識經濟條件下,生產勞動的概念已進一步由直接生產領域擴展到間接生產領域,創造價值的勞動不再僅僅局限於直接的物質生產領域和物質產品的生產現場,勞動創造價值的方式也進一步社會化和複雜化,大量的知識性勞動、科技創新勞動發生在與物質生產間接有關的社會化過程中,承認這些勞動創造價值並沒有否認勞動價值論。

五、知識勞動者應成為產權主體

知識經濟條件下,知識勞動者的勞動力(知識存量)轉化為人力資本,是經濟增長的內生變量。勞動力轉化為人力資本具有以下含義:第一,人類經驗累積的知識(技術、信息、理論)逐漸地獨立於商品(有形商品和無形商品),直接內化於人的自身,形成某種特殊的勞動能力,這種勞動能力不再表現為人的「天賦」,而是知識性存量的堆積。第二,知識性、智力型的勞動能力已不再僅僅是人類一般意義上具有同質性的產物(生理上的支出),而是人們有目的地投資的產物,是人們為了形成和獲得這種知識性存量而在時間、精力、資金上的支出,這種支出作為一種資本投資,在未來能帶來收益,包括未來所得到的經濟收入和終身在地位、事業上的滿足。第三,勞動力作為人力資本在企業治理結構中有著相應的經濟權利,這就是知識勞動者依據其人力資本的產權索取企業剩餘利潤,而不是簡單地作為一種要素投入得到工資成本。

馬克思說:「我們把勞動力或勞動能力,理解為人的身體即活的人體中存在的,每當人生產某種使用價值時就運用的體力和智力的總和。」人力資本不同於一般的勞動力,人力資本具體體現在勞動者身上,是通過投資形成並由勞動者的知識、技能和體力構成的特殊形態的資本,也就是體現在勞動者身上並以數量(時間)和質量(知識和能力)的密度和高度)表示的非物質資本。人力資本作為生產要素有四種類型:一般型人力資本、技能型人力資本、管理型人力資本、企業家型人力資本。在知識經濟、科技創新時期,企業家型人力資本是最稀缺的生產要素,企業家人力資本的功能就是知識創新和創新知識的運用,是現代市場經濟中不可缺少的能力。

第十三章 知件下深化值的

人力資本作為一種科技、知識運用的能力，潛在地存在於人的身體中並且是個人投資的產物，它需要激勵才能充分發揮作用。馬克思在分析資本主義生產過程時就指出資本家的生產過程需要一種監督職能，是企業的一種管理活動，而這種監督管理的特徵是把勞動者等同於機器等物質生產要素，讓工人按照標準化的工作方式去勞動。為了克服「異化勞動」的消極影響，資本家需要付出較高的監督成本，因而在資本主義的工業化初期，監督工人的勞動是企業治理的重點。20世紀60年代，西方學者提出了人力資本理論，注意到了勞動者的積極性和創造力對經濟產出和增長的貢獻，而行為科學與人際關係理論，改變了過去單純把勞動者作為管理、監督對象的觀念，強調在企業管理中要重視人的心理和行為，就是為了要調動勞動潛在的知識能力和智力。在以知識勞動為基礎的企業中，把人的創造潛力充分挖掘出來是企業管理的重點，因而企業治理要解決的最重要的問題就是人力資本的激勵機制。承認知識勞動創造價值，就必須給具有高知識含量和創造能力的人力資本合理定價，特別是企業家人力資本的定價。在高科技創新性企業，高於社會平均利潤的創新利潤是企業利潤的主要來源，創新利潤並不是轉移別的企業的價值或「超額剩餘價值」，而是創新性人力資本的高智力勞動創造的價值，因此，按照人力資本的產權要求，高智力創新型勞動者有企業獲得的收入，應該充分體現他在技術創新企業中付出的知識勞動（更高級的複雜勞動）創造的價值和人力資本產權的未來收益（如股票期權的市場流通價值），人力資本的報酬，不僅僅是企業工資成本中的支出，還應該是企業剩餘利潤的一部分。因此，在知識經濟條件下，把勞動創造價值與價值分配聯繫在一起，必須從理論上和實踐中確立知識勞動者的財產權利與合理的產權收益問題。

本章參考文獻：

[1] 馬克思. 資本論：第1卷 [M]. 北京：人民出版社，1975.

[2] 李京文. 知識經濟：21世紀的新經濟形態 [M]. 北京：社會科學文獻出版社，1998.

[3] 李富強，等. 知識經濟與知識產品 [M]. 北京：社會科學文獻出版社，1998.

[4] 界屋太一. 知識價值革命 [M]. 金泰相，譯. 北京：東方出版社，1986.

第十四章　應當重視使用價值問題的研究[①]

在《資本論》這部巨著中，馬克思關於使用價值的論述所占的分量，的確是很少。但是，它是馬克思整個經濟理論的組成部分。馬克思關於使用價值的論述，包含豐富的思想，是一個有待於我們去開發、研究的理論領域。認真探討馬克思的這些論述，對於我們今天的社會主義經濟建設有著重要的現實指導意義。

一、使用價值是否屬於政治經濟學的研究範圍

在開始本章的論述之前，首先需要討論一個問題，這就是，使用價值是否屬於政治經濟學的研究範圍？顯然，不解決這一問題，本章的敘述也就成為毫無意義的事情。長期以來，我們的經濟理論是把使用價值排除在外的，就是在數量眾多的政治經濟學的教科書中，也極少有關於專門討論使用價值的內容。其理由就是，馬克思曾經說過使用價值不屬於政治經濟學的研究範圍。在《資本論》第一卷的開頭，馬克思是完全撇開了使用價值，而主要分析價值和交換價值的，並且馬克思還指出：「商品的使用價值為商品學這門學科提供材料」[②]，因此，人們一般都認為，商品的使用價值是商品學的研究對象，而不屬於政治經濟學的研究範圍。

我們認為，上述觀點並不符合馬克思的思想。事實上，馬克思並不認為使用價值在他的經濟理論完全沒有作用。資產階級經濟學家瓦格納曾指責馬克思只注意價值的研究，而忽視了對使用價值或效用的研究。馬克思在駁斥瓦格納的指責時說：「只有對我的《資本論》一竅不通的蠢漢，才會做出結論說：既然馬克思在《資本論》第一版的一個註釋中駁斥了德國教授們關於『使用價值』一般的胡說……所以使用價值對他說來就沒有任何作用」[③]。馬克思還說過：「使用價值本身起著經濟範疇的作用」[④]。可見，馬克思並不認為他的經濟理論是把使用價值排除在外的，他甚至還把使用價值看作政治經濟學中的一個經濟範疇。

[①] 本章選自：丁任重. 應當重視使用價值問題的研究 [J]. 財經科學，1998（2）：69-73, 85.
[②] 馬克思. 資本論：第1卷 [M]. 北京：人民出版社，2009：48.
[③] 馬克思，恩格斯. 馬克思恩格斯全集：第19卷 [M]. 北京：人民出版社，1982：412-413.
[④] 馬克思，恩格斯. 馬克思恩格斯全集：第46卷下 [M]. 北京：人民出版社，1982：154.

第十四章　重使用值的研究

既然如此，馬克思為什麼在《資本論》開頭注重研究價值和交換價值，而把使用價值說成商品學的研究對象？我們認為，馬克思這裡並不是排除對使用價值的分析，而是出於以下兩個原因：

第一，這是由《資本論》的研究方法所決定的。我們知道，馬克思的研究方法是科學的抽象法。經濟理論的研究是從最始基、最簡單的範疇開始，然後依次加入更進一步的規定，按照一定的邏輯結構，逐漸展開整個理論體系。為了在純粹的狀態下進行研究，在每一個理論研究的進程都要暫時撇開一些無關的、次要的因素，而專門研究主要問題。在《資本論》第一卷第一章，馬克思從商品這個資本主義社會財富的元素形式開始，著重研究價值、交換價值和貨幣問題。馬克思說：「如果要對『商品』這個最簡單的經濟的具體物進行分析，那就必須把一切不涉及這個分析對象的關係放在一邊。」①

在《資本論》開頭分析價值和交換價值時，使用價值除了作為價值的物質承擔者這一點以外，同價值沒有其他的聯繫，因此，馬克思把使用價值作為無關的因素暫時地撇開。但是，隨著理論體系的逐漸展開，馬克思不時地插入對使用價值的分析。比如，在《資本論》第一卷中，關於貨幣這一特殊商品的兩重的使用價值，勞動力商品的使用價值，它是創造價值的源泉，能夠創造大於自身價值的價值；在第二卷中，根據使用價值的不同，把社會總產品分為生活資料與生產資料兩大類；固定資本和流動資本因其構成要素的使用價值的不同，決定了各自價值週轉的方式的不同，從而影響著資本的週轉速度；在第三卷中，社會規模的使用價值即社會需要，調節著社會總勞動在各生產部門中的分配，等等。

第二，馬克思說：「商品的使用價值為商品專學這門科學提供材料」。這裡的「使用價值」，並不是指政治經濟學中的範疇意義上的使用價值，即作為價值物質承擔者的使用價值，而是指體現商品的化學、物理等的自然屬性的使用價值，也就是馬克思所稱謂的「作為使用價值的使用價值」。作為使用價值的使用價值，並不屬於政治經濟學的研究範圍，但範疇意義上的使用價值，則屬於政治經濟學的研究範圍。馬克思說：「同經濟上的形式規定像這樣無關的使用價值，也就是說，作為使用價值的使用價值，不屬於政治經濟學的研究範圍。只有當使用價值本身是形式規定的時候，它才屬於後者的研究範圍。它直接是表現一定的經濟關係即交換價值的物質基礎」②。

我們知道，政治經濟學研究的是生產關係，因此，凡屬於生產關係或對生產關係有影響作用的經濟因素，都在政治經濟學的研究範圍之內。就使用價值而言，在馬克思看來，當使用價值與生產關係沒有相互作用的時候，它不屬於政治經濟學的研究範圍，「使用價值一旦由於現代生產關係而發生形態變化，或者它本身影響現代生產關係並使

---

① 馬克思，恩格斯. 馬克思恩格斯全集：第 19 卷 [M]. 北京：人民出版社，1982：413.
② 馬克思，恩格斯. 馬克思恩格斯全集：第 13 卷 [M]. 北京：人民出版社，1982：16.

之發生形態變化，它就屬於政治經濟學的範圍了」①。可見，使用價值是否屬於政治經濟學的研究範圍，關鍵在於使用價值是否同社會生產關係發生聯繫。

二、對使用價值的幾點認識

商品是價值與使用價值的統一體，使用價值與價值之間存在著非常密切的關係。因此，馬克思在論述使用價值時，是把使用價值看作價值的物質承擔者，而不是把使用價值當作孤立的因素加以分析。馬克思說：「在我們所要考察的社會形式中，使用價值同時又是交換價值的物質承擔者」②。馬克思關於使用價值的論述雖然不多，並且散見於他的經濟著作之中，但作為總體來考察，它含有豐富的內容。下面，談談我們對使用價值的幾點粗淺認識。

（一）使用價值決定於商品體的屬性

馬克思說：「物的有用性使物成為使用價值，但這種有用性不是懸在空中的。它決定於商品體的屬性，離開了商品體就不存在。因此，商品體本身，例如鐵、小麥、金剛石、等等，就是使用價值，或財物」③。又說：「商品是使用價值，即滿足人的某種需要的物」④。因此，我們可以把使用價值理解為商品能滿足人的某種需要的有用性。使用價值所以能滿足人的需要，必須有兩個前提。首先，使用價值以商品體的存在為前提。使用價值是商品的使用價值，是商品的固有屬性。因此，它存在於商品體內，沒有商品體，也就沒有使用價值。其次，使用價值以物品的自然屬性為基礎。商品之所以能夠滿足人的需要，是由於商品本身的物理、化學等自然屬性發揮作用的結果，如衣服可以取暖，食品可以充饑。這些有用性是產生於衣服、食品等本身所具有的自然屬性，在這個意義上，可以說自然屬性是使用價值的物質基礎。雖然商品體、自然屬性與使用價值有著密切關係，但他們之間並不能畫等號，因為它們之間還是有著質的區別的。就商品體而言，比如，當藥品超過了一定的有效期以後，儘管藥品的形體完好無損，但它已經失去了有效性，也就是失去了使用價值。就自然屬性而言，當商品不能現實地與人的需要相結合，不具備有用性的時候，它的自然屬性是無從發揮作用的，因而這一商品也談不上具有使用價值。所以，我們這裡所說的使用價值，不是主觀想像的產物，而是客觀存在的東西，是存在於商品體中的有用性，是物品自然屬性發揮作用的結果。

---

① 馬克思，恩格斯. 馬克思恩格斯全集：第 45 卷下 [M]. 北京：人民出版社，1982：411.
② 馬克思. 資本論：第 1 卷 [M]. 北京：人民出版社，2009：48.
③ 馬克思. 資本論：第 1 卷 [M]. 北京：人民出版社，2009：48.
④ 馬克思，恩格斯. 馬克思恩格斯全集：第 48 卷下 [M]. 北京：人民出版社，1982：411.

(二) 商品的使用價值是為社會的使用價值

商品是用來交換的產品。商品生產者生產出產品，並不是為了用於自己的生產或生活消費，而是為了交換，為了在市場上出售以取得貨幣。因此，商品生產者生產的商品的使用價值，必須能滿足某一種社會需要，這是商品得以實現的一個前提條件。如果商品生產者生產的產品只是為了滿足自己的需要，那麼，他的產品就不是商品，從而也不具有範疇意義上的使用價值。所以，對商品生產者來說，「要生產商品，他不僅要生產使用價值，而且要為別人生產使用價值，即生產社會的使用價值。」[1]

(三) 個別的使用價值與社會規模的使用價值

我們上面說，商品的使用價值是為社會的使用價值，這是使用價值的質的方面。如果從量的方面來分析，那麼，使用價值又可以分為個別的使用價值與社會規模的使用價值。馬克思說：「說商品有使用價值，無非就是說它能滿足某種社會需要」[2]「上衣是滿足一種特殊需要的使用價值」[3]。這裡講的是個別的使用價值。馬克思又說：「社會需要，即社會規模的使用價值」[4]。也就是說，既然商品的使用價值是為社會的使用價值，那麼，商品生產量就應當與社會需要相適應。這兩種意義上的使用價值之間的關係，是辯證的統一。一方面，二者是統一的，社會規模的使用價值由個別的使用價值所構成，而且它們具有相同的性質，能滿足的是同一種社會需要；另外，二者之間又有不一致的地方，因為「如果說個別商品的使用價值取決於該商品是否滿足一種需要，那麼，社會產品總量的使用價值就取決於這個總量是否適合於社會對每種特殊產品的特定數量的需要，從而勞動是否根據這種特定數量的社會需要按比例地分配在不同的生產領域」[5]。這種不一致的地方，會引起個別的使用價值與社會規模的使用價值在量上的不一致，而這一點，對商品的實現關係極大。如果投入某一生產部門的勞動量過多，該部門生產的商品量超過了社會的需要量，這時，「單位商品雖然具有使用價值，這些單位商品的總量在既定的前提下卻會喪失它的一部分使用價值」[6]。因此，超過社會需要的那部分商品的個別的使用價值，就得不到社會的承認，不能成為社會規模的使用價值的構成部分。

(四) 可能的使用價值與現實的使用價值

「使用價值只是在使用或消費中得到實現」[7]。因此，能夠為消費者用於消費的使用

---

[1] 馬克思. 資本論：第 1 卷 [M]. 北京：人民出版社，2009：54.
[2] 馬克思. 資本論：第 3 卷 [M]. 北京：人民出版社，2009：206.
[3] 馬克思. 資本論：第 1 卷 [M]. 北京：人民出版社，2009：55.
[4] 馬克思. 資本論：第 3 卷 [M]. 北京：人民出版社，2009：716.
[5] 馬克思. 資本論：第 3 卷 [M]. 北京：人民出版社，2009：716.
[6] 馬克思，恩格斯. 馬克思恩格斯全集：第 26 卷 I [M]. 北京：人民出版社，1982：595.
[7] 馬克思. 資本論：第 1 卷 [M]. 北京：人民出版社，2009：48.

價值,就是現實的使用價值。另一方面,馬克思指出,對於叫到家裡工作的裁縫、修理家具的工人和收拾房子的僕人來說,「他們所生產的使用價值,從可能性來講,也是商品:襯衣可能拿到當鋪去當掉,房子可能賣掉,家具可能拍賣,等等」①。也就是說,還沒有被出賣的商品,只是可能性上的商品,它的使用價值也只是可能性上的使用價值。由可能的使用價值轉化為現實的使用價值的關鍵,就在於商品是否能賣出去。商品的使用價值是為社會的使用價值,因此,商品只有得到社會的承認,在市場上實現,才能由消費者用於消費,它所包含的使用價值才成為現實的使用價值。當商品總量超過社會需要量時,超過社會需要的那部分商品的使用價值,就只是可能的使用價值,而不是現賣的使用價值。

(五) 使用價值的質量規定

長期以來,我們忽視了對使用價值的研究,尤其是忽視了對使用價值質量的研究。商品是價值與使用價值的統一體。馬克思指出:「每種商品的價值都是由提供標準質量的該種商品所需要的勞動時間決定的」②。在社會總商品中,「單個商品是當作該商品的平均樣品」③。商品使用價值的質量規定,指的是市場上的商品都應具備某種標準的質量。但是這裡所說的質量標準,並不是指化學、物理等工藝技術意義上的質量(這裡質量的自然屬性),而是指通過人們對商品使用價值的有用程度的評價而形成的質量標準(這是質量的社會屬性)。而對商品使用價值的評價,則是一個社會過程。馬克思說:「買主購買商品並不是因為它具有價值,而是因為它是『使用價值』,可用於一定的目的,所以不言而喻:①使用價值受到『估價』,也就是說它們的質量受到檢驗(正如它們的數量受到度量、衡量等一樣);②當各種商品可以互相代替用於同一消費目的時,其中某種商品會占優先地位,如此等等」④。因此,使用價值的聲量標準也不是一個固定的尺度,而是隨著時間、地點和經濟條件的不同而發生變化。

三、研究使用價值問題的現實意義

長期以來,由於我們認為使用價值不屬於政治經濟學研究範圍,因而忽視了對使用價值的研究。社會主義經濟建設所走的彎路,所受的挫折和損失,都與此有著一定的關係。今天我們學習馬克思關於使用價值的論述,便可體會到它的重要性。馬克思關於使用價值的一些論述,是我們經濟工作的理論基礎,對社會主義經濟建設有著現實指導意義。

---

① 馬克思,恩格斯. 馬克思恩格斯全集:第26卷Ⅰ [M]. 北京:人民出版社,1982:156.
② 馬克思. 資本論:第1卷 [M]. 北京:人民出版社,2009:196.
③ 馬克思. 資本論:第1卷 [M]. 北京:人民出版社,2009:52.
④ 馬克思,恩格斯. 馬克思恩格斯全集:第19卷 [M]. 北京:人民出版社,1982:416.

第十四章　重　使　用　值　的研究

1. 使用價值與社會主義生產目的

在社會再生產過程中，生產是起點，消費是終點，生產總是為了滿足消費需要，這是在任何社會中都起作用的一般生產規律。但是，「資本主義生產，其中每一個別行業的生產以及這種生產的增加，都不是直接由社會需要調節，由社會需要控制，而是由各個資本家離開社會需要而支配的生產力調節的」①。因此，社會需要或社會的使用價值，處於資本主義生產過程之外，「資本家只是在使用價值是交換價值特別是剩餘價值的體現的限度內，才關心使用價值」②。只有在社會主義社會中，社會需要或社會的使用價值，才直接調節著社會再生產過程。社會主義國家按照人民群眾的需要，合理安排國民經濟計劃，根據社會需要的變化，不斷地調整國民經濟各部門的比例關係；制定各種經濟政策，促使生產部門的企業努力提高產品質量，增加品種，改進規格型號，提供更多的物美價廉的商品，以滿足人民群眾多種多樣的需要。可見，使用價值在社會主義生產過程中，占著極重要的地位，滿足社會需要，是我們一切經濟工作的中心，是社會主義經濟建設的根本目的，這也是社會主義制度優越性的重要表現。

2. 使用價值與商品生產和商品交換

在商品生產和商品交換條件下，產品要作為商品去出售。商品是價值與使用價值的統一。因為使用價值是價值的物質承擔者，同價值相比較而言，使用價值是更基礎性的東西。沒有使用價值的物品，無論你加入多少勞動，也不可能形成價值，同時，如果商品喪失了使用價值，那麼價值就不可能得到實現。馬克思說：「如果商品沒有按照它們的用途，在一定時間內，進入生產消費或個人消費，換句話說，如果它們沒有在一定時間內賣掉，它們就會變壞，並在喪失它們的使用價值的同時，也就喪失作為交換價值承擔者的屬性」③。隨著使用價值的喪失，價值也就喪失了，消耗在商品中的社會勞動也就白費了。我們應該重視商品的使用價值。以前由於我們往往忽視社會需要和使用價值，所生產的產品貨不對路，造成倉庫大裡積壓。據國家統計局統計，1981 年庫存中超儲存積壓的產品達七十多種，1981 年年末庫存中滯銷商品和冷背商品大約有 145 億元，比 1980 年增加了 30 多億元。這些積存的商品因為不符合社會需要，而成了無用之物。這也提醒人們，使用價值與價值具有同等重要性，忽視了這一點，就會遭受挫折和損失，這已被歷史所證明。

3. 使用價值與經濟效益、時間節約規律

使用價值、經濟效益和時間節約規律，這三者有著密切的聯繫。馬克思指出：「一切節約歸根到底都是時間的節約。正像單個人必須正確地分配自己的時間，才能以適當的比例獲得知識或滿足對他的活動所提出的各種要求，社會必須合理地分配自己的時

---

① 馬克思, 恩格斯. 馬克思恩格斯全集：第 26 卷 [M]. 北京：人民出版社, 1982：126.
② 馬克思, 恩格斯. 馬克思恩格斯全集：第 16 卷 [M]. 北京：人民出版社, 1982：337.
③ 馬克思. 資本論：第 2 卷 [M]. 北京：人民出版社, 2009：144-145.

間，才能實現符合社會全部需要的生產。」① 可見，一方面，時間節約以經濟效益為前提，只有提高經濟效益，才能實現勞動時間的節約；另一方面，經濟效益又以商品使用價值符合社會需要為前提，也就是說，以社會總勞動被合理地分配到各生產部門，商品的使用價值能滿足社會需要為前提。在社會主義社會，時間節約和經濟效益具有重要意義。「時間的節約，以及勞動時間在不同的生產部門之間有計劃的分配，在共同生產的基礎上仍然是首要的經濟規律。這甚至在更加高得多的程度上成為規律」②。過去人們一般認為，經濟效益就是勞動消耗與勞動成果的比較，用較少的勞動消耗生產出較多的產品，經濟效益就高；反之，經濟效益就低。現在看來，這樣來認識經濟效益是片面的，勞動消耗與勞動成果的比較是經濟效益的一個方面，但是，經濟效益還有更重要的另一方面，就是產品要符合社會需要。就某種產品來說，即使花費的勞動較少，但如果產品不符合社會需要，那就絲毫談不上具有經濟效益，更談不上節約時間，而且生產越多浪費越大。只有在勞動消耗少，產品符合社會需要的前提下，所取得的經濟效益才是實在的經濟效益，這樣的經濟效益提高了，才能在實際上起到節約時間的作用。

4. 使用價值與增長速度

以產值計算的經濟增長速度，是衡量國民經濟發展狀況的一個主要標準，是表現社會勞動生產水準的重要尺度。但是，產值的增長是建立在使用價值生產增長基礎上的，如果經濟增長速度脫離了使用價值生產的增長，那麼，它就不能真實反應國民經濟的發展。以前，產值是衡量企業生產的主要經濟指標，它促使企業爭相生產那些產值大、利潤多的產品，而不管這些產品是否符合社會需要，其結果是形成了「工業報喜，商業報憂、倉庫積壓、財政虛收」這樣一種局面，經濟發展速度上去了，但經濟效益和人民群眾的生活水準卻沒有得到較快的提高。這樣的經濟發展速度，是虛假的發展速度。我們需要的是實實在在的經濟發展速度，是人民群眾能夠得到實惠的、沒有水分的經濟效益較高的發展速度。脫離社會需要去提高經濟發展速度，是違背社會主義基本經濟規律的。

---

① 馬克思，恩格斯. 馬克思恩格斯全集：第46卷上 [M]. 北京：人民出版社，1982：120.

② 同①.

第十五章　生態價值：基於馬克思勞動價值論的一個引申分析[①]

在傳統的西方經濟學研究中，生態的價值問題長期被置於經濟學研究範圍之外。究其原因：一方面，經濟學僅局限於經濟系統內部研究人的各種經濟行為及其關係，經濟系統被視為與生態系統無關，人們可以無償地使用生態系統中的自然資源和自然環境，生態的無償性使用遂成為經濟學研究的一個既定前提或假設。相應地，生態系統的進化與演替，也被完全看成是生態系統中自然力本身的作用所推動，與人類勞動無關，進而，也就將生態價值問題排斥在整個經濟價值評價體系之外。人們在實踐活動過程中，正是在生態與價值無關、無視生態價值的觀念及其相應的理論和政策的影響下，忽視了生態系統和社會經濟系統之間客觀存在的相互依存、相互影響、相互作用的關係，導致了自然資源的無償佔有、掠奪性開發和浪費性使用，造成資源毀損、生態環境惡化。另一方面，生態經濟學研究本身也存在著問題。隨著生態環境問題逐步成為人類面臨的全球性問題，對生態環境問題的成因及其解決方法的探討研究也不斷深入。自1869年德國生物學家恩斯特·海克爾（Ernst Haeckel）首次提出「生態學」概念，到20世紀20年代中期，美國社會學家麥肯齊（Mckengin）首次提出「經濟生態學」，後經經濟學、生態學等眾多學者們的研究推進，大約經過了一百年，「生態經濟學」才逐漸從公害經濟學和環境經濟學中孕育產生出來[②]，「生態經濟學」的概念才逐步被人們所熟知。但在生態學和生態經濟學最初的研究中，學者們過分地誇大了該學科預言人類未來的能力，這種災難性的預言[③]所帶來的恐慌，在重要的實踐中相當部分被證明是不必要的。然而這些不切實際的預言，卻使人們對生態及其相關交叉領域的研究成果表現出了不同的負面態度：一是生態學在研究之初的很長一段時間裡，一些人完全否定生態及其相關最初研究的科學性；二是一些人對生態學者的研究成果持懷疑態度；三是一些人認為人類是可以發現生態災難信號的，人為對生態環境進行局部的改善，就可以修復其原來的功能，不必誇大其災難性。多數經濟學者正是由於受到最初人們對生態研究這些負面態

[①] 本章選自：李萍，王偉. 生態價值：基於馬克思勞動價值論的一個引申分析 [J]. 學術月刊，2012，44 (4)：90-95.

[②] 程福祜. 生態經濟學源流考察 [J]. 環境科學與技術，1984 (1)：43-44，10.

[③] 至少最初生態學家和生態經濟學家的部分災難性預言在當今實踐中被證明是太過誇張了。

度的影響，將生態的價值問題擱置於經濟研究範圍之外。

一、生態價值：國內外經濟學研究的不同取向

20世紀中葉以來，隨著人類社會經濟的快速發展，環境污染、生態惡化等嚴峻現實，使得生態問題越來越引起人們的關注，與此相關的生態價值問題的探討也開始有了轉機，逐步成為現代經濟學研究的一個重要問題。

在西方經濟學中，生態價值的引入不具太大困難[①]。從新古典經濟學立場出發，在一項經濟活動過程中，對一種生態因子的利用出現了稀缺性，這種稀缺性導致該因子的競爭性使用，產生以價格槓桿調節供求關係的必要性，從而產生了生態價值。當生態要素的稀缺性顯現後，該要素對人類的福祉的貢獻如果仍然不反應在價格機制中，就會意味著市場的失靈，最終使得微觀經濟主體濫用生態要素，直接導致外部不經濟。西方經濟學者對生態系統中的自然資源和自然環境的價值研究始於20世紀60年代。最早定義環境經濟價值的環境與資源經濟學奠基人、美國未來資源研究所的經濟學家約翰克魯梯拉（John Krutilla）在1967年發表的《自然保護的再認識》論文和《自然資源保護的再思考》專著中，提出了「舒適性資源的經濟價值理論」，並在與安松·妮費舍爾（Anthony C Fisher）合著的《自然環境經濟學：商品性和舒適性資源價值研究》中，將環境資源劃分為商品性資源和舒適性資源，著重論述了舒適性資源的價值及評估問題，使環境資源的價值理論更趨完善[②]。西方環境經濟學對環境價值研究的集大成者邁裡克·弗裡曼（A. Myrick Freeman, 1979）以福利經濟學為基礎，認為在一般均衡模型中，資源和環境的價值不是一個固定的參數，而是由它們在提高社會福利中的作用以及它們的稀缺性和有用性所決定的。弗裡曼還指出：「每個人的福利不僅取決於其所消費的私人物品以及政府所提供的物品和服務，而且取決於其從資源—環境系統得到的非市場性物品和服務的數量與質量，如健康、視覺享受、戶外娛樂的機會等。對資源—環境系統變化的經濟價值進行計量的理論依據在於它們對人類福利的影響。以人類為中心的經濟價值評估並不排除人類對其他物種的生存和福利的關心。」[③] 1997年，格蕾琴·戴利（Gretchen C. Daily）[④] 和羅伯特科·斯坦薩（Robert. Costanza）等[⑤]的研究成果將生態系統服務功能及其價值的研究推向了一個新的高潮。戴利不僅對生態系統服務功能的概

---

① 何敦煌. 談生態價值及其相關問題［J］. 未來與發展，2001（1）：29-33.
② 孔蕊. 淺談環境資源價值［J］. 中國環保產業，2002（12）：14-16.
③ 弗裡曼. 環境與資源價值評估——理論與方法［M］. 曾賢剛，譯. 北京：中國人民大學出版社，2002.
④ DAILY G C. Nature's services: societal dependence on natural ecosystems［M］. Washington, D. C.: IslandPress, 1997.
⑤ COSTANZA R, D'ARGE R, DE GROOT R, et al. The value of the world's ecosystem services and natural capital［J］. Journal of Nature, 1997: 6630.

第十五章　生　值：基於　克思　值 的一　引申分析

念、研究簡史、不同生態系統的服務功能等進行了系統總結，而且還對各類生態系統服務功能價值進行了專題研究。科斯坦薩等人的《全球生態系統服務於自然資本的價值》一文，從科學意義上更加明確了生態系統服務功能價值估算的原理及方法。

20 世紀 80 年代以來，中國學者也開始涉入對生態價值問題的探討，主要集中在生態的價值來源問題上，尤其是生態系統中的「天然自然」是否具有價值這個問題成為爭議的焦點。歸納起來，有兩種基本觀點：

一是傳統的生態無價值論。翟中齊認為，天然形成的資源，都是大自然恩賜給人類的寶貴財富，這些資源沒有凝結人類的勞動，因此，只有使用價值，沒有價值。正因為這些天然資源沒有價值，所以在開發和利用的產品成本中，沒有資源的價值。天然資源有出售的價格，是資源佔有者的壟斷價格[1]。徐益良認為，有使用價值並不一定就有價格，凡不是由勞動生產出來的使用價值，都不具有價值[2]。

二是生態有價值論。20 世紀 80 年代以來，許多學者從馬克思主義的哲學、經濟學、社會學等多種視角，分析了馬克思主義的理論對人與環境之間關係的關注，並堅持以馬克思主義勞動價值論來分析生態的價值來源。例如，劉業礎認為，在人類生產力不發達時，人們的活動及其排泄物對生態環境危害不大，一般靠自然界自身的淨化能力就能夠克服，因此，人們不必耗費勞動在環境保護上，此時的環境資源沒有價值；當人類生產力處於相當發達時，人們的活動產生的大量排泄物，超出環境的容量，因此，必須耗費人類勞動去處理它，此時為保護環境而耗費的勞動也就應該計算在有關的環境資源價值之中[3]。於光遠認為，環境工作也屬於生產範圍，也應該看作一種人類勞動[4]。陳予群將生態資源的價值定義為物化在生態中的、社會必要的人的勞動的表現，生態資源如何從無償變為有償，要通過歷史的發展過程來考察[5]。劉思華則基於現代社會經濟條件下經濟系統和生態系統相互關係的視角，探討了生態價值問題，提出現代社會經濟是社會經濟和自然生態相互制約、相互作用的生態經濟有機體，這是從忽略生態環境、生態價值轉向認知、重視生態價值的前置條件，我們在馬克思的勞動價值論的指導下，研究生態經濟系統中的生態環境價值問題，就必須把勞動價值論延伸和擴充到生態經濟系統的生態系統中去，在勞動價值論的基礎上建立起生態價值論[6]。張慶普、胡運權也提出了應該根據已經變化了的實際情況，將商品概念推廣到生態環境中的觀點[7]。司金鑾更是將生態價值劃分為潛在價值和顯在價值，前者指的是「天然的自然」生態價值，

---

[1] 翟中齊. 森林生態經濟雛論 [J]. 北京林業大學學報，1985（1）：51-57.
[2] 徐益良. 天然林的「價值」問題 [J]. 林業科學，1985（2）：頁碼不詳.
[3] 劉業礎. 論環境資源價值和環境經濟立法 [J]. 武漢大學學報（人文科學版），1981（6）：12-17.
[4] 於光遠. 經濟、社會發展戰略 [M]. 北京：中國社會科學出版社，1982：101-103.
[5] 陳予群. 生態經濟學研究探討 [J]. 經濟科學，1985（2）：63-67.
[6] 劉思華. 生態經濟價值問題初探 [J]. 學術月刊，1987（11）：1-7.
[7] 張慶普，胡運權. 生態環境負價值研究 [J]. 學術交流，1994（3）：55-57.

後者則指「人工的自然」生態價值,並且潛在未知價值正逐步向顯在已知價值方向發生量的轉移①。

檢視國內外經濟學研究生態價值的有關文獻,可以看出其不同的研究取向:西方經濟學者對生態價值的理論研究是以效用價值論為基礎的,對生態價值的來源問題並不存在較大的爭議;而國內學者對生態價值的理論研究則主要是以勞動價值論為基礎的,在「天然自然」是否具有價值的問題上存在較大的爭議。對此,筆者認為,馬克思主義經濟學的創始人,並不是從生態學家的視角創立勞動價值論的,在生態方面也沒有留下系統的論述,但在其對相關理論的闡述中,無不閃現著關於人與自然物質交換、信息和能量傳遞等包含生態學思想的論述。這些論述為後人對生態問題及生態價值問題研究的深入、豐富和擴展奠定了堅實的基礎。因此,從方法論上說,只有堅持辯證和唯物史觀的科學方法,以系統、動態和發展的眼光去考察、研究人類社會及生態環境的演進,才能夠不斷發展馬克思主義的勞動價值理論。

基於此,筆者讚同生態有價值的觀點,並基於馬克思勞動價值論的引申分析,將勞動價值論引申和擴展到生態經濟系統的生態系統中去,研究生態經濟系統中的生態價值問題,提出生態價值是指凝結在生態系統中的無差別人類勞動。其由兩部分共同組成:第一,在經濟系統中,通過耗費人類勞動,在從生態系統中獲得人類生存和社會經濟發展所需的自然物品時,在生態系統中人類勞動所凝結的價值;第二,在生態系統中,為了保證作為生態系統組成部分的人類能夠與其生存環境之間合理地進行物質、能量和信息等的交換,實現生態網絡連鎖關係順利進行,對生態系統進行適當、合理的補償和改造耗費的人類勞動所凝結在生態系統中的價值。就整個生態經濟系統②來說,其商品價值總量是由經濟系統中的商品總價值量和生態系統中的生態總價值量兩個有機部分構成的。人們在投入勞動創造商品價值時既可能會創造生態價值,也可能會產生生態負價值;同樣地,從總體和長遠來看,在投入勞動創造生態價值時,也會創造商品價值。

二、生態價值嬗變:基於馬克思勞動價值論的分析

馬克思勞動價值論認為,無差別的一般人類勞動是商品價值的源泉;人們的勞動具有三要素:勞動者、勞動工具和勞動對象。勞動對象無疑涵蓋了土地等自然生態環境。因此,離開了人類勞動,價值就不可能被創造,人類勞動脫離了勞動對象或自然生態環境也無法創造價值③。人類在社會活動中所創造的商品價值,是與自然生態環境息息相

---

① 司金鑾. 生態價值的理論研究 [J]. 經濟管理, 1996 (8): 37–38.

② 本章將生態經濟系統視為由經濟系統和生態系統構成的複合系統。與此相關,生態經濟系統的商品價值總量也由經濟系統中的商品總價值和生態系統中的生態總價值構成。

③ 正是在這個意義上,馬克思曾在《資本論》中借用威廉·配第的經典名言「土地是財富之母,勞動是財富之父」,強調了勞動與自然環境對於使用價值和價值的創造和形成的重要性。

第十五章 生值：基於克思值的一引申分析

關的，與之對應，生態價值的創造也與人類的生產勞動密不可分。這裡，人的勞動與價值的關係體現在經濟系統、生態系統乃至生態經濟系統之中。就經濟系統來看，人們生產商品付出的勞動形成商品價值；就生態系統而言，人們補償（主要包括對自然生態環境的補償、保護和建設等行為）和改造（主要是指在生產商品時人們對生態系統中各種物質進行的改造、利用等行為）自然生態環境付出的勞動形成生態價值。當我們從統一的生態經濟系統來觀察，一方面，在生態經濟系統形成和發展的最初階段，存在著商品價值和生態價值之間與社會生產力發展水準高低正相關的關係，從而影響生態經濟系統中的商品價值總量成同向變動；另一方面，隨著生產力發展提升到更高水準，尤其是人類社會進入到工業社會，生態經濟系統中人類與自然之間物質變換關係產生矛盾，並且矛盾不斷尖銳，即生態環境、自然資源等已經無法滿足人類經濟活動及發展需要，生態承載能力和生態系統的調節、自淨化能力均出現迅速下降，勞動作用於自然生態環境產生的不同效果影響著生態價值，進而影響著生態經濟系統中商品價值總量相應的增減變動，使生態經濟系統的商品價值總量和經濟系統、生態系統中的價值呈現出不同的運動軌跡。

當社會生產力處於較低階段時，人們生產活動範圍、生產商品中所付出的勞動以及生產出的社會商品總價值均相對較小。與此同時，人類勞動在經濟系統中創造商品價值的同時，凝結在生態系統中的生態價值也相對較少，產生的生態負價值亦很小。同樣的，人們補償和改造自然生態環境付出的勞動、從而形成的生態總價值亦相對較小，反應到生態經濟系統中的商品價值總量亦相應較小。當社會生產力進入到比較發達或較高階段時，在經濟系統中的商品總價值會很大，但其同時在生態系統中所產生的生態負價值亦變大了。同樣的，在生態系統中人們對自然生態環境的補償和創造所付出的勞動、創造的生態價值增長相對緩慢，就整個生態經濟系統來說，商品價值總量呈現出先遞增後遞減的趨勢。只有當社會生產力進入到相當高的階段時，商品總價值、生態總價值和商品價值總量才可能進入到同步增長的軌道。迄今為止，這種社會商品總價值、生態總價值和商品價值總量的嬗變與人類文明的進程緊密相連，表現為三個時代的變遷和人類歷史發展的四次大的轉折。

第一個時代是人類依附並初步利用大自然的時代，對應人類歷史發展轉折點，即從人類起源經原始人到農業人的轉折。這一時期，人類處於原始採獵文明和農業文明階段，人類社會的勞動生產力還處於相對不發達階段。處於原始文明階段的人類與其他動物一樣，面對生態環境的物質和能量交換，僅僅採用本能的生存方式進行利用，生態環境未經人類較大規模活動的影響和改造。隨著農業文明的到來，人類的生產工具和生產關係、交換關係已經發生了相對較大的改變。人類開始主動地改造生態環境，「人化自然」[①]

[①] 人化自然，是人類活動形成的自然界。人類創造的自然界，隨著人類社會的發展，人類的本質力量越來越表現了自然界的對象化，自然界在越來越廣泛的意義上成為人化自然，成為人工生態系統。

開始出現了，人類活動的範圍和強度亦隨之緩慢地擴大和增強。人與自然之間的物質、能量等變換關係的矛盾到農業文明後期開始逐漸產生。這一時代的特點是自給自足占統治地位，因此，人們生產的用以交換的商品規模極小，付出的勞動形成的社會商品總價值和同時產生的生態總價值也小，而人們補償和改造自然生態環境付出的勞動相對更少，其形成的生態總價值更低，生態經濟系統中的商品價值總量也十分有限，商品價值、生態價值和商品價值總量均隨著社會生產力的發展而呈現同向變動。

第二個時代是人類改造環境並試圖憑藉其智慧和科學徵服自然的時代。對應人類歷史發展轉折點，即從農業人向工業人的轉折。這一時期，人類處於工業文明階段，由於人類智慧和科學技術的發展，人類的生產工具和生產關係已經發生了巨大變化，作為價值創造源泉的人類勞動所展現出的力量正迅速走強，其改造環境的能力急速提升。人類開始無限度地掠奪自然來創造財富，而生態環境受到人類大規模活動的影響和改造正逐步失去平衡，甚至呈現出從短期環境污染向長期生態惡化轉化的趨向。生態系統自身的脆弱和生態惡化對人類生存的威脅逐步顯現。人與自然之間物質、能量等變換關係的矛盾逐步變得尖銳甚至達到了對立的程度。這一時期的主要特點是資本主義工業化大生產占主導地位，人類在經濟系統中所生產的商品總規模迅速擴大，付出的勞動形成的社會商品總價值也急速膨脹，但在生態系統中所凝結的生態價值卻由正值迅速變為負值，並不斷變大，而人補償和改造自然生態環境付出的勞動所創造的生態總價值卻很少，生態經濟系統中的商品價值總量正逐步變小。

第三個時代是人類社會反思、抑制、克服盲目掠奪自然的行為，尋求人與環境和諧共處，恢復生態平衡，期望實現天人合一狀態的時代。對應人類歷史發展轉折點，即從工業人向信息人、生態人的轉折。這一時期，人類正處於由「信息革命」引起的後工業文明階段，信息化、網絡化正逐步帶領人類步入全球化時代。人類活動的範圍和空間已經擴展到全球甚至宇宙的各個方面，憑藉高新技術的發展，清潔環保的生產和生活方式正逐步普及，原有粗放型的社會經濟發展方式將被更加符合生態經濟系統持續演進的經濟發展方式所替代。這一時期的主要特點是社會生產力高度發達，人與自然的和諧發展將成為社會發展的主流，人們在生產生活中將更加關注生態環境問題，因此，人類在經濟系統中，不僅會使其付出勞動所創造商品總價值增加，還會使其同時所創造的生態負價值逐漸減小甚至消失，生態正價值將不斷增加，人們對生態環境補償和改造的勞動將不斷創造並增加生態總價值，最終在生態經濟系統中，實現商品價值總量的不斷增加。

隨著人類社會生產力水準由低到高的提升，人們的生產、生活範圍和領域將不斷擴展和延伸，人類對生態系統的認識將更加全面和完善，將推動人類社會生產和生活方式的巨大變革，這也必將引起商品總價值、生態總價值和商品價值總量三者之間呈現由同向遞增變動到無序變動，再到更高層次的同向遞增變動的趨勢。雖然商品價值和生態價值都是人類勞動的凝結，但在具體實踐活動過程中，生態價值的具體量化關係還不像商品價值那樣容易被準確確定，因此，我們僅在理論和經驗上探索其相互之間的數量關係。

三、價值數量關係演進及其趨勢：一個經驗分析

在經濟系統中，馬克思勞動價值論將價值表述為凝結在商品中的一般的無差別的人類勞動，其價值量大小取決於生產該商品的社會必要勞動時間，其價值總和用商品總價值表示（W_1）。在生態系統中，生態價值的價值量大小也取決於補償和創造自然生態環境所花費的社會必要勞動時間，其價值總和用生態總價值表示（W_2）。就整個生態經濟系統來看，按照人類社會的發展時序，生態經濟系統中的商品價值總量（W_3）是不斷變化的：當社會生產力水準還處於非常低下的原始文明階段時，人類的各種活動還完全依附於自然生態環境，未出現較大規模的商品生產和交換活動，商品總價值還很微小，人類的生產活動也還未對生態環境造成較大的影響和破壞，由此所創造的生態負價值也可以被忽略，商品價值總量就等於生態總價值，即 $W_3 = W_2$，商品價值總量在整體上呈現緩慢上升的趨勢；隨著社會生產力的逐漸提高，人類開始步入農業文明階段，出現了相對較大規模的商品生產和交換活動，人類部分地開始擺脫對自然生態環境的依附，此時，商品價值總量就等於商品總價值與生態總價值之和，即 $W_3 = W_1 + W_2$，商品在生產過程中對生態的不利影響可以忽略不計；當人類社會生產力發展水準處於較高的工業文明階段時，雖然出現了大規模的商品生產和交換活動，商品價值總量仍然等於商品總價值與生態總價值之和，但商品價值總量卻增長緩慢，這主要是生態總價值的零值和負值所致，生態總價值成為拉低商品價值總量增長速度的主要力量。在生態價值的構成中，一部分是由生產商品時在生態系統中的勞動凝結成的價值，這些價值對人來說可能是無用甚至是有害的，這就導致生態價值零值和負值的出現，而另一部分人類主動的補償生態的勞動卻又很少，因此，當生態價值出現負值時，就要從商品價值總量中抵扣掉，因而，商品價值總量的公式為：$W_3 = W_1 + (\pm W_2)$；當人類社會進入到後工業文明時，人類社會生產力已經達到了相當高的水準，此時，人們更加注重生態經濟系統中商品價值總量的提高，而不是僅僅追求經濟系統中商品總價值的增加，因此，在生產活動過程中，投入更多的勞動對生產工具、生產方式進行符合生態規律的變革，在交換過程中，越來越多的生態價值通過交換活動逐漸由隱性價值成為顯性價值，人們更加關注生態環境在生產生活中的作用，在生產商品時也將主要圍繞生態規律開展，在交換活動過程中也更加關注生態的價值問題，在創造更多商品價值的同時，也創造更多的生態價值，不僅如此，人們還加大對生態環境的補償、保護和重建的勞動投入，創造更多的生態價值，商品價值總量將等於更高層次上的商品總價值和生態總價值總和，即 $W_3 = W_1 + W_2$，其中生態總價值成為引起商品價值總量正向變化的主要推動力量。

在中國當前經濟社會發展面臨嚴峻生態問題的狀況下，重新認識和理解生態價值問題，將有利於改變當前衡量經濟社會發展指標過度單一的局面，有利於轉變人們對自然生態資源、生態環境的不合理開發和利用的傳統發展理念，有利於有效推動自然資源定

價和參與市場化治理的發展步伐,並為其提供理論基礎,從而使自然生態環境能夠被科學、合理、協調、可持續地開發和利用。

綜上所述,馬克思勞動價值學說具有與時俱進的理論品質,要求我們用馬克思主義的發展眼光來看待現實問題。馬克思在創立勞動價值學說時,正處於工業文明初期,因而在理論上,生態價值並沒有被系統地論證。隨著人類社會生產力的迅速發展,以及人由工業人向後工業人進而向信息人的轉化,客觀現實要求我們觀察世界的視野也應由單一的社會經濟系統視角,向由社會經濟系統和生態系統共同組成的生態經濟系統這一整體視角轉變。

關注生態及其價值問題,將生態納入人類社會各種科學研究的範圍之內,旨在警示人們只有不斷提高對生態環境的補償和創造性勞動的投入,才能彌補人類過往發展過程中造成的過多生態欠帳,形成親生態系統的經濟系統及其良性互動循環的生態經濟系統,實現人與自然間科學與可持續發展的目標,從而增進人類社會福祉。

第十六章　勞動價值論的歷史使命[①]

改革開放以來，按要素分配的現實對傳統按勞分配理論的顛覆，促使中國理論界提出了「發展勞動價值論」的訴求。然而迄今為止，爭論的各方或是在「機器是價值創造的源泉還是條件」上爭論不休，或是在「機器創造的是使用價值還是價值」上糾纏不已。這些爭論恐怕都不得要領。問題的要害在於：價值為什麼只能用人類勞動來衡量，而不能以勞動以外的尺度（比如自然力）來衡量？換言之，自然力的貢獻為什麼不能被計入「價值」？只有澄清了這個問題，勞動價值論的或存或廢才會有堅實的理論依據。

一、機器的作用

非勞動要素（比如機器）的作用，是勞動價值論爭論中的核心問題。不論是堅持「機器創造使用價值」還是堅持「機器創造價值」，都不能否認機器的根本作用就是「自然力替代人力」。

這正是機器作用的本質所在。馬克思曾對機器作用的本質有過精闢的論述：「勞動資料取得機器這種物質存在方式，要求以自然力來替代人力」；隨著機器的運用，「那麼現在自然力也可以作為動力替代人」；「機器的生產率是由它替代人類勞動力的程度來衡量的」[②]。

人類生產的發展史，就是用自然力不斷替代人力的歷史：用牛馬替代人力，用風力、水力替代人力，用煤、石油等產生的熱力、電力替代人力，用核能、太陽能替代人力，等等。自然力取代人力是一個漸進的過程：部分取代人的體力、腦力，最終可能全面取代人的體力和腦力。這個過程，也是機器產生並不斷發展和完善的過程。正如馬克思引用尤爾在《工廠哲學》的話：「一切機械改良的一貫目的和趨勢，實際上就是完全擺脫人的勞動」[③]。

既然機器作用的本質是「自然力替代人力」，那麼隨著人力耗費的不斷減少，機器

---

① 本章選自：趙磊. 勞動價值論的歷史使命 [J]. 學術月刊，2005（4）：26-33.
② 馬克思. 資本論：第 1 卷 [M]. 北京：人民出版社，1975：423、413、428、473、483、471、488.
③ 馬克思. 資本論：第 1 卷 [M]. 北京：人民出版社，1975：423、413、428、473、483、471、488.

的運用必然會減少物化在商品中的人類勞動耗費，從而降低商品的價值和價格。馬克思說：「使用機器的目的，一般說來，是減低商品的價值，從而減低商品的價格，使商品變便宜，也就是縮短生產一個商品的必要勞動時間」①。機器運用的這個結果，正是現實生活中不斷發生的事實。

　　自從機器產生以來，人類社會對以下變化早已經習以為常：科技的提高和機器的普及並沒有使單位商品的價值增加、價格上升，而是使單位商品的價值不斷縮減、價格下降。科技水準與商品價格之間的這種反向變化關係，證明了內涵於商品中的人類勞動不是越來越多，而是越來越少了；與此同時，內涵於商品中的自然力也就由弱到強，越來越多了。對於人類社會而言，解放勞動、減少勞動、排擠勞動，正是科技提高和機器普及的意義所在。勞動耗費之所以能夠減少，就在於由科技提高和機器普及所引發的對自然力運用程度的增加。在這裡，把人類勞動排擠出商品之外的，正是科技呼喚出來並通過機器所發揮的「自然力」，也就是說，自然力填補和替代了人類勞動在商品中留下的空缺。

　　因此，自然力替代人力不僅沒有對價值創造做出貢獻，反而對價值的減少做出了貢獻。否則，我們就無法解釋為什麼商品價格總會隨著科技的發展而不斷下降了。用「是否創造價值」來證明機器（自然力）的貢獻，這種看法使人們對機器作用的理解步入了誤區。機器的作用並不在於增加了勞動耗費從而創造了價值，而恰恰在於減少了人力耗費從而減少了凝結在商品中的人類勞動（價值）。因此，把機器的作用歸結為「創造價值」，這是對機器作用的誤讀。

　　從邏輯上看，科技水準越是提高，機器和自動化越是普及，人力耗費就越是減少。然而，在機器和自動化日益普及的條件下，為什麼資本對勞動的剝削程度以及工人的勞動強度反而增加了呢？這不是機器的過錯，而是「機器的資本主義應用」造成的。正如馬克思所說：「因為機器就其本身來說縮短勞動時間，而它的資本主義應用延長工作日；因為機器本身減輕勞動，而它的資本主義應用提高勞動強度；因為機器本身是人對自然力的勝利，而它的資本主義應用使人受自然力奴役；因為機器本身增加生產者的財富，而它的資本主義應用使生產者變成需要救濟的貧民」②。資本要提高勞動生產率、縮短必要勞動時間從而提高剩餘價值率，就只有不斷地用機器來替代人力，減少工人人數，結果製造了越來越多的過剩人口並由此加重了在職工人的勞動強度。「勞動資料一作為機器出現，立刻就成了工人本身的競爭者⋯⋯工人就像停止流通的紙幣一樣賣不出去。工人階級的一部分就這樣被機器變成了過剩人口」③。

　　當然，新的需求和產業的出現，可以部分地吸收被機器排擠出來的過剩人口，馬克

---

① 馬克思, 恩格斯. 馬克思恩格斯全集：第 47 卷 [M]. 北京：人民出版社，1979：359.
② 馬克思. 資本論：第 I 卷 [M]. 北京：人民出版社，1975：423、413、428、473、483、471、488.
③ 同②.

思對此早有洞察。他說：機器的運用和生產力的提高，「使工人階級中越來越大的部分有可能被用於非生產勞動，特別是使舊式家庭奴隸在『僕役階級』（如僕人、使女、侍從、等等）的名稱下越來越大規模地被再生產出來。」① 今天包括服務行業在內的第三產業的迅猛發展，為馬克思的這個論斷提供了一個現代性的註釋。問題在於，如果機器和自動化普遍替代了服務行業的人力，那麼「非生產勞動」領域中的人力又將被用於何處？如果我們將這個提問「進行到底」，那麼邏輯的結論必然是：如果科技的發展和機器的運用永無止境，那麼自然力替代人力的過程就一直會進行下去，直至有一天「自然力」喧賓奪主，最終可能全面取代人類勞動。

在解釋「非勞動要素」（比如機器）的作用時，不論是「要素價值論」還是「勞動價值論」都承認了機器對價值形成的意義，區別在於：「要素價值論」把機器的作用看成是「能動的」創造價值的活動；而「勞動價值論」則把機器的作用看成是價值創造的「被動的」條件。自然力越是替代人力，包含在商品中的勞動耗費就越少，該商品的價值就越小，因此把機器的作用等同於價值創造是荒謬的。然而，把機器的作用看作是價值創造的「條件」，我認為在理論上仍然是不成立的。如前所述，機器使用的目的在於「自然力替代人力」，其作用是減少人類的勞動耗費。機器的使用及其自然力的貢獻在廣度和深度上的發展，意味著人類勞動在廣度和深度上的淡出。可見，機器的作用並不是「創造價值」的條件，而是「減少價值」的條件，是「價值消亡」的條件。

然而，面對自然力替代人力的發展趨勢，人們自然會提出以下質疑：既然機器設備可替代人並完成和人一樣的勞動，當人的勞動在創造價值時，替代人勞動的機器設備或固定資本為什麼就不能同樣創造價值呢？因此，「既然我們認定了勞動具有價值生產屬性，就沒有理由把代替工人進行同樣勞動的機器設備排除在價值生產之外。」② 這個質疑並非沒有道理。參與了使用價值創造的機器為什麼就不能參與價值創造呢？這個反問是「勞動價值論」必須回答的問題。僅用「混淆了價值和使用價值」來回答，是不能讓「要素價值論」者心悅誠服的，因為這種「混淆」在他們看來並不是錯誤，而正是「要素價值論」的理論基點。因此，要回答這個問題，必須找到另外的理論依據。

二、自然力的貢獻是無償的

為什麼機器沒有參與價值創造？我的回答是：自然力的作用和貢獻是不能被計入「價值」的，因為「價值」不僅僅是一種耗費，而且是一種「有償」的耗費。寓於機器之中並用以替代人力的自然力是「無償」的，因而機器提供的貢獻並不創造價值。

---

① 馬克思. 資本論：第 1 卷 [M]. 北京：人民出版社，1975：423, 413, 428, 473, 483, 471, 488.
② 劉有源, 田輝玉. 論自然力價值及價值論整合——兼與胡鈞、魏煥信、衛興華、周駿等救援商榷 [J]. 湖北經濟學院學報, 2004（2）：13-19.

事實上，馬克思對於自然力的「無償」性質曾有過非常清醒的認識：「我們已經知道，由協作和分工產生的生產力，不費資本分文。這是社會勞動的自然力。用於生產過程的自然力，如蒸汽、水、等等，也不費分文」「電流作用範圍內的磁針偏離規律，或電流繞鐵通過而使鐵磁化的規律一經發現，就不費分文了」「如果不算機器和工具兩者每天的平均費用……，那麼，它們的作用是不需要代價的，同未經人類加工就已經存在的自然力完全一樣」「機器的生產作用範圍越是比工具大，它的無償服務的範圍也就越是比工具大。只有在大工業中，人才會讓自己過去的、已經物化的勞動的產品大規模地、像自然力那樣無償地發生作用」「利用蒸汽機進行生產的工廠主，也利用那些不費他分文就會增加勞動生產率的自然力」「各種不費分文的自然力，也可以作為要素，以或大或小的效能並入生產過程。它們發揮效能的程度，取決於各種方法和科學進步，這些也是不花費資本家分文的」①。

在馬克思之前，李嘉圖也意識到了機器不創造價值的原因，他說：自然力和機器提供的服務之所以「不會使交換價值有絲毫增加」，是「由於它們做工不需要費用」。馬克思說李嘉圖的這個見解「是正確的」，但馬克思同時指出，李嘉圖「把機器和自然力完全混為一談」則是錯誤的②。李嘉圖雖然意識到了「不費分文」就沒有價值，但他並不清楚「不費分文」的是機器還是自然力。馬克思說：「機器是有價值的，它本身是過去勞動的產物」；但是，機器只是轉移這部分價值，並不創造新價值，因為「自然力不費分文；它們進入勞動過程，但是不進入價值形成過程」「自然力本身沒有價值。它們不是人類勞動的產物。」③ 可見，馬克思不僅意識到了「不費分文」的東西沒有價值，而且正確地揭示了機器不創造價值的原因並不在於機器本身是否有價值，而是在於「自然力不費分文」。

機器的發明和創新與人類的勞動有關，這種勞動應當創造價值。但是，當機器投入使用並且這種使用已經普及化之後，尤其是「用機器來生產機器」發展到「用機器來發明機器」之後，除了轉移自身的價值之外，機器的使用不會在商品中注入新的價值。機器轉移到新產品中的價值，僅限於生產機器所耗費的勞動的那一部分（按折舊），並不包括機器作為自然力的無償貢獻，也就是說，自然力減少人類勞動的貢獻是不「計價」的。實際上，使用機器的意義並不是轉移「舊價值」，而是減少勞動，否則，採用機器還有什麼意義可言？「要素價值論」雖然看到了自然力的「替代」作用，但由於他們並不明白自然力的無償貢獻是不「計價」的，不理解自然力的作用是減少了勞動從而減少了價值，因而才會得出機器創造價值的結論。

100多年以前，馬克思就做出了「勞動生產率與單位商品價值成反比」的著名論

---

① 馬克思. 資本論：第 1 卷 [M]. 北京：人民出版社，1975：424-425；馬克思. 資本論：第 3 卷 [M]. 北京：人民出版社，1975：725；馬克思. 資本論：第 2 卷 [M]. 北京：人民出版社，1975：394.

② 馬克思. 資本論：第 1 卷 [M]. 北京：人民出版社，1975：425.

③ 馬克思，恩格斯. 馬克思恩格斯全集：第 47 卷 [M]. 北京：人民出版社，1979：569、513、569.

斷，遺憾的是，這個「反比論」所包含的「自然力的耗費不被計入價值」的命題，卻沒有引起後人的應有重視。為什麼「自然力不費分文」沒有引起人們的關注呢？馬克思說：「大工業把巨大的自然力和自然科學並入生產過程，必然大大提高勞動生產率，這一點是一目了然的。但是生產力的這種提高並不是靠在另一地方增加勞動消耗換來的，這一點卻絕不是同樣一目了然的。」① 自然力的貢獻提高了生產率，這是「一目了然的」；但自然力的貢獻是「無償」的（即「不是靠在另一個地方增加勞動消耗換來的」），卻未必「是同樣一目了然的」。這恐怕正是「自然力不費分文」被忽略的原因所在。

順便指出，雖然機器不能等同於自然力（前者是過去勞動的產物），但是「機器包含的勞動越少，它加到產品上的價值也就越小。它轉移的價值越小，它的生產效率就越高，它的服務就越接近自然力的服務。」② 在這個意義上，我們可以把機器的作用等同於自然力的貢獻。

既然自然力的作用和貢獻不能被計入價值，那麼為何會有「機器創造價值」的強烈幻覺呢？我認為大概有以下原因：①機器的使用雖然沒有增加勞動耗費，但卻增加了自然力的耗費；自然力的作用雖然與「價值創造」無關，但卻對財富的創造做出了越來越大的貢獻。由於價值這個概念具有「耗費」和「貢獻」的含義，因而許多人也就誤將機器及其自然力的耗費等同於人類勞動的耗費，認為機器也在創造價值。②把自然力的耗費等同於人類勞動耗費，從而把機器的貢獻歸入價值創造，這樣就可以為機器的所有者佔有這部分貢獻提供理論上的依據。於是，問題就不僅僅是「機器創造價值」的幻覺是否成立，而是在於自然力的貢獻應當歸誰佔有？

如果剔除發明、創造機器所耗費的人類勞動，機器普及後所提供的無償服務是自然力的貢獻。如果說自然力的貢獻並沒有耗費人類勞動，那麼資本家對自然力貢獻的無償佔有就不再是對勞動者的「剝削」，而是對自然力的「剝削」。然而，問題並不在於資本家是否「剝削」了自然力，而是在於自然力的無償貢獻是否應當歸資本家獨占？按照「要素價值論」和「要素報酬論」的邏輯（即「誰生產就應當歸誰所有」），資本家獨占自然力的無償貢獻是合理的。然而，誠如左大培所質疑的那樣：如果「誰生產就應當歸誰所有」的原則成立，那麼自然力的貢獻就應當歸自然力本身（土地、機器和資本），而不應當歸資本家獨占③。顯然，資本家之所以能獨占自然力的貢獻，並非在於「誰生產就應當歸誰所有」，而是在於「誰投資就應當歸誰所有」——這是「要素所有權」的結果，而並非「要素價值論」的證明。

其實，依據「價值創造」的原理而不是所有權的邏輯，自然力的「無償」貢獻既

---

① 馬克思. 資本論：第1卷 [M]. 北京：人民出版社，1975：424.
② 馬克思. 資本論：第1卷 [M]. 北京：人民出版社，1975：427.
③ 左大培. 勞動價值論的科學地位 [J]. 經濟學動態，2003（2）：31-35.

然不可能歸自然力本身，它就應當歸全體社會成員所共享。然而，由於生產資料私有制的邏輯，自然力的貢獻卻被少數人「無償」地佔有了。在現有的生產力水準下，機器還不足以將人力完全排擠出財富的創造活動之外，自然力的貢獻還未能達到讓全體社會成員免費共享的程度，所以決定自然力無償貢獻歸誰佔有的依據就只能是生產資料所有權。正如馬克思所說：在資本主義制度下，「自然力作為勞動過程的要素，只有借助機器才能佔有，並且只有機器的主人才能佔有。」[①] 不過，把全體社會成員應當共享的東西據為己有，即便這些東西沒有耗費人類的勞動，恐怕也是對他人的一種剝削。

需要說明的是，在勞動仍是謀生手段的市場經濟社會，雖然自然力的貢獻首先只能根據私有制的分配原則歸資本家佔有，但完全獨佔這部分貢獻卻是資本家力不能及的。在價格下降的意義上，大多數人仍能在市場法則的基礎上有限地共享自然力的無償貢獻。而且我認為，隨著科技水準的不斷提高，這種「共享」的範圍會越來越大，程度會越來越深。此外，自然力的「免費」和「無償」作用應當從相對的意義上來理解，因為科技創新在初始階段只是給創新者帶來了超額利潤，一旦普及才是「無償」和「免費」的。

三、價值的本質

兩個多世紀以來，「要素價值論」和「要素報酬論」對「勞動價值論」的挑戰一直沒有停止過。隨著科技的發展、機器的運用和自動化的普及，這種挑戰於今為烈。面對挑戰，不少學者試圖從「勞動外延的擴大」或「總體勞動」的視角，來論證機器也是人類勞動的產物——以此證明機器的作用最終也是勞動耗費的間接體現。這個回答雖然在邏輯上貫徹了勞動價值論，但卻必須面對如下追問：機器的發明創造固然是人類勞動的產物，然而在人力與自然力此消彼長的今天，機器越來越表現為一種外在於勞動的自然力在發揮作用。總而言之，如果自然力最終取代人力是不可抗拒的發展趨勢，那麼「勞動創造價值」又何以可能？正所謂「皮之不存，毛將焉附」，如果機器作用的凸顯也就意味著勞動耗費的縮減，那麼「日益縮減的勞動」又如何為價值的存在提供「本體論」意義上的依據？

商品和服務的「有用性」（效用）是價值存在的條件，沒有用的東西是沒有價值的。但是，「有用」並不等於有價值，因為價值的本質在於「有償性」。「有用」而「無償」是沒有價值評價必要的，否則免費的空氣也會有價值（如果將來空氣需要付費，那麼空氣也就具有了價值）。正如馬克思說：「直到現在，還沒有一個化學家在珍珠或金剛石中發現交換價值。」[②] 為什麼？因為價值的本質不是物，而是社會對人的貢

[①] 馬克思, 恩格斯. 馬克思恩格斯全集：第 47 卷 [M]. 北京：人民出版社, 1979：569.
[②] 馬克思. 資本論：第 1 卷 [M]. 北京：人民出版社, 1975：100.

獻的一種評價，也就是馬克思再三強調的「人與人的關係」。

把勞動價值論的硬核鎖定在「勞動創造價值」的命題上，這一點不會有什麼歧義。然而，若把勞動價值論看作「對人類貢獻的一種社會評價」，許多人就未必能理解了。正如左大培先生所說：「勞動價值論本質上是一個為人類發展而設置的評價體系，它在評價個人對社會的作用上將勞動看作唯一因素」①。我認為，在把握勞動價值論含義的各種認識中，左大培對價值的解讀是非常深刻的。人是價值評價的出發點和歸宿。離開了人類及其勞動耗費，一切所謂的價值評價都是毫無意義的。作為一種社會評價，價值只能是對人力「有償」耗費的評價，即使今天我們把「環境污染」納入評價範圍，本質上也是以對人類的損害（有償耗費）為依據的。

既然自然力的無償貢獻並不計入價值，那麼一旦自然力完全取代人力，衡量人類勞動耗費的價值概念也就不復存在了。馬克思似乎預見到了自然力替代人力將導致「勞動」和「價值」的消亡，他的以下論述值得我們深思：

（1）「勞動創造財富」是一個歷史概念：隨著自然力逐漸替代人力，「在這個轉變中，表現為生產和財富的宏大基石的，既不是人本身完成的直接勞動，也不是人從事的勞動時間」「正如隨著大工業的發展，大工業所依據的基礎——佔有他人的勞動時間——不再構成創造財富一樣，隨著大工業的這種發展，直接勞動本身不再是生產的基礎」②。總而言之，隨著自然力替代人力，勞動在財富生產中的作用將會越來越小，最終不再構成創造財富的基礎。

（2）隨著勞動在財富創造中的作用的淡化，價值將趨於消亡：「一旦直接形式的勞動不再是財富的巨大源泉，勞動時間就不再是，而且必然不再是財富的尺度，因而交換價值也不再是使用價值的尺度……於是以交換價值為基礎的生產便會崩潰」。因此，未來社會的「財富尺度決不再是勞動時間，而是可以自由支配的時間。以勞動時間作為財富的尺度，這表明財富本身是建立在貧困的基礎上的」。可見，「社會勞動確立為資本和雇傭勞動對立的形式，是價值關係和以價值為基礎的生產的最後發展。這種發展的前提現在是而且始終是直接勞動時間的量，已耗費的勞動量是財富生產的決定因素。但是，隨著大工業的發展，現實財富的創造較少地取決於勞動時間和已耗費的勞動量……相反地卻取決於一般的科學水準和技術進步，或者說取決於科學在生產上的運用。」③「勞動是財富生產的決定因素」是「價值關係」存在的前提，當勞動不再是財富創造的決定因素時，價值關係也就走到了盡頭——而這又取決於科技發展所導致的自然力對人力的替代。換言之，一旦「直接形式」的勞動不再是財富的源泉，勞動時間作為交換尺度的使命也就完成了，價值概念也就消亡了。

---

① 左大培. 勞動價值論的科學地位 [J]. 經濟學動態，2003（2）：31-35.

② 馬克思，恩格斯. 馬克思恩格斯全集：第 46 卷下 [M]. 北京：人民出版社，1980：218，222，218，222，217，218-219，225-226，208-209.

③ 同②.

問題在於，如果自然力替代了人力，勞動不再是謀生的手段，人類會不會因無所事事而墮落呢？在馬克思看來，這種擔心是不必要的：因為隨著價值關係的崩潰，「直接的物質生產過程本身也就擺脫了貧困和對抗的形式。個性得到自由發展……那時，與此相適應，由於給所有的人騰出了時間和創造了手段，個人會在藝術、科學等方面得到發展」；「節約勞動時間等於增加自由時間，即增加使個人得到充分發展的時間」①，這種「自由時間」由「閒暇時間」和「從事較高級活動的時間」構成。

然而，人們可能會問，如果勞動不再是財富的源泉，那麼勞動不就成了一個歷史範疇了嗎？那麼我們又怎樣解讀馬克思的以下論述：「勞動過程……是人和自然之間的物質變換的一般條件，是人類生活的永恆的自然條件，因此，它不以人類生活的任何形式為轉移，倒不如說，它是人類生活的一切社會形式所共有的。」② 我認為，對上述論述應當辯證理解。馬克思把被自然力替代的勞動稱為「直接形式的勞動」，這意味著人類在「直接形式的勞動」消亡之後，還將存在著「間接形式的勞動」，後者也就是馬克思所說的「藝術和科學」等較高級的活動。因此，雖然那種需要用價值來計量的「直接形式的勞動」消亡了，但是，那種無須價值計量的「間接形式的勞動」——個人在「藝術和科學」領域的自由發展，則構成了人類謀生的手段和存在的意義。正是在「間接形式」的意義上，馬克思才把勞動看作永恆的範疇。而在「直接形式」的意義上，勞動則是歷史的範疇。

四、勞動價值論向何處去

如果科技的發展使自然力完全取代了人力，勞動的必要性也就消失了，那麼「勞動創造價值」還能不能夠成立？我的看法是：

（1）只要自然力還未完全取代人的腦力和體力，勞動就仍然是「謀生的手段」，衡量商品價值大小的就只能是人類一般勞動。對於人類而言，勞動耗費是源於自身的一種成本支出，是要付費的；而「自然力」則是外在於人類的一種「天賜」，本質上是「無償」和「免費」的。顯然，免費的東西不具有價值的比較意義，是不可能成為價值內涵的。因此，儘管與自然力相比，人力在財富的生產過程中所占比重會越來越小，但「免費」的自然力不論其所占比重提高到多少，都不具有價值比較上的意義，價值的內涵只能是勞動。

（2）科技的發展使自然力「無償服務」的範圍越來越廣：從半自動化向全自動化擴展，從局部自動化向整體自動化擴展，從個別行業向全部行業擴展，從體力勞動向腦

---

① 馬克思，恩格斯. 馬克思恩格斯全集：第46卷下 [M]. 北京：人民出版社，1980：218，222，218，222，217，218-219，225-226，208-209.

② 同①.

力勞動擴展，從生產勞動向非生產勞動擴展，從物質生產領域向精神生產領域擴展。伴隨著這種變化，人類社會中的免費商品和無償服務將會越來越多，與今天的社會福利相比，其廣度和深度會極大地拓展。「免費」和「無償」是違背市場法則的，免費商品和無償服務的增加，意味著價值規律作用的範圍趨於縮小，從而價值的存在領域也相應縮小。不過，在付費商品和有償服務的領域，價值規律的作用仍然存在，「勞動創造價值」依然有效。

（3）科技的發展和由此帶來的自然力無償貢獻的範圍的擴大，會越來越凸顯「創新勞動」的重要性。因為自然力無償貢獻的範圍越大，財富的創造就越不需要普通的人類體力和腦力的支出，人類勞動的耗費就會越來越集中在高新技術的「創新勞動」上。創新勞動的凸顯，既是科技發展的結果，又是進一步推動科技發展的動力。然而，創新勞動通常是由少數專門人才提供的，按「勞動價值論」的邏輯訴求，由此創造的價值在分配上必然向少數專門人才傾斜。於是我們看到：其一，創新勞動與普通勞動之間的收入差距越來越大。近20多年來，發達國家的收入差距呈發散而不是庫茨涅茲的倒U形收斂趨勢，除了分配制度的原因外，創新勞動的凸顯恐怕也是一個重要的因素。其二，社會對人力資本的重視程度越來越高，對教育和科技的投資，越來越成為各國提升競爭力的重要途徑。創新勞動「地位凸顯」並由此帶來的「收入傾斜」和「社會重視」，再一次證明了「勞動創造價值」的命題。

（4）自然力替代人力不僅對「勞動創造價值」的命題構成了挑戰，而且它使以價值為基礎的市場經濟越來越陷入了深刻的矛盾之中。正如馬克思所說：「資本本身是處於過程中的矛盾，因為它竭力把勞動時間縮減到最低限度，另一方面又使勞動時間成為財富的唯一尺度和源泉。」也就是說：「一方面，資本調動科學和自然力的一切力量，同樣也調動社會結合和社會交往的力量，以便使財富的創造不取決於（相對地）耗費在這種創造上的勞動時間。另一方面，資本想用勞動時間去衡量這樣造出來的巨大的社會力量」①。自然力替代人力使財富的創造越來越不取決於勞動，但是市場經濟中的「經濟人」又不得不用勞動來作為價值的衡量尺度。馬克思不僅看到了自然力替代人力的這個矛盾，而且深刻地指出，這種「替代」是炸毀支撐市場經濟的價值關係「這個基礎的物質條件」②。

勞動價值論並非馬克思頭腦中虛構的產物，而是對市場經濟中人與人的社會關係的本質刻畫和科學把握。馬克思的勞動價值論正確地揭示了商品、市場經濟的本質，這是它的科學性所在，也是它的歷史使命之所在。我認為，勞動價值論的歷史使命在於：其一，在現有的生產力水準下，勞動還是謀生的手段，所以商品的價值就必須且只能以人類勞動（腦力和體力）的耗費為衡量依據，而不能以其他的東西來衡量。不如此，人

---

① 馬克思，恩格斯. 馬克思恩格斯全集：第46卷下 [M]. 北京：人民出版社，1980：219.
② 同①.

們就會像「逃避瘟疫一樣地逃避勞動」，只有以勞動作為價值的衡量依據，並在「價值」這只「看不見的手」的召喚和驅使下，人類才會「努力」地去勞動。其二，在勞動還是謀生手段的市場經濟中，勞動價值論的意義就在於對勞動和勞動者貢獻的肯定。正如李鐵映同志所說：「我們今天討論勞動價值論的目的是什麼？……首先應當突出的是勞動、勞動者！」① 我認為，這也正是價值作為評價人類貢獻的偉大意義所在。

如果自然力全面替代了人力，如果勞動不再是財富的源泉，我們又用什麼來衡量價值呢？不用衡量，也不須衡量，價值概念已經消亡。「勞動價值論」最終也就完成了歷史使命。勞動價值論的存在有兩個前提：一是勞動是財富的源泉；二是市場交換的存在。自然力全面替代人力後，這兩個前提將不復存在：首先，在財富的創造過程中，自然力成了財富的源泉，勞動的地位已經淡化甚至可以忽略不計。其次，由於自然力已經能提供豐富的財富，以至於人的勞動也被「廢」掉了，勞動不再是謀生的手段，於是，斤斤計較的市場交換也就沒有存在之必要了，沒有市場交換，價值的存在又何以可能？這時，人類的腦力和體力將不再耗費在通過市場交換才能實現的財富生產上，而是耗費在自我精神的提升和完善上（這種耗費並不遵循市場法則）。可見，雖然自然力成了財富的源泉，但這種財富無須通過價值來表現，如同勞動概念的消亡一樣，價值概念也消失了。

如果勞動不再是人類謀生的手段，昔日的勞動者將依靠什麼維生？看來，私有制的遊戲規則解決不了這個問題，一旦勞動的必要性消失，支配人類社會幾千年的遊戲規則就必須而且一定要發生改變。雖然改變的具體細節我們今天很難把握，但基本原則至少有兩點：其一，生產資料公有制。當全體社會成員都成為自然力的所有者，都能共享自然力的無償貢獻，那麼一個「自由人聯合體」的公有制社會也就誕生了，我們已經習慣了幾千年的私有制社會也就必然消亡——這顯然是那些奉「經濟人」、私有制、市場經濟為聖經的人們所不能理解的，但邏輯的推理就是這樣。其二，按需分配。勞動已不再是「謀生手段」，分配又怎麼「按勞」？「按需」當然要有物質基礎，這個物質基礎就是「自然力全面替代人力」。如果自然力不能提供「按需分配」的物質基礎，那麼人的勞動就仍然必要，勞動就（部分）還是謀生的手段。因此，只要自然力替代人力是人類社會發展的必然趨勢，那麼馬克思預測的共產主義社會就一定會出現。這是不以人的意志為轉移的客觀規律。

在市場經濟消亡的背景下，馬克思的勞動價值論也就退出了歷史舞臺——這並非表明馬克思的勞動價值論不是科學的理論，而是由於馬克思的勞動價值論已經完成了自己的歷史使命。否定「勞動價值論」的人意識到了機器替代勞動後，自然力成為財富創造的源泉，但卻不知這種變化不僅意味著「勞動」的消失，也意味著「價值」的消亡；特別是，他們更無法理解，與此一同消亡的，還有私有制和市場經濟。如果私有制和市場經濟不退出歷史舞臺，勞動價值論就不會失效；如果不承認私有制和市場經濟是歷史範疇，那麼任何對勞動價值論的質疑都是可笑的。

---

① 李鐵映. 關於勞動價值論的讀書筆記 [J]. 特區實踐與理論，2003（9）：4-13，18.

第十七章　不能脫離馬克思的理論框架來發展勞動價值論[①]

一、國內馬克思勞動價值論研究最新形成的八種價值論

《資本論》的重要理論基石是馬克思的勞動價值論。馬克思在勞動價值論的基礎上建立起包括剩餘價值理論、生產價格理論、分配理論、危機理論在內的馬克思經濟學理論體系。作為指導中國經濟改革的重要經濟理論，《資本論》仍然具有重要的現實意義。近年來，在《資本論》研究，特別是馬克思勞動價值論研究方面，儘管呈現百花齊放的局面，但不乏理論困惑的存在。

歸納國內外學者的觀點，可以將馬克思勞動價值論的最新研究劃分為八個方面：廣義活勞動價值論、物化勞動價值論、多元價值論（或泛價值論）、歷史局限性的勞動價值論、廣義勞動價值論、整體勞動價值論、統一勞動價值論、非勞動價值論。讚成廣義活勞動價值論的學者認為，「凡是直接為市場交換而生產物質商品和精神商品，以及直接為勞動力商品和再生產服務的勞動，其中包括自然人和法人實體的內部管理勞動及科技勞動，都屬於創造價值的勞動或生產勞動。」[②] 物化勞動價值論的擁護者認為，「按照傳統的觀點，認為物化勞動只能轉移價值，不能創造價值，這是一種嚴重的理論扭曲」。「物化勞動與活勞動共同創造相對剩餘價值，簡稱創造價值。」[③] 而在多元價值論的擁護者看來，「財產和商品的源泉與其價值的源泉必然是一致的，它們都是包括勞動、資本、技術、管理和自然資源等多要素共同創造的，多元財產論在這種條件下也就是價值多元論。」[④] 即「土地、機器也能夠創造價值。」[⑤] 歷史局限性的勞動價值論的擁護者認為，馬克思的勞動價值論在反對封建主義和資本主義的鬥爭中發揮了重要作用，但在社會主義現代化建設的條件下，這一理論具有一定的歷史局限性，因此，應發展一種建設時期

[①] 本章選自：蔣南平，崔祥龍. 不能脫離馬克思的理論框架來發展勞動價值論 [J]. 經濟縱橫，2013（10）：9-12，51.

[②] 程恩富，汪桂進. 價值、財富與分配「新四說」[J]. 經濟經緯，2003（5）：1-5.

[③] 錢伯海. 關於深化勞動價值認識的十個問題 [J]. 理論前沿，2002（7）：36-38.

[④] 晏智杰. 應當承認價值源泉與財富源泉的一致性 [J]. 北京大學學報（哲學社會科學版），2003（2）：24-26.

[⑤] 劉有源. 論機器、土地為什麼創造價值暨泛價值論 [J]. 經濟評論，2004（5）：36-40.

的勞動價值論來指導當代中國改革實踐①。而廣義勞動價值論的擁護者認為，馬克思的勞動價值論所指的勞動內涵與當代已有很大區別。在當代，不光是物質生產勞動創造價值，第三產業的勞動都可以創造價值。整體勞動價值論則將勞動劃分為勞動主體及勞動客體，認為勞動主體即勞動者與勞動客體即生產資料共同創造價值。「缺少活勞動的勞動是不存在的，缺少物化勞動的人類勞動也是不存在的。」② 為了契合西方經濟學的價值論與馬克思勞動價值論，一些學者提出統一勞動價值論，認為「把勞動價值論與均衡價格論結合起來，因而勞動的價值規律和市場供求規律融為一體，本質與現象表裡如一，費用與效用自然結合，主觀與客觀一致，抽象與具體合一，供給與需求均衡，價值決定與價值實現統一。」③ 而非勞動價值論的擁護者基本上不贊成馬克思的勞動價值論，並提出建立旨在從道德上批判資本主義的非勞動價值論及其剝削理論④。

　　面對上述眾多的價值論，哪些符合馬克思的勞動價值論，哪些背離了馬克思的勞動價值論，的確使人困惑。如果不解除這些困惑，馬克思的勞動價值論——《資本論》的基石就會動搖，甚至危及馬克思主義經濟學的整個理論體系。更重要的是，不斷發展的中國經濟改革急需發展著的馬克思主義經濟學的理論指導，而理論的混亂必然導致實踐無所依從，並陷入盲目發展的境地。中國當前的改革遇到的一些困難，在實踐中受到的一些挫折，無不與我們的理論薄弱有關。

二、需要科學判斷四個學派是否符合馬克思勞動價值論的理論框架

　　出現眾多價值論的原因在於經濟社會隨著時代發展產生了重大變化。例如，社會生產部門的增多或擴大，使勞動者在新的生產部門中提供的勞動形式、種類比馬克思時代大為豐富，從而為廣義活勞動價值論和廣義勞動價值論的產生提供了前提。中國市場經濟中大量商品的湧流和利益格局的調整，使物化勞動價值論和泛價值論成為中國按生產要素貢獻分配的理論依據。世界經濟一體化的現實，使一些學者力圖淡化馬克思勞動價值論的社會屬性，從而提出革命的勞動價值論或歷史局限性的勞動價值論。面對西方經濟理論對馬克思勞動價值論的挑戰及中國市場經濟的現實，一些學者站在折中的立場，希望在西方經濟學的價值理論與馬克思勞動價值論之間找到平衡，將兩種價值理論融合在一起，從而形成整體勞動價值論和統一勞動價值論，認為「勞動價值論概念並沒有

---

　　① 晏智杰. 勞動價值論：反思與爭論 [J]. 經濟評論, 2004 (3)：3-5.
　　② 崔佳斌. 本義整體勞動價值論引論 [J]. 經濟評論, 2003 (4)：16-21.
　　③ 楊萬銘. 對勞動價值論的世紀沉思 [M] //全國高等財經院校《資本論》研究會. 中國《資本論》年刊：第一卷. 成都：西南財經大學出版社, 2003：25.
　　④ 羅默. 在自由中喪失——馬克思主義經濟哲學導論 [M]. 北京：經濟科學出版社, 2003：42.

第十七章 不能□克思的理□框架□展□值

错，但参与完成价值创造的并非人耗单要素，而是人物力、智体力、耗费创造、产需结合的全要素劳动。」① 「引入稀少性概念，使用价值理论与效用价值理论就没有多少差别了。因此马克思劳动价值论不仅能被用来研究西方经济学难以说清楚的生产关系，而且也能被用来研究似乎只有西方经济学才能研究清楚的生产力问题。」② 当然，非劳动价值论则直接与马克思劳动价值论对立。

这八种劳动价值论可以归为四大学派：一是拓展派，包括广义活劳动价值论、物化劳动价值论、广义劳动价值论；二是综合派，包括统一劳动价值论、多元价值论；三是质疑派，包括历史局限性的劳动价值论、整体劳动价值论；四是否定派，主要是指非劳动价值论③。实际上，无论哪一个学派的哪一种理论，只要偏离了马克思的劳动价值论，其内容或多或少都会曲解马克思的劳动价值论，都会动摇《资本论》的基石。

马克思的劳动价值论认为，商品具有使用价值和价值，使用价值是商品的自然属性，价值是商品的社会属性。价值是一个历史范畴，它是资本主义生产方式下雇佣劳动者活劳动创造的。使用价值由具体劳动创造，价值由抽象劳动创造。价值实体是无差别的人类劳动。价值量由社会必要劳动时间决定，这种社会必要劳动时间是「在现有的社会正常的生产条件下，在社会平均的劳动熟练程度和劳动强度下制造某种使用价值所需要的劳动时间」④。价值形式可由交换价值、货币形式或价值决定的价格来表现。「交换价值只能是可以与它相区别的某种内容的『表现形式』。」⑤ 价值的本质是生产关系，即人们之间交换劳动所形成的社会关系。劳动力在资本主义生产关系下成为商品，具有使用价值与价值。劳动力特殊的使用价值，使雇佣劳动成为剩余价值的源泉。价值规律是商品社会的基本规律，价值规律的作用使资本主义经济社会的基本矛盾无法自行消除。

新的价值理论是不是发展的马克思劳动价值论，必须要把握几个关键点：第一，要符合马克思劳动价值论内涵的原意；第二，要有严谨的治学态度；第三，要正确地创新。这就要求学者们必须首先搞清楚马克思的原意，避免在理论内涵及范畴上引起曲解、歧义，造成自身的理论谬误。其次，要求学者们不能将马克思未说的或提到但不完全的观点强加给马克思，也不能对马克思劳动价值论的原理进行断章取义，更不能将当代社会出现的马克思劳动价值论涵盖不了的经济内容，硬性纳入马克思劳动价值论的理论框架。最后，要求学者们在正确理解马克思劳动价值论的基础上，秉承其方法、内涵和范畴去发展和拓展。否则，既不是坚持和发展马克思劳动价值论，又会损害和歪曲马克思的劳动价值论，动摇《资本论》的基石。

---

① 崔佳斌. 本义整体劳动价值论引论 [J]. 经济评论，2003（4）：16-21.
② 李松龄. 生产力与生产关系新论 [M] //全国高等财经院校《资本论》研究会编. 中国《资本论》年刊：第三卷. 成都：电子科技大学出版社，2005：18.
③ 蒋南平.「劳动价值论」的最新研究进展 [J]. 江汉论坛，2007（2）：41-46.
④ 马克思，恩格斯. 马克思恩格斯全集：第23卷 [M]. 北京：人民出版社，1972：52.
⑤ 马克思. 资本论：第一卷 [M]. 北京：人民出版社，1975：49.

因此，筆者認為，非勞動價值論不符合馬克思勞動價值論的理論框架，完全與馬克思勞動價值論相對立。廣義活勞動價值論承認了馬克思活勞動創造價值的觀點，根據當代社會出現的第三產業中活勞動表現的新形式，擴大了活勞動的範圍，是在勞動創造價值方面對馬克思勞動價值論的拓展。廣義勞動價值論與廣義活勞動價值論有相似之處，只是更加強調新的普遍出現的知識勞動、管理勞動、服務勞動也創造價值，進一步擴大了創造價值的勞動的範圍。物化勞動價值論認為，物化勞動是當前活勞動的凝結，也屬於活勞動，所以也創造價值。「物化勞動肯定是本期生產的，是本期活勞動的物化」「因此講物化勞動創造剩餘價值，歸根到底還是活勞動創造的。」① 這種對「活勞動」的拓展是不妥當的。因為儘管「活勞動」是本期的，可是物化勞動既可以是本期活勞動的物化，也可以是往期活勞動的物化。特別是馬克思對活勞動與物化勞動有明確區分，二者各有不同的內涵，不能將兩者混同起來。因此，物化勞動價值論對「活勞動」的拓展不符合馬克思的勞動價值論。歷史局限性的勞動價值論突出強調價值論的現代社會性，淡化其歷史性，實際是不承認馬克思勞動價值論乃至《資本論》的現實作用。而在當前中國社會主義市場經濟中，馬克思的勞動價值論乃至《資本論》正是解決商品、貨幣、經濟發展等問題的根本性理論，因而歷史局限性的勞動價值論也是欠妥的。整體勞動價值論將勞動創造價值或「活勞動」創造價值分解為勞動主體與勞動客體共同創造價值，這嚴重不符合馬克思的原意。勞動客體是指生產資料等勞動條件，勞動主體是指勞動者，勞動是勞動者的勞動力消耗過程。整體勞動價值論存在概念及邏輯上的錯誤。統一勞動價值論試圖將馬克思勞動價值論與西方經濟學的效用價值論融合起來，這也是不妥當的。因為兩者的理論範疇根本不同，而且效用價值論早已受到馬克思的批評。統一勞動價值論實際上是以西方經濟學的效用價值論及薩伊的「三位一體」公式為根據的，與馬克思的勞動價值論嚴重背離。由分析可知，只有廣義活勞動價值論符合馬克思勞動價值論的理論框架，是對馬克思勞動價值論中「活勞動創造價值」的拓展。而廣義勞動價值論基本符合馬克思勞動價值論的理論框架，但由於未能說明知識勞動、管理勞動、服務勞動也屬於活勞動的一種具體形式，因而容易被人們誤解，認為這些勞動形式是作為抽象勞動而「創造價值」的。

三、推進中國經濟健康快速發展必須堅持與發展馬克思勞動價值論

推進中國經濟的健康快速發展是實現中華民族偉大復興的重要途徑。然而，中國經濟社會發展面臨的許多問題，如人口、資源、環境之間的矛盾，產業結構調整，收入分配問題，等等，都需要通過正確的理論思維進行「頂層設計」來解決。而馬克思主義

---

① 錢伯海. 關於深化勞動價值認識的十個問題 [J]. 理論前沿，2002（7）：36–38.

第十七章 不能　　克思的理　框架　展　值

經濟學的研究對象正涉及宏觀經濟社會的相關內容。因此，馬克思的勞動價值論作為馬克思主義經濟學的主要著作——《資本論》的基石，必然要發揮重要作用。

馬克思的經濟理論直接影響我們處理當前經濟社會重大問題的政策導向。就這個意義而言，必須堅持馬克思勞動價值論不動搖。實際上，近年來，中國理論與實踐中出現的一些偏差，都或多或少與背離馬克思勞動價值論有關。在理論上，一些創新成果拋棄了馬克思勞動價值論的原有框架，脫離了馬克思勞動價值論的內涵，加入了一些不屬於馬克思勞動價值論的觀點，甚至把馬克思曾經批判過的觀點解釋為馬克思勞動價值論或嫁接在馬克思勞動價值論之上。這使馬克思主義經濟學的理論範疇或多或少地變換了原有面目，而且形成了所謂「新的馬克思主義經濟學」內容。這些內容還大量出現在教科書上，讓人感到擔憂。如，有的教科書未加特別說明，就認為「服務勞動創造價值」「知識勞動創造價值」「管理勞動創造價值」[1]。這就容易使人產生這樣的迷惑：這些勞動是抽象勞動嗎？如果是，那麼抽象勞動難道是有差別的人類勞動？如果不是，那麼它們就只能創造使用價值，而不是創造價值。因此，應該說明這些勞動都是活勞動的表現形式及範疇，具有勞動二重性，既創造使用價值，又創造價值，這樣才不會使人迷惑。又如，有的教科書在否認價值是一種歷史範疇的同時，否認資本也是一種歷史範疇：「雖然不能認為資本是一個自古就有的永恆的存在物，但也絕對不是一個特定的歷史範疇」[2]。而且認為資本也不是「能夠帶來剩餘價值的價值」，而是「社會經濟生活中能夠創造財富、實現價值增殖的客觀存在」[3]，因此「資本存在任何經濟社會的一般屬性」，也存在某一經濟社會才有的「特殊屬性」，由此可以有「資本主義資本」和「社會主義資本」[4]。筆者認為，這些都是不符合馬克思勞動價值論及資本理論內涵的，資本只能是資本主義社會的特定歷史範疇。中國當前社會中存在的資本，是由社會主義初級階段的國情決定的。社會主義建設過程中的資本會逐漸喪失資本的功能，從而完成資本這種價值或生產關係的歷史使命。再如，在馬克思勞動價值論基礎上建立的社會主義分配理論，被一些學者解讀為：社會主義分配制度應當是按勞分配與按生產要素分配相結合[5]。實際上，馬克思在勞動價值論基礎上形成的社會主義分配理論，具有特定的內涵，且在《哥達綱領批判》中闡述得十分清楚。按生產要素分配理論是馬克思早已批判過的薩伊「三位一體」公式的理論闡釋，這兩種理論是互相對立的，不可能結合。中國當前實行的按勞分配為主體、多種分配方式並存的分配制度是合理的，也是由社會主義初級階段的國情決定的，但也僅僅強調是按勞分配與其他分配方式「並存」，而不是「結合」。

---

[1] 劉詩白. 政治經濟學 [M]. 成都：西南財經大學出版社，2011：40-45.

[2] 李清娥，李富田. 政治經濟學 [M]. 成都：西南財經大學出版社，2009：63.

[3] 李清娥，李富田. 政治經濟學 [M]. 成都：西南財經大學出版社，2009：74.

[4] 劉詩白. 政治經濟學 [M]. 成都：西南財經大學出版社，2011：54.

[5] 劉詩白. 政治經濟學 [M]. 成都：西南財經大學出版社，2011：5.

正因為理論上存在許多的誤區，從而直接導致我們在實踐中的一些失誤。例如，在歷史局限性的勞動價值論的影響下，一些人否認馬克思主義經濟學的指導作用，使馬克思主義經濟學邊緣化。這表現在一些高校不再開設馬克思主義經濟學課程，而只開設西方經濟學課程，以及在進行重大經濟問題的決策時，不再以馬克思《資本論》原理為依據，等等。又如，在物化勞動價值論、泛價值論的影響下，一些人混淆價值與價格的區別，在經濟發展中浪費資源、污染環境、片面追求GDP、過度金融化，導致大量經濟泡沫產生。在非勞動價值論的影響下，一些人在實踐中反對馬克思的勞動價值論。還有一些學者根據統一勞動價值論，力圖綜合馬克思勞動價值論與西方經濟學的均衡價值論，結果在實踐中導致種種經濟矛盾。同時，對《資本論》理論基礎的誤解還導致實踐中出現一些較為嚴重問題。例如，一些人在實踐中無視資本的社會屬性，忽視資本也是勞動價值的實質，不是通過社會生產累積資本，而是通過「經營資本」「運作資本」來使資本增殖，直接或間接引發資本泡沫、金融泡沫、通貨膨脹、國有資本損失或流失等嚴重問題。又如，在實踐中，一些公有經濟的管理者憑藉公有企業的優勢地位，人為形成收入分配的巨大差距，這也是由「按勞分配與按要素分配結合」的理論誤解造成的實踐問題。實際上，公有企業的生產資料屬於公有，任何人都不能將企業的資產視為自己的財產，把自己看作生產要素的擁有者。因此，公有企業在分配上只能按勞分配，不能通過按生產要素分配來獲得不合理的高額收入，形成巨大的社會收入分配差距。此外，由於一些人在實踐中強調資本的一般性，忽視資本的功能在社會主義建設過程中會逐漸弱化的事實，從而否認公有制企業取得的剩餘價值將取之於民、用之於民，與非公企業取得的剩餘價值的去向和用途有根本區別的事實，掩蓋國有經濟和民營經濟進退問題爭論背後爭奪剩餘價值的實質。筆者認為，如果公有經濟解決了「委託—代理」問題，且真正在公有經濟中實行「按勞分配」，那麼公有經濟取得的剩餘價值是越多越好。

　　綜上，筆者認為，我們需要重新審視過去理論與實踐方面的偏差，堅持和發展勞動價值論。應繼續發展馬克思主義經濟學，並借鑑西方經濟理論的有益成分，做好中國經濟改革的頂層設計和發展戰略的謀劃，不斷強化經濟科學的理論先導作用，推動社會主義現代化建設又好又快的發展，最終實現中華民族的偉大復興。

第十八章　勞動價值實體是市場經濟社會分配的必然客體[①]

——勞動價值論與要素價值論之比較

　　隨著社會主義市場經濟的發展，中國的分配制度也由過去單一的「按勞分配」原則轉變為「按勞分配和按要素分配相結合」的原則。由此引發了學術界對有關價值理論及分配理論的一次熱烈討論。這場討論的焦點在於：承認按要素分配的合法性和合理性，是否說明勞動價值論已經失去其科學性，取而代之的是要素價值論？目前有人認為，既然在實踐中已經確立了按要素分配的合法性，實際上等於證明了要素價值論的科學性，在他們的觀念中反而認為勞動價值論已經越來越難以自圓其說。所以，有必要對價值理論和分配理論進行更深入的研究，在此基礎上釐清價值論特別是勞動價值論與現實分配制度的關係，這對於捍衛馬克思勞動價值論有著非常重要的意義。

一、勞動價值論是商品生產者基本利益關係矛盾運動的必然歷史範疇

　　馬克思為了研究資本主義社會的經濟關係，從資本主義經濟關係的最基本元素——商品入手，在對商品經濟的產生、發展到資本主義商品經濟這種商品經濟的完成形態進行歷史主義研究的基礎上，抽象出商品經濟形式下，人們之間的基本經濟關係體現為簡單商品經濟的基本矛盾：生產商品的社會勞動和私人勞動的矛盾，由它產生的商品交換恰好是推動商品經濟由簡單商品經濟的低級形式向資本主義商品經濟的高級形式發展的基本動力，可以說整個商品經濟從產生直至發展到資本主義商品經濟這個高級階段，都是在這個基本矛盾的運動中展開的。

　　無論資本主義商品經濟發展到何種複雜的局面，都是生產商品的勞動的私人性與社會性的矛盾及其在商品交換運動中尋求解決的過程，這個過程要求的唯一核心就是商品

[①] 本章選自：楊慧玲. 勞動價值實體是市場經濟社會分配的必然客體——勞動價值論與要素價值論之比較[J]. 馬克思主義研究，2007（1）：42-45.

生產者的經濟利益得到保證和實現，所以客觀上要求交換過程必須尋找一個經濟利益的社會化身，以體現或者衡量這種利益關係。馬克思針對這一點，從商品經濟最普遍的交換行為（交換價值）入手，運用抽象法，以不同使用價值才能交換的事實出發，經過步步分析，最終抽象出價值——人類一般勞動的凝結這個實體。這個分析過程本身就說明商品生產者經濟利益實現的衡量尺度只能是抽象勞動凝結而成的價值。所以，一般勞動凝結的價值這個客觀的、歷史性的實體，它作為商品交換中經濟利益的「社會代言人」而成為商品經濟的基本價值範疇，是衡量商品經濟中人們基本經濟關係的唯一科學依據，因而成為商品經濟社會分配的必然客體。勞動價值論是商品生產者基本利益關係矛盾運動的必然歷史範疇。由此，其邏輯的必然結論就是：商品經濟中社會分配的客體就是抽象勞動凝結的價值實體，也就是說，商品經濟的社會分配只能是對勞動創造的價值在社會成員中的分配，當然這個價值是以使用價值或者財富作為載體的，因為社會分配的實質是人們的經濟利益關係，所以經濟利益是社會分配的對象，而在商品經濟條件下勞動價值實體是經濟利益的唯一社會化身。同時，我們也必須認識到：這個勞動價值實體也只有在商品生產的條件下才具有意義，一旦沒有了人們之間交換商品的這種社會關係，人們的利益衡量及實現必然就與直接從交換這個客觀現實抽象出來的價值實體沒有任何關係了，從而其分配的客體就不是價值而是勞動或者是產品。

　　一般勞動凝結的價值實體並沒有抹殺要素在財富創造中的作用。價值範疇的本質雖然是人與人的經濟關係，是社會性的範疇，但其自然載體仍然是財富或者使用價值。正如胡鈞教授所說：「價值是一般人類勞動的凝結，按價值交換似乎就是按耗費的勞動量來分配。但是應當看到，這種交換關係中包含著生產資料的作用在內。因為價值不是由個別勞動時間決定，而是由社會必要勞動時間決定。較早採用先進技術的生產者花費同樣的勞動時間就能生產更多的產品和形成更大的價值，從而在市場上也能夠實現更多的價值。」①

　　所以，在商品經濟形式下，由於其經濟關係的本質是商品生產者的利益關係，馬克思勞動價值論的核心即一般勞動凝結成的價值實體科學地體現了這種本質，因而這個價值實體成為商品經濟中社會分配的唯一客體。因此，只有勞動價值論才是真正反應商品經濟基本經濟關係的範疇。

二、生產資料的所有制和經濟形式共同構成分配制度的基礎

1. 生產資料所有制決定分配原則

　　分配客體的自然載體是財富，而財富的創造是勞動和生產資料共同完成的。因此，

---

① 胡鈞. 不應用西方經濟學理論闡釋生產要素按貢獻參與分配的原則［J］. 貴州財經學院學報, 2005（6）: 21-26.

生產資料的佔有狀態必然是制約分配制度的關鍵因素。馬克思明確提出：「消費資料的任何一種分配，都不過是生產條件本身分配的結果；而生產條件的分配，則表現生產方式本身的性質。」① 在資本主義制度下，作為生產條件的土地、資本等都掌握在有產者階層手中，勞動者僅對自己的勞動力擁有所有權，這樣一種生產條件的分佈格局，正如馬克思所說，反應了資本雇傭勞動這種資本主義生產方式的本質，「……生產過程從屬於資本，或者說，這種生產方式以資本和雇傭勞動的關係為基礎，而且這種關係是起決定作用的、占支配地位的生產方式。」② 而一定的生產方式必然是由一定的生產力發展水準決定的。由資本雇傭勞動決定的資本主義生產關係，其核心基礎就是生產資料的資本主義私人所有制，它不僅決定了資本主義經濟制度，也決定了資本主義分配原則，即按照生產要素的所有權進行分配。只有這樣才能發揮生產資料所有者的積極性，促進生產力發展。這種客觀決定的分配原則對於資產階級是一種公平的分配，而對於勞動者則是一種剝削性的分配原則。

也正是遵循這樣的歷史唯物主義的研究方法，馬克思對未來生產力高度發達條件下的共產主義的生產關係和分配制度做了科學預言：那時，物質財富極大豐富，由此決定的生產方式即人們在平等合作的條件下，為了自身的全面發展自由地與生產資料結合進行生產勞動，這樣的生產方式決定了其生產關係的基礎是生產資料公有，從而產品的分配原則是在進行必要社會扣除後對產品直接進行按需分配。而介於資本主義和共產主義之間的生產力發展階段的生產方式就是社會主義生產方式，產品還不能完全滿足人的需要，所以從生產方式來看，它是以國家計劃為核心完成勞動者與生產資料結合進行勞動的過程，其生產關係的基礎是生產資料公有，這決定了產品的分配在個人生活資料部分是按勞動貢獻進行分配，因為勞動是生產過程中個體之間的唯一差別因素。分配原則的決定因素是生產資料的所有制，但是，這種由生產資料所有制決定的分配原則，並不是分配制度的全部，只有採取具體的分配形式，才能使分配原則得以貫徹。

2. 經濟形式決定分配形式

（1）生產力發展水準首先決定著人們之間經濟關係的基本性質，進而決定一定經濟形式制約下的分配形式。具體分配形式作為分配制度的有機組成部分是不容忽視的，因為分配形式是分配原則的具體實現途徑。正如基本經濟制度可以採取不同的經濟形式一樣，同一個分配原則可以採取不同的分配形式，那麼分配形式是如何確定的呢？生產資料對分配制度的影響最終體現在生產資料的所有制決定分配原則上；而作為另一個元素的生產勞動，它對分配制度的影響主要是從制約分配形式方面起作用的。經濟學根據人們之間進行利益交換的範圍和基本方式而將社會經濟運行方式劃分為自然經濟、商品經濟和產品經濟。

---

① 馬克思，恩格斯. 馬克思恩格斯選集：第3卷 [M]. 北京：人民出版社，1995：306.
② 馬克思，恩格斯. 馬克思恩格斯全集：第47卷 [M]. 北京：人民出版社，1979：151.

自然經濟形式下，生產力水準低，為了生存和發展，生產勞動主要以一定範圍的自然分工為基礎，人們之間的經濟關係表現為在特定範圍內的互助合作特徵，所以其交換方式採取的是男耕女織式的家庭或者血緣關係範圍內直接的勞動過程的互換。商品經濟形式下，社會分工已經非常廣泛，雖然生產力水準迅速提高，但由於物質財富仍然不能滿足人的需要，人們必須進行以個人經濟利益為核心的生產和交換，人們之間的利益關係具有強烈的、相互衝突的本質特徵，此時為了維護每個生產者的利益，生產交換是借助於一個媒介間接完成的，這個媒介就是商品。商品交換必須遵循價值規律，價格機制為其運動形式。而作為生產力高度發達的未來社會可能採取的產品經濟形式下，由於產品極大豐富，能夠滿足人的各種需要，人們的生產勞動是一種在高度社會分工前提下的平等合作與自我發展過程，人們的基本利益關係不再具有你少我多這種根本衝突的特徵，所以交換還原為僅僅是分工前提下、以使用價值為基礎的交換，這種交換已經不再具有用價值衡量經濟利益的必要，因而是產品交換。

（2）價格機制是市場經濟條件下任何分配制度賴以運行和實現的載體。人們之間的基本經濟關係是以個人經濟利益的實現為基礎，那麼社會經濟活動就只能採取商品經濟形式，社會分配就只能通過商品的交換實現，因而價值規律的作用就是客觀存在的、不以人的意志為轉移的。所以，在市場經濟條件下，無論是社會主義公有制決定的按勞分配原則還是生產資料私有制要求的按要素分配原則，都不可避免地要通過價格機制的形式來實施和完成現實的分配。因此，市場經濟下的任何分配原則都必須遵循價值規律，通過市場機制以價格的形式加以貫徹實現。

3. 生產要素價值論只是對生產資料私有制決定的分配原則在市場經濟條件下實現形式的表面描述

經濟學的價值範疇是一個必須涉及根本經濟關係的範疇，它反應著主體對經濟問題的根本認識和態度，它深受主體所秉承的世界觀和方法論的影響，也深刻地反應著主體對世界的基本認識。生產要素價值論是對現實的市場經濟中，社會分配形式的直接描述，是對生產資料私有制所決定的按要素分配原則的一種解釋。這種解釋把按要素所有權取得的分配解釋為按要素的貢獻大小取得分配，因而巧妙地在否定勞動價值論的基礎上把分配制度與市場價格機制融合在一起，乍一看，讓人覺得更有可信度和說服力。作為價值論，它把人們之間的深層次經濟利益關係描述為公平、合法和勞動價值實體是市場經濟社會分配的必然客體的市場交換關係。在這種關係中，市場供求博弈形成的價格決定著每個要素所有者的分配額度，並借助這種表面上的自願、合法形式，證明了這種分配的公平性。很顯然，首先，其階級立場是鮮明的，那就是維護資產階級的利益；其次，它僅僅把目光限制在私有制下的市場經濟範圍內，而擯棄了其他一切存在過或者未來將要出現的經濟制度，所以是一種靜態的、超歷史的表面化的解釋方式；再次，在生產要素價值論那裡，是分配制度決定價值生產，而不是價值生產決定分配，這種由末著本的思維從方法論的角度看顯然是與唯物主義的科學世界觀和方法論相違背的。

三、對實踐中的按勞分配與按要素分配的思考

分配原則是由生產資料所有制性質決定的。按勞分配就是按勞動所創造的社會價值的多少，在進行必要的扣除後對勞動者進行分配，按要素分配是要素所有者依據要素所有權取得分配。在市場經濟下，以上原則借用市場的價格機制加以實現。目前有很多人認為市場的供求決定的工資、利潤、地租、利息等作為要素的價格，實實在在地體現了要素的貢獻，因而似乎按要素分配是在現實中確實存在的、合理的分配，也因此把生產要素價值論當作科學的價值論；而認為勞動價值論所提出的勞動創造的價值是抽象的、不可捉摸的概念，沒有可量化性，所以按勞分配是在現實中根本找不到的空中樓閣，從而認為勞動價值論也是無稽之談。

其實，對按要素分配準確的理解是按要素所有權進行分配，這個要素所有權是在生產資料私有制條件下不可忽視的客觀存在，承認要素的所有權就是對生產活動是人與物的結合這個自然客觀現實的充分承認與肯定。所以，按要素分配絕非按要素貢獻分配，而只能是按要素所有權對要素所有者進行分配。那麼，決定分配數量的這個要素所有權，其大小如何決定？在市場經濟下，要素所有權的大小是根據各個要素的稀缺程度，在供求關係的平衡下以要素價格的形式體現的，它是一種權利的市場價格，或者權利的市場租金，它的形成完全受價格機制的作用。按要素分配的原則並不符合無產階級公平分配的要求，但它反應了資本主義經濟關係的要求，也符合目前中國非公有制經濟的客觀要求，因而有其合理性。

在勞動創造的價值為分配基礎的市場經濟條件下，按勞分配自然是按照勞動所創造價值的大小對商品生產者進行分配，它符合無產階級的利益，因而是與中國社會主義制度相吻合的，更是由生產資料公有制決定的。但是，這個原則的實現要受各種條件的制約。首先，要以社會必要勞動時間為衡量的基礎；其次，它是只有在生產資料公有制的範圍內才具有效力的分配原則；再次，還要根據具體情況進行必要的社會扣除；最後，其實現一定在市場經濟的價格機制下完成，因而還受價值規律的支配。

綜上所述，在社會主義市場經濟條件下，在多種所有制並存的格局中，現實中按勞分配原則的實現過程受很多複雜因素的制約，其實現依然與按要素分配一樣表現為市場價格形式。因此，我們並不能把表現出的市場價格形式都籠統地歸為要素價格，而排斥或者忽略其中客觀存在的勞動創造價值的因素。所以，理論上講，中國公有制下的勞動者收入，應該是以勞動創造的價值量為基礎，通過價格機制實現；而對於非公有制下的勞動者，其收入分配並無按其創造價值量為基礎的理論基礎，因而只能是按勞動力所有權取得收入，它主要是以供求關係為基礎，特別由其稀缺程度和經濟發展水準決定的市場價格體現。試圖通過是否能精確量化的標準來證明是按要素分配還是按勞分配更合理，顯然沒有意義。

第十九章　馬克思的剝削範疇：現代觀點[①]

剝削作為一種無償佔有他人勞動成果的經濟社會現象，一直受到馬克思主義經濟學界的高度關注。1988 年，胡培兆先生在《中國經濟問題》第 1 期發表的《剝削簡論》一文從豐富和發展馬克思剝削範疇的角度提出了一系列新的主張，並引發了全國範圍內長時間的討論，相當一部分後續論文都是在《剝削簡論》的基礎上對剝削範疇作了不同視角的闡述。但近期的一種觀點認為，豐富和發展馬克思的「剝削」理論，就是在給剝削「評功擺好」，是將剝削範疇「泛化」，並認為這不符合馬克思的剩餘價值理論和歷史唯物主義原理，是對社會主義市場經濟現實的曲解[②]。

筆者不贊同這種將豐富和發展馬克思剝削範疇的學術研究視為「評功擺好」和「泛化」的觀點。原因在於，作為學術研究而言，認真地區分馬克思本義上的「剝削」範疇和發展馬克思的「剝削」理論並不是相互衝突的兩項學術工作——豐富和發展的基礎必然是建立在正確認識馬克思本義上的「剝削」範疇基礎之上的。並且，隨著時代的發展和社會的進步，剝削範疇的內涵與外延確實也有因時因地調整和豐富的必要，這種調整和豐富絕非是要美化「剝削」，而是期待從更客觀的角度把剝削範疇的現代形式推導出來，本章擬就此談點個人看法。

一、現階段剝削範疇的主要觀點及述評

從剝削範疇界定的角度來看，國內外經濟學家大多認為剝削範疇的理論基礎是馬克思的勞動價值論。薩謬爾森（1994）指出：「剝削的概念出自卡爾·馬克思的著作，來源於他的勞動價值論。著述於邊際生產率理論被發現以前的時代，馬克思把剝削定義為一個勞動者對產出量的貢獻和他的工資之間的差額。因為馬克思的觀點，勞動創造一切，全部利潤、利息、地租都單純是對勞動者的剝削。」薩謬爾森作為一位西方經濟學

[①] 本章選自：吳垠. 馬克思的剝削範疇：現代觀點 [J]. 中國經濟問題，2011（2）：52-58.

[②] 楊永華（2010）指出，持剝削泛化論的文章很多，他認為的典型文章包括：胡培兆的《剝削簡論》，要戰通的《關於剝削問題的新思考》，吳光炳的《論社會主義現階段的剝削》，司正家的《用生產力標準分析和對待「剝削」》，杜旭宇的《剝削範疇及其功能作用的重新界定》，譚勁松的《深化對馬克思主義關於剝削理論的認識》。參見：楊永華. 與剝削泛化論商榷 [J]. 馬克思主義研究，2010（1）：139-144.

第十九章 克思的削：代

大家，給我們開了一個好頭，這位學者並未以他所擅長的西方經濟理論來隨意曲解馬克思本義上的剝削含義，而是原汁原味地給出了他閱讀馬克思《資本論》及其相關著述所得到的結論。必須承認，薩氏的上述觀點是符合馬克思本義上的剝削含義及其推導過程的，即勞動價值論作為馬克思剝削範疇的理論脈絡和推導邏輯的基礎，是每一個意圖原汁原味地理解馬克思剝削範疇的學者所必須遵從的；現階段某些學者用一些西方經濟理論來任意剪裁馬克思本義上的剝削範疇的做法並不是「泛化」馬克思的剝削範疇，而是意圖從根本上推翻馬克思的剝削範疇，另起爐竈建立起他們的剝削觀，當然更談不上是在發展馬克思的剝削範疇，而這也是與近年來馬克思主義經濟學界所倡導的「回到馬克思」以及「原汁原味」地理解馬克思的潮流南轅北轍的。

從剝削產生的生產關係條件來看，以私有制為基礎，利用生產資料所有權來無償佔有勞動者的剩餘產品的這樣一種經濟關係構成了馬克思本義上的剝削範疇的前提條件。正如《中國大百科全書・經濟學卷》（2002）對剝削所作的定義那樣：「社會上一些人或集團憑藉他們對生產資料的佔有和壟斷，無償佔有那些沒有或缺少生產資料的人或集團的剩餘勞動和剩餘產品。」這一明確了財產佔有關係前提條件的剝削定義，是與馬克思和恩格斯在《資本論》和《反杜林論》中對剝削的揭示無二致的。即剝削無論發生在生產領域還是流通領域，無論出現在何種社會形態之中，都要以憑藉他們對生產資料的佔有和壟斷來無償佔有他人勞動成果為共同特點。這種觀點秉承的邏輯是：財產的私有制與剝削是共生物；認為在社會主義市場經濟條件下，尤其是在私有經濟、外資經濟存在和發展的背景下，剝削的普遍存在已經是不爭的事實；物權法關於合法財產權的保護條款甚至也為剝削的財產佔有關係前提提供了法律基礎[①]。顯然，如何界定生產領域和非生產領域的剝削，如何判別各類剝削的性質，如何興剝削之利、除剝削之弊，就成為現階段需要解決的重要問題。從這個角度來看，似乎剝削已然擴展成了一個「中性」的詞彙，馬克思本義上帶有貶義色彩的剝削如果在今天依然存在，那它也只是眾多剝削現象中的一類而已。馬克思本義上的剝削與今天紛繁複雜的剝削現象之間既不能簡單地畫等號，也不是包含與被包含的關係，這也就是為什麼剝削範疇在馬克思主義經濟學界內部尚存在廣泛爭議的根源所在了。

從剝削外延的拓展來看，理論界通常將剝削作廣、狹兩義的劃分。「廣義的剝削指經濟領域裡一切損人利己，用各種手段，包括用暴力的或非暴力的，經濟的或政治的，公開的或隱蔽的手段，侵占勞動者物質利益的行為。狹義的剝削指僅用經濟手段攫取他人勞動成果或無酬勞動的行為（張振群，1989）。」這種觀點把剝削從經濟範疇擴大到非經濟範疇，容易使非經濟領域中並不必然產生的剝削問題與經濟領域在相當長的歷史階段必然產生的剝削現象相混淆。剝削外延擴展至經濟領域之外實際上已經給傳統的馬克思主義剝削理論研究提出了挑戰，這些用非經濟手段侵占勞動者物質利益的不公正

[①] 當然，物權法本義上肯定不是鼓勵剝削的，這一點必須特別明確。

現象——譬如用公權力侵犯勞動者個體權利（益）等現象①究竟該如何界定？如果承認它是剝削，那麼它是怎樣的剝削？如果否定它是剝削，那麼這種不公正現象又該界定為什麼？這些問題都是值得馬克思主義經濟學界深入探討的，籠而統之地冠以剝削之名或完全熟視無睹，都不是科學的研究態度。

從對剝削評價的標準來看，主要有「三個有利於」標準（韓剛，2002）、生產力標準（胡培兆，1988）、資源配置標準（李步青，2000）、行為是否合法標準（石康，1999），等等。其中較為引人注目的是石康（1999）從法律角度把剝削劃分為合法剝削和非法剝削的研究，該觀點突破了傳統的剝削含義，包含了剝削的經濟倫理評價，可以視作對當代剝削理論的一個重要學理性貢獻。也就是說，從經濟倫理的角度來看，對合法的剝削要加以保護和鼓勵、對非法的剝削就要打擊和堅決取締，這種看待剝削的視角挑戰著傳統觀點一概批判剝削現象的底線，一直備受爭議。而胡培兆（1988）的「生產力標準」以及韓剛（2002）提出的按照「三個有利於」標準來分析、評價剝削現象的觀點則可以看作對石康觀點的進一步擴展，這類觀點很好地切合併引入了鄧小平關於中國經濟改革的評價標準，體現了剝削的社會工具理性主義②。

總體看來，以上這些觀點都有一個共同特徵，就是不能從社會生產關係的變遷中看到分配關係的變化，由豐富的經濟實踐去發展馬克思的剝削理論；拘泥於結論的爭鳴，而不是從方法論層次上使剝削範疇得以充實和發展，相當容易被認為是在「泛化」剝削。因此，尋求剝削的馬克思主義經濟學理論生長點及其現代形式的任務依然具有重要的學術價值。

二、馬克思本義上的剝削範疇所需具備的條件和理論價值

（一）剝削範疇的「馬克思條件」

馬克思的剝削範疇必須具備嚴格的歷史、階級背景以及社會經濟條件，主要包括：

1. 歷史與階級背景

馬克思研究剝削問題以 17～19 世紀的資本主義英國為歷史背景。這一時期的英國正經歷產業革命浪潮的洗禮，社會生產力的主要載體——大機器工業正迅速推動封建自給自足生產方式解體，資本主義生產方式得以逐步確立。正是資本主義生產方式對社會財富的迅猛增長具有極大的貢獻，這才使得無償佔有他人剩餘產品及勞動即「剝削」的這種經濟行為有了物質基礎。在這一時期，整個社會經濟的細胞形式採取業主式資本

---

① 現階段某些地方政府用強制力徵用農地，並造成農民利益受到重大損失，就是公權力侵犯勞動者個體利益的典型；類似的現象還有部分城市裡的「城中村」改造、拆遷過程中所出現的地方政府與公民間的利益衝突。

② 剝削的社會工具理性主義表現為對「剝削是否促進了經濟增長，以及怎樣促進經濟增長」等一類命題的關注。容忍剝削，視剝削為社會經濟增長和發展中的一種基本機制或常態現象的觀點也應運而生。

主義企業的形式。該企業形式將社會成員分裂為資本家和雇傭工人兩大階級①，資本家憑藉生產資料的所有權獲得了生產中的主導權，生產過程受資本增殖規律和剩餘價值規律的支配，雇傭工人的勞動只是資本家獲得剩餘價值的一種手段。

但剩餘價值生產規律與剩餘價值實現規律產生了對抗性矛盾，並最終導致資本主義必然衰亡和社會主義必然取代資本主義的歷史趨勢。馬克思極其敏銳地觀察到了這一點，並始終站在無產階級（被剝削者）的立場，教育當時的無產階級認清自己的歷史使命——推翻「舊世界」，去消滅資本主義私有制，最終消滅剝削。其理論的革命性是適合當時階級矛盾和階級鬥爭需要的，但我們不能就此得出結論，認為二元化階級鬥爭學說適用於其後的所有歷史時代和不同性質的社會，更不能撇開馬克思研究的歷史與階級背景將其「預言」泛化。

2. 社會與經濟條件

馬克思堅持辯證唯物主義與歷史唯物主義，確立了勞動二重性學說，說明了資本主義生產過程是包涵一般勞動過程和價值增值過程的統一；認為「活勞動」是創造新價值的唯一源泉，生產資料作為一種物化勞動，在價值形成中只轉移原價值而不產生新價值；雇傭工人勞動時間只要超過必要勞動時間這一臨界點，有了剩餘勞動時間，資本家憑藉生產資料的佔有而無償獲取雇傭工人剩餘勞動，資本主義剝削就產生了；資本家剝削工人的經濟條件是工人要能夠創造出大於勞動力價值的經濟剩餘，而其剝削的社會制度條件則必須滿足勞動者失去生產資料，完全以出賣勞動力而被資本家雇傭，二者關於經濟剩餘分配的談判能力呈現資本家強勢而勞動者弱勢。

實際上，馬克思在《資本論》中分析資本家的剝削行為時，很明確地假設了資本家都可獲得剩餘價值或利潤。但細心的讀者一定會據此提問：資本家經營不承擔風險嗎，風險性收入該歸誰所有？企業所用資產的專用性不應該得到適當的回報嗎？對這類問題，楊永華（2010）在《與剝削泛化論商榷》一文中對「剝削」的定義抓住了其要害，他將剝削定義為：「憑藉生產資料的所有權，取得超過資產收入和風險收入的部分的行為」，即「剝削＝剩餘價值－稅－資產收入－風險收入」。但剝削這種經濟行為背後的社會與經濟條件是什麼呢？楊教授則並未深入分析，筆者以為，馬克思剝削範疇背後所暗含的一系列社會經濟條件（或假設），至少包括：

（1）企業必須盈利。「只有勞動生產率有一定的提高，勞動力除了自己的生存之外，能夠提供剩餘時，才產生了剝削；企業盈利是剝削的基本條件。」（趙振華，2002）馬克思抽象掉了企業所面臨的風險、不確定性；實際上資本家既可能盈利，也可能虧本。

（2）資本家集團獨占剩餘索取權的生產條件。由於生產關係決定分配關係，所以剩餘價值在資本家集團之間瓜分為產業利潤、商業利潤、借貸利息、銀行利潤、股息、地租

---

① 這和當今資本主義社會的企業帶來社會階層多元化的分割形態有較大的區別，原因就在於企業的性質在漫長的歷史演進過程中發生了一系列的變化。

等。然而，金融市場的充分發展，完全可能改變剩餘索取權被資本家獨占這一條件，佔有關係可能分散化、多元化。譬如企業高管人員股權、期權激勵制度和員工持股制（ESPO）的引入，就將極大改變馬克思剝削範疇中剩餘價值由資本家集團獨占的剩餘索取條件。

（3）勞動力是商品。勞動力商品的價值由再生產勞動力的社會必要勞動時間決定，勞動者的工資僅僅是必要勞動產品部分。但是科學技術的發展使經濟知識化，勞動力不僅是商品，而且資本化；勞動力所獲得的不僅是必要勞動產品，而且包含部分剩餘勞動產品。如果勞動者階層佔有的剩餘勞動產品超過一定量的界限，是否會構成所謂的「勞動剝削資本」？這是馬克思沒有分析到，但在實踐過程中卻有可能發生的情況。這種剝削關係的界定，必須根據勞動者的人力資本和資本家的物質資本所簽訂的市場化合約①的性質與不確定性程度來仔細計量。總體而言，企業內部稀缺性要素所應獲得更多的報酬似乎是現代企業剩餘索取權分配中的一個明顯趨勢，物質資本也好，勞動力的人力資本也好，都概莫能外。

（4）企業契約是完備的。企業主擁有一組完整的財產權利束，如經營決策權、監督管理權，以及企業出售權；企業組織中財產所有者、經營者和使用者三重角色合一，沒有角色身分和組織功能的嚴格界定和分工；個人財產與組織財產融為一體，私人財產、經營收入同組織財產之間無實質界限，企業盈利等於業主個人收入，相互之間隨時轉化和沖抵；企業組織財產、權能、角色和功能的合一性質使得企業組織和企業主自然人無多大區分，往往被稱為「業主式資本主義企業」。在這樣的企業裡，資本家與雇傭工人的契約是完備的，雙方權責利得到充分約定，精確的勞動計量機制使雇傭工人不可能偷懶。當然，在實際經濟生活中，信息不充分是普遍現象，雇傭工人也有「私人信息」和「偷懶動機」。資本家的監督與雇傭工人勞動成果之間並不是線性關係，企業契約的不完備性是顯而易見的。

（5）政府是市場經濟的「守夜人」條件。政府承諾不干預正常經濟運行中微觀主體的活動。剝削只是發生在初次分配領域裡，政府不運用經濟槓桿調節勞資雙方在初次分配領域裡的經濟利益關係。

（二）剝削範疇的理論價值

馬克思的剝削範疇的科學性和歷史合理性主要表現在：

（1）剝削範疇強調了生產關係對分配關係的決定作用。馬克思所處時代的資本家（集團）壟斷性地佔有生產條件，雇傭工人難以擺脫受剩餘價值規律支配的命運，這是由一系列鐵的歷史事實所證明了的真理。馬克思經過艱苦探索，尋求到使勞動者擺脫被剝削的命運枷鎖並實現「尊重勞動」和「尊重勞動者」的社會公正的物質力量——公

---

① 周其仁將這種人力資本與物質資本所簽訂的市場化合約直接界定為「市場中的企業」。

有制，希望整個社會「被組成一個自覺的有計劃的聯合體」①，從而在生產力水準高度發達，社會經濟橫向聯繫日益多元化複雜化的條件下，自覺按比例分配社會勞動，到那時，就能實現消滅剝削，達到共同富裕的理想社會狀態。

(2) 剝削範疇體現了生產力與生產關係的統一。剝削作為一種社會形式（目的），生產力發展為物質內容（手段），如馬克思在《資本論》第一卷分析剩餘價值生產的兩種手段，尤其是相對剩餘價值的生產的分析，建立了一個技術創新、技術擴散的模型。這對在經濟學研究中堅持和貫徹唯物史觀具有重要的指導作用。

(3) 剝削範疇體現了人與人、人與集團以及集團與集團之間的經濟利益關係。生產力決定經濟利益的總量（即做大蛋糕），社會各階層佔有的生產條件的對比決定社會經濟利益格局（即分配蛋糕），利益的衝突是制度創新的動力，利益的和諧是制度創新的必然選擇；反過來，制度創新又成為社會利益衝突的重要整合機制。由此可見，馬克思主義經濟學被稱為制度分析的典範是名副其實的。

三、剝削範疇的現代形式：從實踐基礎角度的豐富和發展

馬克思對早期資本主義條件下的剝削及其發展趨勢的論述是符合當時歷史、階級背景和經濟社會條件的。然而，20世紀中期以來，隨著科學技術的發展和社會勞動生產力的大幅度提高，當代資本主義社會裡的知識、科技、信息、管理和人力資本在經濟社會發展中的地位日顯突出，知識革命、科技革命、信息革命、管理革命、人力資源革命、營銷革命已經成為現代企業發展的主流聲音。那種兩大階層尖銳對立的「業主式資本主義企業」早已在激烈的市場競爭和瞬息萬變的市場環境中落伍，取而代之的是各類新型企業②如雨後春筍般地湧現於市場經濟的各個角落。現代西方企業流行的員工持股、股票期權、技術折股等制度安排更是對知識革命、科技革命等的有力回應（祝志勇，2002）。

同時，伴隨著金融市場，尤其是資本市場的全面發展，為資本主義生產、分配制度的調整提供了相應的投融資制度。資本主義國家的普通勞動者也可以成為投資者，擁有相當數量的財產，參與剩餘價值的分割，獲得數量相當可觀的財產性收入，成為現代西方發達國家的中等收入階層，並且其比重是越來越大；「實踐證明，中等收入階層狀況的好壞，直接影響到一個社會的健康和穩定」（王大超，2001）。在宏觀方面，當代資本主義國家通過經濟手段、法律手段、行政手段調節勞資雙方經濟利益關係，形成了一套較完善的收入調節稅體系如企業所得稅、個人所得稅、遺產稅、不動產稅等；健全了社會福利、保障制度，如失業保險、養老保險、工傷保險、醫療保險等社會保障制度；

---

① 馬克思，恩格斯. 馬克思恩格斯全集：第25卷 [M]. 北京：人民出版社，1975：745.
② 這些新型企業的組織及制度創新速度，遠遠超越了馬克思的時代條件，因而值得認真分類分析。

頒布了《最低工資法》《勞動法》和《社會保障法》等。這些措施對於緩和各階層利益矛盾，促進經濟良性運行起到了重要的作用。這些改革措施顯然與馬克思當時的社會經濟條件有著重大出入，我們需要用歷史發展的眼光去看待新問題，把剝削範疇的現代形式梳理清楚。

對於處在社會主義初級階段的中國，與馬克思剝削範疇的社會經濟條件發生根本性的改變：現階段中國社會主義市場經濟制度已經建立，正進行著社會主義市場經濟的創造性實踐活動——中國政府鄭重宣布21世紀前20年要「全面建成小康社會」，到2020年要建成更加完善的社會主義市場經濟體制。因此，調動一切可以調動的積極性，團結一切可以團結的力量，大力發展生產力，提高全民物質和文化生活水準已成為全社會各階層的普遍共識。工人、農民、知識分子是建設社會主義現代化的主體力量，同時，「在社會變革中出現的民營科技企業的創業人員和技術人員、受聘於外資企業的管理技術人員、個體戶、私營企業主、仲介組織的從業人員、自由職業人員等社會階層，都是中國特色社會主義的建設者。」（江澤民，2002）階層的多元化的確可能使剝削的主客體發生嬗變，同時，由資本家單向地剝削勞動者的馬克思剝削範式可能演變為一種多向、多維的剝削形態，剝削範疇的現代形式所發生的巨大變化都歸因於此。進而言之，推導剝削範疇的現代形式，只是對歷史社會經濟條件發生變化的一種學術回應，而不是要用這種現代形式去簡單置換馬克思本義上的剝削範疇，二者之間的本質區別還是非常明顯的。

認識到現階段中國的社會生產關係超越了馬克思條件是理解剝削範疇現代形式的前提。但從方法論的角度講，還應該注意的一個問題是，我們對社會生產關係及其發展演變的研究長期受「蘇聯範式」的影響，即有意無意地喜歡從所有制的角度出發，把生產關係簡單化、庸俗化，脫離生產力孤立談論生產關係①，其主要表現是近年來「所有制歧視論」經常沉渣泛起。其實，這種方法論沒有注意到，在市場經濟條件下，各類企業既是生產力的載體又是生產關係的載體，只有從企業內部關係的角度去探討生產關係才是符合馬克思唯物史觀的分析方法，這是早期馬克思主義政治經濟學從邏輯上難以找到生長點的根本原因之一。過去我們認為公有制建立了，勞動者在生產資料佔有上是平等的，公有制企業內部生產關係是由外部公有制性質決定的，勞動者自然是主人，其後果導致普遍貧窮。這實際是制度設計的失誤造成的對廣大勞動者的「剝削」——儘管今天中國社會還存在著這樣那樣的不公平，但我想沒有哪位勞動者會願意再回到那個雖然接近絕對平均，但物質及精神生活卻極其貧乏的年代了吧？

從變化了的實踐基礎角度來探尋馬克思剝削範疇的現代形式，絕不是允許發展剝削，更不是要美化剝削，而是深化我們對剝削範疇的認識：黨的十七大報告中明確指

---

① 實際上，歷史上既沒有脫離特定生產關係而獨立存在與運動發展的生產力，也沒有不依賴於既定生產力為根本物質技術基礎而以「暴力革命形式」或「改革形式」為社會條件而自行變革的生產關係。

出，「必須毫不動搖地鼓勵、支持和引導非公有制經濟發展」「確立勞動、資本、技術和管理等生產要素按貢獻參與分配的原則」，這是為了使在社會變革中出現的民營科技企業的創業人員和技術人員、受聘於外資企業的管理技術人員、個體戶、私營企業主、仲介組織的從業人員、自由職業人員等社會階層，都成為中國特色社會主義的建設者，帶動其他勞動者共同致富，讓一切有利於財富創造的源泉充分湧流。創造財富、共同致富，勞動者不僅要求獲得必要勞動產品，而且要求獲得剩餘勞動產品（祝志勇，2002）。共享剩餘勞動成果，是社會主義的本質要求，也是全面建設小康社會以及構建更加完善的社會主義市場經濟體制的不可或缺的分配形式。探索多種共享剩餘勞動成果的分配形式，如員工的股份合作制、經營者持股計劃、股票期權制和科技創業者的技術、專利折股方案，大力發展社會保障制度以及金融市場，使得大多數人能夠成為有產者、中等收入者，並且通過立法手段保護合法的「勞動收入」和「非勞動收入」（特別是財產性收入），才能真正實現「有恒產者有恒心」，並促使社會各個階層發揮各自優勢、相互促進、共同發展，早日實現全面建設小康社會以及構建更加完善的社會主義市場經濟體制的奮鬥目標。

本章參考文獻：

［1］馬克思. 資本論［M］. 北京：人民出版社，1975.

［2］楊永華. 與剝削泛化論商榷［J］. 馬克思主義研究，2010（1）：139-144.

［3］薩謬爾森. 經濟學［M］. 高鴻業，等譯. 北京：中國發展出版社，1994.

［4］中國大百科全書編寫組. 中國大百科全書（經濟學卷）［M］. 北京：中國大百科全書出版社，2002.

［5］張振群. 對剝削現象的議論綜述［J］. 唯實，1989（2）：62-67.

［6］韓剛. 研究現階段剝削問題的幾個方法論問題［J］. 中國經濟問題，2002（5）：12-23.

［7］胡培兆. 剝削簡論［J］. 中國經濟問題，1988（1）：6-14.

［8］李步青. 剝削新釋［J］. 寧夏黨校學報，2000（4）：55-58.

［9］石康. 判斷剝削標準芻議［J］. 經濟學動態，1999（8）：14-17.

［10］趙振華. 芻議剝削問題［J］. 中國經濟問題，2002（1）：74-76.

［11］周其仁. 市場裡的企業：一個人力資本與非人力資本的特別合約［J］. 經濟研究，1996（6）：71-80.

［12］祝志勇. 論勞動範疇擴展的動力機制［J］. 經濟體制改革，2003（1）：20-24.

［13］王大超. 關於剝削理論與剝削行為實踐作用的再思考［J］. 東北師大學報（哲學社會科學版），2001（4）：7-12.

第二十章　中國勞動力商品化程度的變動及其對勞動者報酬的影響[①]

一、引言

改革開放以來，中國勞動力市場的形成以勞動力商品的重塑為基礎，經歷了與雇傭勞動關係和勞動力再生產有關的各類制度變遷。孟捷、李怡樂（2013）綜合了馬克思與波蘭尼關於勞動力商品化問題的兩種視角，將勞動力商品化的含義界定為「勞動力再生產對市場的依賴」，討論了各種影響勞動力商品化和去商品化的制度因素，並分析了這些因素在中國經濟改革實踐中的變化[②]。在此基礎上，本章要做的核心工作是：檢驗勞動力商品化程度作為反應工人市場風險豁免權和議價能力的一種綜合指標，其變動是否影響了中國勞動者報酬的變化。直觀上我們可以觀察到：20世紀90年代中後期勞動力商品化程度的加速對應著同一時段勞動者報酬的劇烈下降；而2007年之後社會保護運動的推進抑制了商品化程度提升，同時GDP中的勞動報酬比例以及企業層面的工資份額都出現了回升，這為本章的經驗研究提供了現實支持。對此，本章將展開四方面工作：首先，通過簡要的比較歷史分析，闡述勞動力商品化程度作為反應資本資本累積體制中勞動—資本—政府三方關係的核心指標，與工人報酬變化的直觀聯繫；其次，我們將討論勞動力商品化程度的四類影響因素作用於勞動者報酬的機制；再次，基於可用的反應勞動力商品化程度變化的指標，運用主成分分析量化得出過去三十多年間中國勞動力商品化程度變動的指數和變化趨勢；最後，對勞動力商品化程度與GDP中的勞動份額，以及勞動力商品化程度與規模以上工業企業的工資份額變動做迴歸分析，驗證其可能的因果關係。

[①] 本章選自：李怡樂，孟捷. 中國勞動力商品化程度的變動及其對勞動者報酬的影響［J］. 經濟學家，2014（12）：21-32.

[②] 孟捷，李怡樂. 改革以來勞動力商品化和雇傭關係的發展——波蘭尼和馬克思的視角［J］. 開放時代，2013（5）：74-106.

二、勞動力商品化程度變化與資本累積體制的變遷

在波蘭尼看來，勞動力市場的正常運行需要有勞動立法、工會組織限定並降低勞動力的商品化程度，在保護勞動力這種虛構商品的人的特質的前提下，使市場的功能得以發揮。波蘭尼的觀點勾勒在出資本主義生產方式的歷史演進過程中，市場擴張如何塑造出勞動力商品，而社會保護運動又使得勞動力商品化程度被限制在特定的制度框架當中。換言之，一國勞動力商品化程度的變化反應了不同時期支持資本累積的各種制度因素變遷。事實上這與調節學派和累積的社會結構理論形成了呼應，一定時期與勞動力再生產和雇傭關係有關的制度安排是資本累積體制中的關鍵內容，而這些制度安排可以看作特定的階級力量平衡關係的產物，直接影響了剩餘價值的生產方式和收入分配格局[1]。隨著累積體制的調整，勞動與資本的關係、國家與公民的協議被改變[2]，勞動力的商品化程度和分配格局也相應發生變化。

例如，戰後黃金年代發達資本主義國家普遍給予了工人組織更強的議價能力，並建立了更為慷慨的福利供給體系，這顯著地降低了市場對於工人就業和生存的控制能力，抑制了勞動力的商品化程度，同一時期工人也在新增的產出當中獲得了相對較高的分配比例[3]。而新自由主義時代，工會組織的力量被顯著削弱，與勞動力再生產相關的各類公民社會權利被再度商品化，加劇了工人在市場上面臨的風險，提升了勞動力的商品化程度，這一時期的收入分配狀況也在向更加不利於勞工的方向轉變[4]。因而，勞動力商品化程度變動的背後對應著資本累積體制的轉變，直接反應了特定時點上勞資間的相互力量對比和分配關係的變化。

伴隨著農民工進城和城市單位就業體制的轉變，中國的勞動力市場逐步形成，特別是自 20 世紀 90 年代中期以來經歷了加速改革的時期。勞動力作為一種虛構商品，在新生的市場經濟中被重新塑造出來；通過觀察三階段中勞動力商品化的程度變化，我們亦能窺見中國市場化改革的發展軌跡，以及其中支持中國資本累積的制度因素調整。

第一階段，20 世紀 80 年代初到 20 世紀 90 年代前期，城市部門統分統配的就業制度有所鬆動，勞動合同制度被嘗試性地推行。國家日漸放開了農民進城就業和居住的閘口，但是相關的政策限定依然十分嚴格。後文的分析將展示，這一時期勞動力商品化程度的平穩提升主要源自農村居民稅費負擔的加重，及其勞動力再生產對於商品經濟關係

---

[1] AGLIETTA M. A Theory of Capitalist Regulation: The US Experience [M]. New Left Review Books, 1979.
[2] BOWLES S, GORDON D, WEISSKOPF T. After the Waste Land, Armonk [M]. New York, M. E. Sharpe, 1990.
[3] GLYN, et al. The Rise and Fall of the Golden Age [M]. in SMarglin and J. Schor (eds) The Golden Age of Capitalism, Clarendon Press, Oxford, 1990: 46-50.
[4] MAGDOFF F, JOHN BELLAMY FOSTER. Class War and Labor's Declining Share [J]. Monthly Review, 2013, Volume 64, Issue 10 (March).

更強的依賴。值得注意的是，擴大的國內消費市場，也是同時期中國經濟增長最為重要的源泉①。在此期間，GDP 中的勞動份額呈現緩慢略有波動的下降趨勢，工業企業的工資份額則處於無明顯趨勢的波動狀態中。

第二階段，20 世紀 90 年代中後期導致了大約五千萬人下崗或失業的城市就業體制改革，可被視為一場「激進式」的勞動力市場改革。在就業關係迅速向靈活化和非正規化轉變的同時，與勞動力再生產緊密相關的養老、醫療、教育等社會公共服務加速市場化，而相應的社會保障體系並未同步建立。這一時期市場力量在推動勞動力加速商品化的進程中占據了上風②。與之相對應，中國的經濟增長更加顯著地依靠投資增長和低勞動成本拓展出的海外市場。1995—2007 年，GDP 中的勞動份額和工業企業的工資份額都呈現了長期的劇烈下降。

第三階段，2007—2008 年「勞動三法」頒布與實施，此後勞動合同的簽訂率有所上升，制度內外的勞工抗議行為皆猛烈增加。與之相應的是同一時期養老、醫療等社會保險制度在城鎮就業人口中的覆蓋比例明顯上升，特別是 2007 年起城鎮醫保制度首次將大量非正規就業或未就業的居民納入其中，社保制度在農民工群體和農村社會中逐步推開。2009 年起，中央和地方財政新增了保障性住房支出，嘗試抑制住房全面商品化的狀況。由此，我們判斷，相比較過去 20 多年的改革進程，2008 年前後中國進入到一個由政府和民眾共同推進的某種程度的勞動力去商品化的區間，可能對之前加速膨脹的市場力量形成一定程度的抑制。這也意味著，中國資本累積的勞資關係基礎有機會由抑制勞工力量和收入增長的方式，轉向去商品化改革增強勞工議價力和用新增的產出更多獎勵勞工的方式。中國經濟增長的動力源泉開始被更多地期望於國內消費市場擴大。值得注意的是，2007 年之後，收入法 GDP 中的勞動份額比例扭轉了過去 25 年總體下降的態勢，呈現出穩定上升趨勢；與此同時，相比 1995—2007 年的劇烈下降，我們所能觀察到的規模以上工業企業的工資份額自 2008 年之後亦呈現反彈。

分階段的觀察向我們展示出：勞動力商品化程度的變化體現了資本累積體制中勞資力量的對比，和政府作為社會管理者的主動行為，也奠定了中國在不同時期經濟增長的主動力源泉。與此同時，收入分配領域的宏觀數據與我們上述關於勞動力商品化程度變化總趨勢的判斷是呼應的。我們接下來就將考察，勞動力商品化程度的變化作為中國資本累積體制中勞動—資本—政府三方關係集中體現的一個指標，作用於勞動報酬的各種可能機制。

---

① 盧获. 變革性經濟增長：中國經濟的結構與制度分析［M］. 北京：經濟科學出版社，2001.
② 值得注意的是，同一時期城市低保制度的建立（1997 年），「科學發展觀」「以人為本」等思想的提出（2003 年），取消農業稅（2006 年）的改革意味著在此期間也存在著國家政策層面限制市場力量的反向保護措施，只是筆者判斷這一時期市場力量更據上峰。

三、勞動力商品化程度的指標選取及其影響勞動報酬的機制

勞動力商品化程度影響勞動報酬的機制可以體現在兩個總的層次上：首先，勞動力的商品化程度變化反應了勞動力再生產對於市場依賴程度的改變，那些推進商品化程度增強的因素將加劇勞動者對於雇傭關係的依賴，削弱其規避市場風險的能力，從而抑制工人整體相對於資方的獨立性，這將限制他們與資本談判時的議價能力。其次，勞動力商品化程度變化也反應在一國的勞動法規安排和福利制度設計中，去商品化程度更強的法規和制度通過強制性的政策安排提供給勞動者的福利數額也更高，這直接改變了一國的收入分配格局中屬於勞動者的比例[①]。

在孟捷、李怡樂（2013）的研究中，我們考慮了勞動力商品化程度的四類衡量指標，這四類指標描繪了中國市場化改革進程中勞動力商品化的發展，本章中我們將進一步觀察他們影響勞動報酬的機制。

第一類指標是出賣勞動力的人口在全部勞動人口中的規模，這類指標總體上反應了市場上的交換關係和工資性收入在維持勞動力再生產方面的重要性。具體而言，我們進一步考察三類數據：首先，工資性收入占城、鄉居民家庭收入的比重。其次，非公經濟就業的增加，市場化的改革進程伴隨著傳統公有製單位體制在工人福利供給方面的功能弱化，非公經濟就業增加的過程也是勞動力再生產模式市場化的重要表現。最後，農民工數量的增加。這一數值反映了非農產業對農業剩餘勞動人口的吸納，亦受各類影響農民家庭再生產模式（農村家庭需要通過現金支付購買的各類消費品）和農業經營環境的制度因素的作用（例如，稅費支出、生產資料的成本投入等）。

那麼，上述因素影響勞動報酬的機制又如何呢？Piovani（2014）對規模以上工業企業工資份額的研究，同樣考察了國有工業企業的就業比重變化，將其視為工資份額的影響因素中產業後備軍指標的代理變量之一，驗證了國有單位就業規模與工資份額間的正向關係[②]。從中國改革的歷史進程來看，20世紀90年代中期伴隨公有制部門改革，下崗和失業人員增多，一場意義深遠的產業後備軍再造運動正式展開。相比較非公經濟，國有部門總體上為工人提供了更強的就業安全性和勞動保護，這對於其他部門提高工人工資和日常福利供給水準是有溢出效應的；與此同時，如果將單位體制看作一種更慷慨的福利供給，在這種福利供給模式被打破，而普惠型的社會福利制度未建立時，國有部門就業比例的減少直接意味著勞動者所得分配份額的減少。

---

① 根據《中國統計年鑒》（2013）的解釋，在中國分省 GDP 收入法核算中，勞動者報酬「指勞動者因從事生產活動所獲得的全部報酬。其包括勞動者獲得的各種形式的工資、獎金和津貼，既包括貨幣形式的，也包括實物形式的，還包括勞動者所享受的公費醫療和醫藥衛生費、上下班交通補貼、單位支付的社會保險費、住房公積金等」。

② PIOVANI C. Class Power and China's Productivity Miracle：Applying the Labor Extraction Model to China's Industrial Sector, 1980—2007 [J]. Review of Radical Political Economics, 2014, 46 (3)：頁碼不詳.

農民工勞動力的商品化與中國勞動份額下降之間亦存在十分明顯的關係，這其中包含兩種機制的作用：第一種機制是主流經濟學研究更多強調的農業勞動者轉移直接帶來的勞動份額下降。在對改革年代中國勞動份額下降的代表性研究中，羅長遠、張軍（2009）[1]，Bai、Qian（2010）[2]，張車偉（2011）[3] 等強調了產業結構變動（第一產業比重下降、第二和第三產業比重提升）對勞動份額下降的解釋力[4]。因為農業中的勞動份額本身更高，產業結構轉變的過程直接對應著總勞動份額的下降。與此同時，依照劉易斯二元經濟模型的假設，農業部門的大量剩餘勞動人口抑制了非農產業中工資水準的上升，工人的勞動報酬得以長期低於其邊際產出，在劉易斯轉折點到來之前，勞動份額勢必經歷下降的階段[5][6]。第二種機制是政治經濟學視角下半無產階級化的農民工群體抑制工資上漲。大量的農村剩餘勞動力和城鄉戶籍制度差異的結合為謀求快速累積的資本提供了可供低成本、靈活使用的農民工勞動力，其數量增長反應了被捲入全球資本累積進程的產業後備軍數量的膨脹。近年來，對於全球產業後備軍規模的比較研究表明，由於缺乏社會福利供給和正規部門的就業機會，後發國家的低成本競爭優勢並沒有形成足夠的現役軍，而僅僅是相對過剩勞動力，這支龐大的產業後備軍隊伍成了調節工作日長度和抑制勞動力價值提高的關鍵機制[7]。從勞動力商品化的角度做解釋，農民工所處的半無產階級境況，通過勞動力再生產社會環境的差異既維持了農民工勞動力的低價，限制了其議價能力增長，又保證了他們對市場雇傭關係的依賴和對資本的隸屬。要理解半無產階級工人在抑制勞動報酬方面起到的作用，我們可以設想：農民工的市民化進程意味著其勞動力再生產環境的改變，即他們需要獲得城鎮就業者的平均工資水準才能保證其家庭在城市中完成勞動力的再生產。根據筆者的測算，如果農民工工資上升到和城鎮單位就業者同等的水準，假設其他因素不變，2001—2012 年 GDP 收入法中的企業營業盈餘份額平均每年減少 4.93 個百分點[8]。這可以看作半無產階級化的工人隊伍為抑制勞動成本上升和促進資本累積提供的直接「補貼」。

---

[1] 羅長遠，張軍. 經濟發展中的勞動收入占比：基於中國產業數據的實證研究 [J]. 中國社會科學, 2009 (4)：65-79.

[2] BAI CHONG-EN, ZHENJIE QIAN. The factor income distribution in China: 1978—2007 [J]. China Economic Review, 2010 (21)：650-670.

[3] 張車偉. 關於中國勞動報酬占 GDP 份額變動的研究 [J]. 勞動經濟評論, 2011, 4 (1)：1-33.

[4] 在張車偉（2011）的測算中，經濟結構從農業向非農業轉移 1%，總勞動份額下降 0.08-0.13 個百分點。羅長遠、張軍（2009）以 1996 為基期，2003 年勞動份額下降的比例中有 64% 源於產業結構變動。Bai, Qian (2010) 的計算中，結構轉型解釋了 1995—2003 年勞動份額下降的 61.63%（GDP 數據中扣除了間接稅）。

[5] 李稻葵，劉霖林，王紅領. GDP 中勞動份額演變的 U 型規律 [J]. 經濟研究, 2009 (1)：70-82.

[6] 龔剛，楊光. 論工資性收入占國民收入比例的演變 [J]. 管理世界, 2010 (5)：45-55.

[7] NEILSON D, STUBBS T. Relative surplus population and uneven development in the neoliberal era: theory and empirical application [J]. Capital&Class, 2011, 35 (3)：435-453.

[8] 根據《中國統計年鑒》歷年相關數據計算。

第二類指標是雇傭勞動合約的性質與穩定性，特別集中地表現在非正規就業比例和勞動合約覆蓋率的增加。非正規經濟擴張和穩定的勞動合約覆蓋比例的下降作用於勞動報酬的機制可被概括為：首先，各種被勞動法規所確立的福利供給是與正規就業崗位和勞動合約緊密聯繫的，就業非正規性的提升意味著大量的勞動者不能獲得工資之外的其他勞動補貼。其次，非正規部門的產業後備軍隊伍提供了抑制工資上升最有力的機制，同時將減緩正規部門的工資增長壓力。最後，各種短時限的、不穩定的勞動合約直接制約了工人在工作場所中逐步累積起車間議價能力的機會。

就業靈活性的增強被認為是新自由主義時代抑制勞工力量和工人成本提升最有效的手段。就業靈活性的變化，直接解釋了 1979—1994 年美國非農部門稅前實際小時工資下降（下降了 9.8%）的五分之一。這還不包括非正規就業帶來的福利損失，例如，龐大的派遣工隊伍中只有五分之一的工人可以得到雇主支付的醫療補助[1]。20 世紀 90 年代後期，歐盟就業市場的改革意欲改善長期「困擾」歐盟國家在參與全球競爭時所遇到的勞動成本高、人員流動不暢的頑疾。然而其提升靈活性的措施儘管降低了失業率，卻也製造了更多的「窮忙族」（working poor）[2]。在當下全球化生產的技術範式和分工體系中，非正規經濟的低成本恰是發展中國家維持競爭性和資本累積的有效手段，故而，黃宗智（2010）稱其為「有計劃的非正規性」[3]。在齊昊（2011）的研究中，隱性部門（從統計範圍來看，等同於非正規部門）的就業擴張是影響中國分配格局的重要因素，對於勞動者報酬下降有顯著作用[4]。

中國的城鎮非正規就業比重分別在 20 世紀 90 年代初和 20 世紀 90 年代中後期到 2002 年左右經歷了兩個迅速上升的時期，2010 年城鎮非正規就業比例達到了 61.3%。在《中國統計年鑒》長期穩定記錄的數據中，城鎮勞動者的工資只包含正規就業單位，私營、個體和未統計部分難以得到反應。僅從 2008 年以來所能觀察到的城鎮各行業私營企業工資水準來看，私企歷年的人均工資水準低於正規就業單位的數額皆在 11,000 元以上，扣除價格因素，這一差距依然呈上升趨勢。故而即使僅從正規和非正規就業的工資差異角度出發，我們也能發現就業非正規性的提升會直接導致勞動份額的減少。

第三類指標是工人的組織化程度，特別表現在工會組織和集體議價機制的覆蓋範圍。有組織的工人運動是增加工人集體談判力量，為工人爭取收入增長、工作穩定性和福利提升的重要保證。儘管當前中國工會的組織模式很難真正承擔起代表工人與資方談

---

[1] GORDON, DAVID M. Fat and Mean: the corporate squeeze of working Americans and myth of managerial「downsizing」[M]. New York: Martin Kessler books, the Free Press, 1996: 175-237.

[2] 若·科特尼埃爾. 歐洲的就業靈活保障機制與勞動力的非正規化 [J]. 毛禹權, 譯. 國外理論動態, 2010 (1): 40-45.

[3] 黃宗智. 中國發展經驗的理論與實用含義——非正規經濟實踐 [J]. 開放時代, 2010 (10): 133-158.

[4] 齊昊. 勞動者報酬比重下降的「非典型」事實：馬克思主義的解讀 [J]. 當代經濟研究, 2011 (10): 76-82.

判的職能，但是在一些經驗分析中，現有工會組織在推進工人福利和收入方面的正面作用還是得到了實證結果的支持（Yao, Zhong, 2013[①]；魏下海，等，2013[②]）。儘管在上述研究所選擇的樣本中，較難明確到底是利潤更高、工資水準更高、勞動關係更為和諧的部門表現出對於工會和集體判斷更高的寬容度，還是由工會的作用直接推動了勞資關係的改善，但是我們依然可以將中國城鎮就業者中工會覆蓋比例的提高，看作有勞動法律調節和監管的雇傭關係的擴大。顯然這種擴大是勞動力去商品化的一種表現，進而工會參與率的提升，對於勞動份額的提高可被預期是有正向效應的。

改革進程中，伴隨公有製單位就業比重下降和非正規就業增加，1989—1999 年十年間中國城鎮就業人員的工會參與率經歷了長期下降的過程，之後在《中華人民共和國工會法》的強制規範下逐步開始恢復。2008 年《中華人民共和國勞動合同法》的正式實施為保護工人的「底線型」利益（例如，法律規定的勞動時間、勞動合同、工作環境等）創造了條件。相比《中華人民共和國工會法》，2008 年的「勞動三法」對工人維權的作用更加直接和有力。然而，值得保持審慎樂觀和長期關注的是，「勞動三法」同樣是依靠行政力量限制雇主權力的制度安排，尚難以保證企業內的勞資力量平衡（常凱，2013）[③]。長期看來，只有通過切實向工會組織賦權，讓集體議價機制得以運行，工會才有可能在長期幫助工人獲取「增長型」的利益（主要表現在實際工資水準的提升）[④]。

第四類指標是各類與勞動力再生產相關的公民社會權利的商品化程度，具體體現為養老、失業等社會保險制度的去商品化能力（體現在其覆蓋範圍、資格條件和替代水準等指標上），以及社會公共開支可以為個人教育、住房、醫療等勞動力再生產所需的關鍵消費資料埋單的部分。公民社會權利的去商品化是幫助工薪階層勞動者通過非市場途徑獲得生存權利的重要機制，是降低工人失業成本，提高他們在市場外的生存能力，從而具備與資本談判力量的核心制度安排。福利制度設計以及各類公共產品、公共權利的供給模式直接反應了政府政策影響下的勞資關係調節的環境基礎。可以預期，不僅去商品化能力更強的社保制度可以增加分配格局中屬於勞動者的比例，作為勞動者談判能力重要基礎的失業成本下降對於工資份額的提升也會是有幫助的。經驗中，我們可以觀察到中國勞動者收入份額下降迅速的時期，同時也是各類社會保險制度不完善，住房、醫療等消費品加速商品化的時期。

[①] YAO YANG, ZHONG HUANING. Unions and Workers' Welfare in Chinese Firms [J]. Journal of Labor Economics, 2013, 31（3）：633-667.

[②] 魏下海，董志強，黃玖立. 工會是否改善勞動收入份額？——理論分析與來自中國民營企業的經驗證據 [J]. 經濟研究，2013（8）：16-28.

[③] 常凱. 勞動關係的集體化轉型與政府勞工政策的完善 [J]. 中國社會科學，2013（6）：91-108.

[④] 蔡禾. 從「底線型」利益到「增長型」利益——農民工利益訴求的轉變與勞資關係秩序 [J]. 開放時代，2010（9）：36-45.

綜合以上分析，勞動力商品化程度的四類影響因素不僅能改變初次分配格局中屬於勞動者的部分，也會通過工人議價能力的變化影響企業中工人所得的工資份額。考慮到上述各種具體指標的變化趨勢並不統一，統計口徑也各不相同，直接做迴歸分析還將遇到共線性問題的困擾。在進一步的實證分析中，我們將採用主成分分析的方法，對數據做降維處理，獲取勞動力商品化程度變化的總趨勢。

四、勞動力商品化程度變化的主成分分析

在上述提及的可反應勞動力商品化程度變化的各項指標中，由於起始和終止統計年份的不同，且統計口徑頻繁變換，我們較難匯集一個能夠包含全部指標且反應改革進程歷史全景的數據集合。對此我們基於各指標意義、相互間的邏輯關係，以及數據在時間上的連貫性，選擇以下八種代表性指標進行主成分分析，找到勞動力商品化變化的總趨勢：①城市居民人均收入中工資性收入占比；②國有單位就業人員占城鎮單位就業人員的比重；③工資收入占農村居民人均收入的比重；④農民工的失業成本；⑤稅費支出占農民居民總支出的比例；⑥城鎮部門非正規就業比重；⑦城鎮就業者的工會參與率；⑧醫療支出中個人需要用現金支付的部分。其中①②兩項表示城鎮勞動關係向市場化和契約化的轉變；③④⑤三項是推動和體現農民工勞動力商品化的核心指標；⑥⑦兩項相對於幾類社會保險的覆蓋範圍；⑧項是我們所能獲取的維持最長時間，且前後口徑未發生變化的體現公民社會權利商品化程度的指標。儘管就公民社會權利這一大類而言，僅考察 H 這一項無法涵蓋城鎮居民教育、住房權利的迅速商品化，也難以體現 2007 年以來社保制度改進在去商品化中的突出作用，但是 B 項和 F 項可以在很大程度上反應社會保障覆蓋比例的變化（社保制度與就業崗位的正規性緊密相關），且就既往歷史來看，個人現金醫療支出比例本身的變化趨勢與社保制度的變化趨勢較為一致。此外 a 項和 c 項也能反應城鄉居民的其他收入來源，例如可反應城鄉最低生活保障等制度是否能在一定程度上限制家庭中勞動力再生產所遭遇的市場風險。圖 20-1 呈現了上述指標在 1981—2012 年的變化。

需要注意的是，在上述指標中，②和⑦兩項數值的增大是去商品化方向的，在使用軟件對數據進行標準化之前，我們首先對這兩項進行同方向的處理（可將其轉變為非國有企業的就業比重和城鎮就業者中未被工會覆蓋的比例）。隨後我們使用 SPSS 軟件對上述數據進行主成分分析。

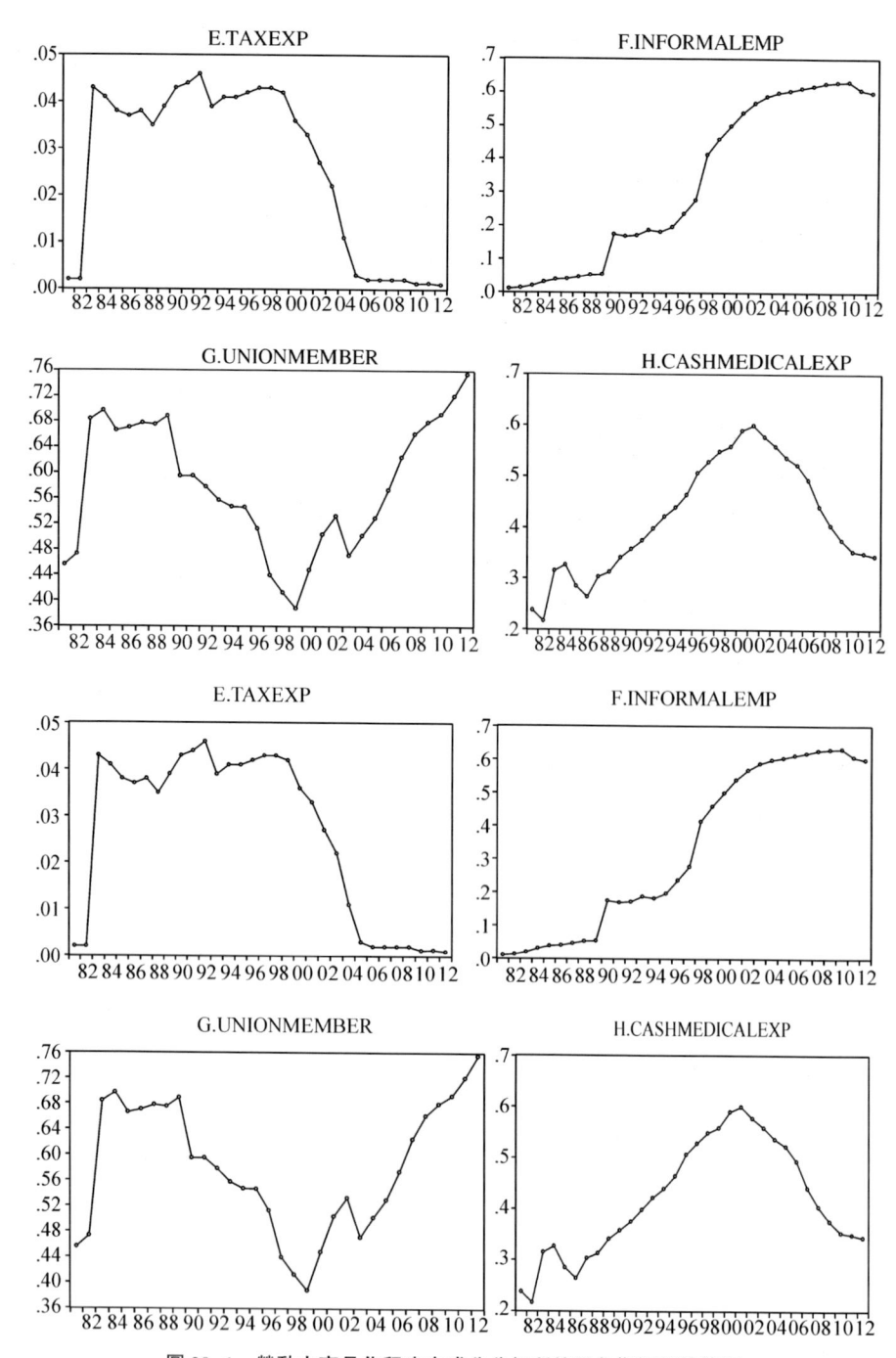

圖 20-1　勞動力商品化程度主成分分析所使用各指標趨勢簡況

註：1. 數據來源於《中國統計年鑒》。
　　2. 本圖為 SPSS 軟件截圖。

主成分方差貢獻率（見表 20-1），只有前三個主成分特徵值大於 1，第一主成分方差占所有主成分方差的 57%，前三個主成分的方差累計達到了 96%，選擇前三個主成分已足以描述勞動力商品化的發展狀況。變量共同度（各變量中所含的原始信息可以被主成分代表的程度）大多在 95% 以上，KMO 檢驗值（0.600）和 Barlett 球形檢驗結果（sig 為 0.000）拒絕了各變量的獨立性假設，主成分分析的適用性基本通過。

表 20-1　勞動力商品化主成分方差貢獻

Component	Initial Eigenvalues			Extraction Sums of Squared Loadings		
	Total	% of Variance	Cumulative %	Total	% of Variance	Cumulative %
1	4.560	57.006	57.006	4.560	57.006	57.006
2	2.016	25.203	82.209	2.016	25.203	82.209
3	1.105	13.809	96.018	1.105	13.809	96.018
省略以下五個主成分						

Extraction Method: Principal Component Analysis.

觀察主成分的系數矩陣（見表 20-2），我們發現：第一個主成分 F_1 的表達式中 A，B，C，D，E 這幾個反應工資性收入占比、雇傭關係穩定性和產業後備軍狀況的指標系數值更大，可以將其近似視為體現雇傭關係市場化程度的主成分；第二主成分 F_2 中 f 和 g 的系數更大，可以將其近似視為體現工人組織化程度和社會保障狀況的主成分；F_3 的方差累計貢獻率已經較小，主成分系數未呈現明顯規律，故這個主成分沒有實際解釋意義，後文迴歸分析中，它只作為反應原數據信息的一個指標出現，不需要對因變量產生直接作用①。

表 20-2　主成分系數矩陣

	Component		
	1	2	3
A. uwageshare	−0.891	−0.168	0.320
B. (non) soeemp	0.971	0.174	−0.125
C. rwageshare	0.701	−0.265	0.645
D. pwcjl	0.815	−0.419	−0.238
E. taxexp	−0.767	0.458	−0.405
F. informalemp	0.957	0.250	−0.091
G. (non) unionmember	−0.049	0.802	0.573
H. cashmedicalexp	0.403	0.892	−0.117
對圖 20-1 中的 B 和 G 兩項做了同方向處理			

---

① 統計學上，主成分分析並不要求各主成分都必須具有實際意義，此處只是近似的觀察。

在輸出各主成分得分之後，我們可以使用各主成分對應的方差貢獻率計算勞動力商品化程度變化的綜合指數（式20-1），得到歷年勞動力商品化程度的變化軌跡（見圖20-2）。

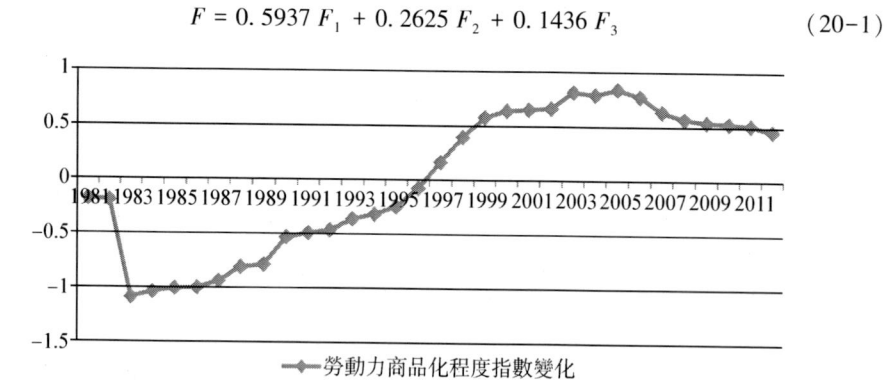

$$F = 0.5937 F_1 + 0.2625 F_2 + 0.1436 F_3 \qquad (20-1)$$

圖20-2 改革以來中國勞動力商品化程度的變化軌跡

從圖20-2中我們可以觀察到，2005年之前中國的勞動力商品化程度總體呈上升趨勢發展。其中1986—1990年，1994—2003年為兩個最為迅速的上升時期。對照圖20-1，我們可以大致發現：前者主要源自同一時段內個別年份突發的國有單位就業下降和非正規就業增加，以及農村家庭稅費開支和醫療現金支出比例在同期持續上漲的作用。而後一時期則是我們所考察的全部指標協同作用的結果，2005—2012年，勞動力商品化程度呈現緩步下降的趨勢，其中2005—2007年較快的降速主要源自同期農村家庭稅費負擔和現金醫療支出負擔的快速下降，以及工會參與率的提升。值得注意的是隨後幾年當中上述指標繼續向去商品化的方向變化，且非正規就業比重增速減緩（甚至出現下降趨勢），城市家庭收入中工資占比進一步下降，這些因素在一定程度上抵消了農民工勞動力商品化程度持續提升的趨勢，使得勞動力總的商品化程度從2008年至今趨於減小。

圖20-2所反應的勞動力商品化程度變化的趨勢與前文中我們所討論的，分時段中國資本累積體制的變遷和這其中雙向運動的展開是基本一致的。那麼，中國勞動力商品化程度的變動作為資本累積體制中全面反應勞—資—政三方關係變化的關鍵指標，是否可以對改革年代中國勞動者報酬情況的變化做出解釋呢？在前文的理論部分，我們分析了商品化程度作為工人相對於資本的獨立性，以及國家勞動法律與再分配制度安排的具體體現，可能對收入分配產生影響的各種機理。下文中，我們將具體檢驗，在中國改革實踐中，勞動力商品化程度變化作用於勞動報酬的假設是否成立。

五、勞動力商品化程度與勞動報酬份額關係的實證分析

依照第三部分中勞動力商品化程度作用於勞動份額兩類總機制的假設，我們分別檢驗勞動力商品化程度是否與收入法 GDP 中的勞動份額相關，以及勞動力商品化程度是否影響了規模以上工業企業中的工資份額比例。

(一) 勞動力商品化程度與 GDP 中的勞動份額

在收入法計算的全國各地區生產總值中，勞動者報酬不僅包括各類形式的工資和獎金，還包括勞動者享受的醫療、交通等補助，以及由用人單位支付的保險費用等。這其中勞動力商品化程度既可能影響工人所獲得的工資水準，又與各類福利和補貼水準相關，最終對勞動份額產生作用。1984—2007 年，除部分年份以外，中國 GDP 中的勞動份額總體處於下降區間，特別是 1995—2007 年經歷了長期的快速下降，這一趨勢在 2008 年之後發生了逆轉，勞動份額出現了回升態勢。

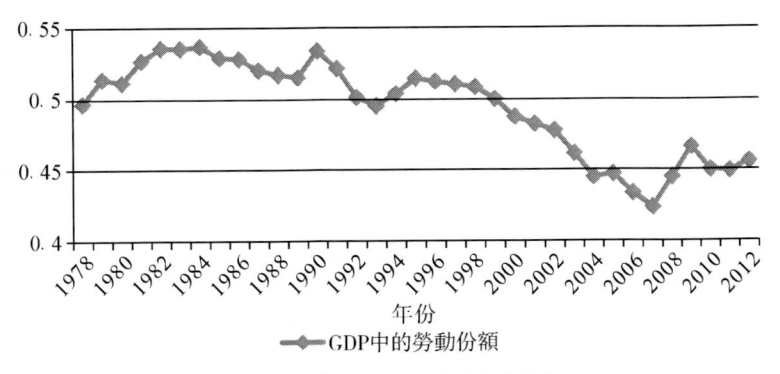

圖 20-3 收入法 GDP 中的勞動份額

註：數據參照：QI HAO. The Labor Share Question in China [J]. Monthly Review, 2014 (1)：23-35. 其中，2004—2007 年數據經過調整，其間國家統計局將個體經營收入記為利潤，而之前和之後這部分作為勞動報酬處理。為保持口徑一致，我們繼續將個體經營收入劃為勞動報酬，減輕口徑突變給數據造成的影響。

衡量勞動力商品化程度和 GDP 中勞動份額的關係，我們需加入先前的代表性研究裡常用於解釋中國勞動份額變化的一些指標作為控制變量，以確定商品化程度對收入分配狀況的真實影響。其中包括：①資本產出比（K/Y），用於衡量資本深化之於勞動報酬的影響。我們使用歷年資本存量數據與當年 GDP 的比值來確定。其中，資本存量 K_t = $K_{t-1}(1-\delta) + I_t$ 採用單豪杰（2008）的研究中以 1952 年為基期，利用不變折舊率計算出的 1981—2006 年的資本存量①，並將數據更新至 2012 年。用資本存量比當年實際

---

① 單豪杰. 中國資本存量 K 的再估算：1952—2006 年 [J]. 數量經濟技術經濟研究，2008 (10)：17-31.

GDP，可以得到歷年的資本產出比例。②產業結構變化的影響。產業結構變動特別是農業中的勞動力轉移時常被作為最重要的因素解釋中國勞動份額的變化，然而這種解釋忽略了政治經濟學視角下，勞動力再生產制度安排的差異，以及塑造特定勞資關係的制度環境對勞動報酬的作用，僅將勞動力轉移視為「自然」條件。本章仍將在分別控制第一和第二產業比重（$idu1$，$idu2$，第一和第二產業增加值占 GDP 的比重）的條件下，觀察勞動商品化程度之於勞動報酬的影響。③全球化的經濟關係。改革開放之後，跨國資本的進入極大地改變了中國勞動關係的實踐，低勞動成本幫助中國製造迅速贏得了海外市場。全球化經濟關係對中國勞動份額的影響得到了研究者的關注（羅長遠、張軍，2009）[①]。考慮到這一影響，本章也將控制 FDI 與 GDP 的相對比例（FDI），以及 GDP 中的淨出口比重（export）。④財政支出的影響（方文全，2011）[②]。我們使用歷年財政支出與 GDP 的比重來衡量（govexp），觀察政府行為是否對勞動報酬的變化產生作用。式（20-2）給出了 GDP 中勞動報酬份額的迴歸模型。

$$Ls_t = c + \alpha\, Comdi_{it} + \beta\, X_{it} + \varepsilon_t \qquad (20\text{-}2)$$

其中，$Comdi$ 是商品化程度變量，包含 F_1，F_2，和 F_3 三個主成分；X_t 是控制變量組，包含上述 K/Y；$idu1$，$idu2$；FDI，$export$；$Gove$ 四類變量，Ls_t 表示 GDP 中的勞動份額。為了避免時間序列模型可能存在的偽迴歸問題，我們首先利用 ADF 法對模型中涉及的各變量做單位根檢驗，結果發現所有變量都存在單位根，但是同時是一階單整的 I（1），見表 20-3。接下來我們分別使用 E-G 法和 Johansen 檢驗確定方程的協整性。

表 20-3　商品化程度對勞動份額迴歸方程中各變量一階差分的 ADF 檢驗結果

	D(Ls)	D(F1)	D(F2)	D(F3)	D(idu2)	D(idu1)	D(ky)	D(FDI)	D(export)	D(Gove)
ADF t 值	-5.01*	-6.36*	-3.93*	-4.92*	-4.06*	-5.354*	-4.58*	-3.79**	-4.81*	-3.26***
t 值標準	-3.68	-3.68	-3.68	-3.68	-3.68	-3.69	-3.71	-3.57	-4.30	-3.21

註：*，**，***，分別表示檢驗結果在 1%，5% 和 10% 的水準上顯著，拒絕了一階差分之後變量存在單位根的假設。

對式（20-2）做 OLS 估計[③]，得到殘差項的估計值 e_t，進而對其做 ADF 檢驗，殘差項的 ADF 檢驗結果為 t＝-6.891,365，儘管這一結果能直接在 0.01 的顯著性水準上拒絕殘差項的單位根假設，但是多變量協整檢驗的 ADF 臨界值要求更為嚴苛（數值更

[①] 羅長遠，張軍. 勞動收入占比下降的經濟學解釋——基於中國省級面板數據的分析［J］. 管理世界，2009（5）：25-35.

[②] 方文全. 中國勞動收入份額決定因素的實證研究：結構調整抑或財政效應？［J］. 金融研究，2011（2）：32-41.

[③] 在其他自變量不變的前提下，我們曾分別控制了第一產業、第二產業的比重，結果發現模型中各自變量的顯著性變化並無實質差異。當控制工業化比重時殘差項 E-G 檢驗的結果更接近協整，故而本章僅匯報控制工業化比重的結果。

小)。基於 Mac Kinnon (1991) 通過模擬試驗得到的多變量協整檢驗的臨界值 (可以計算出當變量個數達到 6, 樣本容量為 32, 在 0.05 顯著性水準下的 ADF 臨界值為 −5.6379)[①] 我們可以至少在 0.05 的顯著性水準上驗證殘差項的穩定性, 這初步說明了變量間的協整關係。更準確起見, 我們使用 Johansen 檢驗確定上述多重 I (1) 序列的協整關係, 結果表明變量間含有 9 個協整方程 (見表 20-4)。

表 20-4　勞動力商品化與 GDP 中勞動份額迴歸模型的 Johansen 檢驗結果

Hypothesized No. of CE(s)	Eigenvalue	Trace Statistic	0.05 Critical Value	Prob. **
None *	0.998,455	582.619,0	197.370,9	0.000,1
At most 1 *	0.982,582	388.430,9	159.529,7	0.000,0
At most 2 *	0.937,099	266.923,7	125.615,4	0.000,0
At most 3 *	0.848,415	183.937,8	95.753,66	0.000,0
At most 4 *	0.781,615	127.339,6	69.818,89	0.000,0
At most 5 *	0.692,722	81.694,74	47.856,13	0.000,0
At most 6 *	0.565,961	46.294,66	29.797,07	0.000,3
At most 7 *	0.429,929	21.256,07	15.494,71	0.006,0
At most 8 *	0.136,310	4.396,237	3.841,466	0.036,0

Trace test indicates 9 cointegrating eqn (s) at the 0.05 level.

協整關係的存在驗證了變量間具有相對穩定的長期關係[②], 考慮到標準化後的協整方程系數量綱和意義會發生較大變化, 對解釋變量間的實際經濟關係意義不大, 本章選擇匯報模型 (20-2) OLS 迴歸的結果, 以說明自變量系統對因變量的作用方向和大小 (見表 20-5)。

表 20-5　勞動力商品化對勞動份額迴歸方程結果

商品化主成分			控制變量組				
F1	F2	F3	Idu2	K/Y	FDI	Export	govexp
−0.0465	−0.0049	0.0015	0.2218	0.0945	0.2116	0.2473	0.066
(−12.767)*	(−1.439)	(0.797)	(0.1409)	(3.894)*	(0.746)	(1.978)	(0.501)
Adjusted R^2 = 0.924			Prob (F-statistic) = 0.0000			DW = 2.4539	

---

① 李子奈, 潘文卿. 計量經濟學 [M]. 3 版. 北京: 高等教育出版社, 2010: 300, 363.

② 在協整關係存在的前提下, 筆者同時使用誤差修正模型觀察了變量間的短期動態關係。誤差修正系數表明該模型中存在勞動份額的自動調節機制, 當自變量遇到衝擊, 勞動份額偏離均衡之後, 勞動份額會較快調整到均衡水準。鑒於本模型樣本中時間跨度本身有限 (僅 32 年), 區分長期變化和短期波動現實經濟意義並不大, 合理的誤差修正系數僅作為長期協整關係的進一步佐證, 此處不專門匯報誤差修正模的結果。

從表 20-5 中可以看出，只有商品化程度的第一個主成分和資本產出比對於解釋勞動份額變化是顯著的。在前文分析中，我們知道，$F1$ 可以被看作體現雇傭關係市場化程度的主成分，這意味著當城鄉居民家庭對勞動力市場的依賴性增強，不穩定的就業關係擴張，產業後備軍增加時，會對勞動份額產生顯著的負面的影響，這驗證了我們對二者關係的假設[①]。資本深化對於勞動份額的正向影響與之前一些經驗研究的結果基本一致（羅長遠，張軍，2009；白重恩，等，2008）[②]，原因可能在於中國的資本累積伴隨著技術進步和人均勞動生產率的提升，對於勞動份額產生了正向的作用。尤其值得注意的是，在勞動力商品化程度的顯著作用下，曾經在一些經驗研究中對勞動份額產生顯著影響的因素，例如：出口比重，工業化比重和政府支出的作用等不再顯著。這驗證了我們的假設：勞動力商品化程度所集中體現出的勞資關係相關的制度安排，對勞動份額有著決定性的影響。

（二）勞動力商品化程度與規模以上工業企業的工資份額

勞動力商品化程度作為反應工人階級市場力量變化的指標，是否會對企業間的勞資分配關係產生直接的影響呢？圖 20-4 給出了規模以上工業企業工資份額（工資總額/增加值總額）的變化。同樣，1995—2007 年工資份額總體呈現了下降的趨勢，特別是 1995—2000 年的下降速度非常快。而這期間正好是勞動力商品化程度提升最為迅速的時期。

從馬克思主義經濟學的角度出發，工人的保留工資和產業後備軍儲備是影響工資份額最重要的兩個因素[③]。而本章中我們所選用的勞動力商品化程度指標能夠綜合地涵蓋保留工資和產業後備軍指標的意義，例如，城、鄉居民家庭所能獲得的非工資收入越高，其失業成本越低，同時工人的組織化程度越高，社會保障制度的去商品化能力越強，他們要進入勞動力市場時的保留工資就越高；而國有部門的就業比例越小，非正規就業的比例越高，產業後備軍的儲備就越充足。

為此，我們對勞動力商品化程度與 1985—2012 年中國規模以上工業企業的工資份額（工人工資總額/增加值）做迴歸分析，同時加入兩項控制變量，城鎮單位就業人員與農民工工資的比例（WR）和資本產出比（K/Y）。前者沒有在商品化指標中直接反應

[①] 本例中 F2 作為粗略代表工人組織化程度和公民社會權利商品化程度的主成分，其不顯著可能是因為中國工會組織在提升勞動份額方面的作用不充分，且我們僅選擇了醫療現金支出作為公民社會權利商品化的代表。相比而言，F1 中的工資性收入占比等因素更能體現是否有社會保障制度降低工人的商品化程度，故其作用也更明顯。上述結果並不代表具備議價能力的工會和其他去商品化的福利供給對勞動份額的作用不顯著。

[②] 羅長遠，張軍. 勞動收入占比下降的經濟學解釋——基於中國省級面板數據的分析 [J]. 管理世界，2009 (5)：25-35；白重恩，錢震杰，武康平. 中國工業部門要素分配份額決定因素研究 [J]. 經濟研究，2008 (8)：16-28.

[③] PIOVANI C. Class Power and China's Productivity Miracle：Applying the Labor Extraction Model to China's Industrial Sector, 1980—2007 [J]. Review of Radical Political Economics, 2014, 46 (3)：頁碼不詳.

第二十章 中　　力商品化程度的　　及其　　者　酬的影

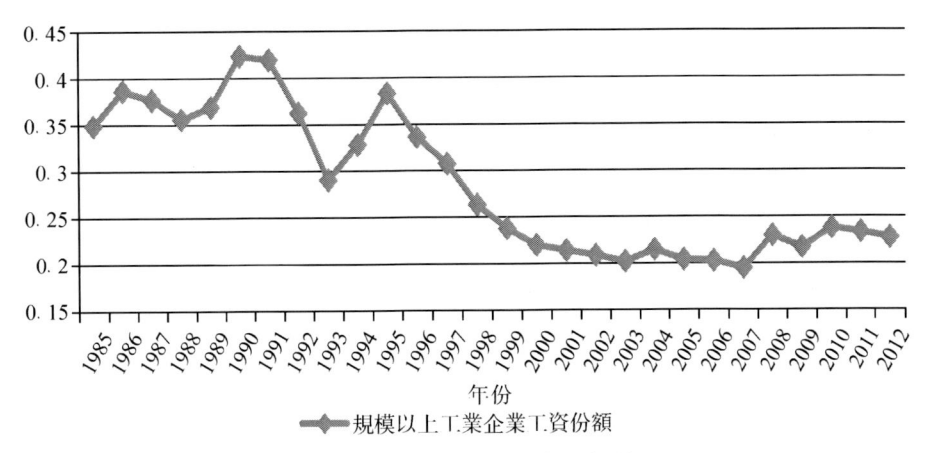

圖 20-4　規模以上工業企業工資份額

數據說明：規模以上工業企業增加值數據（1985—1992 年）來自《中國工業統計年鑒》，1992—2012 年數據來自中經網數據庫（2011 年起規模以上工業企業的統計範圍由年主營業務收入 500 萬以上提升至 2,000 萬以上，本章暫不考慮這一變化的影響）。工人工資總額採用歷年城鎮工業單位就業人員平均工資乘以規模以上工業企業就業人員數額。工業增加值和工資總額分別利用工業品出廠價格指數調整和城鎮居民消費價格指數調整（以 2012 年為基期）。

出來，如果我們用農民工工資指代非正規就業者的工資，則 WR 越大，意味著正規部門的就業者一旦失業落入非正規就業部門，他們遭受的損失就越大，這將抑制正規部門就業者索要高工資的能力，同時也會增強非正規部門就業者對於進入正規部門的渴望，增強產業後備軍之間的競爭，並且更易於接受正規部門給出的並不優厚的雇傭條件。我們預期這一指標會對工資份額產生負的影響。此外，我們使用總量層面的 K/Y 粗略控制資本深化是否對工資份額產生影響。

$$Wy_t = c + \alpha\, Comdi_{it} + K/Y_t + WR_t + \varepsilon_t \qquad (20\text{-}3)$$

已知 Comdi 中三個主成分和 K/Y 是 I（1）的，此處加入對 Wy 和 WR 的單位根檢驗，結果見表 20-6，它們同樣是一階單整的。對式（20-3）OLS 迴歸殘差項 e_t 做 ADF 檢驗 t = −4.6156，比照 MacKinnon（1991）給定的多變量迴歸殘差項檢驗臨界值（−4.519,5），可以在 0.1 的顯著性水準上接受 e_t 為平穩的。進一步地，我們對這一組變量做 Johansen 檢驗，結果表明在 0.05 的顯著性水準上存在 6 個協整關係（見表 20-7）。

表 20-6　商品化程度對工資份額迴歸方程中各變量一階差分的 ADF 檢驗結果

	D（Wy）	D（WR）
ADF 檢驗值	−4.425,8*	−6.709*
t 值標準（0.01 顯著性水準）	−3.711	−3.711

表 20-7　勞動力商品化與工資份額的 Johansen 檢驗結果

Hypothesized No. of CE(s)	Eigenvalue	Trace Statistic	0.05 Critical Value	Prob. **
None *	0.896,287	155.198,8	95.753,66	0.000,0
At most 1 *	0.812,479	96.279,48	69.818,89	0.000,1
At most 2 *	0.551,817	52.759,02	47.856,13	0.016,1
At most 3 *	0.412,056	31.892,64	29.797,07	0.028,3
At most 4 *	0.370,284	18.083,41	15.494,71	0.019,9
At most 5 *	0.207,870	6.058,766	3.841,466	0.013,8

Trace test indicates 6 cointegrating eqn (s) at the 0.05 level.

協整關係的存在支持了變量間的長期穩定關係，表 20-8 匯報了式（20-3）的 OLS 結果。儘管各自變量與因變量之間的作用方向與預期一致，但是只有 F1 是顯著的，這意味著工資性收入在勞動力再生產中的作用越大，即工人的失業成本越高；不穩定的就業關係覆蓋面越廣，即產業後備軍儲備越多，我們所考察的規模以上工業企業中屬於工人工資份額的比例就越小。這同樣驗證了關於勞動力商品化程度和工資份額間負相關性的假設。

表 20-8　勞動力商品化程度對工資份額迴歸方程結果

F1	F2	F3	Ky	WR
−0.065	−0.014,9	−0.041	0.122	−0.014
(−3.636)*	(−1.146)	(−1.26)	(1.724)	(−0.41)

Adjusted R^2 = 0.876　　Prob（F-statistic）= 0.000,0　　DW = 1.381

六、小結和政策建議

通過分析勞動力商品化程度的各個具體影響因素作用於勞動報酬的機制，本章嘗試尋找勞動力商品化程度和勞動報酬這兩個範疇之間的理論關係。進一步，我們構造了中國勞動力商品化程度指數和它在中國改革開放進程中的發展軌跡。通過時間序列的迴歸分析，驗證了勞動力商品化程度與勞動報酬之間顯著的負向關係。這給予我們兩點政策方面的啟示：

首先，勞動力去商品化的制度設計，表現在更為穩定的就業合約關係，更為有行動力的工人組織，更為慷慨的社會福利制度，降低了勞動者在市場上面臨的風險，提高了工人階級的力量，這對於增加勞動報酬是有正向的作用。

其次，當前學界討論改善收入分配、擴大內需市場，需要以改變相關的勞資制度安

排為前提。參照調節學派和累積的社會結構理論的觀點，勞動力的商品化程度集中表現了資本累積體制中勞動與資本的相互力量對比，去商品化的制度設計不僅是政府強制力作用下總分配格局的變化，也將通過工人議價能力的提升，影響企業層面的勞資分配。這意味著，當我們期望中國普通勞動者在收入分配中獲得更高的比例、經濟增長方式更多由內需市場支持，這一系列的調整應當以中國資本累積體制更多向勞工賦權為基礎。這些權利集中表現在：保障工人的「團結權」，落實其依法組建工會的權利；維護工人的「談判權」，使得工會組織能真正代表工人就勞動合約、工作環境和工資水準與企業進行有效談判；促成「集體爭議權」的制度化（例如，有法律保障和規範的罷工活動），為集體議價的效力提供保障。穩定的工資增長機制與實現市場化下的勞工三權是密切相關的①。工人權利的落實，以及就業和社會保障制度中其他各類去商品化的政策設計，將有可能切實改變中國未來的收入分配格局和經濟增長方式。

---

① 常凱. 勞動關係的集體化轉型與政府勞工政策的完善 [J]. 中國社會科學, 2013 (6).

第二十一章 勞動價值論與要素價值論、效用價值論及供求價值論的比較研究[①]

一、引言

作為政治經濟學的基礎理論之一，勞動價值論是個相對老舊的問題，但是，問題的新舊並不等於問題是否已經得到了有效的解決，至少就筆者所見，無論是在當下的政治經濟學教學中，還是在學生的學習研究中，學界對這個問題的疑問和迷惑都普遍地存在。而這一基礎性的問題如果得不到有效的解決，很難說對馬克思分析資本主義的生產關係和本質能有較好的把握。

據筆者歸納，對商品的價值理論，學界目前主要存在勞動價值論、要素價值論、效用價值論和供求價值論四種不同的看法。有學者從「供需」的角度分類，將前兩種價值論歸為「供給視角或供給價值論」，將效用價值論歸為「需求視角或需求價值論」，將「均衡價值論」歸為「供求混合視角或供求價值論」[②]。這種分類方法，雖有一定的道理，但筆者並不完全讚同。以勞動價值論為例，其視角明顯並非僅僅是供給方面。馬克思明確地提到，無效勞動並不形成商品的價值，而勞動的有效與否，恰恰是從需求角度對商品做出的定性，僅從供給角度是無法得出生產過程的勞動是否有效的。

因此，本章將不從某種定性的前提出發對以上四種價值理論進行歸納、分析，而是按照經濟思想史演進的脈絡，先後考察要素價值論、效用價值論、供給價值論三種價值理論，在此基礎上，再對勞動價值論予以專門的分析研究。

二、要素價值論及其理論缺陷

要素價值論古典形態的基本觀點是：在生產過程中，土地、資本、勞動三種生產要

[①] 本章選自：葛浩陽. 勞動價值論與要素價值論、效用價值論及供求價值論的比較研究 [J]. 改革與戰略, 2015, 31 (7): 19-24, 60.

[②] 許成安，楊青. 勞動價值論、要素價值論和效用價值論中若干問題辨析 [J]. 經濟評論, 2008 (1): 3-8.

第二十一章　　值　要素值、效用值及供求值的比 研究

素共同創造商品的價值。如薩伊所言：「事實已經證明，所生產出來的價值的都是歸因於勞動、資本和自然力這三者的作用和協力，其中以能耕種的土地為最重要因素但不是唯一因素。除這些外，沒有其他因素能生產價值或能擴大人類的財富。」①「他（斯密——引者註）認為，只有人的勞動才能創造價值，這是錯誤的。更嚴密的分析表明，一切價值都是來自勞力的作用，或者說得正確些，來自人的勞動加上自然力與資本的作用。」②

這是價值來源於生產要素的典型表述，我們稱其為要素價值論。不過，要素價值論的準確含義並非指參與商品生產的所有要素都必定會創造價值。譬如，在農業生產中，陽光、空氣、雨水等要素也參與了生產，但這些要素並不構成商品的「價值」。因此，要素價值論的隱含意義毋寧是說：在生產過程中，有所有權的要素共同創造商品的價值。而要素價值論更準確的表達其實是「要素所有權價值論」。

正是因為在現實的生產中，不同的要素歸屬於不同的所有權，才使得最終生產出的商品有了「成本費用」，因為很明顯，一物的所有生產要素如果都不存在歸誰所有的問題，那麼此物將不存在「成本費用」一說，也就當然地不具有價格——價格的存在，在形式上，是為了補償生產成本，而生產成本則又取決於要素的所有權。從這一角度而言，土地所有者憑藉對土地的所有權獲得地租，資本家憑藉對資本的所有權獲得利息，工人憑藉對自身勞動力的所有權獲得工資，正是理所當然的事實。這正是薩伊的「三位一體」公式所揭示的道理。

但是，需要指出的是，「要素所有權價值論」或「成本費用價值論」並非嚴格意義上的「價值論」。顧名思義，所謂「價值論」，是要解決某一商品為什麼是這個「價」、為什麼「值」這麼多的問題。但是「成本費用價值論」只是就商品的生產過程所做的投入的一種等價還原，它並未涉及商品在完成生產過程後的交換過程，也就無法解決不同商品之間為什麼能夠交換、為什麼以某種比例交換的問題。而眾所周知，所謂商品「值」多少的問題，正是在不同商品的交換過程中才能夠得到體現。不同商品之間共通的某種屬性在要素價值論中無法看到，因此僅以一物的生產成本來闡明「價值論」，似未參透「價值論」之本義。（當然，有人認為不同商品、不同要素最終可以折算為「貨幣」這一相同的、可以共通的因素，但是需要注意的是，「貨幣」並非內在於商品本身的屬性。因此與其說它解決了不同商品在「質」上無法比較的問題，倒不如說它只不過是對構成最終商品諸要素的同義反覆。）

要素價值論只是對生產商品的諸要素做了形式上的直觀描述，其關注的層面是個別的、特殊的具體要素，而並未對諸要素進行一般化的抽象，從而也就無法在普遍意義上揭示「價值」的本質。事實上，將「價值」歸結為生產要素——土地、勞動和資本的

---

① 薩伊. 政治經濟學概論 [M]. 陳福生, 陳振驊, 譯. 北京：商務印書館, 1982：75-76.
② 薩伊. 政治經濟學概論 [M]. 陳福生, 陳振驊, 譯. 北京：商務印書館, 1982：39.

邏輯錯誤，馬克思在批判斯密時就曾經闡述過：

「斯密起先闡述了一個觀點，認為交換價值歸結為一定量的勞動，交換價值中包含的價值，在扣除原料等之後，分解為付給工人報酬的勞動和不付給工人報酬的勞動，而後面這種不付給報酬的部分又分解為利潤和地租（利潤又可分解為利潤和利息），——在此以後，他突然來了一個大轉變，不是把交換價值分解為工資、利潤和地租，而是相反，把工資、利潤和地租說成是構成交換價值的因素，硬把它們當作獨立的交換價值來構成產品的交換價值，認為商品的交換價值是由不依賴於它而獨立決定的工資價值、利潤價值和地租價值構成的。價值不是它們的源泉，它們倒成了價值的源泉。」[1]

顯然，在馬克思看來，斯密在這種「生產要素價值論」上所犯的是一種倒果為因的邏輯錯誤。但是，這樣說並非意味著要素價值論和勞動價值論在根本上是對立的，這種非此即彼的觀點應該拋棄，因為兩者並非處在同一水準面上可以等量齊觀的對象——後者是對前者進一步的深化和抽象。從理論歷史的演變來看，勞動價值論的發現離不開要素價值論，這從最初斯密對兩者莫衷一是的曖昧態度中即可看得出來。而到了後來的李嘉圖和馬克思，兩者的關係越來越清晰：要素價值論更像是一種從表面上的直觀和感性描述，勞動價值論則是從本質意義上的理性抽象。「要素」在形式上多種多樣，但「要素」和商品一樣，本身也存在著共同的東西，這種共同的東西，就是抽象的勞動。因此，和要素價值論相比，勞動價值論更為深刻，也更為根本。

三、效用價值論及其理論缺陷

從上文可以看出，要素價值論存在著兩個較為明顯的缺陷，其一，只關注生產，而忽略交換——或者說，只關注供給方面，而忽略需求方面；其二，對「價值」的理解依舊停留在具體的表象，而未對其進行抽象。要素價值論的這兩點缺陷一方面為古典經濟學的勞動價值論提供了進一步完善的理論契機，另一方面也為後來效用價值論的興起奠定了基礎。

眾所周知，效用價值論雖然在古典時期即有萌芽，但其真正登入主流經濟學之堂室的歷史機緣，是19世紀70年代的「邊際革命」的產生和勃興。「邊際革命」讓效用價值論在經濟學的價值理論中真正獲得了舉足輕重的地位，使其足以與古典的價值理論並足而立。而其顯著的特點，便是彌補了上文中提到的要素價值論的兩點不足。

首先，效用價值論對「價值」進行了抽象，而不僅僅停留在具象的種類不同的「要素」。效用價值論認為商品的價值在於商品的「效用」，而「效用」則來自消費者的一種主觀心理評價。相對要素價值論而言，不能不說這是一種理論思維上的進步。而這種從形形色色、不同種類的商品中抽象出某種具有共同內在特性的分析思路，在方法論

---

[1] 馬克思, 恩格斯. 馬克思恩格斯全集：第34卷 [M]. 北京：人民出版社, 2008：239-240.

第二十一章　　　值　要素值、效用值及供求值的比研究

上和馬克思發現勞動價值論如出一轍。

其次，效用價值論摒棄了要素價值論忽視交換過程、忽視需求因素的片面性，將交換及需求因素引入價值論的分析框架中。因為所謂的「效用」，指的是商品在結束生產過程進入交換領域時消費者對商品的一種評價，這樣就使得不同商品之間有了一個可做比較的共同標準——效用，從而使得商品與商品之間的交換比例有了理論上的基礎，真正回答了某一商品為什麼是這個「價」、為什麼「值」這麼多的問題——因為如上文所說，所謂商品的「價」「值」，本質上不過是指一商品對另一商品的交換比例。要素價值論將商品的價值歸結為生產商品的諸要素，遇到了不同商品在「質」上無法比較的困境，效用價值論則在理論上解決了這一問題，即不同商品之間共通的屬性是——它們都具有滿足人們某種需求的「效用」。

因此，效用價值論的邏輯至此清晰明了：「效用」使得不同商品的交換在「質」上成為可能，而「效用」的大小則決定了商品之間的交換比例。

但是，效用價值論在解決舊問題的同時，又面臨著新的問題。

首先，「效用」在本質上屬於一種消費者主觀的心理評價，從理論上而言，這種心理評價和生產該商品的具體過程無關，也和生產該商品所付出的成本無關，這就使得效用價值論在克服要素價值論只考慮生產而忽略交換的弊端時，走向了另一個反面：只考慮交換而罔顧生產，從而使得商品的交換關係完全建立在一種捉摸不定的主觀意圖之上。一物的價值隨著消費者主觀評價的不同而不同，此亦一價值，彼亦一價值，有多少個消費者，同一商品就會有多少種價值。而且，價值不僅在不同的消費者之間存在差別，即使是同一消費者，對同一商品的主觀評價也可大可小，甚至在一個時點和另一個時點可以有著天淵之別。因此，就經濟活動的整體而言，商品的價值成了一種無規律可循的心理效應，進而也就無法從中發現任何規律性的客觀存在。

當然，關於「效用」有個著名的「邊際效用遞減規律」，但是，這個規律除了揭示了個別消費者的某種心理規律之外，並未說明某一商品的「價值」將按照什麼樣的規律運動：該商品對消費者 A 的價值可能為 0，但對消費者 B 的價值可能為 100，效用價值論的根本缺陷在於，其並未給商品的價值找到客觀度量的尺度，從而使得商品的價值成了「一千個消費者就有一千個價值」的空中樓閣。

其次，效用價值論雖然區別了不同商品的「效用」，但在實際操作中，甚至在理論推演中，這種「效用」根本無法度量。因為「效用」是一種主觀的心理效應，所以其度量尺度存在嚴重的非嚴謹性，也正因為如此，後期的效用價值論者拋卻了早期效用價值論者的「基數效用論」，而以「序數效用論」取而代之。但是，即便如此，商品的價值量依然無法確定。蘋果和麵包，兩者的效用比例根本沒有一個固定值，而只是取決於消費者購買時的即時偏好。因此，兩者的價值量其實都無法得到具體的確定。

有意思的是，勞動價值論所受到的一個重要詰難出於同樣的邏輯思路：既然價值由勞動決定，那麼，價值量應如何具體地計量？尤其是複雜勞動和簡單勞動之間的比例如

213

何轉化？而對比效用價值論可以明顯看出，勞動價值論不僅在「質」上對商品的交換做出了合理的分析，從而闡明了商品「價值」的真正來源，同時在「量」上，也遠比效用價值論更為精確和客觀：「作為價值，一切商品都只是一定量的凝固的勞動時間。」①。這裡引入了一個客觀尺度：勞動時間；同時也引入了一個計量標準：時間長短。可以說，只是在理論的演繹上，勞動價值論就遠比效用價值論更為圓滿，它解決了效用價值論中商品「價值」的度量尺度和計量標準無法確定的理論困境，為商品的「價值」找到了真正的客觀尺度和來源。

當然，從另一個角度而言，勞動價值論也是效用價值論進一步深化，在境界上要比效用價值論更進一層。眾所周知，效用價值論的核心是「效用」，而「效用」是一種主觀心理評價。以歷史唯物主義的觀點來看，任何一種主觀心理評價都屬於意識的範疇，而意識絕不是憑空產生的，它有其深刻的現實的物質基礎。譬如，效用價值論者認為決定「效用」大小的兩個因素：「有用」和「稀缺性」，其實都可以還原到勞動價值論範疇中加以說明。所謂「有用」，其實即馬克思所說的商品的「使用價值」，是商品價值的物質承擔者；所謂「稀缺性」，其實依然可以還原為勞動的複雜性和簡單性：勞動越簡單的商品越容易生產，勞動越複雜的商品越難以生產，在同一單位的勞動時間內，後者的社會產出量必定會遠遠小於前者，因此就顯得相對「稀缺」，從而其價值量要遠遠高於前者。

可見，「稀缺性」並非商品的本質規定性，「稀缺性」無法說明一物為何稀缺，而是一開始就從一物的稀缺與否出發討論問題，事實上是摒棄了對決定商品稀缺性的深層原因的探究。因此，「稀缺性」不過是從生產結果的角度揭示了生產過程的勞動複雜性而已，它本身並不能和勞動價值論構成對立的關係。

這裡涉及另一個有意思的話題就是「鑽石和水的悖論」，對勞動價值論抱有偏見的論者往往以此為例，說明「稀缺性」在解釋問題時的理論優越性，進而認為效用價值論在解釋力度上要優於勞動價值論，其實這只是種未解其本質所在的一廂情願。鑽石的使用價值遠小於水，但價值卻遠比水大，這一事實不過再次說明了勞動價值論的兩個基本觀點：其一，商品的價值不由商品的使用價值決定——因為使用價值說明的不過是人與物之間的關係，但價值在本質上揭示的是人與人之間的關係，所以談價值必定要涉及生產勞動。其二，商品的價值由生產商品的社會必要勞動時間決定。鑽石之所以貴重，水之所以廉價，是因為生產鑽石的難度要遠遠大於生產水的難度——而這種生產過程的難易度在生產結果上的表現正是：鑽石的「稀缺性」要遠遠大於水的「稀缺性」。

從上文可以看出，效用價值論雖然在理論上克服了要素價值論的一些弊端，自身卻也不可避免地陷入另外一些困境中。究其原因，是因為效用價值論誤以為商品的價值是由商品的「使用價值」決定的，並進而試圖用一個抽象的「使用價值」說明商品價值

---

① 馬克思，恩格斯. 馬克思恩格斯全集：第 44 卷 [M]. 北京：人民出版社，2001：53.

的來源問題。因此，也無怪乎以效用價值論為基礎的新古典經濟學拋棄了從生產關係研究經濟學的古典傳統——因為這樣一種價值論在本質上闡明的不過是人和物之間滿足與被滿足的關係，即馬克思語境中的商品的使用價值，而把深刻揭示經濟活動中人和人之間關係的勞動價值論棄如敝屣，並認為前者代表了某種「科學性」的實證研究方法，後者代表了某種有強烈主觀意圖的規範研究方法。這實在是一種可笑的歷史誤會。事實上，勞動價值論根本不是一種帶有主觀偏好的價值論，而是一種不以個人意志為轉移的客觀存在——商品交換的法則，正是以勞動價值論為基礎的價值規律。而新古典以來的主流經濟學之所以對勞動價值論棄置不論，不過是其對經濟活動中人與人之間關係的一種選擇性失明而已。

但是，離開對經濟活動中人與人之間關係的分析，只是在人和物之間的關係上面兜圈子，就無法真正地理解眼前的資本主義——因為劃分資本主義社會、封建社會、奴隸社會等諸社會性質的一個重要標誌，正是人與人之間的經濟生產關係。而拋棄了對人與人之間的經濟生產關係的分析，勢必讓主流經濟學對眼前資本主義社會的產生、演變、發展等運行邏輯造成理論上的盲目。停留在人和物之間關係的研究使得主流經濟學的理論不僅適合解釋眼前的資本主義社會，也適合解釋封建社會、奴隸社會等所有已存和現存的社會：要素、稀缺性、效用、供求……這些工具可以用來分析任何一個社會、任何一個時刻的經濟現象。而也正是如此，這些工具無法發現某一具體社會的歷史獨特性，因此也就無法從本質上理解推動眼前資本主義運動和發展的真正內核。這些看起來「普適性」極強的分析工具，其實正像一句俗語所說：你如果解釋了一切，那等於什麼都沒有解釋。

四、供求價值論及其理論缺陷

因此，預料之中的是，在「邊際革命」之後，以馬歇爾為代表的新古典經濟學進一步公開放棄了對「價值」的研究，並從此徹底擺脫了古典經濟學的傳統。而這種以供求為基礎的所謂「價值論」，其實是毫無「價值」的影子，還是馬歇爾說的直接：「亞當・斯密說：『價值這個詞有兩種不同的含義，有時表示某種特殊物品的效用，有時則表示佔有這一物品所顯示的購買他物的能力。』但是，經驗已經表明，把價值這個字用作前一種意義（使用價值——引者註）是不妥當的。一個東西的價值，也就是它的交換價值，在任何地點和時間用另一物來表現的，就是在那時那地能夠得到的、並能與第一樣東西交換的第二樣東西的數量。因此，價值這個名詞是相對的表示在某一地點和時間的兩樣東西之間的關係。」[①]

供求價值論的根本缺陷在於其缺乏對商品交換的共同之「質」的分析，它一開始

[①] 馬歇爾. 經濟學原理 [M]. 廉運杰, 譯. 北京：華夏出版社，2012：51.

就把不同商品之間能夠交換作為一個既定的前提，而不去分析考察其背後「交換何以可能」的內在原因。因此，它必定只能停留在對商品買賣過程中表面現象的膚淺描述。

這種描述的膚淺性表現在：供求價值論只是說明了，在兩種相反力量的合力下，商品的價格會趨於某種靜止的位置，或者說，商品的某一價格決定了這兩種相反力量的強弱消長——即價格調節機制。但是，它無法說明為什麼在同樣的供求力量作用下，此一商品最終會趨向於這一價格，而彼一商品最終會趨向於那一價格。正如牛頓第一定律可以說明為什麼在外界的合力為零時，人造衛星均可以圍繞地球做勻速圓周運動，但卻無法說明為什麼不同高度的人造衛星其速率會截然不同。

而供求價值論欲解決此一理論困局，勢必要引入要素價值論，但要素價值論的弊病，前文已詳談，在此不再贅述。

另外，供求價值論雖然在邏輯上想徹底脫離勞動價值論的影響，卻不可避免地需要勞動價值論為其做價格理論的鋪墊：

供求價值論認為商品的價值——即商品的外部市場價格，由「供給」和「需求」兩種力量的合力所決定，而供給量和需求量則又取決於商品的價值——即商品的外部市場價格，這在邏輯上其實陷入了循環論證。如果僅僅停留在「供給」「需求」「價格」這樣的分析，兩者的關係永遠是「雞生蛋，蛋生雞」的無效爭論。但如果引入勞動價值論，這一問題將迎刃而解。

商品的社會必要勞動時間決定了其價值，而商品的價值則為不同商品的價格打上了天生的等級標籤：一架飛機的價格再低，也不會低於一雙運動鞋的價格——除非生產一架飛機的社會必要勞動時間低於生產一雙運動鞋的社會必要勞動時間。而商品的價格則圍繞著其價值受供求關係的影響而上下波動。因此，引入勞動價值論後，三者之間的邏輯清晰明了——價值決定價格，價格受供求關係圍繞價值上下波動——而不至於陷入「供求」和「價格」到底誰決定誰的無謂爭論。

總之，從以上的分析可以看出，只要不把分析的視角觸及人與人之間的經濟生產關係，就不可能參透商品的「價值」之謎。因為所謂的 A「值」多少 B，X 可換取多少 Y，表面上只是物與物之間的關係，背後卻無時無刻不隱藏著人與人之間的關係。純粹的物與物之間的關係是食物和胃的關係，是鞋子和腳的關係，而一旦涉及商品交換，避開人與人之間的經濟生產關係是不可能發現交換背後的客觀規律的。

五、勞動價值論及常見的幾種詰難

而勞動價值論正是因為將對「價值」的研究維度從商品的交換關係進一步深入到了人與人之間的經濟生產關係，才最終發現了商品「價值」的真正所在。如上文所述，勞動價值論之所以應該被重視並加以肯定，並非因為出於對某種集體意識形態的附和或某種個人的研究偏好，而是因為它揭示了形形色色、紛繁複雜的商品交換背後真正起支

第二十一章　值　要素值、效用值及供求值的比較研究

配作用的本質規律，或者換句話說，是因為現實中的商品交換正是按照這一規律而進行的。

不過，在現實中，勞動價值論經常會遇到一些不同形式的詰難或誤解，有些是由於對其理解存在偏差所致，有些是由於將其絕對化所致，筆者不揣淺陋，接下來也對這些問題做出自己的思考和解答，同時，對其中的不妥不當之處，也期待學界同仁給予批評指正。

對勞動價值論有代表性的詰難或誤解觀點大約有以下幾種：

其一，土地和古董的價值。質疑勞動價值論者通常會以土地和古董的價值為例，說明沒有價值的商品也可以有價格，從而得出與「價值決定價格，價格圍繞價值上下波動」的「價值規律」相左的結論。比如有一種觀點就認為，沒有人生產土地，也沒有人有能力生產土地，土地的價格完全是由最初的所有權劃分所決定的；同樣，古董也類似，古董之所以能拍賣出天價，是因為古董的獨一無二，換句話說，是因為其不可再生產出來的「稀缺性」。

在此沒有必要重複「稀缺性」和勞動價值論的某種內在關聯。因為形成這類商品「稀缺性」的原因不同於形成一般商品「稀缺性」的原因———般商品相對「稀缺性」產生的原因在於在相同時間內生產該商品勞動的要更為複雜，因此生產出來的數量相對「稀缺」。但土地和古董，正如論者所隱含的前提那樣，都是無法再生產出來的商品，正是因為這種獨特的「不可再生產性」，使得這類商品的價格表現迥異於一般商品。而筆者認為，勞動價值論要排除此類商品的特殊性，因為馬克思所分析的商品，在普遍意義上，指的是能夠源源不斷再生產出來的勞動產品，這也是為什麼《資本論》一開始就說：「資本主義生產方式占統治地位的社會的財富，表現為『龐大的商品堆積』」，而進入馬克思分析視野的商品，在普遍意義上顯然不意味著「不可再生產」的商品，因此，他並沒有也不可能這樣說：資本主義生產方式占統治地位的社會的財富，表現為「龐大的土地堆積」或「龐大的古董堆積」。

所以筆者認為，要回答這種求全責備式的詰難，只需把這種不可再生產的商品排除在分析的範疇之外即可。而排除這種特例也絕非意味著勞動價值論的失效，眾所周知，研究經濟現象的目的是為了發現經濟活動中某種具有「普遍規律性」的客觀存在，從科學的方法論上而言，無論是在自然科學還是社會科學中，這種偶然的、特殊的現象，都可以剔除不論而並不影響結論的科學性。（舉個並不十分恰當的例子：哲學家說「人是有理性的存在」，想必沒有人會找個精神病患者過來，說「人是有理性的存在」是錯的。）

而從另一個方面而言，經濟學的理論也並非為了構建一個完美的可以解釋一切的體系，而是為了揭示現實經濟運動中的客觀規律。現實經濟運動所置身的資本主義社會的顯著特徵是什麼？區別資本主義和先前其他一切社會的標準是什麼？不是從古至今數量幾乎沒有發生變化的土地，也不是代表舊財富形式的古董，而是驚人的物質再生產的能

力和創造新財富的能力,是無限擴大的市場和日益細化的分工:「資產階級在它的不到一百年的階級統治中所創造的生產力,比過去一切世代創造的全部生產力還要多,還要大。自然力的徵服,機器的採用,化學在工業和農業中的應用,輪船的行駛,鐵路的通行,電報的使用,大陸的開墾,河川的通航,仿佛用法術從地下呼喚出來的大量人口,——過去哪一個世紀料想到在社會勞動裡蘊藏有這樣的生產力呢?」①

因此,我們可以看到,建立在勞動價值論之上的剩餘價值理論、剝削理論、資本累積理論、再生產理論……所要解釋的,正是資本主義社會這一顯著的特徵從何而來的問題。從這個意義上而言,勞動價值論並不僅僅是種孤立的價值理論,而應該和馬克思對資本主義的整全分析結合起來看。而反過來,如果我們拋棄勞動價值論轉用任何其他的某種價值論——要素價值論也好,效用價值論也好,供求價值論也好,其實都無法對眼前的資本主義經濟形態做出直指本質的分析,因為我們從這些價值理論中得不出任何資本主義社會區別於其他社會的不同之處,也找不到為什麼生產發展到資本主義時代,會得到驚人的增長和擴張,同時,當然也就無法對這種經濟形態的演變發展得出合理的結論。也正是從這個意義上,我們說,主流經濟學在分析經濟現象是,喪失了歷史的維度,而造成這種缺憾的其中一個原因,正是其價值論基礎的偏頗性。

其二,虛擬經濟中金融證券的價值。股票、債券以及各種各樣的金融衍生品,其價格是由未來的預期決定的,這和價值決定商品價格的要求明顯相悖。而對這一問題的解決,我們同樣可以參照以上的分析思路,為馬克思的勞動價值論劃定分析域。

有一種觀點認為,馬克思對勞動價值論的分析有歷史的局限性,即僅僅局限於對有形的物質產品分析,而對服務和虛擬產品分析不夠,並把其中的原因歸結於馬克思所處的時代服務業和金融業不如當今的發達。事實上,這種理解同樣存在著偏差。

還是如上文所說,不能把價值理論從馬克思的整個經濟學體系中割裂出來單獨考察,而應該和其他理論——尤其是資本累積理論,聯繫起來考察。而筆者認為,馬克思之所以把主要的考察視野鎖定在有形的物質生產領域,其深層次的邏輯原因在於:正是這些有形的物質生產構建了眼前資本主義的感性大廈。而資本主義之所以能夠獲得不斷擴張、不斷增長的力量,其中一個重要的原因就在於資本的不斷累積。馬克思分析資本累積原因的要素在於剩餘價值,在於剝削,在於勞動創造的價值和勞動力價值的割裂……顯而易見,打上鮮明資本主義特徵的這種累積只能來源於有形的物質生產領域。非生產性的服務,如唱歌、跳舞、等等,這些活動不創造真實的物質財富,不產生能夠撼動眼前物質世界的力量——生產力。一個可供參照的對比是,在古羅馬帝國的鼎盛時期,包括唱歌、跳舞、戲劇、慶典等活動在內的非生產性的服務業已經高度發達,但無論此類活動多麼發達、多麼普遍、價格多麼昂貴,它均不足以形成對眼前社會形態具有變革性的改造力量——資本累積的力量,生產力驚人發展的力量。

---

① 馬克思,恩格斯:馬克思恩格斯文集:第2卷[M].北京:人民出版社,2009:36.

第二十一章 　價值論：要素價值、效用價值及供求價值的比較研究

因此，我們毫不奇怪為什麼馬克思會將主要視野鎖定在物質生產範疇，為什麼將非生產性的服務勞動排除在創造價值的勞動之外——它們都不構成資本主義社會的典型形態。同樣的，虛擬經濟中的金融證券也應該排除在勞動價值論的分析域之外——它們無論堆積多少，價格多高，都不足以改變任何物質的現實（這裡當然不是指它們可以引導物質資源的配置）。我們同樣可以設想，在封建領主制下，將土地等不動產抵押、打包、資產證券化、發行可交易債券、莊園經濟股份化……這些虛擬經濟層面的變動絲毫不改變生產力落後的物質現實，所以它們才被稱為是「虛擬的」。改變物質世界的力量只能到物質世界中去考察，推動資本主義不斷累積和擴張的力量最終只能來自物質生產範疇。而筆者認為，這正是馬克思分析資本主義邏輯思路。因此，對虛擬經濟中金融證券的價格同樣沒必要削足適履地用勞動價值論解釋。

其三，價值創造和價值分配之間的關係。一些學者認為，認同勞動價值論就意味著商品的全部價值是由勞動者創造的，因此就意味著勞動者應當全部地佔有自身所創造的價值，就意味著資本家的「剝削」是不合理的，勞動者應該「奪回」自身創造的全部價值。持這種觀點的人進一步地認為，勞動價值論是傳統的階級鬥爭、革命等「左」傾思潮的溫床，在「和平和發展」的新時代不應故步自封地堅持，或者至少得做出順應時代的「創新」和「發展」。

這種視勞動價值論為洪水猛獸的觀點，其邏輯缺陷在於並未清楚地理解「價值論」和「分配論」之間的區別。在馬克思對資本主義的現實分析以及對共產主義的未來設定中，「分配論」的基礎並非「價值論」，而是生產過程的所有制關係。

「消費資料的任何一種分配，都不過是生產條件本身分配的結果。而生產條件的分配，則表現生產方式本身的性質。例如，資本主義生產方式的基礎就在於：物質的生產條件以資本和地產的形式掌握在非勞動者的手中，而人民大眾則只有人身的生產條件，即勞動力。既然生產的要素是這樣分配的，那麼自然而然地就要產生消費資料的現在這樣的分配。如果物質的生產條件是勞動者自己的集體財產，那麼同樣會產生一種和現在不同的消費資料的分配。庸俗的社會主義仿效資產階級經濟學家（一部分民主派又仿效庸俗社會主義）把分配看成並解釋成一種不依賴於生產方式的東西，從而把社會主義描寫為主要是在分配問題上兜圈子。」①

因此，必須將價值論和分配論分開來看，兩者並非前者決定後者的關係。這在我們分析現實問題時尤為值得注意。

總之，作為政治經濟學的基礎理論，同時作為馬克思分析資本主義商品經濟的基礎理論，勞動價值論必須予以足夠的重視。當然，任何理論都不是永遠正確的絕對真理，發展和創新勞動價值論不僅是時代發展的要求，也是馬克思主義理論品質的自身要求。而筆者通過對幾種價值理論的比較和對幾個常見問題的試解，一方面希望能更清楚地理

---

① 馬克思，恩格斯：馬克思恩格斯文集：第2卷［M］．北京：人民出版社，2009：436．

解勞動價值論，另一方面也希望能就以上幾點不成熟的拙見與學界同仁切磋交流，以利於勞動價值論在更廣的範圍和更深的意義上得到學習和發展。

本章參考文獻：

［1］趙磊. 稀缺性與勞動價值論有內在聯繫［N］. 中國社會科學報，2011-01-11 (9).

［2］楊歡進. 論按要素分配與按勞分配的關係——兼與周為民、陸寧商榷［J］. 河北經貿大學學報，2011 (4)：22-26.

第三篇

社會再生產理論與利潤率下降規律

第二十二章　資本累積、利潤率下降趨勢與經濟週期[①]

——國外馬克思主義經濟學研究的述評

2008年金融危機以後，馬克思主義經濟學又受到了西方社會學者等的高度重視。其實，在過去的幾十年裡，西方學者運用馬克思的經濟學理論與現代西方經濟學理論，或相互結合，或批判性的繼承，採用獨特的分析視角和方法，研究了馬克思主義經濟學的基本理論問題和當代發展問題；資本累積、技術進步、利潤率下降和經濟週期等問題的研究就是其中重要的理論成果。本章將從理論和實證兩個方面對近幾十年來西方學者對資本累積、技術進步、利潤率下降和經濟週期的研究成果進行梳理，以期為國內相關領域的研究起到啟發作用。

一、資本累積

（一）資本累積的理論分析

Erlich（1967）認為資本累積是由渴望財富和權力的私人資本家推動的，也被迫作為一個競爭性的生存性條件而存在。資本累積的結果可能會導致工資的上升和利潤的下降。資本家通過採用勞動力節約型的機器設備來排擠工人，以對此做出反應。當資本累積和技術進步之間的相互作用阻止和扭轉了剝削率下降時，它就打開了資本主義體系自我毀滅的另一條道路。人均資本量的增加會降低利潤率，不斷增加的資產階級的貧困化使得總需求滯後於快速擴展的生產能力。這些相互作用的過程通過反覆爆發的經濟危機來為無產階級革命的勝利提供舞臺。資本累積是資本主義社會的一面，而資本主義社會的另一面則是無產階級規模的擴大。資本主義式的累積就是普通人被剝奪，同時財富向資本家手裡轉移的過程。

Nell（1973）指出馬克思的累積理論可以用來解釋前資本主義社會，即封建農業社

[①] 本章選自：劉燦，韓文龍. 資本累積、利潤率下降趨勢與經濟週期——國外馬克思主義經濟學研究的述評[J]. 經濟學動態, 2013（3）：64-70.

會向工業資本主義社會轉變的過程，以及在此過程中長期存在的無政府狀態。Cogoy（1987）綜述了新馬克思主義者，如 Sweezy, Dobb 和 Baran 等對資本累積等理論的發展狀況。Cogoy（1993）再形式化了馬克思的投資理論，為過去 15 年中美國產品生產行業中資本累積的事實提供了一個理論解釋。這種再形式化需要兩個創新，一是展示 Keynesian-Minskian 關於不確定性和金融不穩定性的理論，這一理論的邏輯起源可以追溯到馬克思構建他的累積理論時提出的核心假設；二是一個說明，即某種程度來說就是對累積過程中競爭和投資之間矛盾關係的一個再概念化。

大多數馬克思主義者關於累積理論的構想偏向於利潤率下降將會不可避免地降低投資規模。而 Cogoy（1993）再形式化了馬克思的競爭理論，因為它可以闡述資本累積是不是一個普遍的規律。如果不是，那麼就需要建立一些條件，即競爭壓力可能會降低利潤率和增加成本降低型投資。Cogoy（1993）在其論文中討論了《資本論》第一卷中關於投資的理論，描述了他的條件性累積結論假設；探索了投資和利潤之間的關係；對比分析了馬克思主義經濟學的金融理論和 Keynes-Minsky 的金融不穩定性理論；最後討論了競爭在資本累積過程中的作用以及競爭「迫使」企業在債務增加和利潤下降的情況下繼續投資的條件。Cogoy 認為馬克思主義式的企業決策模型依賴於競爭的強度和模式。有兩種不同的競爭體系：以友好競爭為特徵的政府規制性競爭體制和以不可控制的、惡性競爭為特徵的無政府主義式的競爭體制。政府規制性競爭可以使得增長-安全模型發揮作用，同時投資決定不會被強迫進行。無政府主義式的競爭體制會嚴格限制企業的選擇域，企業會被迫去適應投資環境。

Thompson（1995）利用了標準的單部門「流通資本」模型來分析技術變化、資本累積與利潤率下降之間的關係，其研究結論認為技術變革和資本累積對利潤率的影響主要依賴於它們對真實工資的影響。Kotz（2003）提出了社會累積結構理論（SSA 理論）。該理論認為資本主義社會中存在著放緩和加速交替出現的長期資本累積趨勢。Kotz 認為由於受新自由主義思潮的影響，美國等資本主義國家的長波危機已經持續了 1/4 個世紀，但是仍然沒有出現向新的規制主義累積結構轉化的跡象。只要在新自由主義思潮持續一段時間，由此導致資本主義社會和經濟矛盾累積得比較深厚，爆發經濟危機和社會性危機後，新的規制主義（或調解主義）才會出現。Kotz（2008）認為資本累積與當代資本主義經濟危機之間具有密切的聯繫。值得注意的是，2008 年的世界性的金融危機以及隨後爆發的債務危機和社會危機，在某種程度上也印證了 Kotz 的預測。

（二）資本累積的實證分析

Profumieri（1971）利用馬克思的資本主義發展理論考察了二戰後義大利（1951—1968 年）的經濟週期，重點關注了資本累積和就業問題。1951—1968 年，義大利的經濟經歷了一個擴張階段，此階段的主要表現是產出、資本存量和投資的顯著增加，工人工資和就業的小幅度增加。1964 年起就業和其他各項指標都出現了緩慢的下滑。

Cogoy（1993）的研究發現：20世紀50年代至70年代，由於在美國存在著對企業競爭的有效規制，這使得企業可以去創造更高的利潤用於資本累積和再投資，降低了競爭的不確定性，維持了金融的穩定性，控制了技術變革的特徵和速度，使得企業採用了長期性的發展戰略。這一時期大型工業企業的投資行為可以很好地被不受約束的增長-安全權衡模型所解釋。然而，在20世紀70年代中葉，美國的製造業公司經歷了國內外市場的蕭條，面臨著不斷增加的外國公司的競爭壓力。從1980年到1985年，美元開始升值，而世界市場陷入了停滯。在利潤減少和需求停滯的背景下，企業之間爆發了無節制的競爭，這不僅威脅了美國企業的短期生存，也威脅了美國公司的長期發展。這一演化過程說明了競爭的形式（規制型或無節制型）對企業的資本累積和再投資行為具有重要影響。

二、技術進步與利潤率下降趨勢

（一）理論分析

一些學者已經對技術進步以及利潤率下降規律做了相關的闡述（Gillman，1957；Cogoy，1973；Yaffee，1973；Steedman，1975；Steedman，1977）。Lebowitz（1976）認為要理解資本，尤其是利潤率下降的趨勢，必須考慮馬克思資本生產和資本循環之間的辯證關係。

一般認為利潤率下降的趨勢是技術變化的結果，Roemer（1978）認為這一假設和現實似乎並不吻合。馬克思所講的利潤率可以表示為 $p = e(k+1)$，其中 k 為資本的有機構成，$k = C/V$，e 為剩餘價值率。技術變化會增加資本有機構成 k，即「死勞動」會取代「活勞動」。另外，如果 e 沒有增加，那麼利潤率會下降。不過這一推斷具有三個邏輯缺陷。首先，採用新的生產技術會改變已生產商品所有的勞動價值結構。某種程度上來說，資本技術構成（可以用每個工人擁有的機器數量來度量）不一定會隨著資本有機構成（可以用勞動價來度量）的提高而增加。馬克思也意識到了資本的技術構成和資本的有機構成之間的區別。不變資本貶值的速度快於可變資本貶值的速度，那麼 k 會降低。其次，假設當技術變化時，真實工資保持不變，那麼剩餘價值率 e 將會上升。由於技術進步，體現在工人消費集中的社會必要勞動時間將會降低。再次，這些論證也適用於剩餘價值率。我們必須關注技術變化對以價格表示的利潤率的影響，因為利潤率將會影響資本家的投資行為。不過，從利潤的價值率（即剩餘價值率）到利潤率（以價格表示）的轉換是個大難題。資本主義社會中利潤率下降是不是由技術創新引起的，這還是一個問題，它不能單純地用技術進步來考慮。在馬克思主義者的觀念中，這一問題需要綜合考慮「活勞動」和「死勞動」以新的形式對抗時產生的社會性結果。這些社會性結果會反應在技術變化對真實工資的影響中。

Wolff（1979）認為馬克思關於「利潤率趨於下降趨勢的規律」在理論上和實證方

面都引起了很大的爭論。利潤率下降規律的主要內容是隨著資本有機構成的提高，利潤率會趨於下降。理論上的問題是資本有機構成和利潤率之間的邏輯關係，更廣泛地來說，是勞動力價值和產品價格之間的關係。實證方面則是資本有機構成和利潤率下降的事實證據問題。Wolff 在其文章的第一部分發展和批判了利潤率下降規律。他的主要結論是平均利潤率的運動並不必然和資本有機構成的提高出現相反的趨勢；在資本主義發展中利潤率下降也不是必然的趨勢。

Moseley（1988）對 Wolff（1979）的理論和實證分析提出了質疑。他認為在馬克思的理論中，資本主義的利潤率下降趨勢是技術變革的結果。根據馬克思的觀點，利潤率下降是與剩餘價值相關的，而與資本的有機構成具有相關的變化方向。馬克思認為資本有機構成提高和剩餘價值率提高是技術變化的結果，它們會抵消利潤率的影響。進一步而言，如果資本有機構成提高的速度快於剩餘價值率增加的速度，那麼他們對利潤率的影響會降低。Moseley（1988）認為 Wolff 沒有為馬克思的利潤率下降理論提供一個可靠的實證分析。因為他認為 Wolff 這些源於數據分類的方法是不同於馬克思的基本觀點的。最主要的差異是 Wolff 沒有考慮馬克思關於生產性資本和非生產性資本的區別。隨後，Moseley（1988）區分了生產性資本和非生產性資本，他認為馬克思的利潤率下降規律中，資本構成中的「資本」僅僅是指生產性資本。Moseley（1997）認為資本主義的未來發展主要依賴於利潤率。依據他的估計，20 世紀 90 年代初美國企業的利潤率只恢復到六七十年代的 40%，這意味著美國經濟的停滯將會繼續持續。Moseley 認為利潤率持續降低的主要原因就是非生產部門勞動人口比例的持續增加。

Laibman（1981）指出傳統的增長理論沒有將技術進步和投資作為內生的變量來處理，馬克思主義的增長理論認為增長會隨著技術改變和利潤率變化而波動。在兩部門（資本品和消費品）模型中，資本主義累積和技術進步是相伴相生的。新技術的參數變化是由創新者的最大化利潤決定的，同時也會受限於不斷消失的利用自動化生產方式後所得的收入。兩部門模型描述了當經濟趨於一個穩定增長路徑時，產品市場、資產市場和勞動力市場均衡時對資本品部門和消費品部門的影響。隨著時間的推移，當價格接近勞動力價值時，馬克思的「上升的部分」（rising composition）和下降的利潤率的趨勢會逐步實現。Laibman（1981）認為在增長理論中，新古典增長理論和後凱恩斯主義的增長理論是相互矛盾的。新古典增長理論認為投資是廠商的自主行為，增長最終是由消費者的時間偏好、內生的人口增長率等決定的。而後凱恩斯主義增長理論中，投資和增長是全能的企業家發揮「動物精神」的結果。Laibman（1981）認為這兩者解釋經濟增長時都用了一些主觀的術語，沒有去具體考慮經濟關係中資本主義結構產生的影響。而馬克思主義經濟學文獻對資本主義增長、累積做了一些深刻的描述，如策略性的競爭、資本的集中和聚集，產業後備失業大軍的增長和減少，週期性爆發的經濟危機，過度資本化和利潤下降的長期趨勢等。不過，馬克思的這些理論還沒有被嚴格的理論標準所確證。關於馬克思主義的勞動價值論和累積理論的不足之處，已經被 Sweezy（1942）、

Samuelson（1971）、Blaug（1968）和 Morishima（1973）等人論述過了。Laibman 利用兩部門模型來解釋複雜的和自相矛盾的資本主義的經濟增長。其中心思想是投資、技術變革和技術選擇是由資本主義的具體結構決定的。

Jüttner &Murray（1983）認為馬克思關於利潤率的分析使人們對資本主義發展形成了這樣一個認識：在經濟活動中，資本主義的發展是以緊縮和擴展交替進行的。剝削率中短期的變化被認為是導致利潤率週期性波動的主要原因。馬克思認為在長期中存在著利潤率下降的趨勢，並認為可以把利潤率下降歸因於資本有機構成的提高。不過，馬克思也承認很多抵消性因素會阻止利潤率的下降。

Thompson（1995）假定技術變革和資本累積對利潤率的影響主要依賴於它們對真實工資的影響。Thompson 利用了一個標準的單部門的「流通資本」模型，該模型假設在勞動力需求中真實工資至少不會降低。在其他條件不變的情況下，資本多使用和勞動節約型的技術變革不會引起真實工資的上升。隨著參數的變化，資本節約型的技術變革，或者是勞動節約型的技術變革可能會導致利潤率的下降，也可能導致利潤率的上升。不過，在缺乏足夠的資本累積時，資本多使用勞動節約型的技術變革，進一步而言，資本有機構成提高後的技術變革可能會導致利潤率的上升。

Boldrin（2009）認為馬克思曾經預測資本主義會走向滅亡，因為從「活勞動」創造的剩餘價值轉換而來的資本的數量將會變大，以至於以一個正的回報率去補償它變得不可能。馬克思認為為了保證增長能夠繼續進行，資本家必須加強對工人的剝削。這就要求投入更多的機器設備來榨取勞動力創造的剩餘價值，不過這一過程是不可持續的。更準確地說，機器設備的成本會比能被雇傭到的勞動力的數量增長快得多，因而會導致利潤率的下降。這等於說，相對於它所提供的回報而言，勞動力節約型的技術進步是不現實的或者是代價高昂的。在這樣的條件下，勞動力變成了稀缺資源，資本家的投資面臨著不斷下降的利潤率，經濟增長必定會停滯。

Giacché（2011）用利潤率下降理論來解釋了 2008 年金融危機。他認為此次金融危機是 30 多年來虛擬經濟增長的結果，是資本價格上升，大量利潤流向金融部門的結果。生產過剩危機的出現早於信用泡沫，但是它卻隱藏在信用泡沫中。當信用泡沫破裂後，生產過剩危機就會出現，就會導致經濟危機。要想走出危機，就需要逐步恢復實體部門的利潤率，增加資本累積和投資。

（二）實證分析

馬克思關於利潤率下降趨勢的「模糊」解釋打開了人們對其進行多樣化解釋的大門。對長期利潤率下降趨勢的問題，學者們提出了不同的觀點。Yaffee（1973）和 Cogoy（1973）認為利潤率下降趨勢是解釋和理解資本主義體系的關鍵。同時他們也認為利潤率下降規律是一個有效的假設，它可以真實地解釋西方工業國家的經濟發展現實。不過也有與此相反的觀點。Sweezy（1973）通過對 Gillman（1957）提出的理論進

行實證分析得出不同的結論，而 Steedman（1975，1977）則用理論證據質疑了利潤率下降規律。Roemer（1978）認為要全面地評價利潤率下降的變化，必須嚴格地評價技術進步導致的利潤增加和利用技術加強型資本對工人控制導致的利潤增加。要正確度量這兩種效應必須清楚地區分勞動和勞動力概念。

Wolff（1979）用美國 1947—1967 年之前的投入產出表數據實證分析了資本有機構成和平均利潤率之間的變化趨勢。實證分析結果顯示利潤率下降是勞動力生產率變化和真實工資變化產生相互抵消作用的結果。在 1947—1958 年，不僅平均利潤率下降了，當真實工資的增加超過了勞動生產率以後，其他一些變量也出現了下降的趨勢。資本勞動比率（即資本有機構成）的變化對利潤率的變化沒有起到多大作用。資本勞動比率增加的作用被勞動生產率提高的作用所抵消。Wolff（1986）使用了 1947—1976 年的美國數據得出了與其在 1979 年的研究不太一樣的結論。根據 Wolff 的估計，1947—1976 年間，美國的利潤率下降了。不過，利潤率下降的原因是剩餘價值率的下降，而不是資本有機構成的提高導致的，這與馬克思的預測是相反的。

Jüttner & Murray（1983）分別用兩階段模型來估計了 1919—1981 年澳大利亞的製造業和股份制企業中利潤率的變化情況。在該模型中利潤率的組成部分，即可變資本和不變資本被定義為存量資本，剩餘價值，資本的有機構成和剝削率等。結果顯示，在樣本的考察期間，利潤率下降規律沒有展示一個清晰的移動趨勢。然而，它卻是一個順週期變量。資本的有機構成和剝削率也呈現了和它相同的變化趨勢。

Moseley（1988）指出 Wolff（1979）的估計沒有為馬克思的利潤率下降理論提供一個可靠的實證分析。因為他認為 Wolff 的數據分類的方法是不同於馬克思的基本觀點的。最主要的差異是 Wolff 沒有考慮馬克思關於生產性資本和非生產性資本的區別。Moseley 區分了生產性資本和非生產性資本，他認為馬克思的利潤率下降規律中，資本構成中的「資本」僅僅是指生產性資本。在此理論背景下，Moseley 的估計發現，當資本有機構成提高快於剩餘價值率增加時，利潤率會出現一個明顯的下降趨勢。他的估計發現，美國企業的利潤率從 1947 年的 0.40 下降到了 1976 年的 0.34，下降了大約 15%。以五年的平均數來看，利潤率下降了 10%，即從 1947—1951 年的 0.39 下降到了 1972—1976 年的 0.35。這些分析呈現的利潤率的下降趨勢與馬克思的預測是完全一致的。

三、經濟週期

（一）馬克思主義的宏觀經濟模型與經濟週期

Eagly（1972）用馬克思主義的宏觀經濟模型分析了資本主義體系運行的靜態均衡和動態的、內生性的經濟週期，並認為經濟週期是資本主義經濟體中固有的行為特徵。Eagly 認為，馬克思作為一個古典主義經濟學家，他不僅把資本看作經濟系統中非常重要的單因素變量，而且把資本看作對於其整個經濟理論來說具有重要理論構建意義的基

礎。資本是形成機器設備、原材料和工人的生存工作的基金。在考慮了技術進步率和市場價格後，資本主義經濟體系會把總資本分配給這三種用途。利潤最大化的原理會促使資本家將資本合理的配置在工業行業之間和部門之間。一般的古典經濟學家認為資本主義體系可以平穩地運行，而馬克思則認為資本主義體系的運行是間歇性的，即有波動的。以馬克思的觀點來看，部門 I 和部門 II 之間的不協調是導致經濟週期的主要原因。

在 Eagly 使用的模型中，他關注了資本家（或資本主義體系）在分配總資本存量時的利潤最大化行為，同時重點關注了勞動力市場。在馬克思主義的勞動力市場模型中，勞動的供給和需求都是以時間為單位的，即用小時來衡量。在靜態模型中，Eagly 給出了一個均衡模型：$\bar{K}/\{r\sigma\beta + h^*/[a + b(1 - N/\bar{N})]\} = N[a + b(1 - N/\bar{N})]$，其中 $\bar{K}$ 表示總的資本存量，由不變資本 C 和可變資本 V 組成，$C = rk\beta$，r 是每單位機器設備的值，k 是被使用的機器設備數量的一個指數，β 是個係數，其等於被使用的機器設備值的比率和被使用的原材料的值的比率之和。$V = \omega H$，ωH 是總的工資額，$\sigma = k/H$，是以時間表示的被雇傭工人（N）的總的產出，h 是以時間表示的工作日的長度。$\bar{N}$ 表示內生的勞動力人口。在此方程中，$(\bar{N}, \bar{K}, r, h^*, \sigma, \beta)$ 是五個已知參數，(ω, h, N) 是三個未知參數。通過這個靜態均衡方程就可以討論決定失業率、勞動剝削率和利潤率變化的因素。在靜態模型基礎上，Eagly 又發展了動態模型。在動態模型分析中，Eagly 認為在資本主義體系中存在一個內生的經濟週期發生機制，它會隨著資本家的投資行為的波動而波動，它也會導致失業率隨著經濟週期中低谷和高峰等出現而波動。

（二）熊彼特主義與馬克思主義的比較分析

Elliott（1980）認為雖然馬克思和熊彼特生活在不同時代，但是他們都對資本主義社會中的「創造性破壞」做了論述，只是各自運用的理論工具和分析視角不同而已。就資本主義社會創造性破壞的動力而言，馬克思認為「階級鬥爭」是有可能給資本主義體系帶來顛覆性破壞的動力；而熊彼特則認為「企業家的創新」是導致資本主義社會出現「停滯和前進」反覆的動力。關於創造性破壞，Elliott 從三個方面比較了馬克思和熊彼特的觀點，即作為變革性經濟系統的資本主義、創造性破壞視角下資本主義經濟發展的失衡問題、資本主義社會的改革與社會化（socialization）。關於日益增長的社會敵意和社會階級分化，熊彼特的基本觀點是資本主義社會通過它的演變刺激了社會敵意和階級鬥爭，這已超越了簡單的資本和勞動的對立關係。資本主義社會創造了一個中產階級，他們與農民和小商人等組成了社會人口的大多數，雖然他們的利益和態度不同於工人階級，但是他們對大資產階級都充滿了敵意。馬克思則認為先進的資本主義中的階級鬥爭主要發生在大資產階級和工人階級之間。

Boldrin（2009）指出，在近一個世紀以來，我們經歷了很多次經濟危機，包括長期的經濟衰退和停滯，而資本主義的「崩潰」過去並沒有出現，現在也沒有出現。此外，工人們並沒有挨餓，在發達的資本主義國家中，工人們可能存在被剝奪的感覺，不過他

們的生活水準比一個世紀前，甚至比 50 年前都好多了。也許馬克思最終是正確的，但是我們可以放心地說他所預測的資本主義的崩潰在一個世紀以內或更長時間內是不會變為現實的。熊彼特的一些具體預測也沒有實現。當技術創新成為推動經濟發展的動力時，創新並沒有在已經存在的壟斷和聚集中發生。相反，事實是創新主要來自小公司，來自私人企業家剛剛成立的創業型公司，來自壟斷的打破和自由市場，來自模仿和競爭，來自其他的事物。現實中大部分創新不是來自具有壟斷性地位的大企業，他們僅僅產生了少部分和不斷減少的技術創新。創新會幫助建立新的壟斷，如果壟斷持續較長時間，一些不太幸運的國家和行業的創新和增長就會減緩。當創新的固定成本上升時，創新的速度會低於經濟體規模擴展速度，反之則亦然。

一般認為沒有人能夠將馬克思和熊彼特的主要思想用一般均衡模型來使其形式化，即馬克思和熊彼特式的觀點是不能用一般均衡模型來表達的。Boldrin（2009）用新古典的一般均衡模型形式化了馬克思和熊彼特的一些思想。這個模型是一個關於增長和經濟週期的動態模型，該模型建立在一個一般化的 Von Neumann-McKenzie 經濟中，在該經濟中競爭性均衡是帕累托有效率的，同時所有的帕累托有效率的分配在一個競爭性均衡中能夠被實現。不過，動態的一般均衡理論既不能一致性的，也不能根本性地傳遞馬克思和熊彼特關於資本主義經濟動態演化的過程的思想。具體來說，使用一般動態均衡理論來模型化馬克思和熊彼特的思想有以下兩個驚人的發現：①勞動節約型的創新會在競爭中發生，事實也是如此。②勞動的剝削過程和經濟的增長過程是一致的，兩者是不能分開的。更有意思的是競爭和追求利潤的動機會降低，甚至會消除對勞動的剝削，而創造性的創新會增加對勞動的剝削。

（三）凱恩斯主義與馬克思主義的比較分析

Skott（1989）設計了一個資本主義社會中簡單的增長和累積模型，這一模型結合了凱恩斯的有效需求理論和馬克思的階級鬥爭和產業後備大軍理論。在特定的參數假定下，模型會出現平衡的增長均衡，不過這一均衡是不穩定的。利用 Poincare-Bendixson 定理，可以顯示經濟體會圍繞平衡增長路徑產生持久性波動。

Evans（2004）對比分析了馬克思主義者和後凱恩斯主義者關於金融與經濟週期的理論分析。美國等發達資本主義國家經濟擴張期的結束（這一時期的擴展期開始於 20 世紀 90 年代初）使得人們重新回顧馬克思關於經濟週期的理論。一些正統理論關於這次經濟擴展期的結束會導致經濟衰退的論斷被新凱恩斯主義的方法所闡述，他們認為衰退是經濟「震盪」和「擾動」的結果，而「震盪」和「衰退」會導致經濟偏離穩態增長的路徑。與此相反，馬克思主義的方法論卻認為經濟週期是發生在資本主義經濟內部的本質性特徵。根據這種觀點，經濟擴展發生在持久的上升期，這會導致資本主義累積的增加；隨著累積的減少或消失，資本主義經濟進入經濟週期的下行期，不過這也為新的經濟增長創造了基礎。

Evans（2004）認為馬克思關於經濟週期的方法由三個階段組成，第一階段主要分析在貨幣經濟中危機存在的可能性；第二階段主要分析經濟危機出現在資本主義經濟的生產和累積過程中的表現；第三階段主要關注為什麼利潤率的下降不僅會導致累積的下降，還會導致資本主義經濟活動的收縮。正因為如此，Evans 介紹了後凱恩斯主義的一些研究成果，他們對貨幣和金融體系在發達資本主義國家中的作用具有一些啓發意義的見解：後凱恩斯主義者認為經濟週期主要源於金融不穩定性，如果金融不穩定性能夠被克服，那麼週期性的經濟增長就有可能被克服。相反，馬克思主義者則認為經濟週期是實體部門和金融部門相互作用的結果，它只能被調整或改善，卻不能最終消除。

馬克思經濟學家關於經濟週期分析的理論基礎是在資本主義經濟的擴展時期會導致利潤率下降，利潤率的下降會降低資本家繼續累積的渴望和能力。不過，為什麼這種情況會發生？馬克思主義經濟學家給出了不同的答案。Evans 總結了三種主要的觀點：一是利潤擠壓效應。在《資本論》第一卷中，馬克思認為由於競爭的壓力，為了擴展企業的規模和降低生產成本，資本主義企業被迫把一部分利潤投資於生產過程中。利潤擠壓的結果使得資本主義企業失去了進一步累積的渴望和能力，這最終會導致一段時期的衰退。二是消費不足。資本主義社會消費不足的關鍵是擴大再生產被消費資料的最終需求所限制，即工人階級的絕對貧困化和相對貧困化導致資本主義社會的消費不足。三是利潤率下降的趨勢。廣泛存在的競爭使得資本主義企業必須投資於新工廠和新設備以提高勞動生產率和降低生產成本。這一過程會導致不變資本的增加，最終會使得資本的提高。在馬克思的理論中，「活勞動」是產生剩餘價值的源泉，也是利潤的源泉。作為累積的結果，如果總資本的增加速度快於「活勞動」被雇傭的速度，那麼就會出現利潤率下降的趨勢。在目前的一些文獻中，很多學者認為利潤率下降的趨勢是解釋資本主義危機的關鍵因素。

（四）實證分析

Profumieri（1971）利用馬克思的資本主義發展理論考察了二戰後義大利（1951—1968 年）的經濟週期，Profumieri 認為導致主要經濟指標下滑的主要原因是多樣的，而收入分配因素是一個決定性的因素。實證數據顯示，從 1962—1963 年起，剩餘價值 S 就開始下降。Profumieri 認為剩餘價值 S 的下降是就業量下降的主要原因；就業率的下降不是由於投資的下降，而是由於剩餘價值 S 和可變資本 V 的變化。數據顯示，儘管在 1963—1964 年期間不變資本 C 在增加，但是資本累積開始緩慢地下降，原因是資本家的投資計劃和實際投資之間是有時滯的。當解雇一些勞動力，同時充分利用已經投入使用的不變資本時，資本家的收益率狀況又會改善。當然，在經濟週期的谷底，工業企業等吸納勞動力的能力也會減弱，失業率會大增，失業的產業大軍規模也會不斷擴大。

Crotty（1993）認為 20 世紀 50 年代至 70 年代，由於在美國主要的工業企業裡存在有效的規制，這使得企業可以去創造更高的利潤。1980—1985 年，在利潤減少和需求

停滯的背景下，爆發的無節制的競爭威脅了美國企業的短期生存和長期發展。在這樣的條件下，美國國內的新古典或凱恩斯主義式的企業可能已經停止投資或被迫關閉。不過一些典型事實表明，很多公司如馬克思主義理論設想的那樣做出了反應。因為利潤和市場需求的減少，他們轉而採取可以實現短期目標的生存性策略。

四、結束語

通過以上的分析可以知道：國外馬克思主義經濟學學者已經對傳統的馬克思主義理論進行了創新和發展。他們結合現代經濟學的理論和技術，擴展了馬克思關於資本累積、技術進步、利潤率下降趨勢以及經濟週期等基本經濟學理論的外延和內涵。一方面，他們堅持和發展了馬克思關於資本累積等理論，應用數學模型來再形式化馬克思的宏觀經濟理論，應用計量模型來檢驗利潤率下降趨勢等假設。另一方面，他們又不斷地利用熊彼特主義、凱恩斯主義、貨幣主義等現代經濟學的理論與馬克思主義經濟學的基本觀點進行對比分析，甚至是批判性分析。正是這種「批判與繼承」「兼容並蓄」「證實與證偽」的特點，國外馬克思主義經濟學學者對當代馬克思主義經濟學體系的研究成果值得我們高度關注。

本章參考文獻：

BOLDRIN M, 2009. Growth and cycles. in the mode of Marx and Schumpeter. Scottish of Political Economy, 56 (4): 415-422.

COGOY M, 1973. The fall of the rate of profit and the theory of accumulation: A reply to Paul Sweezy. Bulletin of the Conerence of Socialist Economists, Winter: 52-67.

COGOY M, 1987. Neo-Marxist theory, Marx, and the accumulation of capital. International Journal of Political Economy, Summer: 11-34.

CROTTY J R, 1993. Rethinking Marxian investment theory: Keynes-Minsky instability, competitive regime shifts, and coerced investment. Review of Radical Political Economics, 25 (1): 1-26.

EAGLY R V, 1972. A macro model of the endogenous business cycle in Marxist analysis. Journal of Political Economy, 80 (3): 523-539.

ELLIOTT J E, 1980. Marx and Schumpeter on capitalism's creative destruction. Quarterly Journal of Economics, (95): 45-68.

ERLICH A, 1967. Notes on Marxian model of capital accumulation. American Economic Review, 57 (2): 599-615.

EVANS T, 2004. Marxian and post-Keynesian theories of finance and the business cycle.

Capital & Class, 28 (2): 47-100.

GIACCHÉ V, 2011. Marx, the falling rate of profit, financialization, and the current crisis. International Journal of Political Economy, 40 (3): 18-32.

GILLMAN J, 1957. The Falling Rate of Profit. London: Dobson.

JÜTTNER J D, MURRAY J H, 1983. Notes and numbers on Marxs falling rate of profit. Economic Record, 59 (4): 375-383.

KOTZ D M, 2003. Neoliberalism and the social structure of accumulation theory of long-run capital accumulation. Review of Radical Political Economics, 35 (3): 263-270.

KOTZ D M, 2008. Contradictions and economic growth in the neoliberal era. Accumulation and crisis in the contemporary U. S. economy. Review of Radical Political Economics, 40 (2): 174-188

LAIBMAN D, 1981. Two-sector growth with endogenous technical change: A Marxian simulation mode. Quarterly Journal of Economics, 96 (1): 47-75.

LEBOWITZ M A, 1976. Marxs falling rate of profit: a dialectical view. Canadian Journal of Economics, (2): 232-254.

MOSELEY F, 1988. The rate of surplus value, the organic composition, and the general rate of profit in the U. S economy, 1947-67. American Economic Review, (78): 298-303.

MOSELEY F, 1997. The rate profit and future of capitalism. Review of Radical Political Economics, 29 (4): 23.

NELL E, 1973. Cyclical accumulation: A Marxian model of development. Radical Economics, 63 (2): 152-159.

PROFUMIERI P, 1971. Capital accumulation and employment in postwar Italy: A Marxian model. Journal of Economic Issues, 5 (4): 75-91.

ROEMER J E, 1978. The effect of the technological change on the real wage and Marx's falling rate of profit. Australian Economic Paper, 17 (30): 152-166.

STEEDMAN I, 1975. Value, price, and profit. New Left Review, March-April: 71-80.

STEEDMAN I, 1977. Marx After Sraffa, NLB, London.

THOMPSON F, 1995. Technical change, accumulation and the rate of profit. Review of Radical Political Economics, (26): 97-126.

WOLFF E N, 1979. The rate of surplus value, the organic composition, and the general rate of profit in the U. S economy1947-67. American Economic Review, (69): 329-341.

WOLFF E N, 1986. The productivity slowdown and the fall in the rate of profit, 1947-76, Review of Radical Political Economics, (18): 87-109.

YAFFEE D S, 1973. The Marxian theory of crisis, capital and the state. Economy and Society, May: 186-232.

第二十三章　供給側結構性改革的馬克思主義政治經濟學分析[①]

一、引言

　　2015年11月以來，「供給側結構性改革」這個新詞開始在中國財經界頻繁地被提及。11月3日，《中共中央關於制定國民經濟和社會發展第十三個五年規劃的建議》提出：「培育發展動力，優化勞動力、資本、土地、技術、管理等要素配置，激發創新創業活力，推動大眾創業、萬眾創新，釋放新需求，創造新供給，推動新技術、新產業、新業態蓬勃，加快實現發展動力轉換。」11月10日，在中央財經領導小組第十一次會議上，習總書記強調，在適度擴大總需求的同時，著力加強供給側結構性改革，著力提高供給體系質量和效率，增強經濟持續增長動力。11月11日召開的國務院常務會議，也提出以消費升級促進產業升級，培育形成新供給新動力擴大內需。11月17日，習總書記在亞太經合組織工商領導人峰會的發言中指出，中國經濟「必須下決心在推進經濟結構性改革方面做更大努力，使供給體系更適合需求結構的變化。

　　從經濟學的角度來說，拉動經濟增長的「三駕馬車」為投資、消費、出口，一般稱為「需求側」，與之相對應的是「供給側」，指生產要素的有效供給和有效作用。在理論上，「需求側」對應的是凱恩斯主義，20世紀30年代爆發了世界性經濟危機，凱恩斯認為需求不足是危機的根源，為此他提出了以擴大有效需求、增加財政赤字和政府投資為主要內容的理論與措施。到了20世紀70年代，世界經濟進入滯脹階段，凱恩斯主義無法解釋現實，在這種情況下，供給學派應運而生。在美國興起的供給學派強調通過供給方面的改革，減少政府管制和干預，放任市場調節作用，以促進經濟增長。20世紀90年代以後，在供給學派基礎上又發展出新供給學派，主張通過放鬆供給約束，通過供給創造新需求，來提升潛在經濟增長率。由此可見，每一個經濟發展階段都會出現與之相適應的經濟學說，因此經濟理論之間不存在優劣之分，只有是否適應現實之分；不存在相互否定，只有相互替代關係。

[①] 本章選自：丁任重，李標. 供給側結構性改革的馬克思主義政治經濟學分析［J］. 中國經濟問題，2017（1）：3-10.

第二十三章 供給側性改革的馬克思主義政治經濟學分析

當前階段,中央提出的「著力加強供給側結構性改革」方針是以供給學派的理論為基礎嗎?

此問題在國內學界引起了激烈的討論,逐漸形成了兩大代表性觀點:一些學者認為,中國的供給側結構性改革與西方經濟學中的供給經濟學並無差異,是供給學派若干觀點與實踐在中國的翻版,僅是由過去的需求管理轉向供給調控;另一些學者持不同看法,不能簡單地或形而上學地將中國的供給側結構性改革等同於西方供給經濟學在國內的複製,二者有著本質上的不同,它是幾代中國共產黨人在經濟社會領域多年實踐經驗的累積,順應經濟發展階段與改革大勢適時提出的,是調整供給側結構,以更好地適應需求側,實現「雙側」持續發力推進經濟發展的目標,凸顯了馬克思主義政治經濟學的實踐指導特色。對於此問題,我們支持後者的觀點。

實際上,供給側結構性改革並不是簡單地摒棄宏觀需求管理,因為需求側與供給側是平衡經濟增長的兩翼,二者缺一不可。而且,需求與供給具有較強的統一性,這一改革實際上強化了需求調節與供給調節的功能互補。基於馬克思主義視角,尋找當下中國供給側結構性改革的理論基礎,厘清供給與需求或生產與消費的辯證統一關係,並從制度基礎、政市關係以及經濟背景三大方面分析其與西方供給經濟學的區別。這是本章的首要貢獻之處。本章的另一個貢獻是從供需結構、經濟結構、具體產品以及制度設計四個角度詳細分析了中國經濟面臨的結構性問題,認為供給側結構性改革的關鍵環節與方向在於優化經濟結構。

二、供給側結構性改革的理論基礎

結合中國所處的新常態發展階段,中國共產黨中央提出的供給側結構性改革是以供給與需求具有辯證統一關係為基礎的,有著厚重的馬克思主義特色。這一提法與西方供給學派存在顯著的不同。二者的差異主要體現在制度基礎、政市關係與經濟背景三個方面上。

(一) 供給和需求的辯證關係

實質上,供給是商品或服務的生產,需求是商品或服務的消費(生產性消費和生活性消費)。從這個意義上說,供給和需求的辯證關係就是生產和消費的辯證關係。所以,供給與需求的同一性、需求決定供給、供給創造需求也等同於生產與消費有同一性、消費決定生產、生產創造消費。

1. 供給與需求的同一性

供給與需求的同一性主要表現在兩個方面:

首先,供給是需求,需求是供給。從本質上考察,馬克思將其稱之為「直接的同一性:生產是消費;消費是生產。」[1]18 在商品生產過程中,存在著兩種消費:一方面,作

為主體的個人支出和消耗自身的勞動能力；另一方面，燃料、原材料、生產工具等作為客體物質的價值伴隨著活勞動轉移至新產品的同時也被消耗掉了。「因此，生產行為本身就它的一切要素來說也是消費行為。」[1]15 就消費是生產而言，馬克思指出：「吃喝是消費形式之一，人吃喝就生產自己的身體……而對於以這種或那種形式從某一方面來生產人的其他任何消費形式也都可以這樣說……，這種與消費同一的生產是第二種生產，是靠消滅第一種生產的產品引起的。在第一種生產中，生產者物化，在第二種生產中，生產者所創造的物人化。」[1]16 現實中也的確如此。「新產品或者可以作為生活資料進入個人消費領域，或者可以作為生產資料進入新的勞動過程……，個人消費的產物是消費者本身，生產消費的結果是與消費者不同的產品。」[2]214 人們在向社會提供種類繁多的商品與服務的同時，也要通過物質消費與精神消費，滿足自己不同層次的需求，促進了勞動力的再生產以及提高了自身的素質，而後進入再生產過程中創造更多的財富，也實現了生產的目的。

此外，供給與需求相互依存，互不可缺。國民經濟的平穩運行實際上是供給與需求或商品、服務的生產與消費的均衡運動過程，缺少其中任何一極，社會化大生產都將難以持續，經濟體系也將隨之崩潰。作為宏觀經濟的兩翼，「每一方都為對方提供對象，生產為消費提供外在的對象，消費為生產提供想像的對象；兩者的每一方不僅直接就是對方，不僅媒介著對方，而且，兩者的每一方當自己實現時也就創造對方，把自己當作對方創造出來。」[1]19 某種程度上，可以說「沒有生產就沒有消費，沒有消費就沒有生產。」[1]19 所以，供給與需求二者相輔相成，缺一不可。

2. 需求決定供給

需求決定供給也就是消費決定生產。馬克思明確指出：「沒有消費，也就沒有生產，因為如果這樣，生產就沒有目的。」[1]16 此話可以從兩方面加以理解：

一方面，消費使生產得以順利進行。按照商品二重性理論，勞動產品成為商品一個必不可缺的環節是進入消費領域，尋找到對應的主體，否則內在於使用價值內的價值難以實現，生產的目的與意義難以體現。馬克思認為：「產品不同於單純的自然對象，它在消費中才證實自己是產品，才成為產品。消費是在把產品消滅的時候才使產品最後完成，因為產品之所以是產品，不是它作為物化了的活動，而只是作為活動著的主體的對象。」[1]16-17

另一方面，消費能夠創造出新的生產需要，促進生產往復循環。「顯而易見的是，消費在觀念上提出生產的對象，作為內心的意象、作為需要、作為動力和目的。消費創造出還是在主觀形式上的生產對象。沒有需要，就沒有生產。而消費則把需要再生產出來。」[1]17 可知，需要是生產進行的前提，滿足主體需要是生產的目的。如果沒有消費，生產也就失去了意義，人們就不會去從事各種生產活動。商品或服務被人們消費時證明了自身的價值，主體的需要也得到滿足，同時也產生了新的需要，為新一輪的生產提供了內在動力。

第二十三章　供給側結構性改革的馬克思主義政治經濟學分析

3. 供給創造需求

與需求決定供給相對應，供給也能夠創造需求。從本質來看，供給創造需求意味著生產創造消費。

首先，生產創造了消費對象。「任何一種不是天然存在的物質財富要素，總是必須通過某種專門的、使特殊的自然物質適合於特殊的人類需要的、有目的的生產活動創造出來。」[2]56可以認為，生產提供了有形的或無形的消費材料或對象，為主體創造了具體的使用價值，使得消費需要得以滿足。消費而無對象，不成其為消費；因而，生產在這方面創造出、生產出消費[1]17。

其次，生產決定消費的方式[1]18。生產不僅僅創造消費對象或消費需求，而且也創造了消費工具或消費手段，最終形成特定的消費方式。例如，隨著機器在商品生產中的運用，較少數量的工人便可以創造較多的物質財富，「一方面產生出新的奢侈要求，另一方面又產生出滿足這些要求的新手段。」[2]512在任何社會形態下，「饑餓總是饑餓，但是用刀叉吃熟肉來解除的饑餓不同於用手、指甲和牙齒啃生肉來解除的饑餓。」[1]17

最後，生產為消費對象生產主體。消費本身作為動力是靠對象作媒介的[1]18。生產者生產出的產品，為消費者的知覺所感知，在主體身上引發需要，形成消費動力。正如馬克思所說：「商品可能是一種新的勞動方式的產品，它聲稱要去滿足一種新產生的需要，或者想靠它自己喚起一種需要。」[2]127因此，生產不僅為主體生產對象，而且也為對象生產主體[1]18。

(二) 與西方供給學派的主要區別

1. 制度基礎不同

西方供給學派的形成是以資本主義私有制為基礎，根本目的是強化這一基本制度，促進私有經濟發展。而中國供給側結構性改革的提出則是以社會主義公有制為基礎的，根本目的是優化以公有制為主體的制度設計，提升要素資源的配置效率，挖掘新增長點，提高經濟社會的福利水準。

資本主義私有制下無序的社會化大生產帶來了生產相對過剩與政府支出擴大、擴張的貨幣政策導致了通貨膨脹共同誘發「滯漲」，由此孕育產生了供給學派。從西方供給學派實踐案例中最具代表性的「撒切爾主義」和「里根主義」加以考察，其主要目的是從供給端優化私有經濟結構，夯實資本主義的發展根基。面對20世紀七八十年代資本主義世界出現的滯漲現象，時任英國首相的撒切爾夫人在能源、鋼鐵、交通等製造業領域開展了大刀闊斧的私有化運動，進一步鞏固私有制地位。美國總統里根尤其注重減稅、降低政府干預對微觀經濟主體的影響。里根時代，美國個人與企業所得稅邊際稅率分別降至28%和33%，極大程度上增加了個人可支配收入和企業利潤總量，刺激了勞動供給意願與投資意願，加快了私有經濟的恢復與發展。

中國政府為應對最近的兩次金融危機，果斷推行了雙擴張的宏觀經濟刺激政策，以

237

公有制企業占主體地位的、關聯性與傳導性較強的基礎設施建設領域為突破口，迅速加大投資，避免了實體經濟的硬著陸，但也帶來鋼鐵、煤炭、水泥與電解鋁等行業的產能過剩。面對生產領域問題，供給側結構性改革應運而生。紀念改革開放 40 週年系列選題研究中心（2016）認為，中國的供給側結構性改革包括要素端與生產端，主要通過優化制度設計提升土地、勞動力、資本與技術等要素資源配置效率，實施減稅與優惠政策激發私企、國企生產的積極性與創新活力，採取 PPP 模式引導社會資本參與國有企業經營提高國企效率等關鍵環節和重點領域改革的方式，實現經濟社會的持續健康發展[3]。可知，供給側結構性改革必然涉及不同所有制企業的改革，關停並轉與扶植支持的優勢劣汰並存，但在整個過程中，鼓勵、支持、引導非公有制經濟發展，同時公有制主體地位與國有經濟主導作用不能動搖[4]。

2. 政市關係不同

政府與市場在經濟發展過程中的角色定位一直是市場經濟關注的問題。西方國家更傾向於反對政府干預的自由市場，中國則主張在尊重市場機制的決定性作用，充分發揮政府的經濟調控職能。

西方供給學派強調自由主義，市場機制下經濟能夠自我調節至均衡狀態，政府只需充當「守夜人」的角色。以英國與美國老牌資本主義國家為例，撒切爾夫人執政期間尤其信奉哈耶克的自由主義，崇尚市場經濟。她一方面採用緊縮的貨幣政策，控制通貨膨脹，另一方面大刀闊斧地推進完全私有化運動，加快私有經濟發展。在美國，里根政府實施了與凱恩斯主義需求側管理針鋒相對的供給側管理的若干政策，除了減少貨幣供給以控制財政擴張帶來的通脹問題以外，還推進了美國歷史上最大幅度整體降稅法案的實施，同時特別強調減少政府對市場的干預，實現微觀經濟效率的改善，以解決供需失衡帶來的短期經濟增長難題。

中國的供給側結構性改革主張承認市場機制的基礎地位，注重市場機制的調節功能，但是不能忽視政府調控經濟的作用。市場經濟自亞當·斯密提出以來的發展歷程表明：「現代市場經濟中，不可能沒有政府的作用，問題的關鍵是政府發揮什麼樣的作用，以及如何發揮作用。」[5]黨的十八大報告明確指出：「經濟體制改革的核心問題是處理好政府和市場的關係，必須更加尊重市場規律，更好發揮政府作用。」黨的十八屆三中全會強調：「經濟體制改革是全面深化改革的重點，核心問題是處理好政府和市場的關係，使市場在資源配置中起決定性作用和更好發揮政府作用。」可見，中國供給側結構性改革過程中，市場的作用由以往的「基礎性」上升為「決定性」，生產力將得到進一步解放，同時「更好地發揮市場作用」也強調了政府的經濟管理職能不能偏廢。這表明市場經濟在中國已由最初的經濟管理方法、調節手段轉變為基本經濟制度，政府與市場的關係並未割裂，反而在發展實踐過程中得到了有機結合與辯證統一。

3. 經濟背景不同

從經濟現象來看，與 20 世紀七八十年代的英、美等資本主義國家相似，中國也出

現了經濟增長停滯不前、宏觀經濟政策效果不明顯、產能過剩以及國有企業效率不高等經濟事實。事實上，表面的相似難以掩蓋內在邏輯的迥異。

英、美當年面臨的是滯脹，緣起於超越發展階段過度建設福利社會、石油供給衝擊、資本主義條件下過度發展國有企業等政治經濟社會方面的多重因素[6]。貨幣主義學者認為：「無論何時，通貨膨脹都是僅僅是一種貨幣現象。」所以，側重於需求側管理的財政與貨幣政策很難同時實現經濟高速增長與低通貨膨脹的對象。實際上，在更綜合、更本質的層面上講，經濟發展的停滯其實不是需求不足，而是供給（包括生產要素供給和制度供給）不足引起的[7]。從而，英、美以薩伊定律與拉弗曲線為理論基礎推行了國有企業私有化、降低稅負與減少政府干預等供給改革政策，在一定程度上破除了經濟增長的籓籬，同時控制了通貨膨脹，實現了經濟的復甦。

中國的經濟大環境是經濟增速高速轉向中高速的新常態，並沒有出現滯漲現象。一方面，結構性產能過剩顯著。由於前期應對金融危機，保增長，國家實施了雙擴張的需求調控政策，從而引發了低端與傳統產品過度供給，而高端與新興產品供給不足的現象。另一方面，通貨緊縮跡象明顯。2016 年，央行發布的《4月份金融市場運行情況》顯示：4月M2的同比增速為12.8%，較上月低0.6個百分點，季節調整後的M2環比增速也由3月的0.9%下滑至4月的0.7%；新增人民幣貸款5,556億元，較3月的1.37萬億元顯著回落。其中，非金融企業及機關團體貸款僅增加1,415億元，中長期貸款減少430億元。這表明，供給側改革背景下，貨幣供應趨緩，銀行信貸或有所收緊，再加上大規模的外匯占款，實體經濟資金供給條件不容樂觀。此外，數據顯示，當月社會融資規模出現大幅下滑，但地方債發行創下歷史新高達到1.06萬億元，超出前4月總和的50%，其中地方債置換規模占比為88.8%，說明儘管中國的財政赤字水準整體可控，但地方債務風險壓力較大。

4. 改革路徑不同

不同的制度基礎致使西方供給學派與中國供給側結構性改革的路徑有著必然的差異。西方供給學派的改革主要是遵循「恪守資本主義私有制，加快經濟總量提升」的路徑。比如，針對企業與個人的減稅政策，針對減少市場干預的縮減政府財政開支、去監管化與私有化等舉措，無疑是有利於富人，給整個資產階級鬆綁，強化資產階級力量；同時，堅持削弱工會力量，最大程度上降低資本主義生產恢復的阻力，刺激經濟加快繁榮。中國的供給側結構性改革則是遵循「堅持社會主義基本經濟制度，提高供給體系質量和效率」的路徑。比如，為確保經濟平穩運行，充分尊重市場機制配置資源的決定性作用，減少行政審批的同時政府也加大了區間調控、定向調控與微調控；為推動結構優化，堅持調整存量與做優增量相結合，積極推動要素投入方式轉變；為刺激微觀主體的生產積極性，由結構性減稅轉向大規模減稅，同時堅決推進國有企業股權多元化改革；為加快輸出創新性制度產品，堅定推進金融、財稅、土地以及價格體制機制改革；為促進產品質量提升，強化安全監督管理，加強高質量的私人產品與公共產品供給。

三、供給側結構性改革的關鍵環節

進入新常態以後，中國生產領域存在五個主要問題：經濟增速下滑，供給能力下降；部分行業產能過剩；創新驅動不足；發展方式和產業結構不合理；生產和投入效率不高[4]。在宏觀經濟中，這些生產領域的問題直接表現為經濟總量問題，但更主要表現為經濟結構問題。黨的十八屆三中全會提出，要創新和完善宏觀調控方式，在區間調控基礎上加大定向調控力度。這表明中國目前的宏觀調控將從總量調控轉向結構調控，優化經濟結構成為供給側結構性改革的核心問題與關鍵環節，體現在以下幾個方面[8]：

就供需結構而言，中國商品服務市場形勢出現較為複雜的局面，呈現供需結構性失衡特徵——總需求不足與需求轉移外溢並存、有效供給不足與相對過剩並存，既存在供需間的不對稱，也存在供需內部的不對稱。從需求端來看，中國目前一直強調需求不足，但實際上更多的是需求結構性問題，即存在總需求不足的問題，更存在需求轉移和需求外溢。以出境遊為例，每年有大量中國人赴國外旅遊，並在國外大肆「掃貨」。2015年7月28日，《經濟參考報》和Visa聯合在北京發布的《中國跨境消費年度指數報告》顯示，2014年中國出境旅遊規模達1.07億人次，中國居民境外旅遊消費達到10,127億元人民幣，增長率達27%，略高於2013年24%的水準，這表明國內的部分消費需求轉移外溢到海外市場。按照供給需求的辯證統一關係，需求的結構問題本質上還是生產結構、供給結構的問題。從供給端來看，經過改革開放以來的幾十年快速發展，中國市場形勢已經發生了根本性的變化，已由全面商品短缺轉變為相對市場過剩。2001年年底，加入世貿組織以後，中國商品市場結構性過剩與有效供給不足的特點逐漸顯現。近幾年，傳統產業的快速萎靡與新興產業發展滯後、低層次產品的積壓過剩與高端產品和新興產品供給不足共存的現象表現尤為突出。

從產業結構層面考察，中國三次產業結構有所優化，但改善的空間依然較大。一方面，服務業占GDP比重的提升空間較為充足。國家統計局的數據顯示，中國2015年的第一、第二、第三產業結構比為9.0：40.5：50.5，第三產業的比重較2011年提高了6.2個百分點，成功地跨越了生產型經濟向服務型經濟轉變的分界點。但是，這一比重與高收入國家70%以上的服務業比重還有較大差距，表明中國經濟完全轉型為服務型經濟、消費型經濟的時間仍較長。另一方面，傳統產業、行業過剩問題嚴重。中國已經形成了比較完整的工業體系，但是傳統工業比重大，戰略性新興產業有所增長，但難以彌補傳統工業的快速萎靡，加劇了產業內部矛盾。具體行業中，房地產行業的不景氣迅速向鋼鐵、水泥、玻璃、電解鋁等關聯行業傳導，導致這些行業出現大面積過剩。

從具體產品分析，傳統產品供給相對過剩，反而以市場為導向，以需求為核心，精益求精的新興產品供給明顯不足。受外部經濟環境影響，一些傳統輕工業產品如服裝、鞋、帽、玩具等也出現銷售困難，傳統製造業產品如汽車、造船等也出現銷售量急遽下

第二十三章　供給側結構性改革的馬克思主義政治經濟學分析

滑的現象，傳統產品去庫存壓力較大。相對地，新興產品則表現出供給不足的特徵。以手機為例，蘋果手機的最大銷售市場在中國，每一代蘋果手機的上市均引起國人在全球的瘋搶，說明當前中國在特定產品上的創新能力與供給能力不高。再如養老服務，中國仍以家庭養老為主，面臨日益加重的老齡化問題，社會養老、社區養老、智能養老等模式處於起步發展階段，短時間內難以形成有效的和安全可靠的供給，加劇了這一領域的供需矛盾。

從制度設計角度看，中國供給端質量安全監督制度建設的滯後進一步加劇了供需不均衡的矛盾。近些年，在國內供給的奶粉、皮包、鐘表、馬桶蓋等產品領域了出現火爆的「代購潮」「海淘熱」現象，反應出中國生產環節管理制度相對缺失。不健全的質量安全監督機制導致了較為嚴重的產品質量安全問題，大大降低了國人對國內企業的產品尤其是精益求精產品的信任度，反而加劇了有效供給不足的現象。

在改革開放的 40 多年中，中國經濟保持了較快的發展，不僅現在成為世界第二大經濟體，而且還進入了中等偏上收入國家行列。但是，由於長期以來粗放式、外延式發展模式的影響，中國供給能力快速提升，現在突出的問題是總體上的產能過剩，即嚴重過剩的產業主要是傳統產業，如冶金、煤炭、化工、造船等，而在環境保護、資源節約、公共服務、社會保障等產業與行業的產品及其相關制度，還存在著供給不足的現象。因此，供給側結構性改革的當下，關鍵是解決經濟發展中的結構性問題，方向是優化結構、轉型升級。

四、推進供給側結構性改革的路徑

供給側結構性改革作為中國經濟新常態發展階段上的一大發展戰略，意義重大。理論上，中國的供給側結構性改革尤其注重協調政府與市場的關係，力爭在市場經濟發展過程中實現二者的辯證統一，這超越並豐富了西方供給理論。現實中，中國的供給側結構性改革著力通過供給端的變革發力，化解經濟發展中的結構性矛盾，改造「舊動能」，壯大「新動能」，提高潛在的增長率，確保經濟持續穩定增長。

1. 樹立正確的宏觀調控思路，需求與供給兩側需同時發力

在市場經濟發展過程中，供給與需求具有相互統一的關係，需求決定供給、引導供給，而供給既滿足需求、又創造新需求。當前，政府的宏觀調控既不能以需求管理為主，也不能以供給管理為主，而應結合經濟中存在的結構性問題，注重需求調節與供給調節的功能互補，採取需求調節與供給調節相結合的定向調控思路。需求方面，大規模的全方位刺激需求已不再必要，但部分區域的擴大需求還是必要的，如中西部的交通設施、棚戶區改造和地下管網等公共基礎設施建設還需要加大投資；環保、高端製造、高新技術產業等也需要增加投資。這也反應了這些領域、這些產品供給能力的不足。供給方面，整體來說，主要是放鬆管制與約束，降低企業經營成本，激發企業活力，加強產

品的質量監督管理，提升有效供給能力；對高端戰略性產業與新興朝陽產業應加大扶持、引導力度，改善供給結構。

2. 做好加減乘除法，優化經濟結構

經濟結構的優化調整涉及多個方面，具體路徑也應有所不同。一是做好加法。要加快現代服務業發展，產業政策的制定需適當向新興的生產性服務業和生活性服務傾斜，優化服務業供給結構；要加快戰略性新興產業發展，在消除傳統產業萎靡帶來的增長動力不足問題的同時，優化升級產業結構。二是做好減法，面臨產能過剩的問題，以充足的外匯儲備為基礎，抓住「一帶一路」建設機遇，鼓勵向國外輸出過剩產能，加快去庫存速度，同時加快淘汰「僵屍」企業，提高資源利用效率。三是做好乘法，以創新發展為指導，抓住信息化與工業化深度融合機遇，運用先進信息技術改造提升傳統產業，更新淘汰落後設備，加快傳統產業升級換代。四是做好除法，堅持綠色發展，擴大節能減排領域的投資，嚴把企業節能減排審核關口，提高違規排污的成本，降低資源消耗與排放規模，提升經濟發展質量。

3. 正視投資與轉型的關係，增投資與調結構並舉

中國面臨的結構性問題表現為有效供給不足，很大程度上是與相關領域、相關產業的投資不對稱有較大關聯性的。為此，應不斷加強交通設施、水電氣通信管網等基礎設施投資，逐漸增加教育、醫療、社保等民生領域支出，著力提高生態綠化帶、綠地涵養、污染治理等生態環境保護投資，提升公共產品與服務的供給能力；不斷完善財政資金分擔投入機制，全力優化投融資機制，引導社會資金參與物質基礎設施建設與社會基礎設施建設，緩解資金支持壓力；堅持總量可控、過剩產業減少投資原則，將投資重點轉向以戰略性新興產業為代表的高端產業與產業高端以及新產業新業態，優化投資結構，在增加產業投資的同時，夯實供給結構優化的基礎，促進結構調整與經濟轉型。

4. 多角度推進科技創新，全力培育供給新優勢

2016年5月30日，李克強總理在全國科技創新大會上指出：「創新既是中國實現雙中高的重要支撐，也是推進供給側結構性改革的重要內容。」作為創新核心的科技創新作用重大。通過科技創新創造新供給，通過科技創新創造新效益，通過科技創新創造新空間，通過科技創新培育供給新優勢，將是中國未來經濟發展的大趨勢。一要加強創新型人才隊伍建設。圍繞重點領域、重點產業、關鍵行業，遴選戰略意義重大、優勢突出、競爭性強的項目，支撐高端人才梯隊的培育；同時注重海外高端人才引進與國內高端人才培養的融合，合力攻克難關，著力補足基礎研究的短板。二要突破應用研究產業化瓶頸，促進科技創新成果轉化。基於既有科技創新園區，整合各級科技創新創業平臺、孵化器，強化功能協同建設，搭建多層次的創新要素集聚平臺，匯聚創新要素；以政府出面組織聚合成果轉化需要的風投資金、人才、技術、專利以及相關企業，完善成果轉化的鏈條配套，打造科技創新成果轉化「集市」。三要大力推動協同創新。鼓勵高等院校、科研院所、微觀企業圍繞重大問題、關鍵問題成立產學研協同創新基地，整合

利用科技創新資源；統籌部委與省市部門科技創新專項資金，擇優、擇重與前期、中期支持，杜絕「撒胡椒面」與獎勵資助的支持模式；注重培育區域協同創新中心，避免盲目跟風造成重複建設與資源浪費，提升區域創新能力與創新成功率。

5. 以多元化改革為抓手，優化供給端的制度環境

制度產品供給滯後是中國生產領域矛盾突出、有效供給能力不高的重要原因之一。一要深化行政體制改革。繼續加大簡政放權力度，減少行政審批環節，將政府的注意力與精力轉移到環境保護、教育醫療、基礎設施、質量安全等公共服務領域，發揮政府提供公共產品的能力。二要深化國有企業改革。充分發揮社會資本在國有企業改革中的作用，進一步推進國有企業作為市場主體的角色轉變，尊重市場經濟規律，讓公有制主體與私有制主體平等競爭，提高公有制主體效率。三要完善財稅體制改革。繼續推進營改增，摸清營改增各環節存在的問題，掃除稅收體制改革的節點障礙；優化各級財政分擔體制，實現財權與事權的對稱。四要優化投融資機制改革。財政資金為主體的項目基金應在科學評估的基礎上，由重視獎勵轉向前期與中期投資；繼續推進商業銀行利率市場化；完善多層次市場融資結構，加強監管審查，讓有實力的企業擴大社會融資規模，緩解資金供給壓力。

本章參考文獻：

［1］馬克思. 政治經濟學批判：序言、導言［M］. 北京：人民出版社，1971.

［2］馬克思. 資本論（第一卷）［M］. 北京：人民出版社，2004.

［3］紀念改革開放40週年系列選題研究中心. 重點領域改革節點研判：供給側與需求側［J］. 改革，2016（1）：35-51.

［4］逄錦聚. 經濟發展新常態中的主要矛盾和供給側結構性改革［J］. 經濟研究參考，2016（13）：15，28.

［5］劉世錦.「新常態」下如何處理好政府與市場的關係［J］. 求是，2014（18）：28-30.

［6］陳彥斌. 理解供給側改革的四個要點［N］. 光明日報（理論版），2016-01-06（15）.

［7］賈康，等. 中國需要構建和發展以改革為核心的新供給經濟學［J］. 財政研究，2013（1）：35-56.

［8］丁任重. 高度重視供給側結構性改革［N］. 經濟日報（理論版），2015-11-19（14）.

第二十四章 馬克思收入分配理論基礎探究[①]

——基於《資本論》的邏輯視角

引言

當前深化改革中,收入分配體制的改革無疑是重要領域、當務之急。要順利推進這項改革,必須以馬克思收入分配理論為指導。然而,馬克思收入分配理論的自身基礎又該如何理解呢?對此,學術界圍繞勞動價值論與收入分配關係的認識發生了分歧,實際上涉及基礎理論方面的價值創造與價值分配關係的爭論,主要存在三種觀點:無關論、關聯論和基礎論[1]198。其一,無關論。這種觀點認為,價值創造與價值分配是兩碼事,一個在生產領域,一個在分配領域,二者沒有必然聯繫。分配理論不能由價值創造來說明,馬克思的勞動價值論與收入分配理論也就沒有必然聯繫。進而認為,社會主義實行的按勞分配與勞動價值論無關,勞動價值論不能作為中國現階段分配體制改革的理論依據,分配關係只決定於生產資料所有制。其二,關聯論。這種觀點認為,不能孤立地看待價值創造與價值分配的關係,二者之間存在一系列環節的轉化,主要包括價值創造、價值形成、價值實現和價值分配,它們之間是緊密相關聯的、互相作用的,當然價值創造起決定作用。其三,基礎論。這種觀點認為,分配理論實質上是價值創造理論的延伸或者說是價值創造理論在分配領域的具體運用,分配的對象是勞動創造的價值,價值生產是價值分配的基礎。如果勞動價值論只能說明價值創造,而不能徹底貫徹到分配領域,它就不能成為徹底的科學的價值論。因此,馬克思的勞動價值論不僅是按勞分配的理論依據,也是當前推進收入分配體制改革的理論支撐。

學術界的爭論孰對孰錯,我們認為還是要回到馬克思《資本論》中對分配關係論述的文本性理解上來。

[①] 本章選自:王朝明,王彥西. 馬克思收入分配理論基礎探究——基於《資本論》的邏輯視角 [J]. 經濟學家, 2017 (10): 13-20.

一、《資本論》的邏輯及其對收入分配研究的規定性

關於《資本論》的邏輯問題，是由列寧首次提出的。在《黑格爾辯證法（邏輯學）的綱要》一文中，列寧寫到，「雖說馬克思沒有遺留下『邏輯』（大寫字母的），但他遺留下《資本論》的邏輯，應當充分地利用這種邏輯來解決當前問題。」[2]357 對於這個「《資本論》的邏輯」，學術界的討論中也有不同的理解。有學者將《資本論》的邏輯理解為《資本論》的體系或結構，即將邏輯等同於體系，則把《資本論》的邏輯看成《資本論》的各篇、章、節的順序；也有學者將《資本論》的邏輯理解為「理論的抽象」，或《資本論》所揭示的資本主義經濟規律的內在聯繫，這實際上說的是《資本論》的研究方法；還有學者將《資本論》的邏輯看成一般的辯證法和辯證邏輯，這是從「一門以思維規律及其形式為對象的學科」來理解的[3]4。按照「邏輯」一詞在希臘語（logos）中的含義有思維、思考及其言辭表述的意思，而邏輯原意是沒有包含「規律」「體系」的詞義，它們有另外更為確切的語詞含義。於是把「邏輯」一詞理解為「思維方法和思維規律及其形式」可能更符合本意。這樣來看，《資本論》的邏輯，也就是馬克思運用他的辯證法、認識論和邏輯思想，對資本主義經濟內在必然性的研究方法及其形式的總稱。這個研究過程，就是思維過程，具體包括研究方法和敘述（或論述）體系兩部分。[3]5 《資本論》的邏輯也就是它的研究方法和敘述體系的有機統一體，研究方法是敘述體系的前提，敘述體系是研究方法的體現，二者在本質上是一致的，屬於人們認識同一事物的不同過程。分別而言，《資本論》的研究方法，是馬克思對黑格爾「頭腳倒立」唯心辯證法批判改造形成的唯物辯證法和辯證思維邏輯應用在政治經濟學研究中的方法。這個研究過程是從具體實際出發，從感性上升到理性的過程；從思維進程看，則是從現象到本質、具體到抽象、複雜到簡單。即馬克思的研究是首先從資本主義現實經濟活動中存在的公司、商貿、銀行、證券交易、農場經營等大量具體經濟主體及其所獲得的收益（利潤、利息、股息、地租）入手，研究資本利得者如果要最大化地擁有各種收益，必須在資本運動的微觀層面上，保持資本循環運動的空間並存、時間繼起和資本週轉運動的一定速度；同時，在資本運動的宏觀層面上，保持社會再生產各部類的比例協調和社會總產品的實現。但是，資本主義經濟的內在矛盾性往往會使這一切難以順利實現，為什麼這樣呢？馬克思的研究，則深入到剖析資本主義直接生產過程的本質及其內在矛盾——剩餘價值的產生及其佔有關係。剩餘價值成為研究體系的核心概念，圍繞於此的資本、雇傭勞動、工資、累積等分析構成了研究體系的主體層次。推進到這裡，研究已經進入到本質、抽象的層面。為了弄清楚資本主義經濟關係及

其矛盾的元素構成，馬克思還進一步研究抽去資本主義性質的簡單商品①。由此分析的商品、價值、貨幣等也就是更抽象、更簡單的範疇了。而這些範疇則是資本主義經濟體「相互作用的體系客觀上最簡單的、往後不再分解的要素的具體特徵，也就是所研究的整體的『細胞』的具體特徵。」[4]214而在這個「細胞」之中已經孕育著資本主義經濟矛盾的胚芽，由此構成的最抽象、最簡單的範疇體系，既是客觀經濟現實的高度思維抽象，也是對研究體系敘述的起點和構建一門學科體系的入門。猶如「這裡是羅陀斯，就在這裡跳罷！」[5]189

而對敘述體系及其方法，馬克思講到，「敘述的方法必須與研究方法不同。研究必須充分地佔有材料，分析它的各種發展形式，探尋這些形式的內在聯繫。只有這項工作完成以後，現實的運動才能適當地敘述出來。這點一旦做到，材料的生命一旦觀念地反應出來，呈現在我們面前的就好像是一個先驗的結構了。」[5]23-24由此可見，馬克思在《資本論》成書之前，運用的是研究方法，而撰寫《資本論》，運用的是敘述方法。敘述方法作為研究方法總體中的一個特殊表現形式，好像是在處理一個「先驗的結構」，實際上是採用歸納-演繹總體推理中的演繹手段，根據研究的結果，把研究的客觀事物從理論上表述出來，是理論上再現的具體，是思維上存在的具體，因而與研究方法的思維進程正好相反，是從抽象到具體、從本質到現象、從簡單到複雜。從《資本論》的敘述結構看，是以最簡單、抽象的商品分析為起點，首先論述價值、抽象勞動、社會必要勞動時間、貨幣、價值規律等這些「前導」性經濟範疇；其次推論出勞動力商品、資本、剩餘價值、工資、資本累積等這些存在於資本主義直接生產過程中的核心經濟範疇，體現資本主義經濟的本質關係；再次在資本流通過程中從微觀的個別資本循環週轉和宏觀的社會總資本再生產論述資本的運動和剩餘價值的實現，範疇的敘述已經從思維的抽象逐步轉向現實的具體；最後通過資本生產總過程，運用成本價格、利潤、平均利潤、生產價格等轉化範疇，論述剩餘價值在各類資本集團、大土地所有者之間的分割所出現的各種收入形式以及資本主義階級關係等具體現象形態。可見，這個完整的理論上再現的具體，只不過是作為客觀上存在的「混沌的整體的表象」的資本主義生產關係，經過科學抽象分析之後在人們頭腦中的再現。由此可以發現，《資本論》的邏輯暗含著收入分配研究的規定性，主要體現在以下幾點上：

第一，《資本論》的研究對象包含了分配關係。馬克思在《資本論》中開宗明義地提出，「我要在本書研究的，是資本主義生產方式以及和它相適應的生產關係和交換關

---

① 對《資本論》中簡單商品的定性，學術界歷來有不同看法，概括講主要有兩種觀點：一種觀點認為，《資本論》中討論的簡單商品是資本主義社會前史的商品經濟，對此的研究構成了資本主義經濟歷史起點的分析；另一種觀點認為，《資本論》中作為邏輯起點的簡單商品並非是資本主義社會前史的簡單商品，而是資本主義生產方式占統治地位的社會財富的元素形式的抽象，是資本主義商品經過抽去資本性質以後的簡單商品；並且這裡的貨幣也不是前資本主義的貨幣，而是商品這一範疇邏輯展開的結果。本章也持後一種觀點，認為這更符合《資本論》的邏輯。

係。」[5]8對馬克思提出的這個研究對象,主要集中在「資本主義生產方式」的內涵該如何解釋;「資本主義生產方式」與後面的「生產關係和交換關係」存在怎樣的內在邏輯關係。爭論後學界的主流觀點是,作為《資本論》研究對象的資本主義生產方式是指資本主義所有制關係,廣義的資本主義生產關係或資本主義生產關係的總和,構成資本主義社會經濟形態、資本主義經濟制度。如馬克思所講,「私有制不是一種簡單的關係,也絕不是什麼抽象概念或原理,而是資產階級生產關係的總和(不是指從屬的、已趨沒落的,而正是指現存的資產階級私有制)。」[6]191而與之相適應的則是狹義的生產關係(即直接生產過程中人與人之間的關係)、交換關係。研究對象中的前者是包含後者的,邏輯上成立,但其中並沒有明確提出分配關係。其實分配關係也內嵌於研究對象之中。因為,一方面,資本主義所有制關係作為基礎和核心決定了資本主義分配關係,資本主義生產關係的總和,自然包括與它相適應的分配關係。在馬克思看來,「分配關係本質上和生產關係是同一的,是生產關係的反面。」[7]993而分配的兩個要點,生產資料的分配已經是生產過程本身的前提,至於消費資料的分配,馬克思在《資本論》第一、三卷中有大量的分析。另一方面,生產關係的總和中狹義的生產關係決定交換、分配、消費等方面的關係,而後三個方面之間也不是平列的。在某種限度內,交換關係可以和生產關係一起發揮支配作用。恩格斯在《反杜林論》中就將政治經濟學的研究對象概括為「研究人類社會中支配物質生活資料的生產和交換的規律」,因為生產和交換「這兩種社會職能的每一種都處於多半是特殊的外界作用影響之下,所以都有多半是它自己的特殊的規律。但是,這兩種職能在每一瞬間都互相制約,並且互相影響,以致它們可以叫作經濟曲線的橫坐標和縱坐標。」[8]144既然如此,也就不難理解交換關係為何在《資本論》的研究對象上明確提出來。

第二,《資本論》的邏輯規定了收入分配研究是服從於剩餘價值研究這條主線的。如上所言,馬克思把資本主義生產方式這個獨立的經濟形態作為《資本論》的研究對象,也就確定了研究物質生產總過程各個環節的運動及其關係是以生產為主體的。《資本論》全書都是以生產為主體的資本主義經濟關係及其運動規律的論述和揭示,絕不把生產與分配平列,這已充分體現在《資本論》的概念體系、原理推論、規律揭示,等等之中。可以說,《資本論》與以前的古典經濟學著作在體系方面的一個最大區別就在於,凡是後者認為屬於分配領域的各經濟範疇,如工資、利潤、利息、地租等,馬克思都從生產的角度,將其與勞動力、資本、土地所有權等統一進行了研究,從而才規定了剩餘價值這個反應資本主義生產方式本質的概念[3]362。《資本論》整個論述體系就是圍繞剩餘價值這個核心概念展開的,第一卷闡述剩餘價值生產,第二卷闡述剩餘價值流通與實現,第三卷闡述剩餘價值分配。可見,對資本主義收入分配的研究是服務於剩餘價值主體範疇的研究,並與資本主義生產和流通的研究交融其間。《資本論》第一卷論述資本主義直接生產和再生產,但並非把分配排除在外。剩餘價值和工資,就其直接含義看,屬於分配範疇,但就資本主義生產本質和目的看是追求剩餘價值,工資則成為資本

剝削雇傭勞動、佔有剩餘價值的手段；《資本論》第二卷資本流通過程，論述資本運動形式和剩餘價值實現，其中也不乏論述社會再生產過程中總產品、總價值的分配、累積與消費的分配比例；《資本論》第三卷好像是集中論述資本主義分配關係，即剩餘價值分配，但卻是從資本主義生產總過程角度來分析的，利潤、利息、股息、地租等收入形式皆來源於剩餘價值的特殊轉化，這一切的根源都得在資本主義生產過程的分析中解決。因此，馬克思始終是把分配作為生產的條件和內在要素，從來沒有離開生產這個主體孤立地研究分配。

第三，《資本論》研究資本主義經濟形態的邏輯規定是從各種具體收入形式的現象形態入手，而最終抽象出現象形式背後的實質性規定並確定其理論基礎。資本主義經濟活動中呈現的各種收入形式，歷來受到經濟學家的關注。為了說明各種收入的來源及其合理性，各派經濟學家都提出了理論解釋。如古典經濟學的「斯密教條」和薩伊的「三位一體」分配公式，便是解釋收入分配的典型理論，對後來新古典經濟學和現代經濟學的分配理論影響深遠。顯然，這些收入分配的理論基礎是生產要素價值論，與馬克思收入分配的理論基礎是根本不同的。按照《資本論》邏輯的研究進路，馬克思對工資、利潤、利息、地租等具體收入形式的實體考察，抽象出的本質範疇是勞動力商品價值和剩餘價值。工資是勞動力價值的轉化形式，利潤、利息、地租等是剩餘價值的轉化形式。而對勞動力商品價值和剩餘價值本身質的規定性分析則構成了剩餘價值理論的主要內容，並且深入對剩餘價值來源、勞動力商品價值創造以及資本等的研究中，必然進一步抽象出商品二因素、勞動二重性、價值形式的貨幣表現等更簡單的範疇體系，這就是勞動價值論的基本內容。由此可見，馬克思收入分配的理論基礎是勞動價值論和剩餘價值論。但是，如前所言，中國經濟學界歷來存在的一種流行觀點是，馬克思勞動價值論與收入分配無關，好像這樣才能維護勞動價值論的純正性，唯恐滑向「三位一體」分配公式的泥潭，這樣就對價值創造與價值分配的關係採取了機械理解，將二者完全割裂開來。如果這一觀點成立，那麼勞動價值論和剩餘價值論體系的科學性和徹底性就會成問題，馬克思進行科學抽象得出的反應事物本質的深層次理論範疇，與現實的經濟現象便失去了任何聯繫，對馬克思政治經濟學體系的邏輯貫通性和理論完整性都將是不利的。因此，有必要正本清源，依據《資本論》，對資本主義分配關係全景式邏輯擴展進行理論解析，深刻認識馬克思收入分配的理論基礎。

二、馬克思收入分配的理論基礎：
對資本主義分配關係全景式邏輯擴展的理論解析

在《資本論》第一卷中，馬克思首先提出「勞動二重性」理論，解決了古典經濟學派在勞動創造價值實體和價值本質上的難題，為科學勞動價值論的形成奠定了基礎。在科學勞動價值論的基礎上形成的勞動力商品理論，找到了打開剩餘價值來源秘密的鑰

匙，從而形成了剩餘價值理論和資本累積理論。這些重大的理論構造，就形成了馬克思收入分配理論的邏輯起點和理論支點，成為其原創性基礎。

(一) 馬克思研究資本主義個人收入分配問題的邏輯起點：勞動價值論

馬克思研究資本主義個人收入分配問題的邏輯起點是科學的勞動價值論，或者說勞動價值論是馬克思研究分配問題的價值論基礎。古典經濟學的分配理論都有其價值論基礎，雖然馬克思批判了從「斯密教條」到薩伊「三位一體」分配公式宣稱的各種生產要素都創造價值，因而各種生產要素都能獲得相應報酬的錯誤觀點，但不能說馬克思的分配理論與其勞動價值論毫無關係。恰恰相反，在馬克思勞動價值論中至少有兩條理論線索與分配緊密相關。

首先，分析價值實體和價值構成方面。馬克思在勞動二重性原理的基礎上不僅破解了導致李嘉圖學派解體的重大理論難題，什麼勞動創造價值以及怎樣創造價值這樣的價值實體問題，而且確立了抽象的活勞動是創造商品價值的唯一因素這種一元的價值創造觀。進而在這個基礎上，來認識價值形成（價值的構成）①就不僅有活勞動的作用，也有物化勞動的作用。因為，從價值形成來看，無論全社會生產的年總產品，還是任何單個商品，其價值構成都由三部分組成：$C+V+M$。並且「在這裡，一個價值用另一個價值來補償是通過創造新價值來實現的。」而這個抽象勞動創造新價值的過程「不僅再生產出勞動力自身價值，而且生產出一個超額價值」[5]235，即剩餘價值。所以，馬克思認為，工人在同一時間內達到的舊價值保存和新價值加進這兩種不同結果，只能用工人的勞動二重性來解釋。這意味著，價值形成與價值創造是緊密相關的，價值形成包含有價值創造，價值創造是價值形成的重要構成部分。尤其是其中的（$V+M$）通過市場的價值實現，馬克思稱之為的「總收入是總產品扣除了補償預付的、並在生產中消費掉的不變資本的價值部分和由這個價值部分計量的產品部分以後，所餘下的價值部分和由這個價值部分計量的產品部分。因而，總收入等於工資（或要重新轉化為工人收入的產品部分）+利潤+地租。但是，純收入卻是剩餘價值，因而是剩餘產品。」[10]950可見，進入價值形成部分中的價值創造（$V+M$）在分配的現象形式上成為總收入，其中 M 為純收入，剩餘價值中扣除利息、地租之後的純利潤又叫純收益，V 為工人勞動力價值的等價物工資。這些收入的分解都是來自價值創造（$V+M$）的各部分。當然，這只能是生產出的社會產品具有了分配的必要性，這種必要性要變成現實性，還必須由生產的性質即所有權關係來說明。

其次，分析價值形式的發展和貨幣的起源方面。馬克思研究價值形式解決了古典經

---

① 國內有學者將價值創造與價值形成進行了區別，講價值創造問題，應該僅包括對價值決定主體的界定，即是價值的實體和來源，回答的是什麼勞動創造價值；而講價值形成問題，不僅應包括對價值決定主體的界定，也應包括對價值決定客體的界定，即是商品價值是由幾個部分構成和如何形成的這種構成，回答的是價值決定的結構性問題。參見：逄錦聚，等. 馬克思勞動價值論的繼承與發展［M］. 北京：經濟科學出版社，2005：181.

濟學沒有解決的使價值成為交換價值的價值形式和「商品怎樣、為什麼、通過什麼成為貨幣的問題。」[11]110 從而揭開了貨幣的神祕面紗，在經濟學史上是個首創。馬克思通過歷史分析與邏輯分析相統一的方法，把商品交換發展的歷史與價值形式從簡單價值形式演變到貨幣形式的邏輯進程相結合，揭示出了貨幣的起源和本質。到這裡馬克思對貨幣的分析並沒有停止下來，在對簡單商品系統分析後，馬克思認為「貨幣是這一過程的最後產物。商品流通的這個最後產物是資本的最初的表現形式。」[5]167 資本這個概念，對凡是研究資本主義經濟問題的各種學派都是不可繞開的。雖然馬克思從古典經濟學那裡接受了資本概念，但將其最初的轉化視為貨幣。從研究貨幣轉化為資本開始，馬克思構建了研究資本主義生產、流通、分配過程的恢宏的理論體系。在這裡，馬克思通過流通形式對貨幣與資本的分析，得出二者的本質區別在於發生了價值增值，「正是這種運動使價值轉化為資本。」[5]172 這表明資本反覆的運動出現了價值的自行增殖。馬克思的分析推進到這裡，遭遇了李嘉圖學派曾無法破解的難題，「貨幣羽化為資本的流通形式，是和前面闡明的所有關於商品、價值、貨幣和流通本身的性質的規律相矛盾」[5]177，即商品價值規律與資本在流通中價值增值的矛盾。對於這個價值增值，馬克思通過在流通中無論等價交換還是非等價交換，顛來倒去地分析均不能說明價值增值的產生。這樣馬克思提出了資本總公式矛盾包含的雙重結果，「資本不能從流通中產生，又不能不從流通中產生。它必須既在流通中又不在流通中產生。」[5]188 這個雙重結果規定了，貨幣羽化為資本，「必須既在流通領域中，又必須不在流通。這就是問題的條件。」[5]189 按照這個條件範圍去解決資本總公式矛盾，既要遵照價值規律要求，又要正確說明價值增值的產生。這樣在等價交換的條件下，找到了創造價值增值的特殊商品勞動力。所以，馬克思提出解決資本總公式矛盾的唯一答案是，勞動力成為商品，是貨幣轉化為資本的根本條件。由此而建立的勞動力商品理論十分重要，它不僅貫通了馬克思的勞動價值論與剩餘價值論的理論邏輯，而且是探究資本主義分配關係本質及其方式的一個重要理論支點。

（二）馬克思研究資本主義個人收入分配問題的理論支點：勞動力商品理論、剩餘價值論和資本累積理論

從資本主義個人收入分配的形式來看，無論是工人的工資收入，還是各資本家集團分割獲得的利潤、利息、地租等收入，都要回到生產領域才能弄清楚它們為什麼能夠分配以及分配關係的本質。馬克思研究資本主義生產過程的核心理論是剩餘價值論，它被列寧稱為「馬克思經濟理論的基石」[12]444。剩餘價值理論是一個豐富的科學理論體系，除了以勞動價值論為基礎外，它還有兩個理論的支撐：一是勞動力商品理論，一是生產價格理論。沒有這兩個理論支撐，僅僅靠剩餘價值論難以完成對資本主義生產到分配全過程的科學把握。從馬克思的勞動力商品理論來看，有三個要點對認識資本主義分配關係至關重要：

首先，將勞動和勞動力這兩個概念嚴格區分開來。古典經濟學的價值理論中一個重

大缺陷就是沒有勞動力概念，像斯密、李嘉圖有時儘管也使用過「勞動能力」這個字眼，但他們從來沒有意識到勞動與勞動力的區別。他們認為，勞動有價值，也就是工資。斯密甚至把工資等同於勞動[13]89。馬克思提出且界定了勞動力概念，「我們把勞動力或勞動能力，理解為人的身體即活的人體內中存在的，每當人生產某種使用價值時就運用的體力和智力的總和。」[5]190 進而馬克思區別了勞動力和勞動這兩個概念，這種區分相當重要，不僅一改以往古典經濟學對工人工資收入的混亂看法，揭示出勞動力價值或價格是工資的本質屬性，而且已經提示未來社會按勞動來分配個人消費品所造成的不平等與資本主義社會階級剝削所造成的不平等並不是一回事，從而初步具備了提出未來社會如何分配勞動產品這一科學設想的理論基礎[14]57。

其次，勞動力商品的價值規定。根據勞動價值論的基本原理，馬克思認為，「勞動力的價值也是由生產從而再生產這種特殊物品所必需的勞動時間決定的。」[5]193 由於勞動力商品的特殊性，「因此，生產勞動力所需的勞動時間，可化為生產這些生活資料所需要的勞動時間，或者說，勞動力的價值，就是維持勞動力所有者所需要的生活資料的價值。」[5]194 當然，影響勞動力價值構成因素的生活資料價值、教育培訓費用以及勞動力的自然差別等，並不是簡單地由勞動者及其家庭生理需要決定的。於是「勞動力的價值規定包含著一個歷史和道德的因素。」[5]194 馬克思在這裡對勞動力價值及其規定的分析，也就確定了工人工資的內在價值，因此，勞動力價值構成及其規定決定了工資分配的基礎性機制，影響勞動力價格即工資變動的其他因素（勞動力市場供求、人口結構、物價等）都是在這個基礎上展開的。

再次，勞動力商品的特殊使用價值。與其他一般商品的使用不創造價值相比較，勞動力商品則不同，「它的實際使用本身就是勞動的物化，從而是價值的創造。」[5]190 這種勞動力商品特殊的使用價值所創造的價值還要大於自身的價值。為什麼呢？因為，「勞動力維持一天只費半個工作日，而勞動力卻能勞動一整天，因此，勞動力使用一天所創造的價值比勞動力自身一天的價值大一倍。這種情況對買者是一種特別的幸運，對賣者也絕不是不公平。」[5]219 而在勞動力市場買賣這種所謂的公平假象掩蓋下的勞動者創造出來的超過勞動力價值的價值該如何佔有和分配呢？馬克思轉入生產領域用剩餘價值理論加以說明。

根據剩餘價值理論，剩餘價值是由雇傭工人的剩餘勞動所創造的。那麼，創造了剩餘價值的雇傭工人為什麼不能佔有和分配這部分價值呢？馬克思歸結為資本主義雇傭勞動制度。在這種制度下，工人的勞動成為雇傭勞動與勞動力成為商品的條件緊密相關。因為，「一方面，工人是自由人，能夠把自己的勞動力當作自己的商品來支配，另一方面，他沒有別的商品可以出賣，自由得一無所有，沒有任何實現自己的勞動力所必需的東西。」[5]192 正因如此，資本主義條件下工人與生產資料是相分離的，他要進入生產過程，與生產資料結合進行生產，必須將勞動力的支配和使用權按一定時間出賣給佔有生產資料所有權的資本家，為資本家不斷創造出佔有的剩餘價值，而工人只能獲得勞動力

價值或價格的轉化形式工資。因此，在不考慮其他條件，假定消耗的不變資本一次完全轉移到新產品中去的情況下，工人生產出的新產品中凝結的新價值得以實現後，初次分配（在做了各項社會必要扣除）的結果就表現為，一部分被資本家收回後成為不斷用來購買勞動力的可變資本，即工人的工資部分；另一部分成為資本家佔有的剩餘價值，轉化為產業資本家集團的收入。新價值這兩部分的分配也就是資本主義社會最基本和最本質的分配關係。工人創造的新價值的這種分配結果也正是，生產要素所有權或產權所決定的。雖然這一點西方經濟學的按要素分配理論也看到了[15]181，但是馬克思除此之外，看得更遠的是，創造了全部價值的工人階級只能得到其中很小部分的工資收入，其中很大部分通過佔有剩餘價值成為掌握生產要素私有權的資本家和地主階級的收入，這種資本主義生產方式下價值創造與價值分配的不一致性，表明資本主義分配方式是很不合理、很不公平的。在資本主義社會，生產資料佔有的不平等決定了分配的不平等；而不平等的分配關係又進一步強化了這種不平等的佔有關係以及階級對立的利益關係，這種不平等根本上是由資本主義私有制和雇傭勞動造成的。

同時，從剩餘價值理論分析出資本主義分配關係的不合理性和歷史暫時性，是貫穿於資本主義始終的，這就在於隨著資本主義生產和再生產將勞資分配關係也不斷再生產出來。正如資本累積理論所指出的，「把資本主義生產過程聯繫起來考察，或作為再生產過程來考察，它不僅生產出剩餘價值，而且還生產和再生產資本關係：一方面是資本家，另一方面是雇傭工人。」[14]634其中再生產出的「資本關係」當然包含勞資分配關係。馬克思正是從這裡開始分析：資本主義生產和再生產過程中這兩大階級集團的利益對立和分化是隨著資本累積發展而不斷深化的，在社會經濟現象上表現為工人不斷失業、貧困，大資本吞並中小資本，收入差距、收入不平等更加嚴重等。對於這一切，特別是收入差距上的馬太效應，西方經濟學從市場失靈角度進行了大量的實證研究，對收入不平等提出了各種測度方法和假說命題，其中最為著名的是庫茲涅茨曲線（Kuznets Curve），又稱「倒U曲線」，該曲線通過經驗研究表明，在經濟增長過程中收入分配狀況先趨於惡化，而後改善，呈顛倒過來的U型軌跡。但是，這一結論並沒有得到更廣泛的經驗證據的證明，且不符合發展中國家的實際情況，隨著經濟發展的進程，一些發展中國家的收入不平等越來越懸殊，並沒有向平等的方向轉變。似乎這個經驗性結論並不是必然的，抑制收入差距擴大的因素並不是僅靠經濟增長的自發作用，還有政府的干預和社會政策的反作用。而馬克思經濟學對資本主義收入差距擴大的研究，有一個嚴密的理論邏輯，即在勞動價值論和剩餘價值論的基礎上，提出資本累積內在地具有擴大財富佔有差距和收入差距的趨勢，馬克思稱之為「資本累積的一般規律」[17]95。這個一般規律的作用結果說明「這一規律制約著同資本累積相適應的貧困累積。因此，在一極是財富的累積，同時在另一極，即在把自己的產品作為資本來生產的階級方面，是貧困、勞動折磨、受奴役、無知、粗野和道德墮落的累積。」[14]708然而二戰後，雖然西方發達國家通過政府干預和福利國家暫時避免了馬克思曾預言的19~20世紀資本累積歷史趨勢對資

本主義喪鐘敲響的厄運，但是迄今為止，資本主義社會貧富懸殊的兩極分化仍然是不爭的事實，正如法國經濟學家托馬斯·皮凱蒂（Thomas Piketty）在他那本風靡全球的《21世紀資本論》（2014年）一書中，通過歐美國家多年來的歷史數據分析，認為現有資本主義制度並不能解決貧富差距不斷增加的社會危機。這些理論的研究和事實證據都表明，馬克思在資本累積的一般趨勢中提出資本主義的財富佔有差距和收入差距擴大的結論仍然沒有過時。因此，馬克思分析勞資分配關係的對立深化也是基於資本累積理論的。

三、結語

《資本論》第三卷對資本主義分配關係的全景式邏輯擴展進路（價值創造、價值實現和價值分配）表明，《資本論》的起點和終點是連接在一起的，作為起點的商品的價值、貨幣在終點表現為工資、利潤、利息和地租；然而商品這個長途旅行幻化出來的神奇外形，曾使不少經濟學流派神魂顛倒，執迷不悟，而從《資本論》涉及的分配問題分析中最終得出的簡潔而正確的結論卻應該是，價值的創造只能是勞動，價值的分配由生產要素所有權決定，價值創造與價值分配既有區別又有聯繫，馬克思的分配理論是以勞動價值論和剩餘價值論為基礎的。由於本章更多的是關注馬克思收入分配的理論基礎，除此之外《資本論》論述分配的其他諸多內容都存而不論了。

本章參考文獻：

[1] 江宗超. 按勞分配與勞動價值論的關係綜述 [J]. 法制與社會, 2008 (11): 198.

[2] 列寧. 哲學筆記 [M]. 北京: 人民出版社, 1974: 357.

[3] 劉永佶.《資本論》的邏輯 [M]. 南京: 江蘇人民出版社, 1987.

[4] 伊利延科夫. 馬克思《資本論》中抽象和具體的辯證法 [M]. 郭鐵民, 譯. 福州: 福建人民出版社, 1986: 213.

[5] 馬克思. 資本論: 第1卷（上）[M]. 北京: 人民出版社, 1975.

[6] 馬克思, 恩格斯. 馬克思恩格斯選集: 第1卷 [M]. 北京: 人民出版社, 1976: 191.

[7] 馬克思, 恩格斯. 馬克思恩格斯全集: 第25卷 [M]. 北京: 人民出版社, 1963: 993.

[8] 恩格斯. 反杜林論 [M]. 北京: 人民出版社, 1970: 144.

[9] 朱炳元, 朱曉. 馬克思勞動價值論及其現代形態 [M]. 北京: 中央編譯出版社, 2007: 158.

[10] 馬克思. 資本論：第3卷（下）[M]. 北京：人民出版社，1975：950.

[11] 馬克思，恩格斯. 馬克思恩格斯全集：第23卷 [M]. 北京：人民出版社，1975：110.

[12] 列寧. 列寧選集：第2卷 [M]. 北京：人民出版社，1972：444.

[13] 管德華，等. 西方價值理論的演進 [M]. 北京：中國經濟出版社，2013：89.

[14] 任洲鴻.「新按勞分配」論——一種基於勞動力資本化理論的勞動報酬遞增學說 [M]. 濟南：山東人民出版社，2014：57.

[15] 逄錦聚，等. 馬克思勞動價值論的繼承與發展 [M]. 北京：經濟科學出版社，2005：181.

[16] KUZNETS S. Economic Growth and Income Inequality [M]. LAPLAMBERT Academic Publishing, 2002.

[17] 楊錦英，肖磊. 馬克思收入分配理論新探 [M]. 成都：西南財經大學出版社，2015：95.

第二十五章　價值關係矛盾運動邏輯中的供給側結構性改革[①]

一、引言

2008年美國金融危機之後，中國迅速出抬了需求刺激政策，有效應對了外部衝擊的短期影響，但是，國際經濟形勢的逆轉也使中國經濟的結構性矛盾逐漸顯現。在經濟「新常態」背景下，2015年中央經濟工作會議提出將「供給側結構性改革」作為引領經濟發展新常態的重大政策創新。

國內「新供給經濟學」對中國供給側改革的理論研究比較突出，根據賈康、蘇京春闡釋，新供給經濟學並非建立在單一源流的基礎上，而是建立在傳統理論經濟學、制度經濟學、轉軌經濟學、發展經濟學、信息與行為經濟學所構成的「五維一體化」理論框架基礎之上[1]。新供給經濟學面對中國的國情與實踐，提出可以洞悉規律和適應中國現代化客觀需求的「新供給經濟學」理論認識框架[2]；肖林認為中國新供給經濟學的創新和實踐是中國特色社會主義政治經濟學的重要組成部分[3]；滕泰、劉哲基於對新供給創造的新需求，新供給的經濟週期，新供給的五大財富源泉和31種增長方式的分析，構建了新供給經濟學的微觀、宏觀及經濟增長理論[4]；新供給經濟學強調以中國改革為依託，銜接短期和長期，淡化需求管理，從供給端的機制創新入手推動經濟增長[1][4]。

馬克思主義經濟學關於供給側改革的研究，聚焦於理論基礎和政策路徑兩個方面。任保平從馬克思分工理論出發，認為供給側改革的實質是改善和調節社會分工和企業內部分工，使生產力和生產關係相適應，從而促進經濟增長和經濟發展。供給側改革的發力點是消解過剩產能、形成新的分工體系和發展新型產業[5]；李松齡強調供給側改革的價值論依據，認為具體應該從馬克思的使用價值理論和相對剩餘價值理論入手，發掘勞動創新和資本創新的理論內含，為供給側改革提供理論支撐。所有制形式、科技教育體

[①] 本章選自：楊慧玲. 價值關係矛盾運動邏輯中的供給側結構性改革［J］. 當代經濟研究，2018（11）：2，30-39，97.

制和收入分配體制等各方面的變革是供給側改革的制度保障[6]；白暴力，王勝利指出供給側改革豐富和發展了包括物質資料再生產理論、宏觀經濟結構理論、生產力和生產關係理論等的馬克思主義理論，強調以公有制為主體的中國特色社會主義基本經濟制度是中國推進供給側改革的根本制度基礎[7]；張俊山討論了馬克思的社會再生產理論對中國供給側改革的指導意義。他特別指出將「供給」等同於「生產」的理論片面性，提出「供給側」應該指以物質生產為核心，以分配、交換、消費為仲介的社會再生產體系，這一體系涵蓋生產力和生產關係的運動，並強調以人民為中心，貫徹「創新、協調、綠色、開放、共享」五大理念，確保供給側改革的社會主義方向[8]；魏旭基於馬克思社會再生產四個環節的辯證關係與矛盾運動理論，結合社會主義初級階段基本國情以及黨的十八大提出的協調推進「五位一體」總體佈局闡釋供給側改革，指出供給側改革應該以生產力的解放、發展和保護為核心，以公有制經濟引領生產力發展方向，並防範金融風險，更好發揮政府作用[9]。

總之，供給側改革是經濟「新常態」倒逼出來的重大改革舉措，只有從理論基礎上深化論證，才能為供給側改革提供科學指導。學界一致認為，本質上屬於自由主義的美國供給學派不可能成為中國供給側改革的理論來源，其所主張的減稅和減少政府干預也與中國供給側改革政策實踐的路徑不一致。中國是以馬克思主義為指導的社會主義國家，應該從馬克思主義經濟學中為供給側改革汲取營養，奠定供給側改革的理論基礎。

二、「供給側結構性改革」的內涵

「供給側結構性改革」政策是在中國經濟面臨著產能過剩、槓桿率過高、生產發展低質量等問題的背景下推出的，固然與當時應對2008年金融危機所實施的需求刺激政策相聯繫，因此含有反思凱恩斯主義需求管理政策的成分，但是，供給側改革主要針對的是影響經濟增長與發展的結構失衡問題，後者是中國市場化改革及全球化背景下，國際國內諸多因素長期交互作用的結果，並最終引起收入分配惡化，有效需求不足，經濟增長乏力。因此，矛盾的根源並不在需求側，或者說把需求刺激當作解決中國經濟問題的路徑依賴已經失去了科學性。

同時，中國經濟系統中比較突出的結構失衡也不單純是產能及生產在量上大於需求的「過剩」矛盾，而是涉及地區發展、產業結構、城鄉差距、工業化與城市化、金融與實體、政府與市場、經濟發展與生態環境、國內與國際、社會分配以及各種所有制等等涵蓋社會生產諸多方面的平衡協調及其與生產力發展相適應的問題。由此可見，不能依照西方經濟學供求均衡模型的思維定式，僅僅從決定市場價格的兩端——供給與需求中的所謂「供給」角度，對「供給側結構性改革」中的「供給側」作分散、孤立的解讀，從而把「供給」的內涵限定在與市場「需求」相對的「點」上，那只能是片面、狹義的「生產」。

第二十五章　值　矛盾　中的供　性改革

根據馬克思主義普遍聯繫的觀點，從系統性的角度理解，「供給側」應該涵蓋社會生產運動的總過程，也就是馬克思經濟學中的社會再生產過程，它是以生產力運動為內容，以生產關係為社會形式，由生產、分配、交換、消費四個環節之間的循環所構成的物質生產運動系統[8]。馬克思指出，社會再生產過程歸根到底進行的是物質資料的再生產和生產關係的再生產。

鑒於此，本章的討論基於「供給側」所涵蓋的社會再生產過程，由與生產力相互作用的生產關係範疇切入，落腳在社會利益關係的調整上。

三、價值關係及其矛盾運動是社會利益關係在商品經濟階段特有的歷史形態

（一）生產關係的實質是社會利益關係

生產力決定生產關係，生產關係對生產力產生反作用。生產關係的本質是社會利益關係，一定的生產資料所有制結構及人們在生產過程中的相互關係，決定了相應的社會分配關係，所以，生產關係集中體現在社會分配上。其中，生產資料所有制決定生產關係的性質從而利益分配的基本格局，除此之外，特定社會歷史條件下各個集團之間的力量對比及其相互博弈，也對人們在生產過程中的關係包括社會分配關係產生顯著影響。與一定生產力水準相適應的生產關係，借助制度、法律、契約、規範等「法權關係」得以外化，前兩者組合構成經濟基礎，後者的集合形成上層建築。

生產關係並非靜態的制度結構，而是動態地再現於社會再生產過程之中。如果社會各集團在參與社會再生產的過程中能夠獲得與其地位與作用相匹配的利益激勵，由此產生合力推動社會再生產按秩序順利進行，對生產力起促進作用，則生產關係的再生產便是可持續的；如果社會再生產過程中，某些集團難以獲得相應的經濟利益，或者社會分配關係相對生產關係發生扭曲，一部分人因此失去參與社會生產活動的物質激勵，社會再生產的動力被削弱，不利於生產力發展，生產關係面臨調整甚至變革。

（二）商品經濟中社會利益關係體現於價值生產和價值實現及其矛盾運動過程中

商品生產者生產的目的不是使用自己的產品，而是用所生產的產品交換自己需要卻不能生產的其他一切產品，這是分工發展的自然結果。「使用物品成為商品，只是因為它們是彼此獨立進行的私人勞動的產品。這種私人勞動的總和形成社會總勞動。」[10]89 與直接交換勞動的利益實現方式不同，商品生產者之間是借助商品關係體現各自的利益關係的，「在生產者面前，他們的私人勞動的社會關係……不是表現為人們在自己勞動中的直接的社會關係，而是表現為人們之間的物的關係和物之間的關係。」[10]90 由此，馬克

思抽象出價值這一歷史範疇,「如果把商品體的使用價值撇開,商品體就只剩下一個屬性,即勞動產品這個屬性……它們剩下的只是同一的幽靈般的對象性,只是無差別的人類勞動的單純凝結……這些物,作為它們共有的這個社會實體的結晶,就是價值——商品價值。」[10]50-51 可見,商品生產者之間衡量經濟利益關係的唯一標準便是他們各自在商品生產中所付出的抽象勞動,後者構成價值的實體,價值實質上就是商品經濟中的社會經濟利益。

「商品只有作為同一的社會單位即人類勞動的表現才具有價值對象性,因而它們的價值對象性純粹是社會的,那麼不用說,價值對象性只能在商品同商品的社會關係中表現出來。」[10]61

作為商品的社會屬性,商品價值的量並不是由實際勞動時間決定,而是由社會必要勞動時間決定。當勞動生產率提高時,在同樣的社會必要勞動時間內創造出更多的使用價值,單位商品的價值量自然就會下降;價值的社會屬性還反應在,商品生產者的生產目的是實現商品的價值,而商品交換是價值實現的必要環節,「物的使用價值對於人來說沒有交換就能實現,也就是說,在物和人的直接關係中就能實現;相反,物的價值則只能在交換中實現,也就是說,只能在一種社會的過程中實現。」[10]100

對於商品生產者而言,商品價值是以交換價值來體現的,「產品交換者實際關心的問題,首先是他用自己的產品能換取多少別人的產品,也就是說,產品按什麼樣的比例交換。」[11]91 「商品 A 的價值,通過商品 B 能與商品 A 直接交換而在質上得到表現,通過一定量的商品 B 能與既定量的商品 A 交換而在量上得到表現。換句話說,一個商品的價值是通過它表現為『交換價值』而得到獨立的表現。」[10]75

交換價值與商品中凝結的價值是有區別的,前者所包含或者代表的價值量,才是商品生產者實際獲得的價值量或者所能實現的價值。交換價值也反應了價值的社會屬性:商品生產者的經濟利益,不僅僅由其在生產中所付出的社會必要勞動決定,還取決於其所在的社會分工體系能夠認可的勞動份額,後者通過商品供求關係決定的價格體現出來。正如馬克思在表述第二種含義社會必要勞動時間時說:「事實上,因為商品生產是以分工為前提的,所以,社會購買這些物品的方法,就是把它所能利用的勞動時間的一部分用來生產這些物品,也就是說,用該社會所能支配的勞動時間的一定量來購買這些物品……但是,如果某種商品的產量超過了當時社會的需要……這時這個商品量在市場上代表的社會勞動量就比它實際包含的社會勞動量小得多……如果用來生產某種商品的社會勞動的數量,同要由這種產品來滿足的特殊的社會需要的規模比太小,結果就會相反。但是,如果用來生產某種物品的社會勞動的數量,和要滿足的社會需要的規模相適應,從而產量也和需求不變時再生產的通常規模相適應,那麼這種商品就會按照它的市場價值來出售。」[11]208-209

交換價值並不是對抽象勞動所創造的價值構成商品生產者利益基礎的否定,「……彼此獨立進行的、作為自然形成的社會分工部分而互相全面依賴的私人勞動,不斷地被

第二十五章　值　矛盾　中的供　性改革

化為它們的社會的比例尺度，這是因為在私人勞動的偶然的不斷變動的交換關係中，生產這些產品的社會必要勞動時間作為調節作用的自然規律強制地為自己開闢道路，就像房屋倒在人的頭上時重力定律強制地為自己開闢道路一樣。因此，價值量由勞動時間決定是一個隱藏在商品相對價值的表面運動後面的秘密。」[10]92

貨幣作為商品價值的獨立表現形式出現之後，商品價值就採取了價格形式，於是，商品的交換價值便演變為商品之間的比價關係，「商品的價值量表現著一種必然的、商品形成過程內在的同社會勞動時間的關係。隨著價值量轉化為價格，這種必然的關係就表現為商品同它之外存在的貨幣商品的交換比例。」[10]120 這也暗示，交換價值進一步受貨幣因素的影響。至此，也為價格與價值之間的不一致提供了可能性。

價格作為商品價值的貨幣表現形式並不妨礙體現商品生產者之間的利益關係，只要各種商品之間的比價關係與商品生產者依據其在生產中所付出的社會必要勞動所形成的利益關係一致，商品交換就符合「等價」原則，從而使各個商品生產者的利益得以實現，維護了商品經濟關係，有利於商品經濟的發展；當然，價格與價值的不一致，也會引起另一種可能，那就是使商品比價關係與原本的商品價值關係相違背而發生價格扭曲，即商品交換扭曲了社會利益關係，使一部分生產者的利益受損，自然破壞了商品經濟秩序，阻礙社會再生產過程。

這裡須注意，貨幣的出現，因為割裂了買賣在時空上的同一性，也就打破了「供給能夠創造自身需求」的薩伊定律，這為價值生產與價值實現之間的矛盾創造了可能性。

(三) 價值關係矛盾運動的歷史演進

1. 小商品生產過程中的價值生產與價值實現基本一致

手工勞動基礎上的簡單商品經濟中，小商品生產者同時擁有創造財富的兩個要素，生產資料和勞動力，生產者為了滿足自己的生活、生產需要而從事商品生產和交換。因此，只要按照商品價值進行等價交換，便能夠實現簡單商品經濟條件下商品生產者之間的利益關係，推動小商品生產的發展。

受生產力水準制約，基於社會分工而形成的生產、分配、交換和消費關係無論從地域範圍還是人口規模上都很有限，貨幣僅僅發揮的是交易媒介的作用。因此，儘管商品經濟內涵價值生產與價值實現之間矛盾的可能性，但是，「這些形式包含著危機的可能性，但僅僅是可能性。這種可能性要發展為現實，必須有整整一系列的關係，從簡單商品流通的觀點來看，這些關係還根本不存在。」[10]133

2. 資本主義社會再生產中價值生產與實現的矛盾演進為剩餘價值生產與實現的矛盾

資本主義生產方式，是建立在大機器工業基礎之上的，生產資料歸資本家所有，資本雇傭勞動進行商品生產。因此，資本主義生產首先具有商品生產的共性：其生產目的並不是使用價值而是價值，但是在商品生產基礎上更進一步納入了資本化生產的性質——實現資本價值的增值：生產剩餘價值並實現剩餘價值。

與小商品經濟不同，資本主義經濟中，生產資料所有權被資產階級所壟斷，生產資料與勞動者之間的分離，導致人們的經濟利益不僅來自勞動付出，也來自生產資料的所有權，資本家憑藉其生產資料所有權而獲得價值，馬克思稱之為商品所有權規律轉化為資本主義佔有規律；等價交換原則，演進為按照生產要素所有權進行價值分配，後者是實現資本主義社會利益關係，維持資本主義社會再生產的必要規則。

馬克思強調，商品經濟中的價值是「活勞動」創造的，生產資料作為物化勞動，並不具有創造價值的能力，其價值只能被「活勞動」轉移到商品中，並沒有實現價值增殖。因此，被資本家憑藉資本所有權所佔有的資本價值增殖部分，即剩餘價值，是資本家對工人勞動的剝削。因此，以生產資料所有權的壟斷為核心形成的資本主義生產，就將簡單商品經濟中價值生產與價值實現的潛在矛盾，轉化為剩餘價值生產與實現的矛盾。

資本主義為上述矛盾由可能性升級為現實性創造了充足的條件，除了在貨幣支付手段職能基礎上發展起來的資本主義信用能夠使買和賣在時空上完全相互脫離之外，資本主義生產自身的邏輯更使這種矛盾的爆發不可避免：資本化的生產天生是為追求貨幣利潤，因此資本主義企業必須始終要在競爭中保持優勢，一方面進行資本累積擴大生產規模，還要不斷進行技術創新，使自己生產的商品的個別價值低於社會價值，由此在市場交換中獲得超額利潤。結果是在促進生產力水準發展的同時，引起資本有機構成不斷提高：一方面資本規模日益增大，另一方面可變資本相對減少，導致剩餘價值的生產相對收縮，利潤率趨於下降；一方面商品生產能力和產品規模越來越大，另一方面收入日益集中在少數資本家手中，導致社會消費能力相對減少，剩餘價值實現面臨困難。

剩餘價值生產與實現的困難，映射為社會利益關係實現的困難：過剩和失業引起資產階級和工人階級雙重利益受損。面對這個困境，資本主義歷史上不斷地進行著社會利益結構的調整，表現為管制資本主義和自由市場資本主義交替，全球化與逆全球化交替，從自由競爭到私人壟斷、國家壟斷，再到國際金融壟斷，直至當代資本主義經濟的金融化，都是圍繞著剩餘價值生產與實現之間的矛盾而進行的資本主義生產關係的自我調整——通過重構社會利益結構維持社會生產的動力，以保障社會再生產的持續進行。

總之，資本主義生產是以資本雇傭勞動的社會方式展開的商品生產，資本又分為生產資本、商業資本、金融資本以及土地資本、技術資本等，各個資本之間力量對比錯綜複雜；以資本為中心的社會再生產過程形成了資本主義全球分工體系，構造了全球產業鏈和價值鏈；信用循環深度介入社會再生產過程。因此，當代資本主義是在國際範圍內進行剩餘價值的生產與實現的，在國際化的資本主義利益結構中，以實現美國為首的國際壟斷資本的貨幣利潤為核心，發達資本主義國家對發展中國家進行剩餘價值掠奪，各個國家內部資產階級對無產階級進行剩餘價值的剝削；無論是國際還是國內的利益關係，都通過國際產業鏈和價值鏈，依賴於資本化的價值生產和價值實現過程而得以體現；剩餘價值生產與實現的矛盾，不斷推動國際化的資本主義利益結構的調整，維護以國際壟斷資本為中心的生產關係的可持續性。

四、「供給側結構性改革」是中國特色社會主義市場經濟中價值關係矛盾運動的客觀要求

（一）中國特色社會主義市場經濟中的利益關係屬於商品價值關係演進的歷史範疇

社會利益關係的源頭是生產關係，現代化社會生產過程形成的生產關係，除了最根本的生產資料所有制結構之外，還包括企業之間、勞動之間、勞資之間、政府與市場之間、金融與實體經濟之間，以及國家在全球化的社會再生產過程中相互博弈所形成的經濟關係及利益分配結構，是一個隨生產力發展而演進的動態社會體系。無論當代在資本主義國家還是社會主義國家，生產關係都由上述關係集合構成。

中國社會主義初級階段的社會利益關係，既攜帶著人類社會生產演進的歷史沉澱，又深受當代世界資本主義經濟關係的直接影響，更是中國特色社會主義市場經濟中生產關係的集中體現。

首先，中國特色社會主義市場經濟中社會利益關係的核心仍然是價值生產和價值實現。社會主義市場經濟進行的是以工業化為基礎的商品生產，社會經濟關係主要通過商品貨幣關係來實現，圍繞價值生產和價值實現來展開。其次，中國特色社會主義實行的是公有制為主體多種所有制並存的經濟制度，因此，非公有制的社會經濟關係必然借助剩餘價值的生產和實現而體現。再次，中國特色市場經濟的發展目標是「以人民為中心」，國民經濟建設的最終目標是滿足廣大人民群眾對美好生活的需要，追求「共同富裕」的社會主義理想。所以，公有制經濟和各級政府在市場經濟中發揮著特殊的、克服私有制及市場經濟固有矛盾的作用。最後，中國經濟是對外開放的，已經融入全球分工體系之中，中國的國民生產活動屬於全球產業鏈和價值鏈的一部分，而全球經濟是國際壟斷資本主導的，因此中國市場經濟發展深受國際壟斷資本主義利益關係掣肘，並且隨著對外開放的深入，中國經濟越來越受到國際價值規律的影響。

（二）結構失衡造成價值生產與價值實現的困難

在中國改革開放的歷史進程中，既有生產力的發展，也有生產關係的變革，四十年來的總趨勢是相互促進不斷發展的。而這種良性關係是在每個階段生產力與生產關係之間的矛盾推動下實現的。

1. 市場化改革過程中中國內部不均衡發展的累積及內需不足

市場機制有利於佔有優勢資源者在競爭中獲取更高的利潤或者收入，但是市場的弊端在於難以實現公平。

隨著中國社會主義初級階段市場經濟的發展，非公有制經濟迅速發展壯大，其中民

營企業和外商獨資及合資企業已經占據中國經濟的半壁江山。這些非公有制企業的經營是以獲取剩餘價值為目的的，受資本主義佔有規律作用，它們在帶動經濟發展的同時，必然拉大收入分配差距；中國在醫療、教育、住房等具有公共品及半公共品屬性的領域推動的市場化改革，使相應的生活必需品由過去的社會福利供給範圍被納入資本追逐剩餘價值的範圍，客觀上推動了資本對勞動的剝奪；中國東、中、西部之間自然條件差異巨大，在不斷強化市場競爭機制的發展過程中，受比較優勢規則作用，這種自然稟賦的地理分佈差別逐漸引起區域發展失衡。根據最新公開數據，中國經濟最發達省市的人均GDP是最落後省（市）的4倍多；農村聯產承包責任制因為保障並實現了農戶家庭的勞動收入，激發了農民的生產積極性，因而在改革的早期顯著地促進了中國農業生產力的發展。但是，近年來，農村土地制度的局限日益突出，這是造成農業發展緩慢，農民收入增長不足，農村經濟期待振興的重要原因。中國原本存在的農業發展和工業發展之間的不平衡，隨著工業化和城市化進程的推進而不斷拉大，城鄉之間的失衡由此加劇：傳統農業生產效率低，農產品的市場接受度越來越低，因而農業勞動的價值生產處於低水準，農產品價值實現困難，農業生產低收益反過來引起農業投資不足，導致農業基礎設施落後，農產品結構老化，大多停留在解決溫飽的低質量水準上，難以滿足高質量生活的需求，由此陷入農產品市場價格低，農業勞動附加值低，農民收入難以提高，農村青壯年勞動力到外出務工，農村經濟累積乏力的惡性循環。

此外，中國是通過對過去的計劃體制實行「漸進式」改革的路徑建立社會主義市場經濟體制的，在市場化的歷史進程中，改革措施在各個領域的引入並不是「齊頭並進」的，這導致市場競爭機制在不同部門和領域的作用不平衡而引起利益關係失衡。比如，產品生產領域比要素生產領域更早被引入市場機制，引發憑藉資源行政性壟斷的市場尋租行為，由此形成既得利益集團；在市場化改革大潮推動下，幾億農民離開土地進城打工，為城市工業發展和城市建設做出巨大貢獻。但是，中國改革之後很長時期仍然沿用的計劃經濟時期城鄉分割的戶籍制度，拒進城務工人員於城市公共品之外，損害了其合法權益，置「農民工」於農村回不去城市留不下的尷尬困境之中，農民難以轉化成為市民，既阻礙了城市化進程，也造成了不公平；城市養老保險改革過程中社會統籌滯後，使企事業單位退休人員之間養老金產生巨大差距；金融領域的市場化進程滯後於實體經濟，銀行等金融機構憑藉金融資源壟斷迴避市場競爭，獲取高額利潤，一度出現宏觀經濟不景氣條件下銀行業從業人員收入居高不下的非正常現象，這也是金融行業對實體經濟利潤的不公平佔有，不利於實體經濟的發展。

上述與市場化改革與發展密切聯繫的產業、區域及城鄉之間的發展不平衡，最終導致參與社會再生產過程的各個社會群體之間在利益分配上的不公平日益累積，集中體現在社會收入分配差距拉大趨勢上。根據國家統計局及世界銀行公布的數據，中國的基尼系數從改革開放之初的0.3以下，持續上升，到2000年後一度超過0.47，2010年之後有所回落，目前仍然徘徊在0.46以上。

第二十五章　值　矛盾　中的供　性改革

　　總體而言，雖然中國的綜合經濟實力已經位居世界第二，人均收入達到中等偏上水準，但是內部不平衡發展的趨勢日益明顯，進而引起社會各集團之間在價值佔有上的分化加劇。這種社會利益關係的失衡，一方面嚴重制約了社會需求能力的提升，造成了價值實現的困難，給社會再生產過程的順利進行形成障礙；另一方面打擊了利益分配弱勢群體參與社會生產的積極性，導致生產關係再生產的困難，對生產力產生制約。所以，無論從需求還是供給的角度，都會阻礙價值創造及資本累積，弱化了社會生產動力。

　　2. 全球化進程中產業鏈與價值鏈的國際分工與中國經濟增長動力失衡

　　20世紀80年代前後，在總結新中國成立後的前30年計劃經濟建設的經驗教訓基礎之上，為了擺脫落後的生產力水準，緩解資本短缺、解決技術落後的問題，中國在進行市場化改革的同時推行對外開放，積極融入世界分工體系。實踐證明，對外開放與市場化一樣，是助推中國經濟邁上高速發展軌道的重要因素。

　　但是同時，中國改革開放的歷史進程，與美國主導的新一輪資本主義全球化同步。通過引進外資，加入世界貿易組織等，中國承接了發達資本主義國家向外轉移的製造業，中國憑藉勞動力及原材料等比較優勢而成長為「世界工廠」，源源不斷地將低成本的工業品輸出到全世界，主要銷往購買力最強大的美國等發達資本主義市場。中國製造業成長為全球產業鏈的重要一環，並容納了大量就業，出口製造業成為中國經濟增長最重要的動力。但是，製造業從美國等發達國家向外轉移，是國際壟斷資本累積的內在要求，以維護並加強其跨國公司的高額壟斷利潤為目標。為此，在全球化進程中，資本主義跨國公司始終牢牢地將核心技術掌握在自己手中，它們控制設計、品牌、服務等產業鏈的高端，利用技術壟斷，不僅在全世界市場賺取壟斷利潤，而且憑藉技術壟斷聯盟，對主要由發展中國家參與的中低端環節進行討價還價，加大對發展中國家勞動人民創造的剩餘價值的剝削；進而，跨國公司利用從全球攫取的高額壟斷利潤，加強技術研發與創新，強化其技術壟斷能力；更值得注意的是，佔有全球絕對技術優勢的美、英、日、德等發達資本主義國家，對於維護自己的技術壟斷地位越來越顯示出國家政策意圖，從20世紀80年代左右開始，技術領先的發達國家開始放鬆對技術壟斷的管制，並拋出知識產權保護等工具，這是中國試圖在對外開放中「以市場換技術」戰略失敗的重要原因。

　　發達國家與發展中國家這種在技術資源占據上的不均衡，在國際貿易等價交換規則的作用下，形成了極不平衡的全球價值鏈分工格局：中國等發展中國家的投資及生產主要以消耗廉價能源、原材料及勞動力謀求利潤，發達國家的投資及生產憑藉技術壟斷占優，前者帶動大量從事低端產品加工的勞動，其所創造的國際價值遠遠低於發達國家從事高端產業的勞動創造的國際價值。結果必然是：發展中國家以巨大的資源、環境和勞動為代價，在全球價值鏈中僅僅獲得很小部分利潤和低廉的工資，而國際壟斷資本則從全世界勞動者創造的剩餘價值中牟利，獲取超額壟斷利潤，發達國家的高層技術人員及管理人員獲得豐厚工資報酬，而中下層勞動者往往淪為失業者。中美之間貿易不平衡的

累積正是這種國際經濟結構失衡的集中反應。

由此可見，國際壟斷資本追求超額剩餘價值的邏輯，構成中國作為後發國家在較長時期內難以突破技術瓶頸，陷入提升產業等級困境的客觀原因，這同時也使中國處在國際價值生產與分配的劣勢地位：依靠外需的發展模式雖然提高了國內就業和投資，但是強化了以資源和環境為代價的粗放型產業的發展，這種國際價值鏈低端的處境，加上日益加劇的國際競爭及更低成本國際勞動力的加入，使中國勞動密集型出口產業幾乎難以在提高工人收入方面有所作為，也越來越無助於化解內部需求不足的矛盾，不利於經濟可持續發展。

此外，美國等發達資本主義國家經濟金融化趨勢日益明顯，這對新興市場經濟國家的金融改革產生了不可忽視的暗示和影響。中國在出口導向型經濟發展中，形成了人民幣基礎貨幣與美元掛勾的發行機制，也就是外部需求帶動的價值生產成為中國貨幣的發行基礎，人民幣作為價值符號在國內流通，而作為價值載體的使用價值即物質財富卻在國外流通，導致隨著貿易順差的累積，出口越多，國內貨幣超發越嚴重，這一後果構成通貨膨脹及信用過度供給的基礎，不僅增加了金融投機引發金融風險的可能性，也為資源錯配及經濟結構扭曲埋下伏筆。

3. 世界資本主義經濟的週期性危機與中國不平衡矛盾的激化

2008年爆發了美國金融危機，給世界經濟帶來的陰影延續至今。資本主義經濟週期不僅引起了中國的短期經濟波動，更使中國不得不直面長期累積起來的經濟結構矛盾及增長模式問題對可持續發展帶來的制約。

美國金融危機使中國出口需求迅速減少，為了抵禦外部經濟波動的衝擊，中國政府出抬了「4萬億」財政擴張政策，這種需求管理措施，短期內發揮了穩定經濟、保持就業的作用，但是，信用膨脹的併發症最終導致2011—2012年爆發顯著的通貨膨脹，並使本該淘汰的低效率產能得以保全，甚至在政府投資的帶動下，鼓勵了水泥、鋼材、電解鋁及光伏等能源及原材料領域的盲目投資；同時，超寬鬆信用供給刺激了市場投機及資產泡沫，由此合力對產能過剩及產業結構失衡起了推波助瀾的作用。

金融危機及其之後世界經濟的低迷宣告了中國出口導向的經濟發展動力加速衰減，源於內部失衡的內需乏力短時期內難以扭轉，這構成中國經濟進入「新常態」的基礎；以美國為首的發達資本主義國家為了擺脫自身的經濟困境，實施利用經濟和金融霸權轉嫁累積矛盾的策略，這是美國進行製造業迴歸戰略、稅收大戰……直至2018年伊始即主要針對中國發起「貿易戰」的經濟根據。總之，金融危機暴露並激化了世界性的失衡和中國內部的失衡，二者相互影響。

（三）供給側改革的著力點在於促進價值生產和價值實現

由於商品價值關係仍然是社會主義市場經濟中社會利益關係的歷史形態，社會利益關係本質上又體現的是生產關係，因此，旨在促進生產力發展的供給側改革，就是通過

第二十五章　值　矛盾　中的供　性改革

調整生產關係，使各個集團在參與社會生產的過程中獲得最大利益激勵，從而推動物質資料的再生產和生產關係的再生產。換句話說，供給側改革就是改善經濟結構，理順社會利益關係，既促進生產力發展，又使生產力發展貼合廣大人民對美好生活的需求，使二者之間相得益彰。實現上述良性循環，關鍵在於提高價值生產水準、提升價值實現能力。

第一，價值生產與勞動生產率。首先，企業是社會生產的基本單位，企業的生產目的是獲取貨幣利潤，如果無法保證正常利潤，不僅企業面臨破產，參與企業生產經營活動的投資者、管理者、工人甚至供應商、經銷商等也就無從獲得相應的經濟利益。在激烈的市場競爭中，企業要保持長期穩定的利潤，必須依靠技術創新不斷提高勞動生產效率，才能在價值生產上搶得先機——使自己生產的商品的個別價值低於社會價值，即實現技術創新的企業能夠用較少的勞動時間生產同樣多的價值，企業由此可以獲得超額剩餘價值；創新能力強的企業不僅在價格競爭上占據優勢，而且功能創新的產品具有更高的交換價值，所以企業技術創新本身就能創造需求，擴大市場份額，同樣為企業獲得利潤甚至超額利潤奠定基礎；個別創新成果在整個部門普及之後，全社會勞動生產率普遍提高，雖然隨著個別價值與社會價值之間差別的消失，完成創新的企業將會失去超額剩餘價值，但是，這種勞動生產率的進步降低了勞動力價值，企業獲得相對剩餘價值的空間擴大。總之，技術創新始終是企業利潤最大化目標的有力保障。

中國目前的產能過剩，反應了企業生產的產品在質量和品種方面跟不上不斷升級的市場需求，造成中低端產品和服務過剩而高端產品和服務在產量和價格上都無法滿足市場需求。首先，近年來，中國人的海外購物狂潮及代購熱就充分說明了國內需求潛力無法通過國內生產得到釋放；其次，產業結構滯後於較高收入水準下人民消費升級的需要，適應於較低層次消費結構的傳統產業過剩而提供新產品和新服務的新興產業發展不足，實質上是社會勞動的分配比例已經與生產力發展水準不適應了。無論是產能產量過剩還是產業結構滯後，都使參與生產的勞動付出不被社會認可而淪為無效價值生產，不僅造成資源浪費、設備閒置，也導致產品無法取得交換價值，企業投資不帶來利潤，員工勞動得不到工資補償，這種價值生產的困難無疑會阻礙社會再生產過程。

因此，從價值生產著力的供給側改革，一是政府加強對基礎科研的投入和組織，提升國家的整體科技發展水準，夯實國民創新基礎，同時創造條件為企業減費降稅，減少各個環節的生產營運成本，推動企業增加創新研發投入，通過提高產品的技術含量、推動勞動生產率來提升產品價值；二是採取各項措施，引導、推動產業升級，將資源從低價值商品生產部門配置到高價值商品生產部門，減少社會總勞動的浪費；三是通過「一帶一路」倡議等，加強產能的國際合作，為現有的產品和產業開拓海外市場，使中國的產能和產品造福於更多國家和人群，同時也為國內產品開拓了獲取交換價值的空間以上三方面措施，都是從外延和內涵兩個方面促進整個社會的價值生產水準。

第二，價值實現與收入分配、基礎設施建設。商品生產的目的是實現價值，而價值

實現與社會分配結構密切相關,「『社會需要』,也就是說,調節需求原則的東西,本質上是由不同階級的相互關係和它們各自的經濟地位決定的,因而也就是,第一是由全部剩餘價值和工資的比率決定的,第二是由剩餘價值所分成的不同部分(利潤、利息、地租、賦稅,等等)的比率決定的。這裡再一次表明,在供求關係借以發生的基礎得到說明以前,供求關係絕對不能說明什麼問題。」[11]203 如果一個社會的收入分配差距拉大,就會削弱其社會購買能力,從而降低價值實現能力。

隨著改革開放的深入推進,中國社會收入分配差距逐漸擴大,再加上住房、醫療和教育等市場化改革,更是壓抑了廣大人民群眾的消費能力,這是造成中國內需不足的重要原因。所以,供給側改革必須在促進價值實現方面有所作為,通過工資、稅收、社會保障制度包括精準扶貧等措施,縮小收入分配差距,抑制貧富分化,提高和穩定中低收入者的收入水準,通過調整社會收入分配提高社會消費能力,促進市場的價值實現力。縮小收入分配差距也是實現社會主義「共同富裕」目標的必由之路。

除此而外,交換過程是價值實現的重要環節。交易成本直接影響交易效率,而交通運輸、互聯網信息技術平臺以及法律法規,包括政府審批程序等公共品的供給都直接影響一個經濟體的交易效率。中國在過去幾十年的改革開放中,累積了豐富的政府投資主導基礎設施建設的經驗,在新常態下,政府投資對於提高流通渠道和交易平臺等硬件供給質量和水準仍然具有不可替代的作用;而軟件方面,不光需要法律法規的跟進,更是對政府轉換職能、提高社會服務質量和效率提出了更高的要求。

第三,價值關係與生產關係、社會再生產過程。受金融化作用,信用貨幣所「構造」的價值關係日益脫離生產關係,使社會利益分配相對生產關係發生扭曲。長期累積起來的貿易順差使中國基礎貨幣超發,2008 年美國金融危機刺激下,中國信用供給加速擴張。與勞動生產所創造的真實社會購買能力不同,信用貨幣只代表一定的價值交換權力。這種權力一方面缺乏價值實體,屬於虛擬價值;另一方面,在現代信用發行的槓桿機制作用下,它更容易被掌握在具有信息及資源優勢的金融機構或者具有優勢地位的大中型企業手中。在預期回報率不理想的投資環境下,這些銀行及企業更加偏好於利用手中掌握的價值交換權力進行投機牟利。隨著信用手段源源進入樓市、股市,資產泡沫隨之而起,投機者通過轉移社會財富的手段達到自身盈利的目的,卻犧牲了社會收入分配的公平性,擾亂了社會利益關係,使後者不再是生產關係的映射,也就是生產關係的再生產發生了障礙。

而且,價值關係的扭曲還違背了社會再生產的運動規律:「一定的生產決定一定的消費、分配、交換和這些不同要素相互間的一定關係。當然,生產就其單方面形式來說也決定於其他要素」[12]17「生產出消費的對象,消費的方式,消費的動力」[12]10「分配本身是生產的產物,不僅就對象說是如此,而且就形式說也是如此。就對象說,能分配的只是生產的成果,就形式說,參與生產的一定方式決定分配的特殊形式,決定參與分配的形式」[12]13「交換就其一切要素來說,或者是直接包含在生產之中,或者是由生產

第二十五章 值 矛盾 中的供 性改革

決定」[12]17。顯然，馬克思、恩格斯強調在社會再生產過程中，生產是第一性的，生產決定分配、交換和消費。但是信用投機卻使需求反過來「決定」生產——當信用機制不顧生產過程「虛構」價值交換能力，扭曲價值分配關係，進而利用這些衍生的交換能力和分配關係對生產過程發生「重塑」，導致生產結構及生產能力與生產力發展水準所決定的社會消費結構及消費能力相脫離，生產結構的扭曲加劇，產能過剩矛盾趨於惡化，最終引起無效價值生產並增加了價值實現的障礙；更為嚴重的是，由於信用創造的自我強化機制，在監管疏漏的情況下，債權債務嵌套疊加，槓桿率隨之不斷攀升，最終債權債務關係的增長速度大大超過實體經濟增長的潛力，信用貨幣代表的價值交換權力如同倒立的三角體那樣由下向上迅速繁殖，金融泡沫的膨脹與金融風險同步累積。

所以，防控金融風險，降低槓桿率，就是從源頭上抑制信用供給可能引起社會利益關係相對社會生產關係的扭曲，防止價值關係違背社會再生產秩序甚至誤導社會生產。

第四，價格形成機制與生態環境。企業生產目的與社會利益存在著衝突，企業是為了獲得盡可能多的貨幣利潤而進行生產經營活動的，貨幣利潤是憑藉資本所有權而佔有的剩餘價值的一部分，所以企業目標的實現離不開價值生產與價值實現過程，體現在其所生產的產品或者服務的交換價值之中。作為商品的交換價值，價格形成的基礎是勞動價值實體，同時受利潤率平均化、供求關係等因素的制約，顯然，商品價格形成機制排除了企業從事商品生產活動對他人或社會帶來的損益這一因素，企業生產活動的外部性便由此而來。

市場使企業獲取利潤卻並不承擔污染環境破壞生態的成本，後者轉化為社會公眾為了預防和應對污染而購買相關產品和服務的價格，還包括健康狀況及生活質量下降等無法以價格計量的福利損失。因此，市場鼓勵了高耗能高污染的低質量生產的擴張，導致了生態環境的急遽惡化，這不僅是資本主義工業化所經歷的歷史，也是中國過去幾十年市場經濟發展的真實寫照。

解決生態環境與經濟發展之間的矛盾是供給側改革的重要內容，摒棄市場失靈，發展低碳經濟必須依靠政府。一方面通過政府對生產行為的強有力監管，推動城市工業節能減排，規範化肥農藥使用標準，促使將污染代價納入生產成本，並體現在商品價格中；另一方面，發揮政府制定產業政策的職能，加強區域經濟發展的科學規劃，並在招商引資過程中杜絕高污染產業落地，避免重蹈邊污染邊治理的老路，推動高質量產業的發展，引導培育生態農業，促進農業產業的綠色升級，這樣才能既維持了經濟的可持續發展，又顧及子孫後代的福祉。

總之，供給側改革，就是基於生產力與生產關係之間的相互作用，致力於價值生產和價值實現，從調整生產關係出發，既尊重商品經濟的價值運動規律，又發揮社會主義公有制及政府的作用，維護社會生產參與各方的經濟利益，充分調動社會生產的積極性，解放生產力發展生產力，推動社會生產朝著「以人民為中心」的方向平穩發展。

本章參考文獻：

［1］賈康，蘇京春.「五維一體化」供給理論與新供給經濟學包容性邊界［J］.財經問題研究，2014（11）：3-10.

［2］賈康，蘇京春.探析「供給側」經濟學派所經歷的兩輪「否定之否定」：對「供給側」學派的評價、學理啟示及立足於中國的研討展望［J］.財政研究，2014（8）：2-16.

［3］肖林.新供給經濟學：供給側結構性改革與持續增長［M］.上海：格致出版社，上海人民出版社，2016.

［4］滕泰，劉哲.供給側改革的經濟學邏輯——新供給主義經濟學的理論探索［J］.蘭州大學學報（社會科學版），2018（1）：1-12.

［5］任保平.馬克思主義政治經濟學分工理論及其對供給側改革的解釋［J］.政治經濟學報，2018（6）：41-51.

［6］李松齡.供給側改革的價值論依據與制度保障［J］.山東社會科學，2018（1）：118.-125

［7］白暴力，王勝利.供給側改革的理論和制度基礎與創新［J］.中國社會科學院研究生院學報，2017（2）：49-59.

［8］張俊山.用馬克思再生產理論指導中國的「供給側結構性改革」［J］.當代經濟研究，2017（7）：29-35.

［9］魏旭.「供給側結構性改革」的馬克思主義經濟學理論基礎與路徑選擇［J］.社會科學戰線.2018（4）：頁碼不詳.

［10］馬克思.資本論：第1卷［M］.北京：人民出版社，1974.

［11］馬克思.資本論：第3卷［M］.北京：人民出版社，1974.

［12］馬克思，恩格斯.馬克思恩格斯選集：第2卷［M］.北京：人民出版社，1995.

第二十六章　中國經濟增長驅動因素識別研究[①]
——基於馬克思擴大再生產理論的視閾

一、引言

　　經濟增長的動力問題一直是經濟學領域長期關注的重要課題。新中國成立以來，特別是改革開放之後，中國的經濟發展創造了舉世矚目的「增長奇跡」。然而，伴隨著2008年國際金融危機的持續衝擊，中國經濟增速總體呈現出了持續下滑的態勢，增長路徑也開始逐漸向L形轉變[②]。目前，黨的十九大報告明確指出：「中國經濟已由高速增長階段轉向高質量發展階段，正處在轉變發展方式、優化經濟結構、轉換增長動力的攻關期。」那麼，要想正確認識經濟增速的下降並盡快找到新的增長動能，就必須明確引起這一系列經濟增長變化的內在根源。

　　現有代表性研究主要是基於西方經濟學和政治經濟學兩個視角展開的。西方經濟學對中國經濟增長的解釋大多聚焦在以下幾個方面：一是人口紅利的影響。有學者認為人口結構的變化，特別是生育率下降對青年依賴性降低的貢獻，助推了中國的經濟增長[③]，人口紅利是改革開放以來中國經濟高速增長的重要動力[④]。二是人力資本累積和技術進步的影響。總體來看，儘管中國人力資本累積並不充足[⑤]，但對改革開放後以及

[①] 本章選自：徐志向，丁任重. 中國經濟增長驅動因素識別研究——基於馬克思擴大再生產理論的視閾[J]. 政治經濟學評論，2020，11（2）：67-93.

[②] PATRICK HIGGINS, TAO ZHA, WENNA ZHONG. Forecasting China's economic growth and inflation [J]. China Economic Review, 2016 (41): 46-61.

[③] ZHENG WEI, RUI HAO. Demographic structure and economic growth: Evidence from China [J]. Journal of Comparative Economics, 2010, 38 (4): 472-491.

[④] 王立勝，孫澤瑋. 從人口紅利到結構紅利：70年經濟奇跡的社會主義背景[J]. 馬克思主義與現實，2019（4）：8-13.

[⑤] KUI-WAI LI, TUNG LIU. Economic and productivity growth decomposition: An application to post-reform China [J]. Economic Modelling, 2010, 28 (1): 366-373.

未來中國經濟增長具有重要推動作用①。此外，也有研究發現雖然人力資本投入可以促進經濟增長，但技術創新投入則可能阻礙經濟增長②。而且在市場條件下，後發國家的占優決策為優先做好產業升級，而不是創新驅動③。對此，也有學者認為，當前在短期內投資已經不會對經濟增長形成有效拉動作用的條件下，技術驅動應將成為經濟增長的主要原動力④。三是供需變化的影響。現有研究表明，改革開放以後中國經濟發展經歷了供給總量單因素驅動、供給總量和需求總量雙因素驅動、總需求成為經濟增長關鍵影響因素三個階段⑤。也就是說，新常態下經濟增速的下滑主要是以供給方面因素的影響為主⑥。因此，供給側結構性改革將是新時代推動中國經濟發展的主線和著力點⑦。四是可能影響經濟增長的其他因素。諸如收入不平等、金融市場的發展和產權意識的增強、要素稟賦差異、宗教信仰、財政分權、城鎮化、社會保障水準以及經濟體制的變遷，等等。

相對於西方經濟學而言，解釋中國經濟增長的政治經濟學文獻則略顯不足。劉國光教授早在1962年對《資本論》第二卷第三篇中馬克思所列舉的擴大再生產的第一個數例進一步展開研究發現，社會產品生產的淨增速度與生產資料累積的相對潛力呈正比，與累積基金的占用系數呈反比，從而為解釋中國當時的經濟發展提供了有力參考⑧。此外，郭克莎和楊闊基於政治經濟學的研究視角認為改革開放以來中國經濟的高速增長主要源於需求擴張的拉動作用⑨。王藝明和劉一鳴通過對馬克思兩大部類經濟增長模型進行拓展研究認為，一般情況下，以生產價格表示的資本有機構成越高的部類，其產出增長率也就越高⑩。李幫喜等則利用剩餘產品生產和再生產結構兩個範疇構建了一個理解

---

① 程名望，賈曉佳，仇煥廣. 中國經濟增長（1978—2015）：靈感還是汗水？[J]. 經濟研究，2019，54（7）：30-46.

② SUN DONGQI, LU DADAO, LI YU, et al. Energy Abundance and China's. Economic Growth：2000—2014 [J]. Chinese Geographical Science，2017，27（5）：673-683.

③ 李靜，楠玉. 人力資本錯配下的決策：優先創新驅動還是優先產業升級？[J]. 經濟研究，2019，54（8）：152-166.

④ 劉金全，劉子玉. 中國經濟新常態下的經濟週期更迭與驅動因素轉換研究——兼論新週期的形成與識別[J]. 經濟學家，2019（5）：35-46.

⑤ 劉金全，曲國俊，馬昕田. 中國經濟增長的供需總量驅動特徵與階段性分析[J]. 經濟縱橫，2011（3）：44-47.

⑥ 林建浩，王美今. 新常態下經濟波動的強度與驅動因素識別研究[J]. 經濟研究，2016，51（5）：27-40.

⑦ 洪銀興. 改革開放以來發展理念和相應的經濟發展理論的演進——兼論高質量發展的理論淵源[J]. 經濟學動態，2019（8）：10-20.

⑧ 劉國光. 關於社會主義再生產比例和速度的數量關係的初步探討[J]. 經濟研究，1962（4）：16-31.

⑨ 郭克莎，楊闊. 長期經濟增長的需求因素制約——政治經濟學視角的增長理論與實踐分析[J]. 經濟研究，2017，52（10）：4-20.

⑩ 王藝明，劉一鳴. 馬克思主義兩大部類經濟增長模型的理論與實證研究[J]. 經濟研究，2018，53（9）：37-51.

第二十六章 中　增　因素　研究

經濟增長的一般理論框架,並結合中國經濟增長的經驗事實進行對比指出,持續的資本使用—勞動節約型技術進步使得潛在增長率存在著長期下降趨勢[①]。楊仁發和李娜娜從馬克思主義政治經濟學的視角對中國產業結構變遷與經濟增長之間的關係做了系統研究並認為,產業結構變遷對數量型增長和質量型增長均表現出先降低後上升的作用過程,且隨著產業結構變遷度的提高,對質量型增長的促進作用也將穩步提升[②]。

總之,現有文獻雖然已經對中國經濟增長的內在動因做了比較充分的實證研究,極大豐富了人們對於影響中國經濟增長具體因素的認識,但是,仍然存在著進一步完善的空間。一方面,大量研究只是基於可獲得數據所進行的針對性實證考察,不利於增強結論的說服力。而從理論機理上,特別是馬克思擴大再生產理論方面對中國經濟增長進行深入探討的文章則相對較少;另一方面,現有關於馬克思擴大再生產理論的研究既缺乏必要的數理性推導,同時大部分推導過程又局限於種種假設條件的限制,從而影響了結論的一般性。

因此,本章將嘗試在以下三個方面做出貢獻:一是在馬克思擴大再生產理論的基礎上,放寬馬克思對所有可能影響經濟增長率因素的數據假定,從一般意義上對擴大再生產和經濟增長的內在規定進行模型推演;二是將馬克思的「兩大部類」劃分拓展為「四個部類」,並基於四部類劃分對馬克思擴大再生產理論的模型進行推演與分析;三是結合中國經濟增長的經驗事實與階段特徵,為新時期中國經濟增長驅動因素的識別提供一定的參考。

二、馬克思擴大再生產理論的模型推演與分析

(一) 基於兩部類劃分的馬克思擴大再生產理論的模型推演與分析

從《資本論》中可以看出,馬克思在研究累積和擴大再生產時並未給出一個一般性的理論模型,而是從兩個具體實例出發,描繪了社會資本擴大再生產的前提條件、交換要點以及實現條件。其中,第一例的開端公式是 $I(V+M) > II(C)$,且 $I\left(V+\dfrac{1}{2}M\right) = II(C)$ 的情形;第二例的開端公式則是 $I\left(V+\dfrac{1}{2}M\right) > II(C)$ 的情形[③]。事實上,第二例的開端屬於第一例的開端在進行了1期擴大再生產以後的情形。在此,儘管馬克思已經對社會擴大再生產和經濟增長的內在規律和特徵進行了深刻描繪和科學

[①] 李幫喜,趙奕菡,馮志軒. 新中國70年的經濟增長:趨勢、週期及結構性特徵 [J]. 管理世界,2019,35 (9):16-29.

[②] 楊仁發,李娜娜. 產業結構變遷與中國經濟增長——基於馬克思主義政治經濟學視角的分析 [J]. 經濟學家,2019 (8):27-38.

[③] 馬克思在此假定:「第 I 部類的累積率 $=\dfrac{1}{2}$ I,並且每年保持不變」。

闡釋，但始終沒有從模型上給出一個系統的概括。所以，下文的主要任務就是基於馬克思的擴大再生產理論，並放寬馬克思對於所有可能影響經濟增長率因素的數據假定，對一般意義上的擴大再生產和經濟增長率的規定進行模型推演。

研究之前有必要做出如下一般性假設：①某經濟體在第1期（初期）的社會總產品價值為 Y，且第 I 部類占比為 λ，第 II 部類則為 $1-\lambda$。其中，第 I 部類總產品 $Y_I = \lambda Y$，第 II 部類總產品為 $Y_{II} = (1-\lambda)Y$；②兩個部類的資本有機構成（不變資本與可變資本的比例）$C_i/V_i = \partial_i$（$i = I, II$）；③兩個部類的剩餘價值率或價值增殖率（剩餘價值與可變資本的比例）$M_i/V_i = M_i'$（$i = I, II$）；④兩個部類剩餘價值的累積率為 x_i，則剩餘價值中用於消費部分所占比例為 $1-x_i$，剩餘價值中用於累積的量為 $x_i M_i$，用於消費的量為 $(1-x_i)M_i$，（$i = I, II$）。其中，$0 < \lambda, x_i < 1$。

根據以上假定可以推斷出第1期擴大再生產的開端公式為

$$\mathrm{I}\,(Y_I') = \frac{\partial_I Y_I}{1 + \partial_I + M_I'}C_I + \frac{Y_I}{1 + \partial_I + M_I'}V_I + \frac{M_I' Y_I}{1 + \partial_I + M_I'}M_I = Y_I \quad (26\text{-}1)$$

$$\mathrm{II}\,(Y_{II}') = \frac{\partial_{II} Y_{II}}{1 + \partial_{II} + M_{II}'}C_{II} + \frac{Y_{II}}{1 + \partial_{II} + M_{II}'}V_{II} + \frac{M_{II}' Y_{II}}{1 + \partial_{II} + M_{II}'}M_{II} = Y_{II} \quad (26\text{-}2)$$

按照馬克思的觀點，「既然把累積作為前提，$\mathrm{I}\,(V+M)$ 就大於 $\mathrm{II}\,(C)$」[①]，否則第 I 部類就無法累積了。所以上式應滿足：

$$\frac{(1 + M_I')Y_I}{1 + \partial_I + M_I'} > \frac{\partial_{II} Y_{II}}{1 + \partial_{II} + M_{II}'}$$

此外，馬克思在《資本論》中又將擴大再生產分為了三種情形：$\mathrm{I}\left(V + \frac{1}{2}M\right) = \mathrm{II}\,(C)$、$\mathrm{I}\left(V + \frac{1}{2}M\right) > \mathrm{II}\,(C)$、$\mathrm{I}\left(V + \frac{1}{2}M\right) < \mathrm{II}\,(C)$，並著重對前兩種情形做了詳細剖析。下面擬從第1種情形開始研究。

情形1：$\mathrm{I}\,[V_1 + (1-x_1)M_1] = \mathrm{II}\,(C_{II})$

此時，$$\frac{[1 + (1-x_1)M_I']Y_I}{1 + \partial_I + M_I'} = \frac{\partial_{II} Y_{II}}{1 + \partial_{II} + M_{II}'} \quad (26\text{-}3)$$

假設第 I 部類用於累積的 $x_1 M_1$ 仍然按照 ∂_I 的比例將累積資本分配於不變資本和可變資本。那麼，

$$x_1 M_1 \text{ 中轉化為不變資本的部分} = \frac{\partial_I x_1 M_1}{1 + \partial_I} = \frac{\partial_I x_1 M_I' Y_I}{(1 + \partial_I)(1 + \partial_I + M_I')} \quad (26\text{-}4)$$

$$x_1 M_1 \text{ 中轉化為可變資本的部分} = \frac{x_1 M_1}{1 + \partial_I} = \frac{x_1 M_I' Y_I}{(1 + \partial_I)(1 + \partial_I + M_I')} \quad (26\text{-}5)$$

由此，第 I 部類的資本就變為

---

① 馬克思. 資本論：第2卷 [M]. 北京：人民出版社，2004：580.

$$\left[\frac{\partial_1 Y_1}{1+\partial_1+M'_1}+\frac{\partial_1 x_1 M'_1 Y_1}{(1+\partial_1)(1+\partial_1+M'_1)}\right]C_1+\left[\frac{Y_1}{1+\partial_1+M'_1}+\frac{x_1 M'_1 Y_1}{(1+\partial_1)(1+\partial_1+M'_1)}\right]V_1$$

這樣，第Ⅱ部類為了累積的目的，要向第Ⅰ部類購買數量上相當於式（26-5）的以生產資料形式存在的產品，以形成第Ⅱ部類的追加不變資本。同樣地，假設第Ⅱ部類依然按照 $\partial_\text{Ⅱ}$ 的比例進行資本累積。那麼，第Ⅱ部類的資本就變為

$$\left[\frac{\partial_\text{Ⅱ} Y_\text{Ⅱ}}{1+\partial_\text{Ⅱ}+M'_\text{Ⅱ}}+\frac{x_1 M'_1 Y_1}{(1+\partial_1)(1+\partial_1+M'_1)}\right]C_\text{Ⅱ}+\left[\frac{Y_\text{Ⅱ}}{1+\partial_\text{Ⅱ}+M'_\text{Ⅱ}}+\frac{x_1 M'_1 Y_1}{\partial_\text{Ⅱ}(1+\partial_1)(1+\partial_1+M'_1)}\right]V_\text{Ⅱ}$$

如果兩個部類的實際累積就是用這個已經增加的資本實際進行生產，並且假設兩部類均延續初期的剩餘價值率。因此，在第 2 期結束時，可以得出第Ⅰ部類的社會總產品為

$$\text{Ⅰ}(Y_1^{t_2})=\frac{\partial_1 Y_1(1+\partial_1+x_1 M'_1)}{(1+\partial_1)(1+\partial_1+M'_1)}C_1+\frac{Y_1(1+\partial_1+x_1 M'_1)}{(1+\partial_1)(1+\partial_1+M'_1)}V_1+\frac{M'_1 Y_1(1+\partial_1+x_1 M'_1)}{(1+\partial_1)(1+\partial_1+M'_1)}M_1$$

$$=\frac{Y_1(1+\partial_1+M'_1)(1+\partial_1+x_1 M'_1)}{(1+\partial_1)(1+\partial_1+M'_1)}$$

$$=Y_1+\frac{x_1 M'_1 Y_1}{1+\partial_1}>Y_1 \tag{26-6}$$

另外，結合等式（26-3），可以得出第Ⅱ部類的社會總產品為

$$\text{Ⅱ}(Y_\text{Ⅱ}^{t_2})=\frac{[(1+\partial_1)[1+(1-x_1)M'_1]+x_1 M'_1]Y_1}{(1+\partial_1)(1+\partial_1+M'_1)}C_\text{Ⅱ}$$

$$+\frac{[(1+\partial_1)[1+(1-x_1)M'_1]+x_1 M'_1]Y_1}{\partial_\text{Ⅱ}(1+\partial_1)(1+\partial_1+M'_1)}V_\text{Ⅱ}$$

$$+\frac{[(1+\partial_1)[1+(1-x_1)M'_1]+x_1 M'_1]M'_\text{Ⅱ} Y_1}{\partial_\text{Ⅱ}(1+\partial_1)(1+\partial_1+M'_1)}M_\text{Ⅱ}$$

$$=\frac{(1+\partial_\text{Ⅱ}+M'_\text{Ⅱ})[(1+\partial_1)[1+(1-x_1)M'_1]+x_1 M'_1]Y_1}{\partial_\text{Ⅱ}(1+\partial_1)(1+\partial_1+M'_1)}$$

$$=\frac{[(1+\partial_1)[1+(1-x_1)M'_1]+x_1 M'_1]Y_\text{Ⅱ}}{(1+\partial_1)[1+(1-x_1)M'_1]}$$

$$=Y_\text{Ⅱ}+\frac{x_1 M'_1 Y_\text{Ⅱ}}{(1+\partial_1)[1+(1-x_1)M'_1]}>Y_\text{Ⅱ} \tag{26-7}$$

因此，與第 1 期的總產品相比，在第 2 期實現了擴大再生產。如果假設第 i 部類總產出增長率為 g_i，（$i=$Ⅰ，Ⅱ），那麼聯合（26-1）、（26-2）、（26-6）、（26-7）四式可以進一步得出

第Ⅰ部類總產出增長率 $g_\text{Ⅰ}=\dfrac{x_1 M'_1}{1+\partial_1}>0$ \hfill (26-8)

第Ⅱ部類總產出增長率 $g_\text{Ⅱ}=\dfrac{x_1 M'_1}{(1+\partial_1)[1+(1-x_1)M'_1]}>0$ \hfill (26-9)

社會總產出增長率 $g_{(I+II)} = \dfrac{x_1 M'_1 [1 + \lambda (1 - x_1) M'_1]}{(1 + \partial_1) [1 + (1 - x_1) M'_1]} > 0$ （26-10）

一方面，由以上三式可以看出，第 I 部類和第 II 部類的總產出增長率與第 I 部類的資本有機構成、價值增殖率（剩餘價值率）以及累積率密切相關，而社會總產出增長率不僅由第 I 部類的資本有機構成、價值增殖率和累積率決定，並且還受社會總產品在第 I 部類和第 II 部類之間的分配比例的影響。

首先，從 ∂_1 和 λ 的變動來看。很顯然，$\dfrac{dg_I}{d\partial_1}$，$\dfrac{dg_{II}}{d\partial_1}$，$\dfrac{dg_{(I+II)}}{d\partial_1}$ 均小於 0，$\dfrac{dg_{(I+II)}}{d\lambda} > 0$。所以，在控制其他條件保持不變的情況下，隨著第 I 部類資本有機構成的增加，第 I 部類、第 II 部類以及整個社會的總產出增長率均呈現下降趨勢；隨著社會總產品在第 I 部類分配比例的增加，整個社會的總產出增長率具有上升的趨勢。從資本主義生產過程的實際情況來看，一是資本有機構成具有提高的趨勢。馬克思指出：「資本主義生產，隨著可變資本同不變資本相比的日益相對減少，使總資本的有機構成不斷提高」[1]。二是社會總產品在兩部類之間的分配比例是隨著經濟發展階段的變化而變化的。在經濟發展水準較低的階段，社會總產品在第 I 部類的分配比例相對較高；在經濟發展水準達到一定程度的階段，社會總產品在第 I 部類和第 II 部類之間的分配比例相對均衡；在經濟發展水準達到較高階段時，社會總產品在第 II 部類的分配比例則會相對較高。

其次，從 x_1 的變動來看。顯然 $\dfrac{dg_I}{dx_1} > 0$；$\dfrac{dg_{II}}{dx_1} = \dfrac{M'_1(1 + \partial_1)(1 + M'_1)}{(1 + \partial_1)^2 [1 + (1 - x_1) M'_1]^2} > 0$；

$\dfrac{dg_{(I+II)}}{dx_1} = \dfrac{\lambda M'_1{}^2 x_1^2 - (2\lambda M'_1{}^2 + 2\lambda M'_1) x_1 + 1 + M'_1 + \lambda M'_1 + \lambda M'_1{}^2}{(1 + \partial_1)^2 [1 + (1 - x_1) M'_1]^2} > 0$[2]。因此，在控制其他條件保持不變的情況下，隨著第 I 部類累積率的增加，第 I 部類、第 II 部類以及整個社會的總產出增長率均將呈現出上升的趨勢。正如馬克思所言：「為了從簡單再生產過渡到擴大再生產，第 I 部類的生產要能夠少為第 II 部類製造不變資本的要素，而相應地多為第 I 部類製造不變資本的要素。」[3] 也就是說，在第 I 部類剩餘價值一定的情況下，越將該剩餘價值的更大部分用於累積，擴大再生產的規模也就越大。而從資本主義生產過程的實際情況來看，正如馬克思所言：「隨著資本的增長，所使用的資本和所消費的資本之間的差額也在增大」[4]，從而表明累積率實際呈現了不斷增加的趨勢。

再次，從 M'_i 的變動來看。顯然 $\dfrac{dg_I}{dM'_1} > 0$；$\dfrac{dg_{II}}{dM'_1} = \dfrac{x_1(1 + \partial_1)}{(1 + \partial_1)^2 [1 + (1 - x_1) M'_1]^2} > 0$；

---

[1] 馬克思. 資本論：第 3 卷 [M]. 北京：人民出版社，2004：237.
[2] 限於篇幅，具體求解過程省略。
[3] 馬克思. 資本論：第 2 卷 [M]. 北京：人民出版社，2004：559.
[4] 馬克思. 資本論：第 2 卷 [M]. 北京：人民出版社，2004：701.

$$\frac{\mathrm{d}g_{(\mathrm{I}+\mathrm{II})}}{\mathrm{d}M'_1} = \frac{x_1(1+\partial_1)[\lambda(x_1-1)^2 M'^2_1 + 2\lambda(1-x_1)M'_1 + 1]}{(1+\partial_1)^2[1+(1-x_1)M'_1]^2} > 0。$$ 因此，在控制其他條件保持不變的情況下，隨著第Ⅰ部類剩餘價值率的增加，第Ⅰ部類、第Ⅱ部類以及整個社會的總產出增長率都具有上升的趨勢。同樣地，從資本主義生產過程的實際情況來看，剩餘價值率確實具有不斷增加的趨勢。馬克思指出：「我們已經知道，工人之變得便宜，從而剩餘價值率的增加，是同勞動生產率的提高攜手並進的，即使在實際工資提高的情況下也是如此。實際工資從來不會和勞動生產率按同一比例增加」①。所以，在勞動生產率日益提高的情形下，剩餘價值也在不斷提高。

在此，值得強調的是，以上關於控制其他變量不變，其中某一變量變動對總產出增長率變動影響的討論只是一種抽象的假設情形。事實上，在現實的擴大再生產過程中，影響經濟增長率的各因素是互相關聯的。按照馬克思的觀點，就現實生產過程而言，資本家為了攫取更大的剩餘價值而競相採用先進技術的生產方式，形成了建立在技術基礎上的資本有機構成提高的源泉，而資本有機構成的提高往往又導致或者伴隨著累積率和剩餘價值率的提升。因此，它們經常通過共同的聯動作用而對經濟增長產生影響。

另外，由於 $0 < \lambda$, $x_i < 1$，則根據（26-8）、（26-9）、（26-10）三個式子還可以得出：$g_{\mathrm{II}} < g_{(\mathrm{I}+\mathrm{II})} < g_{\mathrm{I}}$。所以說，在擴大再生產的條件下，第Ⅰ部類的總產出增長率要大於整個社會的總產出增長率，而整個社會的總產出增長率又會比第Ⅱ部類的總產出增長率要大。這就表明，在兩部類經濟增長率不同的現實累積過程中，即便不考慮貨幣因素與信用制度發展的影響，也始終存在著經濟增長失衡的潛在危機。特別地，「在資本主義社會，社會的理智總是事後才起作用，因此可能並且必然會不斷發生巨大的紊亂」②。為此，馬克思明確指出：「如果要使事情正常地進行，第Ⅱ部類就必須比第Ⅰ部類累積得快，因為如果不是這樣，Ⅰ(V+M) 中要與商品 Ⅱ(C) 交換的部分，就會比它唯一能與之交換的 Ⅱ(C) 增加得快」③。這也就意味著：①在第Ⅰ部類累積率一定的情況下，要使經濟保持均衡增長，第Ⅱ部類累積速度必須要比第Ⅰ部類累積速度更快；②在同時進行擴大再生產的兩個部類中，第Ⅰ部類起主導作用，消費品的生產歸根到底要呈現為生產資料生產的界限。

下面，我們將進一步對第Ⅰ部類、第Ⅱ部類以及全社會的總產出經濟增長率的變動情況進行詳細討論。

首先，探討第Ⅰ部類經濟增長率的變動情況。假設第Ⅰ部類剩餘價值中用於資本累積部分的數量為 a_1。根據式（26-8）進行進一步推導容易發現第Ⅰ部類總產出增長率就等於第Ⅰ部類剩餘價值中用於累積的部分與第Ⅰ部類價值產品的比率。即：

---

① 馬克思. 資本論：第1卷 [M]. 北京：人民出版社，2004：697-698.
② 馬克思. 資本論：第2卷 [M]. 北京：人民出版社，2004：349.
③ 馬克思. 資本論：第2卷 [M]. 北京：人民出版社，2004：577.

$$g_1 = \frac{x_1 M'_1}{1+\partial_1} = \frac{\left(\dfrac{a_1}{M_1}\right) \times \left(\dfrac{M_1}{V_1}\right)}{1+\dfrac{C_1}{V_1}} = \frac{a_1}{C_1+V_1} \qquad (26-11)$$

由此，第Ⅰ部類總產出增長率的變化趨勢也就取決於第Ⅰ部類剩餘價值中用於累積部分的絕對量的變動比例與全部預付資本絕對量的變動比例之間的相對變動情況，也就是單位預付資本上所包含的追加資本，即：

$$\frac{g_1^{t_2}}{g_1^{t_1}} = \frac{\dfrac{a_1^{\prime 2}}{(C_1^{\prime 2}+V_1^{\prime 2})}}{\dfrac{a_1^{\prime 1}}{(C_1^{\prime 1}+V_1^{\prime 1})}} = \frac{\dfrac{a_1^{\prime 2}}{a_1^{\prime 1}}}{\dfrac{(C_1^{\prime 2}+V_1^{\prime 2})}{(C_1^{\prime 1}+V_1^{\prime 1})}} \qquad (26-12)$$

其中，t_2 和 t_1 分別代表第 2 期和第 1 期。

具體地，從累積量的變動來看，累積量是逐漸增加的。一方面，馬克思指出：「假設剩餘價值分為資本和收入的比例已定，累積的資本量顯然取決於剩餘價值的決定量」，以致「決定剩餘價值量的一切情況也影響著累積的量」[1]。所以，隨著資本家對勞動力的剝削程度的提高，累積實體（即剩餘產品和剩餘價值）的增加勢必會導致累積量的絕對增加。另一方面，馬克思還講道：「資本累積的另一個重要的因素是社會勞動生產率的水準……在剩餘價值率不變甚至下降，但其下降比勞動生產力的提高緩慢的情況下，剩餘產品量也會增加」[2]，所以累積量也會增加。另外，從全部預付資本的變動來看，全部預付資本的量也是逐漸增加的。馬克思在論述「利潤率趨向下降的規律」時表示：「同一些生產規律和累積規律，會隨著不變資本的量的增加，使不變資本的價值同轉化為活勞動的可變資本部分的價值相比，越來越快的增加。」[3] 也即是說，全部預付資本的量是伴隨著不變資本和相應的可變資本的量的增加而增加的。同時，在勞動生產力逐步提高的趨勢下，「一定量的勞動所推動的生產資料的價值和數量是同勞動的生產效率的提高成比例地增加的。」[4]

所以，在累積量和全部預付資本量呈同向絕對增加的趨勢下，如果第Ⅰ部類剩餘價值中用於累積部分的絕對量的變動比例高於全部預付資本絕對量的變動比例，第Ⅰ部類總產出增長率將必然增加。反之，如果第Ⅰ部類剩餘價值中用於累積部分的絕對量的變動比例低於全部預付資本絕對量的變動比例，則第Ⅰ部類總產出增長率將表現為下降態勢。

其次，探討第Ⅱ部類經濟增長率的變動情況。依然假設第Ⅰ部類剩餘價值中用於資

---

[1] 馬克思. 資本論：第1卷 [M]. 北京：人民出版社，2004：691.
[2] 馬克思. 資本論：第1卷 [M]. 北京：人民出版社，2004：697.
[3] 馬克思. 資本論：第3卷 [M]. 北京：人民出版社，2004：243.
[4] 馬克思. 資本論：第1卷 [M]. 北京：人民出版社，2004：699.

本累積部分的數量為 a_1。根據（26-9）式進行進一步推導可得

$$g_{II} = \frac{a_1}{C_1 + V_1} \times \frac{1}{1 + \left(1 - \frac{a_1}{M_1}\right) \times \frac{M_1}{V_1}} = \frac{a_1}{C_1 + V_1} \times \frac{1}{1 + \frac{M_1 - a_1}{V_1}} = \frac{a_1}{C_1 + V_1} \times \frac{1}{1 + \xi_1}$$

其中，$\xi_1 = \frac{M_1 - a_1}{V_1}$，表示第 I 部類中資本家絕對消費量與工人絕對消費量之比。

由此可以看出，第 II 部類經濟增長率隨著第 I 部類經濟增長率（即單位預付資本上所包含的追加資本）以及第 I 部類中資本家和工人的相對消費比例的變動而變動。第 I 部類經濟增長率越高，資本家和工人的相對消費比例越低，第 II 部類經濟增長率就越高。其中，從一般意義上來看，工人收入部分的相對提高只是資本家獲得更大利潤的結果罷了。正如馬克思所言：資本家「利用工資的每一次提高而在更大得多的程度上提高商品價格，從而把更大的利潤放進自己的腰包」[1]。事實上，工人收入的增加是普遍建立在資本家攫取了更大剩餘價值的基礎之上的，並且工人收入的增加量始終遠低於資本家所增加的剩餘價值量。因此，在第 I 部類資本家和工人消費都呈現增加趨勢的同時，資本家消費的絕對增加量要大於工人消費的絕對增加量，從而僅就這一單方面因素來看，第 II 部類經濟增長率長期具有下降趨勢。

再次，探討全社會總產出增長率的變動情況。根據式（26-10）及以上假設可以推出：

$$g_{(I+II)} = \frac{a_1}{C_1 + V_1} \times \frac{1 + \lambda \xi_1}{1 + \xi_1}$$

從該式中可以明顯看出：全社會總產出增長率主要受三個方面因素的影響：一是與第 I 部類經濟增長率有關，也就是單位預付資本上所包含的追加資本越多，全社會經濟增長率就越高；二是與第 II 部類經濟增長率有關，在第 I 部類經濟增長率一定的情況下，第 II 部類經濟增長率取決於第 I 部類資本家消費的絕對量與工人消費的絕對量的比值，這一比值越小，全社會經濟增長率也就越高；三是與社會總產品在兩大部類之間的分配有關，第 I 部類總產品價值所占社會總產品價值的比例越大，全社會經濟增長率就越高。

值得注意的是，當經濟處於不同社會發展階段時，由這三個方面因素的差異共同決定的經濟增長率的潛在水準（或平均水準）也會有所不同。一般來看，當經濟處於工業化初期時，一方面由於擴大再生產的剩餘產品既要用於資本家消費，又要用於國防支出、基礎設施建設、科研等非生產性領域，所以用於累積的部分就會相應減少，以致單位預付資本上所包含的追加資本就相應較少。此外，由於非生產領域通常「在較長時間內不斷從社會取走勞動力和生產資料，而在這個時間內卻不向社會提供任何可以再轉化

---

[1] 馬克思. 資本論：第 2 卷 [M]. 北京：人民出版社，2004：376.

為貨幣的產品」①，因此在社會總產品絕對量很低的同時，非生產性領域所佔據的高投資份額在一定時間內擠佔了第Ⅰ部類總產品價值所占社會總產品價值的比例。另一方面由於此時工人收入低下，全部收入主要以解決溫飽問題為主，而且資本家用於消費的絕對量也並不十分寬裕，以致資本家消費絕對量與工人消費絕對量之間的差異相對較小，但由於二者總量都很小並不會對經濟產生較大影響。所以總體來看經濟處於工業化初期時的全社會經濟增長率一般較低。當經濟處於工業化中期時，非生產領域的建設投資已基本趨於穩定，累積成了該時期的「主旋律」。所以，這一時期單位預付資本上所包含的追加資本相應較多，第Ⅰ部類總產品價值所占社會總產品價值的比例顯著提升，資本家消費絕對量與工人消費絕對量之間的差異也因工人收入增長的滯後而開始增加，這一現象也形成了經濟增速的「閾值上限」，控制了經濟增速的無限制增加。總體來看，經濟處於工業化中期時的全社會經濟增長率相對較高。當經濟處於工業化後期時，隨著人民消費需求的提升，生產性領域的投資水準相對趨於衰退，單位預付資本上所包含的追加資本保持穩定甚至趨於下降的同時，第Ⅰ部類總產品價值占社會總產品價值的比例開始下滑。但是，此時隨著社會保障制度的日趨完善以及政府轉移支付力度的加強，工人消費水準趨於穩定的同時還具有提升的趨勢，所以資本家消費絕對量與工人消費絕對量之間的差異開始有所緩和，這又形成了經濟增速的「閾值下限」，控制經濟增速不至於無限下降。但總體上，經濟處於工業化後期時的全社會經濟增長率仍可能出現下降態勢。綜合以上分析，按照馬克思的擴大再生產理論可以初步推斷，一個國家的經濟增速長期來看具有「先升後降」的一般規律。見表26-1：

表26-1 不同經濟發展階段對應的產出增長率及其影響因素的情況

經濟發展階段	$\frac{a_1}{(C_1+V_1)}$	λ	ξ_1	$g_{(Ⅰ+Ⅱ)}$
工業化初期	較小	較低	較小	低
工業化中期	較大	較高	較大	高
工業化後期	趨於下降	趨於下降	基本穩定或趨於下降	趨於下降

此外，需要強調的是，根據對馬克思擴大再生產理論與經濟週期理論的深入研究，我們可以進一步得出，經濟增長率的三個影響因素不僅解釋了經濟增長的根源，而且還進一步解釋了經濟的週期性波動。也就是說，不論是經濟增長還是經濟波動都是由以上三個因素共同決定的。一般情況下，經濟復甦通常首先發生在生產資料的生產部門，以致社會總產品在第Ⅰ部類的分配比例相對較高。此外，固定資本的大量更新勢必會帶來單位預付資本上所包含的追加資本的大幅度提高，同時由於工人收入提升的相對滯後也會在一定程度上增加資本家消費絕對量與工人消費絕對量之間的差異。所以，儘管此時

---

① 馬克思. 資本論：第2卷 [M]. 北京：人民出版社，2004：397.

第二十六章 中 增 因素 研究

經濟增速較快,但經濟增長仍然受到貧富差距擴大的制約,經濟系統逐漸由復甦進入高漲階段。當固定資本基本更新完結以後,社會總產品在兩部類之間的分配逐漸趨於穩定,而單位預付資本上所包含的追加資本就會隨著剩餘勞動力的釋放和固定資本更新的結束呈現出下降態勢。同時,資本家消費絕對量與工人消費絕對量之間的差異也會因工人收入的相對提升和資本家剩餘產品的基本穩定而趨於下降,此時經濟增速逐漸放緩並趨於下降,經濟自然也就進入了衰退期。在經濟衰退期,資本家開始將剩餘產品越來越多地用於投機,生產資料生產部門所占份額大幅下降,此時「生意都因搞批量的和虛假的生產,因質量降低、原料摻假、偽造商標、買空賣空、票據投機以及沒有任何現實基礎的信用制度而搞糟了」[①],社會開始出現破產和倒閉現象,工人消費趨於平滑的同時而資本家的消費卻開始下降,最終爆發經濟危機。如表 26-2 所示:

表 26-2 不同經濟週期階段對應的產出增長率及其影響因素的情況

週期階段	$\frac{a_\text{I}}{(C_\text{I}+V_\text{I})}$	λ	ξ_I	$g_{(\text{I}+\text{II})}$
復甦階段	增加	增加	增加	上升
高漲階段	最高	最高	最大	波峰
衰退階段	下降	下降	降低	下降
低潮階段	最低	最低	最小	波谷

情形 2:$\text{I}[V_\text{I}+(1-x_\text{I})M_\text{I}] > \text{II}(C_\text{II})$

此時,
$$\frac{[1+(1-x_\text{I})M'_\text{I}]Y_\text{I}}{1+\partial_\text{I}+M'_\text{I}} > \frac{\partial_\text{II}Y_\text{II}}{1+\partial_\text{II}+M'_\text{II}} \qquad (26\text{-}13)$$

按照馬克思的觀點,這一情況下的 $\text{I}[V_\text{I}+(1-x_\text{I})M_\text{I}]$ 不是僅僅由 $\text{II}(C_\text{II})$ 來補償,而是由 $\text{II}(C_\text{II})$ 加 $\text{II}(M_\text{II})$ 的一部分來補償。同樣,假定第 i 部類中用於累積的部分依然按照 ∂_i($i=\text{I}$,II)的比例進行分配,那麼:

第 II 部類的不變資本 $= \text{II}(C_\text{II}) + [\text{I}[V_\text{I}+(1-x_\text{I})M_\text{I}] - \text{II}(C_\text{II})] + \frac{x_\text{I}M_\text{I}}{1+\partial_\text{I}}$

$$= \frac{Y_\text{I}}{1+\partial_\text{I}+M'_\text{I}} + \frac{(1-x_\text{I})M'_\text{I}Y_\text{I}}{1+\partial_\text{I}+M'_\text{I}} + \frac{x_\text{I}M'_\text{I}Y_\text{I}}{(1+\partial_\text{I})(1+\partial_\text{I}+M'_\text{I})}$$

$$= \frac{[1+\partial_\text{I}+M'_\text{I}(1+\partial_\text{I}-\partial_\text{I}x_\text{I})]Y_\text{I}}{(1+\partial_\text{I})(1+\partial_\text{I}+M'_\text{I})}$$

第 II 部類的可變資本 $= \text{II}(V_\text{II}) + \frac{[\text{I}[V_\text{I}+(1-x_\text{I})M_\text{I}] - \text{II}(C_\text{II})]}{\partial_\text{II}} + \frac{x_\text{I}M_\text{I}}{\partial_\text{II}(1+\partial_\text{I})}$

$$= \frac{[(1+\partial_\text{I})(1+M'_\text{I}-x_\text{I}M'_\text{I})+x_\text{I}M'_\text{I}]Y_\text{I}}{\partial_\text{II}(1+\partial_\text{I})(1+\partial_\text{I}+M'_\text{I})}$$

---

① 馬克思,恩格斯. 馬克思恩格斯選集:第 1 卷 [M]. 北京:人民出版社,2012:142.

同時，考慮到 $I[V_I+(1-x_1)M_I]$ 還要受到 $II(C_{II})$ 加 $II(M_{II})$ 的限制（這裡考慮到了剩餘價值不需要用來補償相應的第II部類的追加勞動力的情況），所以在此 $I[V_I+(1-x_1)M_I]$ 必須滿足 $II(C_{II})+II(M_{II})>I[V_I+(1-x_1)M_I]>II(C_{II})$。

因此，在第2期結束時，可以得出第I部類和第II部類的社會總產品分別為

$$I(Y_I^{v_2}) = \frac{\partial_I Y_I(1+\partial_I+x_1 M_I')}{(1+\partial_I)(1+\partial_I+M_I')}C_I + \frac{Y_I(1+\partial_I+x_1 M_I')}{(1+\partial_I)(1+\partial_I+M_I')}V_I + \frac{M_I' Y_I(1+\partial_I+x_1 M_I')}{(1+\partial_I)(1+\partial_I+M_I')}M_I$$

$$= Y_I + \frac{x_1 M_I' Y_I}{1+\partial_I} > Y_I \qquad (26\text{-}14)$$

$$II(Y_{II}^{v_2}) = \frac{[(1+\partial_I)[1+(1-x_1)M_I']+x_1 M_I']Y_I}{(1+\partial_I)(1+\partial_I+M_I')}C_{II}$$

$$+ \frac{[(1+\partial_I)[1+(1-x_1)M_I']+x_1 M_I']Y_I}{\partial_{II}(1+\partial_I)(1+\partial_I+M_I')}V_{II}$$

$$+ \frac{[(1+\partial_I)[1+(1-x_1)M_I']+x_1 M_I']M_{II}' Y_I}{\partial_{II}(1+\partial_I)(1+\partial_I+M_I')}M_{II}$$

$$= \frac{(1+\partial_{II}+M_{II}')[(1+\partial_I)[1+(1-x_1)M_I']+x_1 M_I']Y_I}{\partial_{II}(1+\partial_I)(1+\partial_I+M_I')}$$

進一步化簡得

$$Y_{II} + \frac{x_1 M_I' Y_{II}}{(1+\partial_I)[1+(1-x_1)M_I']} + \frac{M_{II}' Y_{II}}{\partial_{II}} + \frac{x_1 M_I' M_{II}' Y_{II}}{\partial_{II}(1+\partial_I)[1+(1-x_1)M_I']}$$

$$> II(Y_{II}^{v_2}) > Y_{II} + \frac{x_1 M_I' Y_{II}}{(1+\partial_I)[1+(1-x_1)M_I']} > Y_{II} \qquad (26\text{-}15)$$

因此，聯合 (26-1)、(26-2)，(26-14)、(26-15) 四式可以進一步得出

第I部類總產出增長率 $g_I = \frac{x_1 M_I'}{1+\partial_I} > 0$ \hfill (26-16)

第II部類總產出增長率 $g_{(II)}$ 滿足：

$$\frac{x_1 M_I'}{(1+\partial_I)[1+(1-x_1)M_I']} + \frac{M_{II}'}{\partial_{II}} + \frac{x_1 M_I' M_{II}'}{\partial_{II}(1+\partial_I)[1+(1-x_1)M_I']}$$

$$> g_{II} > \frac{x_1 M_I'}{(1+\partial_I)[1+(1-x_1)M_I']} > 0 \qquad (26\text{-}17)$$

社會總產出增長率 $g_{(I+II)}$ 滿足：

$$\frac{x_1 M_I'[1+\lambda(1-x_1)M_I']}{(1+\partial_I)[1+(1-x_1)M_I']} + \frac{M_{II}'(1-\lambda)[1+\partial_I+M_I'+\partial_I(1-x_1)M_I']}{\partial_{II}(1+\partial_I)[1+(1-x_1)M_I']}$$

$$> g_{(I+II)} > \frac{x_1 M_I'[1+\lambda(1-x_1)M_I']}{(1+\partial_I)[1+(1-x_1)M_I']} > 0 \qquad (26\text{-}18)$$

由此可以看出，在 $II(C_{II})+II(M_{II})>I[V_I+(1-x_1)M_I]>II(C_{II})$ 的情形

2下，第Ⅰ部類總產出增長率與情形1完全相同，而第Ⅱ部類總產出增長率與全社會總產出增長率雖然均比情形1要高，但也並不是沒有上限，上限還要受到第Ⅰ部類和第Ⅱ部類相關因素的共同制約。

情形3：$Ⅰ[V_1 + (1 - x_1) M_1] < Ⅱ(C_Ⅱ)$

馬克思指出：「在這個場合，第Ⅱ部類沒有通過這種交換而全部再生產它的不變資本，所以必須通過向第Ⅰ部類購買，才能補償這種不足。但是，這種情況並不需要第Ⅱ部類可變資本的進一步累積……第Ⅰ部類中僅僅累積追加貨幣資本的那一部分資本家，卻已經通過這種交換完成了這種累積的一部分」[①]。這就意味著，情形3只是情形1的特例，情形3中第Ⅰ部類和第Ⅱ部類的追加資本完全相同。唯一的區別就在於第Ⅱ部類沒有通過兩部類交換而順利實現再生產的不變資本，由第Ⅰ部類暫時只累積貨幣資本的資本家經過迂迴性交換過程幫助實現了。因此，情形3中，在第2期結束時，第Ⅰ部類社會總產品、第Ⅱ部類社會總產品、第Ⅰ部類總產出增長率、第Ⅱ部類總產出增長率、全社會總產出增長率均與情形1相同。

（二）基於四部類劃分的馬克思擴大再生產理論的模型推演與分析

馬克思指出：「在分析全年社會總產品的流通時，必須研究該產品各個組成部分的確定用途，即消費因素」[②]。為此，馬克思在《資本論》中將社會總產品的生產分為「兩大部類」的同時，又進一步將消費資料的生產部門劃分為「兩大分部類」，即「必要消費資料」和「奢侈消費資料」。在此基礎上，張銜教授遵循馬克思對第Ⅱ部類分解的方法，又將第Ⅰ部類劃分為了兩個相應的分部類，即「一個生產必要消費資料的生產資料生產分部類Ⅰ（a），一個是生產奢侈品的生產資料生產分部類Ⅰ（b）」[③]。鑑於此，本節將以「四部類」劃分法（以Ⅰ（a）、Ⅰ（b）、Ⅱ（a）、Ⅱ（b）代表）為基礎，繼續對這四個部類總產出增長率的影響因素做出進一步研究。

需要提前說明，本節在依然延續以上假定的基礎上，進一步假定：①四個分部類的資本有機構成、剩餘價值率、累積率、開端社會總產品為 ∂_i^l、M'^l_i、x^l_i、Y^l_i（$i = Ⅰ，Ⅱ$；$l = a, b$）；②第1期時，第Ⅰ部類中Ⅰ（a）與Ⅰ（b）的社會總產品比例為 k，第Ⅱ部類中Ⅱ（a）與Ⅱ（b）的社會總產品比例為 σ；③由於四部類模型將變得十分複雜，為了便於理解，本節將首先直接用 C_i^l、V_i^l、M_i^l（$i = Ⅰ, Ⅱ; l = a, b$）表示各部類的不變資本、可變資本與剩餘價值的具體數量；④工人收入中用於生活必需品消費的份額為 p，則用於奢侈品消費的份額為 $1 - p$。資本家用於消費的部分中用於生活必需品消費的份額為

[①] 馬克思. 資本論：第2卷 [M]. 北京：人民出版社，2004：587.

[②] 馬克思. 資本論：第2卷 [M]. 北京：人民出版社，2004：455.

[③] 張銜. 馬克思的社會資本再生產模型：一個技術性補充 [J]. 當代經濟研究，2015（8）：5-14, 97, 101.

q，用於奢侈品消費的為 $1-q$ [①]；⑤在此，我們只討論「$\mathrm{I}[V_1 + (1-x_1)M_1] = \mathrm{II}(C_{\mathrm{II}})$」的情形，因為其他兩種情形均可由該情形得到說明。

因此，第 1 期開始，四個部類的社會總產品及其構成為

$$\mathrm{I}(Y^{(a)}{}_{\mathrm{I}}^{t_1}) = C_1^a + V_1^a + M_1^a = Y_1^a$$

$$\mathrm{I}(Y^{(b)}{}_{\mathrm{I}}^{t_1}) = C_1^b + V_1^b + M_1^b = Y_1^b$$

$$\mathrm{II}(Y^{(a)}{}_{\mathrm{II}}^{t_1}) = C_{\mathrm{II}}^a + V_{\mathrm{II}}^a + M_{\mathrm{II}}^a = Y_{\mathrm{II}}^a$$

$$\mathrm{II}(Y^{(b)}{}_{\mathrm{II}}^{t_1}) = C_{\mathrm{II}}^b + V_{\mathrm{II}}^b + M_{\mathrm{II}}^b = Y_{\mathrm{II}}^b$$

在這裡，按照假定④，兩部類內部的關鍵交換需滿足：

$$p(V_1^a + V_1^b) + q[(1-x_1^a)M_1^a + (1-x_1^b)M_1^b] = C_{\mathrm{II}}^a \quad (26\text{-}19)$$

$$(1-p)(V_1^a + V_1^b) + (1-q)[(1-x_1^a)M_1^a + (1-x_1^b)M_1^b] = C_{\mathrm{II}}^b \quad (26\text{-}20)$$

將（26-19）、（26-20）兩式作為條件進行擴大再生產，則第 2 期結束時，四個部類的社會總產品及其構成為

$$\mathrm{I}(Y^{(a)}{}_{\mathrm{I}}^{t_2}) = \left(C_1^a + \frac{\partial_1^a x_1^a M_1^a}{1+\partial_1^a}\right) + \left(V_1^a + \frac{x_1^a M_1^a}{1+\partial_1^a}\right) + \left(V_1^a + \frac{x_1^a M_1^a}{1+\partial_1^a}\right) \times M'{}_1^a$$

$$\mathrm{I}(Y^{(b)}{}_{\mathrm{I}}^{t_2}) = \left(C_1^b + \frac{\partial_1^b x_1^b M_1^b}{1+\partial_1^b}\right) + \left(V_1^b + \frac{x_1^b M_1^b}{1+\partial_1^b}\right) + \left(V_1^b + \frac{x_1^b M_1^b}{1+\partial_1^b}\right) \times M'{}_1^b$$

$$\mathrm{II}(Y^{(a)}{}_{\mathrm{II}}^{t_2}) = \left(C_{\mathrm{II}}^a + \frac{x_1^a M_1^a}{1+\partial_1^a}\right) + \left(V_{\mathrm{II}}^a + \frac{x_1^a M_1^a}{\partial_{\mathrm{II}}^a(1+\partial_1^a)}\right) + \left(V_{\mathrm{II}}^a + \frac{x_1^a M_1^a}{\partial_{\mathrm{II}}^a(1+\partial_1^a)}\right) \times M'{}_{\mathrm{II}}^a$$

$$\mathrm{II}(Y^{(b)}{}_{\mathrm{II}}^{t_2}) = \left(C_{\mathrm{II}}^b + \frac{x_1^b M_1^b}{1+\partial_1^b}\right) + \left(V_{\mathrm{II}}^b + \frac{x_1^b M_1^b}{\partial_{\mathrm{II}}^b(1+\partial_1^b)}\right) + \left(V_{\mathrm{II}}^b + \frac{x_1^b M_1^b}{\partial_{\mathrm{II}}^b(1+\partial_1^b)}\right) \times M'{}_{\mathrm{II}}^b$$

如果遵循馬克思的假定，即 $\partial_i^a = \partial_i^b = \partial_i$，$M'{}_i^a = M'{}_i^b = M'_i$，$x_i^a = x_i^b = x_i$，($i = \mathrm{I}, \mathrm{II}$) [②] 我們可以通過進一步化簡得出

$$\mathrm{I}(Y^{(a)}{}_{\mathrm{I}}^{t_2}) = Y_1^a + \frac{x_1^a M'{}_1^a}{1+\partial_1^a} Y_1^a = Y_1^a + \frac{x_1 M'_1}{1+\partial_1} Y_1^a$$

$$\mathrm{I}(Y^{(b)}{}_{\mathrm{I}}^{t_2}) = Y_1^b + \frac{x_1^b M'{}_1^b}{1+\partial_1^b} Y_1^b = Y_1^b + \frac{x_1 M'_1}{1+\partial_1} Y_1^b$$

$$\mathrm{II}(Y^{(a)}{}_{\mathrm{II}}^{t_2}) = Y_{\mathrm{II}}^a + \frac{x_1^a M_1^a(1+\partial_{\mathrm{II}}^a + M'{}_{\mathrm{II}}^a)}{\partial_{\mathrm{II}}^a(1+\partial_1^a)} = Y_{\mathrm{II}}^a + \frac{x_1 M'_1 k Y_{\mathrm{II}}^a}{(1+k)(1+\partial_1)[p+q(1-x_1)M'_1]}$$

$$\mathrm{II}(Y^{(b)}{}_{\mathrm{II}}^{t_2}) = Y_{\mathrm{II}}^b + \frac{x_1^b M_1^b(1+\partial_{\mathrm{II}}^b + M'{}_{\mathrm{II}}^b)}{\partial_{\mathrm{II}}^b(1+\partial_1^b)} = Y_{\mathrm{II}}^b + \frac{x_1 M'_1 Y_{\mathrm{II}}^b}{(1+k)(1+\partial_1)[1-p+(1-q)(1-x_1)M'_1]}$$

[①] 此處，假定③是在考慮到現實生活中，工人和資本家的消費需求和消費偏好差距較大，而工人內部和資本家內部的消費需求和消費偏好差異相對較小的基礎上做出的假定。

[②] 在此，如果不遵循這一假定，那麼計算結果將變得極其複雜。

第二十六章 中　　增　　因素　　研究

所以，由此可以得出四個部類的總產出增長率為

第Ⅰ（a）、Ⅰ（b）部類總產出增長率為

$$g_{1}^{a} = g_{1}^{b} = \frac{x_{1}M'_{1}}{1+\partial_{1}} = \frac{a_{1}}{C_{1}+V_{1}} > 0$$

第Ⅱ（a）部類總產出增長率為

$$g_{Ⅱ}^{a} = \frac{x_{1}M'_{1}k}{(1+k)(1+\partial_{1})[p+q(1-x_{1})M'_{1}]} = \frac{a_{1}}{C_{1}+V_{1}} \times \frac{k}{1+k} \times \frac{1}{p+q\xi_{1}} > 0$$

第Ⅱ（b）部類總產出增長率為

$$g_{Ⅱ}^{b} = \frac{x_{1}M'_{1}}{(1+k)(1+\partial_{1})[1-p+(1-q)(1-x_{1})M'_{1}]}$$

$$= \frac{a_{1}}{C_{1}+V_{1}} \times \frac{1}{1+k} \times \frac{1}{1-p+(1-q)\xi_{1}} > 0$$

因此，在四部類劃分的前提下，在第Ⅰ部類內部兩個分部類、第Ⅱ部類內部兩個分部類的資本有機構成、剩餘價值率以及累積率相同的條件下，第Ⅰ部類內部兩個分部類的產出增長率與兩部類劃分下的第Ⅰ部類產出增長率完全相同。第Ⅱ部類內部兩個分部類的產出增長率則與兩部類劃分下的第Ⅱ部類產出增長率並不相同，且前者不僅與第Ⅰ部類的資本有機構成、剩餘價值率以及累積率有關，而且還與第Ⅰ部類中Ⅰ（a）與Ⅰ（b）的社會總產品比例，以及工人和資本家的收入在生活必需品與奢侈品之間的消費分配比例有關。下面我們著重討論 k、p、q 的變化與第Ⅱ部類內部兩個分部類產出增長率變化的關係[①]。

從 $g_{Ⅱ}^{a}$ 與 $g_{Ⅱ}^{b}$ 的表達式中可以看出，一方面，在僅將第Ⅱ部類劃分為兩個分部類的條件下，馬克思曾指出：「必要消費資料的生產和奢侈品的生產之間的比例關係，是以 $Ⅱ(V+M)$ 在 $Ⅱa$ 和 $Ⅱb$ 之間的分割為條件的，從而也是以 $Ⅱc$ 在 $(Ⅱa)c$ 和 $(Ⅱb)c$ 之間的分割為條件的。因此，這種分割從根本上影響著生產的性質和數量關係，對生產的總形態來說，是一個本質的決定因素」[②]。在此處，遵循馬克思的邏輯進一步可以看出，在四部類劃分條件下，必要消費資料的生產速度和奢侈品的生產速度之間的比例關係，是以 $Ⅰ(V+M)$ 在 $Ⅰa$ 和 $Ⅰb$ 之間的分割為條件的，從而也是以 $Ⅰc$ 在 $(Ⅰa)c$ 和 $(Ⅰb)c$ 之間的分割為條件的。因此，k 的變化對於第Ⅱ部類內部兩個分部類的產出增長率起到了關鍵作用。由 $\frac{dg_{Ⅱ}^{a}}{dk} > 0$、$\frac{dg_{Ⅱ}^{b}}{dk} < 0$ 可知，第Ⅰ部類中Ⅰ（a）與Ⅰ（b）的社會總產品比例的變化，將引起第Ⅱ（a）部類產出增長率的同向變化，以及第Ⅱ（b）部類產出增長率的反向變化。因此，現實中，隨著工業化時期向後工業化時期的轉變，

[①] 其他變量的影響情況上文已經做出了討論。
[②] 馬克思. 資本論：第2卷 [M]. 北京：人民出版社，2004：457.

Ⅰ(a)與Ⅰ(b)社會總產品比例將呈現出下降傾向,從而也就勢必會伴隨著第Ⅱ(b)部類產出增長率的相應提高。

另一方面,正如張銜教授的研究結論:「在分部類條件下,資本家的個人消費偏好和消費選擇行為是資本主義再生產危機的一個內在因素」[①]。這就表明,保持生活必需品消費和奢侈品消費之間的比例平衡對於經濟健康發展具有重要意義。而通過本節的研究我們可以進一步推斷出工人和資本家用於生活必需品消費的份額與第Ⅱ(a)部類產出增長率呈反向變化,而與第Ⅱ(b)部類的產出增長率卻呈同向變化。關於這一點,以下有必要進一步做出經濟學解釋。事實上,按照馬克思的觀點,k、p、q之間始終存在著必然的關聯。馬克思在分析第Ⅱ部類的兩個分部類的交換時得出的一個重要結論就是,「年產品中的奢侈品部分越是增大,從而奢侈品生產中吸收的勞動力的數量越是增加,預付在Ⅱ(b)V上的可變資本要再轉化為可以重新作為可變資本的貨幣形式來執行職能的貨幣資本,因而在Ⅱb中就業的那部分工人階級要生存和再生產……也就越是要取決於資本家階級的揮霍,越是要取決於這個階級的剩餘價值的很大一部分轉化為奢侈品」[②]。這就說明,k呈現下降態勢的同時也就決定了p、q的下降。因此,k、p、q是通過聯動作用共同對第Ⅱ部類內部兩個分部類的產出增長率產生影響的。進而也就表明,當經濟社會發展進入較高階段時,伴隨著奢侈品需求量的增加,要想提高奢侈品生產部門的產出增長率,最有效的方式就是引導投資更多地流向生產奢侈品生產資料的生產部門。

三、中國經濟增長的經驗事實與階段特徵

通過以上關於馬克思擴大再生產理論的模型推演可以得出影響宏觀經濟增長率和經濟週期性波動的主要三個因素分別為第Ⅰ部類單位預付資本上所包含的追加資本、第Ⅰ部類資本家消費的絕對量與工人消費的絕對量的比值、社會總產品在第Ⅰ部類和第Ⅱ部類之間的分配比例。同時,這三個因素在不同的經濟發展階段具有不同的表現特徵。基於此,本節將結合中國經濟增長的經驗事實,進一步探討新中國經濟增長和經濟週期性波動的內在根源與現實特徵。

根據圖26-1顯示的新中國成立以來經濟增長率的波動情況可以看出,1953—2018年的66年間,一方面中國經濟波動總體實現了由「陡升陡降」向「緩升緩降」的轉變。另一方面經濟增長率的平均位勢表現出了「先升後降」的鮮明特徵。如果以改革開放和新時代作為「分水嶺」將新中國經濟發展劃分為改革開放前(1953—1978年)、

[①] 張銜. 馬克思的社會資本再生產模型:一個技術性補充[J]. 當代經濟研究, 2015(8):5-14, 97, 101.
[②] 馬克思. 資本論:第2卷[M]. 北京:人民出版社, 2004:456.

改革開放後（1979—2011 年）以及新時代①（2012 年至今）三個階段，那麼改革開放前的平均經濟增速為 6.7%，改革開放後提升為 9.95%，而新時代則降為 7.1%。這一點與我們之前關於一個國家的經濟增速長期來看具有「先升後降」的一般規律的推斷也基本吻合。下面我們將對形成這一現實特徵的具體原因做出進一步分析。

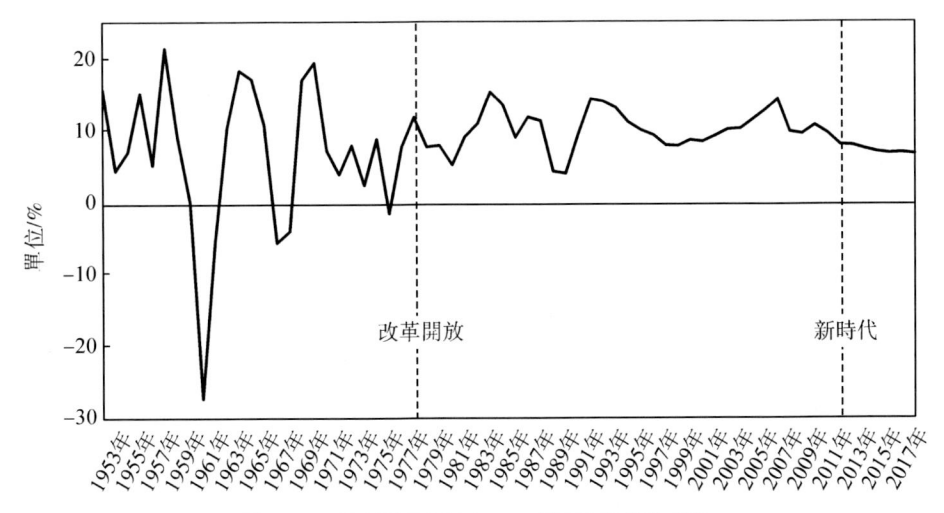

圖 26-1 新中國成立以來 GDP 增長率的變化趨勢

數據來源：根據國家統計局官方網站數據整理所得。

註：由於 1949—1952 年屬於戰後國民經濟恢復階段，所以這一期間的經濟增長情況不予考慮。

首先，從社會總產品在第 I 部類和第 II 部類之間的分配比例的影響來看。在改革開放前的計劃經濟體制時期，中國正處於「短缺經濟」階段，此時在社會主義制度的根本保障下，有計劃的商品經濟使得社會總產品在第 I 部類和第 II 部類之間的分配比例基本保持穩定，且由於二者總體規模較小，以致差異並不明顯。所以，這一時期社會總產品在兩部類之間的分配比例對經濟增長的影響不大。而在改革開放以後的社會主義市場經濟體制時期，經濟表現開始由「短缺經濟」向「過剩經濟」轉變，供求關係也出現了「結構性需求不足」的現象，此時社會總產品在第 I 部類分配份額較高，對經濟增長起到了一定的拉動作用。根據趙峰等（2017）的測算結果我們可以進一步推算出，2000 年、2002 年、2005 年、2007 年以及 2010 年這五年中國第 I 部類總產品價值佔兩部類總產品價值的份額分別為 81.7%、74.8%、79.6%、80%、82.2%。由此可以看出，2000—2010 年中國第 I 部類總產品價值佔兩部類總產品價值的份額不僅較高而且相對穩定，長期維持在 80% 的水準左右。然而，隨著中國經濟社會發展進入新時代，人民對美好生活的需要日漸強烈，特別是數字時代背景下產生的諸多新消費行為和消費模式，必然會促生巨大的消費能量。鑒於此，可以初步預判，新時代社會總產品在第 I 部類和

---

① 新時代的劃分以黨的十八大召開作為界線。

第Ⅱ部類之間的分配比例可能存在下降的趨向。

其次，從第Ⅰ部類單位預付資本上所包含的追加資本的變化來看。在改革開放前的計劃經濟體制建立階段，國家進行了大規模的基本建設投資，投資的對象主要是重工業和建築業，所以此時單位預付資本上所包含的追加資本的提升拉動了經濟的增長。但是，隨之而來的三年自然災害與政治動盪在一定程度上阻礙了生產進度，從而使中國經濟陷入了深淵。直至1969年工業發展開始出現好轉以後，單位預付資本上所包含的追加資本量的逐漸增加，再一次促進了經濟增長。但是，總體來看，改革開放之前第Ⅰ部類單位預付資本上所包含的追加資本的量相對於改革開放以後依然較低，這也就解釋了改革開放前中國經濟增速相對較低的原因。在改革開放後的社會主義市場經濟體制時期，第Ⅰ部類單位預付資本上所包含的追加資本的大幅度提升與「情緒化」波動同樣形成了中國經濟增長奇跡和週期波動的主要因素。囿於數據的可獲得性以及現實中兩部類劃分的界限不清問題，並且考慮到第Ⅰ部類本身在社會總產品總所占的份額較大且相對穩定，因此我們認為暫且可以用全社會單位預付資本上所包含的追加資本的變化趨勢來反應第Ⅰ部類單位預付資本上所包含的追加資本的變化趨勢。具體地，此處以工資增加額和全社會固定資產投資增加額之和來表示追加的投資程度，以全社會固定資產投資與工資總額之和來表示預付資本的量。那麼，根據圖26-2顯示，改革開放以來，中國GDP增長率與單位預付資本上所包含的追加資本的變化趨勢基本吻合。此外，從新時代以來中國單位預付資本上所包含的追加資本量持續大幅降低的趨勢來看，中國經濟運行依然面臨較大的下行壓力。

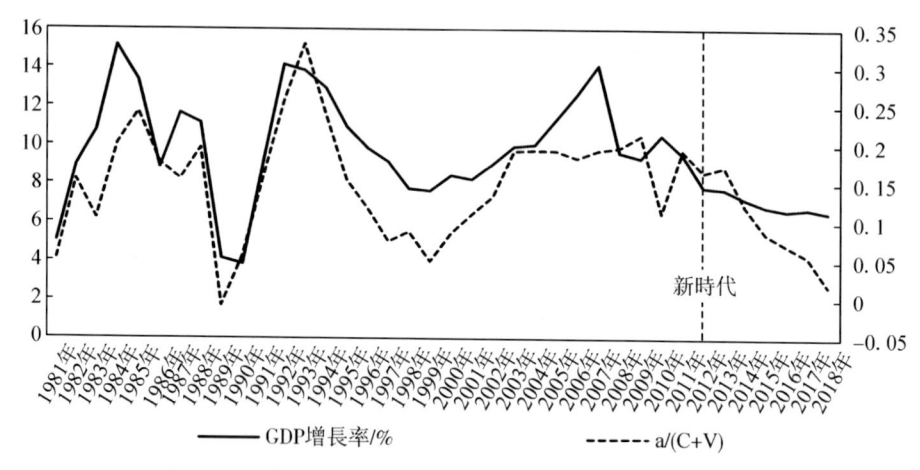

圖26-2　改革開放以來GDP增長率與 $a/(C+V)$ 的變化趨勢對比

數據來源：根據國家統計局與CEIC宏觀經濟數據庫官方網站數據整理所得。

再次，從第Ⅰ部類資本家消費的絕對量與工人消費的絕對量的比值來看。同樣囿於數據的可獲得性以及現實中兩部類劃分界線不清的原因，我們在獲得了工資總額數據的基礎上，擬採用社會消費品零售總額與工資總額的差值來表示資本家階級的消費總額，

當然此處依然假定工人的全部收入用於消費。圖 26-3 中顯示了 1952—2018 年中國 GDP 增長率和資本家消費的絕對量與工人消費的絕對量比值的變化趨勢。從中可以看出，一方面，改革開放以前資本家消費的絕對量與工人消費的絕對量的比值相對較小（1952—1978 年平均值僅為 1.7），改革開放後資本家消費的絕對量與工人消費的絕對量的比值相對較高（1979—2012 年平均值為 2.1），而新時代資本家消費的絕對量與工人消費的絕對量的比值開始趨於下降（2013—2018 年平均值為 1.7）。這一現實特徵與表 26-1 的判斷基本吻合。單從這一點來看，新時代中國經濟增速下行壓力始終存在回升的動力。另一方面，改革開放後中國 GDP 增長率和資本家消費的絕對量與工人消費絕對量比值的變化趨勢的反向性逐漸增強，特別是社會主義市場經濟體制確立以後，二者具有明顯的反向運動特徵[①]。此外，從近幾年該比值的相對變化情況來看並不穩定，總體上出現了增加的態勢，這有可能在一定程度上為中國經濟的持續下行提供了一個新的解釋，同時也可能為新時期中國提高經濟增速提供方向性參考。

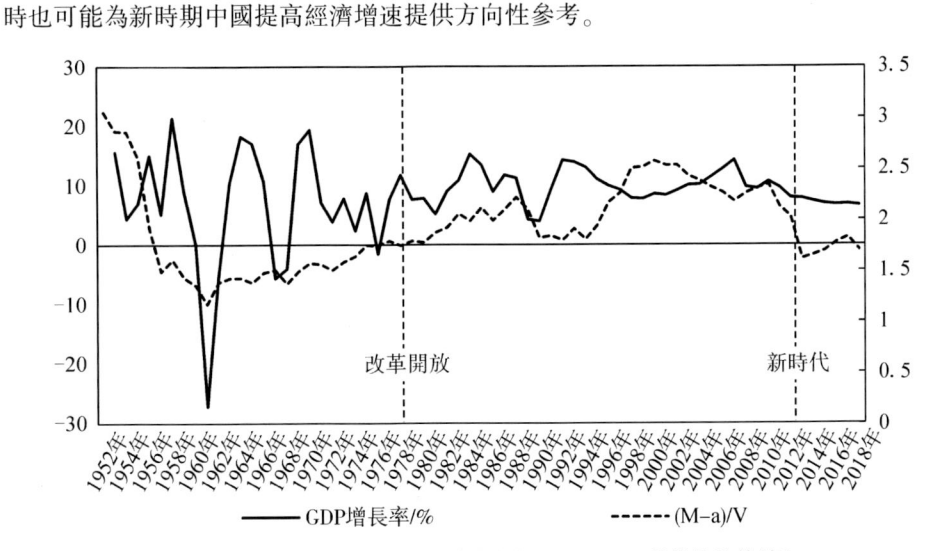

圖 26-3　新國成立以來 GDP 增長率與（M-a）/V 的變化趨勢對比

數據來源：根據國家統計局與 CEIC 宏觀經濟數據庫官方網站數據整理所得。

綜合以上關於中國不同經濟發展階段所對應的三個方面因素的變動情況，可以得出如表 26-3 所示的結論。同時，結合表 26-1 的分類我們基本可以推斷當前中國正處於由工業化中期向工業化後期轉變的過渡階段。這一階段，第Ⅰ部類單位預付資本上所包含的追加資本以及社會總產品在第Ⅰ部類和第Ⅱ部類之間的分配比例均有可能趨於下降，而第Ⅰ部類資本家消費的絕對量與工人消費的絕對量的比值的不穩定也為新時期尋找新的經濟增長動能提供了參考。

---

① 改革開放以前與 2008—2013 年期間二者所表現出的趨同性例外主要是由計劃經濟體制以及 2008 年經濟危機的強烈衝擊造成的。

表 26-3　中國不同經濟發展階段對應的產出增長率及其影響因素的情況

發展階段	$\dfrac{a_1}{(C_1+V_1)}$	λ	ξ_1	$g_{(\mathrm{I}+\mathrm{II})}$
改革開放前	較小	較低	較小	低
改革開放後	較大	較高	較大	高
新時代	趨於下降	趨於下降	不穩定	趨於下降

最後，正確認識當前中國生活必需品與奢侈品的生產和銷售變化情況也具有十分重要的意義。圖 26-4 數據顯示，2008 年國際金融危機以後，中國消費市場的日用品類和糧油類商品的成交額增速逐漸趨緩，而金銀珠寶類商品的成交額持續穩步提升。其中，2017 年金銀珠寶類商品的成交額相當於 2008 年的 4 倍。此外，麥肯錫 2019 年中國奢侈品研究報告中指出：「2018 年，中國人在境內外的奢侈品消費額達到 7700 億元人民幣，占到全球奢侈品消費總額的三分之一……到 2025 年，奢侈品消費總額有望增至 1.2 萬億元人民幣。2012 年至 2018 年間，全球奢侈品市場超過一半的增幅來自中國。展望未來，預計至 2025 年這個比例將達到 65%」[①]。正如上文基於四部類劃分所得出的結論，隨著經濟發展階段的提升，奢侈品消費需求也會隨之增加。所以，奢侈品消費市場擴大的強勁勢頭必定會為中國經濟帶來新的增長動能。特別是伴隨著智能製造的快速發展和廣泛應用，以大數據技術為依託、以智能化產品生產為引領的新型生產模式定將成為未來中國經濟增長的關鍵驅動力。因此，目前中國應引導投資更多地向生產奢侈品生產資料的生產部門轉移，以增加國內奢侈品的供給量。

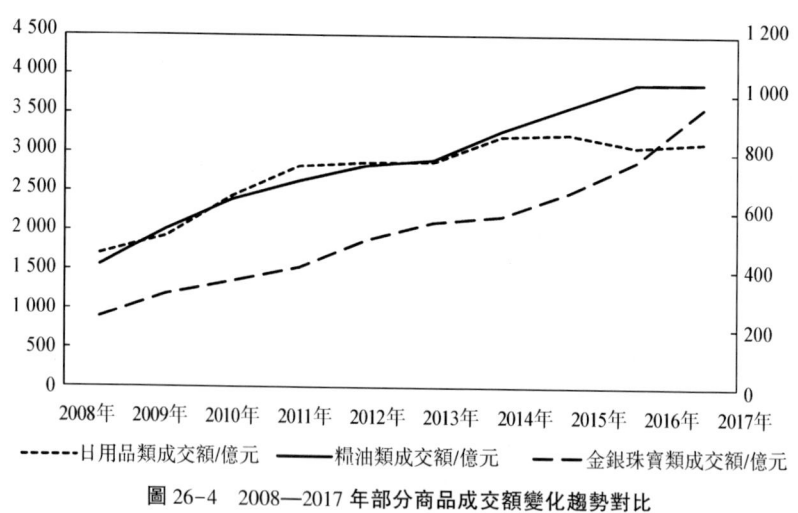

圖 26-4　2008—2017 年部分商品成交額變化趨勢對比
數據來源：國家統計局官方網站數據整理所得。

---

① 參考：欒嵐，等. 麥肯錫：2019 中國奢侈品報告［R/OL］.［2019-04-29］. http://www.199it.com/archives/868486.html.

当然，我們還要認識到的一點是，中國居民收入的增加與消費水準的提升之間仍然存在差距。從圖 26-5 中顯示的數據變化情況來看，20 世紀 80 年代之前，由於消費水準和工資水準均較低①，所以變化趨勢並不明顯。但是，從 20 世紀 80 年代開始，隨著居民年平均工資的增加，居民的消費水準卻表現出了相對「平滑」的特徵。這主要是以下兩個方面的原因造成：一是相比於年平均工資的強勢增長，中國居民人均可支配收入增長緩慢。根據表 26-4 中統計的近年來中國居民的工資水準、可支配收入水準以及消費水準的變化情況容易發現，用新口徑計算的居民人均可支配收入占年平均工資收入的比重僅為 35% 左右，而居民消費水準占人均可支配收入的比重長期高達 88%。這就充分說明了降低稅收，提高居民可支配收入對於促進消費的重要性。二是居民對未來預期信心不足，不確定性風險較大。根據近幾年「中國民生調查」課題組的調查來看，居民對於未來預期長期缺乏足夠的信心，醫療和收入始終是城鄉居民在家庭生活方面的主要關切點。《中國民生調查 2019 綜合研究報告》顯示，居民對於家庭生活中最關心（操心、焦慮、擔心）的問題，選擇最多的是醫療。所以說，進一步改善醫療服務水準，提高醫療保險實際報銷的比例，加大社會保障力度也是當前提升社會消費水準的關鍵環節。

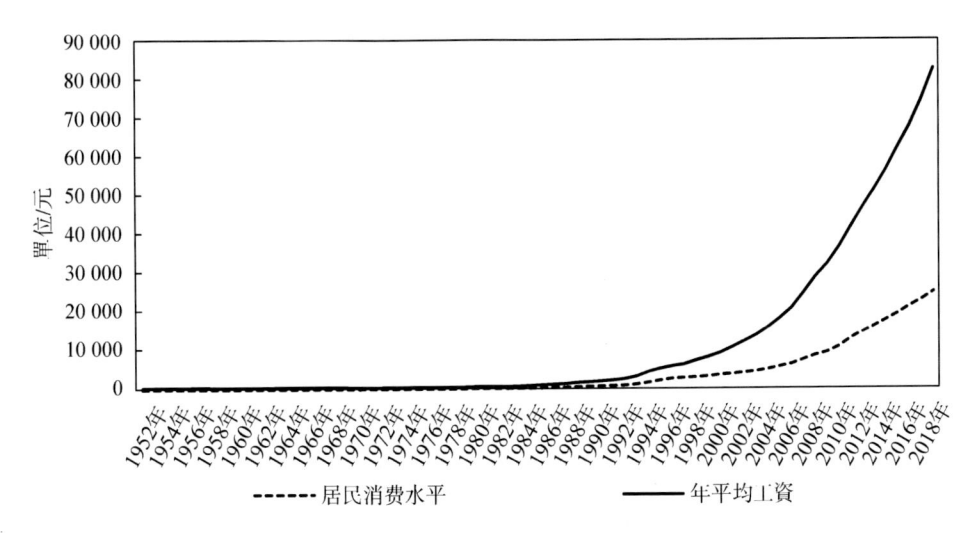

圖 26-5　新中國成立以來居民消費水準和年平均工資變化趨勢對比

數據來源：根據 CEIC 宏觀經濟數據庫官方網站數據整理所得。

---

① 根據 CEIC 宏觀經濟數據庫中的數據計算可得：1952—1980 年，中國居民每年平均消費水準為 138.5 元，平均年工資收入為 571 元。

表 26-4　2013—2018 年居民年均工資與可支配收入以及消費水準

單位：元

變量	2013 年	2014 年	2015 年	2016 年	2017 年	2018 年
年平均工資	51,483	56,360	62,029	67,569	74,318	82,413
人均可支配收入	18,310	20,167	21,966	23,821	25,974	28,228
居民消費水準	16,190	17,778	19,397	21,285	22,935	25,002

數據來源：根據 國家統計局與 CEIC 宏觀經濟數據庫官方網站數據整理所得。

四、結論與啟示

本章首先對兩部類劃分條件下馬克思擴大再生產理論的數學模型進行了一般性推演與分析。結果表明，全社會總產出增長率與第Ⅰ部類經濟增長率（即單位預付資本上所包含的追加資本）以及第Ⅰ部類總產品價值占全社會總產品價值的比例呈正相關關係，而與第Ⅰ部類資本家消費的絕對量和工人消費的絕對量的比值呈負相關關係。同時，不同經濟發展階段和不同經濟週期階段所對應的決定經濟增速的三個方面的因素也各不相同，且長期來看一個國家的經濟增速具有「先升後降」的一般規律。其次，進一步對四部類劃分條件下馬克思擴大再生產理論的數學模型進行推演發現，第Ⅰ部類內部兩個分部類的產出增長率與兩部類劃分下的第Ⅰ部類產出增長率完全相同。而第Ⅱ部類內部兩個分部類的產出增長率不僅與第Ⅰ部類的資本有機構成、剩餘價值率以及累積率有關，還與第Ⅰ部類中Ⅰ（a）與Ⅰ（b）所占的社會總產品比例，以及工人和資本家的收入在生活必需品與奢侈品之間的消費分配比例有關。再次，通過對中國經濟增長的經驗事實進行研究發現，中國的經濟增長和經濟波動規律與從馬克思擴大再生產理論中得出的結論基本吻合。當前中國正處於由工業化中期向工業化後期轉變的過渡階段，第Ⅰ部類投資份額趨於下降，消費領域將逐漸成為拉動經濟增長的關鍵引擎。

綜合本章的研究結論，可以得到以下兩點關於中國未來提高經濟增速的重要啟示：第一，明確投資方向，加大投資力度，提高投資效率，繼續發揮投資對經濟增長的驅動作用。要在保證生產性行業與非生產性行業投資平衡的基本前提下，繼續加強第Ⅰ部類的投資力度，特別是要擴大電子信息、裝備製造以及先進材料等生產領域的生產規模。另外，在內涵擴大再生產的條件下，要加快拓展智能製造的應用空間，依靠技術進步和生產要素質量改善來提高第Ⅰ部類的生產深度。第二，增強奢侈品生產以及生產奢侈品生產資料的相關領域的投資力度。生產領域要提高對於消費轉型升級的適應能力，充分發揮「互聯網+」、大數據平臺以及人工智能的數據挖掘和監督管理作用，根據消費者消費行為的轉變，及時調整投資方向和生產行為，嚴格把控產品質量，大力發展中國智造，努力打造出更多滿足社會高端需求的中國品牌。第三，提高居民可支配收入，推動

社會保障趨於完善，盡快實現新時期消費對經濟增長的巨大拉動作用。一方面，要在不斷提高居民收入在國民收入分配中的比重的同時，加快減稅降費的步伐和力度，以大力提高居民的可支配收入作為提升消費水準的首選之策。另一方面，要在進一步完善社會保障制度的同時，重點關注民生領域的動態和需求，以改善民生作為提升居民消費水準的重要托盤。

第二十七章 《資本論》視域下的供給側結構性改革[①]

——基於馬克思社會總資本再生產理論

改革開放以來，中國經濟取得了舉世矚目的成績，綜合國力增強明顯。然而，粗放式的發展方式使得經濟運行出現了一些深層次矛盾，這些矛盾集中體現在供給側的結構性失衡。如何解決這一矛盾，習近平總書記指出要積極「推進供給側結構性改革」。黨的十九大報告指出，中國特色社會主義進入了新時代，「中國社會主要矛盾已經轉化為人民日益增長的美好生活需要和不平衡、不充分的發展之間的矛盾」。這一論斷正是以深化供給側結構性改革為主線，推進現代化宏偉事業的戰略性認識依據和設計指導方略的關鍵性原點。供給側結構性改革政策既強調以供給側管理為主，又注重供給側管理和需求側管理相結合，注重總量性宏觀政策與產業政策、微觀政策、改革政策和社會政策協調配套。這與以凱恩斯主義為代表的需求決定論、薩伊定律為核心的供給經濟學、里根和撒切爾主義的供給管理、羅丹和劉易斯的結構主義政策都不一樣。供給側結構性改革的提出，是以中國經濟發展的新情況、新問題、新矛盾為背景的。供給側結構性改革不是供給經濟學在中國的再現，而是結合中國經濟新常態這一現狀所提出的新觀念、新思想。這是馬克思主義中國化的最新成果，是基於40年改革發展規律、推動高質量發展的深刻認識，是適應、把握、引領新常態的理論指導，是中國特色社會主義政治經濟學的重要內容。

一、文獻綜述

（一）從馬克思主義政治經濟學理論框架談供給側結構性改革的理論來源

程恩富、譚勁松（2016）提出，供給側結構性改革作為馬克思主義政治經濟學的創新與發展，是中國特色社會主義經濟理論的重要內容，也是馬克思主義中國化的最新體現。所以，供給側結構性改革的理論來源就是馬克思主義政治經濟學。劉元春（2016）提出供給側結構性改革的理論基礎，就是吸收各種現代經濟學成果，結合當前

[①] 本章選自：蓋凱程，冉梨.《資本論》視域下的供給側結構性改革——基於馬克思社會總資本再生產理論[J]. 財經科學，2019（8）：42-54.

中國實踐和經濟新常態背景下所面臨的新問題,發展和創新馬克思主義經濟學基本原理,形成的以經濟新常態理論為內容的新時期的中國特色社會主義政治經濟學。邱海平(2016)認為中國的供給側結構性改革必須堅持以馬克思主義政治經濟學為指導。當前中國經濟發展和改革的理論起點,是馬克思主義政治經濟學,並結合中國實踐所形成的中國特色社會主義政治經濟學。此外,中國經濟發展的現狀也符合《資本論》中的相關論斷和預言。劉鳳義(2016)提出,中國特色社會主義政治經濟學是馬克思主義中國化的具體體現,是與中國經濟發展和具體實踐分不開的。其中,以人為本原則、滿足需要原則、共享發展原則、共有主體原則等都將成為供給側結構性改革的指導性改革的指導。

(二) 從馬克思主義市場均衡理論談供給側結構性改革的理論來源

侯曉東(2016)從市場供需均衡理論分析了供給側結構性改革,他從西方經濟學一般均衡和局部均衡角度出發,與馬克思供需均衡理論進行了對比分析。當前的改革需要根據中國特色政治經濟發展的實際,批判地學習借鑑馬克思政治經濟學與西方經濟學市場均衡理論與分析方法,運用馬克思的均衡思想指導現階段產業升級與結構性改革。丁任重(2016)提出,供給側結構性改革是在新的社會發展水準上,實現供給與需求的再匹配以促進經濟增長,這個理論是以馬克思政治經濟學為指導的。王亞麗(2017)認為,馬克思宏觀經濟均衡理論是供給側結構性改革的理論源泉,也為進行供給側結構性改革提供了方法和對策。同時,也提出,在新常態背景下,需要與時俱進地發展馬克思宏觀經濟均衡思想,形成具有中國特色的宏觀經濟理論,才能更好地解決當前供給側結構性改革的相關問題。楊繼國、朱東波(2018)等人認為,馬克思結構均衡理論闡明了中國供給側結構性改革的實質,供給側結構性改革要跳出西方經濟學的「總量分析」,運用馬克思主義經濟結構理論和經濟增長理論,使得供需結構相匹配。滕泰、劉哲(2018)認為新供給主義經濟學結合馬克思均衡理論,通過自身的不斷完善和發展,為供給側結構性改革形成了堅實的理論支撐,特別是供給側結構性改革實踐大部分與新供給主義經濟學的「供給側和五大財富源泉」所推行的主張相吻合。

(三) 從馬克思生產力與生產關係理論談供給側結構性改革的理論來源

白暴力、王勝利(2017)認為,供給側改革的理論來自馬克思主義政治經濟學,豐富和發展了馬克思再生產力論、宏觀經濟結構理論、生產力和生產關係理論,它和西方的供給學派有本質的不同。因此,在對供給側改革進行分析時,必須從公有制這一角度出發,強調需求側和供給側的辯證統一關係,從生產端入手,以提高社會生產力為目的,調整產業結構,深化企業改革,推進馬克思理論中國化和中國特色社會主義政治經濟學的發展與創新。陶啓智(2017)認為,深化供給側結構性改革的理論依據來源於馬克思主義政治經濟學,其根本立場是堅持「以人為中心」的發展思想,通過解放和

發展生產力，拉動經濟的增長。馬克思主義政治經濟學理論闡述了物資資料生產過程中，生產是起點，消費是終點，交換和分配連接兩者，生產關係調整自己以適應生產力的發展。社會總供給和總需求理論、資本循環週轉理論、現代企業管理制度都是供給側結構性改革的理論依據。

(四) 從馬克思社會再生產理論談供給側結構性改革的理論來源

魏旭 (2018) 認為供給側結構性改革是為了更好地實現以中國特色社會主義生產為目的，通過社會主義制度的自我完善和發展，在新的技術基礎上重構社會再生產體系，進一步解放和發展生產力。因此，必須從社會再生產體系中來把握供給側結構性改革。王婷 (2017) 認為，供給側結構性改革需要注意統籌使用價值和價值的辯證關係、生產資料和消費資料的數量和質量關係、擴大再生產過程中累積和消費的比例關係這三大關係，推進供給側結構性改革。李繁榮 (2017) 談到部類之間及內部比例不協調導致供給側結構性失衡，通過調整合理結構、合理的比例關係是解決當前「生產危機」的關鍵。邵麗敏、王建秀、閆俊愛 (2018) 通過分析再生產的物質基礎、核心問題、實現條件，提出去槓桿化、防範金融風險、化解產能過剩和培育新興產業，以解決供給側結構性改革的具體問題。

既有研究從馬克思主義政治經濟學宏觀理論框架角度談供給側結構性改革，也有從具體的市場均衡理論、生產力和生產關係理論分析供給側結構性改革的理論來源，這些理論研究都為供給側結構性改革做了很好的理論推進，也提出了諸多原創性觀點，不過當前有關供給側結構性改革的再生產理論角度的文獻還較少，且已有的文獻對基於兩大部類失衡的現實表現以及供給側改革的對象和路徑缺乏系統化梳理。基於此，本章將著重以再生產理論為切入點分析供給側結構性改革的理論基礎，並在此基礎上分析改革措施，以促進供需結構的平衡和經濟的長期穩定增長。以期為供給側結構性改革的政治經濟學基礎理論創新做出邊際增量貢獻。

二、供給側結構性改革究竟改什麼？
——從兩大部類失衡角度出發

馬克思對供給 (supply) 的定義是「處在市場上的產品，或者能供給市場的產品」。供給是生產者提供給市場的具有使用價值的產品，它等同於某種商品的賣者或生產者的總和。因此，生產者既需要有對某種商品提供出售的願望 (供給慾望)，也需要有提供出售的能力 (供給能力)，才能形成有效供給。與此對應，需求 (demand) 是指「購買商品或勞務的願望和能力」。馬克思認為它是「市場上出現的對商品的需要」，當然這個商品可能被作為生產資料進入生產消費領域，或者作為生活資料進入個人消費領域。因此，這裡的需要既可能是由生產者產生的，也可能由消費者產生的。「在需求方面，

第二十七章 《資本》域下的供給側結構性改革

存在著某種數量的一定社會需要，要滿足這種需要，就要求市場上有一定量的某種物品。但是，從量的規定性來說，這種需要具有很大伸縮性和變動性。它的固定性是一種假象」。這種需要和實際的社會需要之間存在數量上的差別，就導致了供給和需求的不平衡。

馬克思在《社會總資本再生產和流通》中論述，資本的直接生產過程，就是資本的勞動和價值增值的過程。這個過程的結果是商品產品，決定性動機是生產剩餘價值。而再生產過程既包含直接的生產過程，也包含真正流通過程的兩個階段，即全部循環，並形成資本的週轉。社會總資本運動的過程，既包含生產消費和作為仲介的形式轉化，也包含個人消費和作為其仲介的形式轉化或交換。

在《資本論》第二卷關於「再生產」的論述中，將社會的總生產物分成兩大部類：第Ⅰ部類是生產資料，是必須進入或至少能夠進入生產消費的形式的商品；第Ⅱ部類是消費資料，是必須進入資本家和工人兩個階級的個人消費的形式的商品。社會總資本再生產理論前提認為：社會總產品的生產，通常是物質形式和價值形式同時存在的。物質形式包括生產資料（第Ⅰ部類）和生產消費資料（第Ⅱ部類），價值形式則表現為不變資本 c、可變資本 v 和剩餘價值 m。供給側結構性改革正是從結構角度出發，保證兩大部類按比例平衡發展和社會生產體系均衡，從而能實現經濟的持續健康運行。

（一）兩大部類內部結構失衡的表現

再生產實質上是以消費為目的的，兩大部類的生產都是為簡單和擴大再生產服務的，所以兩大部類內部的結構均衡與否都會影響再生產。

第一，第Ⅰ部類內部結構的失衡。「第Ⅰ部類內部的交換，就是一種生產資料與另一種生產資料的交換，通過交換，各部門與各企業消耗的生產資料可以互相補償」。「第Ⅰ部部類內部的生產主要從兩個方面體現：一部分是生產生產資料的生產資料，稱其為 IA，例如生產生產資料的機器等；另一部分是生產消費資料的生產資料」。儘管在《資本論》原文中沒有對第Ⅰ部類生產消費資料的生產資料進行分類，但對第Ⅱ部類生產的消費資料分為了生產必要消費資料和生產奢侈消費資料，參照這次分類，我們將第Ⅰ部類內部的生產生產資料分為生產必要生產資料的生產資料 Ia 和生產奢侈生產資料的生產資料 Ib。而在具體生產過程中，Ia 和 Ib 不生產他們自己再生產的生產資料，只能從 IA 處得到，否則難以實現再生產。因此，IA 與 $Ia+Ib$ 之間的比例關係和 Ia、Ib 之間的比例關係都會影響簡單再生產的順利進行。例如，在鋼鐵、煤炭等重工業的過度投入，產能過剩，影響農業和第三產業的發展；同時重工業內部生產，例如煤炭與鋼鐵之間的生產也出現了比例失調。

第二，第Ⅱ部類內部結構的失衡。「年商品生產第Ⅱ部類事由品類繁多的產業部門構成，但從生產的產品來說，分為兩大分部類，即消費資料 a 和奢侈消費資料 b」，「消費資料進入了工人階級的消費的一部分，但他們是必要生活資料，所以也構成資本家階

295

級的消費的一部分,雖然就其質量和價值來說,旺旺和工人的必要生活資料不同旺旺和工人的必要生活資料不同」「奢侈消費資料只進入資本家階級的消費,所以只能和花費的剩餘價值交換,而剩餘價值是絕對到不了工人手中」。在消費資料生產過程中,a 和 b 兩個分部類之間是存在一定量的比例關係,因此,提供這兩類產品的生產部門也有一定量的比例關係。若 a 和 b 的比例發生了變化,簡單再生產的條件也會發生變化。現實中,如果必要的消費資料需求得到了滿足,而奢侈消費資料無法得到滿足,就會出現供給與需求不對稱,造成結構性失衡。特別是在國內消費資料無法滿足需求,就會促使消費者購買國外商品(以滿足自身需求),導致有效供給不足。所以,「必要消費資料的生產和奢侈品的生產之間的比例關係,是以 $\text{II}(v+m)$ 在 $\text{II}a$ 和 $\text{II}b$ 之間的分割為條件的」,這將直接影響生產的性質和數量。

(二) 兩大部類之間結構失衡的表現

兩大部類之間應當保持一定的比例關係,以推動社會經濟平穩發展。如果出現比例失調,擴大再生產無法實現,則會出現經濟結構失衡甚至經濟衰退。兩大部類平衡與否,在現實中直接表現為結構問題。而當前中國經濟出現的問題,也是由於社會總供給和總需求結構失衡所導致的。

第一種失衡:$\text{I}(v+\Delta v+m/x) < \text{II}(c+\Delta c)$,$\text{I}(c+v+m) < \text{I}(c+\Delta c) + \text{II}(c+\Delta c)$

第 I 部類的生產和累積小於第 II 部類消耗的不變資本,同時第 I 部類生產生產資料小於第 I 部類和第 II 部類自身對生產資料的需求。這意味著,在整個經濟結構中,生產資料的供給方面出現了結構性問題,無法滿足消費資料生產和擴大再生產對生產資料的需求。而引起兩部類生產資料供給不足的原因表現在以下幾個方面:

第一,從勞動力角度看,勞動力供給已經從過剩變為短缺,特別是對高級技術人才的需求進一步擴大,而低技能的勞動力又不能滿足勞動力市場的需求;同時,城鄉之間差距、東中西區域之間差距和不同行業產業之間工資差距進一步擴大,收入分配差距仍然較高。依靠勞動力總量大,發展勞動密集型企業,通過簡單加工或者生產低附加值產品來獲取利益,在當前市場競爭中無法確立優勢;而市場急需的職業技能精湛、知識涵養豐富的高素質和高技術的人才短缺嚴重,不足以滿足市場的需求,導致生產力水準下降。

第二,對生產企業而言,創新能力有待提高。根據市場分析,當前中國企業的創新能力分佈不均衡。首先,在創新成果集中程度上,絕大多數的創新成果主要集中在少數企業中;其次,在創新成果質量方面,整體質量處於中下水準,核心技術對外依存度偏高;再次,在重要前沿領域方面,企業整體活躍度不高,創新能力仍然落後於世界先進水準;最後,在企業對創新的資金投入方面,總量有所上升,但與發達國家相比仍然存在一定差距。根據《中國企業創新能力排行榜 2018 分析報告》,中國企業的創新能力主要從專利數量、專利質量和分佈區域三個方面進行分析。在專利數量方面,優秀企業有

效專利數量增長迅速，但集中度較高，在中國企業創新能力100強中，申請專利數和有效專利數在2,000件以上的分別有71家企業和42家企業。可以看出，專利數量主要集中在少數優質企業中；專利質量方面，中國高新技術企業的發明專利佔比有所提高，前100強企業發展專利佔比為64%，有效發明專利佔比為48.5%，但仍與美日等發達國家相比存在一定差距；在地區分佈方面，高新技術企業主要還是聚集在經濟發達地區，最為集中的省份分別為廣東（22%）、北京（22%）、江蘇（11%）、上海（7%）和山東（7%），這些地區的高新技術企業共佔前100強的69%。同時，這些高新企業創新主要集中在通信領域、大數據技術和人工智能技術，而對於傳統企業，創新能力提高的壓力頗大。

第三，對宏觀管理主體政府而言，實現擴大再生產，需要降低企業的生產成本。在調整政府與企業之間的收入分配關係方面，需要在稅收、行政事業收入方面進行調整，主要就體現在稅收體制改革上。過去稅收結構的不合理，導致重複性徵稅現象出現，尤其是製造業等行業，增值稅和營業稅並存導致企業負擔沉重，減少企業的生產性累積，影響企業發展，再生產難以擴大。

第四，對市場而言，大量的「僵屍企業」長期佔據市場重要資源，需加速淘汰落後產能過剩行業。當前，煤炭、鋼鐵等行業佔據著土地、資本、勞動力等社會資源，不但沒有相應的產出，還阻礙了這些資源流向高效企業，無法實現資源的優化配置。市場的優勝劣汰原則在面對這些企業時並沒有發揮作用。同時，這類企業長期佔據金融資源，一旦破產，社會金融風險爆發，引起經濟危機，這會對經濟轉型升級和產業結構調整產生重大影響。2017—2018年全年工業產能利用率分別為77.0%、76.5%。其中，煤炭開採和洗選業產能利用率分別為68.2%、7.6%，黑色金屬冶煉和壓延加工業產能利用率分別為75.8%、78.0%，相較於前幾年有了較大改觀，但仍需對落後產能進行淘汰或進行結構升級，以實現資源的優化配置。

通過對勞動力的供給、企業的創新能力、政府的降成本措施以及市場的資源配置四個角度的分析，我們發現，這四個方面的供給側結構問題正是導致第I部類的生產無法滿足兩大部類的總需求的原因。當然，經濟的發展不僅僅是只缺乏第I部類的生產，第II部類消費資料的生產不足也存在供給側結構性問題。

第二種失衡：$II(c+\Delta c) < I(v+\Delta v+m/x)$、$II(c+v+m) < I(v+\Delta v+m/x) + II(v+\Delta v+m/x)$

第II部類的生產和累積小於第I部類消耗的不變資本；同時，第II部類生產的消費資料也小於兩大部類的可變資本總需求。擴大再生產實現條件出現偏差，兩大部類內部失衡，消費資料生產不足引起供給側結構性問題。主要表現在以下幾個方面：

第一，城鎮化進程緩慢，勞動力轉移能力不足。作為第II部類生產和消費的主體，城鎮居民對促進第II部類發展有著重要作用，而城鎮化也影響第II部類的生產。城鄉戶籍制度、城市和農村的社會保障制度等都對城鎮化進程有一定影響，當前的戶籍制度對

農村剩餘勞動力的轉移有一定影響，城鄉差距也在近年逐步拉大。根據統計，2018年全國總人口為139,538萬人，其中城鎮常住人口為83,137萬人，占總人口的比重為59.58%，城鎮化率為43.37%，和美國當前總體平均城市化率（83%）還有較大差距。全國參加城鎮職工基本養老保險人數為41,848萬人，比上年年末增加1,555萬人。參加城鄉居民基本養老、基本醫療保險、失業保險、工傷保險、生育保險人數都有所增加，但與社會總人口對比以及城鄉居民保障制度對比都有一定差距。

　　第二，房地產庫存積壓，住房空置率高。過去擴大內需的政策誘發了以房地產投資為主的熱潮，各地方政府為獲得短期經濟效益，通過提高土地價格實現財政收入增加。土地價格上漲導致房價居高不下，一方面有購買慾望的家庭買不起房，另一方面有的家庭擁有多套住房卻空置，造成積壓。部分地方政府的「土地財政」政策使得房地產投資多、開發熱、出現結構性失衡，庫存積壓嚴重。2016—2018年房地產開發投資分別為102,581億元、109,799億元、120,264億元，在整個政府投資中所占比例加大；同時，2017—2018年年末商品房待售面積分別為58,923萬平方米和52,414萬平方米，庫存積壓嚴重。根據調查，中國的自然空置率為9.8%，一線城市的自然空置率為11.3%，二線城市的自然空置率為9.1%，三線城市的自然空置率為8.8%。中國目前的空置率水準已遠高於自然空置率的標準，尤其是二、三線城市明顯偏離自然空置率；同時，商品房的空置率在一、二、三線城市分別為16.8%、22.2%、21.8%，明顯高於多數國家水準；且根據數據統計，住房越新，空置率越高。

　　第三，產業結構不合理，經濟發展後續乏力。近年來，傳統產業的轉型升級步伐加快，落後產能的淘汰效果明顯，但新的經濟增長動能還有待進一步提高，特別是產業結構的優化升級稍緩、產業發展地區不平衡、產品同質化嚴重以及市場競爭力偏低等方面的因素嚴重制約了消費升級。社會資本再生產中兩大部類和兩大部類內部是按一定比例進行生產的。從當前的三大產業結構來看，其比重存在一定問題。2017年第一、第二、第三產業產值的比重分別為7.6%、40.5%和51.9%，第三產業產值的比重過半且超過了第二產業，但農業的基礎地位相較於2016年的8.1%進一步下降重工業無變化，這與美國三大產業所占比重0.89%、19.06%、80.25%仍存在加大差距，特別是第三產業的發展，還有待進一步提高。在消費結構中，各類消費品與三大產業的關係非常密切，食品等消費主要依靠第一產業，生活、交通等主要受第二產業的影響，而醫療、教育、通信服務等主要受第三產業的影響。因此，產業結構的不合理將直接影響消費結構升級，而消費結構是影響第Ⅱ部類發展和擴大再生產的重要因素。

三、供給側結構性改革怎麼改？——從兩大部類平衡角度出發

　　從馬克思社會總資本再生產理論和兩大部類平衡理論角度，當前的供給側結構性改革必須從經濟結構角度出發，進行調整和優化；同時，為促進經濟長期持續的發展，要

通過政策的制定和體制的完善來實現供給和需求的平衡。

(一) 從國家宏觀政策看

2019年中央經濟工作會議提出，當前經濟運行的主要矛盾仍然是供給側結構性的，必須堅持以供給側結構性改革為主線，政府採取改革的辦法，更多運用市場化、法治化手段，在「鞏固、增強、提升、暢通」八個字上下功夫，思路更清晰、重點更明確。這一經濟政策的實施，也是為了實現兩大部類均衡，更好地促進經濟持續穩定的增長。

第一，要堅持以供給側結構性改革為主線，立足當前，著眼長遠。當下，供給與需求不平衡，更多表現在結構性矛盾上，所以要解決好供求結構性矛盾，激發國內需求；長遠來看，是要建立長效體制機制，保持經濟持續穩定增長。在擴大內需方面，減少低端和無效供給、擴大有效和中高端供給；在建立機制體制上，還需要充分發揮市場的作用，用市場機制來推動供給側結構性改革。同時，過去供給側結構性改革提出首先要在供給數量上滿足需求。在黨的十九大報告中，強調當前中國經濟發展進入新時代，開始由高速增長轉向高質量發展，而高質量發展正是新發展理念的集中體現，是保持經濟持續健康發展的必然要求，是遵循經濟規律發展的必然要求。推動高質量發展，要改變發展方式，從數量追趕轉向質量追趕；要實現產業體系和產業結構的升級，從要素密集型產業轉向技術和知識密集型企業，從低技術含量、低附加值產品體系轉向高技術含量、高附加值產品體系；要打造環境友好型經濟，在經濟發展過程中注意生態環境保護，走綠色發展道路。

第二，要在「鞏固、增強、提升、暢通」八個字上下功夫。八字方針的推行，首先，需要鞏固「三去一降一補」成果，進一步鞏固改革的成果；其次，「去產能、去庫存」是為有效供給騰出空間，重新調整國內供求矛盾，創造和滿足有效供給；再次，「去槓桿、降成本」是為了提高企業競爭力，以彌補國內有效供給不足這一缺口，為滿足國內需求提供更多有市場競爭力的商品；最後，「補短板」是為了實現進口替代，盡可能用國內的供給滿足消費者的需求，以實現國內產品的生產價值，使得消費者將國外需求轉化為國內需求，進一步擴大國內需求市場。經過這幾年發展，該政策已經取得了階段性成效。但從長期看，經濟目標是實現供需的動態平衡，所以還是需要繼續通過改革手段，建立機制體制，保障經濟長期穩定的增長。

鞏固——主要是要鞏固前期改革成果，尤其是在產能過剩行業方面，要進一步加快市場出清，從而降低各類經營成本。市場應當充分發揮其在資源配置中的決定性作用，應用市場去產能、去庫存，讓市場的價格體現供給和需求的變化；在市場准入方面，積極放寬市場准入，促進生產要素的自由流動，讓供給結構能夠積極適應需求的變化；同時，政府應當逐漸取消對「僵屍企業」的補貼，對不符合市場規則的產業和企業讓市場優勝劣汰；政府簡政放權，減少審批事項，簡化審批流程和環節，最大限度地減少對資源的直接調控和對企業的發展限制。

增強——主要是增強微觀主體的活力。這一微觀主體就體現在企業和企業家身上，而外在，則需要建立公開公平透明的市場規則和法治化的營商環境。發揮企業和企業家的主觀能動性，主要體現在企業創新上。一個企業的創新能力，是改變生產方式、保持經濟持續增長的重要因素之一。要提高企業的創新能力，一方面，需要完善的法律法規體系，加強市場監管，保護企業知識產權，建立公平開放透明的市場規則和法治化營商環境，為企業創新提供制度保障；另一方面，需要引導社會資金進入創新領域，深化投融資體制改革，調動企業的積極性和創造性，激發企業創新熱情，積極推進正面刺激和優勝劣汰，從而發展更多優質企業。

　　提升——主要體現在產業鏈水準的提高上，特別是保持企業持續有效的發展，推動企業創新發展。科學技術是第一生產力，創新是引領發展的第一動力。科技創新是需要體制創新推動的。一方面，政府作為市場中的重要角色，對科技的投入有重要作用，同時政府也可以積極引導企業、社會等增加對研發的投入，加大資本市場對科技型、創新型企業的支持力度，積極鼓勵研發和創新，建立風險分擔機制，降低民營企業研發風險，使企業成為創新的主體；另一方面，推進重大科技決策制度化，進一步完善符合科技創新規律的資源配置方式，通過簡化行政預算和財務管理方法管理科技資源等問題，力求科技創新活動效率最大化，推動流通環節改革和反壟斷反不正當競爭，減少政府對市場資源的直接調控，發揮市場在資源配置中的決定性作用。

　　暢通——是要建立統一開放、競爭有序的現代市場體制。公平競爭，就要全面實施市場准入負面清單制度，清除違反公平競爭的規章制度，保障企業在健康公平的環境下發展，激發市場主體活力，對價格進行積極引導，保障其資源配置中的作用，促進生產要素自由流動。同時，政府要建立統一的監管政策和標準，維持市場的公平、公正。

（二）從具體結構性改革措施和體制建設看

　　在推進新時代經濟發展、提高供給體系質量水準過程中，整個供給體系都要有高質量；有市場經濟環境中，各個領域、各個環節都要推行結構性改革，才能實現推進兩大部類平衡發展，推進社會總資本擴大再生產。

　　第一，在勞動力供給方面，提高勞動力供給質量。當前人口紅利的逐步消失和老齡化問題凸顯，人口總量增長的勢頭減弱，人口結構性問題突出，人口均衡發展的壓力增大。這對企業特別是勞動密集型企業來說，將極大限制其自身的擴大再生產活動。同時，職業技能精湛、知識涵養豐富的勞動力也相對比較缺乏，勞動力素質有待進一步提高。因此，在勞動力供給角度方面，既要從「量」上手，也要提高勞動力供給的「質」。首先，堅持計劃生育的基本國策，完善人口發展戰略，全面實施二孩政策，積極開展應對人口老齡化行動。全面二孩政策是符合供給側結構性改革的要求，是有利於優化人口結構，保持經濟社會發展活力，促進家庭幸福與社會和諧。從社會發展長遠看，全面二孩政策的實施，到2050年適齡勞動年齡人口將增加3,000萬左右，有利於

穩定經濟增長預期。其次，構建中國特色多層次混合型養老保障體系。通過國家基本養老保險、業年金和個人商業養老保險「三位一體」，實現老有所養、老有所樂，完善養老保障制度。通過取消城鄉社會保障差異，推進城鎮化建設，保證社會保障供給的公平公正，對養老基金實行全國性統籌。進一步完善社會救助體系，逐步實現二次分配的公平性。再次，加大對教育的投入，提高勞動力素質，在創新上下功夫。企業的創新，實際就是人才創新，而創新驅動實際就是人才驅動，人力資源才是支撐創新發展的第一資源。優先發展教育事業，提高勞動力素質。勞動力素質已經成為制約當前經濟的發展的重要影響因素，全面提高勞動力素質已是當務之急。積極推動城鄉義務教育一體化發展，高度重視農村義務教育、普及高中階段教育、完善職業教育和培訓體系、推進高等教育內涵式發展。從各個階段著手，綜合提高勞動力素質，讓有效勞動力的供給滿足擴大再生產的需要。最後，建立與高質量發展相適應的激勵機制，激發人才的積極性、創造性，保證高質量發展有源源不斷的動力。

第二，在企業供給方面，注重提高企業質量。企業作為擴大再生產的重要角色，對經濟發展有著重要作用。首先，提高企業的質量水準、技術水準和服務水準意味著提高供給主體的整體質量。加大對企業的財政支持，特別是規模優勢明顯、自主創新能力強、品牌知名度、資源整合能力優勢明顯的企業，進行積極引導。特別是對創新型企業的培育、強化，一方面要加大人才和服務保障，另一方面要深化產學研協同創新，鼓勵企業積極創新，提高創新能力，推進創新企業的發展。其次，注重企業產品質量的提高，通過對產品進步標準化管理，在產品設計、製造、銷售以及售後等環節採取統一的質量標準，加強行業監督，為產品質量提供公平公開的市場競爭環境。

第三，加快產業結構轉型升級，加大對實體經濟的支持和投入。首先，要進一步優化產業結構，在推進供給側結構性改革時，要在堅持優化存量和擴大增量並重的基礎上實現結構升級，發展先進製造業和壯大第三產業，培育新興產業和改造傳統產業，由中國製造轉向中國創造、中國速度轉向中國質量、中國產品轉向中國品牌。其次，要優化區域結構，各區域各地區根據發展優勢不同，從不同角度不同功能進行建設。在推進各區域發展時，要注意生態環境與經濟發展的關係。再次，要優化城鄉結構，積極推進鄉村振興戰略，推進農業現代化，培育新型農業，促進城鄉一體化發展。最後，實體經濟是國民經濟的基礎，振興實體經濟，既是中國經濟發展的支點，也是經濟政策制定的基點。積極推進雲計算、大數據、AI 等為代表的新一代信息技術與實體經濟的深度融合，加快提高產業供給能力，推進經濟實現高質量發展；繼續深化金融體制改革，優化融資結構和信貸結構，積極引導銀行對實體經濟的融資支持；積極推動科技創新能力，把握產業升級方向，提出適宜產業政策，促進技術進步，提高產業效率和促進產業結構高級化；加強頂層設計，多舉措共同發展壯大實體經濟特別是先進製造業，通過營造公平競爭市場環境，強力支持民營經濟發展。

第四，進一步優化商品供給結構，使得消費結構不斷改善，從量的滿足轉向質的提

升。調查顯示，滿足基本生活需求的消費品零售額占比明顯下降，反應消費升級的耐用品零售額占比提高；同時，生活水準的提高使得消費由實物型向服務型轉變，體驗類消費快速發展。為適應這一發展，首先，應當積極推進消費結構轉型，加強市場監管，規範市場供給，培育服務類消費新的增長點；其次，通過建立多層次消費體系，通過豐富和完善供給市場以適應不同消費群體消費升級的需求；最後，在企業方面提高企業創新和創造能力，加強品牌建設，提高產品質量，形成生產消費的良性循環，以質量創品牌，以品牌帶市場，真正實現高質量發展。

四、結語

供給側結構性改革，是綜合研判世界經濟形勢和推動高質量發展所作出的重大決策，也是落實全面深化改革的戰略突破口。這一改革不受西方供給學派的重現，而是立足於中國改革發展實踐對馬克思主義政治經濟學的創新發展；這一改革是以提高供給質量為主攻方向，以深化改革為根本途徑，以滿足需求為最終目的，是推動中國經濟實現高質量發展的必然要求；這一改革是充分把握改革主線，提高供給結構對需求結構的適應性，在解放和發展社會生產力中更好地滿足人民對美好生活的向往。通過以上分析，在經濟轉向高質量發展背景下，馬克思社會總資本再生產理論對分析當前供給側結構性改革的理論來源有重要作用。當前，在社會總產品實現上，主要問題在於兩大部類的失衡。因此，要解決這些問題，必須從兩大部類平衡角度出發，既要強調供給又要關注需求，既要解決結構性問題又要解決總量性問題，既要注重數量的提升也要推進高質量發展。當然，矛盾的主要方面在供給側，所以重點放在結構調整和質量提高上，以保證總供給和總需求的平衡，實現經濟的持續平穩健康的發展。最後，在當前開放國際市場條件下，深入探討兩大部類失衡原因與平衡對策將成為筆者未來進一步研究的方向。

本章參考文獻：

[1] 習近平. 決勝全面建成小康社會奪取新時代中國特色社會主義偉大勝利——在中國共產黨第十九次全國代表大會上的報告 [M]. 北京：人民出版社，2017：30.

[2] 中共中央宣傳部理論局. 習近平新時代中國特色社會主義思想三十講 [M]. 北京：學習出版社，2018.

[3] 程恩富，譚勁松. 創新是引領發展的第一動力 [J]. 馬克思主義與現實，2016 (1)：13-19.

[4] 劉元春. 供給側結構性改革的政治經濟學解讀 [N]. 光明日報，2016-07-28 (16).

[5] 邱海平. 供給側結構性改革必須堅持以馬克思主義政治經濟學為指導 [J]. 政

治經濟學論，2016（3）：204-207.

[6] 劉鳳義. 中國特色社會主義政治經濟學原則與供給側結構性改革指向 [J]. 政治經濟學評論，2016（3）：211-214.

[7] 侯曉東. 供給側結構改革的馬克思主義政治經濟學研究——基於市場供需均衡理論比較視角 [J]. 當代經濟，2016（19）：4-6.

[8] 丁任重. 關於供給側結構性改革的政治經濟學分析 [J]. 經濟學家，2016（3）：13-15.

[9] 王亞麗. 運用馬克思宏觀經濟均衡思想指導供給側結構性改革 [J]. 經濟問題，2017（5）：42-47.

[10] 楊繼國，朱東波. 馬克思結構均衡理論與中國供給側結構性改革 [J]. 上海經濟研究，2018（1）：5-16.

[11] 滕泰，劉哲. 供給側改革的經濟學邏輯——新供給主義經濟學的理論探索 [J]. 蘭州大學學報（社會科學版），2018（1）：1-12.

[12] 白暴力，王勝利. 供給側改革的理論和制度基礎與創新 [J]. 中國社會科學院研究生院學報，2017（3）：49-59.

[13] 陶啓智，馮青琛，劉銘. 深化供給側結構性改革的馬克思主義政治經濟學分析 [J]. 財經科學，2017（8）：93-105.

[14] 魏旭. 唯物史觀視閾下「供給側結構性改革」的理論邏輯 [J]. 社會科學戰線，2018（4）：20-26.

[15] 王婷. 馬克思社會再生產理論視域中的供給側結構性改革 [J]. 河北經貿大學學報，2017（3）：43-49.

[16] 李繁榮. 馬克思主義經濟學視域下的供給側結構性改革解讀——基於社會總資本再生產理論 [J]. 當代經濟研究，2017（4）：27-34.

[17] 邵麗敏，王建秀，閻俊愛. 社會總資本再生產理論——基於生產持續性視角 [J]. 經濟問題，2018（9）：36-41.

[18] 馬克思，恩格斯. 馬克思恩格斯全集：第25卷（上）[M]. 北京：人民出版社，1975：208.

[19] 中國社會科學院語言研究所辭典編輯室. 新華字典 [M]. 北京：商務印書館，2011.

[20] 馬克思，恩格斯. 馬克思恩格斯全集：第25卷（上）[M]. 北京：人民出版社，1975：211.

[21] 馬克思. 資本論：第2卷 [M]. 北京：人民出版社 2004：402.

[22] 馬克思. 資本論：第2卷 [M]. 北京：人民出版社，2004：438.

[23] 林子力，劉國光. 學習馬克思關於再生產的理論 [M]. 北京：人民出版社，中國社會科學出版社，1980：279.

[24] 林子力，劉國光. 學習馬克思關於再生產的理論 [M]. 北京：人民出版社，中國社會科學出版社，1980：281.

[25] 馬克思. 資本論：第2卷 [M]. 北京：人民出版社，2004：448.

[26] 馬克思. 資本論：第2卷 [M]. 北京：人民出版社，2004：450.

[27] 馬克思. 資本論：第2卷 [M]. 北京：人民出版社，2004，453.

第二十八章　利潤率下降與中國經濟新常態[①]

一、引言

新常態是概括當前中國經濟最恰當的詞彙之一。根據官方的表述，新常態有三個主要特徵：中高速增長、經濟結構不斷優化升級、創新驅動[②]。其中，經濟增速下滑是新常態最明顯的特徵，也是中國經濟所面臨的眾多問題的最集中體現。GDP 增速由 2010 年的 10.4%，逐步下降至 2015 年的 6.9%，2016 年上半年則為 6.7%。而且進入新常態以來，全國各省（市）在 GDP 增速上也出現了分化，如重慶自 2014 年第一季度開始連續 10 個季度全國 GDP 增速第一，2016 年上半年 GDP 增速為 10.6%，而東北地區最近幾年的 GDP 增速則經常墊底，遼寧 2016 年第一季度的 GDP 增速為-1.3%[③]。面對新常態這一重要的經濟現象，學術界進行了大量的研究和討論，探討 GDP 增速為什麼會在短短幾年的時間裡出現大幅度下滑，只有找準了原因，才能「對症下藥」。

從經濟學的研究範式來看，對於中國經濟的新常態，可以從西方經濟學和政治經濟學的視角進行研究。西方經濟學現有文獻基本沒有找到新常態的真正原因。王慶從中國經濟增長核算、與日本和韓國經驗中的深層次因素和行業依據進行對比、中國國內較大的地區差異的角度進行探討，認為 2020 年前的中國經濟一定會發生增長減速的問題[④]。袁富華通過對發達國家經濟增長的歷史數據進行分析，一方面發現 20 世紀 70 年代發達國家的經濟減速與產業結構向服務化轉變導致的生產率減速有關，另一方面發現在經濟增長的長期過程中，存在結構性加速和結構性減速兩種狀態，作者由此認為當前中國的經濟減速是由於中國的經濟結構向服務化轉變的趨勢在增強，生產率出現了減速[⑤]。

[①] 本章選自：趙磊，劉河北. 利潤率下降與中國經濟新常態 [J]. 四川大學學報（哲學社會科學版），2017 (1)：102-111.

[②] 習近平談「新常態」：3 個特點 4 個機遇 1 個挑戰 [EB/OL]. [2016-06-03]. http://news.sina.com.cn/o/2016-02-25/doc-ifxpvutf3361264.shtml.

[③] 2016 年上半年全國 31 省市 GDP 數據及排名 [EB/OL]. [2016-07-05]. http://www.kuaiji.com/news/3192637/?utm_source=customizePanel.

[④] 王慶，章俊，ERNEST HO. 2020 年前的中國經濟：增長減速不是會否發生，而是如何發生 [J]. 金融發展評論，2011 (3)：26-36.

[⑤] 袁富華. 長期增長過程的「結構性加速」與「結構性減速」：一種解釋 [J]. 經濟研究，2012 (3)：127-140.

張平也認為中國經濟的減速是結構性減速，而非週期性減速，但作者只探討了經濟減速的影響和應對的改革措施，並未探討是什麼因素導致了經濟減速[1]。沈坤榮和滕永樂一方面研究了日本、韓國和臺灣的經濟發展歷史，認為當人均 GDP 達到 7,000 美元（按購買力平價計算）時，經濟就容易步入減速拐點，並對照中國當前的發展水準，認為中國經濟此時的結構性減速是符合日本、韓國和臺灣的發展軌跡的；另一方面則把結構性減速的原因歸結為舊制度紅利的消失、劉易斯拐點的到來、社會總需求結構失衡、資源環境承載能力達到極限、收入差距不斷拉大等因素[2]。蔡昉認為中國潛在生產率或已開始下降，經濟減速是人口紅利消失與國際出口需求減少共同作用的結果[3]。李揚和張曉晶認為要素供給效率變化、資源配置效率變化、創新能力不足、資源環境約束增強是導致中國經濟出現結構性減速的四個主要原因[4]。劉偉和蘇劍認為生產成本上升、技術進步方式變化、投資收益率下降、出口導向型增長不可持續，使得中國經濟進入了一個新常態[5]。任保平和宋文月認為中國要素（自然資源、人口、技術以及資本等）的稟賦結構發生了變化，使得原有比較優勢和增長紅利出現衰減，中國經濟增長的潛力受到制約[6]。林毅夫則認為始於 2010 年的經濟增速下滑，主要不是內部結構問題，而是外部結構問題，因為一方面中國的內部結構性問題以前一直存在，另一方面在中國經濟下滑的同時，發達國家和其他發展中國家出現了更大幅度的下滑[7]。而另外一些文獻，在沒有弄清楚是什麼因素導致經濟減速的情況下，就直接給出政策建議，比如賈康指出，我們需要走向、適應和引領新常態，調動一切潛力和積極因素，按照現代國家治理的取向，對接新常態，打開新局面，打造升級版，真正提高增長質量[8]。李佐軍從短期和長期的角度，給出了如何引領新常態的具體辦法和措施[9]。以上文獻對中國經濟結構性減速的探討和原因分析是不夠的，既缺乏原因分析所必備的統一的理論框架，也缺乏相應的實證分析和經驗驗證。而在關於中國經濟減速的少數幾篇實證文獻中，李猛利用增長核算和 Ordered Logistic 實證研究的方法，分析了中國經濟減速的原因，發現全要素生產率增長放緩可以解釋中國經濟減速的90%，其餘10%可以由資本增長放緩來解釋，而勞動對經濟減速的影響可以忽略不計，所以中國經濟穩增長的關鍵在於提振全要素生產率[10]。韓永輝等基於中國 1978—2012 年的省級數據，利用非參數面板模型中的均值估計和逐

---

① 張平.「結構性」減速下的中國宏觀政策和制度機制選擇［J］. 經濟學動態，2012（10）：3-9.
② 沈坤榮，滕永樂.「結構性」減速下的中國經濟增長［J］. 經濟學家，2013（8）：29-38.
③ 蔡昉. 從人口學視角論中國經濟減速問題［J］. 中國市場，2013（7）：12-16.
④ 李揚，張曉晶.「新常態」：經濟發展的邏輯與前景［J］. 經濟研究，2015（5）：4-19.
⑤ 劉偉，蘇劍.「新常態」下的中國宏觀調控［J］. 經濟科學，2014（4）：5-13.
⑥ 任保平，宋文月. 新常態下中國經濟增長潛力開發的制約因素［J］. 學術月刊，2015（2）：15-22.
⑦ 林毅夫. 什麼是經濟新常態［J］. 領導文萃，2015（4）：32-34.
⑧ 賈康. 把握經濟發展「新常態」打造中國經濟升級版［J］. 國家行政學院學報，2015（1）：4-10.
⑨ 李佐軍. 引領經濟新常態走向好的新常態［J］. 國家行政學院學報，2015（1）：21-25.
⑩ 李猛. 中國經濟減速之源：1952—2011 年［J］. 中國人口科學，2013（1）：11-25.

點估計的方法，分析了產業結構調整和經濟增長的關係，發現中國目前正處在倒「U」形曲線的拐點處，中國面臨從結構性加速向結構性減速轉變的困境之中[1]。總之，這些西方經濟學範式的文獻對新常態原因的分析，一方面在方法論上缺乏統一的分析框架，中國經濟增長速度下滑的具體原因和表現形式有很多，但主要原因和根本原因是什麼，並未搞清楚，另一方面基於一般均衡理論和市場出清的視角，是不能認清中國經濟新常態的本質和真正原因的。要認清新常態的本質和原因，必須從馬克思的視角出發。

從中國經濟整體的供求關係和發展階段來看，趙磊和劉河北認為中國經濟已經步入了馬克思所講的資本主義「生產相對過剩」階段[2]。李民騏則從資本主義經濟危機的角度來探討中國的經濟增長和經濟增速下滑的問題，由於資本主義生產的目的是追求利潤，利潤率的高低決定了資本家的投資水準，進而決定就業、產出和經濟的整體運作狀況，李民騏發現從2007年開始，中國的利潤率出現了急遽的大幅度的下降，2010年以後中國的勞動收入份額比例開始上升，利潤份額比例出現下降，2012年左右勞動收入份額則超過了利潤份額，2014年利潤份額下降到33%左右，中國利潤率和利潤份額的下降與中國經濟增速的下降，不僅在時間上是吻合的，而且也抓住了資本主義生產的核心和關鍵[3]。而對於經濟危機與利潤率的關係，伊藤誠較早地探討了利潤率下降引發經濟危機的機制[4]。Grossman認為利潤率下降趨勢在馬克思危機理論中處於核心地位，利潤率下降必將導致利潤總量的增長速度下降，因為沒有利潤，新投資不會增加，危機最終會爆發[5]。Dumenil和Levy發現1929—1933年大蕭條和1970年代的滯脹等危機爆發之前，利潤率已經開始下降[6]。陳恕祥認為經濟危機的核心問題是利潤率問題，利潤率下降加劇了資本過剩、人口過剩和生產過剩，各種矛盾的激化最後引發了經濟危機[7]。布倫納認為生產能力過剩是2008年金融危機的根本原因，1970年代以來的過剩生產能力一直沒有被摧毀，為了遏制利潤率的下降，發達國家過剩的生產能力不斷地向其他國家轉移，全球化作為對利潤率下降的回應，導致全球性產能過剩，產品供過於求，價格下跌，資本投資回報率和利潤率進一步下降[8]。楊繼國認為資本家追求剩餘價值採用的新技術會導致資本有機構成提高，而剩餘價值率的變化幅度是有限的，兩者共同作用會

---

[1] 韓永輝，黃亮雄，鄒建華. 中國經濟結構性減速時代的來臨 [J]. 統計研究，2016（5）：22-33.

[2] 趙磊，劉河北. 新常態背景下財政支出與農民收入增長 [J]. 江漢論壇，2015（4）：10-15.

[3] 李民騏. 資本主義經濟危機與中國經濟增長 [J]. 政治經濟學評論，2016（7）：206-215.

[4] 伊藤誠. 價值與危機 [M]. 宋群，譯. 北京：中國社會科學出版社，1990：106.

[5] H. GROSSMAN. The Law of Accumulation and Break down of the Capitalist System [M]. London：Pluto Press，1992：10.

[6] G. DUMENIL，D. LEVY. The Economics of the Profit Rate：Competition，Crises，and Historical Tendenciesin Capitalism [M]. Aldershot：Edward Elgar，1993：23.

[7] 陳恕祥. 論一般利潤率下降規律 [M]. 武漢：武漢大學出版社，1995：153.

[8] 布倫納. 布倫納認為生產能力過剩才是世界金融危機的根本原因 [J]. 蔣宏達，張露丹，譯. 國外理論動態，2009（5）：5-12.

使利潤率下降，利潤率下降會導致投資率（儲蓄率）下降，經濟增速下滑，當經濟增速下降至一定程度時便引發了經濟危機[①]。

為此，本章從馬克思主義政治經濟學的視角出發，把最能體現中國經濟新常態特徵的經濟增長率與利潤率聯繫在一起，利用中國的數據，並從利潤率下降的角度來探討中國經濟新常態的原因。

二、利潤率下降規律與經濟危機

馬克思對利潤率下降規律與經濟危機之間的關係的探討建立在馬克思勞動價值論的基礎之上，即商品和貨幣的內部潛伏著危機的可能性。「總之，可以說：危機的第一種形式是商品形態變化本身，即買和賣的分離。危機的第二種形式是貨幣作為支付手段的職能，這裡貨幣在兩個不同的、彼此分開的時刻執行兩種不同的職能。」因此，只要存在商品生產和商品交換、價值生產和價值實現，商品內部矛盾的發展最終必然會轉化為資本主義基本矛盾。但是僅僅從商品和貨幣的角度來探討經濟危機是不夠的，「現在的問題是要徹底考察潛在的危機的進一步發展（現實危機只能從資本主義生產的現實運動、競爭和信用中引出），要就危機來自作為資本的資本所特有的，而不是僅僅在資本作為商品和貨幣的存在中包含的資本的各種形式規定，來徹底考察潛在的危機的進一步發展。」[②] 所以，危機由可能性轉變為現實性必須從資本作為資本所具有的特性中來考察。資本主義生產的目的不是滿足資本家個人的消費需求，而是佔有價值、貨幣、抽象財富，也即追求更多的利潤和更高的利潤率。資本家追求更多利潤和剩餘價值的動力，一方面來自資本家作為資本的人格化代表，存在追求更多剩餘價值，特別是超額剩餘價值的內在動力，另一方面則來自資本之間的外部競爭壓力，落後的一方在競爭中存在被淘汰的危險。這兩方面因素促使資本家必須不斷地進行技術創新，提高勞動生產率，使自身的個別價值低於社會價值，從而獲得更多的利潤和更高的利潤率。當大部分企業都這樣做時，整個社會的資本有機構成便提高了，一定的活勞動推動著更多的不變資本，雖然社會中存在各種阻止利潤率下降的反作用因素，但利潤率最後還是不可避免地會下降，這也是資本累積和生產力發展的結果。所以，資本主義生產的真正限制是資本自身，是利潤率，只有那種能夠提供恰當利潤的東西才會被生產出來，「資本主義生產不是在需要的滿足要求停頓時停頓，而是在利潤的生產和實現要求停頓時停頓」[③]。

馬克思對利潤率下降規律給予了高度的評價和重視，利潤率下降規律「從每一方面來說都是現代政治經濟學的最重要的規律，是理解最困難的關係的最本質的規律。從歷

[①] 楊繼國. 基於馬克思經濟增長理論的經濟危機機理分析 [J]. 經濟學家，2010（2）：5-11.
[②] 馬克思，恩格斯. 馬克思恩格斯全集：第 26 卷中 [M]. 北京：人民出版社，1974：582，585.
[③] 馬克思，恩格斯. 馬克思恩格斯全集：第 25 卷 [M]. 北京：人民出版社，1974：288.

史的觀點來看，這是最重要的規律」①。可以說，利潤率下降規律貫穿了資本主義發展的整個歷史過程，是真正關係到資本主義發展動態和命運的規律，與其他對馬克思經濟危機理論進行不同解讀的理論相比，如比例失調論、消費不足論，利潤率下降規律更本質更全面。同時，資本累積規律和利潤率下降規律，也是生產力發展規律在資本主義經濟中的不同表現形式，而且利潤率下降規律也是資本累積規律在利潤率變化形態上的具體化。因此，正確理解和認識利潤率下降規律及其內部矛盾的展開是理解生產過剩和經濟危機的關鍵。

馬克思在《資本論》第三卷第三篇利用三章的篇幅來論述利潤率下降規律以及規律內部矛盾的展開如何導致了經濟危機。具體而言：第一，利潤率的下降刺激了資本累積，促使生產不斷地擴大。資本增殖是資本主義生產的唯一目的，資本有機構成的提高，導致利潤率的下降，為了維持相應的利潤額，資本家必然擴大資本累積規模，投入更多的資本。「另一方面，利潤率的下降又加速資本的積聚，並且通過對小資本家的剝奪，通過對那些還有一點東西可供剝奪的直接生產者的最後殘餘的剝奪，來加速資本的集中。所以，雖然累積率隨著利潤率的下降而下降，但是累積在量的方面還是會加速進行」。在這個過程中，資本家最大限度追求價值增殖的努力與抵抗利潤率下降趨勢的努力，共同導致了生產擴大和生產過剩。第二，利潤率下降規律又限制了資本主義的發展。利潤率的下降必然會引起累積動力的衰減、累積率的下降和資本形成的延緩，進而造成資本過剩。這種資本過剩是針對一定利潤率水準而言的過剩。在這種情況下，新資本的形成缺乏動力，已有資本的過剩導致一部分資本或閒置或轉向虛擬的投機領域，一部分資本在實物和價值形態上走向毀滅，剩下的資本被迫在低利潤率水準上循環和增殖。此時，人口過剩和失業人口的增長是不可避免的。第三，利潤率下降規律破壞了剩餘價值的實現條件。利潤率下降一方面對應著商品和資本的生產過剩，資本循環中貨幣資本、生產資本和商品資本之間不能順利轉換；另一方面不僅導致社會消費能力的下降，而且也導致資本家對生產資料需求的降低。「社會消費力既不是取決於絕對的生產力，也不是取決於絕對的消費力，而是取決於以對抗性的分配關係為基礎的消費力；這種分配關係，使社會上大多數人的消費縮小到只能在相當狹小的界限以內變動的最低限度」②，生產與消費的矛盾隨著利潤率的下降而逐漸被激化。

此外，資本主義的多種矛盾可以通過利潤率下降規律內部矛盾的展開來說明經濟危機。利潤率下降規律直接推動了資本主義生產與消費的矛盾、擴大生產與價值增殖的矛盾、人口過剩與資本過剩的矛盾，加劇了生產比例的破壞和消費能力的萎縮，造成資本價值實現的困難，實物補償和價值補償無法繼續，企業之間的債權債務關係必將破裂。「在這裡，在資本主義生產中，我們已經看到了使危機可能性可能發展成為現實性的相

---

① 馬克思, 恩格斯. 馬克思恩格斯全集：第 46 卷下 [M]. 北京：人民出版社, 1980：267.
② 馬克思, 恩格斯. 馬克思恩格斯全集：第 25 卷 [M]. 北京：人民出版社, 1974：269-270, 272-273.

互債權和債務之間、買和賣之間的聯繫」①。這些矛盾交織在一起，相互影響，最終引發了經濟危機。以利潤率下降規律為中心的各種矛盾的展開，最後都集中到擴大生產與價值增殖的矛盾上來，擴大生產導致的利潤率下降與資本主義追求價值增殖的目的相矛盾。「手段——社會生產力的無條件的發展——不斷地和現有資本的增殖這個有限的目的發生衝突」②，當矛盾激化時，經濟危機便爆發了。同時，生產資料的資本主義私人佔有意味著資本必須不斷地進行價值增殖，資本的特性導致資本有機構成的提高，也意味著生產的不斷擴大以及生產社會化的程度不斷提高，所以擴大生產與價值增殖的矛盾也是資本主義基本矛盾的具體化。總之，資本主義基本矛盾是經濟危機的根源，擴大生產與價值增殖的矛盾是基本矛盾的具體化，利潤率下降規律則是擴大生產與價值增殖矛盾的動態表現，而且利潤率下降規律一方面在刺激資本累積的同時又限制著資本主義的發展，另一方面又導致商品價值和利潤無法正常實現，資本生產總過程受阻，由支付手段引起的債權債務鏈條被打斷，當矛盾被激化時，經濟危機便發生了。但危機爆發導致各種價格和資本價值的崩潰，使失衡的經濟關係又重新恢復平衡和統一，這又為利潤率的上升、資本兼併和累積率的增加創造了基礎和條件。利潤率的復甦，推動著資本累積的增加，為新一輪經濟繁榮鋪平了道路。

三、利潤率與經濟增長率模型

經濟增長率與利潤率、累積率（儲蓄率）、資本有機構成等變量的關係是怎樣的呢？對這一問題的分析，不僅需要借助馬克思簡單再生產和擴大再生產理論中的總量關係，而且還需要對變量之間的關係進行轉換，因為西方經濟學採用價格核算，而政治經濟學採用價值核算，特別地在總量上，國民收入總量 $Y = v + m$，資本總量 $k = c + v$。

楊繼國根據馬克思簡單再生產和擴大再生產理論，引申和發展出了馬克思的經濟增長理論③。本章在此基礎上進行相應的拓展，把利潤率融入經濟增長的方程當中，國民生產總值增長率 g：

$$g = \frac{\Delta k}{c + v} = \frac{\frac{\Delta k}{v + m}}{\frac{c + v}{v + m}} = \frac{s}{a} \qquad (28\text{-}1)$$

其中，Δk 為投資，$s = \frac{\Delta k}{v + m}$ 為儲蓄率，$a = \frac{c + v}{v + m} = \frac{k}{Y}$ 為投入產出比。令 $q = \frac{c}{v}$ 為資本

---

① 馬克思，恩格斯. 馬克思恩格斯全集：第26卷中 [M]. 北京：人民出版社，1974：584.
② 馬克思，恩格斯. 馬克思恩格斯全集：第25卷 [M]. 北京：人民出版社，1974：279.
③ 楊繼國. 馬克思經濟學「辯證均衡」理論體系初探 [J]. 當代經濟研究，2005（7）：32-36.

有機構成，$m' = \dfrac{m}{v}$ 為剩餘價值率（剝削率），對（28-1）式進行簡單變換，可得

$$g = \frac{s}{a} = \frac{s(v+m)}{c+v} = \frac{s(1+m')}{1+q} \qquad (28\text{-}2)$$

式（28-1）和式（28-2）沒有考慮折舊、技術進步和人口增長率，而且這裡的經濟增長速度 g 借鑑了哈羅德-多馬模型的結果。其實經濟增長率等於儲蓄率除以投入產出比，是一個普遍性的結論，利用常用的資本動態方程和索羅模型、內生增長模型等都能得到這一表達式。

式（28-1）和式（28-2）沒有利潤率，對式（28-2）進行簡單變換，並令 $R = \dfrac{m}{c+v} = \dfrac{1+q}{}$ 為利潤率，可得

$$g = s\frac{v+m}{c+v} = s\left(\frac{1}{1+\dfrac{c}{v}} + \frac{m}{c+v}\right) = s\left(\frac{1}{1+q} + R\right) \qquad (28\text{-}3)$$

由於資本有機構成既會影響利潤率，又會影響經濟增長速度，所以把（28-3）式中的資本有機構成 q 消去，可得

$$g = sR\left(1 + \frac{1}{m'}\right) \qquad (28\text{-}4)$$

式（28-3）和式（28-4）意味著經濟增長率與儲蓄率、利潤率正相關，與資本有機構成、剩餘價值率負相關，假定儲蓄率、資本有機構成和剩餘價值率不變時，經濟增長率隨著利潤率的變化而成正相關變化。

楊繼國從理論上探討了經濟增長率與儲蓄率、剩餘價值率、資本有機構成的定性關係，特別強調資本有機構成的變化會影響一般利潤率，進而導致週期性經濟危機的爆發[1]，但是他沒有進行實證分析，而且他的經濟增長率公式中也未包括利潤率這一變量。本章把利潤率融入經濟增長率公式當中，利用式（28-3）和式（28-4），從定量的角度重點考察中國的利潤率變化對經濟增長率的影響。

四、利潤率與經濟增長率的數量關係分析

（一）以往文獻採用的利潤率計算方法

由式（28-3）可知，本章涉及四個變量，分別為經濟增長率、儲蓄率、資本有機構成和利潤率，如何把馬克思所講的價值變量轉化為當前國民經濟核算中使用的價格變量是本章研究的關鍵。其中利潤率是最難處理的變量，如 Moseley 和 Maniatis 等借助投

---

[1] 楊繼國. 基於馬克思經濟增長理論的經濟危機機理分析 [J]. 經濟學家，2010（2）：5-11.

入產出表和 SNA 的其他帳戶，對美國不同時期的稅前利潤率、一般利潤率、淨利潤率、利潤份額和資本有機構成等變量進行測算①，Maniatis 同時區分了一般利潤率 R 和淨利潤率 r②。中國學者也對利潤率進行了研究，如謝富勝等專門研究了美國非金融公司部門的利潤率變化趨勢③，而對利潤率的測算方法則直接採用 Weisskopf、Dumenil 和 Levy 的方法；④ 魯保林和趙磊、魯保林採用莫恩（Mohun）的平均利潤率和淨利潤率的分解和計算方法（平均利潤率等於擴展利潤份額與產出資本比的乘積；淨利潤率等於利潤份額與產出資本比的乘積），並分別對美國非金融公司部門和中國工業部門的利潤率情況進行了測算⑤。

以上這些利潤率處理方法，雖然比較貼近馬克思意義上的利潤率，但是本質上依然是依據價格來計算的，而且所用的數據較難獲取，特別是投入產出表不是每年都會編製，處理方法比較繁瑣，也不能保證準確度。Dumenil 和 Levy 發展了另外一種利潤率計算方法，並提出了三種不同的利潤率概念，並認為不同的利潤率適用於分析不同的經濟問題，這種利潤率計算方法不僅易於操作、計算方便，而且可以用於計算一個企業、一個行業和一個國家的利潤率狀況。具體而言，Dumenil 和 Levy 首先定義了利潤率的一般公式：

$$R = \frac{\Pi}{K} = \frac{Y - W}{K} = P_k\left(1 - \frac{w}{P_L}\right) = P_K \pi$$

其中，R 為利潤率，Π 為利潤，K 為資本存量，W 為勞動收入總和，P_k 和 P_L 分別為資本和勞動的生產率，w 為一個單位實際工資，π 為利潤份額。

而後，在此基礎上 Dumenil 和 Levy 提出了三種不同的利潤率公式：

$$R1 = \frac{NNP - 勞動收入}{固定資本淨存量}; \quad R2 = \frac{NNP - 勞動收入}{固定資本淨存量 + 存貨};$$

---

① F MOSELEY. The Rate of Surplus Value, the Organic Composition, and the General Rate of Profit in the U. S. Economy, 1947-67: A Critique and Update of Wolff's Estimates [J]. American Economic Review, 1988, 78: 300; T MANIATIS. Marxian Macroeconomic Categories in the Greek Economy [J]. Review of Radical Political Economics, 2005, 37 (4): 499.

② $R=$（增加值-可變資本）/資本存量，其中增加值=生產和貿易部門增加值+貿易部門的中間投入+生產和貿易部門支付給私人版稅部門的使用費；可變資本=生產工人的工資和薪水；剩餘價值=增加值-可變資本。$r=$淨利潤/資本存量=剩餘價值-非生產成本/資本存量，其中非生產成本=貿易金融保險房地產部門工資+貿易金融保險房地產部門的中間投入+公司利潤稅和淨間接稅。

③ 謝富勝，李安，朱安東. 馬克思主義危機理論和 1975—2008 年美國經濟的利潤率 [J]. 中國社會科學，2010（5）：65-82.

④ T WEISSKOPF. Marxian Crisis Theory and the Rate of Profit in the Postwar U. S. Economy [J]. Cambridge Journal of Economics, 1979, 3 (4): 350; DUMENIL, LEVY. The Economics of the Profit Rate, 1979: 33.

⑤ 魯保林，趙磊. 美國經濟利潤率的長期趨勢和短期波動：1966—2009 [J]. 當代經濟研究，2013 (6)：55-61；魯保林. 中國工業部門利潤率動態：1981—2009 年 [J]. 海派經濟學，2014（2）：168-180.

$$R3 = \frac{NNP - 勞動收入 - 間接稅}{固定資本淨存量 + 存貨}$$

其中，NNP 為國民生產淨值，當這三個利潤率公式用於計算某個行業或企業的利潤時，NNP 為相應的生產淨值。此外，利潤率 R1 適應於研究技術變遷，而 R3 則是企業最關心的利潤率，是影響企業投資的最重要指標，也是衡量長期資本投資和經濟波動的重要指標。Dumenil 和 Levy 利用這三種利潤率指標計算了美國 1948—1985 年和 1869—1989 年的利潤率變化趨勢。他們所構建的這三種利潤率指標雖然與馬克思的一般利潤率和淨利潤率存在差異，但也還是比較接近馬克思意義上的利潤率，而且很容易進行計算。

（二）本章採用的利潤率計算方法和數據說明

由於 Dumenil 和 Levy 所構建的利潤率指標在計算上的便利和在性質上較為接近馬克思的利潤率，所以本章使用他們構建的這三種利潤率指標。由於中國缺乏詳細的存貨數據，所以本章參照高偉的處理方法[①]，使用流動資產來替代存貨，使用勞動者報酬來替代勞動收入，並且用國內生產淨值（NDP）來替代國民生產淨值（NNP），所以本章使用的三種利潤率公式為

$$R1 = \frac{NDP - 勞動者報酬}{固定資本淨存量} ; \quad R2 = \frac{NDP - 勞動者報酬}{固定資本淨存量 + 流動資產} ;$$

$$R3 = \frac{NDP - 勞動者報酬 - 間接稅}{固定資本淨存量 + 流動資產}$$

受統計口徑的變化和數據的限制，本章將利潤率的考察區間設定為 1998—2014 年，這也有利於計算中國經濟新常態下的利潤率變化趨勢。本章所有的數據來源於《中國統計年鑒》（1999—2015），其中歷年 GDP 和全社會固定資產投資數據可以直接得到，利用「地區生產總值收入法構成項目」中各省的數據加總可以得到全國的勞動者報酬和固定資產折舊數據（其中缺少 2004 年、2008 年和 2013 年數據。這三年的數據分別通過相鄰兩年的算術平均得到），NDP = GDP - 固定資產折舊，而固定資本淨存量（資本存量）數據直接使用張軍等人計算得到的 2000 年的數據——2000 年以當年價格計算的各省合計的資本存量為 189,318 億元。然後利用永續盤存法計算每年的新增投資數量（$\triangle K = I - \delta K$ = 全社會固定資產投資 - 固定資產折舊）。最後利用 2000 年的資本存量數據進行迭代就可以得到每年的固定資本淨存量數據[②]。

因此，用固定資本淨存量數據替代不變資本（C），用勞動者報酬數據替代可變資本（V），GDP 為增加值，所以剩餘價值（M）等於 GDP 減去勞動者報酬。而流動資產的數據則採用《中國統計年鑒2015》中 13-3「分地區規模以上工業企業主要指標」中

[①] 高偉. 中國國民收入和利潤率的再估算 [M]. 北京：中國人民大學出版社，2009：119.

[②] 張軍，吳桂英，張吉鵬. 中國省際物質資本存量估算：1952—2000 [J]. 經濟研究，2004（10）：35-44.

的「流動資產合計」進行近似替代。由於間接稅存在轉嫁，企業只負擔部分間接稅，所以企業負擔的間接稅本章採用 CCER「中國經濟觀察」研究組的計算方法①，即企業負擔的間接稅=（主營業務稅金及附加+本年應交增值稅）×30.15%，主營業務稅金及附加和本年應交增值稅的數據同樣來源於《中國統計年鑒2015》中的13-3部分。同時利用 GDP 平均指數，對所有變量進行價格調整，剔除價格因素，進而利用公式 R1、R2、R3 就可以得到表 28-1 的結果。此外，GDP 增速和資本形成率也來源於《中國統計年鑒2015》。

表 28-1　全國的利潤率與其他指標的變化趨勢（1998—2014 年）

年份	GDP 增速/%	資本成率/%	資本有機構成 C/V	剩餘價值率 M/V	利潤率 M/(C+V)	利潤率 R1	利潤率 R2	利潤率 R3
1998	7.8	35.3	3.484	0.930	0.207	0.189	0.145	0.138
1999	7.6	34.5	3.657	0.964	0.207	0.185	0.143	0.137
2000	8.4	33.9	3.790	0.998	0.208	0.184	0.143	0.137
2001	8.3	35.9	3.889	1.007	0.206	0.180	0.142	0.136
2002	9.1	36.4	3.992	1.013	0.203	0.177	0.140	0.134
2003	10.0	39.9	4.164	1.030	0.199	0.170	0.134	0.128
2004	10.1	42.2	4.618	1.155	0.206	0.176	0.137	0.131
2005	11.3	40.5	5.092	1.270	0.208	0.179	0.141	0.134
2006	12.7	40	5.432	1.320	0.205	0.177	0.140	0.134
2007	14.2	40.7	5.915	1.447	0.209	0.184	0.147	0.140
2008	9.6	42.6	5.911	1.264	0.183	0.160	0.130	0.123
2009	9.2	45.7	5.880	1.030	0.150	0.126	0.103	0.096
2010	10.6	47.2	6.572	1.079	0.142	0.121	0.099	0.093
2011	9.5	47.3	7.008	1.066	0.133	0.111	0.093	0.087
2012	7.7	46.5	7.540	1.032	0.121	0.099	0.084	0.078
2013	7.7	46.5	8.230	1.024	0.111	0.090	0.077	0.072
2014	7.3	45.9	8.910	0.999	0.101	0.081	0.070	0.065

（三）全國的經濟增長速度與利潤率變化趨勢

由表 28-1 可知，1998—2014 年，資本形成率（儲蓄率）呈現上升趨勢，在 2011

---

① CCER「中國經濟觀察」研究組. 中國資本回報率估測（1978—2006）——新一輪投資增長和經濟景氣微觀基礎[J]. 經濟學（季刊），2007（4）：2-37.

年達到峰值後出現小幅下降；而資本有機構成則持續快速上升，整個過程上升了1.5倍左右，這符合馬克思的預言；剩餘價值率從1998年上升至2007年的峰值後，開始下降，2014年的剩餘價值率大約只有2007年的一半。四個利潤率指標（M/(C+V)，R1，R2，R3）的變化趨勢是一致的，1998—2007年的利潤率在小幅波動中，呈現上升趨勢，在2007年達到峰值後，開始大幅度地下降。同時，GDP增速的峰值（2007年的14.2%）與四個利潤率指標的峰值高度一致，都是2007年，隨後GDP增速出現大幅度下滑，中國經濟進入新常態。從數值上來看，2014年的利潤率大致為2007年的一半，同時2014年的GDP增速為7.3%，也大致只有2007年14.2%的一半，利潤率與經濟增長速度的變化趨勢在數值上是高度一致的。

由第三部分的式（28-3）和式（28-4）的定性分析和表28-1的定量數據可知，1998—2014年的資本形成率的變化幅度較小，剩餘價值率和資本有機構成的變化影響利潤率的變化，所以經濟增長速度的變化主要可以由利潤率的變化來解釋。特別是2007年以後，剩餘價值率的下降和資本有機構成的提高導致利潤率的快速下降，而利潤率的快速下降導致經濟增長速度的快速下降，因此可以斷定利潤率下降是中國經濟新常態下經濟增速下滑的主要原因。

（四）遼寧與重慶的利潤率與經濟增長速度

面對新常態背景下全國各省（區、市）GDP增速出現分化的現象，本章選取了最近幾年經濟增速處於末位的遼寧和位於前列的重慶進行比較分析。表28-2中主要經濟變量的數據來源和數據處理方法與表28-1一致，受到數據的限制，表28-2僅計算了利潤率R1，同時利用GDP平減指數剔除了價格因素。特別地，由於張軍等人沒有估算重慶2000年的資本存量，而是把重慶的資本存量並入了四川[①]，本章的處理方法是利用四川2000年的GDP與資本存量的比例關係和重慶2000年的GDP數據，計算得到重慶2000年的資本存量，然後進行迭代，計算出重慶各年的資本存量。

表28-2　遼寧與重慶的利潤率與其他指標的變化趨勢1

年份	遼寧					重慶				
1998	GDP增速	C/V	M/V	M/(C+V)	R1	GDP增速	C/V	M/V	M/(C+V)	R1
1999	8.3	3.36	0.966	0.221	0.194	8.4	4.23	0.766	0.147	0.121
2000	8.2	3.44	1.061	0.239	0.207	7.6	4.47	0.797	0.146	0.117
2001	8.9	3.62	1.224	0.265	0.236	8.5	4.71	0.844	0.148	0.115
2002	10.2	3.75	1.239	0.261	0.237	10.2	5.02	0.881	0.146	0.130
2003	11.5	3.88	1.249	0.256	0.217	11.5	5.35	0.916	0.144	0.127

---

① 張軍，吳桂英，張吉鵬. 中國省際物質資本存量估算：1952—2000 [J]. 經濟研究，2004（10）：35-44.

表28-2(續)

年份	遼寧					重慶				
2004	12.8	4.15	1.154	0.224	0.186	12.2	5.92	1.010	0.146	0.129
2005	12.7	4.62	1.272	0.226	0.196	11.7	6.51	1.041	0.139	0.122
2006	14.2	5.37	1.354	0.213	0.181	12.4	7.41	1.130	0.134	0.117
2007	15.0	6.39	1.469	0.199	0.171	15.9	8.01	1.091	0.121	0.109
2008	13.4	6.48	1.251	0.167	0.142	14.5	7.74	0.931	0.106	0.093
2009	13.1	6.5	1.030	0.137	0.111	14.9	7.54	0.974	0.114	0.102
2010	14.2	7.29	1.055	0.127	0.104	17.1	8.33	1.031	0.110	0.098
2011	12.2	8.32	1.164	0.125	0.104	16.4	8.43	1.031	0.109	0.097
2012	9.5	9.14	1.149	0.113	0.091	13.6	8.81	1.009	0.103	0.090
2013	8.7	10.4	1.193	0.105	0.084	12.3	10.4	1.214	0.106	0.092
2014	5.8	11.4	1.158	0.094	0.073	10.9	12.1	1.430	0.109	0.093

由表28-2中的數據可知，2007年之前，遼寧的GDP增速在大部分年份快於重慶，而在2010年以後遼寧的GDP增速快速下滑，至2016年第一季度下降為負，重慶的GDP增速在2010年達到頂峰後，雖然也出現了下降，但依然保持兩位數增長，至2016年上半年依然有10.6%的增速。1998—2014年，遼寧和重慶的資本有機構成都是快速上升，兩者數值差異不大；遼寧的剩餘價值率在1998—2012年均高於重慶，但2013—2014年重慶則反超遼寧；遼寧的這兩個利潤率指標$M/(C+V)$和$R1$在1998—2014年出現了非常明顯的下降趨勢，而重慶的這兩個利潤率指標在1998—2014年期間非常穩健地出現了小幅下滑，重慶2013年和2014年的利潤率水準均高於遼寧。

遼寧與重慶經濟增速的分化，與利潤率的分化密切相關。而利潤率分化的背後，則與當前新常態背景下的產能過剩緊密聯繫在一起，雖然遼寧和重慶的資本有機構成差別不大，但資本有機構成背後的內容則差別較大。遼寧工業結構中重工業占了很大比重，鋼鐵、煤炭、有色金屬、造船、冶金等資本密集型產業的產能過剩現象較為嚴重，這些過剩產業的價格下滑、產品賣不出去、利潤率下降，利潤率作為投資的決定因素，自然影響整體的投資和經濟增長速度。而重慶的經濟結構較為合理和多樣，工業領域的產能過剩現象沒有遼寧嚴重，工業以偏向資本和技術密集型的裝備製造業、汽車業、電子業、材料業、化學醫療業等為主，而且民間投資占據全部固定資產投資的一半[①]，這使得重慶的經濟增長後勁更足。所以，遼寧和重慶資本有機構成的內容不同，使得產能過剩的嚴重程度和去產能的壓力不同，進而導致兩者的利潤率差異較大，最後表現出來的則是經濟增速的大相徑庭。

---

① 為何看好重慶：2015年重慶經濟8大關鍵數據 [EB/OL]. [2016-06-18]. http://www.cq.xinhuanet.com/2016-01/20/c_1117839101.htm.

五、結論與對策

　　2010年以來，中國經濟增長出現了結構性減速，經濟增長速度下滑是新常態最明顯的特徵，是什麼因素導致經濟增長速度下滑呢？現有文獻對這一問題的解釋是不充分的。本章從馬克思主義政治經濟學的視角出發，首先利用馬克思的理論對經濟危機與利潤率下降之間的關係進行論述，然後在前人研究的基礎上構建了經濟增長率與資本有機構成（或剩餘價值率）、儲蓄率、利潤率之間的數量關係，發現在其他變量不變的情況下，經濟增長率與利潤率呈現正相關關係。在明確定性關係之後，本章構建了三個利潤率指標，首先分析了全國的經濟增長率與利潤率的關係，發現2007年以後資本有機構成的快速上升和剩餘價值率的相對下降，導致利潤率的快速下降，而且利潤率與經濟增長率的變化趨勢高度一致，2014年的利潤率和經濟增長率均為2007年的一半左右。單個企業雖然無法控制資本有機構成的上升和剩餘價值率的下降，但由此導致的利潤率下降卻是企業進行投資決策的關鍵影響因素，產能過剩的背後是低利潤率，低利潤率意味著潛在的低投資率，在中國經濟主要由投資拉動的背景下，這必然意味著低經濟增長率。所以，可以斷定利潤率下降是中國經濟增長率下降的主要原因。此外，在全國經濟出現增長減速的背景下，各省市的經濟增長率也出現了分化，本章選取了處於經濟增長前列的重慶與末位的遼寧進行比較分析，兩者經濟增長率的嚴重分化出現在2010年之後，經濟增速分化的背後是利潤率的分化，遼寧利潤率的快速下降始於2007年，而重慶的利潤率雖有下降，但下降幅度非常小。利潤率下降的這種差異與兩者資本有機構成的內容密切相關，遼寧經濟結構中的產能過剩行業較多，產能過剩程度也較嚴重，而重慶經濟結構中的產能過剩行業較少，去產能的壓力較小，經濟活力和增長後勁都比遼寧強，進而使兩者的利潤率出現差異，最終使兩者的經濟增長率一高一低。

　　那我們應該如何應對中國經濟的新常態以及經濟增長率的下滑呢？中央經濟工作會議給出的答案是進行以去產能、去庫存、去槓桿、降成本、補短板為重點的供給側結構性改革。筆者認為，進行供給側改革確實非常重要和必要，但是在面對新常態時，我們必須首先承認中國經濟新常態的實質是馬克思所講的資本主義生產相對過剩，新常態是經濟週期中的一環，是資本累積的必然結果。資本主義生產的目的就是為了獲取利潤，當利潤率很低時，不僅意味著生產過剩，還意味著投資乏力、生產停滯，經濟增速自然下滑。利潤率下降的背後是資本有機構成的提高，馬克思在批判李嘉圖的累積理論時指出經濟危機的爆發會引起「資本的破壞」。這種資本破壞一方面是指實際資本的閒置和被消滅；另一方面是指資本價值的貶值和被消滅，「危機所引起的資本的破壞意味著價值量的貶低，這種貶低妨礙價值量以後按同一規模作為資本更新自己的再生產過程。這

就是商品價格的毀滅性的下降……這種消滅正好可以大大促進新的再生產」①。經濟危機消滅了一部分實際資本，同時也使資本價值貶值，這降低了資本有機構成，提高了利潤率，使得企業的盈利能力得以恢復，這為下一輪的經濟繁榮打下了基礎。從這個角度來看，只有恢復了利潤率，才能恢復經濟增長率，而這必須以資本的破壞為代價，以何種方式進行資本破壞，是主動破壞還是被動破壞，這是中國供給側改革可以參考的一個視角。

---

① 馬克思，恩格斯. 馬克思恩格斯全集：第26卷中 [M]. 北京：人民出版社，1974：565-566.

第二十九章　超額利潤、價值總量與一般利潤率[①]

　　超額利潤的來源及其對價值總量和一般利潤率的影響是馬克思主義政治經濟學中一個重要的理論問題。據文獻檢索，在馬克思主義內部對超額利潤來源問題的研究形成了三種代表性觀點：一是流通論，認為超額利潤來源於與其他部門的交換；[②] 二是轉移論，認為超額利潤來源於其他部門剩餘價值或社會總剩餘價值的轉移；[③] 三是創造論，認為超額利潤是新創造出來的價值，是部門內部複雜勞動的結果[④⑤]。筆者認為，馬克思的「虛假的社會價值理論不僅適用於農業部門」[⑥]，而且適用於工業部門，特別是在產業創新的情況下，真正意義上的超額利潤是社會價值形成過程中純粹多出來的虛假部分（「虛假的社會價值」或「虛假的社會價格」），因而它對價值總量和一般利潤率水準甚至社會經濟的宏觀運行有重大影響。本章試圖在區分不同超額利潤的基礎上對這一看法提供一個數理模型的證明，並將馬克思的「虛假的社會價值」概念應用於產業創新（新產業的形成）的研究中。

---

① 本章選自：肖磊. 超額利潤、價值總量與一般利潤率 [J]. 政治經濟學評論，2017, 8（6）: 39-65.
② 駱耕漠. 關於如何正確理解「虛假的社會價值」問題 [J]. 經濟研究，1964（6）: 43-50.
③ 熊穆雅. 論「虛假的社會價值」是對社會總剩餘價值的扣除及其他：關於資本主義地租的幾個問題 [J]. 江西師範大學學報（哲學社會科學版），1988（3）: 94-98.
④ 陳徵. 有關虛假的社會價值的幾個爭論問題 [J]. 學術月刊，1984（12）: 1-8.
⑤ 王福祥. 也談超額利潤的來源——與梅竹林同志商榷 [J]. 當代財經，1981（3）: 79-80.
⑥ 國內學者關於「虛假的社會價值」的適用範圍也有兩種不同的觀點：一是以駱耕漠為代表的學者，認為「虛假的社會價值」僅適用於農業部門；二是以曹英耀、許興亞、孟捷等為代表的學者，認為「虛假的社會價值」不僅適用於農業部門，也適用於其他部門，因而具有普遍性。可參見：駱耕漠. 關於如何正確理解「虛假的社會價值」問題 [J]. 經濟研究，1964（6）: 43-50；曹英耀. 談社會必要勞動時間的兩重意義和價值到市場價值的轉化——與寒葦、曾啓賢同志商榷 [J]. 江漢論壇，1963（1）: 10-15；許興亞. 論虛假的社會價值 [J]. 價格理論與實踐，1990（8）: 44-48；孟捷. 技術創新與超額利潤的來源：基於勞動價值論的各種解釋 [J]. 中國社會科學，2005（5）: 4-15.

一、社會價值形成的四種情況

社會價值是在個別價值的社會化過程中形成的[1]，社會價值即社會實際認可的價值。按照馬克思的假定，社會價值的形成主要包括四種情況：一是按照平均數規律，由中等生產條件決定社會價值[2]，這種社會價值的形成需要在市場中存在眾多的生產企業和充分的競爭；二是由劣等生產條件決定社會價值，也就是勞動生產率最低的個別價值成為社會價值；三是由優等生產條件決定社會價值，即勞動生產率最高的個別價值成為社會價值[3]；四是完全壟斷條件下個別價格成為社會價值，即二者是等價的。以上四種

---

[1] 馬克思在《資本論》第三卷第十章談到「市場價值」或「社會生產價格」概念，市場價值與社會價值在馬克思看來似乎是等價的，它們調節供求關係，是市場價格波動的中心。但是，嚴格說來，二者之間還是有差別的，在價值總量的含義上，「社會價值」包括的範圍更廣泛，它不僅包括「虛假的社會價值」，以及不參與利潤率平均化過程的價值，如絕對地租，馬克思說：「某些生產部門的資本，由於某些原因沒有參與平均化過程」（馬克思，恩格斯．馬克思恩格斯文集：第 7 卷．北京：人民出版社，2009：194），而且在一定意義上，根據形式上的相似性，甚至可以包含壟斷價格的情況。壟斷價格與純粹由供求關係引起的市場價格的波動有實質上的區別，壟斷價格不能完全歸於市場價格的範疇，雖然它們都隸屬於現象層面，即都屬於在《資本論》第三卷才能達到的具體化的概念。下文擬將壟斷價格納入社會價值範疇，根據形式上的相似性，將其視為「虛假的社會價格」。

[2] 馬克思在《資本論》第一、二卷都假定平均價值決定市場價值或社會價值，並且這一假定都內含了供求關係保持一致的含義。因此，在論述第一種社會必要勞動時間時，馬克思僅從生產的角度進行描述，而在論述與社會需要的相適應的勞動時間（第二種社會必要勞動時間）時，則將概念的內涵進一步具體化。依據從抽象到具體的方法論，兩種社會必要勞動時間實際上就是一種（參見宋承先．關於「社會必要勞動時間」問題——也與魏塤、谷書堂兩同志商榷．學術月刊，1958（4）：40-44；胡寄窗．社會必要勞動時間不存在兩種含義．經濟研究，1990（3）：37-44；宋則行．對「兩種含義的社會必要勞動時間」的再認識．當代經濟研究，1996（5）：1-6；丁堡駿．論社會必要勞動時間的理論定位［J］．當代經濟研究，2010（10）：1-4），只不過二者屬於邏輯的不同階段而已。筆者認為，「均衡」指的是供給側的「數量調整」能夠與社會需要（取決於階級關係和收入分配）的變化保持一致的狀態；「非均衡」指的是供給側的「數量調整」無法達到或者需要較長時間才能達到社會需要的狀態。第二種社會必要勞動時間不能在馬克思的意義上理解為非均衡，也不能將馬克思的「均衡」或者「平衡」理解為價格層面上的均衡與價值層面的非均衡的共存（參見．孟捷．勞動價值論與資本主義經濟中的非均衡和不確定性：對第二種社會必要勞動概念的再闡釋．政治經濟學報，2017（9）：3-48）．特別是，在利潤率平均化過程中，由於資本有機構成不同導致的價值轉移，不能理解為價值層面的非均衡。

[3] 第二種和第三種情況，被一些學者稱為「第二種市場價值」，而第一種情況則為「第一種市場價值」（參見：孟捷．勞動價值論與資本主義經濟中的非均衡和不確定性：對第二種社會必要勞動概念的再闡釋．政治經濟學報，2017（9）：3-48）．筆者認為，第一種市場價值指的是理想情況，是理論上的純粹化，是研究的參照系。在這種理想條件下，同一部門內部雖然存在價值轉移，但是對整個生產部門而言，產品的單位價值的總和與部門的總價值量是一致的，因此，單位價值就是產品價值的直接代表，就是產品的實際價值。馬克思還考察了「加權平均價值」（參見．馬克思恩格斯文集：第 7 卷．北京：人民出版社，2009：203-205），即優、中等和劣等生產條件的不同權重對市場價值的影響，若優等或劣等生產條件佔優勢，產品的市場價值的總和與總價值量就會發生偏離，因而在市場中就會發生「價值餘缺」。為了研究的簡明性和純粹性，在本章中我們不考慮這種現象，只考慮標準模式。第二種市場價值指的是「數量調整」受限制的情況：若社會需要（取決於階級關係和收入分配）大於生產能力，而生產能力（供給側）無法或需要較長時間調整到社會需要的規模，那麼社會價值或市場價值就取決於最差的生產條件；若社會需要小於生產能力，而（供給側的）產量不能或需要較長時間才能縮減到社會需要的較小的規模，那麼社會價值或者市場價值就取決於最優的生產條件。第二種市場價值仍然是通過供求關係的即時變化而引起的市場價格波動來表現自己，因此，在這裡不能將供求關係與市場價值決定混為一談，市場價值的決定和形成取決於社會需要與生產的或供給側的數量調整之間的關係，而市場價格取決於即時變化的供求關係。對於第二種市場價值，馬克思所指出的「市場價值調節供求關係」的原理依然成立。另外，需要說明的是，按照「加權平均價值」或「第二種市場價值」，在市場中，社會認可的價值與實際價值發生偏離，部門之間存在不等價交換，這一原理可推廣到國家與國家之間的交換情況，從而能夠為「國際價值理論」提供理論基礎，可與普雷維什的「中心—外圍理論」以及伊曼紐爾的「不等價交換理論」結合起來，這是一種重要的研究方向。

第二十九章 超利、值量 一般利率

情況，分別對應於不同的超額利潤來源及價值總量變化情況。第一，在中等生產條件決定社會價值的情況下，勞動生產率高於中等生產條件的企業的個別價值低於社會價值，在市場中按社會價值出售，獲得超額利潤，而勞動生產率低於中等生產條件的企業的個別價值高於社會價值，在市場中按社會價值出售，獲得高於成本價格但低於一般利潤率水準的利潤。在這裡，社會價值是按照所有個別價值的平均數確定的，勞動生產率高的企業所獲得的超額利潤恰好等於勞動生產率低的企業所損失的價值，所有企業個別價值的總和等於社會價值的總和，因而沒有出現超出整個行業總價值的額外價值。在自由競爭的條件下，行業內的勞動生產率有向同一水準靠攏的趨勢，也就是說，由於競爭和模仿，企業有改進生產技術和其他生產條件的動力，從而使勞動生產率高的企業的優勢逐漸消失，最後超額利潤消失。在這種超額利潤趨於零的過程中，決定社會價值的個別價值越來越小，越來越接近最高勞動生產率企業的個別價值，直到所有企業的個別價值都相等，行業內各企業之間不再發生價值轉移。因此，在這種假定條件下，超額利潤可視為由行業內部各企業轉移而來。第二，按照最低勞動生產率決定社會價值，也就是按最高個別價值決定社會價值。在這種情況下，行業內所有其他企業的個別價值都低於社會價值，都能獲得高於一般利潤率水準的超額利潤。最低勞動生產率的企業不能獲得超額利潤，僅僅得到符合一般利潤率水準的正常利潤。

滿足這種情況的必要條件是，該行業處於「持續性稀缺」[①] 狀態，因而產品的社會需要單方面地決定可被社會利用的勞動生產率水準。馬克思分析的農業中級差地租的情況就是這樣：由於土地經營權的壟斷，社會對農產品的需求決定了什麼生產條件的土地投入生產；社會對農產品的需求越大，能夠被社會承認的社會價值就越高，就越能夠保證更低勞動生產率水準的土地投入使用。雖然，馬克思僅僅在分析資本主義地租的情況下採用這種最低勞動生產率水準決定社會價值的假定，但是在實際生活中這種情況卻是一種極為普遍的現象。在一種新行業的產生（產業創新）過程中，產品的社會需求尚未飽和，該產品對社會需求而言處於「持續性稀缺」狀態，其社會價值就取決於最低勞動生產率的企業，因而該行業能夠獲取普遍的超額利潤。這種情況與地租的情況的不同在於，土地是一種特殊的生產要素，由於土地經營權的壟斷，農業中的超額利潤轉化為級差地租不會由於競爭而消失，而在產業創新過程中，由於競爭和模仿以及行業生產規模的擴大和社會需求的飽和，超額利潤會逐漸消失。不考慮以上地租和產業創新的

---

① 曼德爾稱之為「結構性稀缺」（參見：孟捷. 技術創新與超額利潤的來源. 中國社會科學, 2005 (5)：4-15; 孟捷. 勞動價值論與資本主義經濟中的非均衡和不確定性：對第二種社會必要勞動概念的再闡釋. 政治經濟學報, 2017 (9)：3-48)，但這種性質的「稀缺」並不是一種結構性現象，稱之為「持續性的稀缺」更好，因為只有在「數量調整」或早或遲地使其達到一般均衡、從而超額利潤消失的時期內（在特殊情況下超額利潤不消失，如級差地租），相對於社會需要，產品的生產量低於社會的實際需求，進而社會認可的價值大於產品的實際價值，後文將運用圖形顯示這種性質的「稀缺」現象所持續的時間。與之相對應，我們將相反的情況，即社會價值形成的第三種情況，定義為「持續性的飽和」，用來說明我們所表達的時間概念。

特殊原因，僅僅就它們所產生的超額利潤而言，二者在性質上是相同的，都符合馬克思所提出的「虛假的社會價值」這個經濟學範疇。因而，這種由「持續性稀缺」所造成的超額利潤同上述第一種情況完全不同：第一種情況是行業內的部分企業獲取超額利潤，第二種情況則是整個行業獲取超額利潤；第一種情況下的超額利潤是通過企業間轉移而來的，第二種情況的超額利潤卻是純粹多出來的；第一種情況下行業的價值總量沒有變，第二種情況下行業的價值總量出現了一個虛假的增量。

虛假的社會價值，即第二種含義上的超額利潤，既然不來自行業內的價值轉移，那麼，它是否來自行業之間的價值轉移？在後文中我們將分析這個問題。在這裡，要說明的是，在利潤率平均化過程中由於資本有機構成不同而導致的行業之間的價值轉移並不屬於我們前面分析的第二種超額利潤的界定範疇，這裡發生了純粹的剩餘價值轉移，有勞動作為它的價值實體，不形成超額利潤。因此，由於農業的資本有機構成低於工業資本有機構成而產生的絕對地租就不能歸結為超額利潤，它們與不同的工業部門之間由於資本有機構成差異而產生的純粹剩餘價值轉移是同一類性質的，不屬於超額利潤的範疇①。

第三，按最高勞動生產率水準決定社會價值，也就是依據最低個別價值決定社會價值。在這種情況下，處於最高勞動生產率水準的企業獲得一般利潤率水準的平均利潤，其他所有企業皆獲得低於正常利潤但高於成本價格的利潤，因而社會價值總量與所有個別價值之和相比減少了一個數額。也就是說，除最高勞動生產率的企業外，其他企業的個別價值皆不能全部在市場中得到社會的認可，因而都存在部分無效的價值。在現實生活中，這種情況較為少見，因為當一個行業僅僅最高勞動生產率的企業能夠獲取正常利潤，而其他企業皆不能獲得正常利潤時，資本就會從該行業逐漸退出。這種情況可界定為市場的「持續性飽和」狀態。這在一些極為特殊的情況下也是可能發生的，例如，由於長期的行政性保護或者資產專用性強而又處於衰退狀態的行業，在一定時期內儘管社會需求在不斷減少，但資本卻不易轉移，數量調整無法實現或需要較長時間才能完成，因而需求長期處於持續性飽和狀態，甚至具有最高勞動生產率的企業都無法獲得正常利潤。這裡出現的「價值缺失」，是上述第二種超額利潤的反面，即相反的情況。問

---

① 在本章中，根據研究的需要，我們將「超額利潤」界定為按個別生產價格出售而獲得的超過平均利潤的「虛假的社會價值」，並將這一類的「超額利潤」（即本章中的第二類和第四類超額利潤）作為研究對象，因此，在概念上與馬克思的界定有一定差異。「虛假的社會價值」是社會認可的無價值實體的虛假的價值，絕對地租之所以不屬於「虛假的社會價值」，是因為絕對地租是產品實際價值減去較低的生產價格的值，是超過平均利潤的實際價值，所以，在本章中我們不將絕對地租歸入「超額利潤」範疇作為研究對象。下文中將分析與之相反的另一種情況，當創新部門最低勞動生產率的企業的資本有機構成高於常規部門時，該企業的個別生產價格高於個別價值，按個別生產價格出售產品也能夠獲得「虛假的社會價值」，但這部分虛假的價值卻是生產價格減去實際價值的值，不屬於超過平均利潤部分，因而也不將其歸入「超額利潤」的範疇作為本章的研究對象。

第二十九章 超利、值量一般利率

題是二者之間能否相互抵消，從而保證各行業的價值總額不變。我們認為，這兩種情況在現實生活中是不對稱的，第二種超額利潤在經濟發展過程中是一種普遍現象，也就是熊彼特在《經濟發展理論》中界定的創新發展過程[①]。第三種狀態儘管有可能發生，但不是一種常見的現象，也很少發生。在《資本論》中，馬克思考慮過這種情況，但並沒有將其作為一種重要現象，而在論述產業資本的運動過程中，馬克思實際上假定社會價值按照平均數規律來形成，只有在農業地租的分析中，馬克思才談到第二種超額利潤轉化為級差地租的情況，並做了詳細的論證和研究。

第四，純粹的市場壟斷所產生的超額利潤。這種超額利潤與前面三種情況完全不同，它屬於現象層面，而前三種情況分析的則是由於社會價值的形成或者說社會生產價格的形成所產生的情況。這裡，超額利潤取決於壟斷價格與正常意義下的生產價格之間的差額。壟斷價格由社會中對該產品的有支付能力的需求所決定，而正常意義下的生產價格則是指成本價格加上平均利潤。在現實中，完全壟斷是極端情況，大多數的市場結構處於完全壟斷和完全競爭之間，因而，壟斷價格與生產價格之間差額的大小，即「壟斷利潤」的數額，受社會對該產品需求強度以及市場中的競爭程度和模仿的速度等因素的影響。

「壟斷利潤」這種超額利潤的形式，可被稱為「虛假的社會價格」，在現實生活中也是一種較為普遍的現象。上述第二種超額利潤與這裡的壟斷利潤相比，儘管產生的機制不同、分析的層面不同，但兩種超額利潤在形式上是相似的。實際上，壟斷的結果也可以視為「持續性稀缺」狀態，因為壟斷只有造成「持續性稀缺」，才能使市場價格超出生產價格之上。另一方面，在農業地租的情況下，或者是在產業創新的情況下，也是經營權壟斷或一定時期的技術壟斷和市場勢力等才造成了持續性稀缺的狀態。

根據第二種超額利潤與第四種超額利潤形式上的相似性，即它們都是由於社會機制的客觀作用，使社會價值或市場價格憑空增加而產生的一個虛假部分，我們將其視為同

[①] 熊彼特認為，在靜態經濟中，循環流轉的渠道不發生變化，不存在利潤，企業主獲得的剩餘部分被視為與工資等同的勞動報酬，即「經營管理的工資」（約瑟夫·熊彼特. 經濟發展理論——對於利潤、資本、信貸、利息和經濟週期的考察 [M]. 何畏，等譯. 北京：商務印書館，1997：143）。只有在經濟發展中，才有利潤現象發生，而利息來源於利潤的扣除。利息被定義為資本的報酬，而資本被定義為企業家為實現創新需要通過銀行家以信用創造的方式而借入的資金，提供信用創造的銀行家就是熊彼特意義上的「資本家」。根據熊彼特《經濟發展理論》與馬克思《資本論》中概念之間的對應關係，可以將熊彼特的「企業家利潤」視為馬克思理論中的「超額利潤」。由此，「超額利潤」就成為一種普遍的「發展現象」，而熊彼特的「利潤」範疇就可以被納入馬克思的理論框架進行研究。正如熊彼特所言：「沒有發展就沒有利潤，沒有利潤就沒有發展。對於資本主義制度而言，還要補充一句，沒有利潤就沒有財富的累積。至少不會有我們所目睹的這樣宏偉的社會現象——這確實是發展的後果，認真說是利潤的後果。」（約瑟夫·熊彼特. 經濟發展理論——對於利潤、資本、信貸、利息和經濟週期的考察 [M]. 何畏，等譯. 北京：商務印書館，1997：171）

一種超額利潤，並在下文的分析中將這種超額利潤[①]作為研究對象，分析它與價值總量和一般利潤率的關係。

二、超額利潤與價值總量：兩部門模型

假定有兩種社會價值形成機制，一種由平均數規律或平均價值形成社會價值，另一種由具有最低勞動生產率企業的最高個別價值形成社會價值。我們把屬於第一種價值形成機制的部門稱為「常規部門」（部門Ⅰ），屬於第二種價值形成機制的部門稱為「創新部門」（部門Ⅱ）[②]。假設常規部門（部門Ⅰ）內企業的不變資本、可變資本、剩餘價值和產量分別為 c_{1i}、v_{1i}、m_{1i}、q_{1i}，其中，$w_{1i} = c_{1i} + v_{1i} + m_{1i}$，$i = 1, 2, \cdots, n$；創新部門（部門Ⅱ）內企業的不變資本、可變資本、剩餘價值和產量分別為 c_{2i}、v_{2i}、m_{2i}、q_{2i}，其中，$w_{2i} = c_{2i} + v_{2i} + m_{2i}$，$i = 1, 2, \cdots, v_0$。兩部門的平均資本有機構成分別為 K_1 和 K_2，社會的一般利潤率為 r。

（一）兩部門都按平均價值形成社會價值

這是分析的參照標準，是一種理想狀態。如果兩個部門都按照平均價值形成社會價值，則兩個部門內部各企業之間發生的價值轉移不影響部門的價值總量，兩個部門之間

[①] 馬克思曾經明確地區分了三種形式的超額利潤：「市場價值（關於市場價值所說的一切，加上必要的限定，全都適用於生產價格）包含著每個特殊生產部門中在最好條件下生產的人所獲得的超額利潤」（馬克思，恩格斯. 馬克思恩格斯文集：第 7 卷. 北京：人民出版社，2009：221），此為本章所論的第一種形式的超額利潤；「普通意義上的壟斷——人為壟斷或自然壟斷——所產生的超額利潤」（馬克思，恩格斯. 馬克思恩格斯文集：第 7 卷. 北京：人民出版社，2009：221），即本章所涉及的第四種形式的超額利潤——壟斷利潤；「超額利潤還能在下列情況下產生出來：某些生產部門可以不把它們的商品價值轉化為生產價格，從而不把它們的利潤轉化為平均利潤」（馬克思，恩格斯. 馬克思恩格斯文集：第 7 卷. 北京：人民出版社，2009：221），此為絕對地租和級差地租形態的超額利潤，即本章研究的超額利潤。但是，如前所述，本章中論及的超額利潤與絕對地租不同，它是超過平均利潤的「虛假的社會價值」，以及超過平均利潤的「虛假的社會價格」（壟斷價格）。

[②] 這裡的「創新部門」主要是指正在形成中的新的產業部門，是新的使用價值和新的勞動分工的產生，可稱之為「分工擴展」。馬克思說：「各種使用價值或商品體的總和，表現了同樣多種的、按照屬、種、科、亞種、變種分類的有用勞動的總和，即表現了社會分工。」（馬克思. 資本論：第 1 卷. 北京：人民出版社，1975：55）產業創新或產品創新在本質上都是社會分工的擴展，這種擴展表現為從創新部門轉變為常規部門的過程，即超額利潤的產生和消失的過程。之相對應的概念是「工藝創新」或「過程創新」，這種形式的「創新」可理解為產品的生產方法、工藝流程、管理和組織方法的創新，其目的是提高既定產品的勞動生產率、降低生產成本。目前，關於技術進步與平均利潤率之間關係的研究，大多是基於提高勞動生產率、降低生產成本的「工藝創新」這一假定，並且採用實物量與價格之間的關係來計量利潤率變化，如置鹽信雄和孟捷、馮金華，這一研究改變了假定前提和論證方法（參見：置鹽信雄. 技術變革與利潤率. 教學與研究，2010（7）：48-56；孟捷，馮金華. 非均衡與平均利潤率的變化：一個馬克思主義分析框架. 世界經濟，2016（6）：3-28），體現不出勞動價值論的真正內涵以及從抽象到具體的辯證方法，但並不意味著否定了馬克思的結論。筆者認為，與這一類的研究相比，馬克思的假定和前提以及論證的方法更具合理性，馬克思的資本有機構成概念是分析資本主義經濟中「創造性破壞」的有用工具之一。

由於資本有機構成不同而發生的價值轉移也不影響社會的價值總量。部門Ⅰ和部門Ⅱ的社會價值分別為

$$\bar{p}_1 = \frac{\sum_1^n w_{1i}}{\sum_1^n q_{1i}}; \quad \bar{p}_2 = \frac{\sum_1^v w_{2i}}{\sum_1^v q_{2i}}$$

兩部門的總產值分別為

$$G_1 = \bar{p}_1 \left(\sum_1^n q_{1i}\right) = \sum_1^n w_{1i}; \quad G_2 = \bar{p}_2 \left(\sum_1^v q_{2i}\right) = \sum_1^v w_{2i}$$

兩部之間的價值轉移為

$$T_1 = G_1 - (C_1 + V_1)(1 + r_0)$$
$$T_2 = G_2 - (C_2 + V_2)(1 + r_0)$$

根據定義，即 $G_1 = C_1 + V_1 + M_1$，$G_2 = C_2 + V_2 + M_2$、$r_0 = \dfrac{M_1 + M_2}{C_1 + V_1 + C_2 + V_2}$，可以證明：$T_1 + T_2 = 0$。這說明兩個部門在利潤率平均化過程中由於資本有機構成不同而發生的價值轉移並不影響社會的價值總量。在價值轉型研究中，以上假定具有重大的理論意義。按照馬克思的思路，在從價值到生產價格的轉化過程中，投入是按照實際價值進行的。但是，即使在投入前的利潤率平均化過程中，投入價格由於各部門的資本有機構成不同而與實際價值發生偏離，由於價值總量不變，一個部門所得為另一部門所失，這也並不影響投入要素按實際價值計算的結果，只是導致某一時期價值總量與生產價格總量之間的差額向下一時期傳遞。在動態過程的整體中，「兩個相等條件」仍然可以滿足[1]。這一論證，以社會中不存在「虛假的社會價值」為前提，也就是以平均價值作為社會價值為前提。在平均價值作為社會價值的條件下，某一時期的生產價格與價值之間的差額「有勞動作為它的價值實體」[2]，而「虛假的社會價值」則是沒有價值實體的社會價值，是實際價值的虛假增值。因此，若不按照平均價值形成社會價值，而是按照「加權平均價值」「最高個別價值」或「最低個別價值」形成社會價值，部門或者行業作為整體就會出現「價值餘缺」，各部門或行業之間就會發生不等價交換，就不能在價值轉型的整體過程中實現具有價值實體的「價值總量守恆」。所以，對於純理論分析，必須假定社會價值等於平均價值，否則就必須考慮「價值餘缺」所產生的虛假的價值變動對投入要素價格的影響，就必須考慮不等價交換對價值總量的影響，從而價值轉型就成為一個更為複雜的問題。

---

[1] 這一結論的詳細證明，可參見丁堡駿. 轉形問題研究 [J]. 中國社會科學，1999 (5).
[2] 丁堡駿. 轉形問題研究 [J]. 中國社會科學，1999 (5).

(二) 部門Ⅱ按最高個別價值形成社會價值

當部門Ⅱ的社會價值取決於該部門內具有最低勞動生產率的企業時，最高個別價值成為社會價值的標準。由於部門Ⅱ中最低勞動生產率的企業以部門Ⅰ中平均利潤率為參照獲取平均利潤，否則它就會投資部門Ⅰ中產品的生產，而儘管部門Ⅱ中除了最低勞動生產率的企業獲取平均利潤之外，其他企業均獲得了一定數量的超額利潤，但由於時滯或壟斷等原因，「數量調整」需要較長時間完成，在「持續性稀缺」期間，部門Ⅰ的企業不能向部門Ⅱ投資。假定部門Ⅱ中的 e 企業具有最低勞動生產率，即：

$$\frac{c_{2e} + v_{2e} + m_{2e}}{q_{2e}} = \max\left(\frac{c_{2i} + v_{2i} + m_{2i}}{q_{2i}}\right)$$

部門Ⅰ的生產價格與部門Ⅱ的社會價值分別為

$$p_1 = \frac{(C_1 + V_1)(1 + r_1)}{\sum_1^n q_{1i}}; \quad p_2 = \max\left(\frac{c_{2i} + v_{2i} + m_{2i}}{q_{2i}}\right)$$

其中，$r_1 = \dfrac{M_1}{C_1 + V_1}$，$C_1 = \sum_1^n c_{1i}$，$V_1 = \sum_1^n v_{1i}$，$M_1 = \sum_1^n m_{1i}$

部門Ⅱ的生產價格為

$$p_2' = \frac{(c_{2e} + v_{2e})(1 + r_1)}{q_{2e}}$$

在上面的推理中，部門Ⅰ中根據平均價值決定社會價值，各企業之間發生價值轉移，但並沒有影響部門Ⅰ的價值總量。部門Ⅱ能否按照社會價值 p_2 出售產品，最低勞動生產率的企業能否獲得超過平均利潤的剩餘價值，即超額剩餘價值，取決於 p_2 與 p_2' 的大小，而 p_2 與 p_2' 的大小取決於部門Ⅰ的平均資本有機構成與部門Ⅱ中企業 e 的資本有機構成的大小（假定所有企業的剩餘價值率都相同）。當企業 e 的資本有機構成大於部門Ⅰ的平均資本有機構成時，$p_2 < p_2'$；當企業 e 的資本有機構成小於部門Ⅰ的平均資本有機構成時，$p_2 > p_2'$。這說明，在部門Ⅱ中最低勞動生產率企業按照部門Ⅰ的平均利潤率形成生產價格時，若其社會價值大於該生產價格，則最低勞動生產率的企業可以獲得大於平均利潤的剩餘價值，但這種超額剩餘價值並不是轉移來的，而是勞動創造的，因而它不同於虛假的社會價值，絕對地租就是這種情況[①]。從上面的公式可知，絕對地

---

① 對「絕對地租」採用「超額剩餘價值」概念，是因為絕對地租是有勞動作為價值實體的，它是資本有機構成低的農業部門不參與工業部門的利潤率平均化而獲得的大於生產價格（按工業部門的平均利潤率計算）的價值，是農業部門的勞動實際創造的價值。這類似按平均價值作為社會價值，部門內超額利潤的情況：在同一部門內部，一些企業由於工藝創新，提高了勞動生產率，個別價值低於社會價值，獲得超額利潤，而這種超額利潤之所以存在正好是勞動生產率低的企業之所失，因而整個部門的價值總量沒有發生變化，只是發生了轉移，因此，這種形式的「額外利潤」[馬克思，恩格斯. 馬克思恩格斯文集：第 7 卷 [M]. 北京：人民出版社，2009：219] 可視為有價值實體的利潤，即超額剩餘價值。

租的數量為 $[(p_2 - p_2')q_{2e}]$。

兩部門的總產值分別為

$$G_1 = p_1\left(\sum_1^n q_{1i}\right); \quad G_2 = p_2\left(\sum_1^v q_{2i}\right)$$

部門Ⅱ中各企業獲得的超額利潤和部門Ⅱ的超額利潤總額分別為

$$\Delta r_{2i} = p_2 q_{2i} - (c_{2i} + v_{2i})(1 + r_1); \quad \Delta R_2 = \sum_1^v \Delta r_{2i} = G_2 - (C_2 + V_2)(1 + r_1)$$

其中：$C_2 = \sum_1^v c_{2i}, \quad V_2 = \sum_1^v v_{2i}$

上式表明，部門Ⅱ中勞動生產率較高的企業，其成本價格較低，但社會認可的成本價格較高，因而才能獲得超額利潤。這種性質的超額利潤不是通過部門內部轉移而來，也不是通過部門之間轉移而來，而是純粹多出來的部分。那麼，進一步的問題是，既然這些超額利潤不是轉移來的，是不是由複雜勞動創造出來的？答案是不確定的。通過迂迴生產、技術進步或提高勞動熟練程度等途徑提高勞動生產率，與複雜勞動有關；但是，僅僅由勞動的外在條件導致的勞動生產率提高，卻與勞動的複雜程度沒有關係。第一類級差地租的情況就是這樣，即使勞動數量、勞動強度完全相同，但優等地的勞動生產率高於劣等地的勞動生產率，這是純粹由土地的自然條件的級差所導致的，而與勞動的複雜程度無關。超額利潤的產生依據是社會價值的形成機制，或者說是生產價格的形成機制，是通過競爭的社會過程而實現的一種純粹的虛假部分，它可能與複雜勞動有關，也可能與複雜勞動無關①。

整個社會的總產值為

$$G = G_1 + G_2 = [(C_1 + V_1) + (C_2 + V_2)] + [r_1(C_1 + V_1) + r_1(C_2 + V_2)] + \Delta R_2$$

上式表明，社會的總產值包括兩部門投入的總成本 $[(C_1 + V_1) + (C_2 + V_2)]$、總的平均利潤 $[r_1(C_1 + V_1) + r_1(C_2 + V_2)]$ 和創新部門（部門Ⅱ）的超額利潤、創新部門（部門Ⅱ）的超額利潤 ΔR_2，超額利潤表現為一個多出的數額。

以上推理是按照馬克思在研究絕對地租問題時採用的假定，即劣等地按照工業部門平均利潤率形成生產價格、農產品按照劣等地的社會價值出售。由於農業中劣等地的資

---

① 在什麼情況下超額利潤來源於複雜勞動是一個值得探討的重大問題。對於作為整體的社會生產而言，「迂迴生產」可作為計量勞動複雜性程度的一個重要指標，分工擴展的主要形式之一就是「迂迴生產」程度的不斷增加，而迂迴生產與科研勞動密切相關。在現代經濟中，科研勞動有兩種方式：一種是研發（R&D）部門成為資本控制下的一個生產部門，另一種是由國家或社會部門支持的公益性的科學研究。問題在於，兩種科研勞動作為複雜勞動通過怎樣的途徑進入迂迴生產過程，進而使整個社會的勞動複雜性程度增加。在本章的研究中，「虛假的社會價值」作為產業創新過程中發生的重要現象，雖然可能與新產業中實際從事的勞動的複雜性程度沒有任何關係，而與數量調整和持續性稀缺的外在條件有關（類似於級差地租Ⅰ），但是新產業形成的前提或者新產品的開發卻可能與科研勞動密切相關，或者與整個社會的勞動複雜性程度密切相關。複雜勞動在社會中的作用機制，始終是一種需要進一步研究的重要問題。

本有機構成低於工業部門的資本有機構成，社會價值大於生產價格，所以劣等地仍然可以獲得超過平均利潤的超額剩餘價值，即絕對地租。但是，如果部門Ⅱ中最低勞動生產率企業的資本有機構成高於部門Ⅰ的話，社會價值小於生產價格，那麼部門Ⅱ就可能按照其生產價格而非社會價值出售產品，這樣它能夠獲得按部門Ⅰ平均利潤率水準計算的平均利潤。在這種情況下，即使部門Ⅱ中最低勞動生產率的企業也能獲得大於其社會價值的利潤，這些利潤不屬於超額利潤（超額利潤是超過平均利潤的虛假社會價值），但屬於虛假社會價值的範疇（不是直接勞動創造的）。根據上面的公式，部門Ⅱ中最低勞動生產率的企業按照大於社會價值的生產價格出售產品而獲得的虛假的社會價值（非超額利潤）為

$$\Delta \tilde{r}_e = (p'_2 - p_2) q_{2e}$$

這種情況與馬克思所分析的絕對地租的情況正好相反。企業 e 按照生產價格出售產品才能獲取平均利潤，如果按照社會價值出售則不能獲取正常條件下的平均利潤。該企業將選擇按照部門Ⅰ的平均利潤率計算的個別生產價格出售，因為這是可見的價格、是能夠獲得平均利潤的價格，否則企業 e 不能獲得平均利潤，這與「持續性稀缺」的假定相矛盾。

對於具有最低勞動生產率的企業 e 而言，由於其資本有機構成高於部門Ⅰ而又不參與部門Ⅰ的利潤率平均化過程，所以按部門Ⅰ的平均利潤率計算的企業 e 的個別生產價格大於其個別價值，企業 e 以個別生產價格出售產品能獲得大於其個別價值的「虛假的社會價值」，否則它將不能獲取平均利潤[1]。部門Ⅱ內部的其他企業相對於企業 e 來講，由於勞動生產率高於企業 e，按照企業 e 的個別生產價格出售產品，能夠獲得超過企業 e 所得的「虛假的社會價值」，即超額利潤（相對於平均利潤而言）。這種「超額利潤」是由於勞動生產率的級差而直接產生的，而企業 e 所得的「虛假的社會價值」則是社會需求導致的，也就是說，社會需求的壓力在邊際上能夠使企業 e 按照超過其個別價值的個別生產價格出售產品，並獲取平均利潤。

在持續性稀缺條件下，勞動生產率最低的企業的個別生產價格決定社會生產價格，這不僅是一種現實的假定，而且在產業創新過程中是一種常見現象。這意味著部門Ⅱ的市場價格是圍繞生產價格而不是社會價值波動的。按生產價格計算的部門Ⅱ的總產值為

$$G'_2 = p'_2 \Big(\sum_1^v q_{2i} \Big)$$

部門Ⅱ中各企業獲得的超額利潤和部門Ⅱ的超額利潤總額分別為

---

[1] 該企業不參與利潤率平均化，雖然其資本有機構成高於部門Ⅰ，但不能通過利潤率平均化從部門Ⅰ轉移價值，所以，若按照部門Ⅰ的平均利潤率計算其生產價格，必然會產生一個超過其實際價值的部分，否則該企業不能獲得平均利潤。如果將「超額利潤」理解為超過平均利潤的利潤，那麼這種個別生產價格超出實際價值的部分就不能稱為「超額利潤」，而只能稱為不屬於「超額利潤」範疇的「虛假的社會價值」。

$$\Delta r'_{2i} = p'_2 q_{2i} - (c_{2i} + v_{2i})(1 + r_1) \; ; \; \Delta R'_2 = \sum_1^v \Delta r'_{2i} = G'_2 - (C_2 + V_2)(1 + r_1)$$

整個社會的總產值為

$$G' = G_1 + G'_2$$
$$= [(C_1 + V_1) + (C_2 + V_2)] + [r_1(C_1 + V_1) + r_1(C_2 + V_2)] + \Delta R'_2$$

對於產業創新來說，一般情況下新產業的資本有機構成高於其他產業，因而在部門 II 中以最低勞動生產率企業的個別生產價格而不是個別價值為標準的情況更為普遍，上述第二種情況（以 p'_2 作為社會的計價標準）更具有代表性。以下我們將以第二種情況來分析超額利潤的實現及其對整個社會的一般利潤率的影響。

(三) 超額利潤的實現

超額利潤在生產過程中產生，但是通過市場交換而實現。假定部門 II 最低勞動生產率企業的資本有機構成大於部門 I 的平均資本有機構成（$k_e > K_1$），即按照勞動生產率最低企業的個別生產價格作為社會生產價格。商品 II（部門 II 的產品）在交換過程中實現的虛假的社會價值可記為

$$p'_2 - \bar{p}_2 = \frac{(C_2 + V_2)(r_1 - r_2)}{\sum_1^v q_{2i}} + \frac{\Delta R'_2}{\sum_1^v q_{2i}} = \frac{\Delta W_2}{\sum_1^v q_{2i}} \qquad (29\text{-}1)$$

其中，$\bar{p}_2 = \dfrac{\sum_1^v (c_{2i} + v_{2i} + m_{2i})}{\sum_1^v q_{2i}} = \dfrac{C_2 + V_2 + M_2}{\sum_1^v q_{2i}}$，$r_2 = \dfrac{M_2}{C_2 + V_2}$，$(p'_2 - \bar{p}_2)$ 為單位商品 II 通過交換獲得的虛假價值，中間第一項為單位商品 II 由於按照商品 I 的平均利潤率形成生產價格而獲取的價值的虛假增值，第二項為單位商品 II 的超額利潤，ΔW_2 為包含了超額利潤的「虛假的社會價值」。

如果兩部門之間存在投入產出關係，那麼部門 II 中的虛假的社會價值對一般利潤率的影響就會發生變化。如前所述，這裡涉及的價值轉型問題，我們將另文討論，本章僅考慮一種簡單的情況。商品 II 有可能作為部門 I 的生產資料，也有可能直接作為消費品。如果商品 II 作為生產資料，那麼，超額利潤是通過與部門 I 的不等價交換而實現的；如果商品 II 作為消費資料，部門 II 的超額利潤就直接在出售過程中從消費者那裡獲取。假定部門 II 的產品作為部門 I 的生產資料，部門 I 生產消費品，部門 II 的虛假的社會價值僅僅影響部門 I 投入的不變資本，而部門 I 的資本技術構成和可變資本不受影響，根據前文的假定可知：

$$\left(p'_2 \sum_1^v q_{2i} + u_1 L_1 \right)(1 + r_1) = p'_1 \sum_1^n q_{1i}$$

其中，u_1 表示部門 I 的工資率，L_1 表示部門 I 的就業量，$V_1 = u_1 L_1$。

若部門Ⅱ按平均價值形成社會價值（標準情況），則：

$$\left(\bar{p}_2 \sum_1^v q_{2i} + u_1 L_1\right)(1 + r_1) = \bar{p}_1 \sum_1^n q_{1i}$$

根據式（29-1）可得

$$p'_1 = \bar{p}_1 + \frac{\Delta W_2}{C_1 + V_1} \tag{29-2}$$

式（29-2）表明，如果部門Ⅱ作為部門Ⅰ的投入品，部門Ⅰ生產消費品，那麼，部門Ⅱ的超額利潤會通過加價的方式由消費者支付。由於部門Ⅱ獲得了超額利潤，部門Ⅰ的勞動者的實際工資從 $\left(\frac{u_1}{p_1}\right)$ 下降到 $\left(\frac{u_1}{p'_1}\right)$。這說明，部門Ⅱ的超額利潤最終是通過購買由消費者來支付的，是對整個社會產品的無償佔有。這種無償佔有不是通過部門內部或部門之間的轉移而來的，而是通過不等價交換實現的。馬克思在分析級差地租時指出，「被當作消費者來看的社會在土地產品上過多支付的東西，社會勞動時間實現在農業生產上時形成負數的東西，現在對社會上的一部分人即土地所有者來說卻成了正數」[①]。這表明，像級差地租一類的超額利潤並沒有在社會中消失，而是最終通過消費者的多餘的支付，使整個價值總量發生了虛擬的膨脹。也就是說，假如原來社會中有100的價值總量，現在由於實現超額利潤的社會機制和實現過程變成了110，從而通過類似通貨膨脹的方式使社會的價值總量發生稀釋和膨脹，這個過程沒有改變社會新創造財富的總量，但是卻使財富佔有和分配發生了變化。

在產業創新過程中，部門Ⅱ的形成和發展伴隨著「信用創造」和信用擴張，超額利潤的不斷增長是「信用創造」的基礎，而由於較高的利潤率所導致的投資的不斷增長則是信用擴張的基礎。熊彼特在《經濟發展理論》中特別將「信用創造」作為創新的前提，認為以信用支持的創新是資本主義的本質屬性[②]。但他關於信用創造的觀點，僅僅涉及創新部門通過銀行創造出來的信用獲取貨幣資金併購買生產資料，從而將生產要素轉移到創新部門。我們認為，銀行也可以通過「信用媒介」的方式向創新部門轉移資源，而不一定通過信用創造的方式。真正引起信用創造的原因不在於轉移生產資源，而在於創新部門不斷增大的超額利潤。正是超額利潤導致的實際價值的虛假膨脹，才使信用創造成為必要，從而不斷地使「信用貨幣」發生長期貶值。根據文獻檢索，在目前國內關於「虛假的社會價值」的研究中，只有許興亞教授注意到這一現象：「虛假的社會價值的實質即超額利潤，只是它在農業中比較固定而已。在工業部門，它也同樣存在……必須從資本主義的競爭和生產過程的內在機制和內部規律上來說明物價上漲、通貨膨脹以及利潤率上升等現象，而不是相反。質言之，虛假的社會價值也要有相應的實現手段。這就是造成資本主義社會中通貨膨脹和信用膨脹以及其他『虛假經濟』

[①] 馬克思，恩格斯. 馬克思恩格斯文集：第7卷 [M]. 北京：人民出版社，2009：745.

[②] 約瑟夫·熊彼特. 經濟發展理論——對於利潤、資本、信貸、利息和經濟週期的考察 [M]. 何畏，等譯. 北京：商務印書館，1997：129-137.

第二十九章 超利、值量 一般利率

現象的最為深刻的內部根源。」① 需要注意的是，這裡不能採用斯拉法的方法。斯拉法模型處理的是實物量與價格之間的關係，價格從屬於實物量的技術關係或投入—產出關係。在這類模型中，價格僅僅作為實物關係的參數，是適應技術關係和一般均衡而必須滿足的量（方程的解）②，它不能反應生產中的實際耗費，也不能反應市場交換的基本規律。必須追問的問題是，商品交換的基礎是什麼？是構造投入—產出的一般均衡模型並使價格與其相適合，還是商品的內在價值決定的等價交換關係？勞動價值論最為根本的內涵在於，人的本質力量的對象化形成商品的價值，價值衡量的是人的勞動付出，是主體見之於客體的東西，是主體力量的外在化形式③。如果拋棄了這一點，單純地用價格體系來契合技術關係和一般均衡狀態，儘管它具備數學上的一致性，但這種數學模型不僅不能說明任何東西，也不具備任何理論意義。一些學者不考慮斯拉法模型與馬克思模型的本質差異，採用斯拉法的價格決定體系來看待馬克思的社會再生產理論，其結果就是將超額利潤問題取消，因為斯拉法的理論建立在一般均衡的前提下，而在一般均衡的條件下，就不存在超額利潤。

超額利潤的存在意味著非均衡狀態，超額利潤逐步衰減的過程就是經濟從非均衡向均衡轉化的過程，這個過程才是我們研究的對象。所謂非均衡狀態，指的是「數量調整受限制」的情況，也就是產品的生產量（供給側）不能快速增加到社會需要的程度，以致將勞動生產率最差的企業的個別價值或個別生產價格作為社會價值或社會生產價格。一些學者將「產品實現率」未達到 1 認定為非均衡狀態，進而證明平均利潤率與產品實現率的同向變化關係④。筆者認為，將其理解為馬克思的「相對生產過剩」可能更為合適。凱恩斯的「有效需求」指的是相對於既定的過剩生產能力的需求，投資和消費有多少，產出就有多少。也就是說，生產所有產品所帶來的購買力正好被購買這些產品所消耗⑤，有多少購買就有多少生產，因而「有效需求」表達的並不是一種非均衡狀

---

① 許興亞. 論虛假的社會價值 [J]. 價格理論與實踐, 1990 (8)：44-48.
② 斯拉法. 用商品生產商品 [M]. 北京：商務印書館, 1991.
③ 在《巴黎手稿》的第三手稿中，馬克思寫道：「私有財產的主體本質，私有財產作為自為地存在著的活動、作為主體、作為人，就是勞動。因此，十分明顯，只有把勞動視為自己的原則——亞當·斯密——，也就是說，不再認為私有財產僅僅是人之外的一種狀態的國民經濟學，只有這種國民經濟學才應該被看成私有財產的現實能量和現實運動的產物，現代工業的產物；而另一方面，正是這種國民經濟學促進並讚美了這種工業的能量和發展，使之變成意識的力量。因此，按照這種在私有制範圍內揭示出財富的主體本質的啟蒙國民經濟學的看法，那些認為私有財產對人來說僅僅是對象性的本質的貨幣主體體系和重商主義體系的擁護者，是拜物教徒、天主教徒。因此，恩格斯有理由把亞當·斯密稱作國民經濟學的路德。」（參見馬克思, 恩格斯. 馬克思恩格斯文集：第 1 卷. 北京：人民出版社, 2009：178）這段話確鑿地肯定了古典經濟學中的勞動原則的重大意義，肯定了古典勞動價值論中蘊藏的更深層次的內涵，成了馬克思構建以勞動為原則的經濟學理論體系的起點。在後續的表述中馬克思多次運用了「以勞動為原則的國民經濟學」及「勞動是財富的唯一本質」等詞句，並揭示了古典經濟學的悖論：這種經濟學表面上承認人，其實是徹底實現對人的否定。
④ 孟捷, 馮金華. 非均衡與平均利潤率的變化：一個馬克思主義分析框架 [J]. 世界經濟, 2016 (6)：3-28.
⑤ 凱恩斯. 就業、利息與貨幣通論 [M]. 高鴻業, 譯. 北京：商務印書館, 1999：31.

態,而是一種生產能力沒有被完全利用條件下的均衡狀態。按照凱恩斯的觀點,「有效需求」小於既定生產能力是一種通常狀態(所以凱恩斯將其著作稱為「通論」),這種狀態並非產品實現率未達到1,而是生產能力未得到完全利用。產能利用率小於1與產品實現率小於1是兩個不同的問題。在凱恩斯模型中,產能利用率小於1,但產品實現率是等於1的;而在馬克思的模型中,產能利用率小於1被定義為「資本過剩」,而產品實現率小於1則可理解為「相對生產過剩」,即生產相對於有支付能力的需求過剩。在馬克思看來,「相對生產過剩」源於生產的擴大與群眾有限的消費力之間的矛盾,這又歸根到底取決於資本主義所有制支配下的對抗性的分配關係。馬克思說:「進行直接剝削的條件和實現這種剝削的條件,不是一回事。二者不僅在時間和地點上是分開的,而且在概念上也是分開的。前者只受社會生產力的限制,後者受不同生產部門的比例關係和社會消費力的限制。但是社會消費力既不是取決於絕對的生產力,也不是取決於絕對的消費力,而是取決於以對抗性的分配關係為基礎的消費力;這種分配關係,使社會上大多數人的消費縮小到只能在相當狹小的界限以內變動的最低限度。其次,這個消費力還受到追求累積的慾望,擴大資本和擴大剩餘價值生產規模的慾望的限制。」①

筆者認為,「凱恩斯模式」中的「有效需求」表達的是一種「即時的平衡」,高鴻業教授將其解釋為「能使社會全部產品都被賣掉的購買力,而這筆購買力又是由於生產這些產品而造成的」②。因此,凱恩斯的「有效需求」概念與馬克思的「平衡」概念表達的含義類似,而產品實現困難所導致的生產和消費之間的比例失調可理解為「相對生產過剩」,即生產相對於有支付能力的需求的過剩,不管這種相對生產過剩能否通過價格調整而實現價格層面上的均衡③,都不能將價值層面的問題與此等同而認定在價格均衡條件下價值未完全實現為非均衡狀態,它們屬於科學抽象或辯證邏輯的不同層面。

三、超額利潤與一般利潤率

超額利潤會隨著競爭和模仿而逐漸消失,超額利潤逐步衰減的整個時期,即產品的「持續性稀缺」時期,也就是創新產業融入整個社會的一般均衡的過程。

(一) 考慮兩部門的情況

根據上面的分析,可以寫出部門II的平均利潤率公式:

$$r_2 = \frac{\max(p_2, p_2')\left(\sum_1^v q_{2i}\right) - \left(\sum_1^v c_{2i} + \sum_1^v v_{2i}\right)}{\sum_1^v c_{2i} + \sum_1^v v_{2i}} \qquad (29-3)$$

---

① 馬克思,恩格斯. 馬克思恩格斯文集:第7卷 [M]. 北京:人民出版社,2009:272,273.
② 凱恩斯. 就業、利息與貨幣通論 [M]. 高鴻業,譯. 北京:商務印書館,1999:31.
③ 宋承先. 關於「社會必要勞動時間」問題——也與魏塤、谷書堂兩同志商榷 [J]. 學術月刊,1958(4):40-44.

當 $p_2 \geq p'_2$ 時，可得

$$r_2 = r_1 + \frac{\Delta R_2}{C_2 + V_2}$$

當 $p_2 < p'_2$ 時，可得

$$r_2 = r_1 + \frac{\Delta R'_2}{C_2 + V_2}$$

由此可以看出，部門II的平均利潤率高於部門I，高出部分是超額利潤導致的。在產業創新過程中，由超額利潤引致的部門II較高的利潤率，會導致社會資本向部門II轉移以追求更高的利潤水準，從而促使競爭和模仿的加劇，使超額利潤逐漸衰減並趨於消失。

考慮 $p_2 < p'_2$ 的情況，整個社會的一般利潤率可以寫成：

$$r = \frac{G' - (C_1 + V_1) - (C_2 + V_2)}{(C_1 + V_1) + (C_2 + V_2)} = r_1 + \frac{\Delta R'_2}{(C_1 + V_1) + (C_2 + V_2)} \quad (29\text{-}4)$$

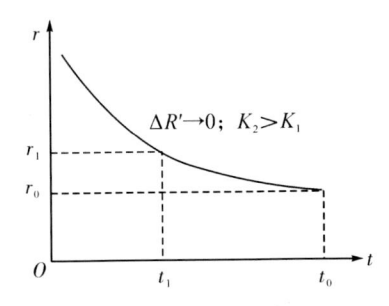

由式（29-4）可知，由於部門II中超額利潤的出現，整個社會的一般利潤率上升，上升的幅度正好等於超額利潤的總量占整個社會資本的比例。由於較高利潤率引致的模仿和競爭，上式中 $\Delta R'$ 是一個逐漸衰減的量，隨著 $\Delta R'_2 \to 0$，社會的一般利潤率逐漸下降，但並不是趨近於 r_1，而是趨近於 r_0，因為在超額利潤的衰減過程中，兩個部門之間發生了利潤率的平均化過程，最終的一般均衡狀態是兩個部門都按照平均利潤率確定的社會生產價格來決定的。如果部門II的資本有機構成高於部門I，那麼利潤率平均化之後的一般利潤率水準將低於部門I的平均利潤率水準，即超額利潤消失之後的一般利潤率會降低，這符合馬克思的一般利潤率下降趨勢；如果部門II的資本有機構成低於部門I，那麼，經過利潤率平均化之後的一般利潤率高於部門I的平均利潤率水準。即，若 $K_2 > K_1$，則隨著 $\Delta R'_2 \to 0$，有 $r \to r_0$ 且 $r_0 < r_1$；若 $K_2 < K_1$，則隨著 $\Delta R_2 \to 0$，有 $r \to r_0$ 且 $r_0 > r_1$。圖29-1顯示了在部門II的資本有機構成大於部門I資本有機構成的情況下，超額利潤衰減過程所引起的社會的一般利潤率的變化。

圖 29-1　一般利潤率隨時間的變化（$K_2 > K_1$）

由圖29-1可知，隨著競爭和模仿，部門II的超額利潤在不斷減少，直至部門II的平均利潤率接近部門I的平均利潤率，然後通過兩部門之間的利潤率平均化過程，一般利潤率繼續下降到 r_0，整個經濟達到一般均衡狀態。在此過程中，不僅發生了超額利潤的衰減，而且由於兩部門資本有機構成不同而發生了價值轉移，部門I的價值向部門II

轉移了一部分。在圖 29-1 中 $\Delta R_2' \to 0$、$r \to r_1$ 的階段（即 $0 \to t_1$）可稱為「持續性稀缺階段」。圖 29-2 顯示了相反的情況，由於部門 II 的資本有機構成低於部門 I，隨著超額利潤的衰減，社會的一般利潤率逐漸接近 r_0（$r_0 > r_1$），因此，$\Delta R_2' \to 0$、$r \to r_0$ 的階段（即 $0 \to t_0$）可稱為「持續性稀缺階段」。

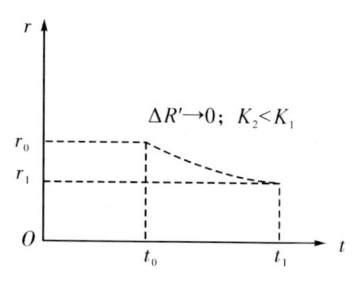

圖 29-2　一般利潤率隨時間的變化（$K_2 < K_1$）

（二）考慮整個社會的經濟發展情況

如果考慮整個社會的情況，那麼所有的生產部門可以簡單地分為「常規部類」和「創新部類」兩大生產部類。假定常規部類中的生產部門為 X_1，X_2，…，X_Z，創新部類中的生產部門為 X_{Z+1}，X_{Z+2}，…，X_{Z+A}，那麼，社會中的創新程度就取決於 Z 和 A 的大小[1]。當 A 較小而 Z 較大時，整個社會的創新程度較高；當 A 較大而 Z 較小時，整個社會的創新程度較低。當 A＝0 時，社會中全部都是常規部門；當 Z＝0 時，社會中全部都是創新部門。設定常規部類的平均利潤率為 r_Z，創新部門的超額利潤為 ΔR_{x_i}，社會的平均剩餘價值率為 S_z（假定在每個部門都相同），常規部類的平均資本有機構成為 K_z，包括常規部類和創新部類的全部社會總資本為 W_X，則整個社會的一般利潤率為

$$r = r_Z + \left(\frac{\sum_{Z+1}^{Z+A} \Delta R_{x_i}}{W_X} \right) = \left(\frac{S_Z}{1 + K_Z} \right) + \left(\frac{\sum_{Z+1}^{Z+A} \Delta R_{x_i}}{W_X} \right) \quad (29-5)$$

式（29-5）即為整個社會的一般利潤率公式。根據馬克思的分析，隨著社會經濟的發展，在不考慮產業創新和超額利潤（ΔR_{x_i}）的情況下，資本有機構成 K_Z 將不斷增大，於是社會的一般利潤率有不斷下降的趨勢。但是，考慮到超額利潤的存在，情況就會發生變化，整個社會的一般利潤率水準在創新時期可能會上升。式（29-5）即包含了產業創新和超額利潤對一般利潤率影響的情況，其具體含義如下：

（1）當 $\Delta R_{x_i} = 0$ 時，整個經濟達到一般均衡狀態，社會中不存在產業創新和超額利潤，社會的一般利潤率完全取決於社會的平均資本有機構成。

（2）在創新蜂聚和創新集群加速時期，也就是產業革命時期，社會分工急遽擴展，

---

[1] 超額利潤的大小除了取決於創新的範圍之外（Z 和 A 的大小），還取決於創新的程度。按照創新程度的不同，可將創新劃分為漸進性創新（incremental innovations）和根本性創新（重大創新）（radical innovations）。依據熊彼特的觀點，不同數量級的創新及其次級波將引起不同的經濟週期。

新的產業部門大量出現（A 增大），社會中的超額利潤加速增長，社會中資本有機構成的提高所導致的一般利潤率下降趨勢被超額利潤引起的利潤率上漲趨勢所抵消，並被超越，從而引起一般利潤率大幅度上升。

（3）考慮產業創新和超額利潤，社會的一般利潤率變化趨勢是波浪式下降。如圖 29-3 所示，在產業革命時期，一般利潤率上升，在一般情況下，一般利潤率的變化受資本有機構成變化的制約，呈現下降趨勢。在圖 29-3 中，下面的粗曲線代表不考慮超額利潤的利潤率下降模型，上面的細曲線（波浪線）代表考慮超額利潤的利潤率波動模型，納入超額利潤的一般利潤率水準要高於僅僅考慮資本有機構成變化的平均利潤率水準，高出的部分是由「虛假的社會價值」引起的實際價值膨脹所帶來的財富分配變化導致的。

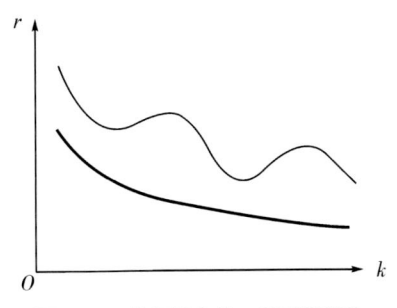

圖 29-3　整個社會的一般利潤變化

（4）在現實中，利潤率是多種因素共同作用的結果。其影響因素可以根據方法論標準區分為兩類：一類是靜態經濟因素，包括工資擠壓、產能利用率、產品實現率等，工資與利潤的關係在馬克思的第一層次的理論中實際上指的是剩餘價值率、產能利用率和產品實現率實際上涉及馬克思的經濟週期理論；另一類是動態經濟因素，即在熊彼特意義上的經濟發展現象，包括資本有機構成提高和超額利潤的出現[1]。孤立地來看，創

---

[1] 在馬克思經濟學中，利潤率是一個核心變量，幾乎所有的因素都會影響利潤率的變化，從而使經濟運行狀態發生改變。在這些因素中，最主要的有四個：生產技術變革導致的資本有機構成的變化、由創新（熊彼特意義上）或壟斷帶來的超額利潤、由階級關係影響的工資和利潤的比例（實際上是剩餘價值率）、由剩餘價值生產和實現的矛盾帶來的產品實現率和產能利用率（實際上是由經濟週期影響所致）。這四種主要因素在馬克思的文本中都被大量論述過，並在以後的研究中形成各種不同的理論體系、不同的流派和學者強調不同的方面。韋斯科普夫將馬克思經濟危機理論的三個流派（ROC 流派、RSL 流派、RF 流派）綜合在一個利潤率的決定公式中，認為利潤率取決於收入中的利潤份額、生產能力利用率和資本產出比。［參見：托馬斯·韋斯科普夫. 馬克思主義的危機理論和戰後美國經濟中的利潤率//現代國外經濟學論文集（第六輯）. 北京：商務印書館，1984：173.］這一觀點儘管採用了綜合的視角，有利於進行經驗研究，但並沒有劃分出本質因素和非本質因素，也沒有考慮各因素之間的內在聯繫和邏輯關係，缺乏辯證法的視角，並且三個流派都忽略了超額利潤對價值總量和一般利潤率的影響。筆者認為，借助馬克思的「虛假的社會價值」理論，在不考慮剩餘價值率變化的條件下也能夠論證重大技術革命中一般利潤率的上升。「置鹽定理」在價格和實物量的量綱上所證明的，實際工資不變的條件下「剩餘價值率的提高可以達到技術進步所能允許的最大值，並足以抵消有機構成的增長」［孟捷，馮金華. 非均衡與平均利潤率的變化：一個馬克思主義分析框架［J］. 世界經濟，2016（6）：3-28］，是一個極其不現實的極端假定，它只是一種理論上的可能性，對解釋現實（作為本質和現象的統一）沒有什麼幫助。

新（熊彼特意義上的）所導致的技術進步使資本有機構成不斷提高，從而平均利潤率有不斷下降的趨勢。但是，按照辯證法思想，任何事物都是矛盾的統一體。技術進步在使平均利潤率下降的過程中也產生了相反的趨勢，這個趨勢就是超額利潤連續不斷地產生和消失，從而使平均利潤率不再表現為一個沒有時間框架的單一的下降趨勢，而是表現為一個隨著創新範圍和創新程度不斷變化的波浪式下降的過程。若進一步考慮階級鬥爭因素（決定工資和利潤的份額）和經濟週期因素（影響產能利用率和產品實現率），利潤率的波動和變化就更為複雜。這也是實證研究難以在短時期內確定利潤率變化趨勢的主要原因。

（三）超額利潤的變動與「熊彼特創新週期」

根據式（29-5）可以進一步研究超額利潤與經濟週期之間的關係。按照「熊彼特創新週期」，創新「一旦出現，那就會成組成群地連續地出現」[①]。創新的「蜂聚假說」表明，創新密集地產生於同一時期。熊彼特認為，其原因在於「一個或少數幾個企業家的出現可以促使其他企業家出現，於是又可促使更多的企業家以不斷增加的數目出現」[②]，這說明模仿比首次創新更容易，創新產生的超額利潤將吸引越來越多的模仿者和競爭者。

筆者認為，由於產業之間存在投入—產出關係，主導產業的重大創新將通過產業之間的前向關聯和後向關聯引致其他產業的一系列創新，即一個部門的「創新蜂聚」將引致一系列關聯產業的「創新集群」。因此，類似於產業革命的那種大範圍的創新浪潮是創新的「蜂聚效應」和「集群效應」相互作用的結果。馬克思在《資本論》中分析了在第一次產業革命過程中，從「工具機」的創新到動力機構和傳動裝置的創新，再到機器體系的形成，最後機器改造自己的工場手工業生產基礎，發展成「用機器生產機器」，整個一系列過程形成了機器產品的「創新集群」。馬克思有這樣的描述：「一個工業部門生產方式的變革，必定引起其他部門生產方式的變革。這首先是指那些因社會分工而孤立起來以致各自生產獨立的商品、但又作為總過程的階段而緊密聯繫在一起的工業部門。因此，有了機器紡紗，就必須有機器織布，而這二者又使漂白業、印花業和染色業必須進行力學和化學革命。同樣，另一方面，棉紡業的革命又引起分離棉花纖維和棉籽的軋棉機的發明，由於這一發明，棉花生產才有可能按目前所需要的巨大規模進行。但是，工農業生產方式的革命，尤其使社會生產過程的一般條件即交通運輸工具的革命成為必要。」[③]

[①] 約瑟夫·熊彼特. 經濟發展理論——對於利潤、資本、信貸、利息和經濟週期的考察 [M]. 何畏，等譯. 北京：商務印書館，1997：249.

[②] 約瑟夫·熊彼特. 經濟發展理論——對於利潤、資本、信貸、利息和經濟週期的考察 [M]. 何畏，等譯. 北京：商務印書館，1997：253.

[③] 馬克思. 資本論：第 1 卷 [M]. 北京：人民出版社，1975：421.

第二十九章 超利、值量 一般利率

　　以間斷性出現的創新浪潮為基本特徵的產業革命內生於資本主義生產力和生產關係的基本矛盾，是資本主義發展中的重要現象，不能將其視為簡單的「循環論」，而應理解為螺旋上升的、必然的、具有內在聯繫的「階段論」①。在每一個階段，從超額利潤的產生、增大、衰減、消失的角度，都可將其描述為一個「超額利潤週期」（如圖29-4所示）。在《經濟發展理論》中，熊彼特試圖將其「創新蜂聚」假說同時用於解釋三種經濟週期——基欽週期（40個月）、尤格拉週期（9年到10年）和康德拉季耶夫週期（50年或略長一點）。但是，筆者認為，按照馬克思的理論，「熊彼特創新週期」主要適用於可用「超額利潤週期」來表徵的康德拉季耶夫週期②，而康德拉季耶夫週期實際上就是資本主義發展的不同階段。假定在啟動創新之前，經濟處於一般均衡狀態。由於創新的蜂聚效應和集群效應，超額利潤將從零開始逐漸增加到最大值，經濟從復甦走向繁榮。然後，隨著競爭的加劇，隨著大量企業的快速進入，經濟達到繁榮的頂點，超額利潤開始下降，經濟進入衰退通道。繁榮是衰退的原因，從繁榮到衰退是經濟機制內生的，是資本競爭的結果。資本主義競爭的悖論在於：資本家的個體理性行為（對超額利潤的追逐）必然導致「集體非理性」（超額利潤消失）。在超額利潤的衰減過程中將發生大小不等的經濟危機，每一次危機都將導致衰退的進一步加劇。當超額利潤趨於零時，經濟進入長期蕭條狀態，即相對靜止的均衡狀態。熊彼特將這一過程視為「週期性蕭條的本質」，而危機和蕭條則是吸收經濟體系中出現的干擾、「合併新事物並使經濟體系與之相適應的過程」，或者說，是「一種清理的過程」，「一種探索以達到新的靜止狀態的途徑」。③

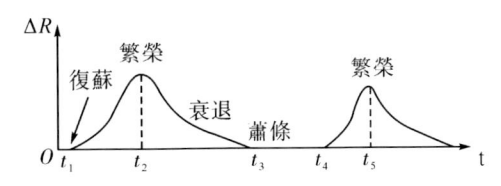

圖29-4　超額利潤變化與創新週期

---

　　① 在馬克思看來，辯證方法實際上也可理解成具有內在聯繫的階段論，即辯證的階段論。在《資本論》第一卷第二版跋中，馬克思引用了一位俄國作者考夫曼的批評，認為這位先生「把他稱為我的實際方法的東西描述得這樣恰當，並且在考察我個人對這種方法的運用時又抱有這樣的好感，那他所描述的不正是辯證方法嗎？」考夫曼的批評如下：「在馬克思看來，只有一件事情是重要的……由一種形式過渡到另一種形式，由一種聯繫秩序過渡到另一種聯繫秩序的規律……批判將不是把事實和觀念比較對照，而是把一種事實同另一種事實比較對照。對這種批判唯一重要的是，把兩種事實盡量準確地研究清楚，使之真正形成相互不同的發展階段，但尤其重要的是，同樣準確地把各種秩序的序列、把這些發展階段所表現出來的連貫性和聯繫研究清楚。」（馬克思. 資本論：第1卷. 北京：人民出版社，1975：20-23）。

　　② 尤格拉週期與馬克思所描述的經濟週期時間長度基本一致，馬克思認為這種10年一次的經濟週期的物質基礎是固定資本的更新。馬克思還考察了英國棉紡織工業長達90年的長期波動狀態，實際上提出了基於特定行業的長波週期。

　　③ 約瑟夫·熊彼特. 經濟發展理論——對於利潤、資本、信貸、利息和經濟週期的考察 [M]. 何畏，等譯. 北京：商務印書館，1997：256，257.

圖29-4是以 ΔR（社會中出現的超額利潤總量）為縱軸、時間 t 為橫軸而繪製的創新週期隨時間變化圖像。根據庫茨涅茲以熊彼特《商業週期》為基礎而建立的「長波年表」[①]，圖中的第一個「超額利潤週期」可作為第一次產業革命中以棉紡、鐵和蒸汽動力為主導產業的創新浪潮（1760—1827年）的圖像模擬，第二個「超額利潤週期」可作為中產階級時代以鐵路為主導產業的創新浪潮（1828—1885年）的圖像模擬。

對圖29-4進行解釋的難點在於：什麼因素啓動了創新浪潮？熊彼特認為企業家的出現導致了創新。企業家這種類型的人，處於人口正態分佈的兩端，他們具有特殊的品質：創造「私人王國的夢想和意志」「戰鬥的衝動」「創造的歡樂」[②]。這一解釋的說服力不強。曼德爾在《資本主義發展的長波》一文中提出了一個「不對稱假說」：啓動經濟長波的原因是外生的，而長波下降卻是資本主義經濟體系內生的，資本主義運動的一般規律能夠解釋從擴張性長波向蕭條性長波的轉變，但是不能說明從後者向前者的轉變，「關鍵的轉折點明顯是由外生的非經濟因素所引致的，但是它們只是啓動了可被資本主義運動方式的內在邏輯來加以說明的動態進程」[③]。筆者認為，「超額利潤週期」中的啓動機制，需要借助馬克思的理論來解釋和說明，創新的啓動可歸結為作為外在強制的競爭、科技發展的程度、產業進步的不平衡性、社會需要的擴展、蕭條所帶來的較低的投資成本及前次創新所帶來的生產關係的變化等因素。

四、結語

馬克思的「虛假的社會價值」理論並不是一個僅僅適用於農業級差地租的理論，它對於其他行業也具有一般的適用性，特別是對於產業創新過程中處於「持續性稀缺時期」的超額利潤的研究具有普遍的理論意義。一個部門或行業的社會價值的決定可能有四種不同的情況：一是部門內部的平均個別價值決定社會價值，在這種情況下，該行業沒有價值總量的餘缺；二是部門內部的最低勞動生產率企業所具有的最高個別價值決定社會價值；三是部門內部最高勞動生產率企業所具有的最低個別價值決定社會價值；四是壟斷價格決定社會價格。其中第二種情況產生「虛假的社會價值」，第四種情況產生「虛假的社會價格」，它們都是指由社會機制決定的超出部門內產品實際價值的一個虛擬的增加額。在兩部門模型中，根據創新部門內部最低勞動生產率企業的資本有機構成與常規部門平均資本有機構成的大小（假定所有企業的剩餘價值率相同），可以分為兩種不同的情況：當創新部門最低勞動生產率企業的資本有機構成小於常規部門的平均資

---

① 範·杜因. 經濟長波與創新 [M]. 上海：上海譯文出版社，1993：114.

② 約瑟夫·熊彼特. 經濟發展理論——對於利潤、資本、信貸、利息和經濟週期的考察 [M]. 何畏，等譯. 北京：商務印書館，1997：103，104.

③ 歐內斯特·曼德爾. 資本主義發展的長波——馬克思主義的解釋 [M]. 南開大學國際經濟研究所，譯. 北京：商務印書館，1998：19.

本有機構成時，創新部門最低勞動生產率企業的個別價值大於依據常規部門平均利潤率所得的創新部門的生產價格，創新部門最低勞動生產率企業獲得超過其生產價格的超額剩餘價值，這種剩餘價值是由創新部門最低勞動生產率企業實際創造的，不屬於「虛假的社會價值」範疇。而其他具有較高勞動生產率的企業通過低於生產價格的個別價值而獲得的超額利潤則屬於虛假的社會價值的範圍；當創新部門的最低勞動生產率企業的資本有機構成大於常規部門的平均資本有機構成時，創新部門依據常規部門的平均利潤率所計算的生產價格大於其內部最低勞動生產率企業的最高個別價值，創新部門的產品按生產價格出售所得的超過其真實價值的餘額則屬於「虛假的社會價值」，但不屬於「超額利潤」。

超額利潤在各個部門或產業之間複雜的投入產出關係中，並沒有消失，而是通過市場交換從社會中獲得其實現途徑。超額利潤歸根到底是對勞動者所創造的社會產品的無償佔有。這種無償佔有可能是通過創新部門的產品純粹作為生產資料在與其他部門的不等價交換過程中引起整個社會的產品價格上漲而實現對社會財富的無償佔有，也可能是通過創新部門產品作為純粹的消費資料而直接在市場中從消費者那裡獲取。

與農業中的級差地租不同，產業創新中的虛假社會價值或超額利潤會隨著競爭和模仿而逐漸消失，最終所有的產業迴歸一般均衡狀態。在一般均衡狀態下，隨著技術的進步，社會的資本有機構成不斷提高，社會的一般利潤率呈不斷下降的趨勢。但是，考慮週期性（長週期）出現的創新蜂聚和創新集群或者說產業革命浪潮所產生的巨大的超額利潤，社會的一般利潤率並非表現為單一下降的趨勢，而表現為波浪式下降的過程。在創新範圍較廣、創新程度較大的情況下，納入超額利潤的一般利潤率將大幅度上升，但是，隨著競爭的加劇和社會需求的飽和，超額利潤將逐步衰減，資本有機構成決定社會的一般利潤率下降趨勢將再次成為主導因素，從而出現恢復一般均衡的內在趨勢。在市場競爭條件下，通過創新獲取超額利潤是企業的內在衝動，即使在經濟運行的一般時期（非產業革命時期），各種不同的非革命性創新也是普遍存在的，再加上技術壟斷、權力壟斷等因素導致的超額利潤的固化（像級差地租那樣超額利潤持續存在而不衰減），社會中總會有一定數量的超額利潤存在，因而社會的一般利潤率水準總是處於波浪式運動狀態，雖然總趨勢是下降的，但局部和個別變化則是不確定的，特別是考慮階級鬥爭因素和經濟週期因素的複雜作用關係。

超額利潤的存在意味著經濟處於非均衡狀態，因此，對超額利潤的研究不能運用馬克思的社會資本再生產理論，也不能使用斯拉法的模型，更不能從等價交換、第二種必要勞動時間以及等量資本獲取等量利潤的角度來分析[①]——這三種情況的前提都是經濟處於一般均衡狀態。與超額利潤對應的是非均衡經濟，一般均衡的思維方式無法處理存

---

① 有學者認為「虛假的社會價值」理論與第二種必要勞動時間、等價交換、等量資本獲取等量利潤等一般均衡假定條件下的規律矛盾，實際上他們忽略了虛假的社會價值和超額利潤對應的是經濟的非均衡狀態這一前提。

在超額利潤的非均衡過程，這是一些學者認為從整個社會來看超額利潤不存在、超額利潤只是部門現象的原因。這就像我們處理經濟危機問題時，不能用馬克思的兩大部類再生產平衡的框架理論，用這種框架理論推出的結果永遠是平衡狀態，而不可能有危機出現。經濟危機本身就意味著非均衡，意味著部門之間的比例失調。在經濟學史上，杜岡—巴拉諾夫斯基的「比例失調論」實際上是一種沒有內容的普遍的抽象，因為任何原因導致的危機都會通過比例失調表現出來。

如果說創新是經濟發展的最基礎的動力，那麼，由創新所產生的超額利潤就是經濟發展中存在的普遍現象，因而，它對經濟運行有重大影響。在現實中，超額利潤不僅意味著經濟發展，而且是一種重要的財富分配機制，它使社會產品的實際價值（真實價值）表現為一個增大了的價值，通過類似於通貨膨脹的方式，無償佔有一部分社會財富。李嘉圖在分析級差地租時指出，隨著土地邊際生產率的遞減，整個社會的地租總量及其在社會財富中的比例會不斷增長，從而導致不生產的地主階級在國民收入分配中的份額越來越大。這一原理在一定程度上也適用於產業創新中產生超額利潤的情況。不僅如此，超額利潤的擴大還意味著整個價值總量的稀釋和膨脹，超額利潤是信用創造的內在根源，它導致了財富的虛假增值，而實現這種增值的社會過程，就需要通過信用創造的手段來創造新的貨幣供給，這是長期內貨幣貶值的重要原因。另外，在資本主義發展的各階段，超額利潤的產生、增大、衰減、消失對應於經濟運行中復甦、繁榮、衰退、蕭條四個階段，可用「超額利潤週期」來測度主導產業重大創新引致的康德拉季耶夫週期。

第三十章　中國實體經濟的利潤率修復機制研究[①]

一、引言

近年來中國實體經濟盈利能力下降，資金流向「脫實向虛」的趨勢引起了政府與學界的高度關注。規模以上工業企業的主營業務利潤率自 2010 年的 7.6% 下降至 2016 年的 5.9%；在 2016 年中國企業 500 強的盈利總量中，260 家製造業企業的淨利潤占比僅為 17.1%，33 家金融機構的淨利潤占比為 56.8%，銀行淨資產利潤率達到製造業的兩倍多[②]。順應資本逐高利潤而流動的一般規律，2017 年年底，中國金融業增加值占 GDP 的比重達到了 7.9%，大於次貸危機發生前美國金融業占比達 7.7% 的歷史高峰[③]。

金融部門占比提升既反應了國民經濟發展過程中行業間功能配合的需要，亦可能因為一定時期內部門間利潤率差異加劇資本流動的盲目性。21 世紀以來，實體經濟空心化、經濟金融化的現象是主要發達國家共同面臨的突出問題。究其原因，從物質基礎看，重大革命性技術創新的乏力、傳統投資領域的生產過剩，加速了資本向虛擬經濟的流動；從制度條件來看，為提升資本運行活力的金融去管制化，增強了金融資本相對於產業資本的食利能力，固化了後者的低利潤率，並助推了金融化發展趨勢。金融主導型發展模式的運行，給當事國乃至全球生產體系都製造了愈加突出的風險。

中國作為全球生產體系的一部分，實體經濟的相對衰退同樣受上述歷史背景和資本運動規律的約束。避免過度金融化的不利影響，引導資本支持戰略新興行業的發展，是中國經濟突破短板、實現高質量發展的基礎；而要引導資本迴歸實體經濟，首先是順應市場力量的過程，即實體經濟自身利潤率的穩步提升。

基於資本累積的一般規律，探尋全球生產體系的演變動態和中國經濟增長的現實矛盾，是正確分析實體經濟利潤率變化成因並尋找修復機制的關鍵。本章首先考察了馬克思主義經濟學意義上利潤率的逐項影響因素，並分析利潤率的每一種理論修復機制及其在發達國家運行的歷史經驗與矛盾。其次，基於對利潤率逐項影響因素的分解考察，明

[①] 本章選自：李怡樂. 中國實體經濟的利潤率修復機制研究 [J]. 馬克思主義與現實, 2019 (2)：151-158.
[②] 李毅中. 四組數據證明實體經濟「空心化」嚴重性 [N]. 21 世紀經濟報導, 2017-03-08.
[③] 黃群慧. 論新時期中國實體經濟的發展 [J]. 中國工業經濟, 2017 (9)：5-14.

確中國實體經濟利潤率下降的可能癥結，探尋利潤率的各種理論修復機制在中國經濟中的適用性。最後，利潤率修復的核心邏輯最終統一到創新驅動增長的實現，為此必須構築大規模技術創新所需的市場與制度條件。十九大以來中國各項重點經濟工作之內在統一邏輯，是要從根本上應對全球壟斷資本主義的停滯趨勢與金融化壓力，以建設現代化經濟體系為中心，化解生產成本上升的困境、建造承載更大需求的地理空間、推動產出—資本比的提升，最終實現實體經濟利潤率的恢復與人民利益的增進。

二、資本利潤率的決定因素與利潤率下降的理論修復機制

在馬克思的經典敘事中，一般利潤率下降是資本累積過程中，伴隨技術進步、資本有機構成提升的長期歷史趨勢。利潤率下降規律在後來得到了馬克思主義學者持續關注與挑戰，包括資本有機構成提高的趨勢是否成立，資本有機構成和剩餘價值率的相對變動如何確定等。二戰以來，一批活躍的西方馬克思主義經濟學學者，對發達資本主義國家經濟波動的階段性特徵與相應的利潤率週期變化，給予了更多經驗層面的關注，湧現出了「利潤擠壓論」「消費不足論」「資本有機構成上升論」等一些解釋利潤率變化、定位經濟衰退緣由的理論視角，其中美國學者韋斯科普夫所採取的利潤率分解，能較好地呈現上述影響經濟週期的多因素作用，從而明確利潤率波動的具體成因[1]。

在其經典的利潤率分解公式 $r = \frac{R}{K} = \frac{R}{Y} \times \frac{Y}{K} = \left(1 - \frac{W}{Y}\right) \times \frac{Y}{Y^*} \times \frac{Y^*}{K}$ 中，韋斯科普夫將利潤率定義為利潤總量與資本存量之比[2]，並將其分解為三項，分別為利潤份額（R/Y）或1-工資份額（$1-W/Y$）、實際產出（Y）與潛在產出（Y^*）比（即產能利用率）、潛在產出（Y^*）與資本存量（K）比。其中工資份額的變化取決於實際工資與勞動生產率的相對增速，前者高於後者將導致工資份額上升，引致利潤份額擠壓的可能；產能利用率反應市場需求條件，有效需求不足表現為產能利用率下降、對利潤率造成負面衝擊；產出—資本比的變動取決於勞動生產率和人均資本量的相對變動，當人均資本量提升速度大於勞動生產率增速就將帶來產出—資本比下降。韋斯科普夫的利潤率分解項正好分別對應了利潤擠壓、生產過剩和資本有機構成變化對利潤率的作用，他的做法引領

---

[1] WEISSKOPF THOMAS. Marxian Crisis Theory and the Rate of Profit in the Postwar US Economy [J]. Cambridge Journal of Economics, 1979 (3): 341-378.

[2] 韋斯科普夫的研究是延續馬克思主義經濟學傳統的，他提供了利潤率影響因素分解的一般性框架。經驗研究中根據具體研究對象和統計數據的可得性，學者們往往對利潤量和資本量的計算口徑做一定調整，如是否區分生產勞動、非生產勞動，可變資本存量是否納入利潤率分母等。[參見：李亞偉，孟捷. 如何在經驗研究中界定利潤率——基於現代馬克思主義文獻的分析 [J]. 中國人民大學學報，2015 (6): 37-46.]

了後續很多代表性經驗研究的展開①，近年來巴基爾等學者加入金融關係後的利潤率分解，也是以韋斯科普夫的方法為基礎的拓展②。

（一）「利潤擠壓論」的爭議與擴展

「利潤擠壓論」表現為伴隨資本累積，相應物質基礎缺乏，勞動力和原材料供給無法與持續投資產生的需求增長保持一致，導致成本上升、利潤份額和利潤率降低。面對 20 世紀 70 年代發達資本主義世界出現的利潤率下降，無論是馬克思主義經濟學陣營，還是西方主流經濟學家，大多將原因指向了產業後備軍縮減帶來的勞動生產率增長乏力和工資剛性，以及石油危機的催化作用。

在利潤擠壓論興盛時期，英國學者威克斯曾對其做出過嚴厲的反駁，他提出「將累積動態還原至工資—利潤權衡的問題是將馬克思降低到了『次要的後李嘉圖主義』的狀態」③。事實上，工資並非累積的「因」，持續的累積必然帶來工資提升的「果」，但累積不會因為實際工資的提高而停止，反而實際工資提高是勞動力再分工和資本在不同產業部門重新聚合的必要條件。

回到《資本論》的敘事以及歷史實踐，資本累積有通過技術進步突破物質基礎障礙、再造產業後備軍的巨大潛能。然而，在短期內，成本上升的確會造成利潤份額的直接擠壓，並抑制利潤敏感型的投資。除勞動力和原材料成本外，融資成本、土地租金等作為剩餘價值分割的各個部分，都可以被納入一個擴展的利潤擠壓論框架內，在分析實體經濟利潤率變化時被特別關注。

（二）「相對生產過剩」與「絕對生產過剩」下的消費不足

消費不足論對利潤率下降的解釋，強調剩餘價值實現困難，表現為利潤率公式中產能利用率低帶來的利潤率下降。這一思想在以巴蘭、斯威齊等為鼻祖的壟斷資本學派那裡得到了較全面的表達。在他們看來，壟斷資本主義時代，投資受制於市場飽和，而市場飽和又受到以工資為基礎的消費和工業生產環境成熟的限制。當「剩餘」缺乏生產性的使用機會，會表現為在廣告、產品外觀等「非生產性」支出中被浪費，使資本主義日漸走向停滯④。

---

① 謝富勝，李安，朱安東. 馬克思主義危機理論和 1975—2008 年美國經濟的利潤率［J］. 中國社會科學，2010（5）：65-82.

② BAKIR ERDOGAN. Captial Accumulation, Profitability, and Crisis: Neoliberalism in the United States［J］. Review of Radical Political Economics, 2015, 47（3）：389-411.

③ 約翰·威克斯. 累積過程與利潤擠壓假說［J］. 張雪琴，譯. 政治經濟學報，2018（11）：175-190.

④ 巴蘭，斯威齊. 壟斷資本：論美國的經濟和社會秩序［M］. 南開大學政治經濟學系，譯. 北京：商務印書館，1977：116-119.

需要注意的是，導致產能利用率下降的消費不足，不僅源於勞資間對抗性分配關係所引致的工薪群體消費抑制，亦源於與產品創新不足和市場規模受限相伴的資本過剩。如果說居民消費不足被視為一種「相對生產過剩」的話，與資本過剩相伴的產能利用率下降則表現為《資本論》第三卷中的「絕對生產過剩」。此時，將過剩的生產資料當作資本使用，不僅不能為其所有者帶來價值增殖，反而加劇了利潤率下跌，進一步引起生產過程的混亂與停滯，即資本過剩時的價值喪失①。

針對相對生產過剩，收入分配向工薪群體的傾斜，在一定程度上緩解了居民部門消費不足的發生；然而在資本主義生產關係內部，剩餘價值生產和實現的矛盾無法被根治，勞資間對抗性的分配關係長期存在。與此同時，收入分配關係調整無法應對伴隨生產工藝創新、產品結構性豐裕製造絕對生產過剩的困境。

與資本累積相伴隨的絕對生產過剩，不僅是居民部門消費不足論的翻版；更是缺乏新技術、缺乏新產品支撐表現出的增長動力耗竭。在沒有重大產品創新的背景下，企業的重複投資，使市場競爭環境惡化，盈利能力進一步下降。為聚積的利潤找新投資去向的難題甚至困擾著「產品創新」的典型代表——蘋果公司。根據席勒的測算，2016年蘋果手頭的可支配資金達到了 2,350 億美元，卻無法找到合適的、能帶來大規模盈利的投資地點②。找不到合理投資領域的「剩餘」向金融部門的集聚成為必然趨勢，助長了「壟斷—金融資本主義」的形成。

（三）資本有機構成提升對利潤率的負面衝擊

資本有機構成提升引致一般利潤率下降的趨勢，在《資本論》第一卷的生產過程到第三卷資本運動的總過程之間架起了關聯橋樑。大量統計數據表明，技術進步具有物化勞動代替活勞動的總體傾向。資本有機構成提高的長期趨勢並非馬克思的抽象，而是資本主義國家歷史發展的現實③。在各國經濟發展的歷程中，資本深化本身是推動勞動生產率增長的重要原因，但當擴張性投資帶動勞動生產率更快增長的潛力下降時，就可能帶來產出—資本比的下降，並對利潤率造成負向的衝擊，必須挖掘勞動生產率提升的新動能。

（四）利潤率下降的理論修復機制

就資本累積難以克服的生產過剩和利潤率下降現象，哈維使用了「空間修復」（spatial fixes）的概念，最初意指面對利潤率下降，資本在地理空間中的轉移，到達勞動

---

① 馬克思, 恩格斯. 馬克思恩格斯文集: 第7卷 [M]. 北京: 人民出版社, 2009: 280-289.
② 丹·席勒. 信息資本主義的興起與擴張: 網絡與尼克松時代 [M]. 翟秀鳳, 譯. 北京: 北京大學出版社, 2018: 255-256.
③ 高峰. 資本累積理論與現代資本主義 [M]. 北京: 社會科學文獻出版社, 2014: 437.

力成本更低、工人更為規訓的新生產地點①。20 世紀 80 年代全球化生產興起，即成本控制型「空間修復」的典型。跨國公司獲得利潤率提升的同時，也使得全球製造業的生產能力不斷增長，全球範圍內產能過剩的壓力越來越大。「空間修復」的概念進而被延伸至對「空間」本身的生產，即「生產的」和「消費的」建築環境的生產，如鐵路、公路、橋樑等公共基礎設施以及房地產業，並被擴展為資本盈利的新循環渠道②。

學者西爾芙對哈維的「空間修復」概念再做擴展，提出了另外三種代表性的利潤率修復機制，包括：①「技術修復」，表現為重構勞動過程、改變生產組織方式等，提升資本對生產過程的控制能力、並以降低生產成本、提高生產效率為最終目的；②「產品修復」，表現為資本進入新的、競爭尚不激烈的、具有更高增加值的領域，以構造新市場、創造新需求，化解傳統領域的生產過剩；③「金融修復」，過剩的資本完全從生產和貿易領域逃離，進入金融渠道依靠投機和食利獲利③。

相較而言，「技術修復」和「產品修復」分別是在工藝創新和產品創新的層面上，為實體經濟的利潤修復尋找辦法。金融化則並非對於實體經濟的利潤修復，而是「資本主義精英針對日益加劇的內部競爭將投資從生產轉向金融」④。回到利潤率分解的三重因素上看，改善利潤份額擠壓，成本抑制型的「空間修復」和「技術修復」往往起到緩解的作用；針對剩餘價值實現困難，需依靠開拓新生產領域、新產品類型的「空間修復」和「產品修復」；面對資本有機構成上升、產出—資本比下降，則要依託於生產過程的優化重組和前沿科學技術的助力，通過更快的勞動生產率增長來對沖。

三、新自由主義時期美國的兩輪利潤率修復方案與困境

二戰結束後至 60 年代後期，以美國為代表的發達資本主義國家經歷了戰後黃金年代，一度形成了福特主義累積體制的良性循環，利潤率保持平穩適度增長，並在 1965 年左右達到了戰後至今的最高峰⑤。從韋斯科普夫利潤率的三項分解因素來看：首先，工資與勞動生產率大體保持平行增長，避免了工資快速上漲對利潤的擠壓。其次，工資

---

① 戴維·哈維. 後現代的狀況——對文化變遷之緣起的探究 [M]. 閻嘉，譯. 北京：商務印書館，2003：193-196.

② 資本的一級循環包括製造業等剩餘價值生產的傳統領域；次級循環是沉澱了大量固定資本投入的建築環境生產；第三級循環意味著對科技和勞動力再生產相關領域的投資. 參見大衛·哈維. 世界的邏輯 [M]. 周大昕，譯. 北京：中信出版社，2017：66-71.

③ SILVER B. Forces of Labor Workers'Movements and Globalization since 1870 [M]. Cambridge University Press, 2003：39.

④ 娜塔莎·範·德·茨旺. 理解金融化 [J]. 張雪琴，譯. 中國社會科學內部文稿，2018 (3).

⑤ 孟捷. 戰後黃金年代是怎樣形成的——對兩種馬克思主義解釋的批判性分析 [J]. 馬克思主義研究，2012 (5).

與勞動生產率平行增長又穩定了工人階級的消費能力；發達國家重建與原殖民地國家建設，提供了擴大的市場規模；戰後無產階級數量的增長還釋放了消費的新增量，共同緩解了資本主義傳統的消費不足困境。最後，資本技術構成與勞動生產率變化大致同步，使產出—資本比保持平穩。此外，這一時期較高的利潤率水準和持續的資本累積，也有著與其相適應的技術基礎，主要表現為以電力和內燃機為標誌的第二次工業革命及其相關產業部門投資的延續①。投資所依託的技術基礎穩固，一定程度上克服了壟斷資本學派意義上剩餘的堆積和浪費性消耗。

20世紀70年代初，伴隨石油危機背景下原料成本上升、市場擴張淨增量消失、福特製生產技術潛能耗竭，美國經濟開始進入下行週期。80年代起，美國等發達資本主義國家採取的利潤修復方案事實上包括了前述的幾種典型利潤修復機制。

(一) 20世紀80年代美國的利潤率修復嘗試

首先是全球化生產逐底競爭帶來的成本抑制型的「空間修復」，表現為製造業外移、削弱勞工組織等。除勞動力成本控制外，美國也通過低稅收政策幫助資本降低稅負成本，這在增加資本稅後利潤的同時，抑制了財政對社會福利和基礎設施的開支，公共服務項目大幅收縮。

其次是以信息通信技術網絡和全球產業後備軍為基礎，後福特製生產興起，表現出的「技術修復」。計算機技術「幫助整合生產體系內部各個相互分離的環節」，以及「從底特律到聖保羅的地理空間」②。跨國製造商主導研發、設計、營銷，(在全球範圍內) 分佈廣泛的外包商工廠承擔起生產零部件的職能。信息技術使得企業能夠更確切地協調生產與銷售環節，鞏固「中心與外圍」的經濟權力網絡，保證中心企業掌控信息流動，外圍企業提供靈活的低成本人力，實現了新技術對生產過程的重組和成本控制。

再次，「產品修復」表現為一種衝突性較低、可持續性較強的利潤修復方案。20世紀80年代末到90年代初以來，IBM、微軟、亞馬遜、谷歌等公司把握了信息技術革命契機，提供的新產品與新服務在全球市場上獲得領先優勢，並獲取了高額利潤。20世紀90年代中期美國非金融部門稅後利潤率一度重回戰後巔峰，與互聯網經濟繁榮的功勞密不可分。然而，2000年前後伴隨互聯網基礎設施建成，非住宅固定資本和設備投資下跌，信息技術革命對經濟增長的帶動作用下降，生產性資本開始大量轉向房地產和金融市場。至今，如何讓信息通信技術的功能完全超越對第二次工業革命生產網絡的重組，引導其新動能的發揮，依然是各國在全球競爭中共同面臨的重大技術與發展問題。

最後，發達資本主義國家的金融化浪潮，呈現出對利潤率飲鴆止渴似的「金融修

---

① 高峰. 論長波 [J]. 政治經濟學評論, 2018 (1): 67.
② 丹·席勒. 數字化衰退: 信息技術與經濟危機 [M]. 吳暢暢, 譯. 北京: 中國傳媒大學出版社, 2017: 22-25.

復」。伴隨「空間修復」，全球勞工套利帶來的租金①使得發達資本主義國家的剩餘吸收和過度累積問題更加嚴峻，金融順勢成為過剩資本內部運轉的渠道。各大公司在金融業務中取得的利潤增加，向金融部門的開支也不斷增加。日益增強的國際競爭和支付股東回報的需要，強化了製造商外包生產、控制國外供應鏈以削減成本的動機。全球化生產的「空間修復」與過剩資本的「金融修復」形成了彼此強化的契合。

金融資本食利性收入的不斷增加，以雇傭勞動者工資的停滯和工薪家庭債務的累積為代價。依賴於債務驅動和股市泡沫膨脹帶來的財富效應，推動了消費增長並暫緩了剩餘價值實現的困難，但同時意味著金融風險的不斷加劇，並最終演變為次貸危機，引發了2008年全球資本主義的系統性衰退。

（二）2008年之後美國的利潤率修復困境

2008年金融危機之後，美國政府嘗試克服全球化和金融化進程中本土產業空心化的弊端，推出了「製造業復興計劃」和「再工業化」戰略。這一系列「新政」能否扭轉金融化趨勢，取決於實體經濟的利潤率能否真正恢復。2010年之後美國製造業的利潤率儘管呈現回升，但僅相當於20世紀80年代平均利潤率的60%左右；反觀金融業的利潤率在經歷了2008—2009年的探底之後，2010年起迅速飆升，到2013年金融業利潤率依然相當於製造業的約6倍②。

從前述利潤率影響因素來看：首先，製造業迴歸意味著必須接受美國已有的勞動力成本，比較單位勞動成本（勞動成本/增加值），儘管中美兩國間的這一比例存在縮小趨勢，但依然有3倍差距。其次，美國的主導優勢部門不斷遭到來自全球競爭者的挑戰，暫未推出在全球占據絕對先機的重大「產品創新」，相應地，也難以注入使生產效率進一步提高的新動能。為了幫製造業「減負」，美聯儲無法放棄量化寬鬆的政策，面對依然疲軟的實體經濟，資本依然有衝動繼續湧向金融市場。特朗普時期美國的經濟政策愈加走向保守主義，並通過不斷發起貿易戰轉嫁國內經濟的矛盾。相比較上一輪全球化生產的「空間修復」，本輪「逆全球化」試圖將競爭阻擋在國門外、製造相對封閉的生產空間，卻與資本無限增殖擴張的基本邏輯相悖逆，難以長期維繫。

回顧美國經濟的兩輪利潤率修復方案，事實上都包含著對利潤率下降三重因素的對抗，但始終面臨著難以調和資本利得與工薪群體收益的矛盾，受制於尚無重大技術和產品創新再控制全球生產體系，並受困於金融化陷阱。

---

① FOSTER JOHN, et al. The global reserve army of labor and the new imperialism [J]. Monthly Review, 2011 (11): 485-502.

② 張晨，馮志軒. 再工業化，還是再金融化？——危機後美國經濟復甦的實質與前景 [J]. 政治經濟學評論，2016 (6): 171-189.

四、近年來中國實體經濟利潤率變化的成因解析與一般修復機制

參照前文韋斯科普夫利潤率分解的思路，我們對中國規模以上工業企業①三十多年來資本利潤率的變化及其成因進行解析。如表 30-1 所示②，工業企業資本利潤率年均增速在 1998—2007 年間經歷了高速增長。對照利潤率三項分解因素，利潤份額、產能利用率、產出—資本比（勞動生產率增長快於人均資本存量增長）在此期間都處於較快的正增長。2008—2014 年，資本利潤率年均增速明顯下滑，利潤份額下降、工資份額上升（實際工資增速大於勞動生產率），產能利用率下跌，人均資本存量增速超過勞動生產率增速使產出—資本比下降，工業企業進入了盈利能力下降的時期。2015 年起，供給側結構性改革拉開序幕，隨後資本利潤率增速略有回升，但原因更主要地在於抑制資本深化和去產能，限制了人均資本存量增長並提升了人均產出，使得產出—資本比增速（8.4%）相比之前階段（-2.6%）明顯回升；但是利潤份額、工資份額、產能利用率的變化率尚處在負增長③。

表 30-1 規模以上工業企業資本利潤率及其分解因素各階段的平均增長率

	1985—1997 年	1998—2007 年	2008—2014 年	2015—2016 年
利潤率	-9.62%	21.06%	0.56%	2.99%
利潤份額	-0.09%	13.76%	3.00%	-2.90%
產能利用率	-3.68%	7.12%	-0.50%	-1.20%
產出—資本比	-2.85%	7.57%	-2.60%	8.40%
工資份額	1.15%	-4.50%	3.00%	-6.70%
實際工資	5.91%	12.70%	9.70%	4.90%
勞動生產率	4.56%	18.17%	6.38%	8.82%

---

① 在黃群慧給出的中國實體經濟分層問題中，第一個層次即製造業，為實體經濟最核心的部分，也是最狹義的實體經濟；第二個層次的實體經濟包括製造業，以及農業、建築業和除製造業以外的其他工業；第三個層次，在第二層基礎上加入了批發和零售業、交通運輸倉儲和郵政業、住宿和餐飲業，以及除金融業、房地產業以外的其他所有服務業，是實體經濟的整體內容，也是最廣義的實體經濟。黃群慧. 論新時期中國實體經濟的發展 [J]. 中國工業經濟，2017 (9)。出於數據的可得性、長期測度口徑的穩定性，下文所涉及實體經濟相關數據的測算，一般限於在規模以上工業企業內。

② 各階段時點劃分主要考慮：社會主義經濟體制由計劃經濟向商品經濟、市場經濟轉型（1985 年）、國有企業股份制改革深化（1998 年）、全球性經濟衰退發生（2008 年）、供給側結構性改革啟動（2015 年）。

③ 利潤總額依據《中國統計年鑒》提供的規模以上工業企業利潤總額計算，而非企業增加值減去工資總額後的差額，受其他成本因素作用，利潤份額與工資份額變動可呈現同向變化。

表30-1(續)

	1985—1997 年	1998—2007 年	2008—2014 年	2015—2016 年
人均資本存量	8.24%	10.07%	9.20%	5.93%

註：以上指標的變化率皆為筆者依據《中國統計年鑒》或國家統計局發布相關公報數據計算。其中，資本利潤率為利潤總額對固定資本存量之比，利潤份額為利潤總額對增加值之比，固定資本存量根據永續盤存法測算，產能利用率根據趨勢法推算①。實際工資採取工業企業各行業工資加權平均值，工資份額為工資總額（實際工資乘以就業人數）比增加值，勞動生產率為增加值比就業人數，人均資本存量為固定資本存量比就業人數，產出—資本比為增加值比固定資本存量。數據測算中相應對照居民消費品、工業生產者出廠和固定資產投資價格指數去除了價格波動影響。

（一）利潤擠壓的威脅與成本修復的可能

近年來，與人口年齡結構相關聯的勞動力成本上升，與環境壓力和能源瓶頸相伴隨的原材料價格上漲，都使得傳統技術範式下的投資收益遭遇明顯挑戰。社會發展和經濟增長，既面臨補民生短板的迫切要求，又面對降低企業和個人稅負、及時消化地方債務的現實壓力，令「降成本」成了一項艱鉅的工程。

勞動力成本。伴隨中國就業市場上勞動力供求比的降低，2010—2015 年，城鎮就業人員的實際工資增速快於勞動生產率增速，使 GDP 中的勞動份額呈現上升趨勢。然而，工資增長並不意味著對利潤和用於累積的資金的蠶食。20 世紀 90 年代中期到 2007 年前後，中國勞動份額經歷過長期快速下降的階段，一度使得中國經濟增長表現出過於倚重投資和外需的特徵。中共十八大以來，讓勞動報酬與勞動生產率同步增長，是中國收入分配制度改革的重要標的。根據收入法 GDP 計算，2015 年末勞動報酬占 GDP 的比重約為 47%，尚低於全球平均水準。勞動力成本上升是中國經濟與社會發展自然演進的結果，幫助企業積極應對用工成本上升帶來的挑戰，並挖掘公共政策保護性增強對經濟增長的正向效應，是中國經濟發展模式變動必須要經歷的。且就表 30-1 規模以上工業企業數據來看，其工資份額僅在 2008—2014 年有 3% 的年均增長率，伴隨 2015 年「去產能」調整和一定的減員增效，工資份額再度下跌，利潤份額降低更可能源自其他成本因素的作用。

原材料、能源及環境成本。相比勞動力成本，原材料成本等更為值得關注。基於 2012 年工業企業投入產出的計算，原材料和能源支出占中國工業成本的比重分別達到了 60.7% 和 10.4%，而人工成本只占 9.2%。與美國同期數據進行橫向比較，中國的原材料和能源成本分別比美國高 20.7 個百分點和 2 個百分點②。「十三五」以來，「綠色」

---

① 參見李怡樂. 工人力量的變化與中國經濟增長——基於規模以上工業企業數據的分析 [J]. 政治經濟學評論，2016（2）：136. 對有關指標計算方法的解釋。

② 國家發改委宏觀經濟研究院課題組. 降低實體經濟企業成本研究 [J]. 宏觀經濟研究，2017（7）：4.

發展理念踐行，製造業企業的治污投資與排污繳費增長，必然提高企業運行面臨的環境成本。政府要在公眾環境利益和經濟增速間取得權衡，意味著環保相關稅負提升的趨勢難以扭轉。化解此類成本上升的關鍵還是在技術進步，包括生產工藝改進以抑制能耗；新能源開發，緩解依賴化石燃料帶來的環境負擔等。

融資成本和地租成本。從理論機制上看，實體經濟盈利縮減推動資本進入金融和地產等部門；而金融和地產企業壟斷勢力的增長，又提升了租金，使實體經濟的運行成本進一步提高。金融業占比提升，且大量企業融資難、融資貴的現實，意味著中國經濟的金融化壓力與金融體系功能不完善同時並存。地租成本方面，由於中國工業用地成本低於商業和服務業用地，相比較工業企業直接擔負的用地成本、地租負擔提高更主要表現為，大中型城市居民住房價格膨脹，強化了工資上漲的推力，間接地使整體經濟運行面臨高額地租。

稅收成本和制度性交易成本。根據中國財政科學院 2016 年年初進行的「降成本」大型調查研究，樣本企業在 2013—2015 年的總體稅負率有下降趨勢，但是制度性交易成本依然偏高，包括行政審批時間長、企業面臨機會成本高，不規範的仲介收費，政策不透明、信息不對稱致使企業應該享受的稅收優惠享受不到等①。

總之，針對原材料等生產成本上升的問題，主要需依靠工藝和產品創新、突破技術壁壘來緩解；而融資、地租、稅收等成本問題，都屬於剩餘價值分割領域，可通過健全金融市場功能、加快住房制度改革、稅制設計優化，在制度創新層面予以改善。

(二) 產能過剩的障礙與突破

20 世紀 90 年代後期至 2008 年金融危機前，由於存在待追趕的技術空間和海外需求支持，中國工業企業的高投資和較高產能利用率水準基本可以保持。2008 年金融危機後，中國製造的海外需求縮小，淨出口對 GDP 的貢獻率下跌，挖掘國內需求成為應對危機的當務之急。2008—2010 年擴大內需的系列舉措，有效對沖了全球性衰退的不利影響，但地方債務累積，重複性產能建設等矛盾也在顯現。

中共十八大以來，收入分配制度改革推動勞動者增收，既緩解了由於居民消費能力不足導致的產能過剩問題，也為專業分工深化開拓了新的空間。2014 年起中國消費對 GDP 的貢獻率持續高於投資，2017 年最終消費對 GDP 增長的貢獻達 58.8%②。儘管收入分配制度改革的諸多方面依然任重道遠，但已經不能將產能過剩完全歸結為居民消費不足所致「相對生產過剩」。伴隨生產工藝不斷改進、商品價值下降而使用價值飽和，製造業諸多部門也出現了「絕對生產過剩」的困境，在全球競爭中面臨著被不斷擠壓

---

① 中國財政科學研究院「降成本」課題撰寫組. 關於實體經濟企業降成本的看法 [J]. 財政研究，2016 (11)：2-18.

② 參見國家統計局網站：《中華人民共和國 2017 年國民經濟和社會發展統計公報》。

的銷售與利潤空間。

要克服同時存在的「相對生產過剩」與「絕對生產過剩」，需要持續擴大市場規模的三方面舉措協同發力。一是繼續推動收入分配與民生領域改革深化，居民消費增長以可支配收入的增長為前提，保持勞動報酬與勞動生產率同步提高、推動與民生密切相關的公共服務均等化，是避免消費萎縮的基本條件。二是通過產品創新、商業模式創新帶動消費升級，在推動高質量供給的過程中，促成對利潤率的「產品修復」。新生產設備和新產品類型是實體經濟獲得新生的物質基礎。朝向戰略新興行業的不斷投資，通過提供新產品和新就業崗位，更是消費增長不竭的保障。三是開發大市場優勢並深化分工，在城鄉、區域、對外開放戰略的實施中獲得「空間修復」。相比較資本主義世界過剩資本向地產、金融等次級循環空間不斷地自發轉移，由中國政府助力的城鄉和區域政策，一方面為保持較高投資率提供擴大的地理空間和物質載體，另一方面也為高額投資帶來的更大產出擴充了消費能力，緩解了價值生產與實現的矛盾。

（三）資本密集度上升與投資結構調整

回顧表 30-1 數據，1998—2007 年，規模以上工業企業勞動生產率年均增速遠大於人均資本存量的年均增速，產出—資本比提升，對資本利潤率提高是有利的。但是伴隨後發優勢衰弱、技術引進空間縮小，在缺乏內部技術創新和內部市場擴張的背景下，勞動生產率增長潛能趨弱。缺乏靈活調試能力的要素驅動型增長，長期面臨著固定資本沉澱和生產能力過剩的陷阱。2009—2014 年，勞動生產率增速低於資本存量增速，產出—資本比的下降開始對利潤率形成負面影響，投資結構調整勢在必行。但是必須注意，在馬克思主義經濟學中，利潤率本身是投資和消費決策的結果，消費的功能是完成價值實現、保證資本循環的順利進行，而累積更是增長的主動輪。因而資本利潤率的恢復是以投資結構的優化調整為基礎，而非簡單抑制投資。

2015 年年末開始的供給側結構性改革，既要削減與擴張型投資相關聯的過剩產能，更重要的任務是改善投資佈局，起到對優化供給結構的關鍵性作用。以工業企業內部結構來看，2018 年 1-8 月高技術製造業投資增長 12.9%，比全部製造業投資高 5.4 個百分點，企業同期實現利潤總額同比增長較快[①]。結構調整既要避免重複投資和資本沉澱對利潤率的不利影響，也要增加在戰略新興領域的高質量投資，助推勞動生產率更快的增長，才能改善產出—資本比並提升利潤率水準。

五、結語：利潤率修復視角下近期中央經濟工作的核心邏輯

針對利潤率分解的三種因素，實體經濟的利潤率修復可從成本、需求和生產效率三

---

① 參見國家統計局網站：《國家統計局投資司高級統計師王寶濱解讀 2018 年 1-8 月份投資數據》。

種條件的改善入手，而這三種條件的改善最終都依託於強有力的技術和制度創新。以此著眼，黨的十九大以來，中央經濟工作以構建現代化經濟體系為中心，完善社會主義市場經濟體制是激發市場主體活力、降成本、提效率的基本體制機制保證；收入分配制度改革、城鄉、區域和對外開放政策提供了市場擴大、分工深化、效率增長的重要制度與空間條件；供給側結構性改革和創新型國家建設帶動投資結構優化和優質增量供給，是抑制生產成本、提供需求動力和提升生產效率的最終物質保證。

就成本條件來看，人口年齡結構變化、共享發展理念落實和生態文明建設，都意味著勞動力成本上升趨勢較強，社會保障、環境稅費等相關成本的下降空間有限。成本條件的改善一方面要通過技術、產品創新，降低能耗、能源和環境成本等，另一方面要歸於「市場的質」的改進，以完善的市場體系、規範的市場秩序，推動高效的資源配置與不竭的創新能力。

從需求條件來看，擴大「市場的量」還在於生產力提升和市場擴容同步進行。前者表現為供給側結構性改革的推進，以創新補短板，從根本上進行「技術修復」與「產品修復」，以求在顛覆性技術創新領域獲得先機，打破既有商品飽和的困境，突破全球過度競爭和生產過剩；後者則體現為收入分配制度改革、新型城鎮化建設、鄉村振興戰略、區域政策與對外開放戰略協同作用下市場空間的擴張。

從生產效率條件來看，要使得產出—資本比恢復增長，需要勞動生產率相對於資本構成更快地提升。伴隨中國的產業鏈地位提升，我們既面臨可直接應用的外來技術供給枯竭的不利影響，又在互聯網、大數據時代獲得了新的發展契機。例如，大數據是智能製造的中心要素，新產品、新商業模式的發展更強調依賴數據累積，不斷改造生產流程、調整產品設計。當前，數據是工業、服務業的基礎資源和創新引擎，具有「高效率」潛能和一定的「輕資產」特徵。中國龐大的人口和市場體量，領先發展的互聯網基礎設施，都使得中國具備了全球最豐富的數據資源和相應的發展機遇。

總之，實體經濟的利潤率修復不僅是針對利潤率各項影響因素的逐個調整，更是在構築大規模技術創新所需的市場與制度條件。既要在新一輪科技與產業革命背景下，最大限度推動生產性投資與創新的發生，又要通過擴大市場空間和深化分工的系列舉措，帶動消費增長並為生產注入新的動力，即形成熊彼特式增長與斯密式增長的協同並進。在此進程中，政府作為一個重要的主體，對於改善「市場的質」、擴大「市場的量」，供給關鍵性制度，加速技術創新的發生與擴散都將長期起到重要的作用。

第四篇

《資本論》中其他理論研究

第三十一章 《資本論》中生產、交易及其費用相關思想初探[1]

「交易」概念久已有之，但只是到了制度經濟學家康芒斯那裡才被「一般化」為與生產概念相對應的經濟活動中的「最高範疇」。交易是制度經濟學的分析單位，交易費用更是現在廣為熟知的基本概念。馬克思在《資本論》中沒有明確使用「交易」「交易費用」等名詞，但其相關思想卻十分深刻，並且在與「生產」「生產費用」（尤其是「生產性流通費用」）的比較運用中發揮得淋漓盡致，對我們今天的經濟研究仍有指導意義。

一、生產和交易

按照馬克思主義唯物史觀，社會經濟活動是自然與社會、生產力與生產關係、物與人的統一。自然、生產力、物的方面，是社會經濟活動的物質基礎，在那裡，人與物質世界打交道，生產出物質產品或服務產品，由此來增加人類的使用價值或財富總量；社會、生產關係、人的方面，存在於物質活動基礎之上，在那裡，人與其他人打交道，對生產出來的使用價值或財富（物質產品和服務產品）進行分配、轉讓、監督、保護，由此來調整人們之間的利益關係。馬克思把使用價值或財富的產生、增加過程概括為生產，把所生產的使用價值或財富在不同人之間的調節過程（即單純由經濟過程中人與人的利益關係引起的活動）概括為經濟過程中的「非生產」（比如，「非生產性勞動」「非生產性領域」「非生產性流通費用」等）。生產和「非生產」，構成《資本論》所描述的人類社會經濟活動的全部內容。

馬克思的「生產」與「非生產」概念與今天的「生產」和「交易」概念有相通之處。在馬克思對社會經濟活動的劃分中，「生產」加「非生產」，本身就是周延的，無須再對「非生產」這個概念「一般化」。而在新制度經濟學企圖用「生產」和「交易」來概括全部社會經濟活動時，就必須對原有的含義相對狹窄的「交易」概念進行「一

---

[1] 本章選自：劉燦、武建奇.《資本論》中生產、交易及其費用相關思想初探 [J]. 當代經濟研究，2005（1）：2, 3-7, 73.

般化」處理，把其範圍「擴展」到與「非生產」概念的邊界相一致的程度，以取得當用「生產加交易」來概括全部經濟活動時在邏輯上也能周延的同樣效果。交易被「一般化」之後，生產加交易的內容就包括了人類經濟活動的全部。生產和交易成為社會經濟領域中的「最高範疇」，「非生產」就是交易，「非交易」就是生產，猶如哲學上的最高範疇物質和意識的關係。

按照被「一般化」了的生產概念和交易概念，生產是經濟活動中人與物的關係，交易是經濟活動中人與人的關係；生產是效用和財富的增加，交易實質上是對所生產的效用和財富在人們之間分佈的調節。由此可以進一步界定生產性勞動和交易性勞動（非生產性勞動）、生產領域和交易領域（非生產性領域）、生產費用和交易費用（非生產性費用）等重要概念，有助於深化對許多經濟學問題的理解。

被「一般化」了的生產，不僅指物質產品的生產，物質產品的運輸、包裝和保管也是「生產」的題中應有之義[①]。進一步地，提供服務這種特殊商品的過程也是一種生產[②]。這就把生產勞動、生產領域、生產費用概念「一般化」到了全部物質生產領域和非物質生產領域的相當大部分。被「一般化」後的交易概念指的是對產權的轉讓、獲取和保護，[③] 不過這裡的產權不僅僅指財產所有制，更指由財產形成的與人們利益攸關的行為權利，範圍相當寬泛。或如康芒斯的概括，交易有人們之間平等的買賣交易、上下級之間的有管理的交易和國家與居民之間的限額（配給）交易三種，這三種交易關係幾乎覆蓋了社會生產關係的全部[④]。

生產關係或交易關係不能理解為一個抽象不變的概念，它也是隨著歷史發展而發展的。具體化的生產關係包含著多層次的內容，如所有制及與其相適應的交換關係和分配關係，是一種「未分化」的生產關係[⑤]；產權是由於經濟學理論的深化而新發現的、由所有權分化而成的生產關係，「外部性」、契約、激勵等也是一種生產關係；階級社會的生產關係表現為階級關係，階級作為一個整體消亡後表現為人的一般的利益關係；在階層、集團存在時，人的利益關係表現為利益階層之間、利益集團之間的相互關係；在不同民族和不同國家之間，民族利益、國家利益關係又是人與人之間的利益關係的更高形式；從時間上來看，人們的利益關係則又表現為「代際關係」——當代人與後代人的利益關係。

[①] 馬克思說：「生產，包括商品從首要生產者到消費者所必須經過的一切行為」。馬克思，恩格斯. 馬克思恩格斯全集. 第 26 卷 Ⅲ [M]. 北京：人民出版社，1972：476.

[②] 馬克思明確指出：「對於提供這種服務的生產者來說，服務就是商品。服務有一定的使用價值和一定的交換價值。」馬克思，恩格斯. 馬克思恩格斯全集. 第 26 卷 Ⅰ [M]. 北京：人民出版社，1972：443.

[③] 巴澤爾. 產權的經濟分析 [M]. 上海：上海三聯書店，上海人民出版社，1997.

[④] 盧現祥. 西方新制度經濟學 [M]. 北京：中國發展出版社，2003.

[⑤] 楊成長說，所有權是「未分化的產權」。見楊成長. 馬克思制度經濟學與西方新制度經濟學 [M]//劉詩白. 構建面向 21 世紀的中國經濟學，成都：西南財經大學出版社，2001：169.

生產和交易（非生產性經濟活動），這就是經濟學要研究的兩大客觀經濟領域。與此相對應，經濟學理論中也有兩個不同的研究側面，即研究「生產經濟」的經濟學和研究「交易經濟（非生產性經濟活動）」的經濟學，前者企圖從人與物的關係調整（對資源的「配置技術」）中提高經濟活動的效率；後者企圖從人與人的關係調整（「內化」外部性，即對人的積極性的「激勵技術」）中提高經濟活動的效率。著眼於物的配置技術的經濟學近於「純經濟學」，側重於對人的「激勵技術」的經濟學便是政治經濟學。馬克思的《資本論》是從整體上觀察社會經濟過程的「總體經濟學」，既有研究資源配置技術或生產力的「純經濟學」內容，更有以人為本、研究生產關係和人的生產積極性的政治經濟學內容，是研究物與人、自然與社會、生產力與生產關係的有機統一。整體性，這也是古典經濟學的一個特點。馬歇爾1890年出版了其里程碑意義的教科書《經濟學原理》，標誌著新古典經濟學的形成，也開了經濟學研究從「總體經濟學」轉向「純經濟學」（單純研究資源的「技術配置」）的先河，經濟學日益技術化、精確化、非人化（物化），並形成了百年以來經濟學的主流。

純經濟學把行為複雜的「人」假定掉，單純研究「物」，簡化了經濟過程，方便了理論研究。它對物的配置技術的研究幾乎達到了極致，但如何從交易——人的生產關係調整上提高效率的研究卻被忽略，純經濟學只達到了「片面的深刻」。物的方面的效率潛力挖掘將盡，主流經濟學理論研究的「邊際效率」正嚴重衰減。主流經濟學的「技窮」，正是打破傳統窠臼而另闢蹊徑的產權經濟學等「新政治經濟學」聲名鵲起的原因，致力於研究從改善交易活動即調整人與人之間利益關係的角度來提高生產效率的風氣日漸興盛。研究生產關係和制度的「馬克思傳統」又以新的形式復興。

二、生產性勞動和交易性勞動

關於生產性勞動和非生產性勞動的劃分是《資本論》極富特色的思想，也是勞動價值理論的重要組成部分。我們認為，《資本論》中的生產性勞動理論內容十分豐富，其對生產性流通費用和純粹流通費用的界定方法，尤其值得我們研究、借鑑。

《資本論》在研究商品流通所形成的費用時，提出了「生產性流通費用」和「純粹流通費用」的劃分。前者指流通領域中由於商品使用價值運動引起的勞動所支出的費用，即為了增加、保存、運送、實現商品使用價值而必須支付的費用，如商品包裝費、保管費、運輸費等；後者指僅僅由商品的價值運動（為實現商品的價值，賣出商品，換回貨幣）引起而與商品使用價值增加無關，從而也不可能增加商品價值的勞動所花的費用，如店員工資、廣告費等。可以認為，「生產性流通費用」就是「流通過程中的生產性勞動的費用」，「純粹流通費用」就是「流通過程中的交易性勞動所花的費用」。因此，對生產性流通費用和純粹流通費用的劃分，也就意味著對生產性勞動和交易性勞動的劃分，而且對勞動的這種劃分是前一種對流通費用劃分的前提。由此不難看出，馬克思

是把由於商品使用價值運動所引起的勞動歸為生產性勞動，把僅僅由商品的價值運動引起而與商品使用價值增加無關，從而也不可能增加商品價值的勞動歸為非生產性勞動的。在流通中，這種勞動也就是交易勞動。總之，馬克思在確定某種流通費用是否具有「生產性」時，首先要界定引起該費用的勞動本身是否具有「生產性」，即先要弄清它是「生產性勞動」還是「交易性勞動」，而區分生產性勞動和交易性勞動的標準就是看其是由商品的使用價值運動引起，還是單純由商品的價值運動引起。

為什麼與使用價值運動有關的勞動才有「生產性」，而僅僅與價值運動有關的勞動只是「交易性勞動」呢？這裡首先需要指出的是，在商品經濟中的所謂「生產性勞動」是指的能夠創造使用價值和價值的勞動，交易性勞動只是對已有使用價值和價值的「分配性活動」。我們知道，社會經濟生活中最基本的兩個方面中，人與物之間的物質技術關係是「生產性」的，在這種關係中人與物質世界打交道生產出財富；人與人之間的社會關係是「交易性」（「非生產性」）的，在這種關係中人與人打交道進行交易活動（交易或交換生產的成果）①。價值是人與人之間的關係，價值概念的產生是交易的需要，但價值不是純粹的主觀感覺而要有一個客觀物質基礎，要有使用價值這種人與物的關係作為其物質承擔體。使用價值是價值的物質前提，價值只能存在於一定的使用價值之中。所以，一個勞動過程有沒有新價值增加，就要看這項勞動是否改變了人與物的關係，導致新的使用價值產生。不能改善人與物質世界的關係而只對人與人的關係做出的調整，至多是一種「分配性」的關係，是「交易關係」。使用價值就是財富，就是最終要對人有用，對人沒用的勞動是不能創造價值的，不增加社會財富和人類福利的活動是不具有「生產性」的。因此，能不能增加新的使用價值或財富，是衡量勞動是生產性勞動還是交易性勞動的試金石。

以是觀之，生產性勞動即能夠增加社會使用價值和價值總量的勞動包括兩大類：

首先是物質性生產勞動。一是工業、農業、建築業等物質產品生產領域的勞動，這是最典型的生產性勞動。二是物質產品生產領域中作為對「直接生產工人」概念擴大後的「總體工人」的勞動。馬克思指出：「隨著勞動過程本身的協作性質的發展，生產勞動和它的承擔者即生產工人的概念也就必然擴大。為了從事生產勞動，現在不一定要親自動手；只要成為總體工人的一個器官，完成他所屬的某一種職能就夠了。」② 這裡也把生產勞動擴展到了圍繞產品生產的工程技術、科學研究、經營管理等腦力勞動人員的勞動。三是運輸物質產品的領域，即交通運輸業的勞動。四是流通領域中對物質產品的保管、包裝、運送、儲存勞動③。五是上述生產性勞動中的「監督和指揮」勞動，

---

① 樊綱. 有關成本的幾個理論問題，載盛洪：現代制度經濟學（下卷）[M]. 北京：北京大學出版社，2003：28.

② 馬克思. 資本論. 第1卷 [M]. 北京：人民出版社，1975：556.

③ 馬克思說：「生產，包括商品從首要生產者到消費者所必須經過的一切行為」。馬克思，恩格斯. 馬克思恩格斯全集：第26卷Ⅲ [M]. 北京：人民出版社，1972：476.

馬克思明確指出這種勞動「是一種生產勞動」①。

其次是服務性生產勞動。服務也是商品，也有使用價值，生產商品和使用價值包括生產服務性商品和服務性使用價值。馬克思明確指出：「對於提供這種服務的生產者來說，服務就是商品。服務有一定的使用價值和一定的交換價值。」生產物質產品和生產服務產品都是生產使用價值，沒有本質區別。人對物質產品的需要與對服務產品的需要同等重要，沒有輕重之分，而且，人類消費發展史表明，消費結構與社會發展程度緊密相關，越低級的社會物質性消費比重越高，越高級的社會服務性消費比重越高。物質性消費是基礎，這種消費需要滿足之後，必向服務性消費發展。

與生產性勞動相反，交易性勞動既不提供物質產品，也不提供服務產品，而只是對所生產的產品和服務的交換或交易。交易，是存在不同產權的產物，不僅是商品的交換，更重要的是一組權利的交換。交易與所有制有關，人們有了「你我之分」，才有必要交易，在魯賓孫的孤島上，沒有所有制，沒有生產關係，也沒有產權，故也不可能有交易。交易勞動至少應該包括前述商業店員勞動、營銷勞動、廣告製作與發布勞動等明顯是為了「實現」商品（含物質產品和服務商品）的價值而不是「生產」使用價值本身所支出的勞動，黨政國防軍隊警察等明顯是為了「保護」現有產權而不是「生產」新的產品和服務的勞動。

需要指出的是，在最近關於勞動價值理論的討論中，人們紛紛主張「擴大」生產性勞動的概念以適應隨著知識經濟發展第三產業迅速膨脹的趨勢，其「擴大」方法就是把除了提供公共服務的黨政軍警等活動之外，包括商業店員勞動、營銷勞動、廣告製作與發布勞動、證券交易等在內的幾乎全部服務業都納入「生產性勞動」範疇，對此，我們不敢苟同。

為什麼店員勞動、營銷勞動、廣告製作與發布勞動以及證券交易等屬於交易性勞動而不是生產性勞動呢？現以廣告勞動為例略作說明。有人說，廣告活動也很重要，市場經濟中特別需要營銷廣告，它能擴大市場需求，推動生產的發展，應算作「生產性勞動」。我們認為，這種觀點是不正確的，因為，一方面，重要程度並不是使勞動具有生產性的理由；另一方面，這類活動具有明顯的「交易性」而不是「生產性」。廣告固然能為個別企業帶來利潤，但從社會角度看，它並沒有使社會財富總量增加，沒有增加人類的總福利，只不過使已有商品（物質產品和服務）中所包含的價值得到實現，促進了使用價值或效用由生產者向消費者手中的轉移。消費者並不內在地需要「消費」廣告、「享受」營銷，能夠滿足消費者實際需要的也絕不是廣告活動本身，而是它們推銷

---

① 馬克思指出：「凡是直接生產過程具有社會結合過程的形態，而不是表現為獨立生產者的孤立勞動的地方，都必然會產生監督勞動和指揮勞動……凡是有許多個人進行協作的勞動，過程的聯繫和統一都必然表現在一個指揮的意志上，表現在與各種局部勞動無關而與工場全部活動有關的職能上，就像一個樂隊要有一個指揮一樣，這是一種生產勞動，是每一種結合的生產方式中必須進行的勞動。」轉引自蔡永飛.《資本論》中一段值得重視的論述 [J]. 理論與當代，2004（6）：45.

的客觀對象——產品和服務。物質產品和服務顯然不會是從廣告勞動中產生的，它們只能是生產的成果。廣告活動的「價值」也只能間接地體現為對生產的促進，體現為通過生產擴大，使物質產品和服務產品數量的增加，而不是廣告本身直接增加社會財富。

廣告不僅沒有增加社會財富，而且還是對社會財富的「純消耗」，這種「額外」耗費必然導致商品的社會總成本（生產成本+交易成本）增加，價格提高。不僅如此，從性質看，這筆耗費不是一般的消費，而是作為經銷商的一種「投資」出現，所以，它不但要通過提高商品（物質產品和服務）的售賣價格以重新收回廣告投資，而且這筆投資還要按一定利潤率水準獲得經營利潤，這必然會推動商品價格的進一步提高。顯而易見，交易費用或純粹流通費用，何止沒有創造新財富和增加新價值，它還是對消費者社會總福利的「淨扣除」，造成社會福利的「淨損失」[①]。

有人認為，隨著改革開放的深入發展，「對第三產業生產性的確認問題，已經完全或基本解決了」[②]。這可能與沒有把「價值」和「產值」區別開來，把「價值創造」範圍與「產值統計」範圍區別開來有關。結合中國國民經濟核算的實際，並不能認為全部的 GDP 都是價值，也不能認為凡納入產值統計範圍的，就都是「生產領域」，其勞動就都是「生產性勞動」。

三、生產費用和交易費用

社會經濟活動包括生產和交易兩個方面，相應地，勞動也分作生產性勞動和交易性勞動，兩種勞動都要耗費資源，形成兩種性質不同的成本支出：生產費用和交易費用。

生產費用是生產性勞動對資源的耗費，發生於財富生產過程內部，它是財富和價值生產的「技術性需要」，在客觀上是必要的；交易費用是交易勞動對資源的耗費，發生於生產過程外部，因而並不是財富和價值生產的內在需要，而是由於人們之間的利益鴻溝和產權界限所導致，是制度使然。它不是財富的「生產」費用，而是人的「交際」費用。如果沒有人與人之間的利益矛盾，單從「生產」的技術角度看，這筆費用本來是不會發生的。在這裡，交易費用的「非生產性質」是非常明顯的。由於交易勞動消耗了資源、支出了費用而又沒有增加社會財富和價值，所以，交易費用徒使商品或服務的價格提高，是對社會福利的「淨損失」。按現代產權經濟學的理解，「無論如何，交易費用是社會財富或資源的一種無謂浪費[③]。馬克思在談到這種純粹為了交易而支出的費用時也曾深刻地指出：「使商品變貴而不追加商品使用價值的費用，對社會來說，是

---

① 張軍. 現代產權經濟學 [M]. 上海：上海三聯書店，上海人民出版社，1994.

② 錢伯海認為，「隨著改革開放的深入發展，經濟理論工作的不斷推進，很多經濟學者特別是年輕同志，對第三產業生產性的確認問題，已經完全或基本解決了。」[見錢伯海. 深化勞動價值論認識的理論思考 [M] //逄錦聚，柳欣，周立群. 社會主義勞動與勞動價值論研究 [M]. 天津：南開大學出版社，2002：310.]

③ 張軍. 現代產權經濟學 [M]. 上海：上海三聯書店，上海人民出版社，1994.

生產上的非生產費用，對單個資本家來說，則可以成為發財致富的源泉。另一方面，既然把這些費用加到商品價格中去的這種加價，只是均衡地分配這些費用，所以這些費用的非生產性質不會因此而消失。」①

《資本論》沒有使用過「交易費用」的名詞，但對交易費用的思想確有深刻的理解。前文多次提到的馬克思對「純粹流通費用」的界定標準（即單純由於商品價值運動引起而與商品使用價值的增加無關）表明，他對交易費用的認識是本質性的。在馬克思看來，作為交易費用的「純粹流通費用」不僅是非生產性的，而且是制度性的，是資本主義經濟制度運行所必需的制度費用。在同一意義上，馬克思甚至還使用過「交際費用」的說法，比如，在評價資本家的奢侈花費時，馬克思說它「作為炫耀富有從而取得信貸的手段，甚至成了『不幸的』資本家營業上的一種必要。奢侈被列為資本的交際費用。」②

生產性勞動創造價值而交易性勞動不能創造價值，這使兩種相應的費用在補償方式上迥然不同：生產費用可以在生產性勞動所創造的價值中得到補償，即在創造新價值的同時，也補償自身的消耗，而且扣除補償後還有盈餘；交易費用的補償則不然，由於其自身只是消耗資源而沒有新價值創造，所以交易費用支出的收回只能靠對生產性勞動所創造的價值進行扣除，其具體途徑就是對商品進行加價，在加價中收回交易費用投資及其應得利潤。《資本論》在分析投資於商店、廣告、店員工資等作為「純粹流通費用」的商業資本如何取得商業利潤時，對此有極為詳盡的論述。

《資本論》第三卷第一章區分了一般生產費用和資本主義生產費用（「成本價格」），前者是指生產過程對社會的實際耗費（$C+V+M$），後者僅指生產過程對資本家的耗費（$C+V$）即資本家的「成本價格」。這裡體現了馬克思成本（或「生產費用」）概念的「主體性」特點：同一個生產過程對不同的行為主體有著不同的成本或生產費用內涵，全部物化勞動和活勞動消耗是人類社會實際生產成本（生產費用），需要支付報酬部分的要素價格是資本家的成本價格（為取得剩餘價值而必須支出的生產費用），全部的活勞動消耗是工人的成本（為謀取工資收入而不得不支出的生產費用）。

馬克思對利息「成本性」的分析也體現了他的交易費用思想。資本主義利息是成本嗎？《資本論》的論述隱含了三種不同的答案。第一，從剩餘價值理論來看，利息不是生產要素耗費而是剩餘價值的一部分，是生產的「成果」而不是「成本」，既不是生產費用也不是交易費用；第二，從貸款經營的單個資本家個人來看，利息構成他實實在在的一筆支出——為生產而必須付出的成本，是他會計帳目上真實的「生產費用」；第三，從社會角度來看，利息只是收入或財富在借貸雙方之間的轉移，本質上是一種分配關係，對社會來說，既沒有使財富增加也沒有使財富減少，實際生產過程也並不「消

---

① 馬克思. 資本論. 第2卷 [M]. 北京：人民出版社，1975：154-155.
② 馬克思. 資本論. 第1卷 [M]. 北京：人民出版社，1975：651.

耗」利息，它所耗費的人力、物力資源中沒有一個利息的原子，利息對社會的耗費為零，不能歸入生產費用和交易費用中任何一類；第四，銀行用借貸利息差支付的職員工資、建築物和櫃臺費用等類似於商業中純粹流通費用的支出，是一種典型的交易費用（在這裡，利息相當於商品交易中的商品價格，還不是為實現交易而對資源的額外耗費——交易費用本身），對銀行家這筆投資支出的補償和相應利潤的取得，在技術處理上與對商業中純粹流通費用的處理辦法無異。

另外，由於生產費用和交易費用包括了經濟活動成本的全部，所以，提高效率、降低成本，要從生產和交易兩個方面入手。三卷《資本論》在不同部分對降低生產費用和交易費用問題都有相應論述。

亞當・斯密注意到了隨著市場規模的擴大和生產分工的發展可以降低生產費用，但忽視了分工引起交易的增加會帶來交易費用的相應增加；新制度經濟學過分強調交易費用的作用，企圖用交易費用分析工具解釋一切，但卻忽略了生產費用的作用（尤其是在解釋企業與市場的替代方面）[1]。馬克思的《資本論》作為「整體經濟學」，對生產費用和交易費用都有精闢分析，顯示了馬克思主義經濟學的深刻洞察力和理論體系的巨大包容性。

---

[1] 單建偉批評交易費用經濟學中「交易費用成為唯一的決定因素」的觀點，質問「假設交易費用真是等於零，企業就不存在了嗎？」認為「同行企業規模差異的決定因素是生產成本，而不是交易費用。」參見：單建偉. 交易費用經濟學的理論，應用及偏頗 [M] //湯敏，茅於軾. 現代經濟學前沿專題. 北京：商務印書館，1989：80-84.

第三十二章　馬克思企業理論與科斯企業理論的比較和再認識[①]

近一二十年來，在交易費用和產權理論基礎上發展起來的現代企業理論迅速發展，成為現代經濟學的熱門領域。在涉及企業的性質及其起源的問題上，許多學者運用新制度學派、科斯等人把交易費用引入組織效率的比較分析方法來說明，而忽略了企業作為生產力組織和生產關係的內在統一性，而這正是馬克思關於企業理論分析的精髓。本章試圖從馬克思企業理論與科斯企業理論的比較分析中提出對企業性質的再認識。

一、企業的性質與起源：科斯企業理論的解釋

在科斯之前，新古典經濟學只是一種專門研究市場機制運作的經濟理論。在新古典的微觀經濟學中，無論是局部均衡理論還是一般均衡理論，為了研究市場價格機制在平衡供求關係中的作用，把企業簡單歸結為一個「使利潤最大化」的假定。在新古典的模型中，企業和消費者是微觀經濟活動的基本單位，消費者的行為準則是在收入和價格的約束下追求效用最大化，企業則是在技術和市場兩項約束下追求利潤最大化。利潤最大化的條件是邊際收益等於邊際成本，而決定收益和成本的四個因素是產出量、產出品價格、投入量、投入品價格。在完全競爭狀態下，企業是市場價格的接受者，它只能調節投入量和產出量這兩個因素，而這種調節受到生產函數的約束。因此，在新古典模型中，企業僅被理解為生產函數。從經濟學本身的內容來講，就是配置與分配稀缺資源，企業的市場交易活動實際上也是一種資源的配置與分配。而新古典微觀經濟學把企業作為生產函數所建立的理論模型（也稱「廠商理論」）就是要考察企業追求利潤最大化行為對資源配置和分配的影響，但如果這樣，廠商理論的研究就會走到岔道上。也就是說，對企業的性質及其存在原因的研究是不必要的。G. C 阿爾奇博爾德（Archibald）說：「一個經濟學家如果相信，配備給定的技術，在定義周密的市場約束之下經營的一家廠商，是獲得最大利潤的一個行為者（不管是由於有意識的、理性決策或其他什麼方式獲得的），他就會認為不必需有任何特定的廠商理論：廠商理論只不過是最優化方法

[①] 本章選自：劉燦. 馬克思企業理論與科斯企業理論的比較和再認識 [J]. 當代經濟研究，1997 (3): 58-62.

（可能還有市場結構）的檔案。如果廠商們實現最大化，它們怎樣做到並不十分重要……」①也就是說，在新古典微觀經濟學（廠商理論）的模型中，由於企業只是被動地接受價格，而制度運行又是無成本的，因此不需要去進一步探討制度（組織），即企業本身的性質及其存在原因的問題，這樣新古典的廠商理論對企業行為的分析就是一個在給定條件下經濟數學的求解過程。

科斯把交易費用概念引入對組織效率的比較分析，指出企業與市場這兩種不同組織的優勢互補和替代關係，這對西方經濟學可以說是一個重大貢獻。交易概念（transaction）早在科斯之前就已經被使用，制度經濟學家康芒斯對「交易」有明確的界定和分類②。康芒斯雖然建立和使用了交易範疇，但他的制度經濟學並沒有對「交易」活動本身進行成本和收益的分析，也沒有用此來分析組織或制度的運行效率，他也沒有論及交易活動是要付出代價的。科斯等人以交易費用理論為核心而發展起來的新制度經濟學，無疑受到康芒斯的影響，但科斯首創新交易費用範疇的意義卻是十分重大的。這在於，從資源配置效率的角度，交易費用的存在必然耗費資源，如對人的時間、精力和財力的耗費，而不同組織下交易方式的不同與交易費用的多少有關，因而制度的安排或組織的選擇必須從降低交易費用出發。也就是說，科斯理論的一個重要引伸是，如果所有的交易活動都是無費用的，即成本為零，則不論生產和交換活動怎樣安排，資源的使用都會相同。這意味著，在沒有交易費用的情況下，各種制度的或組織的安排提供不了選擇的依據，因此也不能用經濟理論來解釋，實際上也就談不上有什麼組織。組織或制度的安排確實存在，而且為了解釋它們的存在和變化，必須把它們視為在交易成本約束下（收益大於成本）選擇的結果。因此，應該說科斯的這些觀點是貼近現實的。

科斯等人的新制度經濟學用交易費用範疇對企業性質及其存在原因的分析，可以說是在新古典的框架內，運用了新古典的分析方法，如成本——收益分析和邊際成本分析，它對新古典經濟學做出了有重要意義的拓展和突破。在新古典傳統分析中，有三個基本的假定：①經濟活動主體（企業或個人）的單一經濟人的假定；②經濟人是完全理性的；③經濟人的活動環境即市場經濟制度是給定的，並以此來建立解釋經濟人行為與資源配置方式的關係的理論模型。但是，由於在這三個假定條件下，經濟人是完全理性的，市場制度環境又是充分的從而能自動提供價格信息，因此在新古典的理論體系中推不出存在交易費用的假定。因此，在「交易費用為零」的隱含假定下，在新古典的傳統分析中，組織或制度經濟學，或各種經濟體制的運行，從來沒有被放在適當的位置上，而由於「交易費用為零」的隱含假定，產權界定，契約安排，不確定性和完全信息等一類現象也一直受到輕視。在一個由交易費用的存在而複雜化了的世界裡，這樣的忽略不僅使無數經濟現象無法解釋，而且實際上模糊了對稀缺資源的配置效率這一經濟

---

① 新帕爾格雷夫經濟學大辭典：第二冊 [M]. 北京：經濟科學出版社會，1992：381.
② 參見康芒斯. 新制度經濟學 [M]. 北京：商務印書館，1962.

學核心問題的問題。因此應該承認，科斯等人在交易費用理論上對企業所做出的新制度經濟學的分析，比新古典的理論更接近於資本主義現代市場經濟運行的現實，從而對於現代西方經濟學來講是一個有意義的進步。

但是，我們也要看到，以交易費用理論為基礎的新制度經濟學對企業的性質和存在原因的分析，也存在著一些基本的缺陷：①新制度經濟學對企業的這些研究都是以私有財產和自由市場經濟的現實為基礎的，它是一種實證和描述的科學。在把私有產權和自由市場經濟看成是既定現實的情況下，資本主義企業中資本與勞動力的交換以及利益對立只被看作是不同要素所有者之間的一種「契約安排」，而對於制約這種「契約安排」的所有制因素則未予闡述，這就不能說明資本主義企業作為特殊的財產權利分配即所有制形式的特徵。②新制度經濟學把企業作為一種可以與市場相比較並相互替代的交易組織，卻忽略了企業不同於市場的就是它的生產功能。生產是人類社會最基本也是最早的活動，生產的本質是人與自然即勞動者與勞動對象之間的能量轉換關係，企業作為社會生產的組織，產生的根本原因是人類勞動方式的發展，也就是說社會分工的發展，勞動技術的進步，勞動協作方式的變化對企業的產生和發展起了關鍵作用。在科斯的交易費用理論中，把市場這種實際上應由社會分工發展說明的交易組織作為「先驗」的存在和既定的前提，從而又把交易成本歸結為企業產生的唯一原因，這樣對企業性質及其存在原因的分析就缺乏充分的說服力。

二、生產力與生產關係的內在統一分析：馬克思的企業理論

對於企業性質的理解，實際上涉及兩個層面：一是作為社會生產力組織形式的企業；一是作為生產關係載體的企業。馬克思對企業性質及其企業運行的分析正是從這兩個不同層面進行的。生產力與生產關係的內在統一分析，正是馬克思的企業理論不同於西方新制度經濟學、科斯企業理論的突出特點。

企業不是從來就有的，它是社會生產力發展到一定階段的產物。企業是一種以營利為目的的經濟組織，它開始於古代中世紀的商業團體，但它作為社會生產的一般組織，是在近代生產力條件下發展起來的。在人類社會生產力發展的歷史上，曾經出現過氏族公社、奴隸主莊園、封建莊園、小農家庭等基本生產單位，但它們都不是企業，它們都處在自然經濟狀態下，是自給自足的組織，具有封閉型的特徵。後來，隨著商品經濟的發展，生產規模的擴大和生產手段的不斷發展，在社會分工和勞動協作的基礎上，出現了以簡單分工協作為特徵的手工工場，並成為資本主義工廠制企業的雛形。隨著商品經濟的進一步發展，在近代機器大工業的生產力基礎上，開始出現了一種新的生產組織，在這種生產組織中，實現了以機器生產為技術基礎的分工和協作勞動，並有著「兵營式的紀律，這就是成為近代生產力組織典型形式的資本主義企業」。

馬克思在《資本論》中的考察指出，企業的起源在組織形式上，首先是與簡單協

作相關的。「資本主義生產實際上是在同一資本同時雇傭較多的工人，因而勞動過程擴大了自己的規模並提供了較大量的產品的時候才開始。較多的工人在同一時間、同一空間（或者說同一勞動場所），為了生產同種商品，在同一資本家的指揮下工作。這在歷史上和邏輯上都是資本主義生產的起點。」① 馬克思指出，在簡單協作的場合，互不依賴的單個勞動轉化為一個結合的社會勞動過程，對生產力的促進起著重大的作用，或者說「創造了一種生產力」，這在於：①擴大了勞動的空間範圍；②減少了生產一定效用所必要的勞動時間；③由於許多人的同業作業具有的連續性和多面性，激發了個人的競爭心和集中他們的精力；④生產資料由於共同使用而達到節約。雖然簡單協作本身表現為同它的發展的形式並存的一種特殊形式，但它提供了資本主義企業組組的基本規定性，如一定的物質生產力基礎，一定的最低限額的資本的集中，社會生產力轉化為資本的生產力，這正是馬克思把簡單協作納入企業起源和成長考察的意義。

工場手工業是資本主義企業制度的起點。馬克思在《資本論》第十二章的考察中指出，「以分工為基礎的協作，在工場手工業上取得了自己的典型形式。」② 工場手工業仍然是以手工勞動和手工工具為基礎的協作，馬克思說「它的許多優越性都是由協作的一般性質產生的」③，儘管如此，與簡單協作不同的是工場手工業內部有了分工，是在分工基礎上的協作，因此它與簡單協作相比仍然有較大的經濟性。馬克思指出：「工場手工業分工通過手工業活動的分解，勞動工具的專門化，局部工人的形成以及局部工人在一個總機構中的分組和結合，造成了社會生產過程質的劃分和量的比例，從而創立了社會勞動的一定組織，這樣就同時發展了新的、社會的勞動生產力。」④ 在這裡，馬克思深刻地闡釋了社會分工和新的勞動方式的發展與新的生產組織形式或企業制度創新的關係，以及企業組織形式（制度）變遷對生產力進一步促進的關係。

馬克思在分析資本主義工場手工業的發展時，用他獨特的分析方法考察了企業內外兩種不同分工形式的區別，可以說這是馬克思對企業與市場兩種不同組織的比較分析。馬克思在《資本論》中把企業內部的分工稱作「工場內部分工」，把企業之外的市場協調稱為「社會內部分工」。馬克思指出工場內部分工和社會內部分工是由兩種不同，甚至相反的原因發展起來的。社會分工是由原來不同而又互不依賴的生產領域之間交換產生的。也就是說，社會內部的分工使原來非獨立的東西獲得了獨立。馬克思指出工場內部分工和社會內部分工有著不同的特點：①社會內部分工發生的是各個獨立的經濟主體之間的產品交換；工場內部分工發生的是各個雇傭勞動者的勞動力與同一資本的交換。②工場內部分工具有計劃性，「保持比例數或比例的鐵的規律使一定數量的工人從事一

---

① 馬克思. 資本論：第 1 卷 [M]. 北京：人民出版社，1975：358.
② 馬克思. 資本論：第 1 卷 [M]. 北京：人民出版社，1975：373.
③ 馬克思. 資本論：第 1 卷 [M]. 北京：人民出版社，1975：376.
④ 馬克思. 資本論：第 1 卷 [M]. 北京：人民出版社，1975：403.

定的職能」①；而社會內部分工是無計劃、無政府狀態的，即「在商品生產者及其生產資料在社會不同勞動部門中的分配上，偶然性和任意性發揮著自己的雜亂無章的作用。」② ③工場內部分工依賴於企業內部的等級組織，通過企業領導者的命令、指揮和協調而實現，即馬克思講的「以資本家對人的絕對權威為前提」③；社會內部分工依賴於價值規律的協調，價值規律「在事後作為一種內在的、無聲的自然必然性起著作用」，各個生產者「不承認任何別的權威，只承認競爭的權威，只承認他們互相利益的壓力加在他們身上的強制」④。

當分工協作過渡到機器大工業以後，資本主義工廠制度得以確立，馬克思在《資本論》中考察了這一過程。馬克思指出「工場手工業生產和機器生產之間一開始就存在著本質的區別」⑤。第一，在工場手工業中，分工是以勞動力為起點，勞動力的技能是分工的基礎，分工原則是主觀的；在機器大工業中，分工是以勞動資料為起點，機器的物理的化學的技術組合成為分工基礎，分工完全由整個過程的客觀性所規定。第二，在工場手工業中，其技術基礎是手工的，其管理也是經驗型的；而在機器大工業中，由於勞動資料取得機器這種物質存在的方式，就要求以自然力來代替人力，用科學管理來代替經驗管理。如馬克思所說的，「在工場手工業中，社會勞動過程的組織純粹是主觀的，是局部工人的結合；在機器體系中，大工業具有完全客觀的生產機體，這個機體作為現成的物質生產條件出現在工人面前。」⑥ 第三，與工場手工業相比，機器大工業的出現，一開始就要求較大規模的生產和經營，要求較大的資本額，這是因為，勞動資料本身的性質所決定的技術構成以及機器價值轉移的特點，決定了協作的規模方式和產品的批量生產，因而機器大工業客觀上要求一定的經濟規模。第四，與工場手工業相比，機器大工業具有很大的擴張性。一個部門的生產方式的變革，必然引起或帶動其他部門的生產方式的變革，國民經濟各生產部門的前向和後續聯繫，使得國民經濟成為一個整體；工農業生產方式的變革，又要求交通運輸工具的革命，而交通運輸的革命，又要求製造出龐大的機器，這要求機器製造業的發展。所以，由機器大工業決定的工廠制度帶來和要求這個制度的普遍發展。馬克思在《資本論》中所分析的建立在機器大工業基礎上的企業制度，是資本主義生產方式發展初期的單個資本企業或單個業主制，但馬克思把決定工廠制度的技術基礎看作是變動的、革命的，因而馬克思強調指出單個資本的企業制度不可能成為最後的經濟組織形式，「現代工業從來不把某一生產過程的現存形式看成和當作最後的形式。因此，現代工業的技術基礎是革命的，而所有以往的生產方式的技

---

① 馬克思. 資本論：第1卷 [M]. 北京：人民出版社，1975：394.
② 同①.
③ 同①.
④ 同①.
⑤ 馬克思. 資本論：第1卷 [M]. 北京：人民出版社，1975：417.
⑥ 馬克思. 資本論：第1卷 [M]. 北京：人民出版社，1975：423.

術基礎本質上是保守的。」① 雖然馬克思在《資本論》後面的專門章節中沒有論述在技術基礎不斷革命條件下從資本主義單業主企業到現代企業的演進過程，但馬克思對於以聯合資本的資本所有權與經營權相分離為特徵的現代企業形式即股份公司仍然有多處深刻的闡述。

　　從以上可以看出，馬克思在企業作為生產力組織形式這一層面上，對企業制度的起源和發展的分析是十分深刻的。①馬克思把企業組織的產生發展過程作為與社會分工和生產力發展的同一過程來分析；②馬克思十分重視生產組織變動對社會生產力的不可替代的作用，馬克思雖然沒有用「交易費用」概念來說明和比較不同組織的運行效率，但他對於企業內分工和專業化節約直接生產成本，提高勞動生產率（在相同的勞動時間內生產出更多的使用價值）的論述是很多的；③馬克思把企業與市場作為兩種不同性質的分工，其意義不是說明兩者的替代關係，而是把它們作為同時發展的過程。馬克思認為，社會分工的發展和市場的擴大是企業組織發展的外部條件，而企業組織的發展和企業內分工和專業化程度的提高又促進市場範圍的擴大和社會分工的深化。這種分析在科斯的企業理論中是沒有的。因此，馬克思對企業的起源及其發展原因的闡釋具有比科斯交易費用理論更充分的說服力。

　　企業在近代生產力基礎上產生，並隨著生產力的發展而不斷發展，這一過程也是資本主義生產關係不斷發展和成熟的過程。馬克思正是從生產力與生產關係內在統一和相互矛盾運動的角度，一方面把企業作為生產力的組織形式，另一方面把企業作為生產關係的載體，對資本主義企業的性質作了深刻的闡述。在《資本論》中，馬克思對企業的分析，始終是同資本的產生和運動，同剩餘價值的創造緊密地聯繫在一起。貨幣轉化為資本以勞動力商品的買賣為條件，而資本通過支配使用勞動力以實現價值增殖，其場所就是企業。因此，在馬克思關於資本主義企業的分析中，構成企業生產關係特徵的，是資本與雇傭勞動的交換關係。

　　馬克思《資本論》第一卷對剩餘價值生產過程的分析，幾乎全部是圍繞資本主義企業的內部關係展開的。馬克思在勞動價值論的科學基礎上，首先揭示了勞動力成為商品和勞動力商品的買賣是剩餘價值生產的前提，並從資本與雇傭勞動力在流通領域的「平等交換」轉入資本主義生產過程，揭示了價值生產的秘密。然後，馬克思以剩餘價值生產為核心，對資本主義企業的生產過程進行了全面的考察，特別是在《資本論》第一卷第十一章至第十三章中，對簡單協作、工場手工業、機器大工業所創造的勞動生產力如何轉化為資本的生產力進行了深刻的分析，馬克思在這裡對資本主義生產力發展的分析都是在特定的資本主義所有制框架內展開的，體現了生產力與生產關係的內在統一分析。

---

① 馬克思. 資本論：第 1 卷 [M]. 北京：人民出版社，1975：533.

第三十二章　克思企 理 科斯企 理 的比 和再

三、馬克思揭示了企業「契約」所體現的特殊財產權利分配的特徵

　　馬克思從生產關係角度對資本主義企業制度的分析，其核心是揭示資本與雇傭勞動的關係或者說是資本剝削雇傭勞動的關係，這種關係通過資本運動、價值增殖體現出來。在新制度經濟學的企業分析中，把企業看作是一種交易契約，看作是不同生產要素所有者（資本所有者、管理者、生產者）即各個權利主體之間權、責、利確定的一組制度安排，在這種契約關係中，資本所有者與其代理人（上層管理者）擁有企業的剩餘索取權，但新制度經濟學的企業分析並沒有說明為什麼企業剩餘要由資本所有者及其代理人擁有。馬克思對資本主義企業的分析，也沒有離開資本與勞動的交換，馬克思在《資本論》中分析交換過程中時指出，商品交換實質上以商品所有者獨立的財產權利為基礎，「他們必須彼此承認對方是私有者」。馬克思揭示出，構成資本主義企業內部關係的是資本與雇傭勞動的交換，這種交換在生產過程之外的流通領域，是以商品生產所有權規律為依據的，「每次交易都始終符合商品交換的規律」①。資本家用貨幣購買勞動力得到勞動力的支配權，工人出賣勞動力得到按勞動力價值支付的工資，在這種交換中，「所有權似乎是以自己的勞動為基礎。至少我們應當承認這樣的假定，因為互相對立的僅僅是權利平等的商品所有者」②。但是，資本所有權一旦進入生產過程，就變成「佔有別人無酬勞動或產品的權利」③。即「剩餘索取權」，從而商品所有權規律不可避免地轉化為資本主義的佔有規律，剩餘產品成為「資本家的合法財產」。

　　在這裡，馬克思深刻地揭示出這種結果的原因，那就是勞動力由工人自己作為商品自由出賣。資本與雇傭勞動力看似平等的權利交換之所以轉變為由資本家獲取全部剩餘的不平等的交換，關鍵在於勞動力商品的特殊性質：一方面，對勞動力商品的買賣就象其他商品一樣，一旦交易買賣完成，商品的支配權就屬於買主，買主有權對勞動者的勞動進行使用並決定勞動時間的長短（有限度的）。另一方面，勞動力商品的價值和勞動力商品在使用時創造的價值並不是等同的，勞動力商品的價值是維持勞動力所有者所需要的生活資料的價值，它由生產這些生活資料的社會必要勞動時間決定，資本家支配勞動力超出這一時間並讓勞動者繼續勞動（他有權這樣做），就可獲得勞動者剩餘勞動所創造的價值。因此，資本所有權對剩餘價值的佔有或講「剩餘索取權」依據的是購買勞動力商品的平等交換，而實際上是在生產過程中憑藉勞動力商品特殊的使用價值獲得的，「勞動力這種特殊商品具有獨特的使用價值，它能提供勞動，從而能創造價值，但

---

① 馬克思. 資本論：第1卷 [M]. 北京：人民出版社，1975：640.
② 同①.
③ 同①.

這並不觸犯商品生產的一般規律。」① 在馬克思對資本主義企業生產關係的揭示中，他把資本所有者對剩餘價值或剩餘產品的佔有歸結為勞動產品的分配方式，並強調這種分配是由生產資料所有制即生產條件的分配決定的。如果說在資本主義企業中資本與雇傭勞動交換在結果上是不平等的，那麼它是由生產條件分配的不平等，即一方面資本家擁有全部生產資料，另一方面獲得人身自由的勞動者除自身勞動力之外一無所有決定的。因此，只有從資本主義所有制的實質上才能揭示出為什麼要由資本統治勞動，資本索取剩餘，資本支配社會生產。這正是科斯等人的交易費用和產權理論，以及在此基礎上建立的企業理論所不能解釋的。

---

① 馬克思. 資本論：第1卷 [M]. 北京：人民出版社，641.

第三十三章　馬克思的勞動地域分工理論與中國的區域經濟格局變遷[①]

以批判亞當·斯密為代表的古典經濟學的分工理論為基礎，馬克思、恩格斯在《資本論》《反杜林論》《共產黨宣言》等著作中對勞動分工和生產力佈局進行了深入研究，形成了獨特的勞動地域分工理論。本章依據中國發展中的社會主義國情，在探析中國區域經濟格局演進的基礎上，尋求中國經濟格局的變遷路徑，並針對中國經濟格局發展過程中區域競爭日趨加劇的現象提出相關建議。

一、馬克思勞動地域分工理論

馬克思勞動地域分工理論是以勞動為切入點的。馬克思認為：「各種使用價值或商品體的總和，表現了同樣多種的、按照屬、種、科、亞種、變種分類的有用勞動的總和，即表現了社會分工……在商品生產者的社會裡，作為獨立生產者的私事而各自獨立進行的各種有用勞動的這種質的區別，發展成為一個多支的體系，發展成社會分工。」[1]55,56「單就勞動本身來說，可以把社會生產分為農業、工業等大類，叫做一般的分工；把這些生產大類分為種和亞種，叫作特殊的分工；把工場內部的分工，叫作個別的分工。」[1]406,407馬克思在闡明社會分工的內涵和類別後，對產生社會分工的原因做了如下精闢論述：「在家庭內部，隨後在氏族內部，由於性別和年齡的差別，也就是在純生理的基礎上產生了一種自然的分工。隨著共同體的擴大，人口的增長，特別是各氏族間的衝突，一個氏族之徵服另一個氏族，這種分工的材料也擴大了……不同的共同體在各自的自然環境中，找到不同的生產資料和不同的生活資料。因此，它們的生產方式、生活方式和產品，也就各不相同。這種自然的差別，在共同體互相接觸時引起了產品的互相交換，從而使這些產品逐漸轉化為商品。交換沒有造成生產領域之間的差別，而是使不同的生產領域發生關係，從而使它們轉化為社會總生產的多少互相依賴的部門。在這裡，社會分工是由原來不同而又互不依賴的生產領域之間的交換產生的。」[1]407,408

---

① 本章選自：丁任重，李標. 馬克思的勞動地域分工理論與中國的區域經濟格局變遷［J］. 當代經濟研究，2012（11）：27-32，93.

然而，勞動分工導致生產部門的分工並不是一蹴而就的。最初，勞動分工引發了自耕農業以及不同的手工業的產生。以分工為基礎的協作的產生，使「各種操作不再由同一個手工業者按照時間的先後順序完成，而是分離開來，孤立起來，在空間上並列在一起，每一種操作分配給一個手工業者，全部操作由協作者同時進行。這種偶然的分工一再重複，顯示出它特有的優越性，並漸漸地固定為系統的分工。」[1]392 工場手工業便是在這種分工的基礎上形成的，正如馬克思所說：「工場手工業的產生方式，它由手工業形成的方式，是二重的。一方面，它以不同種的獨立手工業的結合為出發點，這些手工業非獨立化和片面化到了這種程度，以致它們在同一個商品的生產過程中成為只是互相補充的局部操作。另一方面，工場手工業以同種手工業者的協作為出發點，它把這種個人手工業分成各種不同的特殊操作，使之孤立和獨立化到這種程度，以致每一種操作成為一個特殊工人的專門職能。因此，一方面工場手工業在生產過程中引進了分工，或者進一步發展了分工，另一方面它又把過去分開的手工業結合在一起。」[1]392 當社會內部分工發展到一定程度，工場手工業的內部便出現了分工。「為了使工場手工業內部的分工更完善，同一個生產部門，根據其原料的不同，根據同一種原料可能具有的不同形式，而分成不同的有時是嶄新的工場手工業。」[1]409 與不同手工業的結合形成工場手工業一樣，「不同的結合的工場手工業成了一個總工場手工業在空間上多少分離的部門，同時又是各有分工的、互不依賴的生產過程。結合的工場手工業雖有某些優點，但它不能在自己的基礎上達到真正的技術上的統一。這種統一只有在工場手工業轉化為機器生產時才能產生。」[1]403 機器的出現破壞了以手工業為基礎的協作和以手工業分工為基礎的工場手工業的形成基石，推動了新部門的產生、部門內分工的加劇以及大工業的形成。以機器生產機器，並以機器為主要生產手段的大工業使「在自動工廠裡，代替工場手工業所特有的專業化工人的等級制度的，是機器的助手所要完成的各種勞動的平等化或均等化的趨勢，代替局部工人之間的人為差別的，主要是年齡和性別的自然差別。」[1]483「隨著機器生產在一個工業部門的擴大，給這個工業部門提供生產資料的那些部門的生產首先會增加。」[1]510 進而，「機器生產用相對少的工人人數所提供的原料、半成品、勞動工具等等的數量不斷增加，與此相適應，對這些原料和半成品的加工也就分成無數的部門，因而社會生產部門的多樣性也就增加。」[1]512

社會內部分工以及產業內部分工促進了勞動的地域分工的形成，這在工場手工業和大工業時期尤為顯著。「一方面，協作可以擴大勞動的空間範圍，因此，某些勞動過程由於勞動對象空間上的聯繫就需要協作……另一方面，協作可以與生產規模相比相對地在空間上縮小生產領域。在勞動的作用範圍擴大的同時勞動空間範圍的這種縮小，會節約非生產費用（fauxfrais）」[1]381 勞動者、生產過程和生產資料的集聚使得曾經為個別消費者的勞動變成為手工工場或商業店鋪的勞動。「這樣一來，往往整個城市和整個地區都專門從事某種行業」[1]542 勞動的地域分工由此發生了。「把特殊生產部門固定在一個國家的特殊地區的地域分工，由於利用各種特點的工場手工業生產的出現，獲得了新

第三十三章 克思的 地域分工理 中的 域 格局

的推動力。在工場手工業時期，世界市場的擴大和殖民制度（二者屬於工場手工業時期的一般存在條件），為社會內部的分工提供了豐富的材料。」[1]409,410 機器生產則進一步推動了勞動地域分工的發展。「一方面，機器直接引起原料的增加……另一方面，機器產品的便宜和交通運輸業的變革是奪取國外市場的武器。機器生產摧毀國外市場的手工業產品，迫使這些市場變成它的原料產地……大工業國工人的不斷『過剩』，大大促進了國外移民和外國的殖民地化，而這些外國變成宗主國的原料產地……一種與機器生產中心相適應的新的國際分工產生了，它使地球的一部分轉變為主要從事農業的生產地區，以服務於另一部分主要從事工業的生產地區。」[1]519,520

勞動的地域分工導致了城市與農村、工業與農業的分離和結合。「一個民族內部的分工，首先引起工商業勞動同農業勞動的分離，從而也引起城鄉的分離和城鄉利益的對立。」[2]68 城鄉的對立不僅是分工的基礎，而且貫穿於一定歷史時期的經濟發展的始終。正如馬克思所說，「一切發達的、以商品交換為仲介的分工的基礎，都是城鄉的分離。可以說，社會的全部經濟史，都概括為這種對立的運動。」[1]408 恩格斯在《反杜林論》中這樣論述：「大工業在很大程度上使工業生產擺脫了地方的局限性……但是工廠城市把一切水變成臭氣衝天的污水。因此，雖然向城市集中是資本主義生產的基本條件，但是每個工業資本家又總是力圖離開資本主義生產所必然造成的大城市，而遷到農村地區去經營……資本主義大工業不斷地從城市遷往農村，因而不斷造成新的大城市。」[3]646 城市與農村的分離在集聚社會的歷史動力的同時，也「破壞著人和土地間的物質交換，也就是使人以衣食形式消費掉的土地的組成部分不能迴歸土地，從而破壞土地持久肥力的永恆的自然條件。這樣，它同時就破壞城市工人的身體健康和農村工人的精神生活。」[1]579 這又必然導致城鄉由分離走向結合。工業與農業的分離是以勞動條件或勞動者與土地的分離為條件的，當這一條件得到滿足——勞動條件轉化為資本，資本主義經營方式侵入農業時，以農業為生計的勞動者因遭受剝奪而與生產條件相分離，這必然破壞農村家庭手工業，促進農業與工業的分離。現代農業為工業生產提供了大量的原料和生產資料，但「在現代農業中，像在城市工業中一樣，勞動生產力的提高和勞動量的增大是以勞動力本身的破壞和衰退為代價的。此外，資本主義農業的任何進步，都不僅是掠奪勞動者的技巧的進步，而且是掠奪土地的技巧的進步，在一定時期內提高土地肥力的任何進步，同時也是破壞土地肥力持久源泉的進步。一個國家，例如北美合眾國，越是以大工業作為自己發展的基礎，這個破壞過程就越迅速。」[1]579,580 因此，資本主義生產方式破壞了農業與工業原始的紐帶，「但資本主義生產方式同時為一種新的更高級的綜合，即農業和工業在它們對立發展的形態的基礎上的聯合，創造了物質前提。」[1]579

馬克思、恩格斯在研究生產力佈局的基礎上認為，盡可能實現全國生產力的均衡佈局有利於促進工農結合、消滅城鄉分離。他們主張，無產階級奪取國家政權以後，應「把一切生產工具集中在國家即組織成為統治階級的無產階級手裡，並且盡可能快地增加生產力的總量」[2]293。這就要求無產階級採取一系列措施改造自然和生產力佈局等舊

有的社會經濟關係，如「把全部運輸業集中在國家手裡」「按照總的計劃增加國家工廠和生產工具，開墾荒地和改良土壤」「把農業和工業結合起來，促使城鄉對立逐步消滅」[2]294。1875年3月，恩格斯在給馬克思的一封信中寫道：「在國和國、省和省、甚至地方和地方之間總會有生活條件方面的某種不平等存在，這種不平等可以減少到最低限度，但是永遠不可能完全消除。」[3]325 馬克思、恩格斯在主張「大工業在全國盡可能地均衡分佈」的同時，也肯定了區域差異存在的合理性，強調協調佈局生產力的必要性。恩格斯在《反杜林論》中闡述逐步消滅城鄉分離的必然性和可能性時指出：「從大工業在全國的盡可能均衡的分佈是消滅城市和鄉村的分離的條件這方面來說，消滅城市和鄉村的分離也不是什麼空想。」[3]647 上述馬克思和恩格斯的有關論述表明了勞動分工是導致社會分工、產業分工、區域分工的本源所在，也蘊含了生產力均衡佈局和協調配置、工農結合、城鄉結合等理論原則，這對中國區域發展戰略和區域經濟格局的調整變動具有重要的指導和借鑑意義。

二、中國區域經濟格局的演變路徑

新中國成立以後，我們黨在社會主義現代化建設過程中，一直在不斷探索中國特色的經濟發展道路。其中，我們黨以馬克思勞動地域分工理論和生產力均衡發展理論為指導，不斷調整和完善經濟佈局，以促進地區經濟和國民經濟發展。

經濟佈局必須從中國的實際出發，而當前的實際又是多年的發展結果。因此，要規劃合理的經濟佈局，不能割斷歷史，需對中國的經濟格局的演變路徑全面考察[4]。自新中國成立以來，中國的經濟格局經歷了多次變動，但歸納起來中國經濟格局的演變路徑有四類：其一，大區協作；其二，東、中、西三大經濟帶；其三，東、中、西、東北四大版塊；其四，多極發展。

（一）路徑一：大區協作

新中國成立伊始，百廢待興。遵循馬克思勞動地域分工理論的核心思想，以毛澤東同志為核心的黨中央第一代領導人實施了區域均衡發展戰略，對中國的生產力進行均衡佈局，由此形成了具有行政色彩的大區協作經濟格局。大區協作經濟格局從新中國成立初期一直持續到改革開放初期。

國民經濟恢復時期（1949—1952年），為盡快恢復生產力、實現生產力均衡佈局，以東北、華北、華東、中南、西南、西北六大行政區為基礎，新中國政府將全國劃分為六大經濟協作區，由此開啟了大區協作的經濟格局。在國民經濟恢復期間，六大行政型經濟協作區促進了區內外的分工協作，但「尾大不掉」的問題使這種經濟區劃只有短暫的歷史。六大行政型經濟協作區在「一五」時期（1953—1957年）為沿海地區和內陸地區的「二分」經濟格局所取代。此時，中國領導人已經看到區域發展不平衡問題

第三十三章 克思的 地域分工理 中 的 域 格局

的嚴重性，加上朝鮮戰爭對沿海工業的威脅，蘇聯援建項目的佈局點均選在了廣大的內陸地區。「二五」時期（1958—1962 年），為平衡中國的經濟佈局，發揮中心城市在區域經濟發展中的推動作用，加強沿海與近海地區的工業基礎，發揮沿海工業的帶動作用，在沿海、內陸「二分」經濟格局的基礎上，黨中央把六大經濟協作區的中南區拆為華中、華南兩個區，並選取八個城市作為各大區的經濟中心城市①。「三五」時期（1966—1970 年），臺灣海峽局勢緊張、中蘇關係破裂使中國周邊局勢驟緊，出於國防需要，中央把全國分為一線（沿海地帶）、二線（中間地帶）、三線（戰略大後方）三個建設區帶，實現了中國工業佈局重點向中西部轉移、生產力均衡佈局的戰略目標。「四五」時期（1971—1975 年），為促進經濟的快速發展，中央領導人將國防建設與區域經濟發展相融合，在既成的十大軍區的基礎上，勾畫了十大區域協作的經濟格局②。「五五」時期（1976—1980 年），中央政府明確提出在全國建立東北、華北、華東、中南、西南、西北六大區域經濟體系[5]。此時的大區協作經濟格局的行政色彩趨於弱化，六大區域版圖的戰略性提出凸顯了中央發展意識的轉變，以及勞動地域分工對中國經濟發展的重要性。

以馬克思勞動地域分工理論和區域均衡發展戰略為指導的大區協作經濟格局，在一定程度上促進了區域經濟的快速發展、縮小了區域差距。20 世紀六七十年代，三個五年計劃期間建設的一大批現代化工業的下放，以及對少數民族地區政策、人才等資源的支援，在一定程度上激活了地方經濟尤其是中西部地區經濟的活力，幫助中西部地區建立了較完善的、有特色的工業體系，為少數民族地區的發展創造了良好的外部條件。但不容否認的是，這種「嵌入式」的現代化工業與地方經濟的融合程度較低，對地方經濟的帶動作用不強，而且「輸血式」的支援在培育少數民族地區自我發展能力方面的作用微乎其微；同時，行政色彩濃厚的大區協作經濟格局將原本統一的國內市場分割為條塊，阻礙了勞動、資源等生產要素在全國範圍內自由流動，勞動等生產要素只能依靠行政指令調撥，價值規律完全失靈，從而導致了資源配置和使用效率的低下。此外，內陸地區的工業多以礦產資源採掘業、能源加工業、原材料初級加工業為主，沿海地區則以加工製造業為主，這種垂直型的分工體系，扭曲了資源配置機制，由此形成的「剪刀差」嚴重損害了內陸地區的利益，形成了內陸地區長期發展的瓶頸。因此，經濟發展水準不高的國情下的產物——大區協作經濟格局，是馬克思勞動地域分工理論在中國教條化的實踐，雖然顧及了生產力均衡佈局的公平，但這種公平背景後的效率代價是巨大的。

---

① 東北、華北、華東、華中、華南、西南、西北的經濟中心城市：瀋陽、天津、上海、武漢、廣州、重慶、蘭州與西安。

② 十大區：東北區、華東區、山東區、中原區、華北區、華南區、西北區、西南區、新疆區、閩贛區。

(二) 路徑二：東、中、西三大地帶

為進一步體現中國勞動地域分工的特點、體現區域間的差異，以鄧小平、江澤民為核心的國家第二代、第三代領導人總結第一代領導人的經驗教訓、結合國內外的局勢，以馬克思勞動地域分工理論為指導創造性地提出了東、中、西三大地帶的經濟格局。

中國的東、中、西三大地帶經濟格局萌芽於「三五」時期的「三線建設」，經過「六五」和「七五」時期經濟格局的發展變化，成形於「八五」時期。「六五」時期（1981—1985年），中國在建設六大經濟協作區的同時把全國粗略劃分為沿海、內陸和沿邊少數民族三大經濟地區，為進一步發揮不同區域的優勢、加強區域分工與聯繫、建立不同水準和各具特色的區域經濟體系打下了基礎。「七五」時期（1986—1990年），中國政府依據同質性和集聚性勾勒了東、中、西三大地帶的「三分」經濟格局，同時將六大經濟協作區擴充為十大經濟協作區，以充分顯示中國區域發展的梯度和勞動地域分工的特點。「八五」時期（1991—1995年），依據地理位置和經濟發展水準，黨中央、國務院將中國明確劃分為東、中、西三大宏觀經濟區，史稱「老三區」，即東部地區包括12個省（市）、中部地區為9個省、西部地區為10個省，至此，中國東、中、西三大地帶的經濟格局成形[①]。「九五」時期（1996—2000年），在東、中、西三大地帶經濟格局的基礎上，為進一步促進區域分工與協作、凸顯勞動地域分工的特點，中央把中國劃分為七大協作區[②]，由此形成了大區協作與東、中、西三分地帶共存的局面。

以開發中西部、縮小中西部與東部差異為目標的東、中、西三大地帶宏觀經濟格局的劃分是馬克思勞動地域分工理論在中國實踐的重大突破，其由萌芽到成形的變遷歷程凸顯了不同區域勞動分工的特點以及中國勞動地域分工的複雜性。另外，東、中、西三大地帶宏觀經濟格局與東部、東南沿海、環渤海等七大經濟協作區共存的局面說明了中國的勞動地域分工隨著區域經濟發展也在不斷地變化，同時勞動地域分工發展引致的區域變化不斷衝擊和瓦解東、中、西三大地帶宏觀經濟格局，引導區域發展戰略的轉變。

(三) 路徑三：東、中、西、東北四大板塊

加入WTO以後，國內區域差距不斷擴大，東北地區逐漸衰落，中西部地區發展滯後。面對區域發展不協調的困境，以胡錦濤為核心的黨中央第四代領導人提出了「東部發展、東北振興、中部崛起、西部開發」的全面、協調、可持續的發展戰略，中國的經濟格局由傳統的「三分」轉向「四分」。

「十五」時期（2001—2005年），傳統的東、中、西三大地帶的經濟格局被分為東

[①] 「十五」時期末，黨中央將東中西部地區分別調整為11個省（市）、8個省（市）、12個省（市）形成「新三區」。

[②] 七大經濟協作區：東部、東南沿海、長三角、環渤海、中部、西北、西南和東南部分省區。

部、東北、中部、西部4個區域經濟格局,其中東部為10個省(市)、東北為3個省、中部為6個省、西部是12個省,四大板塊的形成進一步發揮了勞動分工推動區域發展的作用。「十一五」時期(2006—2010年),為實現區域的可持續發展、全員共享發展成果、創造良好的人文環境、提高環境資源承載力的目標,中國在東、中、西部以及東北四大宏觀經濟格局的基礎上將國土空間劃分為優化、重點、限制、禁止開發的四類主體功能區域,每個區域均需按照自身的特點佈局生產力,以形成各具特色的勞動地域分工,促進區域間的分工協作。

伴隨著經濟的發展,東、中、西三大地帶的經濟格局被東、中、西、東北四大區域板塊取代,是馬克思勞動地域分工理論在中國實踐領域的又一次重大突破,「四分」的經濟格局更好地體現了中國區域發展的不均衡以及勞動地域分工的差異性,有利於區域經濟向協調發展的方向邁進。但是,從同質性、經濟聯繫性和分工協作角度來看,中部地區並不是一個完整的整體,西部地區、東部地區的內部差異性也很大,只有東北地區可以看作一個完整的區域[6]。

(四) 路徑四:多極發展

自改革開放以來,以體現地域同質性和經濟聯繫性為特徵的中觀經濟區貫穿中國經濟格局演進的始終,中觀經濟區推動區域發展的同時也衝擊著中國舊有的經濟格局,引導著區域分工協作的變遷,體現勞動地域分工的發展脈絡。所以,本章運用筆者以往的研究成果將以中觀經濟區為主體的多極發展視為中國經濟格局的第四條演變路徑[7]。

「五五」時期,中國在六大經濟協作格局的基礎上,批准設立深圳、廈門、珠海、汕頭經濟特區,由此開啓了區域經濟格局的新篇章。由於沿海、內陸和沿邊少數民族的三分經濟格局過於粗略且區內的經濟聯繫也不緊密,在「六五」時期,黨中央批准設立了長江三角洲、珠江三角洲、閩南三角洲為沿海經濟區。「七五」時期,中央在東、中、西三分格局的框架下,批准設立海南經濟特區,並決定開放開發浦東。「八五」時期,黨中央國務院批准設立上海市浦東新區,並以14個沿江沿海開放城市構建了長三角、珠三角、閩南三角、遼東半島、山東半島、環渤海等沿江沿海開放區,形成了多極鼎立的中觀的經濟格局與三大地帶宏觀經濟格局共存、互補的態勢。「十一五」時期,中國在東、中、西、東北四大宏觀經濟板塊的基礎上,通過天津濱海(副省級)、重慶兩江(副省級)、珠海橫琴(副廳級)、浙江舟山群島(副省級)等國家級新區的設立培育區域增長極、帶動區域發展。「十二五」時期,天府、西咸、貴安、蘭州等新區陸續獲批,進一步推動中國中觀經濟格局的多極化發展,衝擊舊有的「四分」格局。

國家級新區、開發區、高新區等中觀經濟區的不斷設立,是中國勞動地域分工發展的必然,同時也為勞動地域分工的發展孕育了新契機。中觀經濟區推動了中國經濟格局的多極化,為區域經濟的發展注入新活力,加強了區域的分工與協作,增強了區域的整體競爭力,為縮小區域差異提供了可行的途徑。但是,不容否認的是多極化的經濟格局下的區域分工細化加劇了區域間的競爭,弱化了區域間的協作效應,一定程度上阻礙了

區域競爭力的提升和區域差異的縮小。

三、結論與展望

本章在回顧以馬克思勞動地域分工理論為指導的中國區域經濟格局變遷的基礎上發現，伴隨區域發展戰略由均衡→非均衡→協調→全面協調可持續的演變，中國的經濟格局也歷經大區協作，東、中、西三大經濟帶，東、中、西、東北四大版塊，多極發展的四個階段的變遷。多極化逐漸成為區域經濟格局演變的方向，但不容忽視的是中觀的多極化經濟格局，一方面加強了區域分工，另一方面卻加劇了區域競爭、弱化了區域協作。區域經濟格局是在區域經濟發展戰略實施的過程中形成的，是區域差異這一矛盾的衍生物。它必然隨經濟發展階段的不同而改變，隨國情、區情的變化而被逐漸突破。內陸與沿海或內陸、沿海與沿邊少數民族的「二分」或「三分」格局，大區協作格局，東、中、西的「三分」格局，東、中、西、東北的「四分」格局，以中觀經濟區為標誌的多極化格局的不斷演進說明，舊有的經濟格局不會永遠有市場，而會漸漸退出歷史舞臺。中國的勞動地域分工具有明顯的差異性，宏觀的經濟格局並不能充分反應勞動的地域特點和區域發展水準，宏觀經濟格局必然讓步於中觀的多極化經濟格局。在區域經濟格局多極化發展的大趨勢下，本章針對促進區域經濟格局多極化的發展、加強區域分工、提高區域協作力度提出如下建議：

首先，充分發揮沿海、沿邊優勢，大力發展對外貿易，構建外向型的外圍經濟帶。東北地區在振興老工業基地的同時，應推進遼東半島外向型經濟以及哈大產業帶向縱深的輻射，並借助黑龍江的沿邊優勢大力發展邊境貿易。東部沿海地區在借助已有的開放城市發揮通商口岸的優勢基礎上，應繼續加大山東半島城市群、環渤海、長三角（包括小、大長三角）、珠三角（包括小、大、泛珠三角）、閩南三角等中觀經濟區吸引外資的力度，加快產業升級，加強對中西部的帶動作用。西部地區的廣西應借助地緣和邊貿口岸的優勢，加強與東南亞各國的貿易往來，進一步加強北部灣經濟區對廣西、貴州的輻射能力。西北五省則可以借助歐亞大陸橋，形成點線結合的格局，加強與歐洲各國的貿易聯繫。西南的重慶處於長江上游，沿江優勢突出，應加強與長三角的聯繫。雲南和四川應借助中緬鐵路和史迪威公路加大與緬甸、印度的貿易往來。此外，四川亦可主動依託長江黃金水道主動融入以上海為龍頭的長三角經濟區，加強區域間的聯繫。

其次，充分發揮沿江優勢，利用長江水運，構建以外帶內的長江經濟走廊。長江由西向東橫跨中國的12省（市），長江流域的省份和城市，應借助優越的地理位置和交通條件，加強與上游成渝城市圈、中游武漢城市圈、下游長三角的經濟聯繫；同時，中上游的城市應借助長三角的出海口發展外向型經濟。此外，應借鑑「泛珠三角」的「9+2」模式，構建以上海、杭州為龍頭的「泛長三角」經濟區，使其從理論角度向現實轉變，以形成區域分工程度高、區域協作力度大的長江經濟走廊。

最後，加強城市間的分工，積極發揮中心城市的帶動作用，構建優勢互補的城市群。不同城市應依託自身的優勢合理分工、發展特色產業，並與中心城市相結合組建優勢互補的城市群調節區域的經濟活動。目前，中國主要有長三角、珠三角、京津冀、遼中南、海峽西岸、中原、徐州、武漢、成渝、長株潭、哈爾濱、關中、長春、合肥等城市群，但是，占主導作用的只有長三角、珠三角、京津冀三大城市群，其他城市群的輻射強度較弱。因此，中國在構建城市群時不應僅僅考慮地理位置，還應考慮同質性、經濟聯繫緊密程度，以形成合理的城市分工體系，切實達到城市間優勢互補的目標，促進區域的分工與協作。

本章參考文獻：

[1] 馬克思. 資本論：第1卷 [M]. 北京：人民出版社，2004.

[2] 馬克思，恩格斯. 馬克思恩格斯選集：第1卷 [M]. 北京：人民出版社，1995.

[3] 馬克思，恩格斯. 馬克思恩格斯選集：第3卷 [M]. 北京：人民出版社，1995.

[4] 張寶通. 對中國區域經濟發展新格局的構想 [J]. 經濟地理，1991（1）：21-26.

[5] 劉本盛. 中國經濟區劃問題研究 [J]. 中國軟科學，2009（2）：81-90.

[6] 魏後凱. 改革開放30年中國區域經濟的變遷：從不平衡發展到相對均衡發展 [J]. 經濟學動態，2008（5）：9-16.

[7] 丁任重. 論中國區域經濟佈局新特徵——兼評梯度推移理論 [J]. 經濟學動態，2006（12）：47-50.

第三十四章 馬克思的生態經濟理論與中國經濟發展方式的轉變[①]

引言

　　生態環境問題不僅威脅人類生存，更成為影響經濟進一步發展的重要因素。國內外學者對人與自然關係的討論從未間斷，中國學者也試圖從演化經濟學、管理學等學科中尋找發展生態經濟的依據。在梳理馬克思主義生態經濟理論發展歷程中可以發現馬克思主義經濟學中蘊含著系統的以生產方式轉變為核心的生態經濟理論。結合中國加快轉變經濟發展方式，建設「美麗中國」[②]的基本要求，馬克思的生態經濟理論是實現經濟發展方式轉變，推動形成人與自然和諧發展的重要指導思想。

一、馬克思生態經濟理論基本內容

　　馬克思生態經濟理論中，他通過勞動將經濟系統與生態系統聯繫在一起，他指出「作為其中的第三個同盟者的，只是一個幽靈——勞動，這只不過是一個抽象，就它本身來說，是根本不存在的……只是指人用來實現人和自然之間的物質變換的人類一般的生產活動，它不僅已經擺脫一切社會形式和性質規定，而且甚至在它的單純的自然存在上，不以社會為轉移，超乎一切社會之上，並且作為生命的表現和證實，是尚屬非社會的人和已經有某種社會規定的人所共同具有的。」他將勞動抽象出現實，使之成為人與自然之間永恆溝通的橋樑。其次，他運用價值的二重性對自然做了一個清晰的界定：「一個物可以是使用價值而不是價值。在這個物並不是以勞動為仲介而對人有用的情況下就是這樣。例如，空氣、處女地、天然草地、野生林等等」，認為有價值的自然才是我們需要討論的自然。從而奠定了生態自然與生產方式之間相互作用、相互影響的辯證

[①] 本章選自：丁任重，何悅. 馬克思的生態經濟理論與中國經濟發展方式的轉變 [J]. 當代經濟研究，2014 (9): 5-14, 2, 97.

[②] 《中共中央關於全面深化改革若干重大問題的決定》(2013 年 11 月 12 日中國共產黨第十八屆中央委員會三次全體會議通過)。

統一關係。

(一) 自然是影響社會生產力發展的重要因素

1. 自然影響社會生產效率

自然是影響勞動生產力大小的主要因素之一，馬克思指出，「勞動生產力是由多種情況決定的，其中包括：工人的平均熟練程度，科學的發展水準和它在工藝上應用的程度，生產過程的社會結合，生產資料的規模和效能，以及自然條件。」在其他條件保持不變的情況下，自然條件的優劣決定了勞動水準的高低。他舉例：「同一勞動量在豐收年表現為8蒲式耳小麥，在歉收年只表現為4蒲式耳。同一勞動量用在富礦比用在貧礦能提供更多的金屬等等。」

自然條件影響勞動生產率高低，他根據人類需求和經濟發展將自然條件進行分類，「撇開社會生產的形態的發展程度不說，勞動生產率是同自然條件相聯繫的。這些自然條件都可以歸結為人本身的自然（如人種等）和人的周圍的自然。外界自然條件在經濟上可以分為兩大類：生活資料的自然富源，例如土壤的肥力，漁產豐富的水域，等等；勞動資料的自然富源，如奔騰的瀑布，可以航行的河流、森林、金屬、煤炭，等等。」分類的自然條件在不同時期對生產率的影響存在差異，「在文化初期，第一類自然富源具有決定性的意義；在較高的發展階段，第二類自然富源具有決定性的意義。」儘管隨著工藝的提升和科技的進步，自然對生產力的約束有所弱化，但不可否認自然條件仍是地區經濟發展的基礎要素之一，也從側面說明自然條件是生產力發展的重要保障之一，從長遠來看，對生態自然的高消耗就是對未來社會生產力發展動力機制的弱化。

2. 自然影響社會分工的形成

馬克思在其生態經濟理論中論述了由於自然影響社會分工的兩種形式，第一種是自然條件差異影響社會分工的形成。他援引斯卡爾培克的分工理論①，考察了三種分工形式，「單就勞動本身來說，可以把社會生產分為農業、工業等大類，叫作一般的分工；把這些生產大類分為種和亞種，叫作特殊的分工；把工場內部的分工，叫作個別的分工。」而一般分工則是社會分工，由於地區自然條件的差異，導致「不同的共同體在各自的自然環境中，找到不同的生產資料和不同的生活資料。因此，它們的生產方式、生活方式和產品，也就各不相同。這種自然的差別，在共同體互相接觸時引起了產品的互相交換，從而使這些產品逐漸轉化為商品。交換沒有造成生產領域之間的差別，而是使不同的生產領域發生關係，從而使它們轉化為社會總生產的多少互相依賴的部門。在這裡，社會分工是由原來不同而又互不依賴的生產領域之間的交換產生的。」

---

① 斯卡爾培克在《社會財富的理論》寫道：「在有一定文明程度的國家中，我們看到三種分工：第一種我們稱之為一般的分工，它使生產者分為農民、製造業者和商人，這是與國民勞動的三個主要部門相適應的；第二種可以叫作特殊的分工，是每個勞動部門分為許多種……最後，第三種分工可以叫作分職或真正的分工，它發生在單個手工業或職業內部……在大多數手工工場和作坊都有這種分工。」

第二種是自然資源多樣性影響社會分工形式。他以勞動為切入點，認為「勞動作為使用價值的創造者，作為有用勞動，是不以一切社會形式為轉移的人類生存條件，是人和自然之間的物質變換即人類生活得以實現的永恆的自然必然性。」有用勞動與自然資源的多樣性相結合所體現的有用勞動的多樣性構成了社會分工的基本內容，並成為商品生產存在的前提。「各種使用價值或商品體的總和，表現了同樣多種的，按照屬、種、科、亞種、變種分類的有用勞動的總和，即表現了社會分工。這種分工是商品生產存在的條件，雖然不能反過來說商品生產是社會分工存在的條件。」

由自然影響形成的社會分工是其他分工的基礎，他提到「不是土壤的絕對肥力，而是它的差異性和它的自然產品的多樣性，形成社會分工的自然基礎，並且通過人所處的自然環境的變化，促使他們自己的需要、能力、勞動資料和勞動方式趨於多樣化。」正是人類社會需求、能力、勞動資料和勞動方式的多樣化促使分工的進一步深化，並使之具有深刻的時代烙印，資本主義下工場手工業正是分工深化的表現：「整個社會內的分工，不論是否以商品交換為仲介，是各種經濟的社會形態所共有的，而工場手工業分工卻完全是資本主義生產方式的獨特創造。」。自然的變化是社會分工的基礎，而這些分工的出現也會影響到自然參與社會分工的形式，從而形成特定生產方式下的社會分工。

3. 自然週期影響生產過程

自然主要通過影響生產時間來影響生產過程。在描述資本流通過程中，馬克思運用勞動時間和生產時間來描述商品生產過程①。首先，生產時間包含勞動時間，他在生產時間一章開篇便說明「勞動時間始終是生產時間，即資本束縛在生產領域的時間。但是反過來，資本處於生產過程中的全部時間，並不因此也必然都是勞動時間。」也就是生產時間決定產品的生產過程，而生產時間又受到自然的約束。

自然從兩個方面對生產過程產生影響，一是自然環境週期性的變化帶來的生產週期變化。例如季節，他提到「一種商品需要的生產時間較長，另一種商品需要的生產時間較短。不同的商品的生產與不同的季節有關。」在討論「再生產的連續性」時，他認為自然條件影響連續性的，「在有季節性的生產部門，不論是由於自然條件（如農業、捕鯡魚等），還是由於習慣（例如在所謂季節勞動上），連續性可能或多或少地發生中斷。」

二是由於自然資源的自然屬性影響生產過程。「這裡要說的是與勞動過程長短無關，而受產品的性質和產品製造本身的性質制約的那種中斷。在這個中斷期間，勞動對象受時間長短不一的自然過程的支配，要經歷物理的、化學的、生理的變化；在這個期間，勞動過程全部停止或者局部停止。」他更列舉了幾個例子來說明，「例如，榨出來的葡萄汁，先要有一個發酵時期，然後再存放一個時期，酒味才醇。在許多產業部門，產品要

---

① 馬克思在《資本論》第二卷第二篇中討論了資本週轉，資本總流通時間，等於流通時間和生產時間之和，而我們這裡討論生產時間主要是商品生產，是資本流通的一部分。

經過一個乾燥過程,例如陶器業,或者,把產品置於一定條件下,使它的化學性質發生變化,例如漂白業。越冬作物大概要9個月才成熟。在播種和收穫之間,勞動過程幾乎完全中斷。在造林方面,播種和必要的準備工作結束以後,也許要過100年,種子才變為成品;在這全部時間內,相對地說,是用不著花多少勞動的。」

馬克思對生產時間的界定意在說明在生態經濟發展中要遵循客觀自然規律,選擇適合的生產方式。他以木材生產為例說明資本主義生產方式不適合森林資源合理利用。因為木材生產「只有經過長時期以後,才會獲得有益的成果,並且只是一部分一部分地週轉,對有些種類的樹木來說,需要150年時間才能完全週轉一次。」而這「漫長的生產時間(只包括比較短的勞動時間),從而其漫長的週轉期間,使造林不適合私人經營,因而也不適合資本主義經營。」因為在資本主義生產方式下,「文明和產業的整個發展,對森林的破壞從來就起很大的作用,對比之下,它所起的相反的作用,即對森林的護養和生產所起的作用則微乎其微。」

(二) 生產方式是影響自然的重要因素

1. 勞動是影響自然的主要手段

馬克思通過勞動為仲介,將人與自然聯繫起來。人之所以勞動,是因為「人自身作為一種自然力與自然物質相對立。為了在對自身生活有用的形式上佔有自然物質,人就使他身上的自然力——臂和腿、頭和手運動起來。當他通過這種運動作用於他身外的自然並改變自然時,也就同時改變他自身的自然。」這種對立並不是敵對狀態,而是人為了滿足自己的需求,以自然為對象進行物質變換[①]。因此,他總結道:「勞動首先是人和自然之間的過程,是人以自身的活動來仲介、調整和控制人和自然之間的物質變換的過程。」所以這裡討論的勞動不是人與自然自發產生的關係,而是有目的性和主觀能動性的勞動形式,他辨析道:「在這裡,我們不談最初的動物式的本能的勞動形式。現在,工人是作為他自己的勞動力的賣者出現在商品市場上。對於這種狀態來說,人類勞動尚未擺脫最初的本能形式的狀態已經是太古時代的事了。」

帶有主觀能動性的勞動對自然產生影響,馬克思認為「人們在生產中不僅僅影響自然界,而且也互相影響⋯⋯為了進行生產,人們相互之間便發生一定的聯繫和關係;只有在這些社會聯繫和社會關係的範圍內,才會有他們對自然界的影響,才會有生產。」因此,生產方式影響自然的邏輯關係便是:生產方式決定著人進行有目的性的勞動,而人又通過有目的性的勞動與自然進行物質變換,因此生產方式通過勞動形式來影響自然。

2. 資本主義生產方式異化人與自然的關係

在馬克思生態經濟理論中,馬克思著重探討了資本主義生產方式對自然的作用機

[①] 「物質變換」(德語是 Stoffwechsel;英語是 metabolism)一詞,在中譯本《資本論》中,人民出版社譯為「物質變換」,在郭大力和王亞南的譯著中翻譯為「代謝機制」。

制。一方面，他認為在資本主義生產方式下，對自身生活有用的自然物質的需求已經異化為對利潤的追求。他認為：「剩餘價值的生產是資本主義生產的決定的目的，同樣，富的程度不是由產品的絕對量來計量，而是由剩餘產品的相對量來計量。」而「這個剩餘價值就是產品價值超過消耗掉的產品形成要素即生產資料和勞動力的價值而形成的餘額。」因此，人類的需要已經不是勞動的根本目的，對於剩餘產品的追求就表現為對生產資料和勞動力的無限攫取，從而造成對自然資源的無限攫取，也就是對自然的無限攫取。另一方面，他認為「資本主義生產方式以人對自然的支配為前提。」為此，他引述笛卡爾[①]對資本主義生產形態和人與自然看法來說明資本主義生產方式對自然的僭越：「我們就可以像瞭解我們的手工業者的各種職業一樣，清楚地瞭解火、水、空氣、星球以及我們周圍的其他一切物體的力量和作用，這樣我們就能在一切適合的地方利用這些力量和作用，從而使自己成為自然的主人和佔有者」，並且「促進人類生活的完善」。」形成資本主義下人與自然的關係錯誤定位。而這種錯誤定位，使得資本主義生產方式對自然的「剝削」愈發嚴重。在工業革命的推動下，資本主義進入快速發展期，生產力迅速提高，意味著對自然的掠奪迅速增加。「生產力按幾何級數增長，」商品生產空前擴大，「而市場最多也只是按算術技術擴大。」，為了追求利潤最大化，「資本主義生產方式一方面促進社會勞動生產力的發展，另一方面也促進不變資本使用上的節約。」為了在不變資本上的節約，只能通過擴大對自然資源的消耗和對勞動力的「剝削」。但是對自然的「統治」當然只是人的一時短視，正如恩格斯指出：「我們不要過分陶醉於我們人類對自然界的勝利。對於每一次這樣的勝利，自然界都對我們進行報復。」

（三）資本主義生產方式對生態系統的影響

資本主義生產方式對人與自然關係的異化以及錯誤定位，使得資本主義下的生態系統受到嚴重破壞。馬克思更將生態的概念進行拓展，在狹義的自然生態系統中增加了對社會生態系統的考察，不僅關注了自然環境的惡化與資源的消耗，也關注了人類發展的社會環境惡化與社會結構的斷裂。

1. 資本主義生產方式對自然生態系統的影響

馬克思用殘酷的現實來說明資本主義生產方式對自然環境造成的嚴重破壞。他繼承了威廉·配第的「勞動是財富之父，土地是財富之母」的思想，詳細論述了資本主義生產方式對土地資源的破壞。他指出資本主義工業化下，資本在城市迅速膨脹，人口在城市的聚集，「破壞著人和土地之間的物質變換，也就是使人以衣食形式消費掉的土地的組成部分不能迴歸土地，從而破壞土地持久肥力的永恆的自然條件。」他援引李比希的論述進一步說明，「大土地所有制使農業人口減少到一個不斷下降的最低限度，而同他們相對立，又造成一個不斷增長的擁擠在大城市中的工業人口。由此產生了各種條

[①] 笛卡爾在其《方法論》的書中提到實踐哲學時提出這一觀點。

件,這些條件在社會的以及由生活的自然規律所決定的物質變換的聯繫中造成一個無法彌補的裂縫,於是就造成了地力的浪費,並且這種浪費通過商業而遠及國外。」同樣在資本主義下的農業生產同樣破壞著土地的生態環境,「資本主義農業的任何進步,都不僅是掠奪勞動者的技巧的進步,而且是掠奪土地的技巧的進步,在一定時期內提高土地肥力的任何進步,同時也是破壞土地肥力持久源泉的進步。」

除了土地資源,其他自然資源也損耗嚴重,他將自然資源作為天然的勞動對象:「所有那些通過勞動只是同土地脫離直接聯繫的東西,都是天然存在的勞動對象。例如從魚的生活要素即水中分離出來的即捕獲的魚,在原始森林中砍伐的樹木,從地下礦藏中開採的礦石。」而資本主義生產對自然的破壞,一是源於資本主義特有的生產方式要求不斷提高利潤,獲取最多剩餘價值。他指出,「勞動生產率也是和自然條件聯繫在一起的,這些自然條件所能提供的東西往往隨著由社會條件決定的生產率的提高而相應地減少⋯⋯我們只要想一想決定大部分原料數量的季節的影響,森林、煤礦、鐵礦的枯竭等等,就明白了。」二是源於對自然資源的錯誤認識:「例如在採礦業中,原料不是預付資本的組成部分。這裡的勞動對象不是過去勞動的產品,而是由自然無償贈予的。如金屬礦石、礦物、煤炭、石頭,等等。」對自然資源的無償使用使得社會忽視自然,而資源的有限性有進一步促使生產中更加急迫和瘋狂的掠奪資源。

2. 資本主義生產對社會生態系統的影響

馬克思生態經濟理論的一大亮點在於,他不僅討論了生產方式對自然環境產生的狹義的生態影響,更關注其對人類個體發展的廣義社會生態系統的影響,這拓展了生態系統的深度與廣度,更體現出對人類發展的終極關懷。他提出,資本主義生產方式下,對工業勞動者和農業勞動者的剝削體現在生產條件以及生活條件的惡化,而阻隔式的城鄉二元結構的出現將會促使城鄉對立,破壞社會和諧。

資本主義下工業化的迅速發展,帶動資本迅速向城市化累積,人民蜂擁進入城市,卻在城市生活中被剝奪了正常生產和生活條件。一方面,由於大機器的使用以及「不過資本家對剩餘勞動的貪欲表現為渴望無限度地延長工作日」,破壞了工人的健康和獲取人類正常生活的權利。而資本主義為了不擇手段的節約成本,進行大工業生產「一開始就同時是對勞動力的最無情的浪費和對勞動發揮作用的正常條件的剝奪,」這就注定了「隨著資本本身越來越雄厚,就業規模的大波動以及大貧困變得越來越頻繁。」而「貧困剝奪了工人必不可少的勞動條件——空間、光線、通風設備等等,」最後在大生產中被淘汰,他憂慮地指出「女工或未成熟工人的身體還被喪盡天良地置於毒物等等的侵害之下」,惡劣的生產環境對工人生命造成威脅,因此,他毫不客氣地批判道:「工人的肺結核和其他肺部疾病是資本生存的一個條件。」生產生活條件的惡化,剝奪了城市工人實現自我發展的最基本權利,基層工人的社會「塌陷」造成城市生態系統的「塌陷」。

馬克思認為這種社會生態系統的失衡在農村更為嚴重和慘烈,農民抵抗不平等生產關係的力量更加薄弱,他提到「農業工人在廣大土地上的分散,同時破壞了他們的反抗

力量」，使得「在現代農業中，像在城市工業中一樣，勞動生產力的提高和勞動量的增大是以勞動力本身的破壞和衰退為代價的。」在土地私有化下，農民沒有土地，只能受雇於地主。土地和勞動力受到雙重剝削，生活更加貧困，結果造成「吃不飽的農民每天晚上都處在各種各樣的有害健康的影響下；其結果是居民身體羸弱，常常患瘰癧病，」在農村中，土地肥力和農民勞動力被迅速消耗，自然生態和社會生態迅速惡化。

資本主義生產方式不僅對個體生存條件造成毀滅性破壞，也對社會生態系統的整體性造成無法彌補的裂痕。二元結構的形成和進一步分化，導致城鄉對立，這種對立不僅破壞了自然界的物質循環，更是形成城市與農村之間階級的對立，促使自然矛盾和社會矛盾尖銳化。他指出「資本主義生產使它匯集在各大中心的城市人口越來越占優勢，」然而這種優勢卻是以建立在城鄉對立的基礎上，「農業和工場手工業的原始的家庭紐帶，也就是把二者的幼年未發展的形態聯結在一起的那種紐帶，被資本主義生產方式撕斷了。」他尖銳地提出了城鄉對立是資本主義生產關係必然帶來的結果，同時，打破了社會生態的平衡，使得「它同時就破壞城市工人的身體健康和農村工人的精神生活。」另外，與中世紀「農村在政治上榨取城市」不同，資本主義生產下「城市則無論在什麼地方都毫無例外地通過它的壟斷價格，它的賦稅制度，它的行會，它的直接的商業詐騙和它的高利貸在經濟上剝削農村」，導致城市和農村差距日益擴大，城鄉對立日益嚴重。

（四）馬克思對社會主義生產方式與生態關係的構想

以資本主義生產對生態的破壞為鑒，馬克思認為只有轉變資本主義生產方式才能從根本上改變人與自然日益緊張的關係。而社會主義生產方式的確立即是實現人、社會與自然的和諧發展的關鍵，他從原理、形式以及技術層面闡述了在社會主義生產方式下人與社會，人與自然的相互作用機制。

1. 統一協調的生態關係

統一平等的社會生產關係下人與自然協調發展是社會主義生產基本生態形式，也是馬克思生態經濟理論的研究目標。他認為要修復人與自然之間物質變換的扭曲，首先要擺脫剩餘價值的奴役，實現人的自由發展，他認為社會主義是資本主義發展到一定階段後的「一個更高級的、以每一個個人的全面而自由的發展為基本原則的社會形式」，而在對待人與自然的關係上則是「社會化的人，聯合起來的生產者，將合理地調節他們和自然之間的物質變換，把它置於他們的共同控制之下，而不是讓它作為盲目的力量來統治自己；靠消耗最小的力量，在最無愧於和最適合於他們的人類本性的條件下來進行這種物質變換」，也就是人的解放與自然的統一。「合理地調節物質變換」正是對資本主義生產方式的調整；而「社會化的人，聯合起來的生產者」更是表明需要建立社會主義中人與人之間平等統一的生產關係；「共同控制」是由對立而轉向共融的形式參與社會生產；而「最適合於他們的人類本性」則是摒棄追求剩餘價值的衝動，消除由於資本主義利潤最大化帶來的人與自然關係的異化，取而代之的是自然包容的經濟發展方式。

2. 城鄉融合的物質循環

物質循環是馬克思社會主義生產理論下人與自然的主要作用形式。馬克思指出：「勞動就它生產使用價值，就它是有用勞動而言，它與一切社會形式無關，是人類生存的不可缺少的條件，是永恆的必然性，」是人和自然之間的物質循環的仲介。因此，在社會主義生產方式下，勞動作為最自由的勞動，迴歸到物質循環當中。他用排泄物的概念來說明資本主義生產方式對物質循環鏈條的破壞。他將排泄物分為兩種，「生產排泄物」和「消費排泄物」：「我們所說的生產排泄物，是指工業和農業的廢料；消費排泄物則部分地指人的自然的新陳代謝所產生的排泄物，部分地指消費品消費以後殘留下來的東西。」他認為「對生產排泄物和消費排泄物的利用，隨著資本主義生產方式的發展而擴大」，而「消費排泄物對農業來說最為重要。在利用這種排泄物方面，資本主義經濟浪費很大」。這種浪費主要來源於資本主義生產方式下城鄉對立帶來的物質循環的割裂，而社會主義生產方式的建立將打破這種城鄉對立，使城市與農村聯合起來，實現對自然的「共同控制」。

3. 超越資本主義生產方式的技術創新

技術創新是社會發展的永恆動力，是獨立於時代存在又帶有鮮明時代特徵的人類勞動進步手段。其獨立性表現在，任何一個社會階段，都存在以勞動力的發展為表現形式的技術的革新與創造，促進生產效率的提高從而促進社會的發展。「勞動生產力是隨著科學和技術的不斷進步而不斷發展的」，但在不同社會階段下，技術革新的性質卻不同。「化學的每一個進步不僅增加有用物質的數量和已知物質的用途，從而隨著資本的增長擴大投資領域。隨著資本的增長擴大投資領域。」在資本主義生產方式下，技術成為資本膨脹的催化劑。

同樣，科技的進步「還教人們把生產過程和消費過程中的廢料投回到再生產過程的循環中去，從而無須預先支出資本，就能創造新的資本材料。」但由於資本主義生產方式的影響，科學技術的發展加深了對人的束縛以及對自然的「錯覺」，成為資本生態技術主義①的基本形式。正如馬克思所指出的那樣「正像只要提高勞動力的緊張程度就能加強對自然財富的利用一樣，科學和技術使執行職能的資本具有一種不以它的一定量為轉移的擴張能力。」因此，沒有超越資本主義生產方式的技術創新只是幫助資本進一步擴大掠奪自然的範圍和程度的「幫凶」。

超越了資本主義生產方式的技術創新不僅同樣行使著提高社會生產力和提高物質循環利用率的作用，而且已經脫離了追求剩餘價值的束縛，成為馬克思所描述的：「自由不在於幻想中擺脫自然規律而獨立，而在於認識這些規律，從而能夠有計劃地使自然規律為一定的目的服務。」在社會主義生產方式下，科技創新成為瞭解自然、認識自然規

---

① 參考韓欲立《自然資本主義還是生態社會主義——評福斯特與奧康納之間的生態馬克思主義論戰》一文中，對奧康納有關生態技術觀點的分析。

律的重要工具，也成為尊重自然發展，促使人類發展與之相協調的重要手段，因此，只有脫離了資本主義生產方式的技術創新才是真正為人類與自然和諧發展服務的創新模式。

二、中國經濟發展與生態困境

馬克思主義經濟學中國化進程，自馬克思主義進入中國以來就從未斷絕，對生產關係的理論研究和實踐改造形成了中國特色的社會主義發展道路，取得了世界矚目的成就。但由於中國經濟發展階段的局限，對生產中蘊含的生態關係的認識和研究相對滯後，沒有適時地運用馬克思的生態經濟理論來指導中國經濟發展。如今，環境問題凸顯，人與自然的矛盾愈加突出，社會階層進一步分化對立，為中國轉變經濟發展方式帶來了新的困境與難題。

高投入、高消耗、低收益的發展慣性造成資源消耗嚴重，傳統經濟增長模式難以維繫。馬克思生態經濟理論強調社會生產力的發展要與自然環境相互適應和協調。新中國成立之初，國家生產力薄弱，生產與生活水準極其落後，但由於歷史的原因，實行優先發展資本密集型的重工業趕超戰略，與當時國家自然和社會環境極為不符，只能通過高投入、高累積來推進生產。而技術的落後、國際的封鎖以及對成本收益認識不足，又造成中國生產效益低下。改革開放以後，社會主義市場經濟的確立使得中國經濟發展取得了長足進步，但仍未擺脫高投入、高消耗、低收益的發展慣性：經濟增長通過高投入來推動，而低收益又促使更高的投入來維持增長，產生更高的消耗，形成一個以資源加速消耗為代價的發展「怪圈」。隨著國家物質基礎的不斷累積，對資源的需求愈加擴大。1978年中國能源消耗總量為5.71億噸標準煤，1990年為9.87億噸標準煤，突破20億噸標準煤經歷了14年，而突破三十億噸標準煤能源消費只用了短短5年。截止到2012年，能源消費已經達到36.2億噸標準煤[1]，位居世界第一[2]。而低端的產品製造和有限的資源利用率使中國單位能源產值大大低於世界平均水準。2012年，中國每萬噸標準油產值為0.3億美元，僅為全球平均水準的52%，而相比於發達國家，僅為美國的42%，德國的28%，日本的24%。在現有的發展方式下，資源約束日益趨緊，中國將陷入資源需求越大，資源消耗越高，資源供給越少的惡性循環中。要打破這一循環只有以優化投入結構、降低消耗、提高收益等策略及其組合作為突破口，創新經濟增長方式。如表34-1所示。

---

[1] 數據來源，中國國家統計局年度數據。
[2] 從2013年BP世界能源統計中統計得出。

表 34-1　2012 年中國能源消耗與其他國家比較情況

	能源消耗總量 /百萬噸標準油	地區生產總值 /億美元	能源消耗強度 /萬噸標準油/億美元
世界	12,476.6	717,073	1.74
中國	2,735.2	82,270.0	3.32
美國	2,208.8	156,847.0	1.41
德國	311.7	34,006	0.92
日本	478.2	59,639.0	0.80

數據來源：由 2013 年 BP 世界能源統計、國際貨幣基金組織統計數據計算得來。

高排放、高污染、低標準的發展形態造成環境污染嚴重，自然環境受到嚴重破壞，威脅人類健康發展。馬克思認為，資本主義生產方式下消費排泄物是污染的主要來源，他指出「在倫敦，450 萬人的糞便，就沒有什麼好的處理方法，只好花很多錢來污染泰晤士河。」而中國高排放、高污染除了由於基礎設施不完善帶來的生活污染物外，更多的是由於生態低標準下的工業污染與城市污染的加劇。生態低標準體現在生態環境要求的低標準以及環境監督和管理的低標準。生態低標準帶來污染的低成本，最終導致污染和排放的進一步增加，生態環境進一步破壞。如今已經演變成土壤、水資源以及大氣污染等為代表的立體的複合污染系統。

優質土地迅速減少，土地污染嚴重。中國人均耕地面積呈下降趨勢，由 1996 年人均耕地 1.59 畝（1 畝＝0.066,7 公頃，下同），下降到 2009 年的 1.52 畝，明顯低於世界人均耕地 3.38 畝的水準。而有 5,000 萬畝耕地受到中、重度污染，不宜耕種，加上因開礦塌陷造成地表土層破壞、因地下水超採，已影響正常耕種的土地，全國適宜穩定利用的耕地只有 1.2 億多公頃[1]，環保部和國土資源部聯合發布全國首次土壤污染狀況的調查公報顯示，全國土壤環境狀況總體不容樂觀，部分地區土壤污染較重。全國土壤總的點位超標率為 16.1%，其中耕地土壤點位超標率更是高達 19.4%，地膜覆蓋面積超過兩億畝，世界排名第一，嚴重污染土地[2]，水資源污染持續惡化，七大水系均被不同程度污染；超過 2/3 的河流被污染，地下水資源污染形勢嚴峻。2008—2010 年，通過對全國 31 省（自治區、直轄市）69 個城市地下水有機污染物的檢測發現，64 個城市的地下水樣品中至少有一項有機污染物，占檢測城市總數的 92.8%[3]。空氣污染近幾年也呈現井噴態勢，以城市霧霾為首的空氣污染威脅人類生命健康。環保部對 161 個城市的空氣質量進行監控，有超過 50% 的城市受到不同程度的污染，其中，中、重度污染城市

---

[1] 數據來源：2013 年由國土資源部、國家統計局、國務院第二次全國土地調查領導小組辦公室發布的《關於第二次全國土地調查主要數據成果的公報》。

[2] 2013 年 05 月 09 日，中央電視臺新聞報導。

[3] 由中國國土資源部下屬中國地質環境監測院 2013 年的一項調查的數據顯示。

超過 1/5①。環境破壞已轉化為人類生存環境與自然環境的同步惡化。近年來，污染事故往往出現在貧困農村地區，嚴重危害當地人的身心健康，帶來更加深重的貧困；癌症村的出現對中國現有的高污染、高消耗、低標準的經濟發展形態提出嚴峻挑戰。

城鄉、區域不平等的發展格局造成城鄉發展差距進一步擴大，人民收入差距進一步拉大，社會生態受到嚴重破壞。在不均衡發展戰略的指導下，城市發展成為國家發展重心，城鄉的割裂已經超出了馬克思所描述的「二者的幼年未發展的形態聯結在一起的那種紐帶被撕裂了」的範疇，而是壓縮農村的發展機會來幫助城市進行要素累積：通過工農業產品剪刀差把農業的剩餘轉變為工業的累積，使用農村剩餘勞動力參與城市建設以及利用農村土地進行城市擴張。城鄉對立越來越突出，城市與農村由原始的分裂發展為分裂的加深，具體表現為城鄉發展機會的不平等以及城鄉收入差距的持續擴大。目前，中國城鄉收入差距已達到 3.23：1②。2013 年，國家統計局發布中國近 10 年居民收入基尼系數，均高於世界 0.44 的平均水準。民間統計 2010 年城鄉基尼系數更是高達 0.61③，遠遠高出其他國家，成為城鄉收入差距最大的國家之一④，區域發展差距也進一步拉大。地區間收入差距的絕對值迅速擴大：東西部地區 2002 年的城鎮居民可支配收入差為 3,200 元左右，到 2012 年已擴大為 8,900 多元；而農村人均純收入差也由 2002 年的 1,700 多元上升到 2012 年的 4,200 多元⑤。社會發展進程中城市和農村的進一步分化，城市內部新的階層分化以及區域間的分化。城鄉對立的新發展嚴重破壞了社會生態系統的穩定性，制約了經濟的進一步發展，甚至成為影響社會和諧的主要因素之一。

三、生態經濟背景下中國經濟發展方式的轉變路徑

1. 推進人與自然協調發展的生態文明建設

生態文明是人類在改造自然以造福自身的過程中為實現人與自然之間的和諧所做的全部努力和所取得的全部成果，它表徵著人與自然相互關係的進步狀態⑥：人類由原始社會盲目崇拜自然，到農業社會開始逐漸適應自然；進入工業社會演變成企圖征服自然，在面臨種種生存和發展問題後，認識到與自然協調發展才是人類社會發展的基礎。生態文明是歷史發展的產物，其核心理念包括：①自然是人類唯一的生存系統，對自然的破壞就是對人類自身生存的破壞，需要改變現有的生產生活方式，以減少對自然的破

---

① 資料來源：中華人民共和國環境保護部，全國城市空氣質量日報。
② 中國社會科學院城市發展與環境研究所發布的《中國城市發展報告 No.4——聚焦民生》中計算報告。
③ 中國家庭金融調查報告指出中國家庭金融調查數據顯示，2010 年中國家庭收入的基尼系數為 0.61。
④ 國際勞工組織在 2005 年公布的數據，絕大多數國家的城鄉人均收入比都小於 1.6。
⑤ 根據國家統計局對東、中、西部以及東北地區劃分標準，由國家統計年鑑數據收集、計算得來。
⑥ 俞可平. 科學發展觀與生態文明 [J]. 馬克思主義與現實，2005（4）：4-5.

第三十四章 克思的生　　理　中　　展方式的

壞；②人、社會與自然是相互關聯的，人與人的關係會影響人與自然的關係，同樣人與自然的關係也會作用於社會的發展，需要實現人與自然的協調發展，從而實現人類社會的健康發展；③人與自然的相互作用是以人類個體為基礎，從生產、生活的各個方面與自然進行互動，在與自然的協調發展過程中要樹立人類個體維護自然的意識。因此生態文明的推進，需要人類對以往社會形態中人與自然的關係進行反思和超越。

新中國成立前，由於中國特殊的社會發展背景，長期的戰爭和社會動盪，導致人的發展受到極度壓制，自然條件相對寬鬆，制約社會發展的主要因素體現為民族發展的約束。新中國成立後，人的發展潛力得到釋放，相對寬鬆的自然條件下，「人定勝天」的思想應運而生，並在前期取得一定成效。但隨著中國生產力的發展，對自然的需求和破壞也在不斷增加，自然條件的約束逐漸增強，資源的消耗以及環境的破壞已經嚴重威脅人類的生存與發展。發展約束的轉變要求發展觀念隨之轉變：摒棄落後的徵服自然、單方面利用自然的發展觀，在宏觀上樹立尊重自然，遵循經濟發展與自然規律向協調的經濟發展觀，在微觀上樹立人與自然共生和全民參與環保的公民意識。

自黨的十七大明確提出建設生態文明以來，中國基本形成節約能源資源和保護生態環境的產業結構、增長方式、消費模式。循環經濟形成較大規模，可再生能源比重顯著上升。主要污染物排放得到有效控制，生態環境質量明顯改善。黨的十八大報告再次提出了全面落實經濟建設、政治建設、文化建設、社會建設、生態文明建設「五位一體」總體佈局，大力推進生態文明建設，促進現代化建設各方面相協調，促進生產關係與生產力、上層建築與經濟基礎相協調，不斷開拓生產發展、生活富裕、生態良好的文明發展道路。拓寬生態文明傳播渠道，豐富生態文明傳播內容，利用新興傳播平臺和傳播手段，發揮民間環保組織的基礎作用。除了一般的宣傳教育，還應開展生動活潑的實踐教育，走進中小學、走進社區、走進鄉村，從小做起、從個體做起，牢固樹立人與自然相互依存、協調發展的生態文明觀，構建保護自然、尊重自然的公民生態意識。

2. 加快經濟結構轉型，發展生態產業，實現生態與經濟的協調發展

（1）加快產業轉型與升級。產業轉型與升級是經濟發展方式轉變的直接體現，產業轉型主要以產業結構轉型與產業組織形式轉型為重點。長期以來，中國產業結構比例失衡，產業之間缺乏相互支撐，產業結構趨同，地區間產業惡性競爭嚴重。轉型則要側重於三次產業在區域內部以及區域間的協調比例，以城市群發展為基礎，以主體功能區規劃為指導，因地制宜地對區域產業結構進行調節和引導。

產業組織形式轉型，主要是調整產業內部各企業間的相互聯繫及其組合形式。確定市場是資源配置的決定性力量，改變以往以政府為主導，企業盲目跟風的產業發展模式，繼續釋放和發展混合所有制①的經濟活力，鼓勵和非公有制經濟主體參與國內和國

---

① 黨的十八大三中全會通過積極發展混合所有制經濟，主要是指國有資本、集體資本、非公有資本等交叉持股、相互融合的混合所有制經濟。

際競爭,培育和開發一批具有世界影響力的品牌及產品。

產業升級主要是以科技創新為支撐,實現生產要素的優化組合、技術水準和管理水準以及產品質量的提高。需要積極探索中國新型農業、新型工業和新興服務業的產業內涵與特點,集約利用資源、提高產品技術含量以及產品附加值。以著重解決中國面臨的資源、環境以及人民發展等問題為導向,搭建產業組織平臺與產業網絡,構建新型產業體系。在國內市場中,提高產品質量與檔次,統一出口與內銷商品質量標準,提高國內消費質量。在國際產業鏈中,實現兩個轉變,即由傳統的原材料輸出向產品創意輸出轉變,由簡單的產品組合加工到產品設計營銷轉變。

(2) 著力發展生態產業體系。生態產業(ecological industry)指按生態經濟原理和知識經濟規律組織起來的基於生態系統承載能力、具有完整的生命週期、高效的代謝過程及和諧的生態功能的網絡型、進化型、複合型產業①。生態產業的理論基礎是產業生態學。產業生態學是對產業活動及其產品與環境之間相互關係的跨學科研究,是繼經濟技術開發、高新技術產業開發發展的第三代產業。生態產業是包含工業、農業、居民區等的生態環境和生存狀況的一個有機系統。通過自然生態系統形成物流和能量的轉化,形成自然生態系統、人工生態系統、產業生態系統之間共生的網絡。生態產業以此為基礎橫跨初級生產部門、次級生產部門、服務部門,包括生態農業、生態工業以及生態服務業。短期來看,社會對生態、環保的日益關注,生態產品越加受到市場的青睞,具有廣闊的市場空間;長期來看,從日本、德國的發達國家發展生態產業經驗來看,生態產業是實現可持續發展的主要形式,也是國際市場中的重要競爭優勢。因此,需借鑑國內外的先進經驗,從公民意識、人才培養、技術支持、資金支持及政策支持等方面促進生態產業的發展。

3. 以自主科技創新為著力點,推動經濟發展方式轉變

(1) 提高尊重自然規律的科技創新能力。尊重自然規律的科技創新體現在兩個方面:一是以自然界的科學規律、事物之間的聯繫為基礎和靈感,實現特定功能的事物組織方式的傳統科技創新;二是在瞭解自然發展規律以及自然界限的基礎上,實現人類智慧與自然相融合的科技創新能力。過去往往重視第一類科技創新,而忽略了後者,雖然實現了技術的創新,但是帶來了更多資源的消耗和更大的環境破壞。因此,要首先端正對科技創新的作用認識,在利用自然的同時更要尊重自然規律及其發展方式。深化科技管理體制、企業創新體制改革,實現自主研究、自主創新與開發。利用科學技術,對部分傳統產業著重降低能耗,減少污染,提高效率,制定並嚴格執行產業生態標準及產業退出標準,避免對落後產業的放任和保護,並逐步淘汰高消耗、高污染、低效率的產業生產,發展節能、環保的產業生產模式。

(2) 以戰略性新興產業發展為機遇,實現科技創新重點、難點突破。戰略性新興

---

① 由全國科學技術名詞審定委員會審定公布。

產業是以重大技術突破和重大發展需求為基礎,對經濟社會全局和長遠發展具有重大引領帶動作用,知識技術密集、物質資源消耗少、成長潛力大、綜合效益好的產業,是轉變經濟發展方式的重要突破口。國家和地方也出抬了相關政策,扶持戰略性新興產業的發展,但是隨著國外新興產品的湧入,中國戰略性新興產品在產業規模、技術水準以及相關配套產業建設方面卻相對不足。需要拓寬技術創新主體範圍,支持多種經濟主體、社會團體參與產業建設;引進專業人才,從項目支持到生活配套全方位引入人才,留住人才;加強國際交流合作,學習國外先進研發經驗和創新模式,鼓勵企業引進國外先進技術;注重科學技術的市場轉化能力,以市場為導向,完善相關配套產業,構建產業組織網絡,實現科技創新的快速、高效轉化。

(3) 以生態、綠色為宗旨,加大新產品、新技術的研發,參與國際競爭,引導合理消費。以自主創新為動力,加大研發投入,鼓勵高校、企業進行自主或聯合研發,開拓國際市場,參與國際競爭,提高產品技術的人力資本含量,降低物質資本使用,從而減少資源消耗,提高產品附加值。在中國現有的產品生產水準和生產標準下,中國龐大的消費市場和日益增長的消費需求沒有得到有效滿足,也沒有形成健康、和諧的消費觀。新產品及新技術的出現也能進一步引導合理消費觀的形成,形成健康的消費習慣和生活方式。

4. 貫徹落實《全國主體功能區規劃》,以制度促進經濟發展方式轉變

國務院於 2010 年年底印發了《全國主體功能區規劃》,這是中國第一個國土空間開發規劃,是戰略性、基礎性、約束性的規劃。規劃明確了國家層面四類主體功能區的功能定位和發展方向,闡述了國家層面優化開發、重點開發、限制開發和禁止開發四類主體功能區的功能定位、發展方向和開發管制原則。推進形成主體功能區,有利於推動經濟結構戰略性調整,加快轉變經濟發展方式,有利於按照以人為本的理念推進區域協調發展,縮小地區間基本公共服務和人民生活水準的差距,有利於從源頭上扭轉生態環境惡化趨勢,實現可持續發展。

(1) 規劃對不同的主體功能區實行不同的績效考核評價辦法。在優化開發區域上,對它的考核是強化對經濟結構、資源消耗、環境保護、科技創新以及對外來人口、公共服務等指標的評價,以優化對經濟增長速度的考核。在重點開發區域上,也就是資源環境承載能力還比較強,還有一些發展空間的地區,主要是實行工業化、城鎮化發展水準優先的績效考核評價,綜合考核經濟增長、吸納人口、產業結構、資源消耗、環境保護等方面的指標。在限制開發區域方面:一類是農產品主產區,主要是要強化對農業綜合生產能力的考核,而不是對經濟增長收入的考核;另一類是限制開發的重點生態功能區,主要是強化它對於生態功能的保護和對提供生態產品能力的考核。在禁止開發區域上,主要是強化對自然文化資源的原真性和完整性保護的考核。績效考核評價結果要作為地方黨政領導班子和領導幹部選拔任用、培訓教育、獎勵懲戒的重要依據。

(2) 規劃對不同的主體功能區實行不同的產業政策。在主體功能區規劃中還確定

了「9+1」的政策體系。「9」是財政政策、投資政策、產業政策、土地政策、農業政策、人口政策、民族政策、環境政策、應對氣候變化政策。「1」是績效評價考核，也算是一個政策。我們國家地域廣大，但是各項政策應該分類指導、因地制宜，有差別化。未來的產業政策不再是全國同一個政策，而是按主體功能區來實行，每一個主體功能區都會有相應不同的產業政策的指導。可以說，規劃從制度和政策上保障了經濟社會可持續發展與經濟發展方式的轉變。

5. 明確政府定位，以生態保護為己任助力經濟發展方式轉變

明確政府在生態保護以及經濟發展中的不同責任：在生態保護中，政府起主導作用；在經濟運行中，市場起主導作用，政府只是適度引導。因此，政府應在對生態進行全方位保護的前提下推進經濟的發展。一是加強政策制定及政策落實相結合生態環境保護體制建設，明確中央到地方部門責任，完善政府管理體系，為自然環境保護和個人健康發展提供法律保障和政策依據，同時支持有利於自然環境保護、資源優化開發的行為。二是積極構建生態建設與經濟發展相結合的實踐道路，制定合理的國家產業政策，落實主體功能區規劃的發展政策，促進經濟發展方式的轉變。三是監督和禁止破壞自然環境和資源過度消耗的行為並進一步落實處罰管理政策，逐步淘汰生態破壞型產業。

轉變經濟發展方式，主要內容是轉變經濟增長模式，優化產業結構，實現經濟的可持續發展，而本質上是對當下經濟生產方式和社會生產關係的再定位與再調整。如在馬克思認為城市的出現之所以會破壞人與自然關係，其根源在於資本主義生產方式下人與人、人與自然關係的異化[①]。城市化並不必然帶來環境的破壞與污染，而是城市化背後選擇的社會生產方式對生態環境造成重要影響。因此要理順人與自然的關係，關鍵在於對生產方式的認識和選擇。因此，在馬克思生態經濟理論中國化過程中，需要從理論上深化對馬克思生態經濟學的認識和擴大其理論內涵；在實踐中，有選擇性地引進先進的技術和管理經驗，為中國經濟發展方式轉變供思路和借鑒。

本章參考文獻：

[1] 馬克思. 資本論：第 1 卷 [M]. 北京：人民出版社，1972.

[2] 馬克思. 資本論：第 2 卷 [M]. 北京：人民出版社，1972.

[3] 馬克思. 資本論：第 3 卷 [M]. 北京：人民出版社，1972.

[4] 馬克思，恩格斯. 馬克思恩格斯選集：第 1 卷 [M]. 北京：人民出版社，1995.

[①] 在《馬克思恩格斯全集》(第 2 版第 44 卷第 579 頁) 中，馬克思提道：「資本主義生產使它匯集在各大中心的城市人口越來越占優勢，這樣一來，它一方面聚集著社會的歷史動力，另一方面又破壞著人和土地之間的物質變換，也就是使人以衣食形式消費掉的土地的組成部分不能迴歸土地，從而破壞土地持久肥力的永恆的自然條件。」

[5] 馬克思, 恩格斯. 馬克思恩格斯選集: 第 4 卷 [M]. 北京: 人民出版社, 1995.

[6] 馬克思, 恩格斯. 馬克思恩格斯選集: 第 25 卷 [M]. 北京: 人民出版社, 1972.

[7] 馬克思, 恩格斯. 馬克思恩格斯選集: 第 32 卷 [M]. 北京: 人民出版社, 1972.

[8] 馬克思, 恩格斯. 馬克思恩格斯選集: 第 38 卷 [M]. 北京: 人民出版社, 1972.

[9] 理查·瓊斯. 政治經濟學緒論 [M]. 1833: 52.

[10] 朱炳元. 關於《資本論》中的生態思想 [J]. 馬克思主義研究, 2009 (1): 46-55.

[11] 朱瑞文, 等. 石煤污染型地方性氟中毒 [J]. 中國地方病學雜誌, 1986 (1): 59-62.

[12] 楊大全, 秦少先, 朱麗華. 燃煤污染型砷中毒流行因素及防制對策 [J]. 中國地方病學雜誌, 1998 (4): 257-259.

[13] 楊虎濤. 兩種不同的生態觀——馬克思生態經濟思想與演化經濟學穩態經濟理論比較 [J]. 武漢大學學報 (哲學社會科學版), 2006 (11): 735-740.

[14] 陳墀成, 洪燁 [J]. 物質變換的調節控制——《資本論》中的生態哲學思想探微 [J]. 廈門大學學報 (哲學社會科學版), 2009 (2): 35-41.

[15] 陳學明. 馬克思「新陳代謝」理論的生態意蘊——J. B. 福斯特對馬克思生態世界觀的闡述 [J]. 中國社會科學, 2010 (2): 45-53.

[16] 趙成. 馬克思的生態思想及其對中國生態文明建設的啟示 [J]. 馬克思主義與現實 (雙月刊), 2009 (2): 188-190.

[17] 陳雪峰.《資本論》蘊含的生態經濟思想及其當代價值 [J]. 馬克思主義研究理論月刊, 2013 (8): 21-23.

[18] 陳學明. 尋找構建生態文明的理論依據——評 J. B. 福斯特對馬克思的生態理論的內涵及當代價值的揭示 [J]. 中國人民大學學報, 2009 (5): 99-107.

[19] 斯卡爾培克. 社會財富的理論 [M]. 第 2 版第 1 卷, 巴黎, 1840: 84, 85.

第三十五章　馬克思主義經濟學視閾中的城鄉、市場與政府觀[①]

馬克思主義經典作家並沒有專門或直接、明確地論述過城鄉發展中的政府與市場的關係問題，但馬克思主義經典作家對城鄉關係、政府、市場問題，卻有大量的相關論述，形成了深刻而富有科學預見性的城鄉發展思想以及與時俱進的政府、市場的作用及其關係的理論。這對於我們今天科學地認識和把握統籌城鄉發展中政府與市場的關係，仍具有重要的理論和現實指導意義。

一、馬克思、恩格斯論城鄉關係：演進軌跡及其現實影響

相對政府和市場問題而言，馬克思、恩格斯對城鄉關係的研究比較完整，且有諸多精闢的闡釋，儘管這些散見於馬克思、恩格斯的《神聖家族》《1844年經濟學哲學手稿》《德意志意識形態》《英國工人階級狀況》《共產黨宣言》《政治經濟學批判》《論住宅問題》《資本論》《論權威》等一系列經典著作之中。

概而言之，馬克思、恩格斯對城鄉關係的認識和研究是從資本主義城鄉利益尖銳對立切入，進而以歷史的視角分析了城鄉分離、城鄉差別的形成與資本主義城鄉尖銳對立的客觀經濟條件及其歷史根源，深刻揭示了消除城鄉對立、實現城鄉融合與生產力發展水準和生產關係性質及其變革，包括分工的演化、大工業、城市化的發展和私有制轉向公有制的內在關聯、歷史過程及其發展趨勢的規律性。馬克思、恩格斯研究城鄉關係的終極目標是實現城鄉融合和人的全面發展。

馬克思、恩格斯認為，城鄉分離與對立及其變化是社會分工發展演變的歷史必然產物。「最初，農業勞動和工業勞動不是分開的；後者包含在前者中」[1]713；而後伴隨著生產力的發展，「某一民族內部的分工，首先引起工商業勞動和農業勞動分離，從而也引起城鄉的分離和城鄉利益的對立。」[2]24,25 進一步看，「物質勞動和精神勞動的最大的一次分工，就是城市和鄉村的分離，城鄉之間的對立是隨著野蠻向文明過渡、部落制度向

[①] 本章選自：李萍，安康. 馬克思主義經濟學視閾中的城鄉、市場與政府觀[J]. 當代經濟研究，2010（6）：37-42.

國家過渡、地方局限性向民族過渡開始的,它貫穿著全部文明的歷史並一直延續到現在。」[2]57 馬克思、恩格斯還明確指出,「城鄉之間的對立只有在私有制的範圍內才能存在。這種對立鮮明地反應出個人屈從於分工、屈從於他被迫從事的某種活動,這種屈從現象把一部分人變為受局限的城市動物,把另一部分人變為受局限的鄉村動物,並且每天都不斷地產生出他們利益之間的對立。」[2]57

按照馬克思、恩格斯的觀點,城鄉對立,在資本主義社會,一方面呈日益尖銳化發展趨勢。他們認為,「資本主義不僅不能消除這種對立,反而不得不使它日益尖銳化」[3]因為「資產階級日甚一日地消滅生產資料、財產和人口的分散狀態。它使人口密集起來,使生產資料集中起來」[4]255,「城市本身表明了人口、生產工具、資本、享樂和需求的集中,而在鄉村所看到的卻是完全相反的情況:孤立和分散」[5]。另一方面,馬克思、恩格斯在分析資本主義城鄉對立擴大加深的同時也看到了其內生的消滅城鄉對立的條件。馬克思在《資本論》第一卷中指出:「資本主義生產方式同時為一種新的更高級的綜合,即農業和工業在它們對立發展的形式基礎上的聯合,創造了物質前提。」[6]552之後,恩格斯在《反杜林論》中進一步指出:「大工業在全國的盡可能平衡的分佈,是消滅城市和鄉村的分離的條件」[2]336。而「只有按照統一的總計劃協調地安排自己的生產力的那種社會,才能允許工業按照最適合自己的發展和其他生產要素的保持或發展的原則分佈於全國。」[2]335 馬克思、恩格斯這裡所說的按照統一的總計劃協調地安排自己的生產力的那種社會正是他們理想的「根據共產主義原則組織起來的社會」[4]223。

馬克思、恩格斯早在《共產黨宣言》中就已提出:「把工業和農業結合起來,促使城鄉對立逐步消滅」[4]273,並強調「消滅城鄉之間的對立是社會統一的首要條件,這個條件又取決於許多物質前提,而且一看就知道,這個條件單靠意志是不能實現的」。[2]57這個條件首先依賴於生產力水準的高度發展,已經達到「由社會全體成員組成的共同聯合體來共同而有計劃地盡量利用生產力,把生產發展到能夠滿足所有人的需要的規模;結束犧牲一些人的利益來滿足另一些人的需要的狀況;徹底消滅階級和階級對立;通過消除舊的分工,通過產業教育、變換工種、所有人共同享受大家創造出來的福利,通過城鄉的融合,使社會全體成員的才能得到全面發展——這一切都將是廢除私有制的最主要的結果」[4]223,224。在這裡,城鄉融合則是指「結合城市和鄉村生活方式的優點而避免兩者的偏頗和缺點」[7]。

馬克思、恩格斯之後,列寧率先開始了現實社會主義條件下城鄉關係的理論與實踐相結合的新探索。總體來看,由於時代的局限性以及社會主義制度誕生和發展的特殊性,馬克思主義經典作家對實踐中的社會主義城鄉關係的認識,大致走過了一個從農村、農業抑制、城市、工業偏向發展到尋求城鄉互利、工農結合、工業支持農業、城市帶動鄉村發展的曲折過程。在這一過程中,傳統社會主義經濟學對城鄉關係的認識存在著脫離實際、機械照搬的教條主義,簡單地套用馬克思、恩格斯的某些論述,更多地強調了公有制和計劃經濟對消除城鄉對立的積極作用,而對市場機制,尤其是政府適度干

預的現代市場經濟體制內在的優化配置社會經濟資源，從而縮小城鄉差距、促使城鄉互補、融合發展的有效機制和功能卻長期認識不足，甚至對此加以否定，忽視了對發達資本主義國家現代市場經濟體制下，社會經濟資源在城鄉間自由流動與優化配置，工業反哺農業，特別是現代農業的迅速發展等過程中客觀形成的城鄉差距縮小、城鄉一體化發展的歷史趨勢的認知和研究。這在很大程度上強化了中國城鄉二元化結構的體制性，及其所帶來的城鄉差距擴大、城鄉經濟社會發展失衡的嚴重後果。

二、馬克思主義經濟學視閾中的市場和政府：解構與比較

如前所言，在馬克思、恩格斯的著述中我們可能無法直接找到系統而完整的政府與市場關係的理論。但是，當我們運用馬克思主義經濟學唯物史觀的方法論來審視這一問題時，就不難發現，在馬克思主義經濟學理論體系中，伴隨著對資本主義經濟、特別是對社會主義本質認識的進步，不僅有著對市場、政府研究的一系列豐富而精闢的思想和論述，而且對市場與政府問題及其關係的認識還經歷了一個從理論到實踐、從設想到現實、從否定到有限度的承認再到肯定、在對立統一的辯證關係中修正與發展的漫長探索的過程。

概而觀之，馬克思主義經濟學對市場、政府問題及其關係的研究，集中體現在以下三個方面：一是馬克思、恩格斯的研究及其設想。馬克思、恩格斯關於資本主義經濟運行中市場交換、市場機制、市場優勢、市場失敗及其政府的作用的研究；以及馬克思、恩格斯對未來社會、即社會主義社會和共產主義社會商品、貨幣、市場消亡、政府計劃配置資源、調節經濟的設想。二是列寧、斯大林以及毛澤東的實踐和認識。對社會主義實踐中政府與市場問題及其關係的認識，從對立否定到有限度承認市場，以及生產與流通、生產資料和生活資料在政府與市場調節問題上簡單的「二分法」。三是鄧小平的探索與貢獻。改革開放以來，鄧小平同志對資本主義與社會主義區分在市場與計劃關係上對立的突破，對社會主義本質和計劃與市場「兩種手段」的認識，對改革方向和目標的選擇，對社會主義市場經濟體制的最終確立的重大貢獻。

首先，馬克思的鴻篇巨制《資本論》對商品經濟的一般規律進行了系統的說明，而商品經濟是商品生產和商品流通的統一，是市場經濟的母體，它本身就包含著市場對資源配置的基礎性作用及政府必要的保障作用。按照馬克思的觀點，勞動產品之所以要作為商品進行交換，根本在於社會分工的存在及其社會分工條件下各生產者都是獨立的所有者或所有權主體。這意味著當各生產者將他們的勞動產品進行相互交換時，「作為交換的主體，他們的關係是平等的」「除了平等的規定以外，還要加上自由的規定。儘管個人 A 需要個人 B 的商品，但他並不是用暴力去佔有這個商品，反過來也一樣，相反地他們互相承認對方是所有者，是把自己的意志滲入到商品中去的人」[8]。只有在交換雙方彼此尊重對方所有權與個人意志的前提下，按自由平等的原則和契約形式進行交

第三十五章　克思主　　中的城、市　政府

換,市場交易和商品經濟才能正常有序地進行。而所有權或產權的確認和保護則需要國家通過正式的法律制度安排(產權制度、契約制度等)以及必要的政府規制來加以保障。

馬克思對市場問題的研究,深刻地分析和闡述了價值、價格、供求、競爭的各自相對獨立的作用機理和特點,指出價值規律是實質的、內在的、起決定作用的機制,而價值、價格、供求、競爭的相互作用則構成市場機制,促進資源配置效率的提高,調節資源配置的流向和均衡,從而形成了比較完整的市場配置資源方式和機制的理論。具體而言,馬克思就市場價格和供求關係的相互作用所引起的市場對資源配置情況做了這樣的描述:「供求可以在極不相同的形式上消除由供求不平衡所產生的影響。例如,如果需求減少,因為市場價格降低,結果,資本就會被抽走,這樣供給就會減少……反之,如果需求增加,因而市場價格高於市場價值,結果,流入這個生產部門的資本就會過多,生產就會增加到如此程度,甚至使市場價格降低到市場價值以下,或者另一方面,這也可以引起價格上漲,以致需求本身減少。」[1]212,213

馬克思對市場經濟資源配置機制的科學分析,最重要的是,他不僅強調了市場對資源配置的客觀必然性、重要性及其歷史的進步意義,同時更深刻地指出了市場機制的不足。早在1848年問世的《共產黨宣言》中,馬克思、恩格斯就曾高度讚揚了資本主義市場經濟的歷史積極作用。他們指出:「資產階級在它的不到一百年的階級統治中所創造的生產力,比過去一切時代創造的全部生產力還要多,還要大。自然力的徵服,機器的採用,化學在工業和農業中的應用,輪船的行駛,鐵路的通行,電報的使用,整個大陸的開墾,河川的通航,仿佛有法術從地下呼喚出來的大量人口——過去哪一個世紀能夠料想到有這樣的生產力潛伏在社會勞動裡呢?」[4]256這裡,儘管馬克思、恩格斯直接用的是「資產階級」一詞,但是,馬克思、恩格斯從歷史發展的角度對資產階級極大地推動生產力發展產生積極作用的肯定,實際上內含著其對封建關係和觀念的徹底破壞,以及新的生產方式的建立。而馬克思、恩格斯對資本主義生產方式的論述,在很多地方、在很大程度上又包含著對市場經濟共性的論述。正是在這個意義上,我們說馬克思、恩格斯對資產階級、資本主義生產方式歷史進步性的肯定,也包含著對市場經濟的一定程度的肯定。另外,馬克思又不止一次地尖銳指出:資本主義社會的根本缺陷之一就在於它對社會資源配置及經濟活動缺乏有意識的調節。而恩格斯則進一步指出:「個別工廠中的生產組織性和整個社會中生產的無政府狀態的對立」是資本主義生產方式的基本矛盾。[2]624按照恩格斯的觀點,資本主義市場經濟事實上不可能內生地形成協調機制,只能導致「整個社會中生產的無政府狀態」。那麼,如何解決市場機制配置資源不可避免的無政府狀態呢?馬克思、恩格斯認為,資本主義自身無法真正完成這個任務,只有在未來社會共同佔有生產資料的條件下,才有可能按照整個社會需要制訂的計劃來協調和解決這一問題。馬克思、恩格斯在批判資本主義私有制的基礎上,設想「一旦社會佔有了生產資料,商品生產就將被消除」[2]44;同時,「社會生產內部的無政府狀態將

為有計劃的自覺的組織所代替」[2]32。在馬克思、恩格斯設想的未來的那個「和人類本性相稱的社會制度下，社會那時就應當考慮，靠它所掌握的資料能夠生產些什麼，並根據這種生產力和廣大消費者之間的關係來確定，應該把生產提高多少或縮減多少，應該允許生產或限制生產多少奢侈品」。這樣，「社會的生產無政府狀態就讓位於按照社會總體和每個成員的需要對生產進行的社會的有計劃的調節」[2]630。馬克思在《資本論》中還指出：「勞動時間的社會的有計劃的分配，調節著各種勞動職能同各種需要的適當的比例……社會生活過程即物質生產過程的形態，作為自由結合的人的產物，處於人的有意識有計劃的控制之下。」[6]96,97

如果說馬克思、恩格斯關於資源配置中「以計劃替代市場」的經濟思想還只是對未來社會的一種設想的話，那麼，列寧則是將馬克思、恩格斯計劃經濟思想付諸實踐的先行者。從建立高度集中的計劃管理為特徵的「戰時共產主義」體制，到新經濟政策的實施都體現了列寧在社會主義經濟建設實踐中所做出的現實探索，而這一探索也真實地記錄了列寧在20世紀初期對社會主義經濟體制、政府作用、商品市場關係認識的變化過程：從高度重視政府行為和單純依賴計劃的作用，到既利用市場機制和市場調節的作用，又重視政府行為和政府作用的轉變。

俄國十月革命勝利後，實行了直接向共產主義過渡的「戰時共產主義」體制和軍事共產主義政策，然而，實行「餘糧徵集制」的軍事共產主義政策不僅破壞了社會經濟，而且極大地損害了工農聯盟。所幸的是，列寧及時總結了「戰時共產主義」體制和軍事共產主義政策的教訓，指出：「我們犯了錯誤：決定直接過渡到共產主義的生產和分配。當時我們認定，農民將遵照餘糧徵集制交出我們所需數量的糧食，我們則把這些糧食分配給各個工廠，這樣，我們就是實行共產主義的生產和分配了。」[8]182而實踐的結果是，戰時共產主義體制和軍事共產主義政策的失敗要比任何白衛軍使蘇維埃政權「遭到的任何一次失敗都嚴重得多，重大得多，危險得多」[9]184。由此，列寧對社會主義經濟體制、政府作用、商品市場關係的認識發生了一系列重大轉折性的變化。他指出，「我們不得不承認我們對社會主義的整個看法根本改變了。」[9]182「在一個小農占人口大多數的國家裡，實行社會主義革命必須通過一系列特殊的過渡辦法」[10]「我們不應該指望採用共產主義的直接過渡辦法。必須同農民個人利益的結合為基礎。」[9]190列寧開始認識到商業和市場機制對發展社會主義經濟的必要性和積極作用。為此，列寧果斷地改餘糧徵集制為實行由「糧食稅」啓動的新經濟政策，提出：「應當把商品交換提到首要地位，把它作為新經濟政策的主要槓桿。」並進一步指出：「新經濟政策並不是要改變政府統一的經濟計劃，而是改變實現這個計劃的方法，在當前歷史條件下需抓住的環節，就是在國家的正確調節（引導）下活躍國內商業」[9]327。

從上可見，作為馬克思主義經濟學重要組成部分的列寧學說，其精髓突出體現在一切從實際出發，實事求是，根據實踐創新理論，修正錯誤，與時俱進。列寧在領導俄國社會主義革命和建設的實踐過程中，他提出：「現在一切都在於實踐，現在已經到了這

第三十五章　克思主　中的城、市　政府

樣一個歷史關頭：理論在變為實踐，理論由實踐賦予活力，由實踐來修正，由實踐來檢驗」。[11]基於此，列寧從當時「俄國」小生產占優勢、生產力水準極為落後的實際出發，創造性地提出了「俄國」可以利用商品貨幣關係、利用私人資本主義和發揮國家資本主義的作用，迂迴地實現社會主義的思想。這樣，列寧在實踐中提出的通過政府計劃發展商品經濟、實現經濟計劃與市場調節的某種結合的理論、國家資本主義的理論、通過「中間環節」向社會主義過渡的理論等，無一不體現出列寧基於歷史視野、實踐經驗的認識躍遷，從不同角度和多個方面繼承和創造性地發展了馬克思主義。

列寧之後，斯大林時代圍繞著一國建成社會主義理論出現了對社會主義認識的一系列偏差。儘管斯大林也看到了社會主義制度中商品生產和價值規律繼續存在的必要性，但是，他的「特種商品生產論」「商品外殼論」，即認為社會主義商品生產是建立在公有制基礎上的，是特種商品生產，商品貨幣關係只存在於兩種公有制經濟形式之間，不適用於國營企業之間；商品的概念只適用於消費品，不適用於生產資料；價值規律只調節消費品流通、不適用於生產，調節生產的是有計劃發展規律，人為設定了社會主義條件下商品生產和商品交換在時間和空間上的歷史限制，反應出斯大林關於社會主義計劃產品經濟的基本思想以及生產與流通、生產資料和生活資料在政府與市場調節問題上的簡單「二分法」。與此同時，斯大林建立起了中央高度集權的計劃經濟體制，這一方面雖然極大地強化了黨和政府的權力和影響，在當時的條件下有效地集中起全國的人力、物力和財力進行經濟建設，從而保證了蘇聯能在短短的十多年的時間裡奠定比較強大的社會主義物質基礎，使一個原來小生產占優勢、生產力水準極為落後的小農經濟國家成為社會主義強國，工業生產一躍而居歐洲第一位，世界第二位，進而為第二次世界大戰反法西斯戰爭的勝利奠定了雄厚的物質基礎；但是，另一方面中央高度集權的計劃經濟體制，脫離了當時社會主義實踐的實際，從根本上排斥商品經濟和市場機制，從而對蘇聯、東歐及其他社會主義各國社會主義經濟建設、以及社會主義經濟理論與實踐的發展產生了長期的不良影響。

在新中國的社會主義經濟建設初期，毛澤東提出了以蘇聯為鑒，仿效蘇聯建立起了中央集權的計劃經濟體制，制訂並實施了國民經濟發展的「五年計劃」，這在當時百廢待興、啓動和推進工業化進程的特定歷史條件下，有利於迅速、有效地動員和集中全國的經濟資源及其一切力量，為大規模經濟建設創造各種條件。與此同時，毛澤東也認識到社會主義條件下「只要存在兩種所有制，商品生產和商品交換就是極其必要、極其有用的。」[12]440既然有商品生產和商品交換，也就必然存在著市場和價格的調節作用。所以，毛澤東認識到價值規律在社會主義經濟中的客觀存在，提出要正確利用價值規律。他說：「算帳才能實行那個客觀存在的價值法則。這個法則是一個偉大的學校，只有利用它，才有可能教會我們幾千萬幹部和幾萬萬人民，才有可能建設我們的社會主義和共產主義。否則一切都不可能。」[13]那麼，計劃和市場、政府組織經濟活動或計劃調撥與市場調節的關係如何把握呢？毛澤東在談到農民養豬問題時回答了這一問題，他明確提

出：「我們是計劃第一，價格第二……前幾年我們曾經提高了生豬的收購價格，對於發展養豬有很大的作用，但是，像現在這樣的大量的普遍的養豬，主要還是靠計劃」。[14] 顯然，這一時期，毛澤東堅持的是政府計劃的主導性，價值規律僅僅是為計劃經濟服務的工具；強調社會主義經濟本質上是計劃經濟，客觀地說，這一認識是有著鮮明的時代印記和歷史局限。

雖然毛澤東提出以蘇聯為師，但卻不止於師。與斯大林相比較，毛澤東結合中國實踐中的社會主義經濟建設的經驗教訓，對商品生產的命運、價值規律作用的範圍、社會主義計劃經濟體制發展中政府集權與分權、計劃與市場的關係等一系列新的問題都有著不同於蘇聯傳統理論和實踐的新的認識體會和獨到見解。首先，毛澤東從馬克思主義唯物史觀的生產力與生產關係的基本關係出發，正確地認識到「商品生產的命運，最終和社會生產力的水準有密切關係。因此，即使是過渡到了單一的社會主義全民所有制，如果產品還不很豐富，某些範圍內的商品生產和商品交換仍然有可能存在」[15]。其次，毛澤東還修正了斯大林否認生產資料是商品的錯誤觀點，批評了斯大林關於社會主義商品生產的範圍只限於個人消費品的觀點，表明了價值規律在市場領域和流通領域都發生作用的看法。再次，毛澤東對商品生產的性質也有著深邃的認識。他提出，商品生產不能與資本主義混為一談。最關鍵的是，「商品生產，要看它是同什麼經濟制度相聯繫，同資本主義制度相聯繫就是資本主義的商品生產，同社會主義制度相聯繫就是社會主義的商品生產。」[12]439 而發展社會主義的商品生產「不要怕，不會引導到資本主義，因為已經沒有了資本主義的經濟基礎。」[16] 最後，毛澤東對高度集權的計劃經濟體制的弊端也有所思考。他指出：「過分的集中是不利的，不利於調動一切力量來達到建設強大國家的目的？在這個問題上，鑒於蘇聯的教訓，請同志們想一想我們黨的歷史，以便適當地來解決這個分權？集權的問題？」[12]52 基於馬克思主義中國化的實踐，毛澤東作出的這一系列深刻地思考和認識，在一定意義上推進了馬克思主義的發展。

從歷史發展的視野看，毛澤東思想的遺產中對商品、貨幣、價值規律、政府計劃與市場調節的探索，為後來鄧小平理論在社會主義市場經濟方面的求實創新提供了有益的啟示。至20世紀70年代末80年代初傳統計劃經濟體制運行在宏觀與微觀、集權與分權、政府與市場關係上暴露出愈益突出的弊端，政企職責不分，條塊分割，國家對企業管得過多、統得過死，政府權力過於集中，忽視甚至排斥商品生產、價值規律和市場機制的作用等，嚴重破壞了社會生產力的發展，致使國民經濟瀕臨崩潰的邊緣。鄧小平深刻總結了世界社會主義實踐、特別是中國社會主義經濟建設實踐與理論探索的經驗教訓，提出了改革開放的發展理論：從根本上突破把社會主義與商品、市場經濟對立起來的傳統思想的束縛，抓住社會主義本質這一要害問題，進一步闡明了「社會主義的本質是解放生產力，發展生產力，消滅剝削，消除兩極分化，最終達到共同富裕」[17]373。1985年鄧小平在接見美國企業家時談道：「社會主義和市場經濟之間不存在根本矛盾。問題是用什麼方法才能更有力地發展社會生產力。我們過去一直搞計劃經濟，但多年的

實踐證明，在某種意義上說，只搞計劃經濟會束縛生產力的發展。把計劃經濟和市場經濟結合起來，就更能解放生產力，加速經濟發展。」[17]48之後，在1992年南方談話中鄧小平同志再次指出：「計劃多一點還是市場多一點，不是社會主義和資本主義的本質區別」。[18]鄧小平同志的社會主義市場經濟理論，創造性地解析了社會主義條件下計劃與市場的作用以及兩者結合利用的內在關係，特別是將市場經濟與基本制度剝離開來，把計劃和市場都作為經濟手段，辯證地處理了計劃和市場的關係，從而科學地指導和推動了體制的創新，開創了中國改革開放和現代化建設的新局面，在「摸著石頭過河」的改革過程中逐漸明確了改革的方向及其目標，確立並構建起了社會主義市場經濟體制，在改革開放的實踐中豐富和發展了馬克思主義經濟理論，取得了舉世矚目的成就。

　　上述鄧小平新的思想理論成果是馬克思主義經濟學中國化的最新成果，是馬克思主義經濟學與中國改革開放和現代化建設實踐相結合的產物，它構成中國特色社會主義經濟理論的重要內容，深化了對科學社會主義本質和特徵的科學認識，豐富了社會主義經濟中宏觀與微觀、集權與分權、政府與市場關係的科學認識，為推動中國的經濟增長和發展、增進人民的福祉、實現社會進步提供了強大的理論支撐。

三、結語

　　我們客觀地、歷史地看待馬克思主義經典作家從各個時代、各個發展階段、各個層面對社會主義理論和社會主義道路所進行的思考和探索中，透顯出的有關城鄉關係以及政府、市場的認識和思想，既要看到其間一脈相承、與時俱進從而指導社會主義各國經濟建設和城鄉發展的歷史進步性，也要理解其特定歷史環境和背景下的歷史局限性。其中，對我們尤有深刻啟示意義的是，馬克思主義唯物史觀的根本方法和經濟學的基本原理，無論在過去、現在還是將來，都始終貫穿於社會主義理論和社會主義的道路探索、追求和發展過程的一條基本主線。回望和檢視馬克思主義經濟學關於城鄉、政府和市場問題及其關係的認識、研究的演變，為我們研究城鄉統籌發展中政府與市場關係提供了一個清晰而明確的方向。

本章參考文獻：

　　[1] 馬克思, 恩格斯. 馬克思恩格斯全集：第 25 卷 [M]. 北京：人民出版社, 1960.

　　[2] 馬克思, 恩格斯. 馬克思恩格斯全集：第 3 卷 [M]. 北京：人民出版社, 1960.

　　[3] 馬克思, 恩格斯. 馬克思恩格斯全集：第 18 卷 [M]. 北京：人民出版社, 1964：57.

［4］馬克思, 恩格斯. 馬克思恩格斯全集：第1卷［M］. 北京：人民出版社, 1972.

［5］馬克思, 恩格斯. 馬克思恩格斯全集：第2卷［M］. 北京：人民出版社, 1957：408.

［6］馬克思, 恩格斯. 馬克思恩格斯全集：第23卷［M］. 北京：人民出版社, 1975：552.

［7］馬克思, 恩格斯. 馬克思恩格斯全集：第4卷［M］. 北京：人民出版社, 1958：368.

［8］馬克思, 恩格斯. 馬克思恩格斯全集：第46卷［M］. 北京：人民出版社, 1979：195.

［9］列寧. 列寧全集：第41卷［M］. 北京：人民出版社, 1986：182, 184, 182, 190, 327.

［10］列寧. 列寧全集：第4卷［M］. 北京：人民出版社, 1972：444.

［11］列寧. 列寧全集：第33卷［M］. 北京：人民出版社, 1985：208.

［12］毛澤東. 毛澤東文集：第7卷［M］. 北京：人民出版社, 1999.

［13］毛澤東. 關於山西省五級幹部會議的情況報告的批示（1959年3月30日）［C］//馬克思恩格斯列寧斯大林毛澤東關於社會主義經濟理論問題的部分論述. 北京：新華出版社, 1984：181.

［14］中華人民共和國史學會. 毛澤東讀社會主義政治經濟學批註和談話（簡本）［C］. 國史研究學習資料, 1999：259.

［15］中共中央文獻研究室. 毛澤東著作專題摘編（上）［C］. 北京：中央文獻出版社, 2003：977.

［16］石仲泉. 毛澤東的艱辛開拓［M］. 北京：中共黨史資料出版社, 1990：179.

［17］鄧小平. 鄧小平文選：第3卷［M］. 北京：人民出版社, 1993.

［18］鄧小平. 鄧小平文選：第2卷［M］. 北京：人民出版社, 2001：373.

第三十六章　馬克思主義貧困理論的創新與發展[①]

一、貧困：人類社會共同面臨的一個難題

貧困問題存在於歷史和現實之中，存在於世界範圍內，是人類社會至今不得不共同面臨的一個難題。因此，作為著名的「三Ｐ」[②] 問題之一的貧困問題也注定成為全球關注的焦點。

在人類跨入 21 世紀的時候，即使世界經濟和科學技術在迅速地發展，但世界貧困問題仍然嚴重。貧困不僅在經濟全球化浪潮中的富國與窮國之間的差距上體現出來，而且也在不同制度類型的國家內部表現出來。根據聯合國開發計劃署《2000 年人類發展報告》中所指出的：「全球收入不平等狀況在 20 世紀加劇了，其程度超過了以往任何時候。最富和最窮國家的收入差距，1820 年大約為 3∶1，1950 年大約為 35∶1，1973 年達到 44∶1，1992 年高達 72∶1。」[1]而反應許多國家富人和窮人收入差距的基尼系數在提高，「俄羅斯聯邦的基尼系數從 1987—1988 年的 0.23 增長到 1993—1995 年的 0.48。瑞典、英國和美國的基尼系數在 20 世紀 80 年代和 90 年代初增長了 16% 以上。大多數拉丁美洲的國家基尼系數仍很高，厄瓜多爾為 0.57，巴西和巴拉圭為 0.59。」[2]世界銀行《1990 年世界發展報告》稱 20 世紀 80 年代是窮人被遺棄的 10 年。[3]在這 10 年之內，世界經濟有了長足的發展，全世界人均 GNP 也有了大幅度提高，但是貧困並沒有得到有效的遏制，反而在世界範圍內肆意蔓延，世界上每人每天收入不到 1 美元的絕對貧困人口規模高達 10 億人。而這個數值 1993 年發展到 12 億人[4]；1995 年為 13 億人，比 5 年前增加了 3 億人，約占世界人口的 15；到 2005 年時全世界仍有 11.62 億絕對貧困人口無法擺脫貧困。[5]發展中國家的貧困尤為嚴重，聯合國統計報告中的數字仍然觸目驚心：發展中國家 13 的人口生活在貧困之中，8 億人食不果腹，每年有 1,200 萬兒童在 5 歲前死去。[6]從 1990 年到 2005 年，絕對貧困比例雖然在東亞和南亞銳減，但在撒哈拉以南的非洲卻攀升了至少 52%，在拉丁美洲和加勒比海地區甚至高達 161%。1990 年，全世界 77% 的絕對貧困人口生活在亞洲，而 2005 年這一數字仍在 50% 左右徘徊。[7]這些枯燥的統計數據實際上告訴我們，貧困是世界各國人民面臨的共同苦難。世界銀行

[①] 本章選自：王朝明. 馬克思主義貧困理論的創新與發展［J］. 當代經濟研究，2008（2）：1-7, 73.

[②] 「三Ｐ」指 population（人口）、poverty（貧困）和 pollution（污染）。

的專家們為了出版《2000/2001世界發展報告》而準備素材，調查和歸納了世界上60個國家近6萬名貧困人口的觀點、經歷和渴望，引用了81個關於貧困問題研究的成果，最終匯集而成了《誰傾聽我們的聲音》這部世界反貧困理論和實踐最新成果的著作。在這部表達世界各國窮人心聲的書裡，研究者告訴我們：「在深入分析窮人的貧困經歷時，多次對不同調查地點的窮人同屬於相同的特定社會階層這一看似矛盾的現象以及不同國家中貧困經歷的雷同程度感到震驚。從格魯吉亞到巴西，從尼日利亞到菲律賓，不同國家的調查都確定了相似的主題：饑餓、貧困、無權力、尊嚴受到侵犯、社會孤立、適應力差、資產不足、政府腐敗、服務機構提供者的粗魯無禮和性別歧視。」[8]可見，貧困是「無聲的危機」，它不僅給發展中國家帶來嚴重的社會經濟後果，也關係到世界的繁榮和穩定。因此，1992年第47屆聯合國大會明確確定每年的10月11日為「國際消除貧困日」。1993年第48屆聯大宣布將1996年定為「國際消除貧困年」。1995年3月聯合國在丹麥首都哥本哈根舉行的第一次有關社會發展的世界首腦會議上，發表了消除貧困、減少失業和加強社會融合的《哥本哈根宣言》和《行動綱領》。整個20世紀90年代，人類社會在向貧困開戰上，已取得了一定的成就，但不能說世界性的貧困問題已得到根本扭轉。雖然聯合國宣布將1997—2006年定為國際消除貧困的第一個十年，並呼籲國際社會和各國政府共同努力，創造一個有利的國際環境，採取合理的經濟和發展政策，共同為消除貧困做鬥爭。但正如世界銀行發表的《2000/2001年世界發展報告》中所指出的那樣：「在新世紀之初，貧困仍然是一個全球的重大問題。」[9]因此，研究貧困和反貧困仍然是國際社會共同關注的一個跨世紀的難題。

儘管貧困問題成為世界各國共同面臨的一種災難性通病，有其相通的共性，但是，貧困畢竟是一個社會問題，不是一個純粹的自然性災害問題。它的存在和演變與各個國家歷史發展背景、自然地理環境以及深層次的經濟、政治、社會、文化制度結構等內在和外在因素的綜合作用有關。從這個意義上講，不同制度類型和意識形態的國家內發生的貧困又有特殊性、差異性。比如我們不能夠將資本主義制度下，資本累積進程所導致的無產階級貧困化狀況與今天中國的貧困問題完全等同而論。因為，資本主義社會貧困的根源正如馬克思在《資本論》中所深刻分析的那樣，是由「資本累積一般規律」作用的結果，根本上是由資本主義制度造成的，是財產所有權和收入分配不均的直接後果。要根除資本主義社會的貧困，就必須消滅資本主義雇傭勞動制。而目前中國社會中發生的貧困現象，概括地講是由於中國社會生產力總體水準還不高，新中國成立後一段時期內思想政治路線上的失誤和改革時期新舊體制轉軌碰撞的負面作用以及某些地區惡劣的自然環境和某些個人因素等共同作用的結果。中國的反貧困，可以通過發展生產力，確立正確的思想政治路線，建立和完善社會主義市場經濟體制，推動城鎮化和提高人力資本累積以及保護和改善自然生態環境等來逐步緩解貧困，最終消除貧困，實現共同富裕。所以從理論上講，要科學地理解和認識貧困還必須回到馬克思主義理論。

二、馬克思的貧困理論：
從《1844年經濟學哲學手稿》到《資本論》

貧困現象由來已久，在自然經濟社會，勞苦大眾生活普遍貧窮，而貧困要麼被視為各種自然災害不可抗拒的結果；要麼被認為是人們命裡注定的先天安排，也就沒有研究的必要。因此，貧困作為特定的社會經濟現象為人們所重視，且納入理論研究的領域，其歷史並不長，確切地說始於資本主義工業革命之後。在經濟學上，馬爾薩斯最早從亞當·斯密所完成的古典經濟學的理論框架之內開始了貧困問題的研究。他從食物供給按算術級數增長與人口按幾何級數增長的非均衡性，解讀人們致貧的緣由，將貧困歸結為人口過度的自然增長，是貧困者自身原因所致，提出了抑制人口增長消除貧困的主張。不難看出當時馬爾薩斯是站在資產階級立場辯護勞動階級貧困的原因，而發達國家農業發展的實證經驗也不支持馬爾薩斯。後來對資本主義工業化進程中發生的貧困現象進行過猛烈抨擊的是諸多的空想社會主義者們。雖然他們對當時資本主義制度帶給勞動大眾的種種苦難給予了充分的揭露，但是僅僅局限在感情訴求和道德批判上。

真正對資本主義社會存在的貧困現象進行了科學的分析和深刻的揭示當首推馬克思與恩格斯。馬克思的貧困理論是最早從制度層面上揭示貧困根源的，是關於資本主義制度下無產階級貧困化及其趨勢的理論，具有階級貧困的性質與制度分析的特點。馬克思貧困理論的邏輯路線起於異化勞動轉入雇傭勞動，其思想結晶表現在寫於1844年的《1844年經濟學哲學手稿》和1867年出版的《資本論》之中。

《1844年經濟學哲學手稿》是馬克思初步創立自己的政治經濟學體系的探討，是用哲學語言和哲學思維來認識經濟學問題的著作。馬克思針對當時社會的主要矛盾，抓住了兩個基本範疇展開了他的政治經濟學批判，一是私有財產，二是異化勞動。正是在異化勞動這方面，馬克思歸結出了伴隨資本主義誕生的產業工人勞動異化的貧困。貧困發軔於勞動的異化，是因為「勞動所產生的對象，即勞動產品，作為一種異己的存在物，作為不依賴於生產者的力量，同勞動相對立。勞動產品是固定在某個對象中的、物化的勞動，這就是勞動的對象化。勞動的現實化就是勞動的對象化。」以至於「勞動的這種現實化表現為工人的非現實化，對象化表現為對象的喪失和被對象奴役，佔有表現為異化、外化。」這樣「工人對自己的勞動產品的關係就是對一個異己的對象關係。」[10]結果也必然就是「工人生產的財富越多，他的產品的力量和數量越大，他就越貧窮。」[11]可見，資本主義社會的貧困來自勞動的異化，馬克思明確指出：「在社會的增長狀態中，工人的毀滅和貧困化是他的勞動的產物和他生產的財富的產物。就是說，貧困從現代勞動本身的本質中產生出來。」[12]如果說《1844年經濟學哲學手稿》中馬克思對貧困問題的研究還帶有濃厚的哲學思考的話，那麼在以後的《資本論》中，馬克思對資本主義社會貧困的解釋已經立足於自己政治經濟學理論基礎上的制度分析，即將無產階級的貧

困與雇傭勞動制度聯繫起來。因為，資本主義生產的本質就是生產剩餘價值，就是資本吮吸雇傭工人的剩餘勞動。而這種私有資本對工人創造的剩餘價值的無償佔有就是馬克思稱之為「雇傭勞動制度」的必然結果。雇傭勞動制度怎樣給雇傭勞動者階級帶來貧困化呢？馬克思指出：「最勤勞的工人階級的饑餓痛苦和富人建立在資本主義累積基礎上的粗野的或高雅的浪費之間的內在聯繫，只有當人們認識了經濟規律時才能揭示出來。」[13] 而這個規律，主要就是資本主義的剩餘價值規律和資本累積的一般規律。

在資本主義剩餘價值規律的支配下，資本主義生產的核心是剩餘價值問題。剩餘價值的形成和佔有關係必然要求工人勞動的時間超過了補償勞動力價值所需要的時間，工人全部勞動時間內創造的價值中，資本家以工資形式支付給工人的僅僅是必要勞動所創造的價值或相當於勞動力的價值，而工資之後剩餘的部分即工人的剩餘勞動所創造的剩餘價值則被資本家無償佔有了。這就是剝削。之所以如此，其根源在於資本主義雇傭勞動制度。在這個制度下無產階級喪失了生產資料所有權而一無所有，要去謀生就不得不出賣勞動力，為資產階級佔有剩餘價值而勞動，結果整個無產階級必然處於貧困狀態。因此，恩格斯講：「工人階級處境悲慘的原因不應當到這些小的欺壓現象中去尋找，而應當到資本主義制度本身中去尋找」[14]，無產階級貧困化的根源和本質就能夠揭示出來。而剩餘價值運動的邏輯還顯示出，「一切有助於生產剩餘價值的方法同時也促進累積，而累積的每一次擴大又促進了這些方法的發展。由此可見，不管工人的工資率高低如何，勞動者的狀況必然隨著資本的累積而日趨惡化」[15] 這就是說，資本累積的過程中，資本有機構成不斷提高，預付總資本中用於購買生產資料的不變資本增長速度往往會快於購買勞動力的可變資本增長速度。這意味著，技術進步和有機構成提高的趨勢下，資本對雇傭工人的需求將相對減少，因而不斷地產生出一個相對的超過資本增殖所需要的過剩人口。這個相對過剩人口的經濟生活狀況每況愈下，掙扎在貧困線上，這是伴隨資本累積發展的無產階級貧困化明顯趨勢。馬克思正是從中揭示和分析了資本累積的一般規律與無產階級貧困化的內在必然聯繫，他指出：「社會的財富即執行職能的資本越大，它的累積的規模和能力越大，從而工人階級的絕對數量和他們的勞動生產力越大，產業後備軍人數也就越多。發展資本的膨脹力的同一些原因，也會產生出可供支配的勞動力，因此，產業後備軍必然會同財富的增長一起增大。但同現役勞動軍相比，這種後備軍越大，常備的過剩人口也就越多，他們的貧困同勞動折磨成正比。最後，雇傭工人階級中的這個貧苦階層越大，官方認為需要救濟的貧民也就越多。這就是資本主義累積的絕對的、一般的規律。」[16] 這一規律發揮作用的社會後果，直接導致資產階級與無產階級之間的貧富懸殊及社會兩極分化。對此馬克思總結道：「正是這一規律確立了資本累積同貧困累積之間必然相適應的關係。因此，在一極是財富的累積，同時在對立的一極，即在生產資本本身的階級方面，是貧窮、勞動折磨、無知、粗野、道德墮落和受奴役的累積。」[17]

所以，馬克思的貧困理論揭示了資本主義制度下無產階級貧困化的本質和根源以及

無產階級貧困化增長的趨勢。同時也指明了無產階級擺脫貧困命運的根本出路——消滅雇傭勞動制度。

馬克思的貧困理論的精髓歸結起來，是站在人的解放、人的全面自由發展的高度上，是要把無產階級從資本主義強加給他們的各種異化、受剝削和遭奴役等非人化狀態中解放出來，回到他們的本質規定性上來。雖然馬克思的貧困理論也涉及貧困研究的一些具體層次，如絕對貧困與相對貧困分析，但並不在意貧困研究本身。馬克思的貧困理論是服務其資本和剩餘價值理論的，在於通過貧困的分析批判資本主義制度，去說明、論證其政治主張。當然，馬克思的貧困理論主要是以資本主義工業化過程中的無產階級貧困化為研究對象，對於我們認識當代後工業化的資本主義國家的貧富鴻溝和貧困現象仍然具有指導意義。馬克思的貧困理論當然沒有具體涉及社會主義條件下的貧困問題，更不用說20世紀90年代以來一些社會主義國家在轉型中面臨的貧困問題。但馬克思關於消除貧困，實現人的全面自由發展的思想對於我們今天在社會主義初級階段大力發展生產力，堅持以人為本，解決民生問題，消除絕對貧困，實現共同富裕無疑有重大的理論和實踐意義。

三、關於社會主義國家及轉型中貧困理論的探討和創新

現在看來，貧困是一個很複雜的社會經濟問題，資本主義制度下的無產階級貧困化，只是社會貧困中的一種存在形式。現代社會中貧困還有其他的表現形式。

按照經典作家的理論，無產階級革命將會在生產力高度發展的資本主義國家爆發，那麼貧困也將隨著資本主義私有制的消亡而消除。眾所周知，馬克思主義創始人的馬克思、恩格斯，終其一生未能看到社會主義社會誕生，在他們理論研究中所涉及的貧困，是資本主義工業化發展中的貧困問題。故而也就不難理解，為什麼他們設想的未來社會只有生產力高度發達和物質財富的極大豐富而沒有貧窮和落後。

但後來無產階級革命的爆發卻未在經濟發達的主要資本主義國家，而是發生在資本主義發展水準低、經濟貧窮落後的國家。因此，革命勝利和新政權建立之後，貧窮落後還是像揮之不去的夢魘，頑固地存在。但是，過去我們在理論上認為，以公有制為基礎的社會主義社會，實行的是生產資料與勞動成果佔有上的人人平等，理所當然地也就不存在貧困。即使在一些經濟落後地區存在的貧困也自然而然地被視為歷史的產物，即舊時代的遺產和小農經濟佔主導地位的結果，是暫時的現象。因此，過去貧困和反貧困的問題不會出現在社會主義國家的戰略規劃和黨的綱領性文件裡，並長期成為社會主義經濟理論研究的一個「禁區」。在中國，黨的十一屆三中全會之後恢復了黨的實事求是的思想路線，並確立了「一個中心兩個基本點」的基本路線，中國邁入了改革開放的新時期。在回顧和總結中國改革開放40多年所取得的偉大成就時，我們首先想到的是改革開放的總設計師鄧小平同志在創立中國特色的社會主義理論體系中提出了貧困與反貧困的理論。

反貧困理論是鄧小平理論科學體系的重要組成部分。鄧小平的反貧困理論是在批判「文化大革命」中「四人幫」顛倒黑白、混淆社會主義本質的謬論中創立的。他明確指出：「『文化大革命』當中，『四人幫』更荒謬地提出，寧要貧窮的社會主義和共產主義，不要富裕的資本主義。不要富裕的資本主義還有道理，難道能夠講什麼貧窮的社會主義和共產主義嗎？結果中國停滯了。這才迫使我們重新考慮問題。考慮的第一條就是要堅持社會主義，而堅持社會主義，首先要擺脫貧窮落後狀態，大大發展生產力，體現社會主義優於資本主義的特點。」[18] 由此確立了，在社會主義初級階段通過大力發展生產力，擺脫貧窮落後的反貧困思想內核，這是鄧小平理論中實事求是、解放思想風格的一以貫之和充分體現。

在探討社會主義初級階段目標和任務時，鄧小平將反貧困昇華到了對馬克思主義和社會主義的本質來認識。這個基本的問題就是：「什麼叫社會主義，什麼叫馬克思主義，我們過去對這個問題的認識是不完全清醒的。馬克思主義最注重發展生產力……如果說我們建國以後有缺點，那就是對發展生產力有某種忽略。社會主義要消滅貧窮，貧窮不是社會主義，更不是共產主義。」[19] 並深刻指出：「社會主義的本質，是解放生產力，發展生產力，消滅剝削，消除兩極分化，最終達到共同富裕。」[20] 可以這樣理解：消除貧困＆解放生產力，發展生產力＆最終實現共同富裕，是對社會主義本質一個基本的三段式解讀。因此，鄧小平關於社會主義本質的科學論斷，是對貧困的宣戰。

20世紀90年代初，鄧小平提出社會主義可以搞市場經濟的論斷時，也同時意識到市場經濟可能發生貧富懸殊、兩極分化。貧困不僅在當今發達市場經濟國家俯拾即是，也是世界範圍內的經濟社會現象，反貧困一直是人類面臨的重大課題。當今各國政府，都把消除貧困作為推進社會全面進步的戰略目標。中國是世界背負貧困歷史包袱最重的國家。如何在中國發展市場經濟，而又有效地破解這個世界性和世紀性的難題呢？鄧小平高度重視消除貧困，創造性地提出中國在建設市場經濟過程中，要充分發揮社會主義的制度優勢，避免兩極分化，這個大政策和大思路就是共同富裕。中國建設市場經濟與西方國家市場經濟的分水嶺也在這裡，「社會主義的目的就是要全國人民共同富裕，不是兩極分化。如果我們的政策導致兩極分化，我們就失敗了；如果產生了什麼新的資產階級，那我們就真是走了邪路了。」[21] 鄧小平的這一告誡，仍然是我們當今完善社會主義市場經濟體制的行動指南，消除貧困與共同富裕是中國建設市場經濟並行不悖的主題。

而如何減少貧困，實現共同富裕目標，有一個發揮最佳實現途徑和策略問題。對此，鄧小平指出：「我們堅持走社會主義道路，根本目標是實現共同富裕，然而平均發展是不可能的。過去搞平均主義，吃『大鍋飯』，實際上是共同落後，共同貧困，我們就是吃了這個虧。改革首先要打破平均主義，打破『大鍋飯』。」[22]「我的一貫主張，讓一部分人、一部分地區先富起來，大原則是共同富裕。一部分地區發展快一點，帶動大部分地區，這是加速發展，達到共同富裕的捷徑。」[23] 這是鄧小平對共同富裕理論的

突破和發展。中國反貧困能取得歷史性突破，就是貫徹了允許一部分人、一部分地區先富起來這個「大政策」，極大地調動了勞動群眾勤勞致富的積極性，逐步由消除普遍貧窮到消除少數人、少數地區的絕對貧困，最終達到實現共同富裕的目標。

改革開放 40 多年來，中國農村貧困人口從改革開放之初期 1978 年的 2.5 億人，貧困發生率 31% 下降到 2005 年的 2,365 多萬人，貧困發生率僅 2.5%，平均每年減少貧困人口近 900 萬，[24] 中國反貧困取得巨大成功，這正是在鄧小平反貧困理論的指導下實現的。因此，鄧小平反貧困理論是對馬克思主義貧困理論的創新和發展，它對中國反貧困實踐的巨大貢獻說明，社會主義初級階段反貧困鬥爭的成敗，取決於反貧困理論的科學指導和正確把握。

由於造成貧困原因的複雜性，決定了反貧困任務的長期性和艱鉅性。貧困與發展的矛盾，將是整個初級階段的重要矛盾。我們已經取得的反貧困成就，從歷史的角度看，具有突破性的意義；從發展的角度看，只是反貧困取得的階段性成果。這一理性結論可以從中國反貧困面臨的嚴峻形勢得到印證：在擺脫普遍貧困之後，長期受「馬太效應」影響形成的城鄉差異和地區之間發展不平衡，全國農村尚未解決溫飽的 2,300 多萬貧困人口，又大部分集中地分佈在中、西部地區的山、老、少、邊區。由於自然地理條件惡劣，生存與發展的基礎十分脆弱，使改革開放的政策效應受到了很大的局限。同時，隨著經濟轉型和國有企業改革的深化以及社會保障體制、城市公共福利體系加快改革的過程中過去可以忽略不計的城鎮貧困問題陡然凸顯，並且在 20 世紀 90 年代以來出現增長勢頭，尤其在老工業基地、「三線」軍工企業聚集區、礦產資源枯竭城市以及中、西部一些經濟欠發達城市中，部分下崗失業人員、特困企業的在職職工、退休人員和農轉非的部分失地農民的經濟生活陷入困境，到 2006 年為止城鎮貧困人口規模為 2,241 萬人，佔城鎮人口的 3.9%①。如果不從根本上解決和改善他們的生存條件和生產條件，中國反貧困的戰略目標是很難實現的。

面對新的貧困形勢，以江澤民同志為核心的第三代中央領導集體，繼續高舉鄧小平理論偉大旗幟，創造性地提出「三個代表」的重要思想。在反貧困面臨嚴峻的挑戰面前，堅持鄧小平的反貧困理論不動搖，反貧困的決心不動搖，以「對世界上五分之一的人負責」的高度使命感，做出了 20 世紀末基本消除農村絕對貧困的莊嚴承諾，並按照社會主義的長期戰略目標，準確地把握歷史發展的進程，不斷調整和制定不同歷史發展階段的具體目標和任務，正確處理貧困與發展的矛盾，把握改革、發展與穩定的大局，把反貧困推向一個新的攻堅階段。正如江澤民同志明確指出的那樣，「幫助貧困地區人民擺脫貧困，不僅是黨和政府的任務，也是全社會的共同責任……要發揮我們黨和社會

---

① 迄今為止，中國城鎮貧困人口規模統計還沒有統一的標準，通常是依據各地城市最低生活保障線為標準，將人均可支配收入低於當地城市低保線的人口劃為貧困人口。其實按城市低保線劃定貧困人口可能遺漏，因為各地城市低保線是按地方財力劃定的，並不是一個全國統一的標準，因此上述貧困人口規模可能被低估。

主義制度的政治優勢,把政府扶貧同全社會扶貧結合起來,這應當作為今後扶貧工作的一條重要方針。」[25]

第三代中央領導集體在中國反貧困理論與實踐方面繼續做出了新的歷史性貢獻。為了實現 20 世紀末使農村貧困人口最終解決溫飽問題的戰略目標,1994 年 3 月,國務院制定並頒布了《國家八七扶貧攻堅計劃》,提出從 1994 年到 2000 年,用 7 年的時間集中人力、物力、財力,動員社會各界力量解決近 8,000 萬農村貧困人口的溫飽問題,並相應改善基礎設施和文化、衛生的落後狀況。1996 年,中共中央、國務院根據《國家八七扶貧攻堅計劃》的實施情況,做出《關於盡快解決農村貧困人口溫飽問題的決定》。這些重大舉措,既是鄧小平反貧困理論的生動實踐,又是對鄧小平反貧困理論的具體應用和發展。江澤民同志曾經指出:「到本世紀末,我們解決了 8,000 萬人的溫飽問題,占世界人口 1/4 的中國人民的生存權這個最大最基本的人權問題,從此就徹底解決了。這不僅在我們中華民族的歷史上是一件大事,而且在人類發展史上也是一個壯舉。」[26]這表明,第三代中央領導集體不僅把反貧困當作社會主義自身發展的戰略目標,而且把中國的反貧困作為世界反貧困的重要組成部分,當作人類進步的重要標誌,當作時代的要求和民族的願望,當作實現「三步走」戰略目標的重要舉措。到 1999 年年底中國農村貧困人口已降至 3,400 萬人,貧困發生率也由 8.7% 下降到 3.7%。2000 年中國政府宣布「八七扶貧攻堅計劃」確定的戰略目標基本實現,全國農村貧困人口的溫飽問題已經基本解決。2001 年 6 月,國務院出抬了《2001—2010 年的中國農村扶貧開發綱要》,確立了在解決溫飽問題的基礎上,進一步鞏固、發展、提高扶貧開發工作的成果和水準,為實現全面建設小康社會目標創造條件。至此,新世紀中國農村扶貧開發的徵程已經啟動。同時,面對轉型期突發的城鎮貧困,中國政府推動城鎮社會保障體制的改革和不斷完善,構建了國有企業下崗職工基本生活保障、失業保險和城市居民最低生活保障三條保障線的反貧困制度,相繼出抬了「再就業工程」「兩個確保」、醫療救助、教育救助、住房救助等相互配套的反貧困政策措施。目前,城市居民最低生活保障網已經承載了 2,000 多萬城鎮貧困人口,基本做到「應保盡保」。

在對中國 30 多年改革開放經驗總結的基礎上,黨的十七大提出了在 2020 年實現全面建設小康社會的宏偉目標,其中要求達到全國絕對貧困現象基本消除,[27]這既是推進中國市場經濟向前發展的綱領,也是新世紀制定中國反貧困戰略的綱領。適應新形勢發展的要求,必須堅持統籌兼顧,協調好改革進程中的各種利益關係;堅持發展為第一要務,以人為本,統籌兼顧,樹立全面、協調、可持續的科學發展觀。在科學發展觀的引領下,中國反貧困事業,更加注重社會公平正義,更加注重解決民生問題,更加注重城鄉反貧困戰略的統籌協調,努力使全體人民學有所教、勞有所得、病有所醫、老有所養、住有所居,推動建設和諧社會。[28] 2007 年,中央財政投入農村義務教育經費達 368.3 億元,農村 1.5 億學齡兒童享受到義務教育,中央財政還投入 114 億元資金推動農村新型合作醫療的發展,7.3 億農村人口享受到新型合作醫療的覆蓋,還有 2,000 萬

農村貧困人口已納入最低生活保障制度，2億城鎮居民惠及醫療保障。目前事關農村扶貧的農村社會保障體系的建設已全面啓動，城鎮反貧困的各項措施如教育救助、醫療救助、廉租住房制度等正在完善。所以，科學發展觀的提出，將引領中國反貧困事業適應全面建設小康社會的目標，推動城鄉反貧困戰略的一體化發展。儘管城鎮貧困與農村貧困存在差別，但在治理貧困問題上二者不可分離。農村貧困的緩解，有助於城鎮貧困的解決和減輕城市經濟的壓力；同樣，城鎮貧困的有效治理能夠有利於城市化的發展和農村勞動力的轉移以及「三農」問題和城鄉二元結構的解決。我們認為，隨著中國市場經濟日益完善以及現代化和城市化的發展，城市經濟與農村經濟將更加緊密聯繫在一起，啓動工業支持農業、城市支持農村，積極促進新農村發展戰略的時機已經成熟。按照黨的十七大精神要求，城鄉經濟社會的統籌協調發展，不僅是當前宏觀調控的著力點與保持經濟持續健康增長的重要條件，而且是全面建設小康社會的內在要求和有力保障。因此，在制度安排和政策措施上，統籌考慮城鎮貧困問題與農村貧困問題，建立和推行城鄉一體化的反貧困戰略模式和制度措施，是本世紀中國反貧困深入發展的必然選擇。

同時，以鄧小平理論和「三個代表」思想為指導，積極落實科學發展觀，配合政府規劃和實施反貧困的戰略目標和政策體系，中國學術界突破「禁區」，開始了對社會主義初級階段及其轉型中貧困問題的研究。研究首先側重於農村貧困地區、貧困人口生存狀態和發生機制、貧困人口素質和農村扶貧的組織工作體系、扶貧運作方式、扶貧瞄準傳遞機制、效果評估指標等問題，業已取得了一些有影響性、階段性的理論研究成果。如，「資源要素貧困觀」「素質貧困論」「自然生態與人文生態的系統貧困觀」「結構性、區域性和階層性的貧困論」，以及在地區經濟增長、小額信貸、以工代賑、項目開發、人力資源培訓、勞務輸出、移民搬遷和國際合作等方面形成了農村反貧困的大量研究成果。而20世紀90年代中期以後，城市貧困作為社會轉型、體制轉軌、階層分化加劇的產物，日漸醒目，引起理論界的關注和重視。目前，國內學者在對中國城市貧困含義的界定，城市貧困規模、成因、後果和治理對策等方面已做了一定的探討和研究，業已初步形成了一些研究成果。但是，目前中國城市貧困研究尚處於起步階段，針對某類問題性研究居多，缺乏系統的研究成果。尤其是，在如何有效抑制體制轉軌、結構調整中新貧困人口增加方面，在構建具有中國特色的城市反貧困戰略體系方面，在整合中國農村扶貧與城市反貧困的互動機制方面，在科學地、動態地預測21世紀中國城市貧困發展趨勢以及建立城市貧困惡化的預警機制與監測系統等方面，都還有許多值得進一步深化、探索和拓展的領域。

本章參考文獻：

[1] 聯合國開發計劃署. 2000年人類發展報告 [M]. 北京：中國財政經濟出版社, 2001.

[2] 聯合國開發計劃署. 2000年人類發展報告 [M]. 北京：中國財政經濟出版社, 2001.

[3] 世界銀行. 1990年世界發展報告 [M]. 北京：中國財政經濟出版社, 1990.

[4] 陳頤, 丁士. 減緩貧困——世紀的承諾 [N]. 北京：經濟日報, 1995-10-23 (5), (7).

[5] JAN PRIEWE, HANS JÖRG HERR. 發展與減貧經濟學——超越華盛頓共識的占領 [M]. 成都：西南財經大學出版社, 2006.

[6] 新華社（聯合國）1998年1月2日電 [N]. 武漢晚報, 1998-11-04.

[7] JAN PRIEWE, HANSJÖRG HERR. 發展與減貧經濟學——超越華盛頓共識的占領 [M]. 成都：西南財經大學出版社, 2006.

[8] 迪帕·納拉揚, 等. 誰傾聽我們的聲音 [M]. 付岩梅, 譯. 北京：中國人民大學出版社, 2001.

[9] 世界銀行. 2000/2001年世界發展報告 [M]. 北京：中國財政經濟出版社, 2001.

[10] 馬克思. 1884年經濟學哲學手稿 [M]. 北京：人民出版社, 2000：52, 51, 13.

[11] 馬克思. 1884年經濟學哲學手稿 [M]. 北京：人民出版社, 2000：52, 51, 13.

[12] 馬克思. 1884年經濟學哲學手稿 [M]. 北京：人民出版社, 2000：52, 51, 13.

[13] 馬克思, 恩格斯. 馬克思恩格斯全集：第23卷 [M]. 北京：人民出版社, 1973：721.

[14] 馬克思, 恩格斯. 馬克思恩格斯選集：第4卷 [M]. 北京：人民出版社, 1972：274.

[15] 馬克思. 資本論：第1卷 [M]. 北京：中國社會科學出版社, 1983：689, 687-688, 689.

[16] 馬克思. 資本論：第1卷 [M]. 北京：中國社會科學出版社, 1983：689, 687-688, 689.

[17] 馬克思. 資本論：第1卷 [M]. 北京：中國社會科學出版社, 1983：689, 687-688, 689.

[18] 鄧小平. 鄧小平文選：第3卷 [M]. 北京：人民出版社, 1993：223-224,

63-64,373,110,155,166.

[19] 鄧小平. 鄧小平文選：第3卷 [M]. 北京：人民出版社，1993：223-224，63-64,373,110,155,166.

[20] 鄧小平. 鄧小平文選：第3卷 [M]. 北京：人民出版社，1993：223-224，63-64,373,110,155,166.

[21] 鄧小平. 鄧小平文選：第3卷 [M]. 北京：人民出版社，1993：223-224，63-64,373,110,155,166.

[22] 鄧小平. 鄧小平文選：第3卷 [M]. 北京：人民出版社，1993：223-224，63-64,373,110,155,166.

[23] 鄧小平. 鄧小平文選：第3卷 [M]. 北京：人民出版社，1993：223-224，63-64,373,110,155,166.

[24] 中國發展研究基金會. 在發展中消除貧困：中國發展報告2007 [M]. 北京：中國發展出版社，2007：12.

[25] 江澤民. 江澤民論有中國特色社會主義（專題摘編）[M]. 北京：中央文獻出版社，2002：127.

[26] 人民日報（社論）[N]. 北京：人民日報，1996-10-26.

[27] 胡錦濤. 高舉中國特色社會主義偉大旗幟，為奪取全面建設小康社會新勝利而奮鬥——在中國共產黨第十七次全國代表大會上的報告 [R]. 2007：10-15.

[28] 胡錦濤. 高舉中國特色社會主義偉大旗幟，為奪取全面建設小康社會新勝利而奮鬥——在中國共產黨第十七次全國代表大會上的報告 [R]. 2007：10-15.

第三十七章　馬克思分工理論體系研究[①]

　　經濟學家對分工的研究，一般聚焦於分工對生產效率的影響，其基本切入點則是沿著斯密的傳統思路——探究分工與專業化的關係，因此，在這方面取得了比較豐富的成果[②]。

　　馬克思同樣關注分工對於生產效率的意義，但他是從人類勞動的社會性這一客觀現實出發，跳出了孤立的「專業化」範疇，把視野擴展到分工系統的連接環節。馬克思發現：分工系統中雖無形卻有力的「協作」創造了社會生產力，他強調分工效率之源泉正在於這種勞動之間的協作。與斯密的「專業化」範疇相比，「協作」範疇與人類所固有的社會屬性高度契合，沿著「協作」思路，研究已經高度社會化、勞動聯繫空前緊密的現代資本主義生產方式，其理論高度顯而易見；不僅如此，馬克思把分工作為政治經濟學的最基本範疇，將分工放置於生產方式演進的歷史進程中加以具體剖析，對資本主義生產方式中的分工做了全面深刻的研究，甚至延伸到生產關係和社會政治等方面。所以，馬克思的分工理論已經不再局限於生產效率，而是一個以協作與生產效率的互動機制為基礎，涵蓋了生產力—生產方式—生產關係乃至於上層建築的政治經濟學分工理論體系。這個歷史主義的動態理論境界，是其他分工理論所未能達到的，也正好印證了分工是「政治經濟學的一切範疇的範疇」[2]。所以，研究馬克思的分工理論體系，對於馬克思主義政治經濟學理論的發展具有重要意義，更是運用政治經濟學基本理論解釋在全球化趨勢中迅速發展的現代資本主義生產規律的需要。

　　[①]　本章選自：楊慧玲，張偉. 馬克思分工理論體系研究［J］. 經濟學家，2011（10）：14-21.
　　[②]　斯密在《國富論》開篇就討論了分工與生產效率的關係，他認為分工之所以提高了勞動效率，關鍵在於專業化的增進：「第一，勞動者的技巧因業專而日進；第二，由一種工作轉到另一種工作通常須損失不少時間，有了分工，就可以免除這種損失；第三，許多簡化勞動和縮減勞動的機械的發明，使一個人能夠做許多人的工作」「人類把注意力集中在單一事物上，比把注意力分散在許多種事物上，更能發現達到目標的更簡易更便利的方法。分工的結果，各個人的全部注意力自然會傾注在一種簡單事物上。所以只要工作性質上還有改良的餘地，各個部門所雇的勞動者中，不久自會有人發現一些比較容易而便利的方法，來完成他們各自的工作。」[1] 馬歇爾專注於大機器在提高專業化水準從而提升產業發展的作用，提出了「規模經濟」概念，這實際上是對專業化理論的發展；新興古典經濟學家對分工問題的研究則致力於對專業化的技術分析，並沒有創新的概念和思想；交易成本經濟學家對經濟組織問題的關注，提出交易成本概念，也是從專業化之間必然存在的交易需求從交易費用入手。

第三十七章 克思分工理系研究

一、分工是政治經濟學的基本範疇

馬克思提出分工是「政治經濟學的一切範疇的範疇」[2]「一個民族的生產力發展的水準，最明顯地表現於該民族分工的發展程度。任何的生產力，只要它不是迄今已知的生產力單純的量的擴大（例如，開墾土地），都會引起分工的進一步發展」[3]68。馬克思在其政治經濟學研究中給予分工問題高度重視，不僅把分工水準當作生產力發展程度的標誌，更是把它作為政治經濟學研究的最基本內容。這一點最具體、最集中地體現在：馬克思政治經濟學理論體系始終貫穿著「分工」範疇，馬克思的分工理論體系，實質就是另一個側面的政治經濟學理論體系。

二、分工的演進及其規律研究

馬克思批判蒲魯東將分工看作是一種單純而抽象的範疇時說：「市場的大小和它的面貌賦予各個不同時代的分工的面貌和性質，單從一個『分』字，從觀念、範疇中是很難推論出來的。」[4]124 馬克思對分工的分析，都是活生生的、具體的、歷史的分工形態。他是第一個對分工進行分類研究的人。

(一) 歷史地分析分工的類型

1. 自然分工

馬克思將產生於生理基礎上的勞動分工，稱之為自然分工，「在家庭內部，隨後在氏族內部，由於性別和年齡的差別，也就是在純生理的基礎上產生了一種自然的分工……這種自然的差別，在公社相互接觸時引起了產品的互相交換，從而使這些產品逐漸變成商品。」[5]390

2. 社會分工與工廠內部分工

與自然分工比較，馬克思把以商品交換為前提條件和推動力的分工細分為社會分工和工場手工業內部分工。他把勞動的社會分工稱作「第一類分工」，把工廠內部的分工稱為「第二類分工」。他說：「第一類分工是社會勞動分成不同的勞動部門；第二類分工是在生產某個商品時發生的分工，因而不是社會內部的分工，而是同一個工廠內部的分工」[2]305，當然這種工廠內部分工的最初形式即工場手工業內部分工。

對這兩種不同類型分工的起源，馬克思說：「社會分工是由原來不同而又互不依賴的生產領域之間的交換產生的」[5]390；而工場手工業分工，馬克思認為：「一方面，它以不同種獨立的手工業的結合為出發點，這些手工業非獨立化和片面化到了這種程度，以致它們在同一個商品的生產過程中成為只是互相補充的局部操作。另一方面，工場手工業以同種手工業者的協作為出發點，它把這種個人手工業分成各種不同的操作，使之孤

417

立，並且獨立化到這種程度，以致每一種操作成為特殊工人的專門職能。因此，一方面工場手工業在生產過程中引進了分工，或者進一步發展了分工，另一方面它又把過去分開的手工業結合在一起」[5]375。馬克思認為工場手工業內部分工是以「不同種獨立的手工業的結合」為起點。他還指出，沒有社會分工作為前提條件，就不可能有工場手工業內部分工，社會分工是工場手工業分工形成和發展的起點，「因為商品生產和商品流通是資本主義生產方式的一般前提，所以工場手工業的分工要求社會內部的分工已經達到一定的發展程度」[5]391。

馬克思分別對兩類分工發生的物質前提做了分析，尤其深刻地指出了工廠內部分工與生產資本化之間的內在聯繫。「一定量同時使用的工人，是工場手工業內部分工的物質前提……」[5]391歷史地看，具備這種將特殊的、原本各自分離的勞動變成局部勞動，因而有能力駕馭整體勞動的力量只有資本，所以，馬克思指出「工場手工業分工完全是資本主義生產方式的獨特創造」。馬克思對資本主義生產方式的產生條件及其發展做了具體而詳細的論述：「……形成工場手工業的最必要的條件之一，就是由於美洲的發現和美洲貴金屬的輸入而促成的資本累積……大批農民不斷被趕出鄉村而流入城市……被剝奪了收入來源的大批人口的出現，這就是工場手工業形成的歷史條件……手工作坊的益處並不在於真正的分工……勞動者集合在一個作坊是分工發展的前提……機器發明之後分工才有了巨大進步……總之，機器的採用加劇了社會內部的分工，簡化了作坊內部工人的職能，擴大了資本累積，使人進一步被分割。」[4]130-133

馬克思所闡述的資本累積與分工發展的上述觀點，從另外一個角度支持了斯密關於物質財富累積是分工的前提和推動力的論述，只是馬克思是用物質財富在資本主義生產中所採取的社會形式——資本這個概念加以闡述，斯密則捨棄了具體的生產方式，直接從物質的自然形式——財富的角度來闡述。馬克思的生產的資本化這一觀點後來在楊格那裡得到了認可並發展，所以楊格不僅把分工經濟解釋為迂迴生產過程，同時也解釋為是生產的資本化①。

相對工廠內部分工，社會分工則是不同勞動部門之間的分離，該分工體系中各個勞動部門之間因為人類生存和發展所需要的多樣性物質和精神財富之間在生產或最終消費中的替代性和互補性而產生普遍有序的聯繫性，這種勞動聯繫的約束條件在於由人類智力、體力所決定的勞動能力的相對有限性，所以，「同樣，人口數量和人口密度是社會內部分工的物質前提」[5]391。這個觀點與斯密的市場規模決定分工水準所表達的意思基本相同。

---

① 楊格發表於1928年的題為「報酬遞增與經濟進步」的演說中，對長期以來新古典經濟學僅僅局限於對單個企業的投入—產出、成本—利潤進行靜態的、個體主義的分析方法進行了反思；從系統化和動態的角度對斯密定理中的「市場規模」做了界定，強調產品之間、產業之間的相互產生機制，以此為基礎提出了「分工一般的決定分工」的命題；他以「迂迴生產方式」闡釋分工經濟的內涵，並注重勞動分工的社會歷史性，把資本主義的迂迴生產方式等同於「資本化的生產方式」。他的研究實際上堅持了辯證唯物主義和歷史唯物主義。

正因如此,馬克思說:「整個社會內的分工,不論是否以商品交換為媒介,是各種社會經濟形態所共有的,而工場手工業分工卻完全是資本主義生產方式的獨特創造。」[5]397

(二) 分工發展規律的研究

顯然,馬克思是基於具體的歷史環境而展開對分工及其屬性的研究的。當然,這並不妨礙他在此基礎上對分工一般規律的總結,「某一民族內部的分工,首先引起工商業勞動和農業勞動的分離,從而也引起城鄉的分離和城鄉利益的對立。分工的進一步發展導致商業勞動和工業勞動的分離。同時,由於這些不同勞動部門內部的分工,在某一勞動部門共同勞動的個人之間的分工也愈來愈細緻了。這種細緻的分工的相互關係是由農業勞動、工業勞動和商業勞動的使用方式(父權制、奴隸制、等級、階級)決定的。在交往比較發達的情況下,同樣的關係也會在各民族間的相互關係中出現」。[4]26

分工在空間領域或者地域上的延伸也直接導致了在近代經濟史上產生重大影響的城鄉分離。「一切發達的、以商品交換為媒介的分工的基礎,都是城鄉的分離。可以說,社會的全部經濟史,都概括為這種獨立的運動。」[5]390當然,馬克思之後,這種因為工農業生產效率差異而形成的城鄉分離,在資本主義市場資源自由流動的過程中逐漸得到了彌合:先進工業領域的技術及其相應的勞動分工結構逐漸向農業勞動中滲透,最終使傳統農業的生產走向工業化生產模式,因此發達國家的經濟除了城鄉在工農產業存在地域分工之外,實質上的城鄉分離並不存在,而是呈現工業化的一元經濟結構——不同產業間的技術和分工結構具有同質性;與此形成鮮明對比的就是後工業化國家,它們利用後發優勢,較快地學習和模仿了發達國家在工業領域的技術及其相應的勞動分工結構,走上現代工業化的道路,但是因為歷史和農業傳統等因素,其農業生產在技術上難以跟進工業化的步伐,造成了城市先進的工業化生產與農村落後的農業生產之間的對比與真正的城鄉分離,也就是二元經濟結構。馬克思從哲學高度,對分工的歷史發展趨勢做了總結:在生產力達到一定水準之前,也就是包括資本主義生產方式之前的分工,都是「自發」的分工;當物質財富豐裕到使人的生產勞動可以根據自身的願望和興趣自由選擇,分工則發展到「自覺」狀態,那將是人本身獲得自由的標誌。

三、分工創造勞動的社會生產力——效率的源泉

(一) 工廠內部分工創造了勞動的協作力

「許多人在同一生產過程中,或在不同的但互相聯繫的生產過程中,有計劃地一起協同勞動,這種勞動形式叫作協作」,他用單個騎兵分散展開進攻的力量與一個騎兵團的總體進攻力量的差別作比喻,指出之所以「單個勞動者的力量的機械總和,與許多人手同時共同完成同一不可分割的操作所發揮的社會力量有本質的差別。」「這裡的問題不僅是通過協作提高了個人生產力,而且是創造了一種生產力,這種生產力本身必然是

集體力。」[5]362馬克思詳細研究了集體勞動提高生產力的具體原因：協作提高勞動的機械力，比如單個人無法抬起的重量，眾人合力卻可以輕鬆完成；協作擴大勞動的空間範圍，同時與一定的生產規模相比，協作又會相對地在空間上縮小生產領域，這樣就能節約非生產費用；協作在緊急時期短時間內動用大量勞動，比如麥收時節的搶收，這樣就避免了浪費；協作能激發個人的競爭心和集中精力，因為它發掘了人固有的社會性，從而提高個人的工作效率；協作使許多人的同種作業具有連續性和多面性，勞動對象可以更快地通過勞動的不同階段，或者勞動對象在比較短的時間內通過同樣的空間，相同勞動時間內使勞動對象的不同空間部分得到加工而同時成長；協作過程勞動者共同使用生產資料而節約成本；協作也使得個人勞動具有社會平均勞動的性質，即在集體勞動中，個人勞動效率與社會平均勞動的偏差被抵消。馬克思強調協作產生的生產力是「勞動的社會生產力或社會勞動的生產力」[5]366「勞動者在有計劃地同別人共同工作中，擺脫了他的個人限制，並發揮出他的種屬能力。」[5]366

隨著分工水準的發展，勞動的協作性質越來越得到增強，生產效率進而不斷提高。馬克思在研究資本主義分工發展的時候，從資本主義機器大生產的特殊角度對勞動協作關係的強化進行了討論：「現代社會內部分工的特點，在於它產生了特長和專業，同時也產生職業痴呆。」他引用尤特爾博士在《工廠哲學》中的表述「在手工勞動制度下，人的勞動通常是任何一件產品最寶貴的因素；而在機器勞動制度下，手工業者的技藝就日益為看管機器的簡單動作所代替」[4]134-135。工廠內部勞動協作的強化是通過勞動依附於機器轉動的鐵的規律而實現的，這樣的協作具有更大的強制性和被動性：「在工場手工業和手工業中，是工人利用工具，在工廠中，是工人服侍機器。」[5]463可見，隨著資本主義分工體系的演進，資本借助機器，空前加強了對勞動的控制。

正因為工廠內部生產具有高度的協作性，協作本身是一種社會力量，它的這種社會屬性必然要求相應的社會管理，所以以資本化生產為特徵的工廠內部管理就具有其必然性。「一切規模較大的直接社會勞動或共同勞動，都或多或少地需要指揮，以協調個人的活動，並執行生產總體的運動——不同於這一總體的獨立器官運動——所產生的各種一般職能……一旦從屬於資本的勞動成為協作勞動，這種管理、監督和調節的職能就成為資本的職能。這種管理的職能作為資本的特殊職能取得了特殊的性質。」[5]368馬克思基於這一點，討論了資本主義工廠內部管理的二重性，即除了對這種社會勞動的必要管理之外，資本增值的要求也是資本主義管理的目的之一。

(二) 兩類分工中的勞動協作形式

馬克思看到了在資本主義社會已經發展成熟的兩種分工體系，其勞動協作的具體實現形式是截然不同的：「社會內部的分工和工廠內部的分工，儘管有許多相似點和聯繫，但二者不僅有程度上的差別，而且有本質區別。在一種內在聯繫把不同的生產部門連接起來的地方，這種相似點無可爭辯地表現得最為明顯。」[5]392

1. 企業內部分工中勞動協作的實現形式——生產的資本化

對於資本主義工場內部生產協作的社會性質，馬克思從協作是在許多人共同的勞動過程中才展開這個事實出發，指出工人作為單個的人，擁有的僅僅只是個人生產力，一旦單個工人因為出賣勞動力給同一個資本而發生關係，才具有了共同勞動這種協作的必要條件，但也是從那時起，協作勞動已經具有資本的性質，「作為協作的人，作為一個工作機體的肢體，他們本身只不過是資本的一種特殊存在方式。因此，工人作為社會工人所發揮的生產力，是資本的生產力。只要把工人置於一定的條件下，勞動的社會生產力就無須支付報酬而發揮出來，而資本正是把工人置於這樣的條件之下的。因為勞動的社會生產力不費分文，另一方面，又因為工人在他的勞動本身屬於資本以前不能發揮這種生產力，所以，勞動的社會生產力好像是資本天然具有的生產力，是資本內在的生產力」[5]370。所以，「資本主義協作形式具有一開始就是以出賣自己的勞動力給資本的自由雇用工人為前提。」[5]371 馬克思認為簡單協作始終是資本主義生產方式的基本形式，雖然它與更發展的大機器生產是並存的。

2. 資本主義社會分工中勞動協作的實現形式——市場交換，這是由商品經濟本身的經濟關係本身所決定的

「當現代工廠中的分工無論鉅細全由企業主的權力進行調度的時候，現代社會要進行勞動分配，除了自由競爭之外沒有別的規則、別的權力可言。」「在宗法制度、種姓制度、封建制度和行會制度下，整個社會的分工都是按照一定的規則進行的。這些規則是由哪個立法者確定的嗎？不是。它們最初來自物質生產條件，過了很久以後才上升為法律。分工的這些不同形式正是這樣才成為不同的社會組織形式的基礎。」[4]120

3. 兩種勞動協作之間相互作用相互產生

「牧人、皮匠和鞋匠的獨立勞動發生聯繫的是什麼呢？那就是他們各自的產品都是作為商品而存在。反過來，工場手工業分工的特點是什麼呢？那就是局部工人不生產商品。變成商品的只是局部工人的共同產品。社會內部的分工以不同勞動部門的產品的買賣為媒介；工場手工業內部各局部勞動之間的聯繫，以不同的勞動力出賣給同一個資本家，而這個資本家把它們作為一個結合勞動力來使用為媒介。工場手工業分工以生產資料積聚在一個資本家手中為前提；社會分工則以生產資料分散在許多互不依賴的商品生產者中間為前提……」[5]394 顯然，這兩種截然不同的勞動聯繫方式共處於同一社會生產中，構成了社會生產的無政府狀態與工場手工業分工秩序性並存的動態運動圖畫。在馬克思看來，社會分工和工廠內部分工相互促進，協同演進，而不是對抗。他指出「可以得出結論說，社會內部自由的、似乎是偶然的、不能控制的和聽憑商品生產者的任意行動的分工同工廠內部的系統的、有計劃的、有規則的、在資本指揮下進行的分工是一致的，而且這兩種分工是齊頭並進地向前發展的，通過相互作用而相互產生」[6]357。

兩種分工之間的聯繫紐帶在於普遍的商品生產。一方面，社會分工是商品經濟運行的基本條件，社會分工體系內的勞動聯繫自然以商品所有權為基礎的商品流通為媒介，

受價值規律支配；另一方面，商品經濟中勞動力的徹底商品化，為資本雇傭勞動、從而足夠數量的勞動受同一資本控制創造了必要條件，以之為前提的工廠內部分工才會應運而生。「相反，在社會分工本身表現為固定的法律並受規章支配的社會形式中，作為工場手工業的基礎的分工並不存在，或者只是偶然見到並處於初期階段……分工自然就從工場內部被排除了。」[6]357

馬克思看到以工場手工業分工為代表的生產單位內部分工，是基於生產的工藝和技術的內在要求加強了勞動的集體協作力；而對於社會分工與生產效率的直接關係，則在馬克思的社會再生產模型，特別是他基於社會生產兩大部類的劃分所分析的商品價值實現規律，明確地表達了這樣的思想：社會分工網絡中的勞動協作，其基礎在於宏觀的、生產可持續發展（生產的目的和動力）本身的要求——生產和消費結構必須匹配：這裡的生產是指社會分工體系中生產的產品數量和種類，消費包括生產性消費和生活性消費的產品數量和種類。生產可持續發展本身要求的這種生產和消費之間在產品數量和種類上內在的平衡規律使得社會生產過程中各個部門的勞動之間天然地產生了聯繫，這種聯繫表現為在時間維度和空間維度上的勞動數量比例關係。如果上述比例關係不合理，社會生產就無法實現持續性，無疑會造成效率的巨大損失。分工經濟的上述客觀規律，在社會主義市場經濟中毫無疑問仍然起著作用，它時刻提醒我們對市場進行適當的宏觀調控，對保持經濟平穩運行的重要意義。

四、分工與所有制、人的異化

馬克思認為所有制產生的客觀基礎正在於分工：「分工發展的各個不同階段，同時也就是所有制的各種不同形式。這就是說，分工的每一個階段還根據個人與勞動的材料、工具和產品的關係決定他們相互之間的關係」[4]26。「生產力、社會狀況和意識——彼此之間可能而且一定會發生矛盾，因為分工不僅使物質活動和精神活動、享受和勞動、生產和消費由各種不同的人來分擔這種情況成為可能，而且成為現實。要使這三個因素彼此不發生矛盾，只有消滅分工。」[4]36

分工導致分配成為必然，馬克思認為「是勞動及其產品的不平等的分配（無論在數量上或質量上）；因而也產生了所有制，它的萌芽和原始形態在家庭中已經出現，在那裡妻子和孩子是丈夫的奴隸……，所有制是對他人勞動力的支配。其實，分工和所有制是兩個同義語，講的是同一件事情，一個是就活動而言，另一個是就活動的產品而言。」[4]37 馬克思指出分工所造成生產和消費、勞動和享受之間的分離，是生產過程中勞動的佔有與被佔有，即所有制產生的經濟根源。但是，所有制的表現形態會根據其所依據的法律關係而具有歷史變化性。資本主義時期，分工體系的發展及其創新，生產效率的提高，都是以資本累積為前提，以資本化生產過程的組織為核心展開的，資本因此而成為主導一切的要素，這是商品所有權規律轉化為資本主義佔有規律的原因。

「隨著分工的發展也產生了個人利益或單個家庭的利益與所有互相交往的人們的共同利益之間的矛盾；……只要分工還不是出於自願，而是自發的，那麼人本身的活動對人說來就成為一種異己的、與他對立的力量，這種力量驅使著人，而不是人駕馭著這種力量。」[4]38個體勞動者在生產過程中的這種受物質需求控制的狀態使人失去了自由和全面發展的要求，是「異化」。就其原因，首先，「受分工制約的不同個人的共同活動產生了一種社會力量，即擴大了的生產力」[4]39；其次，個人在物質財富普遍稀缺的狀態下，對這種生產的社會力量存在著難以擺脫的依賴。「由於共同活動本身不是自願而是自發的形成的，因此這種和會力量在這些個人看來就不是他們自身的聯合力量，而是某種異己的、在他們之外的權力……，這種力量現在卻經歷著一系列獨特的、不僅不以人們的意志和行為為轉移，反而支配著人們的意志和行為的發展階段。」[4]38可見，「異化」的實質在於私人利益與社會利益之間的矛盾。對比資本主義工場手工業分工及其發展形式資本主義工廠分工，馬克思指出「人侍候機器」的分工體系，把局部工人的發展推向了片面的極致，「機器勞動極度地損害了神經系統，同時它又壓抑肌肉的多方面運動，侵吞身體和精神上的一切自由活動。」[5]463

顯然，分工組織形成了一種生產的社會力量，因此創造了更高的生產力，從這個角度看，分工應該是一個永恆的客觀存在。然而馬克思認為在不同的生產力水準下，分工有「自發」分工和「自願」分工的區別，造成異化的是「自發」分工，自發分工存在於物質短缺普遍存在的生產力狀態中，所以，「異化」的經濟根源是生產力的不發達，要消滅「異化」，就要消除「自發」分工，那就要借助於分工形成的強大社會力量持續推動生產力達到一定水準，由此才能創造極豐富的物質財富，使得保障個人生存資料無須屈服於社會力量，也就是私人利益與社會利益之間的矛盾因為物質財富的豐富而消除，「自發」分工失去其存在的必然性，個人因此完全有條件根據自己的興趣和發展需要安排自己從事符合自己意願的勞動，分工由「自發」轉為「自願」。

馬克思認為異化的根源並不在於「分工」本身，而在於生產力低下而引起的私人利益與社會利益之間的矛盾。這也證明，中國建設社會主義市場經濟，解放生產力，發展生產力，是解決各種社會矛盾、走向共同富裕、和諧發展的根本途徑，因此是符合社會主義價值觀的正確戰略。

五、國際分工與經濟全球化

以歷史唯物主義為基礎的馬克思分工理論體系，其科學性和生命力進一步被基於這一理論的邏輯推理與現實歷史發展趨勢的高度一致性而得到證明：那就是分工的國際化和經濟的全球化。

（一）分工的國際化是資本主義生產方式發展的必然結果

資本主義生產方式是勞動分工實現飛躍的歷史平臺：資本雇傭勞動成就了生產的資

本化，從而締造了工廠內部分工這種新形式；進而借助社會分工和工廠內部分工網絡，把分配和消費也資本化了，最終形成了以貨幣資本、生產資本和商品資本之間的相互協調和銜接，和生產資本內部的協調聯繫共同構成的一幅分工的動態畫卷——資本化的勞動分工體系。資本被馬克思解釋為一種生產關係，這一點從勞動分工的角度才能得到更深入的理解：生產關係代表的是人與人之間因為勞動分工而產生的相互依賴關係，這種關係在資本占據統治地位之後，其運動和發展完全依附於資本的本性和要求，借助資本（貨幣資本、生產資本、商品資本）軀殼來完成，所以，資本不僅是直接的勞動生產過程中結成的人們之間的關係，而且還是因此而產生的交換、分配、消費關係。

自此，資本成為成就分工並支配分工發展趨勢的統治力量，於是在資本攫取剩餘價值這個本性的驅使下，首先分工態勢在外延和內涵上發生著進一步的嬗變。「從本質上來說，就是推廣以資本為基礎的生產或與資本相適應的生產方式。創造世界市場的趨勢已經直接包含在資本的概念本身中。」[7]538 分工隨著資本擴張的內在衝動，跟隨資本的代言人，跨越民族和國家的界限，走向國際化。「不斷擴大產品銷路的需要，驅使資產階級奔走於全球各地……」「資產階級，由於一切生產工具迅速改進，由於交通極為便利，把一切民族甚至最野蠻的民族都卷到文明中來了。」[4]254-255「各個相互影響的活動範圍在這個發展進程中愈來愈擴大，各民族的原始封閉狀態由於日益完善的生產方式、交往以及因交往而自然形成的不同民族之間的分工消滅得越徹底，歷史也就越是成為世界歷史」。[8]88

(二) 對以資本主義生產方式為主導的國際分工體系基本性質的分析

馬克思以資本為邏輯起點，以資本主義生產方式為歷史起點，論證了分工國際化的必然性。也正是基於這個分析思路，馬克思把分工的國際化當作資本在空間上擴張的途徑，更把國際分工當作是以資本為導線的資本主義生產方式進行全球統治與滲透的手段。馬克思以其特有的階級分析方法，敏銳地看到了在國際分工體系中，超越國家和民族的階級利益對立格局。資產階級通過資本所推動的國際分工，「正像它使鄉村從屬於城市一樣，它使未開化和半開化的國家從屬於文明的國家，使農民的民族從屬於資產階級的民族，使東方從屬於西方。」[4]257 也就是說由資本國際化推動的分工國際化，實際上滲透著資本的本性：剩餘價值生產和實現的國際化，構建的是國際分工範圍內的不平等、剝削關係。

在當前金融危機的陰影褪去尚早的大背景下，一貫叫囂自由貿易的發達資本主義國家，面對世界市場的萎縮，一再對中國等發展中國家發起各種各樣的貿易保護戰，這不正好印證了馬克思的上述討論嗎？資本的利益大於一切！資本主義發展歷史上，無論是提倡自由貿易還是推行貿易保護，無論是採取殖民主義還是推行自由主義，這種種手段都是資本對國際分工格局的「規劃」和控制，所以，作為新興市場經濟國家，中國需要做出靈活、策略的回應，保護民族和國家的核心利益不被侵犯。

本章參考文獻：

[1] 亞當·斯密. 國民財富的性質與原因的研究（上）[M]. 郭大力, 王亞南, 譯. 北京：商務印書館, 1972.

[2] 馬克思, 恩格斯. 馬克思恩格斯全集：第47卷 [M]. 北京：人民出版社, 1979.

[3] 馬克思, 恩格斯. 馬克思恩格斯全集：第1卷 [M]. 北京：人民出版社, 1979.

[4] 馬克思, 恩格斯. 馬克思恩格斯選集：第1卷 [M]. 北京：人民出版社, 1972.

[5] 馬克思. 資本論（第1卷）[M]. 北京：人民出版社, 1975.

[6] 馬克思, 恩格斯. 馬克思恩格斯全集：第47卷 [M]. 北京：人民出版社, 1992.

[7] 馬克思, 恩格斯. 馬克思恩格斯全集：第30卷 [M]. 北京：人民出版社, 1995.

[8] 馬克思, 恩格斯. 馬克思恩格斯選集：第1卷 [M]. 北京：人民出版社, 1995.

[9] 麥克爾·迪屈奇. 交易成本經濟學——關於公司的新的經濟意義 [M]. 王鐵成, 葛立成, 譯. 北京：經濟科學出版社, 1999.

[10] 楊小凱, 黃有光. 專業化與經濟組織——一種新興古典微觀經濟學框架 [M]. 張玉綱, 譯. 北京：經濟科學出版社, 1999.

[11] 阿倫·楊格. 報酬遞增與經濟進步 [J]. 賈根良, 譯. 經濟體制比較, 1996 (6)：52-57.

[12] 侯風雲. 馬克思分工理論及在經濟分析史中的地位考察 [J]. 福建論壇（人文社會科學版）, 2005 (2)：12-17.

[13] 吳易風. 馬克思主義經濟學和西方經濟學 [M]. 北京：經濟科學出版社, 2001.

[14] 任治君. 經濟全球化對世界市場價格決定的影響 [J]. 經濟學家, 2004 (4)：53-59.

[15] 焦建華. 試析馬克思主義對經濟全球化結構的分析及其發展 [J]. 當代經濟研究, 2006 (6)：1-5.

[16] 楊慧玲. 勞動價值實體是市場經濟社會分配的必然客體——勞動價值論與要素價值論之比較 [J]. 馬克思主義研究, 2007 (1)：42-45.

[17] 謝富勝, 李安. 分工動態與市場規模擴展——一個馬克思主義經濟學的分析框架 [J]. 馬克思主義研究, 2009 (9)：49-58.

第三十八章 《資本論》與現代性批判[①]

現代性作為現時代的核心議題，引發了包括本雅明、阿多諾、哈貝馬斯、韋默爾、列斐伏爾、梅羅-龐蒂、布爾迪厄、鮑德里亞、詹姆遜、吉登斯、利奧塔和福柯等哲學家和社會學家的普遍關注。面對現代性 這一纏繞現代生活周圍的幽靈，無論是力圖實現對它的「重振」(以哈貝馬斯為主要代表)、「解構」(以福柯為主要代表)還是「重寫」(以利奧塔為主要代表)，我們都離不開馬克思對於現代性的批判性「診斷」，因為「卡爾·馬克思是第一位使現代與前現代形成概念並在現代性方面形成全面理論觀點的主要的社會理論家」[1]。要精準地把握馬克思對現代性的「診斷」，就必須回到集馬克思四十餘年理論研究之大成的《資本論》中。

一、《資本論》中的「現代」問題

「現代性」一詞雖未進入《資本論》的文本世界，卻毫不妨礙它根植於馬克思的整個思想體系中。易言之，馬克思雖未在《資本論》中直接使用過「現代性」一詞，但在字裡行間卻流露出對「現代性」問題的批判性反思。以「現代」為關鍵詞對《資本論》進行文本檢索，它在文本中出現了200餘次。其中，出現較多的是「現代（大）工業」(23次)、「現代機器」(17次，其中包括「現代機械」和「現代的機器工人」「現代渦輪機」「現代印刷機」「現代鼓風工具」各1次；「現代蒸汽織機」2次；「現代蒸汽機」4次)、「現代社會」(12次)、「現代的經濟學（家）」(12次)、「現代生產方式」(9次)、「現代工場手工業」(7次)、「現代信用制度」(6次)、「現代農業」(4次)。此外，「現代社會的經濟運動規律」「現代生活」「現代雇傭工人」(或「現代工人階級」「現代無產者」)、「現代的法律」「現代股份公司」「現代工藝學」「現代家庭勞動」「現代力學」「現代私有權」「現代自由貿易」「現代人民」「現代語言」「現代財政制度」「現代歷史」「現代人貧困」「現代稅收制度」「現代殖民理論」「現代傾向」「現代租地農場主」「現代的地主」「現代生產力」「現代世界」「現代產業週期」「現代利息」「現代貨幣危機」「現代地租理論」和「現代資本家」等等都散見於《資本論》之中。可見，馬克思雖未有對「現代性」的直接論述，但是透過對資本主義生產方式及其關係

[①] 本章選自：韓文龍、謝璐.《資本論》與現代性批判 [J]. 當代經濟研究，2016 (7)：23–32.

的批判性分析而對現代社會（資本主義社會）中的各種問題——政治的、經濟的、文化的、生態的和社會的——進行了綜合會診。

現代性是現代世界的本質與根據。直面現代性，馬克思並未被現代性的積極能量衝昏頭腦，亦未陷於現代性的泥沼中而不能自拔。馬克思手持批判的利劍，通過對資本主義生產方式及其關係中所蘊含的「現代性」問題的分析而展開了他的現代性批判事業。需要指出的是，馬克思對於現代性雖採取的是批判的態度，但這並不表示其對現代性採用了直接否棄的態度。馬克思的現代性批判，是辯證地批判。「辯證法作為一種關注世界所發生的一切變化和相互作用的思維方式」[2]而為馬克思所重視。因為「辯證法不崇拜任何東西，按其本質來說，它是批判的和革命的」[3]22「馬克思在很多場合都將『辯證的方法』作為分析社會現象的一種主要方法」[4]37。可以說，辯證地批判是馬克思透視社會現象，診斷社會現實問題的主要方法。由此，馬克思的現代性批判，既有對現代性的褒揚和支持——對現代社會在提升人們生活水準和生活質量、促進社會經濟發展和社會持續進步、提高人們理性分析能力和提升精神境界等方面給予了充分的肯定，又有對現代性的貶抑和控訴——對碎片化的現實、虛無化的精神、利益化的交往、組織化的管控等負面效應給予了無情的駁斥。或者說，「從社會學和理論來看，馬克思主義是現代性辯證法的主要表現。作為社會力量，馬克思主義是現代資本主義和啓蒙文化合法的產物。不管是好是壞，是對還是錯，馬克思主義政黨，運動和思潮至少在19世紀晚期到20世紀晚期的100年間成為包容現代性矛盾本質的最重要手段。一方面，馬克思主義肯定了資本主義、工業化、城市化和大眾掃盲等的積極、進步特點，肯定了從當前做起，著眼未來而非因循守舊。另一方面，馬克思主義譴責剝削、人的異化、社會商品化和工具化以及現代化過程中存在的錯誤意識形態和帝國主義」[5]69,70。由此，馬克思對資本主義現代性的辯證批判在下表中得到直觀體現。如表38-1所示：

表38-1　馬克思的資本主義現代性辯證法

進　步	矛盾（衝突）
個體化	社會分化、異化
生產率提高	剝削與收入分配兩極化使現存生產關係過時
資本主義普及	無產階級大團結，實力增強
全球化	反帝國主義暴動

資料來源：戈蘭·瑟伯恩. 從馬克思主義到後馬克思主義？[M]. 孟建華，譯. 北京：社會科學出版社，2011：138.

二、現代性批判:《資本論》的理論主題

「現代性作為一種重大經歷——空間和時間的經歷、自身和他者的經歷、生活可能性和危險的經歷——的模式,而為世界人民共享。」[6]在馬克思所生活的時代,現代性被冠以資本主義之名[7]。《資本論》即是在此境況之下得以完成的,其研究的對象(「資本主義生產方式以及和它相適應的生產關係和交換關係」[3]8)和研究的目的(「揭示現代社會的經濟運動規律」[3]10)無不涉及「現代性」。作為一個嚴肅的學者,馬克思以診斷資本主義社會的現代性病症為己任,對現代性的診斷結果則隱含在《資本論》之中。可以說,《資本論》即一部現代性的「診斷說明書」,現代性批判是貫穿《資本論》的理論主題。

1. 現代性批判的入徑選擇:政治經濟學批判

「改變世界」是馬克思的偉大抱負,借助於思想來切近社會現實是他為「改變世界」而作的嘗試。通過對馬克思思想發展史的梳理,不難發現,馬克思立足於「人類社會」,找到了切近現實的正確方式——經濟學研究,並在經濟學研究的基礎上找到了切近現實的「入徑」——政治經濟學批判。

經濟學並非馬克思最先關注的領域。首先,深受黑格爾及其後繼者的影響,馬克思最初同左翼黑格爾派一樣,也將「宗教」和「宗教批判」作為研究的出發點。此時的德國,依舊信奉「宗教批判是解放哲學的實踐,它使哲學自由」[8]241。因此,理論界的研究與批判都不曾離開過哲學的「基地」,從施特勞斯到施蒂納,整個德國哲學未能脫離宗教批判的窠臼。其次,主編《萊茵報》的實踐,為馬克思轉入政治領域和進行政治批判提供了沃土。社會上政治的、經濟的和文化的種種問題,既給馬克思帶來了煩惱,又激勵著他去思考。繼而得出了對於宗教的批判,即是對一切「苦難塵世」批判的「胚芽」[9]的結論。因此,宗教批判之後就應是世俗世界的批判,天國批判之後便是粗糙塵世的批判,批判彼岸世界之後便是確立此岸世界的真理,「副本」(德國的國家哲學和法哲學)批判之後便是「原本」(德國的社會現實狀況)批判,神學批判之後便是政治的批判。馬克思以黑格爾的國家和法的學說為批判對象,一步步深入對社會物質生活關係和市民社會的批判。在政治批判中,黑格爾關於市民社會和國家的關係被「顛倒」過來——市民社會是政治國家的基礎;在釐清政治解放和人類解放的關係中,確證了人類解放是要消除政治國家和市民社會的矛盾;在對德國現實進行初步考察的基礎上,闡釋了德國實際解放的可能性問題——無產階級的誕生和物質條件的成熟。但政治批判依舊難以解答馬克思關於物質利益的疑問。最後,「關於自由貿易和保護關稅的辯論」是促使馬克思涉足經濟利益的「最初動因」[10]411。為解決長久困擾馬克思的「苦惱的疑問」,他嘗試對黑格爾法哲學進行批判性分析,雖得出「法的關係正像國家的形式一樣,既不能從它們本身來理解,也不能從所謂人類精神的一般發展來理解,相反,它

第三十八章 《本》代性批判

們根源於物質的生活關係」[10]412，但這一回復並不能使自己滿意，繼而發出「對市民社會的解剖應該到政治經濟學中去尋求」[10]412的呼號。不僅因為經濟生活與人類生活密切相連，更因為經濟分析作為最具說服力的工具，可對人們的社會行為統一做出合理的解釋。同時，恩格斯批判經濟學範疇的「天才大綱」——《政治經濟學批判大綱》——橫空出世，並從另一條道路得出了與馬克思相同的結論。受其啟發，加之馬克思哲學世界觀的自覺要求，使他的關注點發生轉向——由哲學批判和政治批判，轉入了政治經濟學批判。正是因為如此，馬克思找到了切近現實和展開現代性批判的「入徑」。簡言之，在汲取國民經濟學、德國哲學和空想社會主義中現代性啟蒙遺產的基礎上，借助於科學的批判法則，馬克思方才進入資本主義社會深處，展開了現代性批判。從「宗教/哲學批判」到「政治批判」，再到「經濟批判」，馬克思對現代性批判理路清晰地展現出來。

2. 現代性批判的理論根基：唯物史觀

通過與「舊哲學」的決裂，馬克思創設了「新世界觀」。由此，馬克思現代性批判的理論根基——唯物史觀——已然找到。正是立基於唯物史觀之上，馬克思的批判力度才得以彰顯，才使得馬克思的現代性批判從根本上異質於黑格爾的「無根性」批判。

一方面，馬克思妥善解決了現代性批判的出發點問題。「在社會中進行生產的個人，——因而，這些個人的一定社會性質的生產，當然是出發點。」[11]22以物質生產和實踐過程中的活生生的個人為基礎，馬克思先從發生學意義上考察人類的「第一個歷史活動」——「生產物質生活本身」，後從存在論的視角確證「第二個事實」——「新需要」的產生，爾後再從生命延續角度思索「第三種關係」——生命的生產，最後考察「原初歷史」的「第四方面」——生產力水準決定生產和交往方式。當然，在《資本論》中，馬克思以唯物史觀為基點，揭明了現代性的基本規律，繼而展開了對現代性兩大支柱——「資本」和「形而上學」的科學批判。

另一方面，馬克思確認了現代性批判的理論根基。「時至今日，馬克思身上依舊有效的東西是其方法，而非其他實質性的理論命題。」[4]3馬克思對現代性的批判得以延續，在於其善用科學的分析方法。然而，「人們對《資本論》中應用的方法理解得很差」[3]19。在現代性批判過程中，「唯物史觀不再從外部表現為經濟學批判的哲學前提，而是直接轉化為經濟學研究本身的內在方法」[12]。作為現代性批判的基本方法，唯物史觀要求以歷史的眼光看問題，通過對現代社會歷史的考量來實現對其未來的預判。一方面，資本主義作為現代性的代名詞，其生產即是社會歷史的生產，是物質和精神的雙向生產。社會上廣泛存在的「呢子」「麻布」「絲綢」「商品」和「貨幣」等等社會經濟現象不僅直觀地呈現於人們眼前，而且其間所隱藏著的「社會關係」也得以揭示。由此，馬克思對現代性的批判可謂是鞭闢入裡，觸及了資本主義社會問題的本質。另一方面，馬克思從未放棄過對「我們從何處來」「我們是誰」「我們將去往何處」等問題的思索。歷史之有意義，是因為我們活在當下。在對資本主義現代性問題的持續思索中，實現對這些問題的積極回應。在對勞動招致摧殘（異化勞動）的社會裡，馬克思確證了社會

429

歷史即「一場勞動異化和揚棄異化勞動的過程，它是『歷史之謎的解答』，而且它自己就知道是這種解答」[13]。更進一步，將人類的生成、持存和發展置於歷史之中，並對其進行唯物主義的考察，是實現對現實社會準確把握的關鍵所在，也是切中現代性問題脈搏的原因所在。馬克思以唯物史觀為理論根基，展開了對現代性「病症」的診治，使現代性問題得以呈現，使現代性的張力得以凸顯，使現代性的命運得以確證。可以說，在對現代性的批判省思過程中，馬克思不僅繼續發揚著唯物史觀的科學批判本質，還使得唯物史觀的基本理論在解剖現代性問題的過程中變得更加精確和科學。

3. 現代性批判的邏輯理路：《資本論》的「隱線」

由「資本之思」而實現「革命性變革」，最終轉入「自由王國」是《資本論》的致思理路。然而，在這一致思理路中隱含著一條現代性批判的思考線索。在《資本論》中，馬克思展開了對現代性的兩大支柱——資本和形而上學——的批判性透析[14]，資本和形而上學的「共謀」得到了科學省思。可以說，《資本論》不僅是一部論資本的著作，還是一部批判現代性的著作。

資本、資本邏輯與資本拜物教是《資本論》創作的邏輯主線[15]，資本批判是現代性批判的第一大維度。資本作為一個無善無惡的存在，本是不該遭受批判的。通過對資本主義生產方式及其關係的批判性研究，馬克思批判了資本的「資本主義應用」。馬克思為何以及如何展開對資本批判的？其一，資本作為一種「物化」的社會關係，是普照之光和大寫的「一」，按照自身的意圖而預設和安排著世間的一切。資本的問世作為「劃時代的大事件」，不僅標誌著「一個新時代」的來臨，更「直接導致了一種核心的關係：統治關係」[16]24。易言之，資本及其生產、運轉方式雖然為人們創造了無可比擬的物質財富，但也反制著人們自身。在此世界中，社會權力話語核心被資本增殖所操控，資本不僅擁有對雇傭工人的「指揮權」，還逐漸演變為「工業上的最高權力」[3]386，繼而在權力之巔盡情地吮吸著工人的血與汗。同時，資本主義生產過程不僅生產出琳琅滿目的商品，還造就了資本關係本身——「一方面是資本家，另一方面是雇傭工人」，或者「一極是更多的或更大的資本家，另一極是更多的雇傭工人」[3]708。由此，資本管控下的社會出現了「雙重的」主體——無產者和資本。無產者作為資本主義社會的主體倒是很易理解，他們雖不是社會財富的佔有者，卻是社會財富的創造者；他們雖未把控社會權力，卻是社會進步的主要力量；他們雖遭受著慘烈的剝削和壓迫，卻成為革命的主力軍……總之，工人階級以其能動性和創造性，改變著資本主義世界的面貌，彰顯著不可磨滅的主體性。然而，資本的生產和消費都很特別，「在生產中，人客體化，在消費中，物主體化」[11]30。在資本主義生產中，「人」客體化了，「物」反而成了主體。更進一步地說，資本成了主體。在資本主義生產方式中，「資本本身表現為一切社會生產能力的主體」[11]587。資本主義的生產具有「雙向性」——為客體「生產」主體，為主體「生產」客體。此外，資本主義生產中存在的另一個怪現象就是「活勞動」受到「死勞動」的宰制，或者說是「死勞動」統治「活勞動」[11]453，使「活勞動」的價值得

以增殖,並賦予其靈魂。此中的「活勞動」即具有勞動能力的活的工人(活勞動力),「死勞動」則是資本。不管我們願意還是不願意,都不能輕易否定資本的主體性地位。也正因此,就不難理解「一個主體(資本)通過強迫勞動和強迫剩餘勞動支配另一個主體(工人階級)」成為現實。反觀資本按自身意圖所建構的世界,其實質不過是一個對剩餘價值充滿覬覦的世界。其二,「資本是一個活生生的矛盾」[11]405,它按自身的面目所創造的世界是一個充滿悖論的世界。私有制與生產社會化之間的矛盾、資本增殖和資本流通之間的矛盾、資本生產中節約與浪費的矛盾、資本章明面相和晦暗面相的矛盾、價值增殖過程和價值喪失的過程的矛盾、資本力圖無限制地發展生產力與生產界限之間的矛盾、提高剩餘價值率與減少工人人數之間的矛盾、資本家和工人生存境遇的矛盾、利潤率差異與等量資本獲得等量利潤的矛盾、剩餘價值生產和剩餘價值實現之間的矛盾是資本所蘊含著的十重矛盾,在這一矛盾中所建構的世界也是一個充滿「二律背反」的世界。在資本所建構的「二律背反」的社會中,使得「應該」和「是」之間的分歧無限放大。或言之,理想和現實之間的矛盾逐漸放大。「應該」是對人之本真存在狀態的規定,它屬於一種本質性的價值懸設與超越性的引導範式,是理想的存在狀態。在馬克思那裡,「應該」的生活狀態是人之本質力量得以確證,人的活動是自由而自覺的,人與自然、社會及自身之間和諧共生而永續發展。然而,真實的情況恰恰相反。「是」作為人之真實境遇,表徵著人現實生活的「世俗性」。與資產階級思想家相比,馬克思立基於無產階級立場,以歷史唯物主義觀點和科學的批判法則展開了對資本邏輯的歷史與現實的透澈分析。「是」(現實)與「應該」(理想)之間的邏輯落差方才引發出馬克思對資本這一現代性支柱的批判:面對資本的強制,他不再想簡單地映現社會現實所「是」,而是力圖改變現實「世界」。他沿著「應該」之路引出現實,並從現實所「是」抽繹出科學的「應該」。其三,資本批判並非一蹴而就的,而有一個循序漸進的過程。《資本論》以「資本」為題,並非僅僅就資本而論資本,而是對資本主義社會諸經濟範疇——商品、貨幣和資本等——都有論述。或言之,圍繞「資本」這一資本主義社會的「主宰」,馬克思建構了一個嚴密的政治經濟學批判敘事體系。可以說,「馬克思的巨作實現了他的『敘述方法』:《資本論》是馬克思提出的作為所有社會科學解釋模式的『敘述方法』的範例」[8]71。「為了完成自己借助於政治經濟學批判以呈現『資本』的整個任務,馬克思努力分析研究了一系列政治經濟學中常見的概念,如商品、價值、貨幣、資本等等」[17]。可見,《資本論》可謂是其「敘述方法」最為清晰的邏輯圖式,它始源於對商品這一範疇的分析,繼而發現商品背後的貨幣關係與勞動關係,最後確證了資本的出場。可以說,「商品→貨幣→資本」的邏輯理路構成了《資本論》中完備而嚴密的批判敘事體系。首先,作為一種「體系性的學問敘述」,馬克思謹慎地以商品為始端展開其批判理路。「商品是馬克思的一個先驗的起點」[18]「是資本主義社會歷史的載體和『包裹』」[16]72。馬克思以抽象力分析了資本主義經濟的細胞形式,確認了商品不僅是質(使用價值)和量(交換價值)的對立統一,還是一個矛盾綜合體——社會

分工和私有制度、生產的社會性和佔有的私人性、使用價值和交換價值（價值）、具體勞動和抽象勞動、簡單勞動和複雜勞動、私人勞動和社會勞動、自然形式和價值形式、個人過程和社會過程之間的矛盾。同時，馬克思從「x 量商品 $A = y$ 量商品 B」這一貌似簡單而平凡的等式入手，解開了一切價值形式的奧秘，確證了商品經濟發生在以自由、平等、所有權、邊沁為特徵的商品生產中，揭明了商品經濟的「阿喀琉斯之踵」——私人勞動與社會勞動之間的矛盾。在此基礎上，那些「簡單而平凡」的商品的「古怪」之處和「神學微妙」「形而上學繁瑣」之處都得到了批判性的分析。其次，作為從簡單商品形式這一「胚胎」[3]87 發育而來的「身體」，貨幣自然地成為通達資本批判的一個重要環節。由於物化關係對人的關係的遮蔽和貨幣的等價形式中所蘊含著三重顛倒矛盾——「使用價值成為它的對立面即價值的表現形式」[3]71「具體勞動成為它的對立面即抽象人類勞動的表現形式」[3]74「私人勞動成為它的對立面的形式，成為直接社會形式的勞動」[3]74，貨幣神性在當代得以顯形。最後，馬克思將論說重心回到了資本上，並向人們展示了「物化」的社會關係。在對資本多維面相進行分析的基礎上，馬克思闡明了資本邏輯及其宰制，並由之生發出資本批判的張力。在此基礎上，人們在資本的神龕前跪拜的現象也得到了透澈分析。由此，完全可以說一部政治經濟學批判，即是一部商品拜物教的嶄露與破解史、一部貨幣神性的彰顯和貨幣幽靈的驅散史、一部資本拜物教的生成與發展史。在《資本論》中，到處充斥著馬克思對資本的批判和對資本剝削的控訴，這也是馬克思對現代性的撻伐。

形而上學及其批判，是《資本論》創作的另一主線，是馬克思現代性批判的第二大維度。「形而上學」這一哲學的分支，是「所有的哲學起規定作用的中心和內核」[19]。在哲學史上，這一命題所涉及的是一些「超感性世界」的內容——作為世界原型的理念、道德的先驗法則、至上的上帝、理性的權威等等。簡言之，形而上學與「意識」密切相關。馬克思在《資本論》中所展開的形而上學批判，即是對資本主義意識形態的有力駁斥。其一，資本主義的辯護士鼓吹資本主義制度的「美好」和「永恆」，而陷於形而上學的泥沼，《資本論》即是對這一形而上學的「批判性拒絕」。馬克思考察了重農學派對於社會的劃分——「人為的」（封建制度）和「天然的」（資本主義制度），並指出「天然的」資本主義社會存在著一個奇怪的悖論：「以前是有歷史的，現在再也沒有歷史了。」[3]99 因此，「幾乎所有的現代性理論都認可這樣一個觀點，即歷史上曾經存在著一個前現代階段以及其他不同的生產方式，但在資本主義誕生之後，這些不同的生產方式就不可能再存在了。資本主義曾是歷史的，但現在，它成了永恆的了」[20]。馬克思早在 1847 年就深知任何將經濟範疇先驗化和永恆化的企圖都將只能是「形而上學或法學的幻想」[21]。在《資本論》中，馬克思始終以理性的態度和科學的方法對待資產階級經濟學家的觀點和資本主義的生產方式。他將社會關係歸結為生產關係，繼而將生產關係提高到生產力的高度，有理有據地將社會形態的發展視為「自然歷史」的過程。正是以此為分析和批判的基本思路，馬克思將資本主義視為人類發展史上的一個節點，

其產生是必然的，其消亡亦是。迄今為止，人類歷史上一切衝突和矛盾的根源，即在於生產力和交往形式（生產關係）之間的矛盾。當資本主義社會的生產力與生產關係相適應時，社會生產會呈現出繁榮景象。在資本主義發展早期，資本主義生產方式是與當時的社會關係相適應的。資本主義制度取代舊制度，在推動社會生產和豐富人們物質生活等方面的確起到了「革命性」的作用。大工廠、大城市、城市居民、滿目琳瑯的商品……都逐步走進人們生活。但是，隨著資本主義的發展，人們對資本主義的認識也逐漸深入，資本主義生產的「晦暗面」逐步凸顯出來，已有的生產關係已開始與生產力相衝突了。腐化、墮落、剝削、壓迫、不公和危機等等負面因子隨著對資本主義認識的不斷深入而逐漸進入人們的視野。畢竟這些負面現象在資本主義制度的邏輯——「只要有利可圖，即便反社會也在所不惜，此即意味著將會有許多人死於非命」[22]——之下是見慣不怪的。生產力愈發展，資本主義生產方式的弊病就愈發突出，我們所熟知的經濟危機、生態危機、社會危機等都是這一「病症」的表現。雖在一定時間內，資本主義面對危機還可以進行適當調整以克服危機，然而資本主義的基本矛盾——生產社會化的要求和私有制的現實——始終是難以克服的，這就昭示著這一制度滅亡的必然性。《資本論》是一部對資本主義的理解和分析史，對資本主義進行一個歷史地考察和批判性的分析，使資產階級以「不朽」和「永恆」的神話來掩蓋自身終將消亡的本質的障眼法得到了揭穿。可以說，「『資本論』的巨大意義也就在此：它徹底摧毀了資本主義制度萬古永恆的陳腐觀念，並以絕對的準確性預言了人類發展的必然進程」[23]。其二，沿循物化的社會現實與傳統形而上學「共謀」的主線，拜物教得以建構起來，要實現對現代性的有效批判，就要「拒斥」拜物教和改變拜物之風。在馬克思政治經濟學批判的構架中，無論是商品拜物教，還是貨幣拜物教，抑或是資本拜物教，無不是對資本主義社會意識形態的生動描繪。拜物教的建構，是一種神祕化的力量，也是一種讓人痴迷並從心理上和精神上對「物」的依戀與屈從，體現著物化和形而上學的共謀。「把某物奉為崇拜物，或使它成為崇拜物，是賦予它自身並不具有的力量……馬克思確證了經濟領域之中的多種崇拜物……經濟崇拜在一定程度上類似於宗教崇拜。前者在某種意義上具有它所缺少的力量，而後者則全然沒有這樣的力量」[24]。拜物教所蠱惑人心的手法也顯而易見：「在資本主義經濟之中，物和人之間是可以互換的。物被人格化，人則可被物化。物被賦予了意志和意識，其運動便成了有意識和有意志的；人則成為物的運動的代理人和執行者。物的客觀進程決定著人的意志與意識；物的運動將人的意志和意識視為自身的仲介」[25]。由此，也不難理解人們對於物（商品、貨幣和資本）的依戀和痴迷而難以自持的狀態。在資本管控之下的社會裡，拜物之風蔓延開來。客體的「本真物象」和主體的「本真關係」皆被完完全全遮蔽。在將「物」奉為神靈的社會裡，社會生產和生活過程遭到前所未有的異化，物已不再是物，而成了神靈一般的存在。在此種社會中，上帝雖然已死，然而「物」（商品、貨幣和資本等）已然取代了上帝的位置，成為人們頂禮膜拜的對象性存在。正是因為對物的極度推崇和瘋狂追逐，物之為物的根本才發生

了質變,物幾乎不可能再以自身的本真面目見世。同時,物和人要發生一定的關係,才能確證雙方的存在。人之為人的根本,就在於其是一切社會關係的總和。社會關係本應是資本主義社會中所見之物(商品、貨幣和資本)的根本規定性,是其「內在之有」[26]或「定在」(「限有」)[27]。然而,在拜物之風盛行的社會中,這一切都似是而非。在人們的生產與生活中,滿眼只有「物」,滿眼只有利益,潛藏於社會經濟生產和生活過程中的社會關係範疇往往會被直接無視。如此「見物不見人」,主體之間的「本真的」社會關係必將遭到遮蔽。可見,拜物教所使用的「障眼法」是資產階級意識形態家們所慣用的伎倆,是一種虛假的意識,是一種形而上學的建制。在《資本論》中,馬克思圍繞作為「崇拜」的拜物教、作為「錯認」的拜物教和作為「社會存在」的拜物教展開了敘說[28],既實現了對拜物教形而上學的批判,又揭明了拜物教的「出場」與「祛魅」。其三,「拒斥形而上學」的歸旨在於喚醒無產階級的革命意識,作為「工人階級的聖經」[3]34的《資本論》即是以此為重任的。當資本主義(或資產階級)「在歷史上還未徹底擊潰封它的前人──建主義──時,它的新的敵人無產階級──就已然出現了」[29]61。這對資產階級而言無疑是「悲劇」。「以『自由』的名義進行的反對社會等級制組織的鬥爭在取得勝利之時,就必然會演變為一種新的壓迫;從社會學的角度而言,矛盾在於:儘管只有資產階級的社會形式才使階級鬥爭以純粹的形式出現,儘管是資產階級社會形式首先使階級鬥爭在歷史上被確定為事實,然而資產階級在理論和實踐上總是千方百計地想將階級鬥爭從意識形態中抹去;而從意識形態的角度而言,我們可看到這樣的兩重性:資產階級一面賦予個性以一種前所有未的意義,另一面又通過個人主義的經濟條件,通過商品生產建立起來的物化之名消弭了個性」[29]61,62。通過對資本主義社會普遍存在的形而上學的批判,在揭示資本主義諸多虛幻之境的基礎上,號召全世界無產者聯合起來,為自身的利益和全人類的發展而革資本主義的命。無產階級意識形態的覺醒將是有功於全人類的大事件,也是人類社會歷史發展的決定性環節。喚醒無產階級的意識,指導無產階級的革命,是馬克思政治經濟學批判的歸旨所在,也是現代性批判的目的所在。

4. 現代性批判的歷史命運:三種社會狀態與現代性的歷史與未來

在考察每個人都以「物的形式」而佔有和操控社會權力的過程中,馬克思提出了人類社會發展的三階段論。結合馬克思對現代性問題的批判性分析,這個三階段論恰為我們理解和把握現代性的歷史命運提供了支撐。

第一,人類社會發展的第一階段與「前現代性」相適應。「人的依賴關係(起初完全是自然發生的),是最初的社會形式」[11]107。在這一最初的社會形式中,人們自得其樂地過著自己的生活。在經濟活動中,人們之間的交流、交換較少,地區與地區的聯繫並不頻繁,自給自足的自然經濟是這一社會的經濟基礎。在社會(政治)活動中,人們之間除了隸屬關係外,再無其他。奴隸隸屬於奴隸主,奴隸主掌控著奴隸的生殺大權;農民依附於土地,地主成為農民生產和生活的主宰。在精神生活中,宗教神學完全

把持著人們的精神世界,「宗教篤誠」成了人的「內在世界」,人們的心靈被「套上了鎖鏈」[30]208。換言之,「這種歷史階段是與人的未充分發展相適應的依賴性階段:在人與自然的關係上,自然主宰人,人是自然的奴僕;在人與人的關係上,社會主宰人,個人沒有獨立的地位,人是城邦的人或國(政治共同體)家(血緣共同體)的人;在人與自我的關係上,沒有理性的啓蒙,宗教神學主宰人的精神,沒有個性解放和個人自由的意識」[31]。這樣的社會狀態即「前現代性」狀態,是與低下的社會生產相適應的前工業文明時代。由這一社會發展階段可知,在「前現代性」的時代裡,人們之間的依賴性關係占據主導。此即「前現代性」的實質所在。

第二,人類社會發展的第二階段即是「現代性」的社會。「以物的依賴性為基礎的人的獨立性」是人類社會的「第二大形式」。在此社會中,「才形成普遍的社會物質變換、全面的關係、多方面的需要以及全面的能力的體系」[11]107。這一階段標示著人類進入了工業文明階段。在經濟活動中,人們之間建立了廣泛而普遍的交流,商品和市場經濟體系得以建立,世界經濟全球化逐漸成形。人們改造自然為我所用的能力得到空前的提升,社會生產力飛速發展。以至於這一時代在其不到百年的時間裡所創造的生產力能夠趕超以往全部社會生產力的總和。在社會(政治)活動中,資產階級所宣揚的「公平」「自由」「民主」和「法制」得到了一定程度的貫徹和落實。人們的私有財產受到法律保護,資本家享有充分的民主和自由,無產者僅享有相對的或者異化了的民主和自由。在人的精神世界中,人逐漸從宗教的枷鎖中鬆綁,上帝救世已成為美好的烏托邦。人們更願相信自己,由自我決定、自我創造自己的生活。然而,在這一社會形態帶來社會巨變的同時,也給人類的發展造成了不可磨滅的創傷。資本增殖的特性促使資本家對自然進行無限的索取,對工人進行無情的壓榨,使得人與自然的新陳代謝鏈條發生了「斷裂」,工人處於肉體受折磨和精神遭摧殘的狀態中。這樣的社會狀態即「現代性」的狀態,是現今正在經歷的狀態。

第三,人類社會發展的第三階段即是「更為充分的現代性」社會。「建立在個人全面發展和他們共同的、社會的生產能力成為從屬於他們的社會財富這一基礎上的自由個性」是人類社會發展的「第三階段」[3]107,108。在對「意義失落年代」的反思中,「人們被現代性的巨大轉變從原有的確定性中撕扯出來,懷念著過去的榮耀並希冀著未來的光輝」[32]。在對必然王國的深入體會後,馬克思預設了一個理想的「自由王國」。在經濟活動中,社會生產力得到了極大提高,物質財富和自由時間充盈,按需分配已成為社會的分配常態。在社會活動中,人與人之間的奴役、剝削和壓榨已得到徹底清除,人們之間擁有著自由個性,真正實現了自由而全面的發展,此種社會是「自由人的聯合體」。在精神生活中,人「作為一個總體的人,佔有自己的全面的本質」[30]303。按照馬克思的設想,「自由王國只是在必要性和外在目的規定要做的勞動終止的地方才開始;因而按照事物的本性來說,它存在於真正物質生產領域的彼岸。」[33]馬克思的現代性批判的最終歸旨,「是為了創造另一種發展更為充分的現代性」[5]70。

三、《資本論》中現代性批判的當代意義

《資本論》中的現代性批判雖述及的是馬克思生活時代的社會「病症」，然而作為時代精神之精華的政治—經濟—哲學著作，它對於資本主義社會的「診治」依舊能為現時代的我們提供一些有益的指導。或言之，在變化發展了的環境下，《資本論》及現代性批判依舊能夠持續發力，顯示其當代效力。

1. 堅持科學的批判法則，全面而準確地認識一切現代性問題

「作為對現代性的註解、批判、分析和管理，馬克思主義在關於社會的現代思想中沒有對手。」[5]120 由馬克思對現代性的批判可見，馬克思主義可「發展成批判的知識」[34]。需要注意的是，「馬克思所致力於研究的『科學』就此將『批判』作為其核心要素，而這裡的批判是需要具有科學性的。」[5]75 依憑辯證批判，馬克思既承認了現代性所帶來的進步，又嚴厲地駁斥了現代性的弊病。更難得的是，馬克思不以純粹思辨的方式，而依憑政治經濟學批判這一利刃完成了對現代性癥結的「解剖」和「診治」。在新的時代裡，社會狀況以難以想像的速度和頻率發生著變化。之前社會中存在的系列問題都得到一定程度的解決，然而，「物的增殖」與「人的貶值」之間的正比關係、人們「淪入無家可歸」的境地⋯⋯這些現代性問題是關乎人類發展的重大基本問題。這些問題不會因為生產力進步而得以解決，它們依舊是困擾人類社會發展的「枷鎖」，也是人類社會發展中存在著的新問題。因此，須以批判的眼光對這個時代進行重新掃描和重新認識，以號準現代性問題的脈搏。

2. 以實事求是的態度對待中國現代性問題，努力促成中國現代性的轉型

對於中國的現代性問題，一是要具體情況具體分析，實事求是地展開對它的批判；二是要努力促成現代性在中國的轉型。對於前者，需要求教於馬克思，求助於馬克思科學而理性的批判法則，結合對中國現代性問題的調查與研究，完成對中國現代性問題的科學審視。對於後者，既要明確中國現代性轉型需要處理好傳統與現代、國內和國外、統一和多樣、繼承和創新、理想和現實之間的矛盾，又要竭力遏制理性主義和工具主義的濫觴。具體而言，在促成中國現代性轉型的過程中，我們應做到三點：其一，堅持社會主義的價值取向，努力踐行社會主義核心價值觀。價值取向決定著人們行為的方向與動機，以人為本、為民造福的社會主義價值取向將確保我們行動的方向不偏航。社會主義核心價值觀是對我們的社會主義價值體系的凝練，是對每一社會成員的要求。在行動中踐行社會主義核心價值觀，可以凝聚共識，使全體人民共同致力於現代性的轉型。其二，堅持和發揚中華民族的優秀傳統，使現代性轉型體現中國特色。中華民族的文化博大精深，在現代化建設過程中，我們不能「忘本」。在中國這一特殊的語境中完成現代性的轉型，就要在這一過程中充分尊重中華民族的優秀文化傳統，並傳承中華民族的優秀文化基因。唯此，方能發現和解決現代性問題的「中國問題」。其三，樹立和諧理

念，並在現代性語境中不斷推進社會主義事業的大發展。和諧社會是人類孜孜以求的美好社會，也是中國特色社會主義事業的重要任務。在現代性語境中進行社會主義建設事業，需要樹立和諧的理念，促成人與自然、人與社會、人與其自身之間的和諧共生。同時，也要樹立創新、協調、綠色、開放和共享的五大發展理念，以確保中國特色社會主義事業在與現代性的遭遇中得到持續、健康的發展。

本章參考文獻：

［1］斯蒂芬・貝斯特，道格拉斯・科爾納. 後現代轉向［M］. 陳鋼，譯. 南京：南京大學出版社，2002：100.

［2］BERTELL OLLMAN. Dance of the Dialectic：Steps in Marx's Method［M］. the University of Illinois Press, 2003：12.

［3］馬克思. 資本論：第1卷［M］. 北京：人民出版社，2004.

［4］Jon Elster. Making Sense of Marx［M］. The Cambridge University Press 1985：37.

［5］戈蘭・瑟伯恩. 從馬克思主義到後馬克思主義？［M］. 孟建華，譯. 北京：社會科學出版社，2011.

［6］MARSHALL BERMAN. All that Is Solid Melts in to Air［M］. The Experience of Modernity, Verso, 1983：15.

［7］利奧塔. 後現代性與公正游戲——利奧塔訪談、書信錄［M］. 談瀛洲，譯. 上海：上海人民出版社，1997：147.

［8］萊文. 不同的路徑：馬克思主義與恩格斯主義中的黑格爾［M］. 臧峰宇，譯. 北京：北京師範大學出版社，2009.

［9］馬克思，恩格斯. 馬克思恩格斯選集：第1卷［M］. 北京：人民出版社，1995：2.

［10］馬克思，恩格斯. 馬克思恩格斯全集：第31卷［M］. 北京：人民出版社，1998.

［11］馬克思，恩格斯. 馬克思恩格斯全集：第30卷［M］. 北京：人民出版社，1995.

［12］莊福齡，孫伯鍙馬克思主義哲學史：第2卷［M］. 北京：北京出版社，2005：123.

［13］付文軍. 從《巴黎手稿》到《資本論》：異化勞動理論的三維向度與「人類之謎」的三重解答［J］. 長春：當代經濟研究，2015（2）：12-18.

［14］吳曉明. 論馬克思對現代性的雙重批判［J］. 上海：學術月刊，2006（2）：46-52.

［15］付文軍. 資本、資本邏輯與資本拜物教——兼論《資本論》研究的邏輯主線

[J]. 長春：當代經濟研究, 2016（2）：19-27

[16] 羅伯特·L. 海爾布隆納. 資本主義的本質與邏輯[M]. 馬林梅, 譯. 上海：東方出版社, 2013.

[17] 卡弗. 政治性寫作：後現代視野中的馬克思形象[M]. 張秀琴, 譯. 北京：北京師範大學出版社, 2009：34.

[18] DAVID HARVEY. A Companion to Marx's Capital [M]. Verso, 2010：1.

[19] 海德格爾. 形而上學導論[M]. 熊偉, 等譯. 北京：商務印書館, 1996：19.

[20] Fredric Jameson：Representing Capital：A Reading of Volume One [M]. Verso Books 2011：105.

[21] 馬克思, 恩格斯. 馬克思恩格斯文集：第1卷[M]. 北京：人民出版社, 2009：638.

[22] TERRY EAGLETON. Why Marx Was Right [M]. Yale University Press, 2011：8.

[23] 羅森塔爾. 馬克思「資本論」中的辯證法問題[M]. 馮維靜, 譯. 北京：三聯書店, 1957：13.

[24] G. A COHEN. Karl Marx's Theory of History：A Defence [M]. Oxford University Press 1978：115.

[25] KAREL KOSIK. Dialectics of the Concrete：A Study on Problems of Man and World [M]. Reidel Publishing Company, 1976：116.

[26] 黑格爾. 邏輯學：上卷[M]. 楊一之, 譯. 北京：商務印書館, 1996：381.

[27] 黑格爾. 小邏輯[M]. 賀麟, 譯. 北京：商務印書館, 1980：2002-203.

[28] 劉召峰. 拜物教批判理論與整體馬克思[M]. 杭州：浙江大學出版社, 2013：9-18.

[29] GYRGY LUKACS. History and Class Consciousness：studies in Marxist Dialectics. Translated by Rodney Livingstone [M]. The MIT Press, 1971.

[30] 馬克思, 恩格斯. 馬克思恩格斯全集：第3卷[M]. 北京：人民出版社, 2002.

[31] 漆思. 現代性的命運——現代社會發展理念批判與創新[M]. 北京：中國社會科學出版社, 2005：27.

[32] 陳喜貴. 雷蒙·阿隆對意識形態的批判[J]. 上海：同濟大學學報（社會科學版）, 2005（5）：22-29.

[33] 馬克思, 恩格斯. 馬克思恩格斯全集：第46卷[M]. 北京：人民出版社, 2003：928.

[34] JEAN - FRANCOIS LYOTARD. The Postmodern Condition：AReport on Knowledge. Translated from [M]. the French by Geoff Bennington and Brian Massumi, University of Minnesota Press, 1984：37.

第三十九章　當代馬克思主義資本有機構成理論的新進展[①]

《資本論》為當代馬克思主義經濟學提供了諸多研究主題。20世紀中期以來,關於資本有機構成理論的研究不僅關注資本有機構成在資本主義生產方式中的變動趨勢是否如馬克思所言必然上升這個問題,還重點涉及資本有機構成計算方式及變動的原因,以及利潤率、就業、產業結構、收入分配等宏觀經濟層面的應用問題。

但這些研究對馬克思主義資本有機構成理論有何新的發展,這些新發展表現在哪些方面需要重新審視。

一、關於資本有機構成內涵的再研究

20世紀以來,中外學者對馬克思主義經濟學的資本有機構成理論進行了拓展研究,主要內容體現在計算表達公式、資本有機構成與價值構成的關係、可變資本與不變資本的核算範圍以及研究視域方面。

1. 關於資本有機構成的計算表達公式

馬克思認為,資本構成有物質形式和價值形式兩種,分別對應資本的技術構成和價值構成。從物質形式來看,資本構成表現為一定數量的生產資料和為推動這些生產資料所需要的勞動力的比例。從價值形式來看,資本構成表現為不變資本和可變資本的比例。不變資本是以機器、原材料等生產資料表現的預付資本,由於它們不創造價值,只是等量地轉移價值,所以 c 被稱為不變資本。可變資本 v 形式表現為購買勞動力的預付資本,由於它能夠創造價值即能夠使價值增殖,所以 v 被稱為可變資本。「由資本技術構成決定並且反應這種技術構成的資本價值構成,叫作資本的有機構成。」[1]163 馬克思用資本價值構成衡量資本有機構成,並給出相應的計算公式 c/v。由此,公式 c/v 經常被後續的研究用來計算資本有機構成。近年來,中外學者在發展資本有機構成理論的過程中拓展了資本有機構成的計算公式。他們基於馬克思提出的公式 c/v,運用數學方法進

[①] 本章選自:蔣南平,徐明. 當代馬克思主義資本有機構成理論的新進展[J]. 當代經濟研究,2019(4):5-12,113.

行變形,得到了新的計算公式。代表性公式如表 39-1 所示:

表 39-1

計算公式	指標解釋	作者
$\dfrac{1}{\zeta}\cdot\dfrac{1}{\varphi}\cdot\dfrac{1}{\sigma_w}$	ζ 為資本產出比; σ_w 為工資與實際產出的比率; φ 為產能利用率,等於實際產出與潛在產出的比例	韋斯科夫 (Weisskopf)[2]
$\dfrac{QT}{PDT}\cdot\dfrac{PKCA}{PVA}$	QT 為資本技術構成;PDT 為勞動生產率; $PKCA$、PVA 表示不變資本、淨價值增值的價格	霍奇森 (Hodgson)[3]
$\dfrac{QT}{PDT}\cdot\dfrac{PKCA}{PVA}\cdot\left(\dfrac{w/r}{VA}\right)$	w 為工資總額;r 為資本週轉次數; VA 為淨價值增值; $PKCA$、PVA 表示不變資本、淨價值增值的價格	雷蒂 (Reati)[4]
$\dfrac{\alpha\cdot\beta(K-L)+\gamma\cdot(1-\alpha)(K-L)}{\gamma\cdot L}$	K 為預付總資本;L 為預付總資本中的工資部分; α 為預付不變資本中的固定資本比重; β、γ 分別為固定資本、流動資本的年折舊率	賀力平[5]
$\dfrac{C_0\,(1+u)^n}{V_0\,(1-l)^n}$	C_0、V_0 分別為基期的不變資本、可變資本; u 為不變資本的增長率;l 為勞動力價值的減值率; n 為間隔年數	科高 (Cogoy)[6]
$\dfrac{(F_i+inv_i)\times\dfrac{QC_t}{QC_t}-V_i\times\dfrac{L_{t,t+1}/nv_{t,t+1}}{L_{i,i+1}/nv_{i,i+1}}}{V_i\times\dfrac{L_{t,t+1}/nv_{t,t+1}}{L_{i,i+1}/nv_{i,i+1}}}$	i 為基期;t 為考察期; F、inv 分別為固定資本存量、存貨; V 為可變資本;L 為勞動雇傭人數; QC 是固定資產存量和存貨的體積指數; $nv_{t,t+1}$ 表示從 t 到 $t+1$ 期可變資本的週轉次數	皮特·瓊斯 (Peter Jones)[7]

2. 資本有機構成與價值構成的關係研究

馬克思在《資本論》中用資本價值構成表示資本有機構成。後續的大部分研究效仿他的做法,將資本價值構成與資本有機構成不進行區分。部分學者深入探究了資本有機構成與資本價值構成的關係。例如,謝赫(Shaikh)基於數學標量和矢量的轉換關係分別給出了資本價值構成和有機構成的計算過程[8]。他的計算過程表達了兩者的關係。他用 $K=[K_j]$ 表示每個工人推動的一攬子生產資料向量,從而資本技術構成矢量 $TC=\sum\lambda_{j0}K_j$,λ_{j0} 表示第 j 種生產資料在基期的單位價值。每個人推動的不變資本 $C'=\lambda_1 TC$,λ_1 表示將基期價格換算為現期價格的指數。同理,每個工人推動的可變資本為 $V'=\lambda_2 wv_0$,v_0 表示基期的勞動力價值,w 表示實際工資指數,λ_2 是價格指數。

因此,$c/v=c'/v'=(TC/v_0)(\lambda_1/\lambda_2)(1/w)$。$c/v$ 即為資本的價值構成,TC/v_0 為資本的有機構成。由於 λ_1/λ_2 的變化範圍很小,它近似被看成基本不變,而 $1/w$ 是大於 1 的,所以資本的有機構成 TC/v_0 是資本的價值構成 c/v 的下限。

此外,他將 $c/l=c/(v+s)$ 成為資本的物質構成,記 $l=(v+s)$。由於 $c/v=c/l(l/v)=c/l\cdot(1+s/v)$,因此,資本的物質構成 c/l 是資本的價值構成 c/v 的上限。

3. 關於可變資本與不變資本的核算範圍

馬克思在《資本論》中沒有運用統計數據具體地測算資本有機構成，因此他沒有明確規定可變資本和不變資本的核算範圍。為此，中外學者在深入研究馬克思主義資本有機構成理論的過程中，拓展了可變資本和不變資本的核算範圍，主要有三種觀點。

第一，生產性和非生產性活動影響可變資本與不變資本的範圍。在20世紀末沃爾夫（Wolff）分析美國資本有機構成對利潤率的影響時，考察範圍包括生產性和非生產性部門，採用包括生產、流通以及監管活動在內的所有企業的廠房、設備以及原材料的現行市場價值和工資總額來分別代表不變資本和可變資本[9]。沃爾夫的這種做法受到了莫斯里（Moseley）的質疑。莫斯里提出，可變資本和不變資本應該只考慮生產性活動部分，流通和監管這類非生產性活動應被排除在外，原因是只有生產性活動才創造剩餘價值[10]。帕帕季米特里烏（Papadimitriou）採取了莫斯里的做法，在分析希臘的宏觀經濟時，他用參與生產性活動的工人的工資表示可變資本，計算不變資本存量時不予考慮公關管理、防衛等政府活動部分[11]。21世紀以來的大部分新文獻確定資本有機構成的核算值時，把生產性和非生產性活動都考慮在內，原因是大部分學者認為除了生產性勞動，管理、服務以及創新等非生產性勞動同樣創造價值。

第二，可變資本研究範圍涵蓋勞動客觀條件和勞動主觀條件。馬艷指出，技術進步除了會引起勞動工具、勞動資料等勞動客觀條件的變化，還會引起受教育程度、勞動複雜程度等勞動主觀條件的變化，從而兩者都應納入可變資本的研究範圍。據此，她提出了外延和內涵可變資本的概念，並在此基礎上應用美國1929—2007年的數據測算了外延和內涵資本有機構成變動指標。這樣，內涵、外延資本有機構成變動指標可分別表示為 $\dfrac{C_t/C_{t-1}}{V_t/V_{t-1}}$、$\dfrac{C_t/C_{t-1}}{\hat{V}_t/\hat{V}_{t-1}}$，其中 V 表示技術進步僅引起勞動客觀條件變化時的可變資本，主要表現為勞動力數量的變化；$\hat{V}$ 表示技術進步引起勞動客觀條件和主觀條件同時變化時的可變資本，主要表現為諸如勞動複雜程度提高的勞動力質量的變化[12]。

第三，不變資本、可變資本涵蓋物質資本和知識資本。羅潤東、崔如慧認為，馬克思在《資本論》中提出的資本有機構成只考察了物質資本，還應將知識資本納入其中。據此，他們將不變資本範圍擴展為固定資本、流動資本和結構資本，將可變資本範圍擴展為一般勞動補償和人力資本收益[13]。

4. 擴展了資本有機構成的研究視域

（1）經濟視域

在馬克思主義經濟學的經典理論中，資本有機構成是反應投入生產過程中的勞動力與生產資料比例的經濟指標。學者們的研究認為，隨著技術進步，生產過程中的勞動力和生產資料投入比例會發生變化。因此，謝赫、馬艷、皮特·瓊斯等的研究都是從資本投入的經濟學視角進行分析的。

（2）政治視域

義大利工人主義學派打破傳統的經濟視角，從政治上的階級對抗視域來解讀資本有機構成概念。資本有機構成被該學派視為資本家壓迫和剝削工人階級的方式。特倫特（Trontic）認為，工人階級不僅要對抗作為不變資本而存在的機器，也要對抗作為可變資本而存在的勞動力，要對抗包括可變資本和不變資本在內的資本整體[14]。阿爾奎蒂（Alquati）分析了義大利奧利維蒂公司（Olivetti）生產過程中通過資本有機構成從工人身上榨取剩餘價值的問題[15]。博洛尼亞（Bolpgna）主張有必要在馬克思提出的價值構成、技術構成和有機構成基礎上引入和研究政治構成[16]。2014年，帕斯蒂尼利（Matteo Pasquinelli）綜述了義大利工人主義學派從工人與資本對抗角度對資本有機構成的所做的研究，並認為特倫特是工人主義學派中第一個將馬克思的資本有機構成發展為資本有機對抗的[17]。但是，資本有機構成所表示的不變資本和可變資本的關係是否等同於資本主義生產方式中資本家和工人的對抗關係這個問題，有待商榷。

（3）哲學視域

2014年，野尻一（Eiichi Nojiri）將黑格爾提出的哲學觀點之否定性與馬克思的資本有機構成概念相結合來分析日本當前的社會和精神狀況[18]。他認為，馬克思其實是通過資本有機構成這個社會的歷史的形式來闡述由否定性驅動的自我運動軌道。他指出，活勞動是資本有機構成的前提，有活勞動才有資本有機構成，而不變資本就是資本主義剩餘時間的累積。在他看來，馬克思提出的抽象勞動就是黑格爾提出的精神，由此說明歷史是由精神運動推動的。野尻一從哲學角度研究資本有機構成，拓寬了視域。但是，他將馬克思唯物主義勞動價值論和資本有機構成論等同於黑格爾提出的歷史由精神所推動這種唯心論，難以令人信服。

二、資本有機構成變動規律的研究新進展

馬克思認為，「隨著資本主義生產方式的發展，可變資本同不變資本相比，從而同被推動的總資本相比，會相對減少，這是資本主義生產方式的規律。」[1]236可見，馬克思認為資本主義生產方式的規律是可變資本在總資本中的比例會減少，不變資本的比例會上升，也就是資本的有機構成會上升。20世紀以來，大量文獻選取不同的樣本研究資本有機構成的變動及其原因，結論出現了較大差異。部分研究的結論與馬克思提出的資本有機構成上升趨勢相符，另一部分研究結論則顯示出其或下降、或穩定、或波動的趨勢。

1. 關於上升趨勢及原因的研究

佩特里迪斯（Paitaridis）、圖斯菲迪斯（Tsoulfidis）的研究顯示美國的資本價值構成自1980年以來呈現出穩定的上升趨勢，歸因於技術進步[19]。扎雷姆卡（Paul Zarembka）於2015年對佩特里迪斯、圖斯菲迪斯的研究提出了異議[20]。他指出，用謝赫

(1990) 提出的資本物質構成 $c/(v+s)$ 可以將資本價值構成的計算公式分解為：$c/v=(1+s/v) \cdot c/(v+s)$，前半部分 $(1+s/v)$ 的變動反應分配因素，後半部分 $c/(v+s)$ 反應技術因素。接著，他用數據計算表明美國的資本物質構成自 1956 年以來保持在 2 左右，這就說明，資本價值構成的變動是由剩餘價值率的變動帶來的，也就是由於分配而非技術方面的原因。皮特·瓊斯於 2017 年修正了資本有機構成的公式（如表 39-1 所示）並將可變資本的週轉時間納入公式中，將時間跨度拉長為 1948—2012 年，結果顯示美國的資本有機構成和價值構成都呈現出上升的趨勢[7]。楊巨、李犁等用 1952—2014 年中國工業企業的相關數據測算了全國、所有制和行業三個層面的資本有機構成，顯示出整體上升與個別階段下降的趨勢[21]。

2. 關於變動原因的計量檢驗

還有學者採用計量方法來驗證影響資本有機構成上升趨勢的影響因素。張飛雁建立計量模型，以 8 個國家在 1980—2010 年的面板數據為樣本進行迴歸，結果顯示短期經濟增長和 FDI 阻礙了資本有機構成的上升，而長期經濟增長和投資起到拉動作用[22]。樊勇、席曉宇等通過建立雙重差分模型，以中國 2005—2015 年地級市面板數據為樣本，研究增值稅改革對中國資本有機構成的影響。結論顯示，增值稅轉型促進了固定資本的相對增加和可變資本的相對減少，從而提高了資本有機構成；而「營改增」使得固定資本和可變資本都增加了，但是資本有機構成卻有所下降[23]。

3. 關於非上升趨勢及原因的研究

雷蒂將資本有機構成的計算公式修正為 $\frac{QT}{PDT} \cdot \frac{PKCA}{PVA} \cdot \left(\frac{w/r}{VA}\right)$（公式解釋見表1），其中，$\frac{QT}{PDT}$、$\left(\frac{w/r}{VA}\right)$ 兩項分別反應技術和收入分配原因[4]。他的研究結果顯示，英國 1959—1981 年的資本有機構成下降或保持穩定，一個原因是工資份額上升，另一個原因是生產率增長幅度比技術構成更大。段進朋、李剛通過測算得出了美國全行業 1980—2001 年的資本有機構成波動中緩慢下降的結論[24]。薩穆德羅（Samudo）、普拉塔馬（Pratama）運用印度尼西亞爪哇的數據測算了 1951—2013 年的資本價值構成，結果顯示資本有機構成非但沒有提高，反而下降或是停滯，進一步測算相應階段的生產率和工資，將資本有機構成的特徵歸因於技術和收入分配變化[25]。

4. 關於資本有機構成變動規律衡量指標的新觀點

當代學者除了研究資本有機構成變動趨勢是否上升之外，還提出了新的指標用來研究它的變動規律。鄧曉丹等於 2007 年提出了資本有機構成同步指數[26]。她們認為，當今的技術進步主要是越來越多的有形不變資本被專利、商譽、管理流程等無形不變資本替代，因此資本技術構成的變動並不同步於資本價值構成的變動。資本有機構成指數是資本技術構成和資本價值構成兩者變動的百分比的比例，能夠反應技術進步對資本構成的影響。

馮金華於 2008 年率先提出和研究了最優資本構成[27]。他從一個完全競爭企業的生產決策著手，在成本 C 給定的情況下，存在多種勞動力 l 和生產資料 k 的購買組合，每種購買組合都有對應的資本的技術構成 k/l 和價值構成 rk/wl。然後，借助西方經濟學的等成本曲線和等收益曲線分析工具，他指出最優資本技術構成應是使剩餘價值最大化的這兩條線的切點所對應的 k^* 和 l^* 的比例，相應的最優資本構成為 rk^*/wl^*，並進一步得出了最優資本技術構成的擴張線。最後，由於生產函數的性質決定擴展線的形狀，擴張線的形狀又決定最優資本構成的變化，因此說明最優資本構成的變化取決於生產函數的性質。研究最優資本有機構成的還有楊繼國[28]。他基於 $\lim_{r \to 0} \frac{m'}{c+v} = 0$ 和 $\lim_{r \to \infty} \frac{m'}{c+v} = 0$（$m'$ 表示剩餘價值率）指出，資本有機構成 q 趨於無窮小和無窮大時，利潤率和經濟增長率都趨於 0，由此必然存在一個保持經濟最優增長的最優資本有機構成 q^*。接著，他將不變資本和可變資本分別近似視為投資和消費，借助四個象限的圖來描述資本有機構成與投資消費比例、資本有機構成與利潤率、利潤率與經濟增長率的對應關係，指出最優資本有機構成就是選擇最優的投資消費比例來維持最優的經濟增長率。

約翰‧羅斯（John Ross）於 2015 年提出，皮凱蒂（Piketty）在《21 世紀資本論》中所提出的 r>g（r 代表資本收益率，g 代表產出增長率）其實是馬克思提出的「資本有機構成必然上升」的另一種表達方式，並用美國、日本、韓國、中國等多國的投資數據來證明自己的觀點[29]。

5. 關於學者們的研究結論存在差異的原因

對於資本有機構成的變動趨勢，研究結論呈現很大差異，有的文獻認為是上升的，有的文獻認為是下降或穩定的。本章認為，造成這種現象的原因主要有：其一，按不變價格與可變價格核算資本價值的差異。馬克思用不變資本和可變資本的價值比例得到資本的價值構成，然而現實中並不存在對機器、原材料以及勞動力的價值統計，因此價格被用來反應價值。文獻在按不變價格還是現行價格核算不變資本和可變資本方面存在分歧，由此造成了資本價值構成計算結果的差異。其二，計算公式的差異。有些文獻雖都採用原公式 c/v，但根據具體情況對 c 和 v 做了不同的說明和劃定。另外的文獻在原公式基礎上拓展出新的計算公式（如前文所述）。其三，國別因素。國家之間在技術進步程度和工資水準方面存在較大的差異，為此資本有機構成變動趨勢自然也是不同的。其四，時間跨度的差別。資本有機構成變動規律屬於長期趨勢問題，可能表現出偏離長期趨勢的短期特徵，因此，選取的時間跨度影響變動趨勢的結果。

三、資本有機構成理論的應用研究新進展及有關結論

資本有機構成理論在宏觀經濟層面有較廣泛的應用領域，主要用於利潤率、產業結構、收入分配以及就業方面的研究及核算運用。

1. 有關資本有機構成與利潤率的運用研究

馬克思給出的資本有機構成與利潤率的關係式是 $r = \frac{s}{c+v} = \frac{s/v}{c/v+1} = \frac{s'}{1+q}$（$r$ 表示利潤率，s 表示剩餘價值、q 表示資本有機構成，s' 表示剩餘價值率）。而資本有機構成上升是否引起利潤率下降這個問題引起了學者們後續研究的關注和爭議。沃爾夫認為一般利潤率與資本有機構成的變化方向未必一定相反。和他觀點相同的還有雷蒂。相反，科克肖特（Cockshott）、科特雷爾（Cottrell）以美國 1987 年投入產出表的數據通過實證分析證明利潤率下降和資本有機構成存在負相關[30]。2017 年，趙峰、季雷通過拆分利潤率計算公式，對中國 1992—2014 年非金融企業的數據進行分析，得出的結論是：從長期來看，資本產出比的變化導致了利潤率的下降，由於資本產出比下降是資本技術構成的提高造成的，因此資本有機構成的提高是長期利潤率下降的主要原因[31]。

2. 有關產業結構的運用研究

不少學者基於資本有機構成理論研究產業結構調整問題。王建優於 1999 年提出，不同產業以及同一產業內部不同企業的資本有機構成存在高位、中位、低位之分，由此造成了各部門利潤率的差別，由此重化工業化、高加工度、知識與技術密集化是中國產業結構調整的趨勢[32]。黃倩倩用資本有機構成理論解讀了 21 世紀初期珠三角地區的「用工荒」問題，並提出了提高該地區企業資本技術構成的解決思路[33]。崔惠斌、李曉琪認為，產業就業協同升級的舉措應該是戰略性新興企業的發展與勞動者能力結構的優化並駕齊驅，以解決產業升級過程中資本有機構成的持續提高所帶來的失業問題[34]。

3. 有關收入分配的運用研究

張銜通過建立完全信息動態博弈模型和農產品產量——價格動態模型證明了絕對地租將隨著農業資本有機構成達到或超過社會平均資本構成而消失[35]。鄭久平、冉光和建立迴歸模型，並利用 1978—2007 年中國省際面板數據分析了資本有機構成對城鄉收入差距的影響[36]。荀關玉通過對中國 1978—2012 年的資本有機構成和勞動者報酬比重數據的比較分析，論證了資本有機構成是勞動者報酬比重的影響因素[37]。

4. 有關就業方面的運用研究

墨西哥經濟學教授巴埃薩（Baeza）、岡薩雷斯（Gonzalez）從資本的價值構成來分析發展中國家的勞動力吸納能力減少的問題。他們認為，發展中國家的勞動力吸納能力低於發達國家，原因是發展中國家的產業使用更多的進口生產資料，由此造成資本的價值構成高於生產率較高的發達國家相同產業的價值構成[38]。蔣南平、蔣玲結合人工智能技術背景下的就業數據和產業結構情況從理論和經驗兩個方面論證了將發展第三產業作為促進就業的主要舉措存在悖論[39]。他們進一步分析了中國三大產業的資本有機構成，認為資本有機構成提高才是失業的主要原因，為此要保持各產業資本有機構成的適度規模。

綜上所述，當代學者從內涵、變動規律、宏觀經濟層面的應用等方面豐富和推進了

資本有機構成理論。縱觀這些研究成果，有一些是正確的，有一些仍值得商榷，有一些則有謬誤。但這些成果可以反應出下列狀況：

第一，資本有機構成理論的諸多方面的觀點尚未達成一致。如前文所述，目前學者們提出了資本有機構成的多種計算公式，計算過程中可變資本和不變資本的核算範圍存在差異。另外，資本有機構成和資本價值構成是否等同的結論也因人而異。

第二，資本有機構成的研究方法趨於多樣化。學者們不僅從理論上挖掘資本有機構成論的內涵，還關注它的現實變動規律以及應用。他們採用的方法除了傳統的定性分析，還有數學演繹、計量實證等。部分文獻將西方經濟學的分析方法和工具與馬克思提出的理論相結合，拓展了視野。

第三，中外學者研究資本有機構成理論的側重點存在差異。西方馬克思主義經濟學主要關注資本有機構成的計算方式以及與利潤率的關係。國內馬克思主義經濟學主要關注資本有機構成理論在現實問題的應用。

第四，結合人工智能等新技術的研究比較匱乏。近年來，人工智能技術獲得了較大支持和發展，社會上出現了一批無人超市、無人銀行、無人車間，人工智能對勞動者的替代程度直接影響資本有機構成。

為此，對於資本有機構成理論的繼續研究，我們認為，可以拓展和修正資本有機構成的計算方式，同時可以結合勞動價值論的發展以及當代生產投入的新特點對可變資本和不變資本的核算範圍進行拓展。同時，加強應用方面的研究。因為資本有機構成理論與利潤率、經濟增長、產業結構、就業、收入分配緊密相關，值得深入探究。此外還要關注人工智能等新技術對資本有機構成理論的影響。還應關注馬克思主義經濟學在中西方的研究成果。

本章參考文獻：

[1] 馬克思. 資本論：第3卷 [M]. 北京：人民出版社，2004.

[2] WEISSKOPF T E. Marxian Crisis Theory and the Rate of Profit in the Postwar U. S. Economy [J]. Cambridge Journal of Economics，1979（4）：341-348.

[3] HODGSON G. The Theory of the Falling Rate of Profit [J]. New Left Review，1974（84）：55-82.

[4] ANGELO REATI. The Rate of Profit and The Organic Composition of Capital in the West German Industry from 1960 to 1981 [J]. Review of Radical Political Economics，1986（18）：56-86.

[5] 賀力平. 論馬克思的資本有機構成和資本累積理論：模型化探討 [J]. 財經科學，1987（4）：13-16，17.

[6] COGOY M. The Flling Rate of Profit and the Theory of Accumulation [J]. Interna-

tional Journal of Political Economy, 1987.

［7］PETER JONES. Turover Time and the Organic Composition of Capital［J］. Cambridge Journal of Economics, 2017（41）：81-103.

［8］ANWAR SHAIKH.「Organic Composition of Capital」,「Marxian Economics」in J. E. atwell et. al. (eds.)［J］. Maxian Economie, The New Palgrave, New York & London：W. W. Norton, 1990：304-309.

［9］WOFLFF E. The Rate of Surplus Value, the Organic Composition, and the General Rate of Profit in the U. s. Economy, 1947—1967［J］. American Economy Review, 1979（69）：329-341.

［10］MOSELEY F. The Rate of Surplus Value, the Organic Composition, and the General Rate of Profit in the U. S. Econonmy, 1947-1967：A Critique and Update of Wolff's Estimates［J］. American Economy Review, 1986（78）：298-303.

［11］DIMITRI PAPADIMITRIOU. The Political Economy of Greece［J］. European Journmal of Political Economy, 1990（6）：181-199.

［12］馬艷. 馬克思主義資本有機構成理論創新與實證分析［J］. 學術月刊, 2009（41）：68-75.

［13］羅潤東, 崔如慧. 當代資本有機構成變動及其收入效應［J］. 學習與探索, 2013（10）：86-90.

［14］TRONTI M. The Factory and the Company［J］. Quademi Rossi, 1962（2）：1-31.

［15］ALQUATI R. Organie Composition of Capital and Labour in the Olivetti［J］. Quadermi Rossi, 1962（2）：63-98.

［16］BOLOGNA S. The Theory and History of the Mass Worker in Italy［J］. Common Sense, 1991（11）：16-30.

［17］MATTEO PASQUINELLI. To Anticipate and Accelerate：Italian Operaismo and Reading Marx's Notion of the Organic Composition of Capital［J］. Rethinking Marxism, 2014（26）：179-192.

［18］EICHI NOJIRI. Negativity, History, and the Organic Composition of Capital：Toward a Princeiple Theory of Transformation of Subjectivity in Japan［J］. Canadian Social Science, 2014（4）：1-24.

［19］PAITARIDIS D, TSOULFIDIS L. The Growth of Unproductive Activities, the Rate of Profit, and the Phase – Change of the U. S. E-conomy［J］. Review of Radical Political Economics, 2012（44）：213-233.

［20］PAUL ZAREMBKAL. Materialized Composition of Capital and its Stability in the United States：Findings Stimulated by Paitaridis and Tsoulfidis（2012）［J］. Review of Radical Political Economics, 2015（47）：106-111.

[21] 楊巨,李犁.中國工業企業資本有機構成的變化及原因研究 [J].政治經濟學評論,2017(4):104-122.

[22] 張飛雁.影響資本有機構成上升趨勢因素的實證研究 [J].經濟視角,2012(4):29-30.

[23] 樊勇,席曉宇,等.增值稅改革、資本和資本有機構成:基於馬克思主義政治經濟學的視角 [J].經濟理論與經濟管理,2017(10):32-44.

[24] 段進朋,李剛.對美國資本有機構成變動趨勢的實證分析 [J].西安電子科技大學學報(社會科學版),2005(2):22-30.

[25] SAMUDRO B R, PRATAMA Y P. Do the Rate of Profit and Organic Composition in Central Java Industry Increase in the Long Run? [J]. Journal of Emerging Issues in Economics, Finance and Banking, 2014 (3):132-1333.

[26] 鄧曉丹,李鴻燕.經濟發展方式轉變的馬克思主義經濟理論依據——從創新資本有機構成論視角解析經濟發展的持續性 [J].學術交流,2007(12):63-66.

[27] 馮金華.資本的有機構成和最優構成 [J].學習與探索,2008(1):137-140.

[28] 楊繼國.最優資本有機構成與最優經濟增長 [J].桂海論叢,2013(2):39-43.

[29] JOHN ROSS. Piketty and Marx's Rising Organie Composition of Capital:Review of Capital in the 21th Century by Thomas Piketty [J]. International Critical Thought, 2015 (5):241-257.

[30] COCKSHOTT W P, COTTRELL A. A Note on the Organic Composition of Capital and Profit Rates [J]. Cambridge Journal of Economics, 2003 (27):749-754.

[31] 趙峰,季雷,等.中國非金融企業利潤率動態的長期和短期影響因素分析:1992—2014 [J].當代經濟研究,2017(10):11-22.

[32] 王建優.馬克思利潤理論與中國產業結構調整 [J].當代經濟研究,1999(10):17-22.

[33] 黃倩倩.珠三角勞動密集型產業近年「用工荒」現象分析——以馬克思資本有機構成理論為基礎 [D].長春:長春理工大學,2013.

[34] 崔惠斌,李曉琪,等.馬克思主義經濟學視閾下產業就業協同升級的理論邏輯 [J].改革與戰略,2018(5):26-32.

[35] 張衡.農業資本有機構成與絕對地租 [J].教學與研究,2007(2):12-18.

[36] 鄭久平,冉光和.資本有機構成與區域經濟增長差異 [J].軟科學,2011(5):96-107.

[37] 苟關玉.資本有機構成對勞動者報酬比重的影響 [J].理論與改革,2014(2):96-99.

[38] BAEZA A V, GONZALEZ B G M. The Problem of Absorbing all the Available Labor Force and Capital Composition [J]. World Review of Political Economy, 2013 (4): 178-191.

[39] 蔣南平, 蔣玲. 必須重新審視第三產業的就業問題 [J]. 政治經濟學評論, 2017 (8): 122-134.

第四十章　劉易斯拐點[①]

——基於馬克思產業後備軍模型的解析與現實意義

　　從 2004 年中國沿海地區出現「民工荒」現象開始，一個關於中國是否已經迎來劉易斯拐點的理論命題逐漸為中國經濟學界所關注。中國社科院人口與勞動經濟研究所 2007 年的一份報告明確地指出：中國經濟的劉易斯拐點已經到來，中國勞動力過剩時代即將結束，中國未來的勞動力減少會對經濟發展形成有力制約（蔡昉、都陽，2007）。這一理論觀點一經發表，便引起了國內經濟學界、人口學界的連續爭論和深入探討，其理論預測的科學性和精準度一直備受爭議。

　　總體看來，目前學術界對中國是否進入了劉易斯拐點的爭論呈現出涇渭分明的兩大類觀點。以蔡昉教授為代表的讚成者主要選取農民工工資上漲、農民工供給數量短缺、人口紅利消失以及人口結構向老齡化社會轉變等實證材料來論證中國進入了劉易斯拐點區間、迎來了一個勞動力短缺的時代（蔡昉，2008，2010；王德文，2008）；而反對者（白南生，2009；錢文榮，等，2009；周祝平，2007；劉偉，2008）則主要從農村大量剩餘勞動力的精確測算數據、農民工供求的結構性矛盾、城鄉二元結構短期內無法走向均衡以及勞動者工資占 GDP 比重的比例呈明顯下降趨勢等角度來證明現階段談論中國進入了劉易斯拐點還為時尚早。爭論的核心指標，即中國農村剩餘勞動力的估算數據呈現出極大的不一致（參見表 40-1）。

表 40-1　不同時期對中國剩餘勞動力總量的估算結果

估算用數據年份	估算結果	出處
1964—1992 年	接近或可能超過 1 億人	托馬斯·羅斯基（1997）
1992 年	9,000 萬人	章錚（1995）
1994 年	1.17 億人	王紅玲（1998）
1994 年	1.38 億人	王誠（1996）
1998 年	1.52 億人	農業部課題組（2000）

[①] 本章選自：吳垠. 劉易斯拐點——基於馬克思產業後備軍模型的解析與現實意義［J］. 經濟學動態，2010（10）：59-68.

表40-1(續)

估算用數據年份	估算結果	出處
1999 年	1.7 億人	國家統計局農調總隊社區處（2002）
2000 年（預測）	1.9 億人	勞動部課題組（1999）
2003 年	4,600 萬人	王檢貴，等（2005）
2003 年	7,700 萬人	章錚（2005）
2003 年	1.93 億人(區間 1.7~2.1 億)	何如海（2005）
2006 年	1.1 億人	馬曉河，等（2007）
2006 年	7,465 萬人	錢文榮，等（2009）
2007 年	1.898 億人	趙顯洲（2010）

雖然學者們的結論差異巨大，所援引的數據等實證材料也各具特色、口徑不一，但他們賴以立足的理論基礎卻是大體一致的：即都採用劉易斯本人所開發出來的二元經濟理論模型作為分析的理論前提和立論的基本框架，所不同的主要是利用劉易斯二元經濟理論來解釋中國城鄉二元勞動力市場發展演變的切入點有較大差異，因而會得出相互矛盾的結論。

這種由同種理論框架入手分析同一經濟現象得出迥然不同結論的現實似乎為後來的研究者提供了某種警示：如果繼續簡單地遵從劉易斯二元經濟學說的理論前提去分析「中國的劉易斯拐點」問題，無論其所援引的數據有多麼新穎、計量方法有多麼複雜，所得出的結論不外乎為上述兩大類觀點作一新增註腳而已。能否換一種理論基礎來分析劉易斯拐點問題？能否通過理論基礎對比分析的方式來更進一步地闡明劉易斯拐點發生、發展、演變的階段及其原因？答案是肯定的。考慮到農村勞動力大規模地向城市轉移雖然是一個經濟發展中的常見問題，但其背後體現的卻是不同的勞動者群體利益變化的這樣一個政治經濟學命題。因而，本章嘗試從馬克思產業後備軍理論的角度來分析劉易斯拐點難題，以期闡明一些單純從劉易斯二元經濟學模型角度難以覺察到的理論問題。

一、馬克思產業後備軍理論的「內生性」及其對勞動力市場發展「拐點」的預判

馬克思的產業後備軍理論主要見於《資本論》第一卷第七篇的相關論述，其基本的理論邏輯是：資本有機構成提高之後將必然產生資本對勞動力的相對或絕對排斥，因此引致了「相對過剩人口」，這些「相對過剩人口」的不斷累積形成了隨時可供現代資本主義部門雇傭的「產業後備軍」。對於這一「產業後備軍」的形成機制，馬克思有一句經典表述：「工人人口本身在生產出資本累積的同時，也以日益擴大的規模生產出使

他們自身成為相對過剩人口的手段。這就是資本主義生產方式所特有的人口規律。」① 如果從現代經濟學的角度重新理解馬克思對「產業後備軍」形成機制的這段經典描述，我們可以看到，馬克思實際上是將他所在時代資本主義社會的「產業後備軍」形成機制加以了「內生化」的處理，並認為：「產業後備軍」的主要來源——過剩的工人人口「不受人口實際增長的限制，為不斷變化的資本增殖需要創造出隨時可供剝削的人身材料。」② 馬克思這句話實際上是要說明：產業後備軍規模的變化既撇開了人口增長的外生因素的影響，又能夠隨時、足額地提供給現代資本主義工業部門所需的勞動力，具有「內生性」再生產的特徵。

從理論淵源的角度來看，馬克思產業後備軍理論模型的內生性特徵是馬克思在摒棄了把馬爾薩斯的人口法則作為產生無限彈性的勞動力供給曲線機制的做法之後提出的③。馬克思堅持認為，在制度決定的生存工資率下，現代工業部門的勞動供給具有無限彈性，他用存在著超過工業部門所能雇傭的生產性工人的「剩餘勞動力」，即「產業後備軍」來解釋現代工業部門所提供的這一生存型工資率是確保資本快速累積的支柱。並意圖說明這種資本累積機制背後的對廣大勞動者而言存在的種種分配不公平的特徵。

馬克思產業後備軍理論模型假定在資本主義的發展過程中會不斷產生出產業後備軍，所以它將永遠不會耗竭，這是其模型「內生性」的重要表現。對於這一假定，馬克思是從兩個方面加以具體論證的：其一是從生產的社會形式分析資本主義產業後備軍的存在及其影響；其二是從生產力本身的發展，特別是勞動生產率的提高來分析對勞動力需求的影響（藺子榮，1983）④。馬克思將產業後備軍以相對過剩人口的形式分為：流動的過剩人口、潛在的過剩人口以及停滯的過剩人口三類，並認為這些產業後備軍最初來源於被現代資本主義企業擠垮而被迫到勞動力市場上去尋找就業的小農和用傳統生產方式自我雇傭的製造業者；隨著資本主義部門的擴大，被驅逐出傳統職業的那些人繼續增長，並補充到產業後備軍裡。另一方面，資本家總是通過大規模的機械化竭力地用資本替代勞動，其結果是，現代工業部門的就業增加要比資本累積和產出增長的速度低得多，其緩慢的就業增長不足以吸收掉傳統部門追加到後備軍中的人數。因此馬克思認為，對他所在時代的業主式資本主義企業家來說，勞動力供給曲線呈水準狀（即無限彈

---

① 馬克思. 資本論：第 1 卷 [M]. 北京：人民出版社，1975：692.
② 馬克思. 資本論：第 1 卷 [M]. 北京：人民出版社，1975：693.
③ 馬爾薩斯實際上也承認過剩人口對於現代工業來說是必要的，「雖然他按照自己的褊狹之見，把它解釋為工人人口的絕對過剩，而不是工人人口的相對過剩」（參見：馬克思. 資本論：第 1 卷 [M]. 北京：人民出版社，1975：695-696）。
④ 藺子榮 (1983) 指出，在馬克思的時代，失業大軍存在的原因，首先還不在於機器對在業勞動者的排斥，而在於機器代替手工勞動，使勞動簡單化，擴大了資本的剝削範圍，以及資本主義關係在農業中的發展、廣大小農的破產，造成勞動力供給的迅猛增長。而第三次科技革命所帶來的生產過程的現代化、自動化，使資本對勞動力的需求相對減少甚至絕對減少，成為現階段資本主義國家失業人口存在的更重要的原因。

性供給）不是自然人口法則的產物，而是資本主義持續不斷地再生產出產業後備軍的結果，簡而言之，產業後備軍在馬克思看來是內生於資本主義的生產方式、具有無限供給特徵的。

那麼，馬克思的這一內生化的產業後備軍理論，是否存在著產業後備軍被現代工業部門吸納完畢這一重要的拐點呢？馬克思的產業後備軍理論模型對於這一勞動力市場「拐點」的預判只是適應於他所觀測時代的資本主義社會還是也能夠對發展中國家特別是中國可能出現的劉易斯拐點現象加以有效分析呢？下面我們將對此進行詳盡地分析。

1. 馬克思意義上的資本主義勞動力市場發展拐點

在馬克思看來，現代資本主義工業部門所提供的低制度工資率也不是一成不變的。「決定工資的一般變動的，不是工人人口絕對數量的變動，而是工人階級分為現役軍和後備軍的比例的變動，是過剩人口相對量的增減，是過剩人口時而被吸收、時而又被遊離的程度」①。如果我們能夠從勞動力供給與需求的角度對馬克思產業後備軍理論加以模型化，我們就能夠發現馬克思所論述的資本主義經濟發展進程中勞動力市場的拐點問題，並闡明其重要指標——現代工業部門的制度工資率如何變化。圖 40-1 是我們利用勞動力市場供求模型所構造的「馬克思產業後備軍理論模型」，它表示資本主義現代工業部門的勞動力市場；縱軸和橫軸分別度量工資率和就業情況。直線 D_1D_1、D_2D_2 分別表示特定資本存量勞動的邊際產值，圖 40-1 中還以制度性生存工資率畫出了水準狀（末端向上翹）的勞動力供給曲線 S_i ($i=1, 2$)。在這裡，馬爾薩斯和馬克思關於長期勞動力供給分析的最大區別就在於，如果是基於馬爾薩斯「外生」的人口法則，那麼勞動力供給曲線 S_i 無論在何種情況下都是一條水準直線；而馬克思的勞動力供給曲線在過了反應產業後備軍被吸收完畢的 R_1 這一點之後開始上升，它對應的必然是現代資本主義工業部門制度工資率的上升。

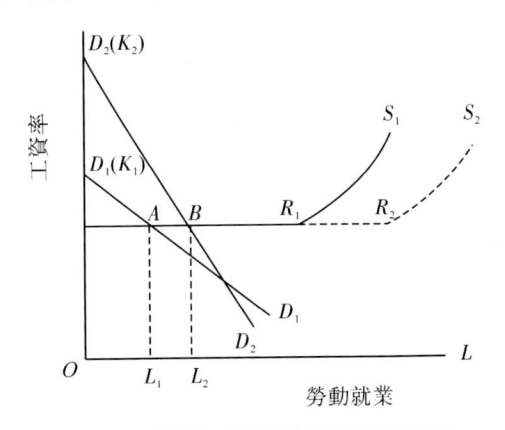

圖 40-1　馬克思產業後備軍理論模型圖示

---

① 馬克思. 資本論：第1卷 [M]. 北京：人民出版社，1975：699.

假定在初始期（O），對應於資本存量（K_1）的現代資本主義部門勞動力需求曲線位於直線 D_1D_1，最初的均衡在 A 點，以生存工資率 OW 雇傭的勞動為 OL_1。然而，根據馬克思的假設，在現代工業部門尋找就業機會的勞動力即數量 WR_1 要比 OL_1 大。無法找到就業機會的那些人只能在貧民窟裡靠非正規就業勉強度日，並等待著被資本主義部門雇傭的機會[①]。這些由 AR_1 度量的人口就是馬克思定義的產業後備軍。因此，在到達點 R_1 之前，由資本累積引起的勞動力需求增長並不會導致工資率的增長。

與馬爾薩斯的無限期呈水準狀的長期勞動力供給曲線不同，馬克思的長期勞動力供給曲線可能從 R_1 點開始上升，意味著當產業後備軍被吸收殆盡以後資本家不得不以更高的工資率來吸引勞動力。然而，馬克思本人的假設中，產業後備軍是不斷被再生產出來的，即在資本主義發展過程中，傳統農業和家庭手工業中自我雇傭的小生產者被資本主義企業擠垮而落入產業後備軍的行列，使得產業後備軍就像一個蓄水池一樣源源不斷地有後備勞動力注入。但是，這個產業後備軍蓄水池是否會永不枯竭則不能僅憑是否有勞動力的不斷注入來判定，因為如果勞動力的輸出大於勞動力的注入，那麼該蓄水池遲早還是會枯竭的，枯竭之時便是勞動力市場的拐點來臨之日。

從圖 40-1 可以看出，隨著資本家把他們的大部分利潤（AD_1W）用於投資，資本存量從 K_1 增加到 K_2，他們的企業的產出從面積 AD_1OL_1 擴大到 BD_2OL_2，被這種資本主義生產擴張所擠垮的傳統的自我雇傭生產者（這其中必然包含農業生產者）及其家庭成員被迫到資本主義部門去尋找就業，導致長期勞動力供給曲線水準部分延長至 R_2。這個拐點向後延伸的根源是由於產業後備軍的內生化生產方式造成的。仔細地推敲這一向後延伸的拐點 R_2，其實我們可以發現，只要資本主義工業部門維持住較高的投資率和吸納就業的技術創新率，它從產業後備軍蓄水池中吸納就業的數量就可能超過傳統部門（城市手工業、農業等）向蓄水池中注入的勞動力數量，以至於產業後備軍被吸納完畢的這一拐點 R_2 並不是可以無限地向外延伸的，最終出現的情況必然是以產業後備軍被吸納完畢，同時現代資本主義工業部門制度工資率開始上升的拐點來臨。

馬克思產業後備軍模型的另一假定是工業就業的增長慢於資本累積的速度。原因在於，馬克思的理論形成於 19 世紀中期的英國，當時的英國已經基本完成了工業革命的洗禮，以蒸汽為動力的自動機械的使用已很普遍，所以固定資產占資本總量的份額上升了（表現為資本有機構成提高）。其結果是，相對於快速的資本累積和產出增長，就業的增長相當緩慢。在圖 40-1 中，體現新的技術革命成果的機械資本在節省勞動方面的影響，由勞動力需求曲線從 D_1D_1 移到 D_2D_2 表現出來。勞動力需求曲線變得更為陡峭，意味著技術進步偏向於希克斯定義的節約勞動並更多地使用資本的方向。由於體現在新機械裡的技術進步的偏差，使得就業從 OL_1 到 OL_2 的增長，慢於產出從面積 AD_1OL_1 到

[①] 馬克思曾詳細地援引 1846—1866 年的英格蘭以及 1841—1865 年的愛爾蘭需要靠官方救濟度日的勞動力來說明貧民窟勞工的生活是報酬微薄、生活悲慘的。

BD_2OL_2 的增長。

因此，馬克思的預想是，由於現代資本主義生產制度摧毀傳統產業生產者的能力和工業技術中勞動節約的偏差結合在一起，產業後備軍將快速地被再生產出來。在存在產業後備軍的壓力下，資本主義經濟中的高利潤率和高資本累積率就可以靠維持較低的制度工資率①來保證。在他看來，產業後備軍作為支撐資本主義經濟發展的脊梁，是內生於資本主義發展體制，同時又為該體制提供發展動力的重要源泉。

圖 40-1 所展示的馬克思產業後備軍理論模型還意味著資本主義的發展過程必定包含收入分配不平等的迅速增長。在英國產業革命之前的時代，工資率可能在短期內提高，一直到資本累積過程中人口調整到工資所需的增長。而在馬克思所處的時代，產業工人持續地受到後備軍替代的威脅，這種工資短期內提高的可能性不再存在。由於受節約勞動的現代工業技術的影響，勞動者的收入相對於資本家的收入減少了。這種趨勢在圖 40-1 中表現為，勞動者的工資占總產出的份額從 $AWOL_1/AD_1OL_1$ 下降到 BWO_{L2}/BD_2OL_2，而資本家的利潤所占的份額從 AD_1W/AD_1OL_1 上升到 $BD_2W/AWOL_1$，而這卻是後面我們要談到的劉易斯模型所忽略了的要點。

2. 發展中國家在工業化初期為何會遇到馬克思所預言的這一拐點

馬克思關於勞動和資本對經濟剩餘分享不平等的描述，導致他認為勞動者階級與資本家階級之間將發生不可調和的衝突，以至於只有通過暴力革命來將資本主義私有制轉化為社會主義公有制，通過分配方式和制度的徹底變革來緩解這一矛盾。但馬克思的這一預見始終沒有在發達的資本主義工業化國家的歷史上成為事實，反倒是在許多發展中國家的經濟發展進程中出現了與馬克思所描述的情形非常相似的境況，這是令許多經濟學家和歷史學家始料未及的狀況。

實際上，我們已經看到，二戰以後半個多世紀以來的發展中國家經濟發展史上反覆不斷地上演著馬克思的預言，許多發展中國家都試圖把投資集中在現代工業部門（尤其是重工業部門）而實現快速發展。在政府財政、稅收、金融政策的強力支持下，許多國家在短短的數十年間確實成功地實現了工業生產的迅猛增長。但是，由於這種發展戰略走過了頭，再加上資本有機構成提高的鐵律在發揮作用，投資集中在發端於高收入國家的物化了勞動節約技術的現代機械和設備上，就業的增長一般要比產出的增長低得多。同時，由於這些發展中國家普遍出現了爆炸性的人口增長②，勞動力外生供給的增長率很高。農業部門因迅速接近可耕種土地的臨界，對勞動的吸收到達了飽和點，以至於必然把剩餘的勞動力從農村推向城市地區，而這些發展中國家在連續不斷地企業改革、政府機構改革等浪潮中已經出現了大量的城市待業人口，這種待業人口和農村剩餘勞動力

---

① 這一低工資率若略高於農業勞動力的工資率，則也會持續不斷地吸引農業勞動力向城市工業部門的大量「移民」。

② 這種人口增長可能是經濟發展所帶來的食品產出率提高、醫療衛生條件改善之後所造成的人口死亡率下降造成的。

在城市的交匯必然促成城市人口迅速膨脹。

　　膨脹的城市人口超過了高資本密集度的現代工業部門吸納就業的上限之後就會變成城市貧民窟的待業成員。過剩的貧困人口的累積與各類社會體制弊端叢生使得這些發展中國家剛剛取得的所謂經濟發展「奇跡」在很短的時間之內就變成了「昨日黃花」，好不容易獲得的國民經濟剩餘也在龐大的社會保障和社會穩定支出中消耗殆盡，真正實現向高收入國家收斂的發展中經濟體少之又少。在這些發展中國家裡看到的不斷增加的不平等和社會不穩定是與馬克思於 19 世紀中期在歐洲觀察到的情形相同的。發展中國家如何在工業化的初級階段克服這一發展難題，是它們進入發展的高級階段之前必須加以解決的重要問題（速水佑次郎，2003）。

　　由此可見，上述問題的實質反倒並不在於清楚地預測這一發展中國家勞動力市場發展的拐點到來的時間（它至多只是個技術性問題），關鍵在於我們要把勞動與資本在經濟發展尚未到 R_1 時的這種不平等分配關係加以有效改善，把馬克思所預言的這種潛在的社會矛盾通過制度化的手段化於無形。當然，對於中國而言，預測勞動力市場發生逆轉的拐點與改善資本與勞動的收入分配結構都是同樣重要的，原因在於，如果我們能較為準確地預知勞力市場發生逆轉、勞動者工資普遍上升的這一拐點，那麼對於政府出抬因勢利導的改革收入分配制度的政策就是大有裨益的，至少也能夠有效地遏制資本與勞動收入在國民收入中占比不斷拉大的態勢。

二、劉易斯二元經濟模型與馬克思產業後備軍理論對拐點預測的對比分析

1. 劉易斯本人對「拐點」的分析

　　劉易斯二元經濟理論的奠基之作是其發表於曼徹斯特學報 1954 年第 2 期的《勞動無限供給下的經濟發展》一文。許多人認為在這篇文章裡，劉易斯明確提出了「劉易斯拐點」這一命題。但這一看法是不確切的，因為劉易斯這篇著名文章的字裡行間並未有過「拐點」或「轉折點」一說，我們只能從其論述中歸納出所謂的「劉易斯拐點 I」——即農業剩餘勞動力不再具有無限彈性這一拐點，而無法歸納出「劉易斯拐點 II」——即現代工業部門的勞動邊際產品等於農業部門勞動的邊際產品這一「商品化」拐點。

　　劉易斯明確地提出「拐點 I」和「拐點 II」是在 20 多年後即 1972 年在《國際經濟和發展》雜誌上發表的《對無限勞動力的反思》一文中表述出來的。在這篇論文中他將所觀測到的發展中經濟體分為「資本主義」和「非資本主義」兩大部門[①]，並明確指

[①] 劉易斯指出，「資本主義部門」。按古典學派的觀點，可定義為雇傭工人、銷售產品以獲得利潤。當家務僕人在一家旅館工作時，其歸屬於資本主義部門，在私人家中工作時則不然。現時流行的是工業與農業的劃分，不過不應將資本主義生產與製造業等同起來，這是任何熟悉大農場經濟的人士都明了的。

出：「當資本主義部門擴張時，可以設想工資在一段時間裡保持不變。這裡有兩個轉折點。第一個轉折點在非資本主義部門的增長停止，其平均收入提高了，並使得資本主義部門的工資上升時出現。第二個轉折點出現於資本主義與非資本主義部門的邊際產品相等之時，這樣我們便到達了新古典學派的單一經濟的狀態。並且，這兩大轉折點在封閉經濟與非封閉經濟條件下的具體表現是不相同的」①。在其他一些場合，劉易斯又將其模型中的兩部門表述為「現代部門」和「傳統部門」，其「轉折點」之所以發生，是與「現代部門」與「傳統部門」的三個特徵高度相關的：第一，現代部門通過從傳統部門中吸收勞動力而得以發展；第二，在提供同等質量和同等數量的勞動條件下，非熟練勞動者在現代部門比在傳統部門得到更多的工資；② 第三，在現行工資水準下，對現代部門的勞動力供給超過這個部門的勞動力需求。劉易斯在分析這三個特徵時自己也承認，「拐點」是否出現是與現代部門與傳統部門的相互影響、充裕勞動力的來源以及勞動力市場上差異的維持等因素高度相關的③。

2. 劉易斯追隨者的研究

在劉易斯二元經濟模型框架中所展示出來的這兩個理論上的拐點被其他的一些經濟學家（Ranis & Fei, 1961; Todaro, 1969）在工業和農業④的二元經濟框架下進行了更精確化的表述。在他們看來，工業部門是符合新增長理論的判斷、勞動報酬等於勞動邊際生產力的現代增長部門；而農業部門則是存在大量勞動力以至於新投入的勞動力幾乎沒有產出、勞動的邊際生產率即使不為零，也大大低於制度工資率（生存水準決定）的傳統部門。可以用圖 40-2（A、B）來展示劉易斯兩大轉折點的形態。

圖 40-2（A）中，$ORPT$ 為農業總產出曲線，劉易斯拐點 I 和 II 分別由坐標所示的 P 點和 R 點標明，在劉易斯拐點 I 之前，勞動的邊際產量因剩餘農業勞動力的大量存在而等於 0（表現為 P 點以右的切線斜率為 0），勞動者工資不是按邊際勞動生產力決定的，而是「分享式」的，即 OQ/OL，這一農業勞動力的工資率是低於新古典條件下所決定的工業部門的制度工資率的，所以農村的剩餘勞動力是願意轉移到工業部門中去的。從 P 點到 R 點的轉移過程中，農業勞動力的邊際產量就為正了，這一時段的勞動力轉移會造成食品總產出（和人均產出）的絕對下降，以致食品價格相對於工業品價

---

① 劉易斯. 對無限的勞動力的反思 [M] //劉易斯. 二元經濟論. 施煒，等譯. 北京：北京經濟學院出版社，1989：112.

② 劉易斯這一假設其實沒有考慮到勞動力流動的物質成本和心理成本，真正影響勞動力從傳統部門向現代部門流動的激勵應該是其扣除各種成本後的淨收入。

③ 劉易斯. 再論二元經濟 [M] //劉易斯. 二元經濟論. 施煒，等譯. 北京：北京經濟學院出版社，1989：150.

④ 在這些經濟學家看來，工業可視為劉易斯所述「資本主義部門」或「現代部門」的代表；而農業則可視為「非資本主義部門」或「傳統部門」的代表。在不甚嚴格的基礎上做這樣的等價替換是可以的，但正如本章論述所表明的那樣，劉易斯本人並未做過這樣的簡單化處理。

格上升。所以 P 點所對應的劉易斯拐點 I 可以視為農產品尤其是食品的短缺點，在這一階段中根據農村勞動力被吸收而引致的「相對稀缺性」以及在生產勞動力所耗費的食品的價值上升，我們可以判定，在邁過劉易斯拐點 I 之後，農村勞動力的實際工資水準是存在一個逐步上升的動態趨向的，但此時其工資率仍舊低於剔除價格因素之後的城市現代工業的制度工資率，因而農業勞動力依然有繼續轉移的激勵。當達到 R 點所對應的劉易斯拐點 II 時，農業勞動的邊際產出與工業部門勞動的邊際產出相等，整個社會的勞動工資率完全由勞動的邊際生產率決定，城鄉二元勞動力市場的發展狀態趨於並軌。

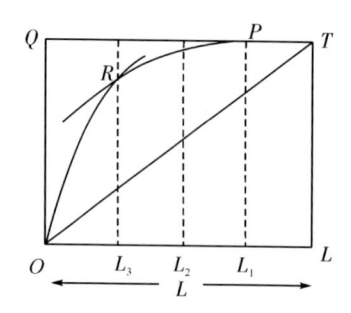

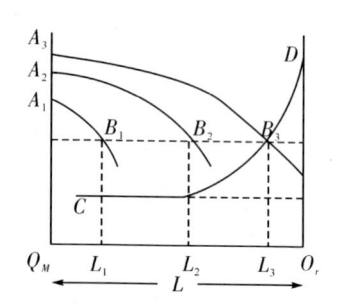

圖 40-2（A）　劉易斯模型圖示一　　圖 40-2（B）　劉易斯模型圖示二

但是圖 40-2（A）的局限在於不能比較清楚地表明農業勞動工資率在不同階段上與城市工業制度工資率的相對變化狀況，而圖 40-2（B）的描述則能彌補這一缺陷。圖 40-2（B）假設整個經濟是封閉的，分為城市和農村兩個部門，L 表示該經濟體的所有勞動力（擱置了人口增長），CD 表示農村勞動力供給曲線。OR 表示農村部門勞動力數量的起點，OM 表示城市部門勞動力數量的起點。由此可將經濟發展過程分為三個階段：第一階段為 B_1B_2 階段。假設農村部門存在大量剩餘勞動力，工資水準維持在制度工資水準 m。城市部門的工資水準為 W，並高於農村部門的生存工資水準。最初，城市部門的勞動力邊際產出是 A_1B_2，企業以利潤最大化為目標，使勞動力邊際產出等於工資水準 W，在 B_1 處形成均衡點，雇傭 OML_1 單位城市勞動力，還有 ORL_1 單位勞動力留在農村，獲得生存工資水準 m，單個工人城鄉帳面工資收入差距至少為 $(W-m)$[①]。隨時間變化，企業家獲得利潤，並用儲蓄進行投資，資本存量上升，使得城市部門勞動力邊際生產力從 A_1B_1 逐步上升到 A_2B_2。同樣為達到利潤最大化，使勞動力邊際產出等於工資水準，此時城市勞動力不足，將從農村吸收 L_1L_2 單位勞動力，達到新的均衡點 B_2。在 B_1B_2 這個過程中，由於有農村勞動力的補充，城市整體工資水準依然保持在 W，同時從農村轉移到城市的只是剩餘勞動力，對農村的工資水準不發生影響，還是維持在生存工資水準 m，所以這個階段有時也被稱為農村勞動力無限供給階段。第二階段為 B_2

[①] 這裡還不包括城鄉所享受到公共服務、福利待遇等的差距，如果把這些隱性因素考慮進去，則城鄉收入差距更大。

B_3 階段。伴隨城市部門資本存量進一步增加，企業家為使利潤最大化，均衡點不斷從 B_2 向 B_3 移。在這些均衡點下，雖然城市工資水準高於農村生存工資水準，城市能夠繼續從農村吸收勞動力，使城市工資水準繼續保持在 W，但此時農村勞動力由於被過分吸收已變得稀缺，其工資水準開始逐步上升。在這個階段，雖然農村工資水準有所上升，但依然低於城市工資水準。直到均衡點到達 B_3 時，農村勞動力工資水準等於城市工資水準，此時，城鄉的工人工資皆由勞動的邊際生產率來決定。第三階段為均衡點形成於 B_3 右側時。隨著社會整體資本水準的提高，企業家為達到利潤最大化的均衡點，繼續從農村吸收勞動力（張曉波，等，2010）。而這個階段的農村勞動力和城市勞動力體現出相同的稀缺性，使城市和農村工資水準同步上升。由此可以看出，圖 40-2（B）中的 B_2 點和 B_3 點所對應的是劉易斯拐點 I 和 II，它們也分別和圖 40-2（A）中的 P 點和 R 點相互對應，從而使劉易斯拐點的命題被較為精確地展現出來。

3. 比較分析

仔細對比之前我們談到的馬克思內生化的「產業後備軍」被吸收殆盡後的那個勞動力市場發展拐點以及劉易斯及其追隨者所提出的劉易斯拐點 I 和 II，我們發現至少有幾個問題值得我們認真對比研究：

（1）如何區分馬克思產業後備軍模型和劉易斯二元經濟模型中無限彈性勞動力供給的來源問題？

馬克思的產業後備軍模型中無限彈性的勞動力供給來源不是外生的人口增長，而是內生化的資本主義產業後備軍生產機制本身。根據馬克思的論述，再生產出產業後備軍的速度與資本有機構成的變化成正比關係，因而這種產業後備軍的生產機制必然是以技術進步為主要自變量的一個函數；而劉易斯拐點 I 之前的無限彈性的勞動力供給來源於農村的剩餘勞動力。這一剩餘勞動力既與外生的人口（特別是農村人口）增長率有關，也與農村的資本配置方式包括農業的生產方式相關——是採取機械化耕作還是採取小農型生產——對農村可轉移的剩餘勞動力的總量影響是巨大的。因此，劉易斯及其追隨者所分析的農村剩餘勞動力供給既受外生因素影響也受內生因素影響，是一個更為複雜的變量。

（2）如何比較兩個模型中現代工業部門制度工資率和農業勞動工資率的決定機制？

在馬克思模型中，現代工業部門的制度工資率是由資本家和工人的相對談判能力共同決定的，是一個博弈均衡條件下的制度工資率，它之所以如此之低，在馬克思看來，不過是由於大量勞動後備軍的就業競爭存在，使在崗工人與資本家關於工資高低的討價還價的談判能力偏低造成的；而在劉易斯及其追隨者的二元經濟理論模型中，其現代工業部門的低制度工資率則主要是由勞動的邊際產品決定的，是一個新古典框架下的工資決定模型，其實質是從按要素貢獻來分配經濟剩餘的角度來確定其勞動的工資率。

從農業勞動工資率的決定來講，馬克思產業後備軍模型沒有涉及農業部門，當然也就不存在該部門勞動的工資率決定問題。而劉易斯模型中農業剩餘勞力的工資決定則分為幾個階段，在劉易斯拐點 I 之前，其工資率是農業生產總值除以農業勞動力總量測算

出來的「分享式工資」；在劉易斯拐點 II 之後，其工資率是由勞動的邊際產品決定；而在劉易斯拐點 I 和 II 之間滯留於農業的勞動力的工資率決定是一個動態變化的過程，它決定於農村剩餘勞動力逐漸轉移後造成的農業勞動力的稀缺程度，但這個時候進入城市工業部門就業的那部分農業剩餘勞動力不必然獲得城市工業制度工資率 W。根據包小忠（2005）的研究，它是一個介於城市工業制度工資率 W 和農業勞動力工資率 m 之間的一個工資值，其高低決定於勞資談判能力、農民工預期工資水準和遷移成本之間的權衡。

（3）馬克思的「產業後備軍」作為城市工業勞動力供給的蓄水池是否對從農村轉移來的剩餘勞動力有「吸納」作用？

我們可以將這個問題等價於城市的現代工業部門是直接從農村吸納勞動力還是從城市的產業後備軍中招聘？發展中國家較為普遍的現實是，城市中已經出現大量失業的人員條件下依然有大量農村剩餘勞動力湧入城市，從而形成異常嚴峻的城市就業形勢。在筆者看來，儘管不可能排除城市現代工業部門直接吸納農村剩餘勞動力就業的相關渠道，但由於城市中的產業後備軍具有某種「近水樓臺先得月」的信息和成本優勢，因此，產業後備軍在城市就業市場上「率先就業」的相對優勢是不言而喻的。從這個角度去思考劉易斯所指出的無限的農村剩餘勞動力向城市現代工業部門的轉移的各個階段及其拐點問題，就蘊含著一個前提，即農村剩餘勞動力向城市工業部門移動是被瞬時吸納就業的，不存在就業搜尋、城市待業的時間；但城市勞動用工市場的現實告訴我們，劉易斯拐點成立的這一前提是理想化的，更多的農村剩餘勞動力進入城市勞動力市場去搜尋現代工業部門提供的就業機會的過程並不是一帆風順的，大多數農村剩餘勞動力在進入城市後都是先成為城市產業後備軍的一員，再去勞動力市場搜尋就業崗位；我們不能忽略在城市就業搜尋等待時間以及等待過程中所必須耗費的物質、心理等成本對理性的農村剩餘勞動力的直接和間接影響，那種大量農村剩餘勞動力進入城市很快就找到現代工業部門崗位的情形恐怕只在理論上完全出清的勞動力市場中才可能出現。因而，從這個意義上說，馬克思的「產業後備軍」範疇實際上具備了吸納農村剩餘勞動力的「蓄水池」作用，與現實更加貼近。

（4）馬克思內生化處理的產業後備軍再生產機制與劉易斯拐點 I、II 所反應出的農業剩餘勞動力將轉移殆盡的矛盾如何解決？

劉易斯本人對此問題也做出過詳盡的分析。首先，對於馬克思所提出的內生化的「產業後備軍」現象，他也是認可的：「馬克思的關於資本主義本身創造了勞動後備軍的觀點在今天比在 19 世紀更加正確」[①]。但是，對於馬克思所指出的由於採用了節約勞動的技術創新（即表現為資本有機構成提高）能造成的失業大軍不斷增加以致產業後備軍永遠不會消失的論斷，劉易斯是持否定態度的，他認為發展中國家的技術進步是有雙重作用的：「一個發展中的社會既需要創造就業的技術發現，也需要損害就業的革新。

---

① 劉易斯. 發展與分配 [M] //劉易斯. 二元經濟論. 施煒，等譯. 北京：北京經濟學院出版社，1989：133.

第四十章　易斯拐

在一個充分就業的經濟中，能創造就業、擴大工廠規模的發明，除非在其他領域中存在有損就業、促使勞動力能夠流動的革新時，否則不可能被採用。從更廣闊的領域看，製造業和大型通訊業中的發明吸收勞動力；而農業、零售商業、小型運輸和家庭服務業的新發明則釋放出勞動力」[16]。因此，失業大軍是增加還是減少，產業後備軍是擴張還是萎縮，根本上不在於要不要技術創新，而在於這類技術創新所形成的新興部門對新型勞動力的吸納以及對傳統部門勞動力的排斥之間的權衡。

劉易斯甚至援引歐洲的歷史來證明馬克思關於「資本主義系統有損於就業的發明總是超過相應的創造就業的發明，因而存在永久的失業大軍」的預言是不夠準確的。「19世紀後半葉，這兩種革新（創造就業的革新和排斥就業的革新）互相是平衡的，儘管創造就業的革新還不足以造成勞動力的短缺，但卻足以阻止失業的增加」[17]。當然，劉易斯也承認：「馬克思關於 19 世紀發展中的社會的觀點是不正確的，但是這並不能得出結論，他對 20 世紀的發展中的社會的看法也證明是錯的」。因此，考察中國的劉易斯拐點是否來臨，即產業後備軍或農村剩餘勞動力被城市工業部門吸收殆盡的拐點的關鍵必須關注三個方面：第一，現代工業部門的規模大小及增長率——它決定了所能吸納農村剩餘勞動力或產業後備軍數量的上限；第二，這些現代工業部門所採用的節省勞動力技術的密集程度——馬克思的產業後備軍源源不斷再生產出來的預言在對勞動力「相對」排斥程度上依然是不能忽視的；第三，現代工業部門中的中小規模生產單位（中小企業）的多寡——它們是解決農村剩餘勞動力進入城市之後的臨時性就業和非正規就業的關鍵所在。

（5）現代工業部門資本高度累積所帶來的勞資分配結果在馬克思產業後備軍模型和劉易斯二元經濟模型條件下有何不同？

這個問題實際上關涉勞動與資本這兩種要素在發展中國家經濟發展中的分配機制是否合理以及公平的重要命題。從馬克思的產業後備軍理論來看，勞動者相對於資本家的收入而言是非常微薄的，是一個只能用於再生產出其勞動力的價值，因此，馬克思預言資本主義分配機制的不平等將刺激兩大階級之間的持久對立，最終是以暴力革命的方式來摧毀舊有的生產關係並建立公有制來解決這一分配不公。但劉易斯對這一分配機制存在的不公平問題卻表現得出奇冷靜，他在《發展與分配》一文中指出，資本主義經濟增長過程中的分配機制非平均化並不是一個值得大驚小怪的命題：「發展不可能在經濟的每一部分同時開始，因此發展必然是非平均化的」。劉易斯所說的非平均化的發展除了勞資收入分配的不平等而外，還包括地區間的非平衡發展。由此可見，劉易斯的觀點是容忍在發展的初期階段存在勞動與資本的收入在國民經濟中佔比的不平衡問題的，他甚至樂觀地認為，隨著發展進程的加速，勞動者與資本家的階層界限不再是二元的和涇渭分明的了，而表現為一種「多元化」的趨勢：「發展總是會使許多勞動力發生『人往高處走』的巨大變化，形成了熟練工人、管理者、低級中層人員、中級中層人員和專家階層。中間階層的擴大，是發展從一開始就如何減少不平等的事實證明，也是為什麼發

達國家比不發達國家更為平等的主要原因。這也是處於最底層的人心理滿足的主要源泉：勞動者本人也許不能從發展中直接受益，但他們的兒子已經成為技師，女兒已經當上教師了」。因而在他看來，只要政府控制好影響收入分配結構的相關因素，權衡好增長與分配的基本關係，馬克思意義上的收入分配不平等擴大化的趨勢是能夠抑制的。

（6）馬克思所論述的產業後備軍被吸納完畢之後，勞動工資率上升的那個拐點 R_2 對應的是劉易斯拐點 I 還是 II ？

如果仔細地考慮馬克思對產業後備軍永遠不會消失的預測存在理論前提的不足，那麼，產業後備軍被現代工業部門吸收殆盡的那個轉折點 R_2 應該是和劉易斯拐點 II 相對應的，在這兩個拐點之後，城鄉分割的勞動力市場將逐漸走向統一，其主要標誌是農村剩餘勞動力的工資和城市現代工業部門勞動力的工資呈同步上漲狀態，勞動力的商品化特徵更加明顯——其定價完全決定於勞動力市場的供求（邊際產品定價），那種「無限勞動力供給」時代的農村剩餘勞動力的人均低工資和城市現代工業的制度工資率的差異將成為歷史。

三、結論與政策建議

通過本章對馬克思產業後備軍模型和劉易斯二元經濟模型中所闡述的「拐點」的對比分析，我們可以看到，單就對經濟發展進程中勞動力市場「拐點」的預判而言，馬克思產業後備軍模型的拐點 R_2 和劉易斯拐點 II 是一致的。而劉易斯拐點 I 是否存在的關鍵，就在於城市中業已存在的產業後備軍是否會對農村剩餘勞動力向城市的移民產生阻礙作用。馬克思的深度在於：他敏銳地觀察到了這種產業後備軍壯大到超過城市現代工業吸納就業能力的上限之後將必然引致出現的貧民窟現象以及由之帶來的城市不平等和二元分化等可能引發社會不穩定的經濟發展慣性機制，這對於正處於這一發展階段的國家而言具有極大的警示意義。

同時，我們還必須動態地看待馬克思所提出的源源不斷地為城市現代工業部門提供勞動力的產業後備軍群體。因此，亟須出抬針對性的政策來應對劉易斯拐點到來前後勞動力市場發生的新變化：

1. 開闢綠色融資渠道，鼓勵各類企業創造就業型的技術創新，並限制其排斥就業型的技術創新

中國勞動力市場在迎來劉易斯拐點的過程中，勞動力供給的總量問題始終大於其結構問題，這是由中國龐大的人口基數這一基本國情決定的。因而，僅僅依靠城市中的國有企業來消解勞動力的過剩供給（即龐大的產業後備軍群體）並不現實；此時，只能進一步消除城市中企業發展的所有制歧視，高度重視中小民營企業，通過開闢綠色融資渠道，一方面為這些企業注入發展資金，另一方面在融資條件中鼓勵其創造就業的技術創新，以大量正式或非正式就業崗位的提供來緩解產業後備軍規模的擴大。

2. 培訓新增城市勞動力，為中國轉變經濟發展方式做好人力資本儲備

對城市產業後備軍中的農民工、城市待業和在職失業等人員開展一系列針對性強、適應性強且形式多樣的就業或轉業訓練，由政府出面建立健全培訓結業和技術崗位考核機制，以提升產業後備軍的人力資本素質；同時，對各類大專院校的學生開展著眼於戰略性新興產業的前瞻性教育培訓，為迎接新一輪產業革新後中國經濟發展方式的轉變做好人力資本儲備。

3. 出抬部分在崗人員提前退出勞動崗位的政策，堅持對一般勞動力實行強制退休

現階段城鄉勞動力供需缺口在數千萬人的規模，每年還有淨增的大學畢業生和適齡農村勞動力湧入就業市場，僅憑經濟增長和企業發展所帶來的「新增就業崗位」無法完全消解這些人群的就業壓力；還應作「存量就業崗位的盤整」，鼓勵有條件的地區以提前退出勞動崗位的方式來調整出一些就業機會，促進更多青壯年勞動力的就業。

4. 對農村進行開發性扶持，增加農業和農村非農產業的就業容量

城市產業後備軍規模的擴大與農村剩餘勞動力大規模「移民城市」高度相關，然而在城市的務工生活卻並非如農民所想像的那般美好；應當因地制宜地在農村開發一批勞動密集型的傳統加工製造業和服務業，實現沿海向內陸農村地區的產業梯度轉移，並以此提升農村的非農產業收入和帶動農村城鎮化水準，將更多的中西部農村剩餘勞動力的就業問題在當地就解決掉，這才可能從根本上化解過剩勞動力的總量和結構問題，並以此減輕城市的壓力；而對農村開發型扶持的關鍵即在於提倡鄉鎮企業跨行政區投資、發展農村合作經濟、完善農業生產服務體系等，通過市場機制調節農業和商業結構的變化，以此提高農村生產專業化、社會化水準，這樣才能減輕大規模農村勞動力遷徙的壓力，並實實在在地緩解許多與之相關的社會矛盾，實現劉易斯拐點發生前後中國經濟發展方式轉變的平穩過渡。

5. 構建可持續發展社會保障制度，建立城市扶貧和再就業援助系統

必須認識到產業後備軍總是伴隨著中國經濟發展的客觀現象，因此，力度再大的積極就業政策也難以做到一蹴而就地解決城市中聚集起來的後備軍人口的就業問題。當此之時，就需要各級政府通過構建可持續發展的社會保障制度，擴大待業、失業保險範圍，淡化戶籍制度、城鄉社會保障及福利的差別待遇對農村勞動力在城市務工、就業的歧視性影響，盡可能做到一視同仁地對待產業後備軍中的各類勞動者群體，相應地提高待、失業保險金數額，以保證其基本生活需要。

劉易斯及其追隨者的二元經濟理論曾預言：發展中國家不平等的二元結構將隨著發展階段的演進而逐步消解，同時還將實現向經濟社會一元化的並軌，但這些樂觀化的預期並不能自動解決發展中國家尤其是中國業已出現的被馬克思預言中的相關不平等現象。因此，從這個意義上講，馬克思的產業後備軍理論模型對於分析劉易斯拐點及其衍生命題，以及指導中國現階段的城鄉二元結構改革、勞動力市場改革以及勞資收入分配不均等改革依然具有極其現實的針對性意義。

本章參考文獻：

[1] 蔡昉. 人口轉變、人口紅利與劉易斯轉折點 [J]. 經濟研究, 2010 (4)：4-13.

[2] 王德文. 劉易斯轉折點與中國經驗：中國人口與勞動問題報告 No.9 [M]. 北京：社會科學文獻出版社, 2008.

[3] 王檢貴, 等. 中國究竟還有多少農業剩餘勞動力 [J]. 中國社會科學, 2005 (5)：27-35.

[4] 蘭子榮. 試論社會主義的勞動後備軍問題 [J]. 文史哲, 1983 (6)：98-104.

[5] 張曉波, 等. 中國經濟到了劉易斯轉折點了嗎——來自貧困地區的證據 [J]. 浙江大學學報（哲社版）, 2010 (1)：54-72.

[6] 包小忠. 劉易斯模型與「民工荒」[J]. 經濟學家, 2005 (4)：55-60.

《資本論》原理研究

作　者：丁任重 著	**國家圖書館出版品預行編目資料**

發 行 人：黃振庭
出 版 者：財經錢線文化事業有限公司
發 行 者：財經錢線文化事業有限公司
E-mail：sonbookservice@gmail.com
粉 絲 頁：https://www.facebook.com/sonbookss/
網　　址：https://sonbook.net/
地　　址：台北市中正區重慶南路一段六十一號八樓 815 室
Rm. 815, 8F., No.61, Sec. 1, Chongqing S. Rd., Zhongzheng Dist., Taipei City 100, Taiwan (R.O.C)
電　　話：(02)2370-3310
傳　　真：(02) 2388-1990
印　　刷：京峯彩色印刷有限公司（京峰數位）

《資本論》原理研究 / 丁任重著. --
第一版. -- 臺北市：財經錢線文化
事業有限公司, 2020.12
　面；　公分
POD 版
ISBN 978-957-680-481-6(平裝)
1. 資本論 2. 研究考訂
550.1863　　　　109016910

- 版權聲明 -

本書版權為西南財經大學出版社所有授權崧博出版事業有限公司獨家發行電子書及繁體書繁體字版。若有其他相關權利及授權需求請與本公司聯繫。

定　　價：750 元
發行日期：2020 年 12 月第一版
◎本書以 POD 印製

官網

臉書

提升實力 ONE STEP GO-AHED

會計人員提升成本會計實戰能力

透過 Excel 進行成本結算定序的實用工具

您有看過成本會計理論，卻不知道如何實務應用嗎？
您知道如何依產品製程順序，由低階製程至高階製程採堆疊累加方式計算產品成本？

【成本結算工具軟體】是一套輕巧易學的成本會計實務工具，搭配既有的 Excel 資料表，透過軟體設定的定序工具，使成本結轉由低製程向高製程堆疊累加。《結構順序》由本工具軟體賦予，讓您容易依既定《結轉順序》計算產品成本，輕鬆完成當期檔案編製、產生報表、完成結帳分錄。

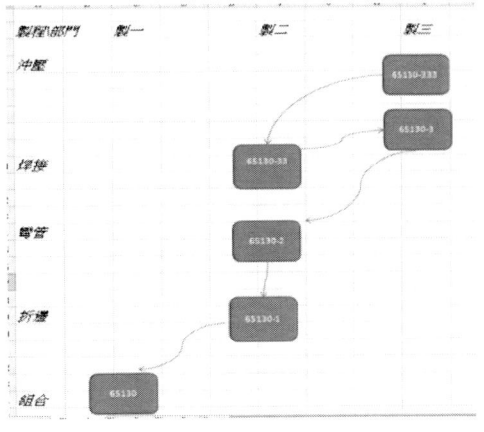

【成本結算工具軟體】試用版免費下載：http://cosd.com.tw/

訂購資訊：

成本資訊企業社 統編 01586521

EL 03-4774236 手機 0975166923　游先生

EMAIL y4081992@gmail.com